新编现代物流学

（第三版）

王之泰 ◎ 编著

首都经济贸易大学出版社
Capital University of Economics and Business Press
·北 京·

图书在版编目(CIP)数据

新编现代物流学/王之泰编著.—3版.—北京:首都经济贸易大学出版社,2012.11
ISBN 978-7-5638-2037-5

Ⅰ.①新… Ⅱ.①王… Ⅲ.①物流 Ⅳ.①F252

中国版本图书馆CIP数据核字(2012)第252362号

新编现代物流学(第三版)
王之泰 编著

出版发行 首都经济贸易大学出版社
地　　址 北京市朝阳区红庙(邮编100026)
电　　话 (010)65976483 65065761 65071505(传真)
网　　址 http://www.sjmcb.com
E-mail publish@cueb.edu.cn
经　　销 全国新华书店
照　　排 北京砚祥志远激光照排技术有限公司
印　　刷 人民日报印刷厂
开　　本 787毫米×1092毫米 1/16
字　　数 1120千字
印　　张 43.75
版　　次 2005年2月第1版 2008年8月第2版
2012年11月第3版 2018年4月总第9次印刷
书　　号 ISBN 978-7-5638-2037-5/F·1172
定　　价 75.00元

第三版前言

从《现代物流学》第一版到《新编现代物流学》第二版，再到《新编现代物流学》第三版，大体经历了20年。

还记得1992年开始编写《现代物流学》，经过两年多的写作终于脱稿。开始写作时，困难是巨大的，最主要的困难是缺乏相关的研究和实践，更缺乏写作这本书应当依托的资料，所以，在写作过程中几次打算放弃，最后虽然坚持成书，但是书中也留下了许多遗憾。

从1992年到1999年，在物流的曙光出现在中国内地之前，对于中国来讲，物流是一片"黑大陆"，活跃在20世纪80年代后期的一些物流研究者们，也变得十分沉寂；国家教委在专业调整目录中干脆取消了物流专业；北京物资学院管理工程系作为全国物流研究和教学的一股非常活跃的力量，也不得不把主要精力转向了期货专业，随后这个系又被拆分。中国物流研究会在成立之后只召开了一届年会，便由于中国计划经济部门体制的原因，停止了活动，上缴了印章。研究会的剩余力量被改编重组，成为中国物资流通协会之下的一个专业委员会——物流技术经济委员会。我和对物流极富热忱的吴润涛老先生领导这个委员会，吴润涛老先生多方奔走筹集"善款"，争取支持，尤其是在天津市有关部门的支持下，召开了全国性的物流研讨会，但是应者寥寥。当时的情况可以用一个拒绝与会者的话描述出来：一个小小的专业委员会怎么能担当组织全国性物流活动之大任？

《现代物流学》可以说是生不逢时。1995年，在中国物流处于最低潮、最不受人重视的时候，这本书问世，当然立刻就遇到了销售上的困难，也熬过一段艰难的日子。到了1999年，几乎在电子商务热出现的同时，物流在中国突然升温，《现代物流学》竟然被印刷了8次。这本书好像在顷刻之间得到了读者的厚爱，并且在这之后不断撞上好运：先后获得国家科技进步奖、保供物流基金奖等奖项。然而，在这本书被不断增印的过程中，在它的价值被不断扩大的同时，当初完成这本书时在我心里存在的一些遗憾和这本书的缺陷也不断地被放大，这个问题始终困扰着我，而且对我的冲击越来越强烈，使我坐立不安，这促使我下定决心对这本书进行改编。

《新编现代物流学》是在这样的环境条件下诞生的：经过了5年的起步性的发展，中国物流事业的发展呈现良好势头，其发展由初期的"寻租"冲动，向更成熟、更理性化的方向迈进，物流事业发展的体制环境有望在一些领域得到突破性的改善。政府在政策、规划和对物流发展进行指导方面的举措，使物流融合到国民经济之中，在经济结构的调整中发挥作用。物流的发展在一定程度上促进了现代物流从典型领域的突破向整个物流领域蔓延。物流作为一种经济形态，受到经济界的极大重视，尤其是经济学界对物流形态的接受和在理论上的丰富，将会使物流在今后的发展中更具活力，更具理性色彩。同时，我本人在那个阶段广泛关注和参与了我国物流各方面的发展，参与一些地区、部门和企业在物流规划、项目设计和实施方面的实践活动，在诸如配送等领域的研究又有所深化，并且有重点地针对本人不熟悉的领域进行学习和研究，这就多少弥补了在写作《现代物流学》时的功底之不足，从而完成了《新编现代物流学》的编写。

《新编现代物流学》第三版仍然是以增加最近几年物流领域新发展的内容为主，对原版进行必要的增加、删减和改动，尤其是解决了原来结构体系有些混乱的问题，建立了新的结构体系。

正像本书第一部分中所特别强调的那样，物流所覆盖的领域非常广泛，物流所涉及的知识和学问也十分博深，常常是一个人的力量所不及的，何况本人已经进入古稀之年。但是，眼看着时代在飞速地发展，为了不让这本书的内容越来越陈旧，我下决心再一次进行修订和改版，使这本书尽量跟上时代的步伐，满足社会发展的需求。

我深知物流学科的博大精深，本人的水平和能力实在有限，期望能够抛砖引玉。同时，希望读者批评指正，让我们共同将对这门学科的研究和探索继续下去！

借本书第三版出版的时候，向厚爱我的读者，向物流界的朋友们，向一贯支持我的助手和学生们表示感谢和敬意！

王之泰

2012 年 6 月

目 录

第一部分　国民经济中的物流

第二部分 物流基础活动及优化

第三部分 物流平台

第四部分 物流系统

第五部分　物流运行及服务

第六部分 物流管理

第一部分

国民经济中的物流

第一章

物流的基础概念和定义

第一节　物流的基础概念

一、两个重要的基础概念

对于本学科来讲，物流和物流管理是两个重要的、密切相关但是又有区别的概念，是两个独立的基础概念。

在中国改革开放初期，物流是一个新的概念。

在中国，“物”和“流”两个字，都有其确定的解释，虽然中国的字和词义一般都有多种解释，但是，对这两个字，人们共识比较多而分歧比较少。这两个字合成的词汇——“物流”，对绝大多数的人而言似乎并不生僻，一般人用不着仔细琢磨便可以理解。也正是因为如此，在“懂得”的背后，人们对其内涵的理解是有差异的，所以有必要对“物流”这个概念做出一番解释。

首先，让我们做一下正本清源的工作。我们许多人头脑中的“物流”，是按照词意来理解的，是一种约定俗成的认识，不是或者不完全是现在我们要研究的“物流”的概念。物流不是或者不完全是我国经济领域曾经有过的一些概念：“物资流通”、“货物流通”、“商品流通”、“物料流转”……那么，到底什么是“物流”呢？

最简单、最广义的理解就是，物流是“物”的实体的运动。

物流中的“物”是物质资料中同时具备物质实体特点和可以进行物理性位移的那一部分；“流”主要是物理性运动，其范围可以是地理性的大范围，也可以是在同一地域、同一环境中的微观运动和发生的小范围位移。“物”和“流”的组合，是一种建立在自然运动基础上的高级的运动形式，以此来与自然界大量的实物的自然运动相区别。物流是在社会领域中，尤其是经济领域中一种有目的、有动力的流动。

所以，物流在现代经济领域中应当是一个新的概念。作者搜寻的几十年前出版的《辞海》、《辞源》等工具书中，没有收录“物流”这个词汇；在美国人编写的《经济学百科全书》中，也没有发现这个词汇。这似乎可以印证“物流”这个词汇之“新”。

大家公认,我们所言的“物流”,无论从科学形态还是产业形态来讲,都源于美国,源于美国曾经广泛采用过的词汇 Physical Distribution 和 Logistics。Physical Distribution,我们过去直译为“实物分销”,现在则称之为“物流”;而 Logistics,我们过去习惯地将其称之为“后勤”,现在我们也将其翻译为“物流”。因此,美国为表述这个概念所选择的词汇,不仅会影响美国本身,而且必然影响到国际经济及其他的学术领域。

物流和物流管理是物流这门学科的两个基础概念。“物流”这个概念是一个运动的概念,但是,“物流”不是自然科学领域描述的运动,不是研究微观的“物质运动”或宏观的“物”的机械运动,而是社会经济领域的宏观的、物质实体的运动概念。社会经济领域对于“物”的称谓,生产领域称之为原材料、半成品、成品、产品,流通领域称之为商品、货物,消费和应用领域称之为物品。物流,就是这些实物的运动。在社会经济领域,这些实物的运动,虽然或多或少、或大或小可能与管理有关,但它本身不是一个管理的概念,“物流”有和管理完全无关的运动规律,“物流管理”则是与物流相关的管理的概念。应当特别说明的是,物流和物流管理这两个重要的基础概念也是本书的主要研究对象。

还需要说明的一点是,很多人所使用的“物流”一词,不但包含运动的本身,也包含对这个运动的管理,物流是管理的产物,这也是很多人的一种看法。国家标准《物流术语》,也是从这个角度上来看物流的。这个标准对于物流的定义用了两句话:一是“物品从供应地向接收地的实体流动过程”;二是“根据实际需要,将运输、储存、装卸、搬运、包装、流通加工、配送、信息处理等基本功能实施有机结合”。这两句话,前一句讲的是物流,后一句讲的则是物流管理。

本书对这个问题的认识是:物流中虽然包含管理的因素,但是和物流管理仍然有所区别,物流和物流管理是两个性质不同的概念,它们的内涵也不同。简单来讲就是:将物流作为“实体流动”的概念来理解,将物流管理作为对这种“实体流动”管理的概念来理解。管理是多方面的,不仅仅是对于“基本功能实施有机结合”,从另外一个角度讲,没有能够解决“有机结合”的“实体流动”,尽管也是物流,但如果从运动水平的角度来衡量,只不过是低水平的物流而已。

物流管理有两个基于:一个是基于实物本身,应当按照实物本身的特点和运动规律进行管理;一个是基于社会环境,应当按照社会的需要和社会环境对物流这种运动的制约和许可进行管理。物流管理是两者综合所形成的管理形态。物流管理赋予物流理性和秩序,最终要达到的目的是物流和社会其他经济活动相融合,其本身则要追求物流的合理。

虽然物流不限于经济领域,但是,经济领域的物流是我们现代社会关注的重点,所以,我们可能更关注现代经济领域的物流,也即“现代物流”。对现代物流的理解与传统物流的理解相比,在概念上有所升华。因为现代物流具有理性和秩序,而这是管理的产物,所以,对现代物流的解释当然会包含物流管理的内涵。对现代物流可以这样理解:现代物流是若干领域经济活动系统的、集成的、一体的现代概念,对它的基本含义可以理解为按用户(商品的购买者、需求方、下一道工序、货主等)要求,将物的实体(商品、货物、原材料、零配件、半成品等)从供给地向需要地转移的过程。这个过程涉及运输、储存、保管、搬运、装卸、货物处置、货物检选、包装、流通加工、信息处理等许多相关活动。现代物流就是这些本来各自独立但又相互有某种联系的相关活动,按照不同的需求进行组织和管理所形成的集成的、一体化的物流活动。这种集成的、一体化的发展是现代经济领域的趋势之一,所以,现代物流是上述这些相关的单项活动向现代化发展的产物。

二、物流词汇的选择反映了认识的发展

美国为什么先使用 Physical Distribution 一词,尔后又称之为 Logistics 呢? 这需要从发达国家的特定环境来考察。

美国及欧洲等西方国家的经济,在 20 世纪前期便进入了所谓的买方市场。除了第二次世界大战和战后一段时间的管制和配给以外,20 世纪经济发展的主要环境是买方市场环境。在买方市场环境下,卖方处于竞争状态而买方主动权颇大,因此,这种市场环境是属于买易卖难的市场环境。在这种市场环境下,关注点和研究点自然集中于"卖"这个有困难的领域,即集中于销售领域,Physical Distribution 一词自然就出现在销售学或市场学之中。所以,西方原来对物流的研究,也即对实物分销的研究,在整个经济活动中是销售活动的范畴,实物分销一词自然反映了这一客观现实。而在这个时期,经济发展虽然已经进入买方市场,但这毕竟是初期的买方市场,"用户为中心"的观念并没有在社会上普遍、深入地形成,Physical Distribution 反映的主体依然是企业而不是用户。

美国及欧洲等国家将实物分销改称为 Logistics,反映了这一经济形态的实际内容发生了变化。原来以企业为主体,集中于销售领域的活动,在买方市场的环境越来越强化、经济活动实践越来越深入之后,其局限性便暴露出来了。经济理论研究和经济活动的实践都证明,物流领域效益的取得,单在销售领域是不行的,必须有更大的系统和更强的综合战略,也即不仅存在于销售领域,同样也存在于销售领域之前的、影响销售领域的生产和产前的供应领域。而这些领域围绕着用户这个主体,必须按照更广泛的领域建立新的概念才能够解决销售问题。Logistics 的概念便是这样一个概念,它以用户为主体,不仅包含了企业产后的实物分销的营销领域,而且还包括企业产前的供应领域。如图 1-1 所示。

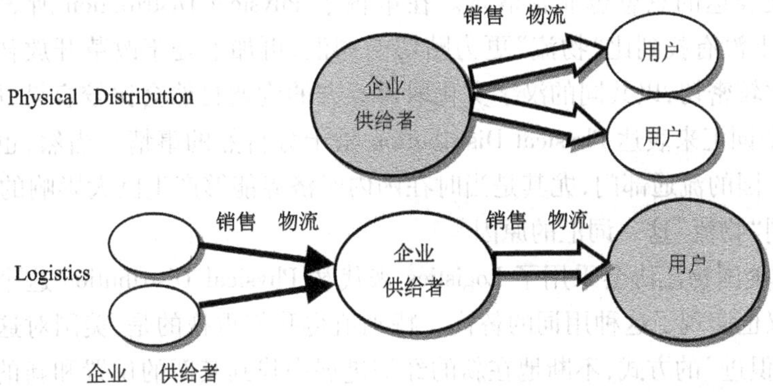

图 1-1 Physical Distribution 和 Logistics 的差别

从前面的阐述和分析可以明显看出,Physical Distribution 和 Logistics 的区别在于,两者所围绕的中心是不同的,一个以企业为中心,一个以用户为中心。而且在范畴上,后者在前者的基础上有了延伸和扩展。当然,这不是简单的延伸和扩展,因为它建立在现代科学技术手段可以实现对这一延伸扩展的控制的基础上,建立在比以前更大的信息系统有可能变为现实的基础上,建立在能管理和协调这么大的系统的基础上。所以,两者在经济结构中的位置虽然基本相同,水平却有时代的差别。

20 世纪 80 年代的中国采用物流这个词汇来表述 Physical Distribution 和 Logistics 先后两个阶段的词汇,能不能反映出 Physical Distribution 和 Logistics 的时代差别呢? 事实上,引进物流概念的初期,日本、中国采用物流这一词汇,其内容就远远大于 Physical Distribution 本来表述的范畴,就已经赋予了物流一词系统性、总体性的含义。所以,难怪有些人在了解了 Logistics 一词的含义后认为,这和我们讲的物流是一码事,中国继续采用物流一词来表述 Logistics 这个概念是有其道理的。

当然,深入追寻,还会有许多差别。日本早稻田大学教授阿保荣司认为,日本的物流观念与美国的 Logistics 观念的主要区别在于,日本的物流是着眼于企业,着眼于流通,所以才强调是企业“第三个利润源泉”。而美国的 Logistics 的中心点着眼于消费者,Logistics 的一切活动都是建立在满足消费者而不是满足企业自己的基础上,所以美国根本不谈第三个利润源泉而特别强调服务保障。采用原来用于军事领域的 Logistics 一词,就是特别强调对用户保障的严重性和严肃性,要像军事活动那样准确无误,像军事活动那样计划周密和具有绝对保障。所以,Logistics 的思想更具有战略性而不着眼于既得之利益,是企业发展的战略举措而不是一时谋取利润的手段方法。因此,它不是一项单纯性的职能活动,而是企业制定经营战略的一项基本原则。更可以理性地讲:Logistics 是一种思维方式,按这种观念可以建立起企业新的管理模式。

三、我国对物流这一词汇的选择

1985 年之前,美国采用 Physical Distribution 这个词汇,并且被其他国家和国际组织所认同。日本把这个词汇先后翻译成“物的流通”和“物流”,“物”和“流”这两个日语汉字直接读成中文表达的意思也非常清楚。在审视了 Physical Distribution 所表达的含义之后,我们实际上没有找到比“物流”更为贴切的词汇,再加上处于改革开放初期的中国与日本的交往比较密切,以共同的汉字文化取得双方的沟通自然会比较容易,所以,我国选用“物流”这个词汇来表达 Physical Distribution 是十分自然的事情。当然,也不排除最初的引进者是中国的流通部门,尤其是当时在国内经济界能够产生巨大影响的“物资流通”部门十分认同“物流”这一词汇的原因。

1985 年,美国物流协会采用了 Logistics 来代替 Physical Distribution 这个词汇,随后,国际物流会议也实现了这种用词的替代。特别值得我们重视的是,美国对这个词汇的解释采取“与时俱进”的方式,不断地在新的经济进展中找到其新的位置和新的作用点。在这里,特别令人感兴趣的是美国对于这个概念的最新解释,是和世界经济的最新进展——供应链联系在一起的。

物流的初始概念和初始经济形态学自于美国的日本，在初期确实有不少创新，有一种朝气蓬勃的势头，在经济领域确实取得了实际的进展。由于日本国情的特殊性，日本现在似乎更加关注实际的发展而不太重视概念的变化，所以在日本社会中，“物流”和“ロジスティワス”两个词并用，从日本工业标准来看，也难以找到这两个词实质性的、本质的差别。看来，只要取得实质性的经济进展，日本人对于这种概念上的差别已经不大感兴趣了。

我国现在处于物流的发展期，不仅是物流领域，在其他领域，概念的问题始终是一个热门的问题。在一些领域，概念在不断地翻新，但并没有促成这个领域的实质性进展。在物流领域，中国的物流界没有在刚刚引进“物流”这个词汇不久又翻新出新的词汇，避免了把人们搞得晕头转向、莫衷一是，这也许是一个好的开端。我国仍然采用“物流”来翻译 Logistics，但是，很明显，我们现在所讲的物流的概念，不仅仅是 Physical Distribution 所要表述的概念，也包容了 Logistics 所要表述的概念。我们需要有这样的共识：和其他概念一样，“物流”这个概念的内涵是发展变化的。

四、物流概念内涵的变化和差异

词汇这种概念性的东西不能处于经常变化的状态，但是，对其内涵的解释需要跟上时代的步伐。我国国家标准关于物流的定义，虽然仍然有缺陷，但是基本上比较贴切地反映了 Physical Distribution 所表述的内涵，或者说 Physical Distribution 和 Logistics 这两个词汇共同所要表述的概念，也就是“实物物理性的配置”，但是却不能充分反映 Logistics 所要表述的除了“实物物理性的配置”之外的概念。这主要存在以下两方面的问题：

第一，对“服务”的概念没有能够准确地表达和反映出来。本书作者和其他一些学者曾经研究过这个问题，对 Physical Distribution 和 Logistics 两个词汇的区别的理解，集中在对“服务”的表达上。Logistics 是在发达国家经济高度发达、“服务性社会”已经形成的社会环境下，反映物流的服务本质。应当说，我国国家标准的物流定义和欧洲物流协会对物流的定义都存在这个缺陷。我国国家标准和欧洲物流协会的物流定义，虽然都能够明确反映实物物流的过程和对这个过程的管理，但却没有能够恰当地反映出和“物”的实体流动一样的服务的流动。

第二，没有能够反映出信息社会物流的特殊性。在信息社会中，畅通的、有效的、准确的信息赋予了物流活动强大的生命力，只有有充分而有效的信息支持或引导的实物流动，才能够完成“效率的”、“效益的”流动，按中国古代哲人的讲话，就是不但能够“畅其流”，而且能够“尽其用”。应该说，美国物流协会的物流定义充分表述了信息这个要素，日本的标准也是如此，同时还特别表述了系统的含义，我国国家标准在这方面还有所欠缺。

如果我们深入研究，还会发现许多差异之处。美国及欧洲对于物流的定义，基本上都是瞄准了经济活动的领域，因此，对于“实物”的表述都具体到“商品”。我国国家标准则用“物品”来表述“实物”的概念。显然，美国和欧洲的定义，由于来自产业界，比较侧重于经济领域的实践的总结,并不是一个学术化的定义,因此,根据这个定义,很难对物流做出广义的、宽泛的理解。也许,在经济领域之外的物流,例如生活领域的物流,还是用Physical Distribution 这个词汇来表述比较贴切,而现在的定义只是针对 Logistics 而言的。

在我国国家标准关于物流的定义中,采用"物品"这一词汇表述"物"的实体的含义。在国家标准基本概念术语的解释条款中,把物品解释成"经济活动中涉及实体流动的物质资料",这虽然是国家标准对于物品的特定解释,但是也显得十分牵强。显然,这不同于社会上对物品的一般解释,因此也必然会引起人们理解的差异。毕竟,我国使用中华人民共和国国家标准《物流术语》来对物流进行定义,这就使这一定义带有法定和强制的规范性。因此,我国国家标准对物流的定义应该比美国物流协会、欧洲物流协会的定义要准确、要严肃、要科学。我国国家标准对物流的解释以及"物品"这个词的采用和对这个词的解释存在有争议之处:

第一,关于范围的界定。

把物流局限在经济活动领域是不妥的。美国、日本以及欧洲的经济组织从经济角度来认识和定义物流,这是无可厚非的。但是,作为国家标准对物流的定义,就必须十分科学、十分周密而完善。我国国家标准关于物流的定义中对于物流的主体——物品,赋予了经济活动的限定因素,这就必然否定了经济活动之外的领域,应该说十分不妥。

本书作者对经济活动之外的生活领域进行研究,提出了"生活物流"这一概念,并且对生活物流的方方面面进行了深入研究,证明这个领域的物流活动非常广泛而重要。虽然在经济社会中,很多生活中的物流活动难免带一些经济的色彩,但它毕竟不能称为"经济活动"。

同样,军事物流也是一个非常大的领域,又是一个非常重要的领域。现代物流很多理论及实践的起源都来自于军事物流。军事物流虽然也要讲效率和效益,但其本质毕竟不是经济活动。因此,我国国家标准关于物流的定义显然忽视了军事物流这一大块,或者说显然不适用于军事物流这个领域。

当然,还有一些其他的道理也可以说明,作为一个科学的定义,仅将物流限定在经济活动领域显然欠妥。

第二,关于"物品"的用词。

物流的主体是"物"的实体。在商品流通领域,这个实体是"商品";在生产领域,这个实体是"物料"、"生产资料";在生活领域,更有种种叫法,如"生活资料"、"东西"、"物件"。这些对"物"的实体的称谓都有特定的适用领域,也都很难涵盖全面。把它们统称为"物品"也许是不得已的选择。物品一词不能涵盖全部的"物"的实体,因此,对物流主体的称谓还需要探讨,明确地称之为"物"的实体,也许更容易被人理解。"物"的实体涵盖的范围更广,甚至包括活体的动物乃至于人。

第二节 物流的定义

一、国家标准的物流定义

我国的国家标准 GB/T 18354—2001《物流术语》和以后发布的新标准 GB/T 18354—2006 对物流领域主要的名词概念都进行了定义。虽然国家标准不是强制性的，但是，其对于规范和统一物流术语的解释仍然是非常重要的，仍然具有规范性和指导性，应该成为我们运用这些词汇的共同基准。但这不等于说，从学术和研究的角度不可以对这些定义提出质疑或者修改。随着时代的发展，人们的认识不断地提高，对物流的认识必然还会不断深化。通过深入研究，我们从学术角度或者其他角度也许还可以发现现在定义的缺憾，从而使我们能够在一定时期对这些定义进行修订。

国家标准对于物流的定义明确为："物品从供应地向接收地的实体流动过程。根据实际需要，将运输、储存、装卸、搬运、包装、流通加工、配送、信息处理等基本功能实施有机结合。"

这个定义从两个角度来说明物流：第一个角度是从物流的表观现象，客观地表述物流活动的过程和状态；第二个角度是从管理的角度，表述了物流活动的具体工作内容以及对这些工作进行系统的管理。

定义的前半部分明确地指出了物流的特定范围，起点是"供应地"，而终点是"接收地"。只要符合这个条件的实体流动过程都可以看成是物流。至于为什么会在这种限定范围内进行运动，也就是物流的原因和动力，在定义中并没有予以明确。也就是说，无论什么原因导致物品的实体流动，都可以看成是"物流"。很明显，这个定义充分表达了物流的广泛性，这种广泛性的表达有利于纠正人们对物流的狭窄理解，从而纠正一些认识误区。

社会上对物流的认识误区，主要表现在认为物流是"物资流通"、"商品流通"，或者是这种流通的一个子系统或一个分支。其表现形式是"物流的背后是商业"等诸如此类的认识。导致产生这一认识的原因，一方面是与"流通"的混淆，即把不属于物流的商业行为——"商流"也纳入物流的范畴，使物流的概念扩大化；另一方面是把物流仅局限在流通领域，否定物流的广泛性。

很明显，物流在宏观大范畴和微观领域，都广泛存在而且发生影响。从经济学角度来讲，物流不仅是宏观经济的重要组成部分，而且也是微观经济不可缺少的领域。图 1 - 2 便是根据"供应地"、"接收地"的不同来表现物流的广泛性。

定义的后半部分明确地指出物流所包含的功能要素，对于这些功能要素，物流应当做的事情是"实施有机结合"。这里面有双重的意思：

第一重意思，所谓"有机结合"，是"一体化"、"系统化"的表达形式，这也是一种"现

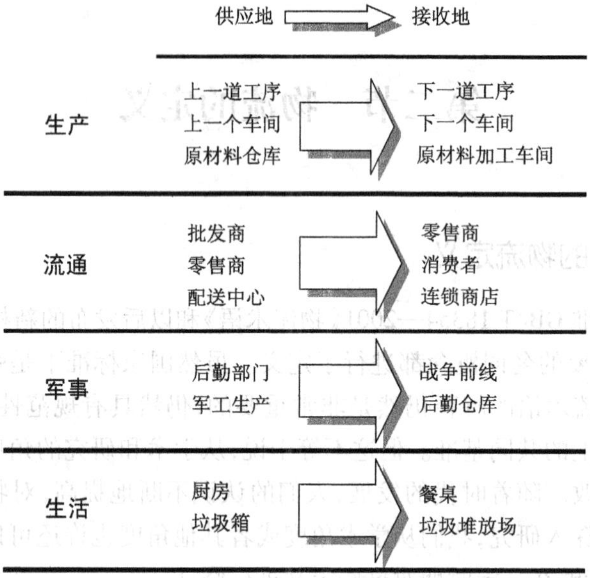

图1-2 物流活动的广泛性

代的"含义。它告诉我们,物流是系统化的产物。我们通常所研究、应用和实施的物流,实际上是系统状态的复杂活动。应该说明的是,像运输、包装等本身就是一种独立的经济形态,它们只是系统物流中的一部分,它所从事的工作只是物流系统活动中的一个局部,从这个角度上将从事这些经济活动的企业称为"物流企业"也未尝不可。但是,这样的企业绝对不是现代意义的物流企业,因为这种企业并没有从事系统的物流活动。

第二重意思是通过"实施"两个字来表达的,要把这些单项的功能予以系统化实施,所需做的工作便是"管理"。所以这个定义也在一定程度上表达了管理的内涵。

二、发达国家及地区的物流定义

(一)美国的定义

就我国而言,一直到今天,对物流的学习和引进仍然多于自己的创新。因此,研究和了解物流比较先进的国家对于物流定义的认识和理解,尤其是美国采用 Logistics 这个词汇代替 Physical Distribution 这个词汇之后对物流的定义以及在这之后最新的物流定义,有助于我们深刻地认识这个问题。需要说明的是,由于对物流的理解不同以及文化的差异,我们所讲的"物流",国外的理解往往是"物流管理"。所以,有关物流方面的定义,有的国家有时候是以物流管理定义的名义出现的。

美国的定义具有一定的权威性,它由综合性的物流组织——美国物流管理协会(Council of Logistics Management)提出。在采用 Logistics 这个词汇代替 Physical Distribution 这个词汇之后,该协会对物流管理(Logistics Management)的定义是:

"为了满足客户的需求,对商品、服务和相关信息从产出点到消费点的合理、有效的流动和储存，进行计划、实施与控制的过程。”

20世纪末，美国物流管理协会对物流的定义又进行了新的修改：

“物流是供应链流程的一部分，是为了满足客户需求而对商品、服务及相关信息从原产地到消费地的高效率、高效益的正向反向流动及储存进行的计划、实施与控制过程。”

（二）欧洲的定义

欧洲物流协会的定义也许在欧洲大陆具有代表性，其1994年对物流下的定义是：“物流是在一个系统内对人员和商品的运输、安排及与此相关的支持活动的计划、执行与控制，以达到特定的目的。”

（三）日本的定义

对日本而言，物流也是一个引进的概念，因此，在引进过程中，也存在对物流的理解逐渐深化、逐渐变化等问题。不同时期，其对物流理解的重点也有所区别。基本的情况是：在20世纪90年代以前，日本社会对于物流的解释来自政府，因此认识似乎很统一；但是在90年代之后，美国和欧洲发达国家采用了Logistics这个词汇以后，日本国内就没有形成统一的物流概念，而出现了对物流的不同解释，同时出现了两个相近概念在经济领域的不同部门各自使用的状况。

由于我国的物流启蒙和最初的引进是来自日本，而笔者写的《现代物流学》中的一些主要理论也是来自日本，所以特别把不同时期日本对于物流的定义做一个介绍。

日本日通综合研究所1981年出版的《物流手册》这样描述物流：

“物流是物质资料从供给者向需要者的物理性移动，是创造时间性、场所性价值的经济活动。从物流的范畴来看，包括：包装、装卸、保管、库存管理、流通加工、运输、配送等诸种活动。”

这个定义在我国应用时间比较长，也有很广泛的影响面。

2002年，日本标准学会以日本工业标准（JIS）的形式，对与物流相关的词汇做了以下两个明确的定义：

第一个是：采用日语词汇“物流”，对应于美国的Physical Distribution，工业标准的定义为：

“物质资料从供应者到需要者进行时间的、空间的移动过程的活动。一般认为是将包装、输送、保管、装卸搬运、流通加工以及与此相关的情报等各项功能进行综合管理的活动。在不同的对象领域有特定的不同称呼：供应物流、生产物流、销售物流、回收物流等等。”

第二个是：采用日语词汇“ロジスティワス”，对应于美国的Logistics，工业标准的定义为：

“将物流活动的目标定位于充分满足最终需要，同时要解决保护环境等方面的社会问题，在此前提下追求高水平的、综合的完成包装、输送、保管、装卸搬运、流通加工以及相关情报等各项工作，以谋求将供应、生产、销售、回收等各个领域实现一体化、一元化的经营活动。"

第三节 物流总体能力的构成——物流的功能

对物流概念的认知,不是一个概念性的描述或者是一个定义能够解决的,物流是一个很复杂的过程,通过这个过程表现出物流的能力。对于物流能力,不但要认知其总体能力,而且应当认知构成这个总体能力的若干个基本的能力,我们称之为"功能"。对物流的基本能力按照不同的需要进行合理的组合,就可以发挥出物流的能力,通过物流能力的发挥最终完成物流的使命。

一般认为,物流的功能构成主要有包装、装卸搬运、运输、储存保管、流通加工和配送,如果从物流活动的实际工作环节来考察,一个完整的物流过程由上述六项具体的功能活动按需要优化组合来完成。

(一)包装

包装包括产品的出厂包装,生产过程中在制品、半成品的包装以及在物流过程中换装及分装、再包装等活动。对于生产这个大系统来讲,包装系统是处于末端环节的子系统,往往是生产的一部分,由生产部门规划、设计、建设、运行和管理。包装是生产过程和物流过程的一个衔接过程,虽然这个过程大多是属于生产管理,但是必须考虑物流对包装的需求。对于物流来讲,包装是处于起始端环节,包装会影响到以后物流的每个过程和物流总的过程。从这个意义上来讲,包装对于物流的重要性远胜于对于生产的重要性。

(二)装卸搬运

装卸和搬运实际上是物流过程中的两种不同的活动。长距离的搬运,实际上是一种运输的形态,在物流过程中,也就把它看成是一种运输过程。伴随装卸活动的搬运,与装卸之联系非常紧密,在物流科学中,就把二者当做一项活动,称为装卸搬运。

装卸搬运在物流过程中是多次发生、频繁发生的一项活动,不但是物流之中各个过程在转换和连接时候的必要操作,即使在一个具体的过程中,由于不同工序和不同工作的衔接,不同操作人员的衔接,不同操作工具和装备的衔接,也必然要发生装卸搬运活动。

(三)运输

运输要解决的是实体的流动,也就是说解决的是物流的主要问题。无论是近距离的实体的流动还是实现物的长距离、大范围的空间移动,靠的都是运输。所以,运输活动是经常会和物流活动混淆的一个概念,有人甚至认为运输就是物流的全部,因为这项活动实际上也是物流的主体或者说是物流系统的主要子系统。

（四）储存保管

在古代农业经济时期，储存保管的地位远远高于运输、装卸搬运等与物流相关的其他活动的地位。传统经济中，储存保管也经常和运输处于同等重要的地位。现代物流系统特别强调"流"的能力，因而强调尽量减少储存保管活动及其带来的消耗，这使得储存保管在物流活动中的地位有所降低。

（五）流通加工

流通加工从性质和手段来讲，是属于具有生产性质的一种活动，发生在物流过程中，是流通过程中的辅助加工活动。流通加工活动不仅存在于社会流通过程中，也存在于企业内部的流通过程中。流通加工是现代物流系统中的一项创新活动。流通加工具有增值的积极作用。生产企业和流通企业为了有效地衔接不对称的产需，弥补生产过程中加工程度的不足，更有效地满足用户或本企业的需求，更好地衔接产需，往往需要进行流通加工活动。

（六）配送

配送是物流进入最后阶段，以配货、包装、送货形式最终完成社会物流并最终实现资源配置和对用户服务的活动。

在现代物流观念没有建立之前，配送活动一直被看成运输活动的一个组成部分、一种运输形式。所以，过去未将其独立为物流活动，而是将其作为物流过程的末端运输活动对待。但是，配送作为一种现代流通方式，集经营、服务、社会集中库存、分拣、装卸搬运于一身，已不是单单一种送货运输所能包含的。配送是整个物流系统服务能力的最后的集中体现，这在现代经济中是一件非常重要的事情，配送就这样成为现代物流的一个非常重要的创新。

如果从物流运作的角度观察问题，前面所讲的物流功能在现实的物流运作中，是使用不同工具、依托不同的装备设施、由不同部门和不同操作者所进行的不同作业。物流则是依靠这些作业的组合和衔接来完成的。

第四节　物流分类及重要物流形态

本书的前几版都没有明确物流的分类，只是提出了这个问题，主要原因是当时对物流做出科学分类的时机还不太成熟，但是又不能不涉及这个问题，所以采用了"物流的划分"这种方式进行表述，并且在书中明确："目前物流的分类问题尚待研究，为区分起见，本书仅做划分研究。"物流进入中国30多年，其学科和实践有了很大的发展，应当说现在明确这个问题的时机已经成熟了。

社会经济领域中物流活动无处不在,涉及经济领域和人民生活的方方面面,广泛而且复杂,为了更有效地运行物流和管理物流,需要对其进行划分和分类。社会经济领域之中,许多领域都有具有自己特征的物流活动。在这些物流活动中虽然物流基本要素都存在,而基本要素是共同的,但是由于物流对象不同,物流目的不同,物流范围、范畴不同,推进和实施物流的主体不同,所采用的方式方法和设备工具不同,因此就形成了不同类型的物流。

既然有不同类型的物流,必然产生与之适应的分类方法,以便能够区别认识和研究。因为目前并没有统一的分类标准,综合许多学者已有的论述,我们采取了如下的分类方法。

一、不同依据的物流分类

物流的分类很少采取定量的方法,一般都是采取定性的方法。分类的依据以及分类的结果大体如下:

第一,从物流的覆盖范畴和观察物流的角度进行分类,可以将其分为宏观物流、中观物流和微观物流三个层次,一般把这种分类看成是物流的大分类。

第二,按照物流在社会再生产中的不同环节、不同服务对象与服务方式进行分类,可以将其分为供应物流、生产物流、销售物流、回收物流、废弃物物流五个类别。

第三,按照组织和承担物流活动的主体进行分类,可以将物流分为第一方物流、第二方物流、第三方物流、第四方物流。甚至有的人引申出第五方物流、第六方物流。

第四,按照物流的共性和特性进行分类,可以将其分为普通物流和特殊物流两大类。特殊物流有极强的针对性,又可以对其进一步进行分类。

第五,按照物流运行的具体区域进行分类,可以将其分为国际物流、国内物流、区域物流、城市物流等。

第六,按照物流服务的领域进行分类,可以将其分为社会物流、部门物流、企业物流、军事物流、行业(产业)物流、家庭物流等。

第七,按照对物流有不同要求和不同特点的物流对象进行分类,可以将其分为原料物流、材料物流、机电产品物流、农产品物流、医药产品物流、木材物流、水泥物流、玻璃物流、日用品物流、食品物流、粮食物流、蔬菜物流、水果物流等。

第八,对因物流活动的科学技术特点不同而形成的物流进行分类,已经成熟的类别有快速物流、冷链物流、集装物流、散装物流等。

第九,按照物流方式和物流组织的水平进行分类,可以将其分为一般物流、高端物流两大类。这两大类物流又是若干类别的物流的总体称谓。

上述分类是物流的大分类,大分类之下还有几个层次的细分类。另外,从不同角度所进行的分类,互相之间有交叉,可以描画出一个大的分类图谱,遗憾的是,本书不可能做如此细致的分类研究。

二、物流大分类及层次关系

物流的上述分类，形成了三个层次关系。

（一）宏观层次及其所包含的物流

国际物流、国内物流、社会物流、一般物流、普通物流这些覆盖面广、涵盖内容和种类更多的物流形态，都属于宏观物流层次。

（二）中观层次及其所包含的物流

生产物流、区域物流、部门物流、行业物流（商业物流、制造业物流、外贸物流、农业物流等）等属于中观物流层次。

（三）微观层次及其所包含的物流

企业物流、供应物流、销售物流、回收物流、废弃物物流、生活物流、各种具体产品的物流（水泥物流、平板玻璃物流、煤炭物流、金属材料物流等）等属于微观物流层次。

三、物流类别详解

（一）宏观物流

宏观物流是指社会再生产总体的物流活动，是从社会再生产总体角度认识和研究的物流活动。这种物流活动的参与者是构成社会总体的大产业、大集团。宏观物流研究的是社会再生产总体物流、产业或集团的物流活动和物流行为。

宏观物流还可以从空间范畴来理解：在很大空间范畴的物流活动，往往带有宏观性；在很小空间范畴的物流活动，往往带有微观性。

宏观物流也指物流全体，是从总体看物流而不是从物流的某一个构成环节来看物流。

具体来讲，国民经济各种经济活动和经济领域之间、区域之间以及国家之间的物流活动属于宏观物流。

因此，在我们常常提到的物流活动中，下述若干物流形态应属于宏观物流，即社会物流、国民经济物流、国际物流。宏观物流研究的主要特点是综观性和全局性。

（二）微观和中观物流

基础的、简单而具体的物流活动，称为微观物流。生产者、销售者、消费者个人或企业所进行的实际的、具体的物流活动属于微观物流。

在整个物流活动之中的一个局部、一个基础环节的具体物流活动，在一个小地域空间发生的具体的物流活动，针对某一种具体产品所进行的物流活动都是微观物流。

物流涉及的领域实在太广泛，在宏观和微观之间，还存在既不属于基础性的、局部的、小范围的物流活动,相对于宏观物流来讲,它也没有涉及全局的宏观性,所以在分类上可以将其确定为一个类别,也就是中观物流。

(三)社会物流

社会物流也是宏观物流的一种。

社会物流是指超越一家一户的,以一个社会为范畴,以面向社会为目的的物流。这种社会性很强的物流往往是由专门的物流承担人承担的。社会物流的范畴是社会经济的大领域。社会物流研究再生产过程中发生的物流活动,研究国民经济中的物流活动,研究如何形成服务于社会、面向社会又在社会环境中运行的物流,研究社会中物流的体系结构和运行,因此带有综观性和广泛性。

(四)企业物流

从企业的角度来看,企业物流是具体的、微观的物流活动的典型领域。企业物流又可分为以下不同类型的物流活动:

1. 企业生产物流。企业生产物流是指企业在生产工艺过程中的物流活动。这种物流活动是与企业整个生产工艺过程伴生的,实际上已构成了企业生产过程的一部分。企业生产物流的过程大体为:原料、零部件、燃料等辅助材料从企业仓库或企业的"门口"开始,进入到生产线的开始端,再进一步随生产加工过程一个一个环节地"流",在"流"的过程中,它们的本身被加工,同时产生一些废料余料,直到生产加工终结,再"流"至制成品仓库便终结了企业生产物流过程。

过去,人们在研究企业生产活动时,主要注重一个一个的生产加工过程,而忽视了将每一个生产加工过程串在一起的,同时又和每一个生产加工过程同时出现的物流活动。例如,不断地离开上一工序,进入下一工序,便会不断发生搬上搬下、向前运动、暂时停滞等物流活动。实际上,一个生产周期中,物流活动所用的时间远多于实际生产加工的时间。所以,加强企业生产物流的研究,对于挖掘时间节约的潜力和劳动节约的潜力意义是非常大的。

研究企业生产物流的课题很多,例如生产流程如何安排,各生产活动环节如何衔接才最有效,如何缩短整个生产的物流时间,与生产工艺过程有关的物流机械装备如何选用配合等。

2. 企业供应物流。企业需要不断组织原材料、零部件、燃料、辅助材料供应的物流活动,这种物流活动对企业生产的正常、高效进行起着重大作用。企业供应物流不仅要保证供应,而且还是在以最低成本、最少消耗、最大的保证来组织供应物流活动的限定条件下,因此,具有很大的难度。

企业供应物流受宏观环境的制约。在不同的宏观环境条件下,在不同的体制下,物流方式以及需要解决的问题有很大的不同。

现代物流科学是基于非短缺商品市场这样一个宏观环境来研究物流活动的,在这种市场环境下,买方有主导权,因此保证供应数量是容易做到的。企业的竞争关键在于如何降低这一物流过程的成本，这可以说是企业供应物流的最大难点。为此，企业供应物流就必须解决有效的供应网络问题、供应方式问题、零库存问题等。

企业的供应物流有三种组织方式：第一种是委托销售企业代理供应方式；第二种是委托第三方物流企业代理供应方式；第三种是企业自供方式。这三种方式都有低层次的、高层次的不同管理模式，其中供应链方式、零库存供应方式、准时供应方式、虚拟仓库供应方式值得我们关注。

3. 企业销售物流。企业销售物流是企业为保证自身的经营效益，不断伴随销售活动，将产品所有权转给用户的物流活动。如上所述，在现代社会中，市场环境是一个完全的买方市场，因此，销售物流活动便带有极强的服务性，以满足买方的要求，最终实现销售。

在这种市场前提下，销售往往以送达用户并经过售后服务才算终止，因此，销售物流的空间范围很大，这便是销售物流的难点所在。在这种前提下，企业销售物流的特点，是通过包装、送货、配送等一系列物流实现销售。这就需要研究送货方式、包装水平、运输路线等问题，并采取各种方法，诸如少批量、多批次，定时、定量配送等特殊的物流方式来达到销售目的，因而，其研究领域是很宽的。

在销售物流活动中，特别要引起我们关注的是配送方式。

4. 企业逆向及回收物流。其包括以下三种形式：

第一种，企业的产品在实现销售之后，由于各种原因遭受到质量、性能变化和损失，需要返回到企业或者企业指定的地点进行维修或更换。

第二种，完全失去使用价值的产品需要返回到企业进行处理。

第三种，企业在生产、供应、销售的活动中总会产生各种边角余料和废料，这些东西需要返回成为生产资料继续加以利用。

回收物流是逆向物流的一部分。

5. 企业废弃物物流。它是指对企业生产排放的无用物进行运输、装卸、处理等的物流活动。按照现代物流的观念，企业在物流活动中必须把体现环境保护作为自己的社会责任，因此，废弃物物流应当是企业物流的一个重要领域。

（五）国际物流

国际物流是现代物流系统中发展很快、规模很大的一个物流领域。国际物流是伴随和支撑国际上的经济交往、贸易活动和其他国际交流所发生的物流活动。由于近十几年国际贸易急剧扩大，国际分工日益深化，东西方之间冷战结束，以及诸如欧洲等地区一体化速度的加快，国际物流成为现代物流研究的热点问题。

对此本书有专章叙述，此处从略。

（六）区域物流

相对于国际物流而言，一个国家范围内的物流，一个城市的物流，一个经济区域的物流都各自受相同文化及社会因素影响，都处于同一法律、规章、制度之下，都具有基本相同的科技水平和装备水平,因而,都各自有其独特之处。研究各个国家、各个区域的物流,找出其区别及差异所在,找出其联结点以及共同因素,这是研究不同国家、不同区域物流的重要基础。例如:日本的物流,海运是其非常突出的特点,日本国土狭小,覆盖全国的配送系统也很有特点;美国的物流,大型汽车的作用非常突出;由于欧洲一体化进程的加快,欧洲各国分工的特点也很突出;等等。这种研究不但对认识各国物流的特点会有所帮助,而且对各国、各地区互相学习,促进发展作用巨大。日本便是在研究、吸收、消化美国物流经验的基础上,发展起本国独具特色的物流。

区域物流研究的一个重点是城市物流。世界各国的发展,一个非常重要的共同点就是社会分工、国际合作的加强,同时,每一个城市及周边地区,都逐渐形成小的经济地域,这成为社会分工、国际分工的重要微观基础。城市经济区域的发展有赖于物流系统的建立和运行。

城市物流要研究的问题很多。例如,一个城市的发展规划,不但要直接规划物流设施及物流项目,如建公路、桥梁,建物流仓库等,而且,需要以物流为约束条件来规划整个市区,如工厂、住宅、车站、机场等。物流已成为世界上各大城市规划和城市建设要研究的一个重点。

在城市形成之后,整个城市的经济活动、政治活动、人民生活等活动也是以物流为依托的,所以城市物流还要研究城市生产、生活所需物资如何流入,如何以有效形式供应给每个工厂、每个机关、每个学校和每个家庭,城市巨大的耗费所形成的废物又如何组织物流等等。可以说,城市物流内涵十分丰富,很有研究价值。

(七)军事物流

军事物流是军事后勤的一部分或者是军事后勤的全部,是实现军事保障的物流。

军事系统在任何一个主权国家都是具有举足轻重地位的大系统,无论在平时还是在战时,这个系统都离不开保障性的物流活动。尤其在战时,军事物流的重要性会变得十分突出。许多著名的军事家都有相同的或者相似的看法:战争成败不但取决于前线,更重要的是取决于后勤。这表明了战时军事后勤的重要性。

现代物流科学的起源,就来自第二次世界大战美国在军事物流活动中利用托盘叉车系统所形成的物流系统化的创新。一直到今天,系统化仍然是现代物流的核心特点之一。笔者在“中国物流网”建网时曾明确提出“物流的灵魂在于系统”,讲的就是诞生于军事物流的物流灵魂。

军事物流和一般物流相比,有自己的规律和独特性。就军事物流本身而言,其在平时和战时也有不同的规律。最为典型的是库存观念不同,对于战争时期突发性的、快速的、大量的需求,再强大的军事生产也很难通过即时生产来保证这种即时的需求,这就决定了军事物流必须有强有力的库存支持。“零库存”的观念不能有效地应用于军事物流,从另外一个角度也说明了仓库和库存对于军事物流的特殊重要性。

军事物流资源由两大部分组成:一部分是核心资源,一部分是一般资源。核心资源具有高度的机密性和专用性,在平时也应当处于战备状态,可以随时服务于军事活动,如军事基地、弹药库、军械仓库、油料库等；另外相当一部分的资源是一般性的资源，如车辆、运输船舶、一般运输码头、车站、机场、道路等。

一般来讲，各个国家的军事物流都有水平较高的、大量的一般物流资源，如仓库、运输装备工具、道路、信息系统等。在战时，这些物流资源会处于短缺状态；在平时，它们又会处于过剩状态，出现大量闲置。因此，在平时，将这些一般的军事物流资源和社会物流资源进行整合，实现共享，即建立“军、地一体化物流系统”，是军事物流管理的重要内容。

（八）一般物流

一般物流强调物流活动的共同点和一般性。物流活动的一个重要特点，是涉及全社会、各企业，因此，物流系统的建立和物流活动的开展必须有普遍的适用性。物流系统的基础点也在于此。否则，物流活动只有特殊性而没有共同性，便有很大的局限、很小的适应性，物流活动对国民经济和社会的作用便大大受限了。

一般物流研究的着眼点在于物流的一般规律，普遍适用的方法，以及建立普遍适用的物流标准化系统，研究物流的共同功能要素，研究物流与其他系统的结合、衔接，研究物流信息系统及管理体制等。

（九）特殊物流

专门范围、专门领域、特殊行业，在遵循一般物流规律的基础上，具有特殊制约因素、特殊应用领域、特殊管理方式、特殊劳动对象、特殊机械装备特点的物流，皆属于特殊物流范围。

特殊物流活动的产生是社会分工深化，物流活动合理化和精细化的产物。在保持通用的、一般的物流活动的前提下，能够有特点并能形成规模，能产生规模经济效益的物流会形成本身独特的物流活动和物流方式。世界经济体系中，有很多成规模的、有特点的特殊物流领域，特殊物流的研究和构筑系统，可以使每个独特领域里的物流水平大大提高，可以大幅度降低物流成本，因此具有实际经济意义。特殊物流的研究对推动现代物流的发展具有巨大的作用。

不同类别的物流对象对物流有不同的要求，需要采取不同的物流应对措施，有时候要专门为某一种类别的对象建立特殊的物流系统。当然，也有非常特殊的情况，那就是某一个特殊的对象也可以成为一个物流的类别。

特殊物流可进一步细分如下：

1. 按劳动对象的特殊性不同分类，有水泥物流、石油及油品物流、煤炭物流、腐蚀化学物品物流、危险品物流、活体物流、食品物流、废弃物物流、军事物流等。

2. 按数量及形体不同分类，有大批量、大数量物流，多品种、少批量、多批次产品物流，超大、重、长型物物流等。

3. 按服务方式及服务水平不同分类，有“门到门”的一贯物流、快递物流、精益物流、加工物流、应急物流、冷链、配送等。

4. 按装备及技术不同分类,有集装箱物流、托盘物流、散装物流、绿色物流、智能物流、低碳物流、航空快运、内河水运、远洋海运、管道输送等。

(十) 不同物流责任人的物流

不同的经济环境下,物流责任人的责任和利益有所区别,不同责任人组织和承担物流活动的可行性也会发生改变。社会分工也会深入到这个领域,反映到物流的分类中,就形成了如下的按照不同责任人分类的物流。目前,对这一分类的具体内涵还没有定论。笔者对这种分类的看法是:

1. 第一方物流。第一方,社会上一般是对"我方"的称谓,因此,第一方物流指的是企业自己完成的物流活动,也称为自营物流。

2. 第二方物流。第二方,社会上一般是对"你方"、"对方"的称谓,因此,第二方物流指的是作为产品供给方或者产品需求方的产品交易伙伴完成的物流活动,也称为他营物流。

3. 第三方物流。它是指由交易双方之外的、与交易活动无关的第三方完成的和双方交易相关的物流活动。很明显,第一方物流、第二方物流都是为了实现买或卖的交易而从事的物流活动,这种物流活动本身和交易活动捆绑在一起,因此,缺乏独立性和专门性,而第三方物流则是独立地、专门地从事物流活动。

4. 第四方物流。它是指不从事具体的物流活动,也基本不具有物流工具、装备、基础设施,但能够在高端对整个供应链的物流提供整合方案,从而能够为客户提供增值的物流服务。例如,采购和整合第三方物流,整合装备和技术供应商,整合提供管理咨询的服务商,称为第四方物流(4PL,Fourth Party Logistics)。

第四方物流是21世纪才出现的一种物流形态,现在仍在完善和创新的过程之中。

在社会上还有第五方物流、第六方物流的称谓,基本上都是上述各种物流形态在特殊环境条件下的衍生品,此处不再列举。

第五节 与物流相关的经济活动

一、流通

流通是一个非常大的概念,流通的出现是人类经济活动中的一个重要里程碑,它伴随的是商品生产、商品交换和消费。对于流通的研究和关注,过去主要集中在社会再生产全过程:生产、流通、消费。流通是这个大系统中的一个重要子系统,和流通相关的是生产和消费。

传统的政治经济学,尤其关心生产和流通的关系,把生产看做是主导,认为生产决定流通,生产方式决定流通方式,生产发展的水平决定流通发展的水平。

本书对于流通的关注，显然不在于流通和生产的相互关系，而是从现代物流的角度来关心流通。就生产、流通、消费这个大系统而言，流通和消费恐怕与物流的关系更为密切一些。

现在一般认为，流通是包含了物流在内的一个更为广泛的概念。一个典型的公式是：

流通＝商流＋物流＋资金流＋信息流

对于物流和流通的概念，存在混淆或者含义不明的情况，原因在于二者都有一个"流"字，而且流通的主要对象又是各种各样的"物"。

流通一词的使用确实在很多地方与"物流"相混淆，所以，在一些专业材料中也用它作为物流的表述方式，例如："物的流通"、"实物流通"，甚至是"空气流通"。

流通又是一个非常重要的经济学词汇，是社会再生产过程中的重要环节，是作为社会再生产前提和条件的一个重要过程。流通是社会进化的产物，是社会分工和生产社会化的产物。首先出现的流通是为商品交换而导致的商品流通，它的对象是"商品"，即实物，而货币的流通是后来才出现的。

从理论上讲，流通的对象是商品，因此流通不仅是指商品价值形态的变化导致的价值的流通，而且包括商品使用价值的流通。使用价值要在商品使用中才能体现，所以，这些商品的实物本身必须一起流通，我们把它称为"物流"。所以，从某种理论上来讲，将来即使是以货币为媒介的商品生产和商品流通都消失了，实物的使用价值的流通仍将继续存在，所以物流将继续存在。到那个时候，流通的典型公式就可能变成：

流通＝物流＋信息流

二、商流

商流可以用"商品流通"、"商业流通"这些耳熟能详的概念来理解。有一种观点认为，商流是上述两个概念的简称。确实，商流这个词汇很通俗，似乎无须再解释。但是，商流这个词汇是和物流这个词汇同时出现的，人们对两者做出了区分，形成了一个新的概念体系。而"商品流通"、"商业流通"这些概念是长期使用的、成熟的概念，它们的内涵之中不但包括"商流"，也包括"物流"。所以，如果我们认真追寻这些概念的话，"商流"也是一个新的、独立的词汇，不能够用"商品流通"、"商业流通"来直接解释，也更不是它们的简称。

例如，经济学领域对于商品流通的解释是："商品流通是指以货币为媒介的商品交换，也就是商品从生产领域向消费领域的社会经济流动。"显然，商品流通流动的是"所有权"和"商品实物"，其中当然也包含了物流的概念。而只有其中的商品"所有权"的转移活动才是我们讲的"商流"。

所以，商流是指商品在流通过程中由于商业交易所引起的法律上的所有权证书转移的这样一种流动过程。商流和物流是两种不同性质的活动和过程，它们之间确实有因果关系，有时候有一定程度上的互相决定和影响。两者的运动可以是伴生性质的，也可以完全不相关。两者都有独自的、特殊的运动规律。本书所研究的就是物流的特殊运动规律。

三、资金流

如果从社会再生产这个大系统来讲,资金流贯穿于从生产到消费的整个过程和各个环节,没有资金流,社会经济就会出现严重混乱和停滞。物流领域对于资金流的关注点显然有自己的特点。在物流领域,伴随商流和物流所发生的资金运动(流动),称为资金流。非常明确的一个事实是:如果没有与商业交易相应的、相关的资金流动,就不可能完成商业交易活动,也就不能形成对于物流的需求。但这仅仅是需求而已,有了需求,还需要有资金流来推动物流活动。如果没有与物流活动相应的、相关的资金流动,就不可能有相应的物流活动。很明显,对于物流来讲,资金流是条件,是推动力。另外,资金流的介入是有条件的,资金流动过程中,推动资金流的力量是资金的增值。所以,对于流通和物流来讲,资金流更重要的一点是增值,这是它的推动力,也是它的终结和归宿。

四、信息流

信息流是涉及广泛的一个概念,在不同的经济领域会出现一些不同的理解。现代物流研究的信息流指的是与物流过程伴生的信息流动。在这个系统中,两者的关系是:物流是信息流的基础,物流和与之相关的事物产生了信息,信息伴随物的流动而流动,可以说,物流和信息流是同时发生并且运动的。信息流是物流的一个重要支柱,它赋予物流"灵性",同时又制约着物流,对物流具有直接的影响。

无论什么水平的物流,都会有与之伴生的信息流,所以,无论是在落后的物流系统还是在若干年前的物流系统中,信息流都是与物流相伴而生的。我们强调物流、商流、信息流、资金流"四流联动",是信息化前提下的运动。以信息化带动现代物流的发展,使物流精益化,充分满足发展的需求,同时减轻物流给环境和资源造成的负担,这是全世界的课题,更是中国的课题。

五、综合运输

运输是物流的主体功能,在物流系统概念没有建立之前,在人们的观念中,物品从供应地向接收地的实体流动过程基本上是靠运输完成的。所以,在物流的各项功能中,人们非常重视运输,在系统化的观念建立过程中,人们自然对于运输系统化的问题有过很多的探索,而综合运输就是这种探索的一个重要成果。在物流这个系统观念建立之后,乃至供应链系统观念建立之后,运输系统化的问题仍然是其中的重要组成部分。

综合运输就是运输系统化,对其可以作出这样的描述:综合运输是对由各种运输方式进行系统化、优化,使得多种运输方式无缝连接为我所用、优势互补,构成技术先进、网络布局和结构合理的运输体系。具体而言,综合运输是综合发展和利用铁路、公路、水路、管道和航空等各种运输方式,形成技术先进、网络布局和运输结构合理的运输体系。

综合运输大通道、综合运输枢纽等是综合运输的重要资源。

本质上,综合运输的思想观念也是现代物流思想观念的一部分。

六、供应链

我国的物流术语国家标准对供应链有明确的定义:“生产及流通过程中,涉及将产品和服务提供给最终用户活动的上游与下游企业,所形成的网链结构。”这个定义没有反映出供应链的现代内涵。如果能对其最后一句话——“所形成的网链结构”做如下的修改,这个概念的时代性就会明显地表现出来:“经过整合和信息联结所形成的网链结构。”

很明显,供应链涉及全部生产及流通过程,因此内涵庞杂而丰富,它涵盖的范围远远超过物流,物流仅是这个“网链结构”的关键的、主体的组成部分。我们在谈到两者的关系时可以这样表述:“物流是供应链的一部分。”

供应链的广泛性及深入性,足以构造出一个相应的社会经济环境,我们必须要重视这种环境可能造成的一系列影响,包括对物流的影响。

供应链时代的到来,供应链环境的形成,会促使人类社会出现多么大的变革,我们现在还不完全清楚,但是,有一点是明确的:供应链环境对物流必然会产生影响,我们能动地、有预见性地去进行研究和思考是绝对必要的。

第二章

物流理论及观念

第一节　物流的基本要素

物流的基本要素包括七个方面:“物”的要素、“流”的要素、“信息”的要素、“装备”的要素、“系统”的要素、“管理”的要素以及“服务”的要素。

一、“物”的要素

物流中“物”的概念是指一切可以进行物理性位置移动的物质资料。这类物质资料可以是有固定形状的,也可以是无固定形状的。有固定形状的诸如衣物、日用品、钢材、水泥等;无固定形状的诸如油类、酒类、天然气、煤气等。它包含固、液、气三种状态存在的全部可以进行物理性位移的物质资料。物流中所指的“物”的一个重要特点,是其必须可以发生物理性位移,而这一位移的参照系是地球。因此,固定了的设施、田地、建筑物等,不是物流研究的对象。

有许多对“物”的称谓,往往是出于片面、狭义的理解,或者仅是上述“物”之中的一部分,或者与上述“物”互相包含。很多表达“物”的称谓,都不能对物流中的“物”做出正确的全面的概括。此处对这些称谓与物流中的“物”的同异之处予以明确。

(一)物资

物资是对物质资料的一种称谓。新中国成立以后很长时期,尤其在计划经济时期,物资专指生产资料,较多指工业生产资料,有时也泛指全部物质资料,现在则泛指全部物质资料。其与物流中“物”的区别在于,“物资”中包含相当一部分不能发生物理性位移的生产资料,这一部分不属于物流研究的范畴,如建筑设施、土地等。

(二)物料

物料是我国生产领域中的一个专门概念。生产企业习惯将最终产品之外的、在生产领域流转的一切材料(不论其来自生产资料还是生活资料)、燃料、零部件、半成品、外协件，以及生产过程中必然产生的边角余料、废料及各种废物统称为“物料”。物料也具有可运动的性质，是物流中“物”的一部分。所以说，在生产领域中物流的“物”主要指的就是物料。

（三）货物

货物是我国交通运输领域中的一个专门概念。交通运输领域将其经营的对象分为两大类，一类是人，一类是物，除人之外，“物”的这一类统称为货物。很明显，既然是交通运输的经营对象，“货物”必须具有可运动之性质，是物流学中“物”的一部分。实际上，在交通运输领域中，物流学中的“物”指的就是货物。需要说明的一点是，在这一领域中，人作为一种物质实体，有时也属于物流学的研究对象，也包含在物流中“物”的概念之中。

（四）商品

商品和物流的“物”的概念是互相包含的。商品中的一切可发生物理性位移的物质实体，也即商品中凡具有可运动要素及物质实体要素的，都是物流研究的“物”。特别需要明确的是，并不是所有的商品都是物流包含的对象，有一部分商品不属于此，例如，作为商品的房产、地产是这类商品中最为典型的代表，因为它们不可能发生物理性的位移。因此，物流的“物”有可能是商品，也有可能是非商品。商品实体仅是物流中“物”的一部分。

（五）物品

物品是生产、办公、生活领域常用的一个概念。在生产领域中，物品一般指不参加生产过程，不进入产品实体，而仅在管理、行政、后勤、教育等领域使用的与生产相关的或有时与生产完全无关的物质实体；在办公、生产领域则泛指与办公、生活消费有关的所有物件。在这些领域中，物流中所指之“物”，就是通常所称的物品。

总之，物流中所称之物，是物质资料世界中同时具备物质实体特点和可以进行物理性位移的那一部分物质资料。

二、“流”的要素

物流中之“流”，指的是物理性运动。在运动的五种基本形式中，化学的、机械的、生物的、社会的运动现象都不包含在物流的运动中。物流主要研究物理性运动，这种物理性运动也有其限定的含义，那就是以地球为参照物，相对于地球而发生的物理性运动，这种运动也称为“位移”。很明显，诸如建筑物、未砍伐的森林、矿体等，由于不会发生物理性运动，尽管其所有权会发生转移，也不在物流的研究范畴之中。只有当建筑物整体移位或拆移，森林的树木砍伐成木材，矿体开采出矿石，木材、矿石发生了物理性运动，才可归纳到物流的“流”之中。

“流”的范围可以是地理性的大范围，如在洲际、国际、全国、省际、市际甚至是星际之间，属中观、宏观甚至宇观的“流”，也可以是在同一地域、同一环境中的微观运动，小范围位移。下面是物流中的“流”在不同领域的表现形式。

(一)流通领域

物流的“流”,经常被人误解为“流通”。我国不少人在计划经济时代是以“物资流通”来理解物流的,计划经济时代过去之后,又把“物资”一词更名为“商品”,以“商品流通”来理解物流,从而发生概念性错误。日本在引进美国的 Physical Distribution 初期,是定名为“物的流通”,也是一种造词不当,以后才用“物流”一词。

流通是一个特定的经济学概念和一种特定的经济形态。按照经济学的解释,流通应当是以货币为媒介的商品交换,是联结生产与消费的中间环节。这种商品交换伴随有商品所有权的转移,而商品所有权的转移又伴随有商品实体的转移。因此,流通首先是以货币为媒介的购销行为,这是商业行为,我们可以把它称为“商流”;然后才是法律意义上的商品所有权归属的转移,商品所有权的变更,并不一定必须将商品从一方交给另一方;最后才是商品实体实现这个转移,这个领域才和物流有关。

所以,“流”的概念和流通的概念是既有联系又有区别的。其联系在于,流通过程中,物的物理性位移常伴随交换而发生,这种物的物理性位移是最终实现流通不可缺少的物的转移过程。物流中“流”的一个重点领域是流通领域,不少人甚至只研究流通领域,因而干脆将“流”与“流通”混淆起来。

“流”与“流通”的区别主要有两点:一个区别是涵盖领域的区别。“流”不但涵盖流通领域,也涵盖生产、生活等领域,凡是有物发生物理运动的领域,都是“流”的领域;而流通中的“流”从范畴来看只是全部“流”的一个局部。另一个区别是“流通”并不以其整体作为“物流”之“流”的一部分,而是以其实物物理性运动的局部构成“物流”之“流”的一部分。流通领域中商业活动中的交易、谈判、契约、分配、结算等所谓“商流”活动和贯穿于它们之中的信息流等都不能纳入到“物流”之“流”这种物理性运动之中。

(二)生产领域

物流中之“流”可以理解为生产的“流程”。生产领域中之物料是按工艺流程要求进行运动的,这个流程水平高低、合理与否,是生产的管理水平和技术水平的集中体现,对生产的成本和效益、对生产规模影响颇大。因而生产领域中“流”的问题是非常重要的,不仅工业生产如此,农业生产也是如此。生产领域的物流是物流研究的重要领域,是物流研究的半边天。

这里需要指出的是,生产领域中“流程”的概念也是很宽泛的。例如,它不仅反映物流运动,也反映技术、装备及其衔接,还反映管理和调度等问题。因此,生产领域中物之“流”,仍只是“流程”的一个局部。但是在所有几百个生产部门中,无论对哪一种生产类型的流程而言,“物流”都是其中非常重要的组成部分和影响因素,这又是物流在生产领域中的普遍性所在。

现在很多人恰恰忽略了国民经济中生产这个重要领域中的物流问题,甚至有的人根本否认这个领域的物流问题。只看到了物流和商业的关系,强调“物流的背后是商业”就是这种认识的代表，应该说这是一种理论上的错误和认识的偏颇。

（三）生活工作领域

在个人、团体及家庭的工作、生活中，“流”的含义是生活用品、办公用品等物品在家庭及办公室中放置位置不断地变换，是各种家庭用品、办公用品等物品服务于人们需要所发生的伴生性的运动，甚至包括家庭及工作过程中所发生的废弃物丢弃或再生过程中所发生的运动。

（四）军事领域

军事领域的物流是军事后勤非常重要的组成部分。这个领域的物流，是现代物流研究的非常重要的而又非常特殊的一个方面。其主要内容包括：

1. 各个不同的军事工业产业领域进行生产活动所引发的生产资料、军工原料供应和军工生产的物流活动。

2. 战时对战争前线和各个战场的军事后勤保障以及平时的军事后勤准备所发生的相应的物流活动。

3. 处理军工生产废弃物以及军事物资报废、销毁所形成的废弃物的相关物流活动等。

三、信息的要素

现代物流与过去乃至古代的物流一个非常重要的区别就是，现代物流有一个有效的信息系统的支持。几乎所有的国家关于物流的定义，都特别强调在表观的“物”、“流”要素实现过程中信息的主导性和巨大作用。

信息这个要素赋予物流以“灵性”，把“物”的自然运动变成有目的的运动，赋予了物流科学的内涵和经济的内涵。

信息要素本身也是一个系统，物流信息要素不是一个简单的、单项的信息，而是集中了多项信息的复杂信息系统。这些信息蕴涵在物流的每一个领域、每一个环节。

物流信息要素大体的涵盖面为以下几个方面。

（一）“物”的信息

“物”的信息是物流主体的信息，是物流对象的信息。大千世界，万物都各有特点，物流首先是从“物”的特点出发，不同的“物”，不仅是存在状态、本身的性质各有不同，它们的“流”也各有区别。现代物流有各种各样的存在方式，它们可以由各种各样的因素决定，如市场因素、需求因素、经济因素、技术因素等，但是都不能超越“物”的许可。所以，了解和掌握“物”的信息，是物流信息要素的基本和首要问题。

“物”的信息的特点是，它基本上是一种静态的信息，动态性并不强，因此这个信息比较容易掌控。

(二)"流"的信息

"流"的信息是物流的本质信息,归根结底,物流要解决的是"流"的问题,物流的本质是"流"。"流"体现了物流的目的、物流的过程和物流的结果,所以对于物流的信息,重点关注的还应是"流"。

"流"的信息的特点是,它是动态的信息,这个动态的表现形式不但是时间的动态,而且是范围的动态,它是一种时空的动态的信息。很明显,这是比较难以掌控的信息。

(三)环境的信息

物流是在社会中广泛存在的一种形态,它不是一个纯粹的理论问题,因此,物流必然受到环境的影响并且会反过来对环境造成影响。物流不能仅仅从理论出发,按照"物"的理论特性来决定物流方式及物流过程。环境对物流方式、物流过程、物流结果会有很大的影响甚至决定性的影响。这就是我们必须关注环境信息的原因。

环境信息不仅包括自然的、地理的环境信息,也包括社会的、人文的环境信息,还包括非常重要的经济环境的信息。

(四)物流投入产出的信息

物流不是自然、自发产生的,物流的实现必须要投入,不同内涵的投入和不同水平的投入,物流的结果是不同的,甚至会有很大的区别,以致可能左右物流的成败。只有掌控这些信息才能够有效地解决物流的投入产出问题,进而按人们的愿望完成物流。

投入产出信息主要包括人力的投入信息、资本的投入信息、设备的投入信息以及物流结果的信息。

(五)系统的信息

现代物流的庞大体系构筑,有效地弥合了现代物流时空的巨大分离。现代物流将多项活动一体化,这些都取决于信息的联结和沟通。因此,系统的信息是现代物流信息与工业化时代以前物流信息的重大区别。

四,装备的要素

现代物流和过去乃至古代物流的一个非常重要的区别就是,现代物流离不开装备,在很大程度上要依靠装备。即使在古代,装备也是必不可少的,一直沿用到今天的扁担,就是最简单的装备。在大数量、大范围、长距离的物流中装备必不可缺。装备在技术类型的划分上属于"硬技术",在很大程度上体现了物流的技术进步,是现代物流水平的反映。

装备要素本身也是一个十分庞大的系统,是集中了多项装备的复杂系统。这些装备在物流的每一个领域、每一个环节都发挥作用。

运输装备、储存装备、装卸搬运装备是物流的三大核心装备,或者说是物流的基本装备，因为只要发生物流，几乎都要涉及这三大类型的装备。物流装备系统还包括包装装备、流通加工装备、集装装备、物流信息装备等。

五、系统的要素

物流活动是伴随着人类的活动而存在和发展的，对物流的理性认识也是在这个过程中逐渐形成。但是，作为一门科学体系，物流科学的历史却很短。人们对物流理性的认识逐渐汇聚成相应门类的科学，一直到“系统”的认识、理论、观念和方法和物流融和，才造就了物流的科学体系，造就了现代物流。

可以说，有系统才有现代物流，如果没有系统，物流只不过是一种操作而已。由此我们可以认为，“系统”是物流尤其是现代物流的要素。

六、“服务”的要素

“服务”的要素是笔者在20世纪90年代初期撰写《现代物流学》时没有认识到的一个要素。在十几年的社会实践过程中和理论研究的深化中，我们深深体会到，仅有“物”和“流”两个要素，是远远表达不了物流的现代化形态本质的。“物”和“流”两个要素可以简单地合成为“物流”，但是却反映不了现代物流的本质、现代物流的灵魂。

“物”和“流”两个要素自古以来就有之，岂不是说物流是个古往今来的概念而不是现代化的东西了吗？我的回答是：如果没有其他要素，当然是这样。问题是，我们现在所研究的物流是一种现代的概念，它除了“物”和“流”两个表观的现象之外，还有一些内含的要素，服务要素就是其中之一。

现代物流科学认为，服务是物流的本质功能，所有物流的表观现象，实际都是在完成它在该领域的服务使命。应该说，服务这个功能赋予了物流以现代生命。我们在讲物流的时候，在推行物流的时候，如果不牢牢把握服务这个要素，那么我们所做的工作，就和古代简单的物的流动没有什么区别了。

当然，服务这个要素也是时代发展、社会进步所“逼”出来的，这是市场经济条件下，在买方市场前提下必然派生的结果。如果在物流活动中不能贯彻服务这个要素，那么物流就会被市场所淘汰。

七、管理的要素

物流具有跨越性，和现在的企业构筑不同，并不是集中在一个车间或者一个工序；物流和现在的社会经济形态构筑也有所不同，它不是完整地集中在一起，而是分散在整个社会经济领域之中。要想把如此复杂的物流为我所用，就需要构筑一个有效的企业环境、经济环境和市场环境。对于一个企业而言，需要由许多企业内部的工作和工序环节、部门、组织协同工作，而要做到这一点，就需要管理；对于社会经济领域而言，需要由许多不同企业、不同部门、不同组织协同工作，而要做到这一点，也需要管理。管理要素是现代物流水平的集中体现。

现代物流庞大的系统需要有效地管理才能够有效地运转，而有效的管理需要建立相关的组织,但是最重要的因素是在庞杂的物流系统中承担着各种不同工作的人。

上述各个要素中,都包含着相关的人和他们的工作,但是在管理要素中,人的作用更为突出。

第二节　物流的核心是管理

一、一体化的物流和系统化的物流

一个完整的物流过程由若干项具体的功能活动按需要优化组合,这种情况称为一体化或者系统化。它们的基本含义是物流活动的各个组成部分也即各项功能之间形成了一种有机的、有效的连接或联系。

如果物流活动的各个组成部分也即各项功能之间形成了一种有机的、有效的连接或联系,在一定条件下成为一体,就像一个工厂内部或者一个车间的生产流水线那样在一个确定的、统一的管理或体制环境条件下,没有运行的阻隔、中断或停顿,一个物流过程成了一体,应该说就达到了最高的境界,这种情况,就可以看成是达到了物流的一体化。

如果物流活动的各个组成部分也即各项功能之间虽然在运行过程中存在一定的阻隔、中断或停顿,但是通过技术的、管理的、运作的各种方法,仍然形成了一种有机的、有效的连接或联系,在这种条件下虽然不可能成为一体,但是仍然可以看成是有效的系统,可以看成是达到了物流的系统化。

可以这样看,物流一体化的本质是系统化。一体化是系统化的最理想的形式,实际上是系统化的一种极端形式。

(一)企业内部的一体化物流

在生产领域,一体化的生产流水线实际上是一体化的物流流水线,流水线输送能力大,运距长,还可在输送过程中同时完成若干工艺操作,所以应用十分广泛。尤其是在装配式的生产方式之中,这种生产和物流是一体的,物流各种功能通过流水线完成了紧密的、一体化的衔接,物流过程就是生产过程,物流和生产紧密融合,给我们提供了一体化的物流的典范。将此推广到更广范围的物流领域,这就是“一体化物流”。

实现一体化物流并不是“可望而不可即”的,虽然有很大的难度,但是在一定环境条件下,尤其是一个企业内部,是完全可以实现的。也就是说,企业内部的物流作业完全可以实现一体化。

企业内部一体化物流是和企业内部生产工艺过程完全结合在一起的物流形式。这种物流形式又有两种主要的物流作业方式:输送机物流作业方式和管道传输物流方式。

1. 输送机物流作业方式。输送机是生产流水线的主体,输送机的作用不仅仅是物的传送,在输送机上也完成若干生产加工活动。生产流水线的输送能力取决于生产能力,运距长短取决于工艺环节，在物流输送过程中生产流水线同时和若干分支流水线连接，完成若干工艺操作，最后是产品的输出，就是非常典型的一体化方式。在制造业，这种应用十分广泛。

2. 管道传输物流方式。它是以管道而不是输送机作为物流载体。它的主体架构是管道连接各个生产单元，在管道内并不完成生产活动，而仅仅是企业内部物料的输送。通过管道的连接，实现一体化的物流。管道传输物流方式有一个非常重要的特点，这就是管道可以突破企业内部的局限，延伸到企业外部，实现一定程度的企业内外部物流的一体化。输送机物流作业方式就没有这个优势。

（二）企业外部、社会环境下的系统化物流

对于社会物流来讲，一体化物流存在的可能是比较小的。究其原因，在社会这个复杂的环境和大范围的条件下，缺乏像一个工厂那样比较单纯的环境，社会物流各个功能的衔接方式受多方面因素的制约，停顿、中断、阻隔、批量的转换、方向的变化是不可避免的，所以，很难甚至不可能实现在小范围取得成功的一体化物流。另外，基于所有者、管理和体制以及利益关系的复杂化，很多事情需要合同和法律的介入，在这种情况下，我们不可能去追求物流全过程的一体化。但是，我们可以去追求物流全过程的系统化，也就是说，对于远远超出一个企业范畴的社会化的物流，使物流系统化并且优化应当是实事求是的选择。

二、系统化的物流主要来自管理

一体化的物流和系统化的物流如何才能够实现？在生产领域的企业内部，设计和建设一条新的生产线就能够生产出一种新的产品，实现一体化的物流。系统化的物流是不是也可以采用这种模式设计和建设出来呢？回答是有可能，但是不可能常态化和大量化。靠设计和建设达到物流一体化和系统化的目的，显然有很强的针对性，而缺乏广泛而普遍的适用性，不一定是明智的选择。

我国的大秦铁路基本上就是靠设计和建设达到物流一体化和系统化的目的例证。大秦铁路是一条铁路物流大通道，是我国为大量煤炭运输所修建的一条现代化的电气化专用重载铁路，这条铁路西起山西大同，东至河北秦皇岛，全长 653 公里，是晋煤外运的主通道。全线开行 1 万吨和 2 万吨重载列车，平均不到 15 分钟，就有一列运煤列车驶过，2010 年计划运煤量为 3.8 亿吨，是原设计能力 1 亿吨的 3.8 倍，大秦铁路为我国的经济发展做出了重大贡献。类似的专用线路在澳大利亚、美国、俄罗斯等国家早已有之，但是它们都有一个重要的共同点，都属于针对性非常强的特例。

更普遍而且有价值的是面对众多不同的客户要求，充分利用社会资源，实现物流的一体化和系统化。这就需要管理。

可以说，像我国的大秦铁路那样，依靠这种硬设施的建设来解决煤炭一体化的物流绝对不具有普遍意义，而依靠管理达到物流一体化和系统化的目的才具有普遍意义，才有广泛的应用价值。

可以明确地说,系统化的物流主要来自管理,物流的核心是管理。

三、物流需要创新管理

企业内部的物流和社会化的物流,都有一个共同的特点,那就是物流活动具有跨越性和分散性。在企业内部它跨越不同的车间,在社会上它跨越不同的企业和部门,因此,它突破了以往按车间或者部门划分管理权限的管理模式,难以通过部门体制实行物流的部门管理。就拿我国的社会物流来说,物流涉及铁道、交通、民航、商业、制造业、农业等几乎遍及国民经济各个领域的经济活动,而这些领域实行部门管理已经有很长的历史,很难把物流从这些经济领域单独分离出来形成相对集中的部门,因此,也很难通过部门管理的形态进行有效管理。所以,沿用我国在经济领域长期以来实行的部门管理为物流建立一个部门的体制是很难的。然而,无论处于哪个领域之中的物流,尽管服务对象不同,但都具有相当程度的共同的服务手段和方式,因此,如果有恰当的体制和能够摆脱部门体制的管理方法,这对于物流来讲是非常重要的。物流需要创新管理。以下就是针对物流一体化和系统化的管理创新。

(一)第三方物流的创新

第三方物流就是针对一体化和系统化问题的创新之一。就货主(生产企业)而言,在这个大千世界之中,它们的责任、它们所熟悉的事情是自己产品的生产,扩展开来,它们也还有可能熟悉这种产品的市场和销售,一般来讲,它们不可能对这种产品的物流也像对这种产品的生产那样熟悉。产品在离开企业之后,产品的物流在体制上超出了它们的控制范围,在这种情况下,当然也就不可能指望它们能够对物流实行有效管理。另外,在原来企业或部门控制的体制下,超越原来企业或部门控制的一体化和系统化物流是不可能实现的。怎么办?让物流从原来的运行和控制部门转移到外部第三方,把物流交给熟悉的人去做,他们不仅仅知道如何去运作物流,还知道如何对物流实行有效的管理,而物流脱离了原来部门或企业的控制之后,这种有效的管理就可以实现,这就是第三方物流的创新。

(二)第四方物流的创新

一体化的物流和系统化的物流的实现,尤其是当系统化物流发展成国际供应链,过去的管理方式和管理系统必须要随之改变,这是一个难度非常大的新的需求,当然需要新型的管理,而这种新型的管理首先要有手段和工具,第四方物流就是手段和工具的创新。第四方物流是专门为第一方、第二方和第三方物流提供物流规划、物流咨询、物流解决方案、物流信息系统和供应链管理的新型的物流业态。

第四方物流并不是我国现在概念上的顾问公司,而是货主与第三方物流方面的连接者,客户不需要与众多第三方物流服务商进行接触,而是直接通过第四方物流的服务来实现物流运作的管理。理想的情况是,第四方物流提出供应链管理的解决方案,被货主接受之后,其主要工作是对第三方物流资源进行整合,以最好的解决方案为客户服务。

第四方物流要发展,前提条件是有社会化的物流环境,人们像认同专业生产分工那样认同物流过程的分工,还有就是存在成熟的第三方物流。所以,从物流进一步向第四方物流发展的角度来看,大力发展第三方物流是当前提高我国物流产业发展水平的重要问题。在整个物流领域的产业体系中,第四方物流是第三方物流的推动者、管理者和集成者,第四方物流所整合的资源,其主体是第三方物流。这是一个渐进的发展过程,只有大力发展第三方物流,第四方物流才有发展的基础。

(三)供应链管理

第三方物流、第四方物流仍然具有自己的局限性,那就是物流系统范畴的局限性和与物流相关的一些领域无法纳入管理,所以不可能更好地满足一体化的物流和系统化的物流的要求。所以,更大范围的供应链管理在满足一体化的物流和系统化的物流的管理方面就表现出了更大的优势。从对供应链比较公认的定义就可以看出这种优势的存在:供应链是围绕核心企业,通过对信息流、物流、资金流的控制,从采购原材料开始,制成中间产品以及最终产品,最后由销售网络把产品送到消费者手中的,将供应商、制造商、分销商、零售商,直到最终用户连成一个整体的功能网链结构。这种连成一个整体的功能网链结构,从另外一个角度解释,就是包含了物流在内的系统,是使物流能够实现一体化和系统化的一种结构体系。

(四)RFID 信息化的管理

社会化的系统物流,尤其是长距离的、跨越不同地区、部门、物流承担者和货主企业的物流,其管理的一个非常重要的问题是很难掌握货物在物流途中的确切信息。缺乏对这种信息的掌握,就不可能做出正确的管理决策,在这种情况下,管理失效是经常发生的。

RFID 射频标签的出现和应用,可以说是使社会化的远程物流系统管理取得了革命性的进展。RFID 不仅仅只是信息的传输快速而且准确,它还有其他许多特性,如移动数据库的特性,所以,RFID 有可能发展成为今后在全球物流中实施有效管理所采用的重要的技术和管理手段。

第三节 物流科学

现代物流已经形成了一个科学体系和产业体系,和其他科学体系一样,物流科学必须有自己的理论基础。物流科学和纯粹的理论科学又有所区别,那就是物流科学有非常强的应用性,是属于应用科学领域的一门科学。因此,物流科学的理论基础不但是在实践中检验,而且是在这个基础上进行的高度的抽象。

物流科学是研究管理、控制、优化"实物"从供应地向接受地流动的科学。

物流科学是综合性的应用科学。它以物流为对象,综合了经济科学、社会科学、管理科学和技术科学之中的相关领域的科学成果,使之系统化,进而研究管理、控制、优化"实物"从供应地向接受地流动,所以,这门科学有非常强的应用性。

物流科学涵盖的领域非常广阔。国民经济中,生产、流通和消费之中都贯穿着物流,所以,物流覆盖的领域远远超过了生产和消费覆盖的领域,也超过了流通覆盖的领域。

社会上有一种误解,认为物流仅仅是流通的一部分,误解在于"仅仅"两个字。物流确实是流通的一部分,但它不"仅仅"是流通的一部分,而且也是生产的一部分,还是消费的一部分。物流是跨越了生产、流通、消费的一个独特的系统,这个系统的组成部分过去是分属于生产系统、流通系统和消费系统,是被分割的,由于这种分割,物流很难成为一个独立的系统。物流系统的建立,不但使物流各项活动得以贯穿和联结从而实现优化,也使生产和消费更容易、更好地实现优化。所以,特别需要指出的是,系统性是物流科学最基本、最重要的特征,系统是物流这门科学得以形成的内在条件。

物流科学的核心内涵是物流的优化。物流这门科学实际上是研究物流优化的科学。

由于物流科学的应用性非常强,所以在一定程度上也掩盖和影响了人们对物流科学的理论探索。几乎所有的学者都认为,物流科学的理论是一个有待深入发掘和研究的领域,从总体来讲,现在还不能说已经很成熟。但是物流科学也形成了一些重要的已经是被公认的理论观点,如"商物分离"的认识、"物流冰山"说、"第三个利润源泉"说等。本章介绍的就是这些相对成熟的、已经是被公认的理论观点。

一、商物分离(商物分流)

商物分离是物流科学赖以存在的先决条件,所谓商物分离,是指流通中两个组成部分——商业流通和实物流通从过去的统一概念和统一运动之中分离出来,各自按照自己的规律和渠道独立运动。

由于社会进步,流通从生产中分化出来之后,并没有结束分化及分工的深入和继续。现代化大生产的分工和专业化是向一切经济领域中延伸的。列宁在谈到这个问题时,提出分工"不仅把每一种产品的生产,甚至把产品的每一部分的生产都变成专门的工业部门——不仅把产品的生产,甚至把产品制成消费品的各个工序都变成专门的工业部门"。

这种分化、分工的深入也表现在流通领域。在流通领域,比专业化流通这种分工形式更重要的分工是流通职能的细分。流通统一体中实际上有不同的运动形式,这一点,马克思早已有所论述,并将之区分为"实际流通"和"所有权转让"。很明显,马克思虽然没有用"物流"、"商流"的词汇来表达流通统一体能够实现分离的两个部分,但是实际上他已经区分出作为"实际流通"的物流和作为"所有权转让"的商流。

第二次世界大战之后,流通过程中上述两种不同形式出现了更明显的分离,从不同的形式逐渐变成两个有一定独立运动能力的不同运动过程,这就是"商物分离"。"商",指"商流",即商业性交易,实际是商品价值运动,是商品所有权的转让,流动的是"商品所有权证书",是通过货币实现的;"物",即"物流",是商品实体的流通。

商品社会的初期,商流、物流是紧密结合在一起的,每进行一次交易,商品便易手一次，商品实体便发生一次运动，物流和商流是相伴而生、形影相随的，两者共同运动，取同样过程，只是运动形式不同而已。在现代社会诞生之前，流通大多采取这种形式，甚至到了今天，这种情况仍不少见。

商物分离的结果，使我们有可能把物流作为一个单独的主体进行研究，促其发展，才有了今天规模如此庞大、涉及领域如此广泛的现代物流。

商物分离形式如图 2 – 1 所示。图 2 – 1 显示出分离之后的价值：如果物流与商流过程分离，它的运动过程与和商流过程不实现分离而完全一体化相比较，显然要合理得多。

商流和物流也各有其不同的物质基础和不同的社会形态。从马克思主义政治经济学角度看，在流通这一统一体中，商流明显偏重于经济关系、分配关系和权力关系，因而属于生产关系范畴；而物流明显偏重于工具、装备、设施及技术，因而属于生产力范畴。

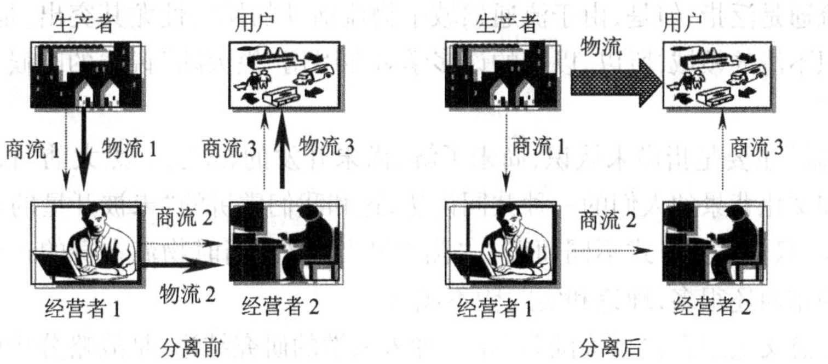

图 2 – 1　商物分离

在经济全球化的趋势下，国际分工越来越深入，商业交易可以在全球范围内寻优，甚至可以采用电子商务的形式进行虚拟运作，在这种情况下，商流过程与物流过程的分离，在网络经济时代越发彻底。由于专门的、专业的从事物流工作的物流服务商（第三方物流）的出现，这种分工从一般的过程分工变成了责任人的分工。这种商流运作和物流运作责任人的分离，是现代商物分离的一个标志。

所以，商物分离实际是流通总体中的专业分工、职能分工，是通过这种分工实现大生产式的社会再生产的产物。这是物流科学中重要的理论基础。

物流科学正是在商物分离基础上才得以对物流进行独立的考察，进而形成的科学门类。

但是，商物分离也并非是绝对的，在现代科学技术有了飞跃发展的今天，优势可以通过分工获得，也可以通过趋同获得，原来已经实现分工和分离的领域，在新的条件下可以重新合为一体，或者是通过整合又重新合为一体。“一体化”、“系统化”就是现代社会动向之一。这个动向在原来许多分工领域中变得越来越明显。在流通领域中，发展也是多形式的，绝对不是单一的“分离”。

事实上，有一些国家的学者以及一些领域中的实践都提出了商流和物流在新的基础上的一体化问题，欧洲一些国家对物流的理解本来就包含企业的营销活动，即在物流研究中包含着商流。在物流的重要领域——配送领域中，配送已成为许多人公认的既是商流又是物流的概念。企业中,在人们刚刚开始认识到独立的物流系统对于推动物流发展有重要意义的最初阶段,是把独立设置物流部门看成一种进步,而现在,则更多地进行综合的战略管理,而不单独分离其功能,这也是值得我们重视的。

现代经济领域最新的进展是出现了商流、物流、资金流和信息流综合一体化的“供应链”,这是现代社会在信息技术高度发展的前提下,统筹能力、综合能力、一体化能力和水平变为现实可能性的结果。“分久必合,合久必分”,这是科学发展的必经之路。即使如此,也不能以此来淡化或者否定“商物分离”,独立于商流的物流依然是供应链的重要基础。

二、“黑大陆”和“物流冰山”说

著名的管理学权威德鲁克曾经说过:“流通是经济领域里的黑暗大陆”。德鲁克在这里所说的流通是泛指,但是,由于流通领域中物流活动的模糊性尤其突出,是流通领域中人们更认识不清的领域,所以,以后的许多学者在引用“黑大陆”说法的时候,都主要是针对物流而言。

“黑大陆”主要是指尚未认识、尚未了解、尚未开发的领域。“黑大陆”说是德鲁克所处的时代和文化背景的人们的一种共同说法,这和我们常讲的“未被开垦的处女地”的说法含义一样,只是表达方式不同而已。“黑大陆”说是对当时物流本身的正确评价:这个领域未知的东西还很多,理论和实践皆不成熟。

在某种意义上来看,“黑大陆”说是一种未来学的研究结论,是战略分析的结论,带有很强的哲学抽象性,这一说法对于推动研究这一领域起到了启迪和动员作用。

“物流冰山”说是日本早稻田大学西泽修教授提出来的创造性见解,他在专门研究物流成本时发现,在实行现行的财务会计制度和会计核算方法的条件下不可能掌握物流费用的实际情况,因而人们对物流费用的了解是一片空白,甚至有很大的虚假性。他把这种情况比做“物流冰山”。冰山的特点,是大部分沉在水面之下,露出水面的仅是冰山的一角。物流便是一座冰山,其沉在水面以下的是我们看不到的黑色区域,而我们看到的不过是物流的一小部分。尤其是我们根据现有的数据认识到的物流成本,远远不足以反映实际的物流成本,这就是以往我们之所以忽视物流的重要原因。

西泽修先生用物流成本的具体分析论证了德鲁克的“黑大陆”说,事实证明,物流领域的方方面面对我们而言还是不清楚的,在“黑大陆”中和“冰山”的水下部分正是物流尚待开发的领域,也正是物流的潜力所在。

三、“第三个利润源”说

“第三个利润源”的说法主要出自日本。

“第三个利润源”是对物流潜力及效益的描述。经过半个世纪的探索,人们已肯定物流这个“黑大陆”虽不清晰,但绝不是不毛之地,而是一片富饶之源。尤其是经受了 1973 年石油危机的考验,物流已牢牢树立了自己的地位,今后的问题就是进一步开发了。

从历史的角度来看,人类历史上曾经有过两个大量提供利润的领域:第一个是自然资源领域,第二个是人力资源领域。

自然资源领域的大量利润起初是来自廉价原材料、燃料的掠夺或获得，其后则是依靠科技进步，即依靠节约消耗、节约代用、综合利用、回收利用乃至大量人工合成资源而获取高额利润，习惯上被称之为“第一个利润源”。

人力资源领域的大量利润最初是来自廉价劳动，其后则是依靠科技进步提高劳动生产率，降低人力消耗或采用机械化、自动化来降低劳动耗用从而降低成本，增加利润，这个领域习惯上被称做“第二个利润源”。

在前两个利润源潜力越来越小，利润开拓越来越困难的情况下，物流领域的潜力开始被人们所重视，按时间序列排为“第三个利润源”。

这三个利润源侧重于生产力的不同要素：第一个利润源的挖掘对象是生产力中的劳动对象；第二个利润源的挖掘对象是生产力中的劳动者；第三个利润源则更为广泛，它主要挖掘生产力要素中劳动工具的潜力，与此同时又挖掘劳动对象和劳动者的潜力，因而更具有全面性。

对第三个利润源理论最初的认识是基于两个前提条件：

第一，物流可以完全从流通中分化出来，自成一个独立运行的系统，有本身的目标、本身的管理，因而能对其进行独立的总体的判断。

第二，物流和其他独立的经营活动一样，它不是总体成本的构成因素，而是单独赢利因素，物流可以成为“利润中心”型的独立系统。

第三个利润源的理论，反映了日本人对物流的理论认识和实践活动，反映了他们与欧洲人、美国人的差异。一般而言，美国人对物流的主体认识可以概括为“服务中心”型，而欧洲人对物流的主体认识可以概括为“成本中心”型。显然，“服务中心”和“成本中心”的认识和“利润中心”的认识差异很大。“服务中心”和“成本中心”主张的是总体效益或间接效益，而“第三个利润源”的“利润中心”的主张，指的是直接效益。但是如果从广义来理解，把“第三个利润源”不仅看成是直接谋利的手段，而且特别强调它的战略意义，特别强调它是在经济领域中潜力将尽的情况下的新发现，是经济发展的新思路，也许它会对今后经济的推动作用真正如同经济发展中曾有的廉价原材料的推动作用一样，具有战略意义了，这恐怕是当今学术界更多的人的认识。

四、效益背反说和物流的整体观念

“效益背反”是物流领域中经常、普遍的现象，是这一领域中内部矛盾的反映和表现。

效益背反指的是物流的若干功能要素之间存在着损益的矛盾，即在某一个功能要素的优化和利益发生的同时，往往会导致另一个或另几个功能要素的利益损失，反之也如此。这是一种此消彼长、此盈彼亏的现象，虽然在工业、农业、商贸等许多经济领域中这种现象都是存在着的，但在物流领域中，这个问题似乎尤其严重。

效益背反说有许多有力的实证予以支持。例如包装问题，在产品销售市场和销售价格皆不变的前提下，假定其他成本因素也不变，那么包装方面每少花一分钱，这一分钱就必然转到收益上来，包装越省，利润就越高。但是，一旦商品进入流通领域之后，如果简单的包装降低了产品的防护效果，造成了大量损失，就会造成储存、装卸、运输功能要素的工作劣化和效益大减。显然,包装活动的效益是以其他的损失为代价的。我国流通领域在20世纪90年代初每年因包装不善出现的上百亿的商品损失,其中有相当一部分就是这种效益背反的实证。

单纯认识物流具有与商流不同的特性而可以独立运动这一点,是物流科学走出的第一步;在认识效益背反的规律之后,物流科学也就迈出了认识物流功能要素这一步,而寻求解决各功能要素效益背反问题。当然,或许也曾有人有过追求各个功能要素全面的独立优化的愿望,但在系统科学已在其他领域形成和普及的时代,科学的思维必将导致人们寻求物流的总体最优化。人们不但将物流这一“黑大陆”细分成若干功能要素来认识,而且将包装、运输、保管等功能要素的有机联系寻找出来,成为一个整体来认识物流,进而有效解决效益背反,追求总体的效果,这是物流科学的一大发展。这一思想在不同国家、不同学者中的表述方法是不同的,例如美国学者用“物流森林”的结构概念来表述物流的整体观点,指出物流是一种“结构”,对物流的认识不能只见功能要素而不见结构,即不能只见树木不见森林。物流的总体效果是森林的效果,即使是和森林树木一样多的物流功能要素,如果它们各个孤立存在,也不是物流的总体效果,这可以归纳成一句话:“物流是一片森林而非一棵棵树木。”

对这种总体观念的描述还有许许多多的提法,诸如物流系统观念、多维结构观念、物流一体化观念、综合物流观念、供应链管理观念等都是这一思想的另一种提法或者是同一思想的延伸和发展(参见图2-2)。

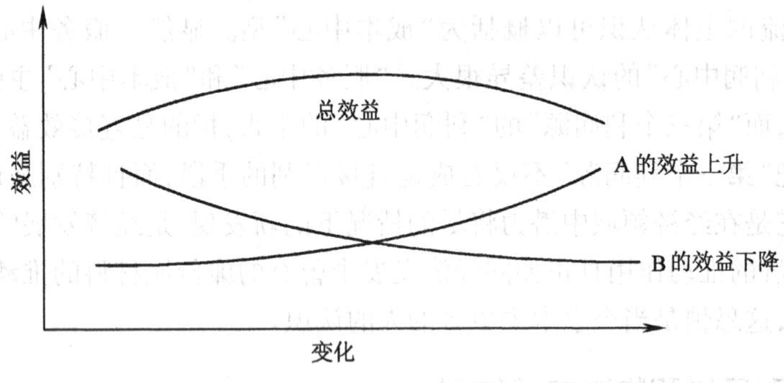

图2-2 效益背反和总体效益

五、成本中心说、利润中心说、服务中心说和战略说

成本中心说、利润中心说、服务中心说和战略说等实际是对物流系统起什么作用,达到什么目的的不同认识、不同观念,也是在理论和实践上都有比较大的争议的一些问题。物流的本质是什么?物流的核心作用是什么?这些问题的回答决定了物流在国民经济中的地位,也决定了物流的生存价值。当然,对这个问题的不同认识也派生出不同的组织结构体系、运作方法和管理方法。

（一）成本中心说

成本中心的含义是认为物流在整个企业战略中，只对或者主要对企业营销活动的成本发生影响，物流是企业成本的重要产生点，因而，解决物流的问题，并不主要是搞合理化、现代化，不在于支持保障其他活动，而主要是通过物流管理和物流的一系列活动降低成本。

所以，成本中心既是指主要成本的产生点，又是指降低成本的关注点，物流是“降低成本的宝库”等说法正是这种认识的形象表述。

显然，成本中心说没有将物流放在企业的主要位置，尤其没有放在企业发展战略的主角地位。如果改进物流的目标只是在于降低成本，势必会影响物流本身的战略发展。当然，成本和利润是相关的，成本和企业生存也是相关的，成本中心也不是只考虑成本而不顾其他，但它毕竟是人们对物流主体作用和目标的认识，这种认识又必定会主导人们的实际行动。

（二）利润中心说

利润中心的含义，是物流可以为企业带来大量直接和间接的利润，是形成企业经营利润的主要活动。非但如此，对国民经济而言，物流也是国民经济中创利的主要活动。物流的这一作用，被表述为“第三个利润源”。

（三）服务中心说

服务中心说特别代表了美国和欧洲一些国家学者对物流的认识。这种认识认为，物流活动的最大作用，并不在于为企业本身节约了消耗、降低了成本、增加了利润，而是在于提高了企业对用户的服务水平，进而提高了企业的竞争能力，使企业能够在残酷的市场竞争中生存下去并且取得发展。因此，他们在使用描述物流的词汇上选择了 Logistics 一词，特别强调其服务保障的职能。很明显，这是带有战略色彩的更高层次的提法。通过物流的服务保障，企业以其整体能力来压缩成本、增加利润，形成战略发展的能力。

我国现在对于物流业的定位充分体现了对服务中心说的认同，明确物流业属于服务业，这是对物流理论及实践的贡献。

（四）战略说

战略说是当前非常盛行的说法。实际上，学术界和产业界越来越多的人已逐渐认识到，物流更具有战略性，是企业发展的战略而不仅仅是一项具体操作性的任务。应该说这种看法把物流放在了很高的位置。企业战略是什么呢？是生存和发展。物流会影响企业总体的生存和发展，是起战略作用的，而不仅仅是在哪个环节搞得合理一些，省了几个钱而已。

将物流和企业的生存和发展直接联系起来的战略说的提出，对促进物流的发展具有重要意义。企业不追求物流的一时一事的效益，而着眼于总体，着眼于长远。于是物流本身的战略性发展问题也提到议事日程上来,战略性的规划、战略性的投资、战略性的技术开发是最近这些年促进物流现代化发展的重要原因。

六、物流社会化、专业化理论

物流活动,尤其是与企业有关的物流活动,如供应链管理中涉及的物流活动,以消费者为核心的按企业后勤理论建立起来的物流综合的总体的活动,是不是也可以像已有的社会化物流(诸如铁道、营业仓库、海运)一样,发展专门从事物流工作的专业化物流,走社会化道路呢?对这个问题至今看法不一。欧洲物流界很重视发展社会化的、专业化的物流,曾提出过第三方物流服务的概念;日本多年来便自觉或不自觉地发展专门的物流业,这种物流业不但存在于社会流通领域,也存在于诸如供应物流、销售物流甚至部分生产物流等领域。

主张社会化、专业化物流的理论认为,这种物流是顺应社会专业化分工深化、细化要求的必然结果,只有发展专业化物流才能显示新技术,显示专业分工的优势,从而将企业从其不太熟悉的领域中解放出来,一心一意地去搞好生产,搞好与生产有关的科技、设计、制造、新产品开发和市场开发。

然而很多企业也有这样的顾虑:发展社会化物流,将一些传统上由企业自身从事的物流活动交给企业外的专业物流服务公司代理,会有一些让人把握不定的事,那就是,这究竟会提高企业总体的战略竞争能力还是会降低这一能力?因为一旦由第三方从事企业范畴的物流就会削弱企业对物流业务的控制,也会隔绝企业与用户的直接联系,这样,企业的物流战略性管理、系统物流管理等意图便很难实施。

所以,一直到20世纪90年代初,在本书第一稿撰稿时,第三方物流的概念并没有被广泛接受,当时认为,"第三方物流"的真正领域和价值还有待于今后继续发掘。

最近几年,第三方物流的问题应该说已经有了定论。学术界和实务界普遍认为,第三方物流是非常有优势的物流形态。实践证明,企业虽然具有社会的属性,但是不能把企业变成一个社会,因此,企业承担的许多社会职能被逐渐社会化。现代企业规模越来越大,涉及的科学、技术、管理、产品等诸方面的事情越来越复杂,要想把这些事情都做好,可以说是不可能的。即使是福特汽车那样的巨型企业,也从事事都自己干转向了专注于打造、发展自身的核心竞争能力。为了追求企业的核心竞争能力,企业将一些本身不具备优势的工作交给社会上的其他优势企业去做,把一些业务外包,成了企业新的发展思路。这就是第三方物流在最近一些年有了定论的原因。也正由于此,第三方物流在世界上有了很快、很大的发展,并且演变成为一个新的产业——物流产业。

但是,当初对于将物流业务外包的忧虑也不是没有道理的。搞不好的话,物流业务外包确实会削弱企业对物流业务的控制,使企业遭受损失。社会化的第三方物流如果不能解决这个问题,就不会有生命力。第三方物流不可能在现代物流形态诞生的初期就取得发展的主要原因,就是第三方物流企业还不具备战略的思想。也就是说,促进战略发展的服务观念和意识在当时不可能形成。随着服务社会的出现,专业化的第三方物流企业把服务放在了战略的高度,战略的观念和专业的服务武装了第三方物流,第三方物流可以解除企业的顾虑,可以做得比企业更好,这就大大推进了物流的社会化。

七、物流和供应链关系说

“物流是供应链的一部分”是物流与供应链关系的一个典型的、有代表性的说法,这个说法现在影响广泛,但它是从供应链的角度来观察问题的一个说法。如果从物流的角度来观察问题,正确的说法应该是:“物流不仅仅是供应链的一部分,在供应链之外,物流有存在和运作的广阔空间。”

供应链涉及的经济领域非常重要,在这个非常重要的领域内,物流确实是供应链的一部分,但是,物流的存在领域要更加广泛。例如,每个人每时每刻的学习、工作和生活之中,都存在着物流活动,人们都要通过对物流的理性安排来提高效率、降低成本、减少损失。所以,仅把物流和供应链联系在一起是不全面的。

八、物流活性理论

(一)物流活性的概念

物流活性是从装卸搬运活性衍生和推广到物流的一种科学认识。

对于物流活性,至今还没有一个被普遍认同的解释。有的人认为,在物流系统中,物流活性表现为敏感性、机动性、灵活性;也有人认为,物流活性是反映物流系统及时满足客户不断变化的物流服务需求的能力,反映物流系统的灵活性、为客户提供服务的多样性、物流运动的快捷性及各物流环节的衔接性。

本书认为,物流活性是装卸搬运活性的衍生和推广,对它的解释需要和装卸搬运活性在一定程度上相衔接。因此,本书对物流活性做出这样的解释:物流活性是从一种物流状态转变成另一种物流状态灵活和难易的性质。

现在对物流活性的认识存在一定的误区。有人以为,提高 4 物流的活性,是一项只有益处而没有缺点的好事。这种单向的思维是一种绝对化的表现。活性的高低,应该按照需要确定,并不是保持高度的活性就一定是好事,活性适度,才是进行物流工程建设和物流运行所应当追求的目标。现在看起来,在实际工作中,比较多的情况下是需要提高物流活性的,我们研究物流活性,提出许多创造物流活性的办法,就是要解决这个问题;但是,也有时候甚至需要降低物流活性,我们也应当掌握如何降低物流活性的办法,这在物流运作的时候和物流工程系统决策的时候,都是可能会遇到的问题。

(二)提高物流活性

很显然,提高物流活性有利于加快物流速度,对于物流活动有普遍的意义。对于一些新的经济形态(例如无店面销售的电子商务保证快速拣货、送货)是非常重要的事情,对于应对突发事件,物流活性尤其重要。所以,提高物流活性应当是我们追求的重要目标。

提高物流活性的方法和手段主要有:

第一,针对物品本身提高物流活性。改变物品的外形、重量、容积,使之便于物流作业从而提高活性 。

第二,以恰当的包装提高物流活性。包装的色彩、标志,包装的种类、外形、重量、容积、强度以及可操作性都会影响到物流活性,为此,在确定包装的时候,物流活性的提高也是重要的制约因素。

第三,选择恰当的物料存放状态提高物流活性。物料的存放状态会直接影响到物品进入下一个物流环节的难易程度,从而影响到物流活性。例如,放置在货架上的物料就比在货堆中、下部的物料活性高。再例如,无店面销售的电子商务仓库通过采用多层货架放置货物,使货物直观、易取来提高活性。

第四,选择恰当的装备和工具提高物流活性。在不同的物流环节,不同的装备和工具可能表现出在物流操作时的不同的活性。例如,把单件物品组成组合状态、由人工操作变成机具操作等,从而提高物流活性。

第五,选择恰当的物流系统方式提高物流活性。整个物流过程的活性会直接影响到物流的水平,因此,选择恰当的物流系统方式提高活性就显得非常重要。多种系统方式对于物流活性的提高都有明显的作用,例如,散装水泥物流系统,液、气的管道物流系统,散货的集装物流系统,滚装水陆联运物流系统等。

(三)降低物流活性

需要降低物流活性的原因很多:

第一,物流成本的原因。物流活性不是凭空而来,需要诸多方面的保障,需要技术装备、工具、设施、人员等诸多方面为提高活性创造条件。例如,把货物放置于车辆上比放置于货架上的活性显然要高,但是,被放置车辆的使用效率会因此而大幅度降低,货物所占有的放置空间要增加,这些都是需要付出相当成本的。物流活性的提高,可能造成物流成本的上升。

第二,物流损失的原因。提高物流的活性,能使物流对象保持更容易运动的状态,与此同时,这种状态也使物流对象容易出现损失。物流过程中的损失是一个不可轻视的问题,尤其是在大规模、长距离的国际物流中,这种问题往往很严重。例如,滚装方式是保持物流活性的一种非常好的方式,但是,在滚装运输过程中,尤其是滚装船运输过程中,其造成的损失往往比非滚装方式更大。在生活物流中,这种例子也是经常有的。有些食物放在手边的桌面上,比放在冰箱里活性要高,取用都很方便,但是,容易因此而变质从而造成损失。需要通过降低活性来防止损失的物流对象种类相当多,主要有:易燃易爆物资,易生化腐败的物资,易污染的物资,易散失、风失、丢失的物资,易变形、破坏、缺损的物资等。

第三,保持秩序和规则的原因。过多地追求活性状态,会破坏应有的秩序和规则,使工作和生活出现混乱。例如,在生活中,如果要许多东西都处于活性的状态,全都放置于比较容易取到的地方,那么就可能让桌子上、台面上、地面上都堆满了东西,造成家里混乱不堪，这不但不能提高生活情趣，反而会降低生活效率。道理很简单，因为你不可能使生活中所需要的所有东西都处于高活性状态，一部分东西的活性提高，是以另一部分东西的活性降低为代价的。

第四，特殊的物流对象的原因。特殊的物流对象，需要降低物流活性，这些物流对象主要是贵重的物资、危险的物资以及有保密要求的情报性物流对象。我们在生活中会经常遇到需要有意识地降低物流活性的情况。例如，存款单据、珍贵的黄金和宝石，往往要放到难以轻易取得的地方；容易伤及儿童、老人的电气设备、加热设备等需要放置在安全的地方；等等。这些举措都是降低活性的办法。

第四节　物流创造价值

物流的定义很多，迄今也没有哪个学者的定义天衣无缝，让人挑不出毛病，大多是各有各的侧重，因而各有各的片面性。对于这个问题的分析，本书已经有专门章节进行论述，此处不再重复。在这里，还要举出本书作者比较赞同的日本学者和企业家们对物流从另外一个角度提出的一种观点：

“物流是物质资料从供给者到需求者的物理性运动，主要是创造时间价值和场所价值有时也创造一定加工价值的活动。”

物流并不是“物”和“流”的简单组合，我们讲的物流，并不是讲实物基本运动规律，也不是从哲学意义研究运动的永恒性。牛顿运动三大定律是从自然观点出发，简单化地将物看成自然的物，而将运动看成力学体系的运动，这种运动是物流科学体系中机械装备运动操作的基本原理，但都不是我们讲的“物流”。我们讲的“物”和“流”的组合，是一种建立在自然运动基础上的、高级的运动形式，其互相联系。我们不是单纯在物体与物体之间寻找运动的规律，而是在经济目的和实物之间，在军事目的和实物之间，甚至在某种社会目的和实物之间寻找运动的规律。因此，物流不仅是上述限定条件下的“物”与“流”的组合，而且更重要的是限定于军事、经济、社会条件下的组合，是从军事、经济、社会角度来观察物的运动，达到某种军事、经济、社会的要求。这主要通过物流创造价值来体现。

物流对于资本的增值也有重要作用。资本的增值从表面上来看可以通过资本市场来实现，但如果我们追根溯源，最根本的还是实体经济，实体经济创造的产品，最终要通过物流才能实现实际价值，所以，物流是资本增值的根本因素之一。

在物流领域有一句非常有名的话叫做“第三个利润源”，这说的是物流是在两个传统利润源之外的第三个利润源。讲物流能够创造价值，既是就包含物流在内的相关经济活动（如生产活动、商业活动）总体而言，更重要的是就物流的个体的具体活动而言。就总体而言，物流优化了总体，从而间接创造价值；从具体的物流活动而言，流通加工是直接创造价值的手段，至于间接创造价值，那几乎涉及所有的物流活动。

物流创造价值主要是依靠时间价值和场所价值来体现的,也不排除物流在创造一定加工附加价值方面的贡献。

怎么理解高于牛顿运动之上的物流运动所创造的几种价值呢?

一、时间价值

"物"从供给者到需要者之间有一段时间差,通过改变这一时间差创造的价值,称为"时间价值"。时间价值通过物流获得的形式有以下几种。

(一)缩短时间创造价值

缩短物流时间,可获得多方面的好处,如减少物流损失、降低物流消耗、增加物的周转、节约资金等。马克思从资本的角度早就指出过:流通时间越等于零或近于零,资本的职能就越大,资本的生产效率就越高,它的自行增值就越大。这里,马克思所讲的流通时间完全可以理解为物流时间,因为物流周期的结束是资本周转的前提条件。这个时间越短,资本周转越快,表现出资本的较高增值速度。

现代物流学着重研究的一个课题,就是如何采取技术的、管理的、系统的等方法来尽量缩短物流的宏观时间和有针对性地缩短微观物流时间,从而取得高的时间价值。从全社会物流的总体来看,加快物流速度,缩短物流时间是物流必须遵循的一条经济规律。物流的运动和一般力学运动的一个重大区别,就是它不是简单地按自然科学规律发生运动,而是按照经济规律,能动地取得时间价值的运动形式。

(二)弥补时间差创造价值

经济社会中,需要和供给普遍地存在着时间差,这方面有很多例证。

粮食生产有严格的季节性和周期性,即使人类已经有了改造自然的能力,可以人工创造条件使粮食种植不受季节的影响,粮食的生产周期性也仍是改变不了的。这就决定了粮食的集中产出,但是人们对粮食的消费是一年365天,天天有需求,因而这种集中产出所形成的供给和分散的需求之间必然会出现时间差。

水泥工厂一旦点火,生产就必须连续进行,即水泥工厂每时、每天都在生产产品,但是其消费却带有一定时间间隔的集中性。建筑施工有很强的季节性,存在施工季节的集中需求,这也出现了时间差。

时间差也可以表现在比较短的时间范围内。凌晨磨制的鲜豆浆在上午出售,当日采摘的菜、果在次日出售等,都说明供给与需求之间存在时间差,可以说这是一种普遍的客观存在。正是有了这个时间差,商品才能取得自身的最高价值,才能获得十分理想的效益。但是,商品本身是不会自动弥合这个时间差的,如果没有有效的方法,集中生产出的粮食除了当时的少量消耗外,就会损坏掉、腐烂掉,而在非产出时间,人们就会找不到粮食吃;如果没有有效的方法,集中施工季节就会出现水泥供给不足,造成停工待料,而其他不施工季节生产出的水泥便需要长期存放,这不仅会增加仓租、人力等费用,而且由于水泥本身具有活性,会逐渐水化变质乃至最终报废。

物流能够以科学、系统的方法弥补(有时是改变)这种时间差,以保持和充分实现其价值,这种价值和时间差有关,我们把它称为“时间价值”。

(三)延长时间差创造价值

第一个问题讲的是物流总体和不少具体物流遵循“加快物流速度,缩短物流时间”这一规律,以缩小时间差来创造价值,尤其是物流的总体,讲规律主要从这一总体角度出发。

但是,在某些具体物流中也经常会存在人为地、能动地延长物流时间来创造价值的情况。例如:商品的待机销售,在储存中寻找最理想的进入市场的时间;备战、备荒所形成的战略性储备;等等。其所采用的物流方式便是一种有意识地延长物流时间,有意识地增加时间差,从而创造价值的方式。当然,一般来讲,这是一种特例,不是普遍的规律现象。

二、场所价值

供给者和需求者之间往往处于不同的场所,也就是说,供给者和需求者所处的空间位置不同,“物”从供给者到需求者之间有一段空间差。因改变这一场所的位置而创造的价值,称做“场所价值”。

物流创造场所价值是由现代社会产业结构、社会分工所决定的,主要原因是供给和需求之间的空间差,商品在不同地理位置会有不同的价值,通过物流将商品由低价值区转到高价值区,便可由于不同空间的价值差获得利益,也即取得了“场所价值”。其有以下几种形式。

(一)从集中生产场所流入分散需求场所创造价值

现代化大生产的特点之一,往往是通过集中的、大规模的生产以提高生产效率,降低成本。在一个小范围集中生产的产品可以覆盖大面积的需求地区,有时甚至可以覆盖一个国家乃至若干国家。通过物流将产品从集中生产的低价位区转移到分散于各处的高价位区有时可以获得很高的利益。例如,现代生产中,钢铁、水泥、煤炭等原材料生产往往以几百万甚至几千万吨的大量生产密集在一个地区,汽车生产有时在一个地区就可达百万辆以上,这些产品都需要通过物流流入分散需求地区,物流的“场所价值”也依此决定。

(二)从分散生产场所流入集中需求场所创造价值

与上面情况相反的情况在现代社会中也不少见。例如,粮食是在一亩地一亩地上分散生产出来的,而一个大城市的粮食需求却相对大规模集中;一个大汽车生产系统的零配件生产也分布得非常广,但却集中在一个大厂中装配成车。这也形成了分散生产和集中需求,物流便因此取得了场所价值。

(三)从甲地生产场所流入乙地需求场所创造价值

现代社会中供应与需求的空间差比比皆是,十分普遍,这除了由大生产所决定之外,有不少是由自然地理和社会发展因素所决定的。例如,农村生产的粮食、蔬菜在城市消费;南方生产的荔枝在全国各地消费;北方生产的高粱在全国各地消费;等等。现代人每日消费的物品几乎都是在与其消费地相隔一定距离甚至十分遥远的地方生产的。这么复杂交错的供给与需求的空间差都是靠物流来弥合的,物流也从中取得了利益。这就是物流这种经济活动与一般力学运动显著不同之处,因为物流是取得"场所价值"的运动。

三、加工附加价值

有时,物流也可以创造加工附加价值。加工是生产领域常用的手段,并不是物流的本来职能。但是,现代物流的一个重要特点,是根据自己的优势从事一定的补充性的加工活动,这种加工活动并不创造商品的主要实体,形成商品的主要功能和使用价值,而是带有完善、补充、增加商品功能性质的加工活动。这种活动必然会赋予劳动对象附加价值。

虽然在创造加工附加价值方面,物流不是主角,其所创造的价值也不能与时间价值和场所价值相比,但这毕竟是现代物流有别于传统物流的重要方面,也更是有别于简单力学运动的重要方面。读者若想进一步了解加工价值问题,可以阅读本书的流通加工部分。

物流可以创造价值,这是流通理论的一个创新,这个创新改变了长期以来许多经济学家乃至更权威的人士对于流通的传统理论认识,也就是改变了流通仅只作为"桥梁和纽带"作用的认识,赋予了流通能动性与积极的意义。当然,这个创新建立在多少年来实践的基础上,即在实践中已经解决了创造价值等问题,才形成了这样的创新认识。

特别需要说明的一点是,虽然物流有创造价值的作用,但是物流的本质目的并不是创造价值而是提供服务,创造价值仅仅是服务的一个派生现象,或者说物流创造价值可以使服务高水平化。

第五节　物流若干新的观点

一些新的物流理论、观念是这一门学科赖以从众多科学中脱颖而出的基础。本章的前几节已经对相对成熟的、达成共识的物流理论、观念作了介绍,总体来讲,那都是一些新的科学认识、新的观念。然而,本书的其他各个相关部分还对其他一些物流新观念、新思想有所涉及,相对来讲,这些新的观点还没有形成广泛的共识,同时,也没有升华成有影响的理论体系,甚至有一些观点之间还存在矛盾和冲突,所以,没有纳入前几节做系统的介绍。但是,我们对这些新的观点也不能忽视,在这里总体归纳、提要列举如下。

一、物流经济活动的双重性

物流经济活动的双重性不但是针对物流经济活动在国民经济中的总体关系而言,也是针对每一项具体的物流活动的运作而言,所以,它不仅是一种理论的认识,也是一种对实践的指导。

理论界认为,不可忽视物流活动的双重性,现代物流的优势非常突出,可能是由于我们过分看重它的好处。物流经济活动的双重性告诉我们,我们在分享物流给我们带来的好处的时候,还要重视物流活动可能造成的负面影响。物流的双重性表现在:一方面,物流是增值性经济活动,这种增值可以表现为直接的经济效益,也可以表现为通过降低成本形成的相对经济效益,其代表性的理论说法是"第三个利润源";另一方面,物流又是需要付出成本的经济活动,在有些领域甚至成为成本的主要构成因素。另外,物流必然对环境造成影响甚至增加环境负担。这就是物流经济活动的双重性。对物流双重性的认识,是正确的、理性的认识,应当是研究和应用物流的一个基本点。我们的任务是在尽量降低物流成本占用、尽量减轻物流造成的环境负担的基础上,使物流活动满足社会各领域的需求。当然,我们一旦深刻认识了物流经济活动的双重性,并且能够采取正确的运作和管理措施来限制和降低它的负面影响,我们就可以使物流活动增值,从而获取经济利益。

二、物流对于企业的战略地位

长期以来,物流在企业中的地位被看成是处于一种被动、从属、依附的地位。现在有很多人,尤其是企业家改变了这个看法。他们认为,物流问题正在成为企业的产业战略高度问题。这个看法是在经济规模和产业规模迅速扩大,现代信息高速发展的基础上形成的,尤其是必须具备高度发达的信息水平,这种战略定位才能够形成。在这种环境条件的前提下,企业发展的规模效益,已经冲破了一个地区、一个范围的小格局,向远程、向全世界延伸,然后获得最大的总体规模效益,企业生产产品的市场也是如此。这样一来,物流的地位就从原来的被动、从属、依附的地位上升为决定性的地位,物流对于企业的战略地位的观点就由此而来。

总体是这样,个体也是如此。对于企业而言,长期以来,规模和由此而来的规模效益是获得经济效益的主要途径,往往忽视物流的重大影响和决定作用。所以,要改变以前以规模效益为获得经济效益的主要途径的思想,实现整体物流合理化。

企业要加强物流的地位,要将其真正摆到企业"第三利润源"的位置上加以对待。高度发达的现代社会,靠规模获得经济效益已经不是唯一的手段,甚至不是所倚重的重要手段,以用户为出发点的精益的、柔性化的、准时的生产和用户服务在很多领域有效地弥补了规模生产的问题,这就需要物流的支持,物流也就因此发挥出它的决定作用和具有了战略地位。

物流的这种战略地位的形成,对物流本身的发展也有很大的影响。过去一个很长的时期,集装物流、散装物流、大量物流的发展,都是瞄准一定规模效益的大规模生产方式。在物流战略地位已经形成的领域,构建以用户为核心的、柔性的、高效率的物流系统就成为一个新的战略性的课题。

三、物流的产出利益高于物流的投入

有人这样通俗地形容现代物流,物流不是“花钱的中心”而是“来钱的中心”,这也是物流活动双重性的一种表现形式。

在企业发展现代物流的初期,都会遇到物流事业的建设需要投入,但是很难见到直接效益的问题,这也是很多企业不愿意投资改造自己的物流系统的一个重要原因。这些企业认为物流是“花钱的中心”。

毫无疑问,建设新的物流系统,对旧的物流系统进行改造,当然需要花钱。但是,不能从一般的投入产出意义上、从短期是否取得直接的经济效益的角度来衡量这个问题,对此必须要有战略性的思考。由于物流的发展,使企业取得了战略性发展的更大空间,物流系统的投入会大幅度地降低物流成本在总成本中的比重,从而取得更大的效益和利润,从这个角度来讲它是“来钱的中心”。

就具体企业和具体的物流环节而言,完全可能出现物流不是增加成本的因素而是增加利润的因素的现象。在物流系统领域中,也确实有一些环节可以变成利润中心,这种现象可能并不普遍,但是它切切实实地存在。物流的高附加价值说的新观念认为,可以通过流通加工、集装、“门到门”运输、配送等方式在用户乐于接受的前提下,在用户并没有感受到总流通费用增加的情况下,实现物流的高附加价值。其效果是减少流通时间,减少物流环节,在总附加价值不变或略有提高的情况下,实现单位物流的高附加价值。

四、物流不仅和商流共生

在商业流通领域,物流确实依商流而生,有商流才有物流。但是,应当看到,物流不仅是流通的一个子系统,而且非常重要的是,它还是生产的一个子系统,还是生活的一个子系统,还是军事的一个子系统。现在的一个重大误区,是人们只关注和商流共生的物流,特别关注社会流通费用的比重比较高,因而具有巨大潜力的一面,大量的资源、大量的精力向这个领域集中,而根本忽视现代物流对促进生产以及其他领域发展的重大作用。

物流学中曾经提出这样一个数据:在机械类型的工业企业中,考察机械产品的生产加工过程,得出的结论是,从时间来看,真正加工的时间只占全部时间的5%左右,而物流的时间占到90%以上。2002年,经济学家厉以宁教授在一份报告中提供了这样一组数据:欧美在生产过程中的物流成本只占生产成本的10%,而我国这个百分数高达40%。非常明显,一个时间的数据、一个成本的数据足以反映现代物流对于生产过程的重要意义。我们可以这样讲:在工业生产、农业生产总值占到国内生产总值(GDP)半数以上时,例如若干年前,在我国的工业生产总值达到GDP的80%的情况下,现代物流对于工业生产领域而言比流通领域有更大的潜力。

所以,只关注和流通领域相关的物流,而忽视对国民经济同样重要的另外一些领域(除了在上面讲的生产领域以外,还有军事领域、生活领域、环保领域),会造成很大的失误。

五、包装的两个新观念

包装是生产的终点,更重要的是它是物流的起点。

在现代物流观念形成以前,包装被天经地义地看成生产的终点,因而一直被当做是生产领域的活动,包装的设计往往主要从生产终结的要求出发,因而常常不能满足流通的要求。物流研究认为,包装与物流的关系,比之与生产的关系要密切得多,其作为物流始点的意义比之作为生产终点的意义要大得多。包装的新观念在于:要从物流起点这一积极的、主动的角度审视包装问题。

现代物流学对于包装的研究,不仅在于包装的作用和包装的技术手段,而且还着力探讨最优包装的问题,提出了包装不足和包装过剩的新概念。包装不足和包装过剩都会降低效益,降低服务水平,但是,长期以来经济界比较关注的是包装不足问题。历史上也曾经多次出现由于包装不良造成巨大损失的事件,我国20世纪末多次的包装大检查也都是着重于检查包装不足的问题。

包装过剩是对包装材料资源、包装人力资源、资本、物流能力资源的极大浪费,但长期以来,这一浪费态势不但没有受到扼制,反而从正面对它进行肯定。所以,现代物流科学提出这样一个新的概念,有利于我们正确地解决这个问题,尤其有利于我们从仅重视包装不足转到同时重视包装过剩。

六、仓库的作用不仅是“蓄水池”

仓库的“蓄水池”观念,曾经是长期以来影响仓库建设的重要观念和理论基础。我国最初建立储运系统的教学和科学体系,也把这个观念作为重要的学科基础。

现代物流学对仓库功能的认识有了扩展和基本认识的转变。仓库是“蓄水池”的观念认为,仓库是以其“蓄水池”的作用来调节源、流的。但这种调节的重要前提是要有大量的蓄水,即库存。“蓄水池”功能产生的原因是信息的不通畅,缺乏信息沟通,只能“以静制动”。这种观念的实践结果是仓库的静态运行及对源、流调蓄的代价太高。在过去的生产方式下,这个观念所派生的运行方式还是可行的,但到了大生产、大流通时代,尤其是进入信息时代以后,静态的“蓄水池”已不足以起到调蓄作用了。

现代经济社会,生产方式及生产能力有了很大改变,消费方式也发生了多方面的改变,逐渐出现了直接调节源流的要求,而不需要再经“蓄”而调。譬如在农业生产中,如果一有需要就能及时下雨的话,农田则无须用蓄水池来灌溉了。现代生产所具有的能力和灵活性,使其适应性很强;再加上灵活、通畅的信息系统,使我们可以在更大的范围内进行调节,仓库则有可能从过去的蓄水调节开始向直接调节的方向发展,或向少蓄水、强调节的方向发展。这样一来,仓库就变成了组织和衔接物流、加速物流的设施,是物流系统的“调节阀”。仓库的功能变化也使仓库形态发生了变化,从静态的、以大量存储为职能的仓库,演变为动态的,以大量、快速组织流转为职能的流通中心、配送中心。从“蓄水池”转变为“调节阀”便是这种变化的必然结果。

七、对传统的“直达”观念的突破

直达观念曾经是我国流通领域重要的优化观念,也是一直延续到今天的一种非常重要的优化形式。现代物流的理论和实践对传统的“直达”优化观念提出了挑战,而不是把“直达”作为盲目的追求。这是一种观念更新,它基于以下两个因素。

(一)现代消费观念的变化

当今,大批购入消费的观念已转为多样化消费,形成物流的“多批次、少批量、多品种”的局面。中转能集中批量,能统筹规划,因而优于直达,即便在认为直达是天经地义正确的领域,也由于集中库存的高边际效用和统筹调度的作用而通过一定的库存形式来衔接现代消费,这就需要进行中转,这样一来,中转也在其原来不大适用的领域实现了优化。

(二)现代生产方式的变化

生产相对集中的程度仍然在向高度化方向发展,这种发展在当今经济全球化的趋势之中,已经从全球优化的角度进行。显然,对一个或几个集中的生产基地而言,面对几千万个企业和几十亿的消费者,实现“直达”简直就是天方夜谭。物流基地、物流中心、配送中心这些场地从某种意义上来讲,都是执行中转方式的,因而现代物流观念大大扩展了中转形式的优化范畴。

八、零库存观念

在传统的流通科学中,零库存几乎是不可思议的事情,但却是人们长期以来的一种梦想。现代物流科学中,在与库存相关的观念更新中,比较突出的就是“零库存”。零库存的实现是基于现代信息技术的支持和高水平的管理,本书对此有专门的论述和介绍。例如,以社会库存使企业实现零库存、以虚拟经济形式实现零库存、以计划轮动方式生产实现零库存、采用 MRP 和 ERP 系统实现零库存等。现在物流科学特别提出了零库存的理论观念,并具体指出了实现的可能性。

九、物流革命的观念

现代物流科学对于物流的发展,是从理论、观念、科学、管理、技术装备等各方面实现了改变和突破,这是革命性的改变和突破,这是改变经济结构和经济面貌的突破性的进展。这个进展也是建立在一系列“革命”的基础上,如建立了第三次输送革命的新观念。历史上曾经有过两次引起经济巨大变革的输送革命:第一次输送革命以大型船和动力船为代表,实现了海洋运输的大型化和机械化;第二次输送革命以汽车和飞机为代表,全面建成了立体的运输体系。第三次输送革命是在物流科学形成之后的事,因而应称之为物流革命，其代表方式是综合运用、有机联系各种运输手段并以各种集装方式贯通，把一般运输变成联合运输。正是这种革命性的进展，不但使物流适应了现代经济的发展，而且将物流本身系统化。

以上所论及的当然不是全部的新观念，而只是要强调，现代物流是适应新的发展的、有相当多的新的内涵的一种形态。

十、智慧物流的观念

在最先进的信息技术的武装下，依托于最先进的信息平台，原来仅仅在一个企业中的自动化物流系统，在“物联网”的支持下逐渐延伸到社会，从而大大提高了物流的精确服务程度，提高了速度和效率，而付出的代价却很低。这种非常有才华、具有智能的物流运作，笔者很赞同有人称其为“智慧物流”。现在，智慧物流主要还是在观念上，相信有一天，它会使物流的面貌发生根本的改变。

十一、物流是整合的产物

本书一开始就提到：“最简单、最广义的理解，物流就是‘物’的实体的运动。”这种提法，应当说是对物流最根本的解释，是超越时间跨度的一种解释。但是在现代社会提出物流的问题，实际上指的是现代物流、物流经济形态、物流系统、物流的运作和物流管理，其中对于物流的解释，应该有新的内涵。物流系统是运输、仓储、配送等多元、综合物流功能的整合结果。

十二、虚拟仓库和虚拟库存

虽然不是自己的实有仓库和实际库存，但是也和自己保有的库存一样起到支持生产、支持销售的作用，这就是所谓的虚拟仓库和虚拟库存。这是现代社会才可能创造的新的观念和方式。这是因为在现代社会条件下，可以创造出高度发达的信息网络技术，可以创造出资源总体的充足和发达的市场环境，在这种情况下，如果一旦有需求而我们自己并不保有满足这种需求的仓库和库存，我们就可以依赖信息技术和网络技术提供的信息、充分的资源供给以及企业间有效的联合来满足需求。

第三章

物流发展的历史与前瞻

第一节　物流的历史考察

一、物流作为实体运动形态和人类历史一样久远

可以说，开始有人类历史的时候，就有物流。

对物流的考察可以有若干个侧面。首先也就是最基础的侧面是实体运动，这是物流最原始的、最根本的含义，即使在“物”和“流”这两个字未形成“物流”这一词汇时，我们今天可以用“物流”来形容的实体运动就伴随着人类文明的诞生而存在了。当然，那个时期的“物流”，仅仅包含“物”、“流”两个简单的要素，而不包括服务、信息等现代的要素，更没有可能将这些要素以及与这些要素相关的活动系统化、一体化。

中国古代哲人对这个问题已经有了哲学意义上的认识。荀子就提出了“货畅其流”的哲学观点和治国之策，这个观点一直到今天对于现代化的物流仍然有重要意义，依然是物流所追求的重要目标，也是现代物流的理论基础之一 。

人类历史上不乏和物流相关之事：中国秦朝的驰道，之后的大运河乃至传说中的木牛流马；外国的苏伊士运河、巴拿马运河、基尔运河、圣劳伦斯水道；沟通中外的陆上丝绸之路以及海上丝绸之路；等等。其运行目的，就是要使“物”能够顺畅地运动，这也是历史上对物流资源的积累，是“历史”对“现代”的贡献。这一切都说明物流是人类历史的一部分。

当然，对物流的考察，当前的着重点往往已不是实体运动本身，而是在这个基础上建立的物流科学、物流技术、物流系统、物流管理以及它对经济发展的作用和它本身的经济价值，在生活、军事领域的表现形式以及对这些领域活动的影响等。

二、物流伴随生活、生产需要而发展

（一）原始的物流

原始社会，物流伴生于人们的生活、生存活动而发展。

从实体运动来讲,物流的历史和人类历史一样久远,也就是说,远在商品社会出现之前,在商品流通的形态出现之前,甚至人类还在进化的朦胧之中,物流这种形态就存在于世了。这种物流最初是伴随人的生存而存在的,也就是说,当人类携带自然界中存在的劳动工具,尤其是在使用过程中认为是得心应手的劳动工具,在一定范围中寻觅食物的时候,这种劳动工具的运动,当然就是物流了。随后,寻觅到的食物一旦剩余,人们便会本能地拿到他们认为最安全的地方放置留用,或本能地将觅到的食物拿到伙伴那里分享,这又成为初始形态劳动对象的物流。

这种原始物流一直进入到原始游牧的生产活动之中,物流的盲目性减少,而按游牧生产的规律和当时人们的沟通方式,物流开始带上了原始的智慧色彩,成为一定生产活动的一个组成部分,物流开始伴生于生产而发展起来:要赶着畜群寻觅水草,躲避干燥、酷热和严寒,要携带畜牧用的工具和生存工具,还要考虑如何去携带这些工具。总之,在游牧生产方式下的物流已经融会了智慧的色彩和组织的色彩,物流方向、物流规模都是在一定决策支持下进行的。

(二)农业社会的物流

农业社会,物流伴生于生产活动而发展。

从原始的游牧生产方式进入农业生产方式之后,物流便又在农业生产这个特定领域寻求发展,物流伴随生产发展而发展的势头更加明显。比如,收割后的果实、草料放置在哪里,在什么地方打场,在什么地方堆垛;又比如,播种、耕地时怎样少走些路;等等。这就使物流更带上了计划、规划的色彩。这个时期,虽然智慧还没有科学化,盲目性依然很强,但许多主要的农事及伴随这些主要农事的物流活动总是某种智慧的结果,是决策的结果。

由此可见,寄存于生活活动和生产活动中的物流,并不是今日才有的,而是十分久远的事情,人的能动性也早早地就在那种物流中起作用了。

在农业社会的条件下,物流不仅在农事活动中得以强化和发展,而且,基于社会对农业的依赖及农业对于自然的依赖,丰、歉的问题在这种社会里异常受人关注。于是,在农事活动之外,逐渐发展起与农业生产相关但又完全不同的另一种形态——仓储。应该说,仓储活动的诞生,一方面是人类生活生产的需要,另一方面是一定规模生产的要求。不能说原始游牧乃至更往前的社会,物流活动中没有“储”,但是,只有在农业社会诞生后,由季节所限,必须有相当数量的粮食跨越相当长一段时间,才形成了有特点的仓储活动,进而形成了仓储技巧、技能,仓储设施,仓储理论,甚至将仓储政治化、哲学化。

(三)先秦的仓储思想

农业社会,物流开始了理性化的发展。

我国在先秦时期就形成了仓储理论和思想,先秦诸子已形成所谓的“重储思想”,并且将仓储问题政治化,和国力、权力及社稷安危直接联系在一起,实际上仓储已远远超出了实物的运动(即物流)范畴,甚至成为治国之哲学。管子的“仓廪实而知礼节”的观点明确表述了一个国家的稳定和社会的和谐,需要有物质基础,那就是仓库里堆得满满的,没有衣食的后顾之忧,才能够有条件、有精力、有时间去知晓礼貌仪表之事,从而修身养性、创造和谐。这是一种在当时的社会条件下有关治国之策的一种哲学观点。

那个时候的“重储思想”,不仅仅是一两句抽象的表述,实际上还具有很重要的内涵,甚至形成一种制度。“积储备荒”论、“积储备战”论、“积储安民”论等,从各个角度论证了重储思想。而且,那个时候对如何实现这个思想还进一步引发了对于“国储”、“民储”两种储备模式的认知。国储和民储两种模式各具优缺点,它们的运用历经几个朝代的探索。这说明那时候对重储思想的研究已经达到了一定深度,并且深入到了制度层面。

很值得我们重视和研究的是,早在秦汉时期,在几百年的重储思想存在的同时,却也同时或在更长时间中存在着轻商思想。及至“储”与“商”成了两个领域的事,这也可以说是早期的“商物分离”。

所以,在我国早期的物流活动中,仓储就已成为主体活动,这几乎已经成为历史文化的一部分,它的影响一直延续到现代社会。

古代和现代在物流领域发展的主体思想和运行的方式应该说有很大的不同,对此我们不做全面的探讨,仅就我们关注的重点而言:古代是“重储”,而现代则是“重流”。从另外一个角度来看,古代的环境和条件以及可以掌控的信息,决定了对物流领域的认识是静态的,而现代则是动态的。

我国古代出现的重储思想及其一系列的论证和论战,其重要意义在于,那个时候就已形成了一套中国自己的思想理论体系,这足以引起我们的尊敬。现在在我国的物流领域,太缺乏创造,几十年来,我们先后学习了前苏联的“物资流通”,学习了日本的“配送”,学习了西方的“供应链”,今天是这么说,明天又是那么说,至今还没有形成有权威的、中国的物流理论体系。面对古人,我们实在汗颜。

三、物流随流通的出现而发展

人类社会处于自给自足的发展阶段时,以部落、家庭或个人为单位,自己生产,自己消费,生产者和消费者是一体,因而不存在商品交换和流通的概念。人类社会开始商品生产之后,生产和消费便逐渐分离,这就诞生了联结生产和消费的中间环节——流通。很明显,流通的诞生是社会的一大进步。

在生产和消费的规模都不太大时,流通的重要性并不很明显,商品交换和流通的有无对整个社会前进的脚步也不发生太大的影响。这个时期持续很长,大体在工业革命以前,大约有千年之久。

随着工业文明的崛起,社会生产和消费规模越来越大,大生产方式、专业化分工方式的采用使生产和消费分离的趋势不断扩大,流通对生产的反作用也就越来越突出。流通的地位不断上升,在一定条件下对生产表现出决定作用。马克思在描述流通的这种地位时说:流通和生产本身一样必要。恩格斯也说过:这两种职能在每一瞬间都互相制约,并且互相影响。

由于生产和消费的分离十分普遍而广泛,将两者以最有效的形式联结起来的难度越来越大,在现代社会中这一矛盾由于大数量、多品种、多形式的产品进入流通领域而更加尖锐。一方面是社会在这一发展阶段中,产需必然越来越大地分离;另一方面是人们要求流通时间越来越短,把流通时间作为衡量流通水平的重要依据。

所以,看来是互相背反的两个现实,其实都是规律性的东西:

一方面,产需分离越来越大,分工越来越彻底,甚至从村镇分工扩大到城市分工、地区分工,进一步发展到今天的大规模的集约化和国际分工。正是这一改变,给人们带来了现代文明社会的幸福、富有、繁荣和进步,显然,这是不可阻挡的。

另一方面,必须依靠流通来弥合越来越大的分工和分离。这就促使了流通的迅速发展,物流也就是在这一发展中发展起来的。由于长距离的流通要求,出现了运输,出现了依赖于工具的运输,出现了马匹、马车、帆船等运输工具,最后导致一次大的技术革命得以发生,人造动力堂而皇之地进入物流领域,即出现蒸汽机、内燃机、电机、原子能……流通促进了物流,物流又更大规模地促进分工和流通的发展。欧洲开始了稳定的跨海贸易和船运,我国在宋代出现了能吞吐百万石的中转仓库(转搬仓)和有库房千间的营业仓库(塌房),由此可见社会流通对物流的促进作用。

值得重视的是,物流最初是伴随生活及生存开始的启蒙式的发展,以后很长时间是伴随生产而发展起来,而在商品流通规模化之后,物流又更多地伴随着流通发展。现在许多人提起物流,往往忽略其在生产领域的存在而误认为其仅仅存在于流通领域,也许是这种状况的延续吧!

四、中国古代物流网络——丝绸之路

在近代和现代,在科学技术和社会进步的极大促进下,物流获得突飞猛进的发展。同时,在人类几千年的历史长河中,物流及物流有关领域方面也有了大量的积累,在某些阶段取得了巨大的成就,这种历史积累是非常重要的。

在物流发展的历史上,需要大书特书的是中国古代逐渐形成的物流网络——"丝绸之路"。"丝绸之路"是外国人起的一个带有浪漫色彩的名字,这个名字也造成了世界上许许多多人的误解,以为那仅仅是一条能够通行骆驼,最多能够通行车马的土路。其实不然,实际上,它是由不同地区若干条陆地上的和海上的线路以及它的扩散、辐射道路之间联结所形成的物流网络,是一个沟通东西方的物流平台。"丝绸之路"传递的也不仅仅是文化,最重要的是大量传递有文化和技术内涵的货物,而且这种传递的推动力量是商业贸易。

由此可见,丝绸之路是内涵非常丰富的、复杂的古代物流网络。它的复杂性还表现在它有两大块:一块是中国西部、中国西南地区通往欧洲、西亚的由若干个陆地上的通路所组成的"陆上丝绸之路",据说它往西一直可以延伸到罗马;另外一块是由中国东南部通往东南亚以及更远地方的更为复杂的海上航线所组成的"海上丝绸之路"。

"陆上丝绸之路"起于先秦,又分为"北方丝路"与"南方丝路"两大板块。

“海上丝绸之路”起于秦汉,我国沿海从北方的烟台到南方的广州,许多城市都是海上丝绸之路的起点。它也有三个板块:至东洋的朝鲜、日本的海上通路;至南洋的东南亚的海上通路;至西洋方向的南亚、阿拉伯和东非沿海许多国家的海上通路。

“丝绸之路”是我们中国人的骄傲,是我们中国人对物流发展的贡献。

五、流通决定生产的环境下,物流决定地位的形成

值得重视的是,物流最初是伴随人类生活及生存开始启蒙式的发展,以后很长时间是伴随生产而发展起来,而在商品流通规模化之后,物流又更多地伴随着流通发展。现在许多人提起物流,往往忽略其在生产领域的存在而误认为其仅仅在流通领域存在,也许是这种状况的延续吧!

我国的理论界和实务界,对于流通和生产相互的决定地位曾经有过长期的争论。是生产决定流通还是流通决定生产,这个理论问题直接涉及国民经济发展的优先排序问题。

社会的大分工把流通从生产中分离出来之后很长一个阶段,流通是带有附属性和派生性的。很长一个阶段,分工虽然实现了,但是流通并没有像生产那样具有完全属于自己的独立性格,没有系统化和规模化。流通相对于生产,处于非常软弱的地位。

在传统经济学和传统经济领域,有非常强的“重生产、轻流通”的倾向。流通的先导作用和一定程度的核心作用,过去仅只在“流通立国”的日本得到认可,但是我们总认为这是日本所具有的特殊状况,并不是普遍真理。

20 世纪后半期,美国的变化对世界产生很大的影响。在产业革命之后起家的、以生产性产业为支柱的美国,多年来经济结构的格局是强大的生产“伸出一只手”去抓流通,社会流通是欠发达的。但是,在第二次世界大战以后,美国经济发展格局发生了明显的转变,消费和流通的决定地位日益显现。大企业自己抓流通的做法也让位于流通业务外包。福特汽车公司垂直一体化王国的破灭、社会流通企业沃尔玛的迅速崛起就是美国这一变化的典型写照。

现代社会,尤其是在市场经济前提下,市场从卖方市场根本性地转变为买方市场之后,整个社会经济领域的结构状态发生了巨大的变化:以生产为核心的社会经济结构逐渐被消费、流通、生产三位一体的经济结构所取代。在这个经济结构中,消费通过流通来决定生产,在流通和生产的关系中,流通的决定地位已经牢固地树立。

我们必须面对经济领域逐渐出现和形成的新的格局:生产和流通的关系,随着社会的进步,已经逐渐发生战略性的转变。这个转变的主要标志是,整个社会经济的发展,从生产决定转向流通决定。流通决定生产,商业资本主导生产,流通的决定作用同时也将决定社会的进步和经济的发展。

由于物流在流通中所处的决定地位——流通时间取决于物流时间、流通成本主要是物流成本、物流更多体现流通中的生产力——所以,流通的决定作用,实际上是物流的决定作用。

特别要说明的是,这种决定作用现在虽然初见端倪,但是,我们仍然应当把它看成是

趋势性的、长远的、战略上的一个发展。这种发展总有一天会影响到这些领域增长方式的转变和相互关系与地位的改变。但是，不能因此就否认物流的服务作用和服务地位，物流作为"服务业"，或者它的主体作为"生产性服务业"的定位，是非常切合经济发展和各个产业经济关系实际的，如果脱离了这个实际，我们就会犯错误、走弯路，贻误发展时机。

第二节　科学物流的诞生

一、社会分工的作用

社会分工导致了"商物分离"。这种分离使物流作为一门独立的学科变为可能。

在长期的社会发展中，经过不少学者的长期理论酝酿，人们开始意识到过去被人们看成由生产过程、生产工艺所组成的生产活动中，详细分析起来有一种活动没有直接参与实际生产制造过程，而是与工艺有关但却另有特性，那就是物流。如果对生产活动进行专业的细分，它又可分成两个组成部分：一部分是纯粹的生产工艺活动；一部分是不可缺少的物流活动。

在流通领域，人们也逐渐认识到这种细分。同时，在社会实践中，也出现了实际的商业交易活动和实物运动活动的分离现象，这就是我们稍后要专门论及的"商物分离"的现象和由此而形成的理论。

在生产领域中，人们虽然可以认识到存在于加工制造活动中的两个不同类型活动的组成部分，但是，这两部分是紧密缠绕在一起的，是一种"两位一体"的东西，很难实现分离，而在流通领域却实现了这种分离。因此，理论研究便产生了向流通领域倾斜的偏向性。物流一词最早就是在流通领域的营销活动中出现的。

20 世纪初期，在已经发展起来的国家中，社会分工让人们开始认识了"物流"这种形态，从而引发了人们的思考和研究。这些思考和研究最先在农产品的物流中开始，据美国人的论述，1901 年就已经有了关于农产品配送的专门报告，在一些关于营销方面的研究和文献中，开始涉及物流和配送等问题。

二、德鲁克的贡献

应该说，在 20 世纪初至 20 世纪 60 年代，人们虽有感受并开始理性思考，但物流的主体仍不大清晰，而"灰色带"却很宽、很重。被誉为当今"管理学之父"的德鲁克最先提出了"物流"（Physical Distribution）这个词汇，在 20 世纪初，这一科学概念的主体已逐渐显露。但德鲁克也指出，这个领域还是灰色区域乃至黑色区域，他提出物流是"一块经济界的黑暗大陆"、"一块未被开垦的处女地"，这正确地反映了他和他的同时代的理论界和实务界的认识。

为了认识这块“黑大陆”,20世纪初那次经济危机到来之际,美国20世纪财团组织了大规模调查,结论是很有影响的,发表了“流通费用确实太大”的调查报告书。其中一个重要数据是,以商品零售价格为基数计,社会流通费用竟然占到了59%,而其中大部分是物流费用。这种清晰的、数量的分析认识进一步为物流理论研究奠定了基础。

德鲁克还是“供应链”科学认识和描述的鼻祖,供应链最早来源于德鲁克提出的“经济链”,而后经由迈克尔·波特发展成为“价值链”,最终日渐演变为“供应链”。

三、第二次世界大战奠定了系统物流

(一)第二次世界大战的物流实践对物流的推动

第二次世界大战,对于已开始的物流理性思考,无疑起到了阻断的作用,因为人们无法在正常的经济环境下继续考查物流。但是,一方面,第二次世界大战中形成的军事后勤的观念和实践,战争中托盘叉车系统化技术的大量采用,以及它们在战争中表现出的有效性,有助于人们从系统角度来思考物流问题;另一方面,装卸、搬运、运输、保管等独立的功能要素,因为战争的要求而出现连锁化、一贯化乃至一体化的趋势。这一切,对物流这门完整科学的形成起到了巨大的推动作用。

(二)第二次世界大战之后对物流的广泛探索

第二次世界大战后,“物流”这一术语开始在企业组织机构中出现,而这一术语涵盖的内容是:运输、仓储、包装和物料搬运,应该说,这已抓住物流理论认识的核心了。与此同时,各国企业界有的用“物资管理”(Materials Management)一词并将其定义为:“获得并使用所有生产成品所需要的物资的活动。这些活动包括生产、库存、控制、采购、运输、物料搬运和接收。”显然,这一定义的内容已包括物流的内容。当时,对于物资管理一词还有另外一个定义,也说明了其中物流的含义。这一定义是:“物资管理包括一切同物资有关系的活动,除了那些直接设计、生产产品和维护设备、维护工具的活动。”还有一些企业则直接把战时后勤(Logistics)的概念引入企业的经营管理活动之中,变成企业后勤(Business Logistics),并定义为“对一切促进和协调物资购销和增加物品时空效用的活动的管理”,显然,这个概念和当时的物流概念是基本一致的。

上述几种称谓,不同经济领域有不同的采纳习惯。例如,物流一词多用于流通型企业,物资管理一词多用于具体的生产型企业,而企业后勤一词则多用于公司之类的大企业。但是,无论在什么样的企业,选择什么词汇来表达这一相应的活动,这一时期的物流观念都有一个共同的特点,即强调非生产的实物运动那一个范畴,即使是围绕生产企业而不是围绕流通企业所形成的物流观念,也都是生产加工环节的上下延伸,即供应和销售环节的物流,而很少关注加工制造过程,即生产过程中的物流。

实际上,美国这样习惯上以企业为中心的国家,其物流观念在当时瞄准的仍是企业生产活动上下延伸的领域,也就是实际的流通领域。这也是第二次世界大战之后,往往将物流等同于流通或把物流当做流通中的一部分而忽视生产物流的原因之一。

从德鲁克最初提出物流这一词汇开始，到经济界和企业界不管以什么名义采用了这一观念为止，应该说，物流作为一门科学的形态便诞生了。

第三节 物流被世界所接受

一、第二次世界大战之后日本对物流的推动

（一）战后日本引进物流概念

1956 年，日本向美国派出了“流通技术专业考察团”，之后将在美国已成型的 Physical Distribution 经济形态引入日本，向学术界和企业界进行推荐。

在引进 Physical Distribution 的初期，日本先使用“物的流通”来表述，直到 15 年以后，才普遍使用“物流”一词。1958 年，日本又对本国的物流现状进行了大规模调查研究，其目的在于使物流概念在日本经济领域取得突破性的进展。

值得重视的是，日本政府在引进和推进物流方面，在支持企业进行物流实践方面起了很大的作用。20 世纪 60 年代，日本经济开始高速增长。企业界积极进行物流方面的实践，使物流在日本的应用有了很大的进展。这个进展的重要表现形式，是将物流纳入企业的核心竞争能力之中，尤其是成功地开发物流，取得利润。

（二）日本对物流的创新

对于物流，日本不但积极进行实践，而且还有所创新，尤其是在物流应用方面的创新，不仅对于本国的经济发展起到促进作用，而且还对其他国家产生了影响。有几个创新特别应当引起我们的重视：

1. 政府制定“物流施政大纲”的国策创新。把物流放到国策的高度来认识，这是日本政府的独特之举。第二次世界大战结束之后，日本政府就不断地通过各种方式来推动物流知识的普及、企业对物流的应用、物流标准化以及制定物流的相关政策。到了 20 世纪 90 年代，日本政府对物流的推动达到了一个新的高度，那就是创新性地制定了《综合物流施政大纲》（1997 年）以及《新综合物流施政大纲》（2000 年）。

2. “第三个利润源”的理论创新。著名的“第三个利润源”的理论出自于日本，是由日本早稻田大学教授西泽修先生在 1979 年提出的。应当说，物流是一门实践科学，第二次世界大战之后，虽然很多国家在物流应用上都取得了成效，但是在对物流科学进行理论的研究和深入的成本分析方面却十分不足。西泽修教授赋予物流科学以理论的色彩，这个创新对物流学科的建立以及物流的推动和普及有很大的贡献，尤其对刚刚实行改革开放时的中国有很大的影响。

3. 物流合理化的社会实践创新。日本在物流发展过程中，把建立在日本国情基础上

的物流合理化作为发展物流的一个重要基点,有许多与社会流通相关的物流合理化方面的创新。

例如“共同化”。物流共同化旨在整合社会资源,减少物流的投入,提高物流的产出,同时缓解物流对环境和交通的压力,是一项成功的创新。

又例如“配送”。通过配送解决末端物流合理化的问题,用这个办法来节约库存和仓库资源,提高服务能力和服务水平并且成为一种制度,在这方面,日本有很大的贡献。

4. 看板方式的企业应用创新。虽然日本是“流通立国”,非常关注物流对于商业流通的作用,但是实际上,日本对于物流的创新不仅在流通领域,在生产领域也有非常重要的创新,那就是丰田汽车公司对于生产物流系统创造的“看板方式”。“看板方式”的一个非常重要的价值在于,它向人们表明,现代物流对于我们的贡献,不仅在于“流通”,还有“生产”这片更为广阔的天地。这就纠正了一直到现在很多人对物流认识的偏差(例如,把物流定位成流通子系统),大大地提升了现代物流的价值。

二、石油危机对科学物流的考验

物流观念和理论之所以能为全世界所接受,成为一门世界性的科学,还有一个很重要的机缘,即20世纪70年代初期发生的震惊世界的石油危机。

石油危机的爆发是对以往各种应用科学、各种组织形态的考验。石油危机时期,石油价格猛涨了4倍,其他各项能源价格也随之上扬,进而对高能耗的各种产业产生了巨大的冲击,其中当然包括物流。

石油危机使理论界和经济界对物流理论刮目相看。多少年的物流观念、物流理论的形成,多少年根据物流这一新思想、新观念进行的系统革新和技术发展而促进的物流合理化,在石油危机以前并没有被人们深刻地认识和感受,因而并没有形成强大的推动物流发展的力量。但是在石油危机中,它表现出巨大的生命力,全世界的经济界和实务界对改进物流所获得的经济效益有了更深刻的认识。人们认识到,由于生产领域的潜力已很难挖掘,再依照传统办法,从提高生产技术、扩大建设工厂、提高生产效率等方面着手,获得更大的利润是很困难的。尤其在原材料、能源价格一再上扬的情况下,生产成本能保证不再上升已是难事,轻易获得更大的利润更是困难,而改进物流则可以比较容易地获得更大利润。物流的潜力被人们认识,这就更进一步促进了物流科学为全世界所接受。第三个利润源泉便是在这种背景下成为物流理论的重要内容。

三、中国在改革开放之后对物流的接受

中国于20世纪70年代末,晚于日本10年开始使用物流一词。现代物流的观念和方法进入中国,是中国改革开放政策的重要成果之一。

应该说,物流对于20世纪60年代的日本和80年代的中国来说,是一种过去人们感受到了,但却没能将之实践化、理性化的新概念、新观念、新见解和新思路。正是因为人们头脑里早有这种朦胧的认识,所以,当中国的改革开放政策使我们可以接受世界上最先进的东西时,物流这种明晰的理论和方法便使人们有“茅塞顿开”之感。所

以，物流很快地在理论界和实务界热起来，使物流这门科学很快普及开来。

最初引进国外物流的主体是政府以及以政府为背景的各种团体，尤其是中国在计划经济时期特有的物资系统和由多个部门组成的交通系统。由于它们的本身业务与现代物流在很多方面类似，所以对这种引进做了大量工作。尤其值得一提的是，中国物资经济学会在20世纪80年代10年左右的时间中，先后组织了19个去发达国家和地区的物流考察团，先后接待了21个国外的物流相关领域的学术团体，把物流的引进、学习和研究，从少数政府官员扩展到高等院校、研究单位、工业企业、流通企业，实现了从政府向社会的飞跃。这是推动中国社会广泛认识物流、广泛进行物流实践的重要力量。

中国学术界对于现代物流的认识和接受，一个非常重要的基础在于，在这之前，学术界已经广泛地接受了钱学森教授系统论的观点，同时，通过各种传媒的、文化的渠道，已经对国外的物流有了一些认识，从系统论的角度认识了“物流”这个独特的系统。其实，对物流的新见解，是一点即破的，是什么新见解呢？那就是系统化的见解，就是将包装、运输、装卸、搬运、保管等过去看来是独立的、互相并没有密切关系的活动，用物流两个字统一起来，成为一个统一系统的组成要素。统一起来之后，人们确实感到：原来那些活动之间的联系是如此的密切，放在一个统一体中是再合适不过的了。道理虽然简单，却有划时代的意义，这是物流科学极富魅力的原因。

第四节 现代物流

前一章已经提到，放弃使用 Physical Distribution 而转向使用 Logistics 来描述物流，并不是一个简单的词汇选择问题，而是物流这种经济形态内涵和外延发生了实质性的转变，需要用更确切的词汇来描述的问题。我们可以这样理解，Physical Distribution 表现的是物流的初期概念，而 Logistics 表现的是现代物流的概念。事实上，有的人就主张将 Physical Distribution 称为传统物流，而将 Logistics 称为现代物流。

一、现代物流的核心问题

现代物流的核心不是技术、不是方法、不是工具，而是物流的基本观念。现代物流的基本观念是“以用户为核心”的物流服务观念。这个观念并不是理论上的一种理想、一种意识形态、一种道德观念，而是市场经济造就的一个观念。在市场经济的买方市场环境下，“以用户为核心”的服务观念才是物流的生存和发展之道。

十几年前，中国有一个非常庞大的、覆盖全国的“物资流通部门”，尽管这个部门也用了大量的投资来建设网络、发展现代化的技术和装备，吸引了大量的现代化人才，但是最终还是走上了几乎全军覆灭的道路。其重要原因就是在日渐形成的市场经济环境下，“以我为核心”搞分配、搞资源配置，没有建立现代物流“以用户为核心”的物流服务观念。也许我们会提出这样的疑问：“以用户为核心”的服务观念是现代社会一个普遍的观念,似乎并不是物流独有的问题。我们的回答是:不然,这正反映了物流融合于现代社会的普遍性,另外,由于物流的本质便是“服务”,所以,它更是现代物流的核心问题。

二、现代物流的经济环境

(一)买方市场的经济环境

现代物流是处于买方市场的经济环境之下,也只有在买方市场的经济环境下才能诞生现代物流。一个非常重要的原因是,只有在这种市场环境下,买方才能利用自己所处的优势地位对物流服务提出要求并且起主导作用,这是物流取得发展的动力,也是鼓励物流发展的经济环境。

(二)远程化和经济全球化的经济环境

全球化的经济环境,必然造就远程化的物流。这个环境不但对物流的技术有了更高的要求,从而促进了物流技术的进步,大型化的运输工具、快速的运输技术以及与此相关的信息技术和诸如全球卫星定位系统等技术随之发展起来,而且,为了应对国际化的物流服务,必须突破国家的界限建立国际化的物流网络和从事国际化物流的企业和组织,建立一批大型的国际化物流企业,进一步促进物流专业分工,使物流产业更加完善。所以,远程化、全球化的经济环境对于物流产业的发展起了重大作用。

(三)社会分工深化的环境

现代社会,社会分工的深化对物流有很大的影响,从而使物流的分工也随之深化。在社会流通领域,商流和物流的分工,是物流成为独立活动进而逐渐地在分工的基础上形成一个庞大的产业的最根本的原因。

社会分工的深化给物流带来的另一个影响,就是通过整合形成不同的物流生产力和物流服务能力,以适应社会上对于物流的多种多样的要求。分工的目的在于追求某一个专业领域的核心竞争能力,但是物流的需求却是综合的,这就会出现脱节和矛盾,解决这个问题的有效办法就是通过整合的方式来满足个性化的物流需求。

(四)生产方式的环境

现代社会,生产方式的改变绝对不仅限于生产本身,生产方式的变化要求并带动了与生产方式有关的物流服务方式的变化。这样一来,就必然推动了新物流形态的形成进而促成总体物流的发展。例如:流水线式的大量生产,拉动了物流传送技术的发展;精益生产带动了准时物流系统的发展;协作生产方式带动了配送;等等。

三、现代物流的特点

人们对现代物流所针对的社会环境的看法并不是很一致,有时候将工业化社会和后工业化社会都包含在“现代”之中,有时候仅仅针对后工业化社会。这一部分内容主要针对后工业化社会。

(一)物流的系统化

系统化是现代物流最主要的特点,物流的科学形态就是建立在系统化基础之上的。把各个独立的活动组合成一个物流系统,需要系统化的组织技术和系统化的装备技术。系统化的技术在物流领域比比皆是,是构筑物流生产力的主体技术。我们可以列举许多例证:托盘和叉车构筑的系统,贯穿整个物流过程的集装箱系统,把进货、储存、出货连接成一体的重力式货架系统,把整个工艺流程贯穿一气的传送带生产系统等。

(二)物流的网络化

物流系统化的一个非常重要的形式是物流网络化。物流资源地域分散的特点,要求物流必须成为一个网络才能够贯通起来,物流服务需求的地域分散特点,也要求物流有能力通过网络的形式沟通分散的用户。所以,网络化是物流领域非常具有特点的技术。铁路、公路、水运等都要形成网络才能够覆盖广大的经济区域,它们之间又需要形成综合性的网络才能够使物流过程得以优化。

(三)物流的精益化

后工业化社会,随着工业生产领域出现的轻、薄、短、小的发展趋势,派生了多批次、小批量、多品种的物流需求,同时,物流的组织方式和运作方式必然要发生变革。物流领域很难再沿用过去与大批量生产相适应的大宗物流形式,来解决工业生产领域新的需求。大宗物流,确实可以像大批量生产一样具有低成本、高效率的优势,但是这种物流形式没有办法贯穿物流的全程,或者说,只有少数的渠道可以用这种办法贯穿全程,多数情况下,越是接近末端,当渠道变成细而密的时候,就越会出现成本迅速增高而效率迅速降低的现象。所以,用"大物流"的形式来适应"多批量、小批次、多品种"的需求,不但在技术上和流程上难以实现,而且会使物流成本变得难以承受,这就是物流精益化出现的历史背景。

现代物流科技创造了许多精益化的技术,例如全球卫星定位技术、冷链技术、条形码技术、射频标签系统技术、零库存技术等。

(四)物流的信息化

信息化最能体现现代物流的特点,全球化的物流、远程化的物流、精益化的物流,在若干应用技术的背后,都有信息技术的支持。与工业领域的信息化比较,物流信息化在很长时期内是一个老大难的问题。其基本原因,一是物流系统开放性的影响;二是物流活动流动性的影响。这就不仅使物流信息系统有很高的技术难度和管理难度,更重要的是信息化的成本使一般企业无法承受。这就是现代物流发展滞后于现代生产发展的重要原因。

在物流领域,人们对此感受颇深:对于时刻处于在大范围内经常变换位置的、流动状态的物流活动,要想对它进行控制和有效的管理,要想使它成为系统性的活动,就必须依靠信息化的支持。所以,物流信息化是现代物流非常重要的特点。

(五)物流的产业化

现代物流是以产业的结构和包含多个行业的综合性产业形态而存在的。

随着物流科学的形成,以新物流思想为依托,在各种机构和组织建立起来的同时,物流作为一个产业也在国民经济中逐渐建立。

从物流发展的历程来看,物流在国民经济中以一个独立的、综合的产业业种出现和在企业中以一种独立的、综合的管理形态出现是同步的。物流发展不仅有赖于思想观念的革新和科学理论的形成,更重要的是,还有赖于在国民经济和企业中所起的具体作用。国民经济中物流产业的形成对推动物流的发展起着重要作用。

物流产业是以物流活动为基本共同点的行业群体,也可以说是以物流这种生产方式为基本共同点的行业集合。物流产业的主要特点是,它的主体是非生产性的,是服务性的。当然,如果将生产过程中的物流活动看成是生产活动的组成部分,而将流通领域看成是生产过程的有机组成部分的话,物流活动也可以看成是一种生产性活动。但是,现代物流思想正是将物流和生产的劳动性质予以区分才发现物流是一种与生产密切相关,但却可以独立于生产之外、和生产劳动有区别的特殊劳动,从而才建立了物流科学,形成了物流思想。因此,这里是探讨独立于生产劳动之外的物流,而不是仍然将之看成生产劳动的一个组成部分。于是,我们可以从新的角度认识物流,进而明确物流的非生产性和服务性。

物流产业通过服务来提高物的附加价值,这个附加价值的形成,是物流活动过程中投入的活劳动与物化劳动转化而成的。这与生产劳动有本质的区别,生产劳动是通过加工、制造等过程,创造或增加物的使用价值来提高物的附加价值的。

任何复杂的领域都是有例外的,物流业中也有一部分(但绝不是主体)劳动,从劳动方式、劳动性质来看,确属生产劳动无疑,例如流通加工。但即便如此,在流通加工附加价值的构成中,应该说服务劳动仍是主体,而生产劳动所形成的附加价值是远低于流通加工总劳动所形成的附加价值的。也就是说,大家公认流通加工可以形成很高的附加价值,所以流通加工才有特殊意义,而流通加工领域的生产劳动较简单,生产劳动投入又较少,那么,这么高的附加价值从何而来呢?实际上,它是物流服务形成的。所以,物流劳动的性质即便在流通加工领域有些例外,但也是局部的,不足以改变物流业总体的性质。

由此可见,物流产业实实在在属于第三产业的范畴。其产业性质具有明显的服务性。

后工业化社会延续了工业化社会物流的两个重要特点:大量化和快速化。这两个特点也可以看成是现代物流的两个特点。现在,大量化和快速化仍然是现代物流追求的重要目标。

四、物流的价值发现

20 世纪，经过了若干次价值发现的过程，人们对物流才形成了现在的认识，每一次价值发现，都使物流水平上升到一个新的高度。当然，在供应链、物联网的环境下，人们对物流又有了许多新的价值发现。这里说的是历史上的价值发现，在供应链、物联网环境到来之前，物流经过了 8 次价值发现，人们对于物流的认识才达到今天的水平。

第一次价值发现可以称之为物流系统功能价值的发现。在第二次世界大战期间，美国在军队中采用了托盘、叉车的后勤军事系统，这个系统贯穿了军事物资从单元组合（集装）的装卸活动开始，高效连贯地搬运、运输、储存，再运输搬运，直到按指定军事目标到达目的地为止的整个过程，有效地支撑了庞大的战争机器。这就促使人们认识到，物流系统的活动能够实现以往许多活动才能完成的各项功能，使人们认识到物流系统功能的价值。

第二次价值发现可以称之为物流经济活动价值的发现。第二次世界大战以后，大量军事技术和军事组织方式转移到民间活动中，物流系统的思想方法和相关技术、相关管理方式实现了“军转民”并取得了成功。这就使人们认识到，“物流”不仅有非常重要的军事价值，而且也具备非常重要的经济活动价值，可以在经济界广泛地采用，可以为企业增加一些新的管理思想和结构模式。第二次世界大战以后，价值工程、物流等在战争期间形成的观念，都成功地实现了向经济领域的转移，从军事活动的价值转变为经济活动的价值。

第三次价值发现是物流利润价值的发现。第二次世界大战后，主要国家的经济发展面对的是一个“无限的市场”，只要能够快速实现产品向用户转移就能够获取利润。企业界采用物流技术和物流管理之后，能够有效地增强活力，提高效率和效益，从而增加企业的利润。在产业革命以后，经济领域对于人力、原材料这两个利润源泉的挖掘已经有了 100 多年的历史，虽然在现代社会中仍然可以用新的方式来开发这两个利润源泉，但是，寻找新的利润源泉就变得更为迫切。“物流”作为“第三个利润源泉”就是在这种情况下被发现的，这是对物流效益价值的发现。

第四次价值发现是物流成本价值的发现。20 世纪 70 年代初爆发了石油危机，其后导致以石油为首的能源、原料、材料、劳动力价格的全面上涨。传统的第一、第二利润源泉已经变成了企业的成本负担，在这种情况下，人们发现物流领域有非常大的降低成本的空间。实务界利用物流系统技术和现代物流管理方式，有效地缓解了原材料、能源、人力成本上扬的压力，从而使人们认识到，“物流”还具备非常重要的降低成本的价值。物流的这一价值发现，大大提高了物流在国际上的声誉。石油危机期间，许多经济学家预言的全世界的长期的经济衰退并没有出现，这和经济领域中成功地发掘物流降低成本的价值有相当的关系。

第五次价值发现是物流环境价值的发现。物流系统的开发、物流合理化的广泛推行和系统物流管理的普遍实施，在有效地降低成本的同时，能够在合理的、更节约使用物流设备的情况下完成资源配置任务；物流系统化以后，物流装备可以得到全面的、系统的开发,装备的效率大大提高,同时装备的能耗大大降低。这些努力汇集起来之后,人们惊喜地发现,物流对改善环境、降低污染、实施可持续发展有重大作用,这就使受现代城市病之苦的许多工业化城市对用物流这种系统经济形态来改善分立的、混乱的交通,减少交通阻塞、运输损失,降低污染,改善企业外部供应环境格外重视。

第六次价值发现是物流对企业发展战略价值的发现。这个发现实际上是对物流服务价值的发现。20 世纪七八十年代之后,企业普遍从当前的利益考虑转向了长期的、战略性发展的考虑。这个长期的、战略性的发展有两个非常重要的支撑因素:一个是在现代信息技术支撑下建立的稳定的、有效的"供应链",以增强企业的本体能力;另一个支撑因素就是贴近用户的服务,而这个服务是远远超出所谓"售后服务"水平的全面贴近用户的服务。在物流领域里出现了广泛配送方式、流通加工方式以及更进一步的"准时供应系统"、"即时供应系统"、"零库存系统"等,这些都使企业获得了更长远的战略发展的能力。

第七次发现是物流对国民经济价值的发现。1997 年东南亚爆发了经济危机,危机过后,人们在分析和总结东南亚各国和各地区的情况时发现,以"物流"为重要支柱产业的新加坡和我国的香港有较强的抗御经济危机的能力。例如,1998 年受金融风波影响较大的马来西亚经济增长为 -6.8%,泰国为 -8%,东盟为 -9.49%,与之相比较,我国的香港地区情况比较好,为 -5.1%,而新加坡当年实现了 1.5% 的正增长。这个发现非常重要,它的重要性在于,物流不仅对于微观企业有非常重要的意义,而且对于国家经济发展也有非常重要的意义。物流作为一个产业,在国民经济中的地位也是非常重要的,它能够起到完善结构、提高国民经济总体质量和抗御危机的作用。

第八次价值发现是物流在网络经济环境下的价值发现,称之为对新经济价值的发现。在对我国的网络经济进行了若干年的探索和发展之后,我们终于认识到,网上的虚拟运作和实际的物流相结合,才是一个完整的新经济形态,这一点在电子商务中反映得更为明确。可以说,没有物流的发展和进步,网络经济的运行也就会受到限制。人们在探讨"新经济"的时候,深切认识到物流是新经济的一个组成部分,或者说是一个重要组成部分,这使人们对物流的发展前景越发具有信心。

第五节 供应链和网络环境下的物流发展

一、供应链环境和物流

最近一些年,来自美国以及欧洲发达国家的一些新的经济构筑模式——供应链有不少成功的案例,并且被看成是一种战略的发展趋势。进入 21 世纪,物流的理论和实践又有了新的进展,那就是在发达社会的经济构筑中,"供应链"已经成为人们共同承认的趋势。在新的经济格局之下,物流业找到了新的定位:物流成了供应链的一部分或者供应链的主体;甚至出现了用供应链的概念来取代物流的概念,把供应链完全与物流等同的认识。

出现这个进展的主要原因,是发达国家经济高度发展之后,企业在工业化和系统化时期具有生命力的、被称之为"纵向一体化"或"垂直一体化"的构筑模式(从原材料的原材料开始,一步一步完成产品的增值过程,再一层一层地完成服务,一直到最终用户的价值和使用价值的流动),在市场的激烈竞争和企业寻优的过程中,已经逐渐失去了强劲的生存势头,大量的企业不得不放弃纵向一体化的模式。

"纵向一体化"或"垂直一体化"的本质是一切都是自己干、自给自足的小生产观念,是在发达的社会中以大产业形态出现的一种有历史局限性的产物,是发达社会对农业社会的一种实际继承。其所形成的企业,是家族性的或者王国性的,虽然也有很多企业制度和管理的创新,并不是封建性的家族或者王国,但是在生存了将近一个世纪之后,其终于显出了发展的疲态。福特汽车公司老亨利·福特称之为"最富雄心的垂直一体化计划"最终归于失败,原因就在于此。

供应链首先是企业横向一体化的构筑模式。由于各个参与的或者联盟的企业都是各自独立的企业,所以,这种横向一体化的构筑模式,实际上构筑成一个大型的"虚拟企业"。供应链企业之间的关系可以是一种短期的利益关系,具有动态性和择优性;也可以是一种战略的利益关系,加盟企业各有自己的优势,并不断增强和创新这种优势,从而形成一种长期的、战略性的合作关系,具有相对的稳固性和择优性。

中国有一句老话:"分久必合,合久必分。"分工曾经是工业化初期的一个大趋势,是社会进步的一个飞跃,但是,现在环境变了,条件变了,科学技术提高了,更大规模的"合"的需求在社会的高度发展中诞生了,"三网合一"、"一体化"、"供应链"来到我们面前。

二、供应链环境下的物流发展

对于物流来讲,供应链是物流运行所依托的经济环境,在这个环境下运作的物流,显然不同于以前以完全独立形态运作的物流。但是,供应链对物流来讲又不只是一个经济环境,它们之间的关系要密切得多。因为物流是供应链的一部分的概念已经被普遍接受,也直接进入物流的定义之中,美国物流管理协会 1998 年在原有物流定义的开头就已经加上了"物流是供应链流程的一部分"这样的表述。

人们在总结供应链的运行的时候,对于供应链的流程有大同小异的看法。有人认为供应链有三个流程:物品的流动、信息的流动和资金的流动。有的人认为供应链有四个流程:商品所有权的流动(商流)、物品实物的流动(物流)、信息的流动和资金的流动。但无论是哪一种看法,都不否认物流是供应链的一部分。特别要指出的是,现在一些领域,几乎把供应链和物流混淆,不太重视物流的独立性格和独立运行方式,这也是不妥的。不要说供应链,即使是物联网时代完全到来,物流也许会发生很大很大的改变,但是,物流仍然是物流,物流是不会消亡的。何况,物流还有超出供应链的范围的存在,例如,纯粹生产过程中的物流(生产物流)、最终消费和使用过程中的物流(生活物流)。这些物流和供应链之中的物流有共同点,那就是都是"物流",但是又有非常大的区别,生产物流、生活物流完全具有自己的独立性和优化方式。所以我们在讲物流是供应链的一部分的同时,还可以这样讲:供应链是物流的一部分。

供应链环境对物流所发生的影响,是这个领域的一个非常热门的话题,在本节中主要列举以下三点,以使读者多少有所了解:

第一,由于供应链实现了高度一体化,物流可以从供应链的全局角度和战略的高度来规划、设计、运行和管理。如果没有供应链的环境,要实现高水平的物流,就必须付出非常大的代价。

第二,供应链环境解决了供应链内部环节的融合问题,有效解决了物流各环节的衔接,这就使"物畅其流"的目的得以更好地实现。

第三,供应链的优化虽然不能完全以物流的优化为前提条件,但是,这是供应链这种一体化的经济链条必须具备的东西,这就使供应链环境下的物流可以保持相对低的投入和取得更好的效益,实现"第三个利润源"。

除此之外,还有一个值得重视的问题,不同的供应链,其整合者和主导者是不同的,这种不同也影响到物流在供应链中的地位和对物流的要求。一条供应链,主导者可能是供应商、生产者、经销商、用户甚至是第三方物流。供应链的发展以"优化"为前提,这种"优化"虽然有共性,但更重要的是在竞争中形成的特殊的组织和运作方式,供应链的复杂性会带来复杂的物流形态和物流管理方式。

三、物联网与物流发展

物联网是一个全新的事物,可以这样认识物联网:它是把"实物"做成互联网的终端,从而使网络和"实物"能够联结的一种"物物联结"、"与物联结"的网络。仅从这个概念来看,通过高度发达的电子技术,就有可能实现对"物"的直接沟通和连接,让"物"活起来,等于让它具备了灵性和智慧。在这种环境下,物流会有一个怎样的改变?虽然现在有诸如"智慧物流"的提法,这是很多人接受和企盼的,但这毕竟只是一个开始,恐怕现在还不能完全断定最终会达到一个什么样的状态。

物联网直接影响到物,当然也直接影响到物流,所以物流领域是物联网的落脚点,是探讨、研究、规划、应用物联网的重要领域。

物联网物流的发展,需要在一个相当长的时期内逐渐积累,逐渐取得进步、取得成果,这个发展甚至可以看成是一个历史阶段的发展。在设定了大目标的同时,需要稳步地推进物联网一系列的发展和建设:

第一,物流领域的电子单证作为基础的物流信息广泛、深入、高水平的应用。

第二,物流领域所有千变万化的实物的标志技术广泛、简单、低成本的应用。

第三,物流作业的智能控制、自动化操作。例如,机器人码垛与装卸、无人搬运车进行物料搬运、智能化的自动输送分拣的分拣作业、自动堆垛、搬运机械自动完成的出入库操作等。

第四,各项物流活动和物流运作的基础的智能化系统。例如,仓储管理的智能化、运输的智能化、配送的智能化等的建立和逐渐完善。

第五，各种智能化、自动化物流设施的建设。例如，智能化的配送中心、智能化的物流企业、智能化的物流结点等的逐步建设，并形成以此为基础的智慧型的物流平台。

第六，物流领域大面积覆盖的基础性标准、工作性规范、操作性程序的全面制定和应用管理。

第七，互联网平台水平和能力的提高，功能的强化，与物联网的融合和统一。

第八，自动化和信息化技术水平的提高，实现物流运作的自动化、可视化、可控化、智能化、系统化、网络化的发展。

以上的发展和改变难以尽述，难怪有一些研究者认为，物联网时代的到来和物联网的深入发展，将会使物流的面貌发生大的改变。

四、虚拟经济与物流发展

早在工业化开始的时期，马克思就提出了虚拟资本的理论概念。虚拟资本包括股票、债券、不动产抵押单证等。虽然这些凭证本身不具有价值，但是它们却可以像实际资本一样进入资本的再循环，产生价值。实际上，经济领域虚拟概念的应用早已有之。例如，货币便是虚拟了的黄金（在金本位制的前提下），虚拟性的经济活动在现代社会中已经广泛应用。

现代虚拟的概念可以作如下理解：虚拟是相对于实体而言的，虚拟是并不存在于实体的形态，而是以本质的形式存在，虚拟是对于实体的一种“近似”。虚拟经济则是由虚拟经济活动归结出来的一种经济理论和经济形态，作为一种经济形态，应当说它的形成是近些年的事情。

虚拟经济有三个范畴，其中与物流有密切联系的是第二、三个范畴：

第一个范畴是股票、债券、期货、期权等虚拟资本的交易活动；

第二个范畴是以信息技术为工具，依托网络联结所进行的经济活动和建立的经济组织；

第三个范畴是利用计算机进行现实模拟的经济活动。

在第二、三个范畴中，与物流有密切联系的是虚拟仓库和虚拟库存以及虚拟物流企业。

（一）虚拟仓库和虚拟库存

信息技术和网络技术可以给我们提供准确、及时而广泛的信息，可以使我们了解在什么地方、什么领域、什么条件下储存着和可以生产出什么种类、什么数量的物资，我们可以把这些物资，通过某种组织方式或其他方式形成我们所需要的资源准备，而我们自己的仓库中不一定直接保有。这种社会的资源就相当于一个更为庞大仓库的库存储备，由于它带有虚拟性，所以称做虚拟仓库和虚拟库存。

虚拟库存的存在，在一定的市场环境和经济环境下通过一定的组织形式，可以起到支持生产、支持销售的作用，使我们有了更大的选择余地。

然而，和自己保有的仓库和库存不同，虚拟仓库不占用仓库建设成本，不需要相当多的人力物力投入到仓库的运营之中；虚拟库存不需要占用流动资金，也无须为库存品的减损、变质、盗失操心。虚拟仓库和虚拟库存,解决了“库存是企业的癌症”这一历史性的难题。显然,这种经济运作,可以使经济运行的质量得到大大的提升。

虚拟库存的应用领域很多,大规模应用主要在以下三个领域:

第一,生产领域。尤其在制造业,可以采用虚拟库存等方式实现标准零部件、标准件、工具等的零库存。

第二,商业领域。对品牌效应不高的通用商品,可以以虚拟库存的形式实现零库存。

第三,经营领域。可以利用信息优势进行购销活动,在购销活动中不保有库存而是利用社会资源实现对用户的供应。

(二)虚拟物流企业

物流向国际化和远程化发展的结果,使得有些大的物流系统,已经不可能由一个确定的企业去构建,而实际上是由以信息技术和网络技术为支撑的虚拟企业去运作。这种虚拟企业虽然不具备独立企业的名分和组织结构,但是却可以像一个超大规模的独立企业一样,把整个系统运作得十分有效。这种虚拟的物流企业在物流领域不仅表现在供应链的构筑之上,而且也表现在主要依靠信息而没有形成整套流通生产力硬件的第三方物流企业和虚拟仓库、网上的物流服务交易等方面。

供应链是以网络信息技术为纽带建立起来的,是虚拟经济的一个典型应用。供应链实际上是一个虚拟的大企业,它的事情,过去是要依靠一个集团企业、一个托拉斯的实体企业去做,现在则是靠一种协作的组织去做。这个协作的组织具有相对稳定性,但却并不是一个有确定机构、确定组织和确定经营目标的大企业,这就是它的虚拟性所在。

供应链虚拟性的一个最大优势,是可以通过组织协作的方式,依托信息网络的支持,使这个“虚拟企业”总是保持着很高的竞争能力。这是因为,供应链的参与企业都是以核心竞争能力的优势进入供应链,供应链的动态性又使得构筑供应链的企业不断地“优胜劣汰”,不断地更新,以保持供应链的企业总是具有强大的核心竞争能力。这是一个实体企业根本没有办法做到的。

第四章

物流与国民经济

第一节　物流在国民经济中的存在

一、普遍的物流活动和物流业

物流存在于每个人的生活和工作之中，存在于每一项生产活动之中，物流在国民经济中广泛地存在。物流是每一个人每天都要做的事情，或者说每天都要进行的活动。这些事情或者活动贯穿于人们生活、学习、工作的过程之中，具有绝对的普遍性。这种普遍性的存在，有时候是带有理性色彩的，讲究方法、讲究技术、讲究效率、使用工具。经常的或者是有相当数量的这种类型的活动，已经成了人们生活的一部分，所以这是一种习惯性的事情、习惯性的活动。例子不胜枚举：买菜之后，把菜自己拿回家或者安排别人送货；把买好的菜或者其他东西放到适当位置，便于取用或者做一段时间的保存；把房间里的垃圾进行清扫并且出门选择合适的地方倾倒；把一天工作、学习所需要的用具、文件、资料从存放处取出……

从另一个角度讲，物流影响每一个人的生活，每天我们都会看到、感受到不同的物流，每天我们都要为我们所进行的物流而消耗精力、体力和时间，每天都要考虑如何把这些物流活动做好，所以，物流效率和物流智慧也体现了一个人的能力。

物流同样普遍存在于社会活动之中，存在于生产活动、商业活动、管理活动、生活保障和供应链之中。物流是供应链的一部分，这在物流领域是人所共知的。

人们在认识物流的时候，往往提出生产过程之后是物流过程，把生产过程与物流过程区分开。这个认识所指的“物流”，是脱离了生产过程的商业物流、生活物流等社会物流形态，实际上，物流过程也贯穿在生产过程之中。

总之，物流存在于国民经济之中。它以运动的形态存在，是国民经济中的一个重要产业，同时也是现代社会中许多人赖以生存和为社会做贡献的职业。

物流在国民经济中的存在形态主要有两种：一种形态是以实物运动形式存在的物流活动；另一种是承担物流活动责任的经济形态——物流业。

物流活动的广泛性、普遍性和复杂性派生出各种不同的物流运作方式,形成了许多种类的物流职业。

二、不同环境下的物流

不同的自然环境、经济和社会环境会派生出不同的物流需求,从而也会影响物流的方式、物流的水平和规模。

(一)自然环境对物流的影响

对于物流来讲,自然环境可能是有利的,也可能是无利的,有利的自然环境可以看成是一种物流的资源,无利的自然环境可以看成是物流的一种障碍。所以,可以把自然环境分成资源环境和障碍环境两大类,这两类环境在一定的条件下是可以互相转化的。例如,如果没有水运工具,那么江、湖、海就是物流的障碍;如果有有效的水运工具,江、湖、海就会变成有效的物流资源。

在经济和科技水平不发达的前提下,自然环境对物流会产生决定性的影响,从而也影响国民经济的发展。即使是在现代经济条件下,这类影响依然存在,不可小视,因为物流仍然会作为一种资源条件影响着经济的发展。

不同的自然环境还会对物流方式造成比较大的影响。自然环境对于物流的规划和物流方式的选择有很大的影响。水系比较多的自然环境,有利于低成本的水运物流方式的发展,但是,由于这种自然环境可能影响空气的湿度,所以对物流包装和物流过程的防潮、防水保护就要有较高的要求;干燥的自然环境,则使人们必然比较多地选择陆运的物流方式;山区和丘陵的区域,对大量物流和快速物流会造成制约,也必然会造成较高的物流成本。

(二)经济和社会环境对物流的影响

在城市和农村不同的经济和社会环境下,物流的对象会有很大的不同,进一步会影响物流的需求和物流方式的选择,城乡的差别在物流领域也会有所体现。

人类社会不同经济发展阶段会有不同的物流。就拿工业化环境的物流来讲,一般工业化环境下的物流与新型工业化环境下的物流有很大区别。新型工业化有三个重大的特点,即规模大、产业集群、精细生产,它们直接派生出对物流的要求是:应对规模大,延续工业化时期大数量物流,但是有更高的成本控制要求;应对产业集群,物流通道、物流园区等新型的物流产业和物流方式应运而生;应对精细生产,“精益物流”相应产生。以上这些不仅是物流服务和运作方式的改变,也是物流科学技术改变的结果。信息技术、网络和运输、储存、理货技术完全可以支持这些改变。

三、具有物流服务能力的行业、企业

几乎所有类型的企业都有被称为“企业物流”的物流活动,但是,这些活动属于企业工艺流程或者企业运行的一部分,不是企业对外物流服务的能力。产业内部物流活动是广泛存在的，但是，并不是所有的产业都具有社会性的对外物流服务的能力。另外，国民经济中绝大部分产业都需要外部的物流服务，需要有能够提供这种物流服务的行业、企业来满足这种需求。具有物流服务能力的行业、企业非常多，按照其主要特点归属到物流产业之中的行仅是其中的一部分，有一些不属于物流产业之中的行业、企业，也具有一定的对外物流服务能力，也能够提供一定程度的物流服务。

现将具有对外物流服务能力的行业、企业列举如下。

（一）第三方物流业

第三方物流是一类物流企业的总称，它是货物供方与需方以外的物流企业，也即专门从事物流服务的企业。它以合同的形式在一定的期限内，向客户提供客户所需要的个性化的物流服务。由于是专业的企业，所以，第三方物流企业一般具有比较强的物流服务能力。

（二）快运快递业

快运快递业是第三方物流的一种重要业种，是现代物流企业的一种特殊形式，“快”是这种物流业的重要特色。要想将货物以最快的速度运送和配送到指定的目的地客户手中，就必须有特殊的运输手段和管理办法，这就需要尽量减少环节，甚至要建立专门的系统来增强企业的物流服务能力。

（三）商业

商业领域相当多的企业具有向客户提供物流服务的能力。在与客户签订的商业合同中，也有向客户提供其所需要的个性化的物流服务的条款。这种服务是商业活动的一部分，其目的在于促进商业交易。商业中的餐饮服务业、建材销售业、家具销售业、大型家电销售业等是这一类企业的代表。

（四）运输业

运输业包括铁路运输业、道路运输业、城市公共交通业、水上运输业、航空运输业、管道运输业等。运输业是物流产业的主体，其本身就是一个庞大的产业，运输业具有物流的主体功能。从总体上来看，运输业不具备向客户提供完整、系统物流服务的能力，但是，运输业依托自己的核心竞争能力打造完整、系统物流服务的能力是具有优势的，这也是现代物流发展的一个前景。实际上，运输业中的许多企业，现在都能够提供客户所需要的系统物流服务甚至个性化的物流服务。

（五）运输代理业

运输代理企业是接受货物收货人、发货人或承运人的委托，以委托人的名义或者代理企业自己的名义，为委托人办理运输业务或者全程物流的企业。委托者和运输代理者之间的关系往往是一种长期的合作和伙伴关系。运输代理业是社会分工和交通运输发展到一定程度的产物。运输代理企业是专业化服务的一种代表形式,其专业化的生产不仅可以提高效率、降低成本,其专业化的服务也可以起到相同的作用。在社会经济越来越复杂的环境下,尤其是涉及不同地区、不同国家的物流活动,不是一般的企业自己能够完成的,由运输代理企业去代为完成是一个非常好的选择。

(六)托运服务业

托运服务企业是接受委托,为委托人办理运输业务或者全程物流的企业。托运人委托具有运输资质的企业将货物运输到指定地点,交给指定收货人的服务方式,是一家承运企业为多个委托人办理物流服务的一种方式,与运输代理业采用一对一的服务方式不同,托运服务业采用的是一对多的方式。托运服务业的优势在于,可以采用配载方式,集少成多,形成规模从而降低成本,提高服务水平。托运服务业是公共服务业的一种方式。

(七)装卸搬运业

装卸搬运企业是专门从事装车(船)、卸车(船)、堆垛以及相关的短程输送服务的企业。在一个完整的物流过程中,装卸活动是不断出现和反复进行的,它出现的频率高于其他各项物流活动。每次装卸活动都要花费很长时间,所以往往成为决定物流速度的关键,也是决定物流成本的关键。装卸活动所消耗的人力也很多,是物流产业大量吸收劳动力的行业。装卸搬运的劳动手段往往需要专业的工具、设备和场地,所以具有较强的专业性。

(八)仓储业

仓储企业是以仓库和相关的服务专为委托人储藏、保管货物以取得利润的企业。仓储业承担的相关物流活动主要是储存和保管,同时还可能向上下游延伸,为客户提供与储存、保管相关的装卸、搬运、输送、理货、配送等服务。

(九)储运业

储运企业实际上是以仓储为主体,同时向客户提供运输服务的企业。在现代物流系统的概念还没有引进我国之前,理论界和实务界实际上已经感受到需要在当时的经济发展水平和客观环境下,将某些单独的相关物流的活动实行一定程度的结合,仓储和运输的结合即储运就是在这种环境下诞生的,储运业就是在这种情况下形成的。所以,也可以把储运业看成是向现代物流业过渡和发展中的一种形态。这种业态,现在仍然有其生存价值和生存空间,因为仍然有相当大的社会需求。

(十)流通加工业

加工活动本来是典型的生产性活动,但如果加工活动发生在物流过程之中,就属于物流活动。这种物流过程中的加工活动有一定的特殊性和广泛性,有相当多的企业从事这一活动,构成了一个业种——流通加工业。现代生产的一个重大特点是少品种、大批量、低成本,这会影响产品的个性化,需要在流通过程中来弥补和解决,这就是流通加工业赖以存在的基础。流通加工企业从事的主要工作是分装和改换成小包装,如商品的分割、计量、分拣、重新组合、刷标志、拴贴标签、按要求组装等。有鉴于此,流通加工业规模不会太大,但是有需求,所以不可或缺。

(十一)邮政业

邮政业虽然属于通信领域,称为邮政通信业,但是除了有线、无线、网络的通信传递外,它几乎一半的功能是在做物流服务,是用物流手段来实现邮递函件、特快专递、邮政包裹、邮购物品、商业信函、报纸杂志的传递。物流是这个业种运作的基础和这个行业的服务性的体现,也是具有物流服务能力的行业。

(十二)废旧物资回收加工业

废旧物资回收加工业是收集有利用价值的废旧物资,经过加工或者直接提供给生产、加工企业作为原材料投入新一轮的生产活动的业种。废旧物资回收加工业所做的主体工作就是废旧物资的物流,其工作流程主要是:收集废旧物资,对废旧物资进行拣选、分类等除去杂物、重新组合的流通加工,再经过打包、装运、储存、送货等物流环节,交给新的用户。废旧物资回收加工业具有很强的物流及流通加工的能力。

(十三)餐饮业

餐饮业的送餐服务是这个行业物流服务功能的体现,这项服务不仅对订餐者提供了"送餐到门"的物流服务,方便了用餐者,而且对餐饮业的发展也有重要意义。

(十四)制造业、冶炼业、化学化工工业、建材工业等产品生产业

许多种产品生产企业所生产的产品,有时候需要安排专门的包装方式、装卸方式、运输方式,对物流有特殊的要求和管理,在这种情况下,一部分的物流服务是由特殊专业的第三方物流企业来提供,还有一部分物流工作是由对这些产品比较熟悉的原来的生产、制造母企业来承担。所以,在国民经济中,也有相当数量的生产企业具有对外物流服务的能力,承担着特殊的物流服务。

第二节 物流在国民经济中的地位与作用

一、物流与流通的关系

虽然在国民经济中到处都有物流,但是,与物流关系最为密切的经济形态还是商品流通,两者是共生的、一体的。

流通涉及的范畴很广。就其表现形态,马克思曾经指出,流通有三种表现:

第一,总过程——资本通过它的各个不同环节,因此资本表现为处于流动中的、流动着的东西……

第二,资本和劳动能力之间的小流通:这种流通伴随着生产过程并表现为契约、交换、交易形式,而生产过程就是在这些前提下进行的……

第三,大流通:资本在生产阶段以外的运动,在这种运动中,资本经历的时间表现为同劳动时间相对立的流通时间。①

马克思用资本这个最本质的东西考察流通,并指出了流通的三种表现,即总过程和两个分过程:表现在生产领域的小流通和表现在生产之外的大流通。但是,无论在哪一种流通中,资本只是一种本质的代表,资本不可能脱离它的物质基础,资本的流通是以商品流通为先决条件的,如果没有商品流通,资本流通则不可能存在。

我们这里讲物流,便是商品流通的实物表现形式。当然,流通形态包含物质产品流通、服务产品流通、智力产品流通、劳动力流通等,其中,只是在物质产品流通中才存在物质实体的流动,即物流,其他流通形态并不伴生物流。所以,物质产品流通的实物表现形式就是物流,我们可以这样认为,这是流通的物质基础之一。马克思将商品买卖的流通过程称为"大流通",并将之明确为"真正的流通"。所以,尽管物质产品流通只是若干流通形态之一,但它的重要性是高于其他流通形态的,而物流便是这种"真正的流通"的物质基础。可见,物流在流通过程中独具重要性。

商品流通的W—G(商品—货币)和G—W(货币—商品)两个流通阶段,都要通过物流才能最后实现。所以,在描述物流与流通的关系时,可以归纳出以下两点认识:①物流是商品流通重要的基础性活动;②物流对商品流通有最后实现的决定作用。

二、物流与国民经济的关系

(一)物流在国民经济中的地位

物流在国民经济中的宏观地位就是服务地位,其服务属于现代服务之中的生产性服务。所以,我国把物流业明确定位成"生产性服务业",服务于生产,服务于流通,服务于消费。很明显,无论是生产、流通还是消费,都是国民经济这个庞大系统的一个局部,而物流贯穿了这三个部分,所以,不要小看物流的这种服务地位,它影响着国民经济的全局。但我们也不能因此过度强调物流这种服务地位的决定作用,因为物流的服务地位只是支持、保障、完善的辅助地位。当然,这是从宏观、从总体而言。如果一个国家、一个地区的国民经济有它独特的情况,物流在这样的情况下可能也会处于独特的地位,就像本书稍后所描述的:"特定条件下,物流是国民经济的支柱。"这种地位完全有可能存在,但不具备普遍性。

从世界经济的发展历程来看,服务在国民经济中的地位越来越重要。世界上许多国家或早或晚都经历过产品短缺的阶段,尤其是我国,这个阶段刚刚过去30年左右,一代

① 《马克思恩格斯全集》第46卷(下),北京:人民出版社,1980年版,第191~192页。

人还记忆犹新，所以只看重“生产”，不太看重“服务”，对服务的重要性认识不足。事实上，在现在和未来的社会中，随着社会从“生产型社会”向“服务型社会”转型，服务的地位会变得越来越重要，具有战略意义。所以，有的非常著名的制造企业不但在现阶段努力发展物流服务，而且提出本企业发展的方向是“从制造业向服务业转型”，这应当是对服务的战略性发展前景的认同。

（二）物流对于国民经济的重要性

物流对于国民经济的重要性可以列出很多，本书主要归纳为以下三点：

1. 物流是国民经济的基础之一。本书有专门章节介绍物流产业的构成。实际上，我国在经济发展过程中经常提到的交通运输的基础作用、先行作用，从另外一个角度来认识，就是指物流或者物流的主要部分所起的作用。

讲物流是国民经济的基础，是就物流对国民经济的动脉作用这一点而言：物流通过不断输送各种物质产品，使生产者不断获得原材料、燃料以保证生产过程的正常；又不断将产品运送给不同的需要者，以使这些需要者的生产、生活得以正常进行。这些互相依赖的存在是靠物流来维系的，国民经济因此才得以成为一个有内在联系的整体。

讲物流是动脉而不讲它是器官，是因为，假如人体一个器官坏了，也许还会生存下去，而如果动脉停止运送血液，人就必然死亡。当然，从物流是国民经济的基础这一点讲，动脉作用不仅是关系生与死的问题，而且还能促进健康、促进国民经济发展。

讲物流是国民经济的基础，也是从物流实现经济体制的资源配置这一点而言的。经济体制的核心问题是资源配置，资源配置不仅要解决生产关系问题，而且必须解决资源的实际运达问题。有时候，并不是某种体制不成功，而是物流不能保证资源配置的最终实现，这个问题在我国和物流资源、物流能力缺乏的国家尤为突出。

物流还以本身的宏观作用支持国民经济的运行，改善国民经济的运行方式和结构，促使其优化。

2. 物流是企业生产的前提保证。从企业这一微观角度来看，物流对企业的作用体现在以下三个方面：

（1）物流是企业的外部环境。一个企业的正常运转，必须有这样一个外部环境：一方面，要保证按企业生产计划和生产节奏提供和运达原材料、燃料、零部件；另一方面，要将产品、制成品不断运离企业。这个最基本的外部环境正是要依靠物流及有关的其他活动创造和提供保证的。

（2）物流是企业生产运行的保证。企业生产过程的连续性和衔接性，要靠生产工艺中不断的物流活动，有时候生产过程本身便和物流活动结合在一起，物流的支持保证作用是不可缺少的。

（3）物流是企业发展的重要支撑力量。企业的发展，靠质量、产品的效益和服务。物流作为全面质量管理的一环，是接近用户阶段的质量保证手段；物流是联结企业和用户的环节，整个供应链的运作水平往往通过物流对客户的服务来实现；根据“第三个利润源”的理论，物流通过降低成本可以间接增加企业利润，通过改进物流可以直接取得效益,这些都会有效地促进企业的发展。

总之,物流不论对国民经济的整体还是国民经济的基础——企业,都起着非常重要的作用。

3. 特定条件下,物流是国民经济的支柱。物流对国民经济起支柱作用,或者物流与其他生产活动一起起支柱作用的国家和地区,已有一定数量,例如欧洲的荷兰、亚洲的日本、新加坡和中国香港地区、美洲的巴拿马等。这些国家和地区处于特定的地理位置或特定的产业结构条件下,物流在国民经济和地区经济中能够发挥带动和支持整个国民经济的作用,能够成为国家或地区财政收入的主要来源,能够构成主要就业领域,能够成为科技进步的主要发源地和现代科技的应用领域。

(三)物流对于经济活动的负面影响

对于国民经济来讲,物流非常重要,所以,人们往往忽视物流给经济活动带来的负面影响。这些负面影响主要体现在以下三个方面:

第一,物流是增加经济活动成本的因素。物流需要有投入,也肯定会有各种物流运作的消耗,这些都会转化为成本的支出。

第二,物流过程中物流的对象必然会有损耗。无论是微观还是宏观,物流的对象在物流过程中都会遭遇到不同程度的损耗,包括质量上和数量上的损耗。

第三,物流有相当大的资源占用。物流占用土地资源、交通资源、建筑资源、人力资源,这些占用不仅消耗直接费用,也影响了这些资源的机会价值。

本书对这个问题的论述是要强调:重视物流对于经济活动的负面影响,对物流进行全面的权衡是物流的科学发展之道。

三、物流和社会进步的关系

物流对经济发展的促进作用如前所述,这是物流与社会进步的关系的一个方面:物流的畅通促进了经济发展从而促进了社会进步。但是,物流与社会进步还有更广泛的关系,主要表现在以下几个方面。

(一)通畅的物流会促进人们的思想开放和观念更新

物流是促进交往的重要手段,通畅的物流会使地区经济与外界交往活跃,会增加人们之间的交往,因而极有利于人们开阔视野,启迪思维,促进观念的更新,而这又是社会进步的非常重要的标志。

(二)通畅的物流会促进科学技术的进步

通畅的物流会促进科学、技术、教育的交流,科技的引进和教育的发达,其本身也是发展科学技术的动力。18 世纪以蒸汽机为标志的技术革命和 19 世纪以电力为标志的技术革命都以交通运输为起始环节之一,反过来又促进了物流的发展。技术革命的新技术也正是首先在物流发达的地区出现的。通畅的物流促进科学技术的交流,这也是提高科技水平，进而促进社会进步的原因。

（三）通畅的物流有利于促进社会分工和生产的集中化、规模化

实际上许多社会进步现象，许多大的社会分工、地区分工是受物流制约的，许多产业也是在物流提供了该产业与消费地、消费者的联系条件之后才发展起来的。例如，水泥产业的发展过程就能够深刻地说明这个问题。最初在英国的波特兰地区已经建立了水泥工业，但是，生产出水泥之后，由于无法大量远运，产业发展不起来，直到铁道出现后，创造了物流条件，能够把水泥从波特兰地区运到英国各地，水泥生产的专业化、大批量生产方式才得以形成。

现代社会中，虽然计算机、远程通信、大量高速物流手段都广泛应用，使物流的地区因素的作用相对降低，但是，比较发达的地区，发展较快的地区依然是物流条件好、物流畅通的地区，如沿海、沿江、沿铁道线、城市地区，就是物流促进社会进步的明证。

四、物流与企业的关系

物流与企业的关系，本书已经多处涉及，可以归纳为：物流是企业赖以生存和发展的外部条件，又是企业本身必须从事的重要活动。

从外部看，社会物流承担着联结社会再生产，联结企业与企业、企业与消费者、企业与供应者的重任，因而是社会再生产的构成因素，使企业有机地存在于国民经济总体中。

从企业本身看，企业的物流活动是必不可少的活动，但是必然要有相应的投入，这是增加成本的因素。从一方面来看，如果能够采用有效的设备和有效的管理措施来降低物流成本，物流则可能成为企业“降低成本的宝库”，可能成为企业的“第三个利润源”，可能成为企业战略生存和发展的核心活动。

在市场经济条件下，物流和物流服务可能成为企业的一种重要的竞争能力。物流对企业形态和经营模式的选择有很大的影响，无论对商业企业的连锁经营方式，还是对工业企业的大规模集中生产方式，物流都是重要的决策影响因素。例如现在市场经济中很有影响的连锁方式，它的竞争能力不但源于总体的规模化，也源于现代物流能够有效地解决个体分散化的问题。非连锁的独立经营小网点，只能采取小规模分散物流的方式，从而增加了成本；而连锁方式可以采取集中进货、集中库存、分散配送等方式，从而取得规模化的低成本的有效支持。

第三节　国民经济中的物流服务

物流起着连接生产者、商业营销者和普通消费者与生产性消费者的作用，这个作用是通过物流服务来实现的。

一、物流服务概述

物流的性质是服务,它服务于生产、服务于商业、服务于消费。

物流又是一种服务手段,有关主体采用物流这种方式向需求方提供服务,或者采用物流作为辅助手段来支持其他服务,如商品销售服务、配送服务、送货服务等。

对于物流服务,虽然没有统一的分类方法,但是,很多资料对物流服务的分类都有所表述。将物流服务分成两类是经常看到的。一类的称谓有很多,它们是一般服务、常规服务、基本服务、基础服务、简单服务;另一类的称谓则统称为增值服务。本书认为,一般服务、简单服务的提法并不能够反映物流服务的重要性,本书愿意称之为基础服务或基本服务,这一类的称谓不但能够表现物流服务的水平,更重要的是能够表现出它的基础性。现代物流服务有许多种增值的方式,可能很复杂,但是,不管多复杂的增值服务都是由这些基础服务构成的,无论如何称谓,都不可能脱离这个基础,这也就是本书称之为基础服务或基本服务的原因。

与一般的服务相比较,物流服务具有远程、长时期、大跨度的特点,在管理上存在对管理状态很难掌控的情况,因此,追求物流服务的成功,准确判断物流服务的质量自然也会有相当的难度。对于物流服务方而言,有两点是需要特别重视的:

一是保证基础服务的质量。物流服务方必须练好物流基础服务的基本功,从而提高服务质量。

二是不断提升和扩展物流增值服务。物流服务方必须具备不断创新的能力,有创新的能力才能够在基本服务的基础之上做好增值服务工作。

二、物流的基础服务和增值服务

(一)物流基础服务

单独利用物流基本功能所提供的服务可以看成是物流的基础服务或基本服务,具体来讲就是包装、装卸、运输、仓储、配送等服务。由于这些都是物流的基本功能,所以,这种服务的内涵十分清晰,很容易规范操作,也可以进一步加以标准化。基础物流服务在国民经济中可以形成一个单独发展的领域,比较容易纳入管理。最明显的是运输,提供运输服务的产业是国民经济一个大的领域,这在许多国家都是一个大的产业领域,而且由有权威的管理部门实行管理。

基础物流服务可以看成是物流服务的基本功和基本环节,在这个基础上按一定的要求和规律进行扩展就可以构成多种物流服务方式。

(二)物流增值服务

物流增值服务是相对于物流基础服务而言的,是指在完成物流基本服务的基础上,根据客户需求提供的各种延伸和扩展服务的物流服务。扩展是指按照客户需要,提供使客户更满意的物流方案和运作方法,提供超出常规服务范围和服务水平的更有效的服务，从而使这种服务超出一般常规服务的水平。

充分满足客户需求、系统化、创新、超常规、个性化是物流增值服务的本质特征。

物流的增值服务并没有一个固定的思路和方法，现在还在创新的进程之中，有很大的创新空间。在现在的创新规范化和常规化之后，仍然会有新的创新，产生新的增值服务，所以，这是没有止境的话题。

1. 物流增值服务的主要内容。现在，比较公认的物流增值服务的主要内容有：

（1）降低物流成本的物流服务。

（2）加快物流速度的物流服务。

（3）增加用户便利性的物流服务。

（4）提升物流服务水平，增加物流服务的范畴和内容的物流服务。

（5）在一般的、标准的物流服务基础上，满足客户个性化需求的物流服务。

（6）连接物流各项基础的、单项的物流服务，实现系统化和规模化的物流服务。

……

2. 物流增值服务的主要手段及方法。物流增值服务的主要手段及方法如下：

（1）提升信息化水平。信息化是物流增值服务的基础和主要手段。

（2）依靠系统化的运作和管理，整合物流过程，使之系统化，从而达到保证物流水平和质量、加快物流速度、降低物流成本的增值目的。

（3）采用和依靠多客户的整合的办法，追求规模效益，从而达到降低成本、保证服务质量的目的。

（4）发展第三方物流。专业的第三方物流有高于一般物流企业的能力和水平，可以提供一站式服务、个性化服务，从而实现物流增值服务。

（5）发展第四方物流。物流服务的全面增值方案，其本质就是优秀资源的集成，集成电子信息技术和各项先进的物流技术，集成物流运作的资源和力量，从而达到最理想的增值目的。

三、物流服务体制的选择

物流服务非常重要，但是，对于产品生产企业、商业流通企业、建筑企业等企业来讲，物流服务无论如何重要也不是它们的核心竞争能力。因为重要，所以必须有一个妥善的体制安排，确定由谁去做物流服务，如何对物流服务进行控制和管理。这种体制的安排具有动态性，现在还处于发展和创新的进程之中，目前有以下五种物流体制正在发挥着各自的作用。

（一）货主自营物流

由货主企业自己去安排物流，这是一种最传统的体制。这种体制最传统、最旧，在人类历史上可能是最久远的，因此，现在社会主流的观点认为这是落后的办法。其实，这种体制的最大优势是责任明确，自己的货，自己去做物流，当然会有责任感。这个最大的优势已经被现代物流服务体制所吸纳，那就是通过合同明确责任，不一定再让货主自营物流。这个体制的缺点就太多了,所有小生产的劣势和缺点在这个体制中都有所反映。但是,如果某项物流简单又易做,那么货主完全可以通过自营物流获取比较大的利益,所以这种物流体制仍然具有存在的价值。

(二)总体上货主自营物流,局部外包

由货主企业自己去安排物流,这种最传统的办法之所以经常被采用,有两个原因:一个是它尚有优势可用;另外一个是社会上缺乏能够满足货主要求的物流服务。总体上货主自营,把握全局,而把自己不能和不愿意做的物流采用签订合同的方式包给外部企业,这是现阶段一种现实的优化方式。

(三)引进运作和管理自营物流

由货主企业自己去安排物流,总体上货主自营,把握全局,掌控物流资源和资产,只是将运行和管理的工作外包给有资质、有能力的企业。这种体制的优点是既不脱离自己的掌控,又免除了自己运作和管理的许多弊病,比自己直接去管理和运作更为有效。

(四)物流服务业务外包

签订长期合作伙伴协议,建立长期合作伙伴关系,由专业物流服务商为客户提供全方位的物流服务。这已经是成熟的市场经济国家最为普遍的物流服务体制。第三方物流就是在这种体制下迅速成长起来的物流业态。物流服务业务外包给专业、成熟、有实力的物流服务商去做,显然会更有成效。

(五)系统接管

货主的物流资源,包括仓库、站场、车辆、包装线及包装设备、装卸设备等硬件和相关物流系统的管理设施和指挥调度系统,甚至包括相关人员,全面从货主企业分离,由有能力的物流企业接管,全面担当原来货主企业的物流业务,原货主企业则不再运作物流,而是全力以赴增强核心竞争能力。这种接管关系实际上是货主方面卖出了物流系统,物流企业接管之后,物流业务可以按接管时的合同或者确立新的合同进行运作。接管方面除了原来货主的物流业务之外,可以向社会公开扩展物流业务,为多个用户服务,利用原来可能并没有充分利用的资源,取得规模效益。

(六)全面外部化、社会化

从一开始生产企业就不再规划和建设自己的物流系统,而是集中精力投资和打造核心竞争能力,将物流全部外部化,全部依靠社会上的物流资源。在社会上的第三方物流、第四方物流高度发展的经济环境之下,这种体制会有很大的优势,很多人认为,这是物流体制的发展方向之一。

第四节 国民经济中物流供给与需求

一、物流供给与需求的关系

(一)物流供给与需求的总体关系

物流需求来自于国民经济各个领域经济活动和人民生活的需要,是物流供给的基础;物流供给是一定时期内国民经济能够提供有效物流的能力或资源。显然,这两者都是动态的概念,两者之间需要有动态的适应和平衡。

从理论上讲,物流的供给与需求之间的相对平衡,主要体现在三个方面:①物流供给与需求之间数量的平衡;②物流供给与需求之间质量的平衡;③物流供给与需求之间地域分布方面的平衡。

国民经济中物流供给与需求是国民经济中一个总体的关系,不但包括供给与需求的市场关系,而且包括产业和企业内部的供给与需求关系,这是本书特别要说明的一个问题。

从国民经济总体来讲,物流的供给与需求有两大块:经济体内部的供给与需求和社会化、外部化的供给与需求。

经济体内部的物流供给与需求是一种非市场化的关系,是一种相对固化了的关系。这在一些大型的、连锁的经济和事业体系中是存在的,可以通过设计、规划、建设来优化这种供给与需求。

社会化、外部化的物流供给与需求是一种市场化的关系,是一种通过市场购买、通过市场优化的关系。

在一定条件下,这两种类型的物流供给与需求可以互相转化:经济体内部的物流供给与需求局部或总体外部化,依托于物流市场;本来是经济体外部的物流供给与需求如果规划和设计到流程或者系统之中,会成为内部的一个环节。

(二)物流领域的三个重要的供给与需求关系

从大的方面来看,物流领域有三个重要的供给与需求关系。

1. 物流平台的供给与需求关系。供给方是构成物流运作平台的铁路、公路、水运、空运的线路和车站、港口、码头、空港等企事业单位;需求方主要是物流企业和自己从事物流运作的生产企业等。

生产企业和社会的物流需求直接面对的是物流企业,而实际上物流企业所提供的物流供给,又受到自己是否能够取得物流平台物流供给的制约。所以,物流平台和物流企业,对于生产企业来讲都是物流服务和供给方,但是,两者之间也存在供给与需求的关系。

物流平台供给与需求对象的内容主要是:物流平台资源、与物流平台一体化的输送工具及物流结点的公共设施,相关工具、装备的运行,物流平台的信息服务,物流平台管理等。

2. 物流服务与物流运作的供给与需求关系。以物流企业为供给方,以生产企业或商贸企业为物流需求方的供给与需求关系是市场上最为普遍的物流供给与需求关系,是物流产业赖以建立和存在的基础关系,是物流服务的主要服务关系。由这个关系派生的物流运作是物流运作的主要领域。

3. 第三个依然是物流服务与物流运作的供给与需求关系。其与第二个供求关系不同之处在于需求方的不同,它是物流企业作为物流供给方、最终消费者作为物流需求方的供给与需求关系,它是和广大消费者联系最为紧密的物流供给与需求关系,很明显,这个供需关系处于整个物流服务供应链的末端。

在现代经济社会,基于社会分工,物流运作服务的供给主要由社会物流企业来提供,但是,也有相当数量的物流服务供给是由生产企业、商业企业等非物流企业提供。

二、物流需求

(一)物流需求方和物流需求

国民经济的各个领域都有物流需求,广袤的国民经济领域,众多的企业和人群,就决定了物流的需求方存在范围非常广泛,而且不同的需求方相互差异很大。需求方的这种特点就派生出物流需求的特点:既有内部的物流需求,又有市场化外部的物流需求;既有个体的物流需求,又有规模化的物流需求;既有很简单的物流需求,又有非常复杂的物流需求;既有一次性的短期需求,又有不断重复的长期需求;既有非常严格的刚性物流需求,又有弹性非常强的物流需求;等等。正是因为如此,物流的需求就出现了非常复杂的情况,具有非常强的个性化特点。

虽然复杂的需求方决定了复杂的物流需求,但是如果我们分类认识,也可以将其清晰化、条理化。多种多样的物流需求可以归纳成以下三大类:

1. 基本的物流需求。它指的是对于物流基本功能的需求或者在基本功能基础上有一定限度扩展的需求,属于一般的、简单的物流需求。例如,运输的需求、装卸的需求、搬运的需求、装卸搬运的需求等。基本的物流需求是生产活动、人民生活中必然产生的,数量大而且需求种类很多,是物流运作必须面对的基础性的需求。

2. 特殊的物流需求。需求的个性化是物流的特点。用户需求有特殊性,基本物流不能满足用户的需求,于是物流企业应用户的要求,在基本的物流功能的基础上,增加各种特殊的物流功能,以满足各种各样有特点的物流需求。这些特殊的物流需求主要有:准时的物流需求、快速的物流需求、精益的物流需求、随机的物流需求等。当然,为了实现特殊物流需求,用户必然要付出代价,物流成本的上升就是普遍的代价。

3. 系统的物流需求。它是将物流过程系统化,形成系统物流解决方案,按照这种方案所形成的物流需求。这种物流需求能够充分满足客户高标准的需要，能够节约物流资源的占用，而且相对来讲能够降低物流成本。系统的物流需求是理性的物流需求，是成熟的物流需求的表现。

（二）生产企业的物流活动

企业的物流需求来自企业实现本身经济活动的需要，按照与企业生产工艺过程联系的紧密程度可以分成以下三种类型：

第一，融合在生产工艺过程之中的物流。企业各项生产活动的本身，都会产生对物流的需求，一般而言，这些需求中很大一部分融合在生产活动的工艺过程之中，在一个确定的工艺过程中，完成这个工艺过程所需要的物流活动就是工艺过程的一部分。如果不对工艺过程做出改变，物流活动不可能分立和独立出来。以机械制造工业传送带式工艺为例，连接两个工序的传送带，或者在传送带上进行装配的工艺过程中的物流活动就属于这种类型。

第二，与生产工艺过程密切相关的相对分立的物流。所有的生产工艺流程都需要和外部进行衔接，这就派生出很多分支流程，它们之间的物流联系，有一部分是相对分立和独立的。仍然以机械制造工业传送带式工艺为例，在传送带式流水线装配活动中，需要有准时的物流活动，将自己生产的或者外购的零部件送达传送带，这些也是总体工艺过程的一部分，但是，这些物流活动没有和主工艺流程完全融合在一起，具有相对分立的特点。

第三，与生产工艺过程无关的企业生产活动前后两端的独立物流，也就是伴随着原材料、零部件的供应发生在厂外、厂内的物流活动和伴随着产成品、半成品销售发生在厂外、厂内的物流活动。这是企业与外部连接的物流，这个物流的流程跨越着企业内外。

（三）生产企业的物流活动产生的物流需求

上述物流活动派生出若干种类的物流需求，我们不可能全面细分出来，这里仅仅列举比较重要的物流需求。

1. 与工艺主体过程一体化的物流需求。例如，水泥和冶金生产过程中与高温化学反应一体化的物流需求，这项物流需求和生产工艺过程一体，包含在生产工艺之中。

2. 与辅助工艺过程一体化的物流需求。例如，电厂配煤工艺过程中的物流需求。

3. 与辅助工艺过程相关的独立物流需求。例如，水泥熟料仓库、机械制造业中间仓库以及相关的装卸、搬运物流活动等物流需求，由于这些需求具有独立性，所以可以脱离生产工艺而外部化，由社会满足这些物流需求。

4. 为调节和均衡企业的生产活动而派生出来的企业内的物流需求。例如，企业内部物料搬运、储存保管、装卸、流通加工等物流需求。

5. 原材料运入和产品运出的跨越和连接企业内外部的物流需求。这些物流需求可以外部化，由社会满足这些物流需求。

6. 在企业外部，与采购相关的物流需求。

7. 在企业外部，与产品销售相关的物流需求。

上述物流需求,可以由生产企业本身去实现,也可以外部化,依靠市场和合作关系,由社会满足这些物流需求。

(四)理性的物流需求

无论是企业还是最终消费者,其物流需求都有原始的、初级的、盲目的和有效的、成熟的、理性的需求之分。物流需求是基础的东西,只有不同的需求才会拉动不同的物流供给,物流供给的粗放问题虽然与供给系统本身有关,但决定的因素还在于需求的粗放,这是由一定历史时期企业素质和水平所决定的。

应当说促进物流发展和水平提高的根本问题并不在于原始的、初级的、盲目的需求产生的拉动作用,而是企业对物流的理性需求所产生的拉动作用。何谓"理性的需求"?本书认为,"理性的需求"应当是最适合企业现状并且能有助于企业实现当前的目标(如成本和效益目标)或者战略性的进步和发展的物流需求。

物流的理性需求从何而来?提高需求方的素质和水平是重要的举措,可关注以下几个方面:

第一,需求方应当牢固树立市场经济条件下需求决定的基本观念,提高本身的理性水平。

第二,需求方必须进行物流的科学普及,学习物流、了解物流。

第三,需求方必须在企业管理系统中创新物流管理,从而让科学的物流管理成为企业管理的常态内容,依靠这个管理,企业才会发现自己对物流的真正需求。

第四,需求方必须深入了解社会物流,充分了解和掌握物流供给。

第五,需求方必须充分掌握物流市场信息,了解市场,运用市场。

三、物流供给

(一)物流供给和物流供给方

总体上说,物流包括两个大的供给,分别是基本物流供给和以需求为主导的物流供给。

1. 基本物流供给。基本物流供给虽然在市场经济条件下必然以需求方为主体,但是针对需求方的要求所能够提供的物流供给,是在基本或者基础物流领域之内的供给,这个领域的供给(如铁路货运、民航货运)往往是标准化及规范化的。用户的主导表现在选择方面,用户可以在这种供给范畴内进行选择,但物流供给不可能按照用户的需求进行调整和改变。

基本物流供给具有标准化及规范化的特质,因此可以降低用户的成本,标准化及规范化也便于用户的经营和管理。

2. 以需求为主导的物流供给。以需求为主导的物流供给是按照需求方的要求全面满足需求方的供给形式。对于供给方而言,需要为此建立个性化的物流供给体系。这种供给在满足需求方要求的前提下,也会尽可能采取和使用基本物流供给的资源,从而降低成本。

上述提供两大方面的物流供给方,都不是简单的一个企业,而是非常复杂的结构体系,是由许多不同类型的企业组合而成的体系。它们共同构筑了物流产业,物流供给方的多种形式就是由此而来。

(二)物流供给的定位与层次结构

1. 物流供给方:定位于"服务"。就物流供给方的定位而言,无论是市场上的物流供给方还是经济体内部的物流供给方,它们的定位都应当是"服务"。我国物流供给方的定位问题还没有完全解决,物流供给对于物流需求来说是主导的定位还是服务的定位,不仅仅是学术领域长期讨论的一个问题,更是植根于物流企业中的一个问题。或许受计划经济体制的长期影响,物流供给方总是存在一种"以我为主"的主体意识而缺乏作为配角和服务者的服务意识。对这个问题,国家在《第十一个五年规划纲要》之中已经清楚地表明了态度,完全是有理论依据并接受实践检验的正确的观点,就是把物流业定位为"生产性服务业",物流供给的正确定位应当是"服务"。摆正了这个关系,就能够解决好物流供给与物流需求之间的关系,使整个物流产业协调地发展。

2. 物流的供给是分层次的,其层次结构有如下四种:

第一种,满足普遍物流需求的基本供给。这是物流的普遍服务,其对象是绝大多数能够接受普遍被认同的物流服务标准的一般的物流需求。

第二种,满足不同领域不同要求的、有针对性的基本供给。不同领域的物流对象存在差别,当其规模足够大时,对普遍服务也要求具有一定的针对性,这种针对性的服务,在物流初期的创新中形成了有效的增值服务和特殊供给,但是随着物流规模的扩大,会逐渐变成物流领域的普遍服务,变成一种有针对性的基本供给。

第三种,满足一般增值服务要求的特殊供给。增值服务是当今的热门话题,物流的这种供给形式是需要条件的:一是物流需求方在实行物流管理之后,对本身的物流需求更加理性,有一般增值服务的需求并且能够承受;二是物流供给方确有能力能够提供这种创新的服务。因而,这种供给显然不存在普遍的适用性。

第四种,满足系统增值服务要求的(如供应链物流)系统供给。这可以说是目前最高层次的物流供给,其面向高端客户系统的物流需求。当然,对我国现在的经济领域而言,这种物流供给缺乏普遍的适用性。

第五节 物流对其他经济活动的支持和创新

一、物流支持和创新工业生产

(一)物流在"工业革命"中起着非常重要的作用

在"工业革命"中,人们都把"福特制"推崇为非常重要的创新。福特制是"科学管理”的实践成果。1913年,福特汽车公司采用了传送带装置,将生产过程组成了流水作业线。把原来孤立的“岛状”生产方式改变成连续不断地在传送带不同部位同时进行全部作业活动的生产方式。所有工人都要按照传送带的节奏,在指定的位置,按指定的要求,按同样的速率去进行指定的工作。这种方法使福特公司的T型汽车生产能力大大提高,生产成本大幅度下降,汽车的装配时间减少到原来时间的1/10。

福特制是工业化时期管理方式的重要创新,人们在总结福特制的时候,指出其两个要点:自动化和标准化。自动化和标准化是福特制科学管理的基础,在技术革命100年之后,科学管理造就了专业化的大生产方式。

福特制的核心,其实就是一条传送带。不要小看这一条传送带,它是技术和管理非常有机而又巧妙的结合。物流研究人员会发现:与其说这是生产的革命,不如说是采用传送带方式进行物流系统化的物流的革命。仔细分析起来,福特制改变的并不是产品本身的结构、性能,也不是什么机械加工技术和方法,而是生产领域中的物流方式。

一条传送带,把独立的操作变成了一个系统,减少甚至根除了反复不断出现的搬运、装卸,通过顺畅连贯的物流,把生产变成了顺畅连贯的系统。应该说这不仅仅是初期物流的支持作用,更确切地说是有现代内涵的物流系统价值的发现,传送带不仅仅是有关物流的技术,更重要的是物流系统的体现。

(二)经济全球化背景下工业生产的链条,其背后是物流

第二次世界大战以后,国际分工的深化和经济全球化的进程,使大量生产企业从地区性企业变成全球性企业。尤其是制造业,其生产活动不再局限在一个车间、一个封闭的企业,而是扩展成为一个链条以寻求优化。在一个工厂的封闭系统中,一条传送带就可以解决产品运送问题,但在社会再生产系统中,就不可能依靠有形的传送带,而需要建设一条无形的“传送带”,这条无形的传送带可以使社会再生产这个大系统像拥有传送带的一个小车间一样运行,这就是大范围跨越的物流系统,其具体的实践就是与远距离输送相结合的“配送方式”、“零库存方式”、“精益物流方式”、“准时物流方式”等。

二、物流支持和创新商业

(一)“商业革命”背后是物流

近代,尤其是在第二次世界大战之后,商业的发展令人瞩目。巨型百货、连锁商业、电子商务都是这个时期的产物。

在初期商业革命中,物流的作用已经很明显,对巨型百货、商业街、大购物中心等商业形态来说,物流主要是以一种支持力量,以运输和仓储功能,对它们发挥支持的作用。物流潜能的发挥主要在降低交易成本方面,也就是在降低运费和仓储费用方面。合理的运输、合理的库存管理方式是人们为了降低交易费用所使用的手段。

（二）连锁商业物流的作用

连锁商业的初期发展，也许并没有太多地借助于物流的力量，主要原因是初期的连锁商业在创新和垄断的支持下，并没有太大的服务竞争压力和降低成本的压力，因此，不一定必须有一个完善的物流配送系统才能够对连锁商业起到支持作用。在连锁商业有了比较大的发展之后，建立完善的物流系统才伴随着连锁商业水平的提高而出现。尤其在连锁商业规模越来越大和连锁网点越来越多的情况下，产生了对配送系统的要求。这种要求是连锁商业在越来越大的竞争压力下，在越来越大的压低成本的压力下产生的，建立配送系统已经成为必然之举。直到今天，配送系统越来越深地进入连锁商业的营销之中，没有配送系统的连锁商业已经是不可思议的事情。

（三）电子商务物流的作用

20 世纪末兴起电子商务后，物流已经成为电子商务营销的一个重要组成部分。没有物流系统，电子商务根本就没有办法运行。在我国，电子商务经历了大起大落、大喜大悲的发展过程，其中一个非常重要的原因就是电子商务缺乏现代物流的支持。

（四）现代物流系统支持直购直销的商业

20 世纪末，被称为跨世纪的商业模式，如直销、无店铺销售和上面我们提到的电子商务等出现了，一个重要原因是传统的、去商店购买的形式已经不适应现代人们生活方式和消费观念的变化，所以为了减少精力的消耗和费用的消耗，人们有了向生产厂家直接购买的需求，而要实现这个需求，没有物流的支持是不行的。

现代物流可以提供贯通物流、精益物流、分销配送等物流系统，无论是货主企业的物流系统还是社会第三方的物流系统，都能够利用这些系统为生产厂家和最终用户提供直接物流服务，而不需要通过逐层、逐级的商业服务模式来实现两端的沟通。

这种商业形态的物流系统有两种模式：

第一种模式：生产厂家自办物流模式。它是由生产厂家全面自办物流或者在主要城市自办物流，这要根据厂家的实力、产品技术服务的要求和销售批量而定。生产厂家自办物流还有一个优势，那就是有利于采取货到付款的形式进行结算，而不必再履行代收货款的手续。

第二种模式：采用第三方物流的模式。它是由第三方物流从事物流活动和产品的服务。

三、物流支持大农业

长期以来，由于物流的支持力度不足，或者是低附加值农产品难以承受物流成本，所以只能采取自给自足、就地生产、就地供应的农产品生产和流通的办法，尽量减少对物流的依靠。现在，农业生产的集约化、专业化和大生产，农业适度规模经营是我国农业经济的长远取向。在一个特定的区域,集中种植和轮流种植某些特定的农作物,不仅有利于集中采取现代的种植技术和管理技术,而且有利于充分利用人才力量和技术力量,可以取得更高的产出投入比。但是,要做到这一点就离不开物流的支持。而且,从物流角度来讲,集中的、大量的产出,有利于物流的规模化,并且应用现代物流技术,进而有利于降低物流成本、提高物流效率和减少物流损失,这就提升了物流对于大农业的支持力度。

四、物流创新大力度地支持了建筑、建材业

建筑、建材业生产和应用大量的水泥、平板玻璃等建筑材料,长期以来,这些材料的物流问题很难解决,是制约建筑、建材业发展的一个重要原因。尽管袋装的粉状水泥,每袋才50公斤,但一个普通的建筑工程几万、几十万袋水泥的搬运就是一个大的麻烦,百分之几的纸带破损率就会造成大面积的水泥粉尘污染。窗用平板玻璃的运输也存在类似的问题,玻璃容易破碎,搬运困难,而且损失也是很大的。

水泥散装物流方式、流通加工的物流方式、平板玻璃集装的物流方式,这些重要的物流创新可以说根本改变了水泥和平板玻璃流通原来的面貌,对于建筑、建材业的发展支持力度非常大。

五、物流支持国际贸易

从“丝绸之路”开始,人们就非常重视物流对于国际贸易的支持。20世纪中期以后,国际铁路网络的贯通和万吨以上货轮的大量应用使国际贸易有了一个大的发展,尤其是大吨位、通用和专用货轮的物流技术创新,对于支持和扩展国际贸易起到了非常大的作用。

第五章

物流产业

第一节　国民经济中的物流产业

物流业属于第三产业之中的服务业，它与一般服务业不同，它的服务要依靠大量装备等劳动工具，这类似于物质生产依靠的劳动手段，所以带有生产的性质。因此，政府文件和学界的共识是：物流业的性质是"生产性服务业"。本书在承认这个共识的前提下，鉴于物流业的复杂和规模庞大，特别把物流业作为一个产业进一步论证和阐述。

一、物流业是产业

物流产业这个命题，是在国内外都缺乏共识的一个命题。也可以说，物流产业并没有得到广泛的认同。1988 年联合国颁布了《全部经济活动的国际标准产业分类》，这一国际标准产业分类和我国发布的《国民经济行业分类与代码》都没有明确物流产业的产业类别和产业名称，和物流产业最接近的产业类别是运输、仓储和通信业。很显然，运输、仓储和通信业里面虽然包括物流产业的一部分业种，但是与我们通常所称的物流产业的内涵还有不小的距离。我国发布的《物流术语》国家标准之中收入了很多和物流相关的术语，而且还包含"海关估价"、"出口退税"等与物流无关的词汇，但是却没有收入物流产业这个非常重要的术语。但是，事物是发展的，观察角度和科学研究既不能脱离当前的实际，又不能被当前的状态所局限，从物流的视野建立相关产业的概念，现在已经被广泛认同。2009 年国务院发布的《物流业调整和振兴规划》一开始就明确提出，物流业是"复合型服务产业"、"重要的服务产业"，表明物流产业已经被国家所认可。本书这次修订对于物流产业的论述，就是建立在这个新的基础之上。

本书的观点非常明确：物流是产业，它的规模和范畴足以支持它是一个大规模的企业、事业、行业的集群。当然，它不是和三次产业平行的产业体系，而是现代国民经济产业体系中，与其他十几个产业体系平行的产业，例如，它是与农业、制造业、文化产业、环保产业平行的产业，是国民经济新产业体系中的一个重要产业。

二、物流产业的概念

(一)关于物流产业概念的几种表述

关于物流产业的概念,国家文件、理论专著以及教材中都有表述,但是存在某些分歧,这些分歧反映出对物流产业的科学认识还没有取得一致。

本书对于物流产业的概念表述如下:

“物流产业是以实现对用户物流服务为目的的各种企业、事业、行业、部门的集合。”

“物流产业是由运输业、仓储业、装卸搬运业、配送业、货代业等行业按照不同需求,集合结构而成的复合型产业。物流产业的性质是服务产业。”

有些人从另外一个角度做出这样的表述:物流产业是物流资源产业化而形成的一种复合型或聚合型产业。

2009 年我国发布的《物流业调整和振兴规划》对物流产业作了这样的表述:“物流业是融合运输业、仓储业、货代业和信息业等的复合型服务产业。”这个表述包含三个重要的内容:

第一,物流产业是一种什么样的产业?表述中讲的是“服务产业”,这是对物流产业的重要定性,这在社会上并没有分歧的意见。

第二,物流产业是什么样的服务产业?表述中讲的是“复合型服务产业”,而且是由运输业、仓储业、货代业和信息业等产业组成的复合型服务产业。

第三,相关的多种产业如何进行复合?表述中讲的是“融合”,是融合了“运输业、仓储业、货代业和信息业等”形成的复合型产业。

这三个问题中,前两个问题是对于物流产业的客观表述,应当说这种表述是社会和学界普遍接受的表述。而第三个问题是对于工作的指导,涉及我们如何去建立和发展物流产业、如何对物流产业的状况和水平做出正确评价,所以第三个问题关系重大。

对这个表述的分歧集中于第三个问题——“融合”,因为“融合”在物流产业的表述中占了重要的地位。运输业、仓储业、货代业和信息业等产业都有各自独特的内涵、独特的硬件和软件,它们之间根本不可能实现“融合”,把“融合”这样理想的、极端的词汇用于科学的定义之中,显然是不妥的,因为它缺乏科学性。

(二)物流产业概念的形成

物流产业可以看成是物流以及与物流密切相关的行业、企业的集群。判断物流是否是产业不是仅仅以是否从事物流活动为依据,是否从事物流及与物流相关的活动只是必备的条件之一,还要看是否具有独立企业的管理架构和工程架构。应该说明的是,产业化的物流活动仅是国民经济全部物流活动的一部分,作为生产活动的一部分的物流,尽管十分普遍地存在,但是它缺乏独立企业的管理架构和工程架构,不是物流产业的组成部分。

物流产业的划分是现代世界经济发展的结果。国民经济各个领域中从事物流经济活动的行业及企业从横向构成了物流产业。

传统的产业划分主要有两种方法,一种是马克思主义政治经济学对产业的划分,即把国民经济划分成生产第一部类产品的产业和生产第二部类产品的产业;另一种是西方国家按照克拉克分类法把产业划分成一次(农业及矿业)、二次(工业)、三次(服务业)产业。形成这两种划分方法的时代还都没有形成对物流业的认识,因此,都不包括物流产业,没有给物流产业一个比较明确的位置。因此,国民经济的产业分类,到现在还没有把物流作为一个大的产业独立划分出来。

长期以来,物流没有被看成是一个独立的产业形态,这与物流这个概念出现得比较晚有关。在物流概念形成之前,与物流有关的许多行业和企、事业已经分别归属于其他产业领域之中。按国民经济现在的分类管理办法,物流产业是不可能作为一个独立的产业纳入国民经济管理之中的,但是,为了对现有的现代经济分类管理体制做一个补充,确定物流产业的类别还是必要的。

另外,长期以来,物流没有被看成是一个独立的产业形态,还与物流产业形态具有特殊性有关,为此,我们必须认识和研究物流产业的特点。

三、物流产业在国民经济中的定位

劳动密集型服务业称为传统服务业,信息技术和知识密集型服务业称为现代服务业;在国民经济中,物流是跨越传统服务业和现代服务业的一个产业。现代物流产业的定位是在现代服务业大范畴之中的生产性服务业。

生产性服务业是1975年美国经济学家布朗宁和辛格曼在对服务业进行分类时提出的概念。

生产性服务业的诞生与制造业直接相关,它是最初向制造业提供配套服务,逐渐从制造业内部的生产服务部门发展起来的产业形态。这种发展经历了很长的时间,最近三四十年才以生产性服务业的形态被社会所认同。所以,这是一种新兴的产业,现在还在发展进程之中。现代物流产业便是新兴的生产性服务业之中的一个重要类别。

物流作为生产性服务业具有两个主要内涵:一个内涵是服务对象,指的是向生产活动提供服务,直接保障和支持工业、农业、建筑业生产的服务行业。另外一个内涵是服务手段,是采用生产性的服务手段提供服务的服务业。生产性的服务手段指的是有大量劳动和装备投入的手段,装卸、搬运、运输、包装、流通加工等都是生产性的服务手段。

物流业作为生产性服务业直接保障和支持工业生产这是毫无疑义的,现代物流业保障和支持的领域是非常广阔的,它不仅支持和保障生产,也支持和保障消费和生活,向消费者提供服务。但是,这一方面的支持和保障虽然也大量存在却不是物流业的主体领域,向生产活动提供服务才是现代物流业保障和支持的主体领域。

我国“十一五”规划纲要提出大力拓展六种生产性服务业,包括现代物流业、国际贸易业、信息服务业、金融保险业、现代会展业和中介服务业。物流业是其中重要的一个业种,这充分体现了它在现代社会中的重要地位。

上述阐述主要针对物流业的主体,尤其是现代物流业。在国民经济中,还有相当部分的物流属于传统服务业,也可称之为传统物流业。传统物流业不具备完全的生产性服务业特征,而生活性服务业的特征明显。

四、物流产业的细分

物流产业的分类,可以促进人们对物流产业更深入、更细化的认识,也有利于物流行业和企业的管理。物流一般的分类如下。

(一)按照所实现的物流功能分类

按照对物流七大功能的认识,可以将这七大功能分为相应的七大行业,它们是:包装业、装卸搬运业、运输业、仓储业、流通加工业、配送业和物流情报业。这七大行业又都包含很多不同类型的企业。

(二)按照物流基础平台网络系统不同分类

物流基础平台的六大网络系统,都可以形成相应的物流企业和行业,主要有:铁路业、公路业、水运业、航空业、管道物流业、物流信息业和物流通信业。

(三)按照物流基础平台结点系统不同分类

各种物流结点有的可能是某个物流企业的一部分,不是社会化的企业,并不独立经营。但是,也有相当多的物流结点是独立经营的主体,是面向社会的独立企业,它们主要有:物流园区、物流基地、物流中心、配送中心、营业货站、营业仓库、营业堆场等。

(四)按照经营内容和服务方式不同分类

随着现代经济的发展,用户对于服务的要求越来越高,因此,必然派生出许多以不同经营服务内容为主体的物流行业,主要有:邮政物流业、快递业、铁路行包业、包装服务业、第三方物流业、第四方物流业、配送业等。

(五)按照经营主体不同分类

按照经营主体不同,从大的方面可以将物流产业分为自营物流业和社会化物流业两大类型,具体有:货主物流业、营业仓库业、物流服务业、商业物流业、邮政物流业等。

(六)按照物流工具不同分类

不同的物流工具对物流方式、物流技术及物流管理有非常大的影响,从而产生了各种不同的物流行业,主要有:集装箱联运业、托盘联运业、汽车集运业、散装水泥物流业、商品混凝土物流业、冷链物流业等。

(七)按照物流企业经营者地域范畴分类

现代物流远远突破了局部城市、局部地区的范围。随着经济全球化的进展,物流的远程化趋势越来越明显,从而形成了相应的行业,主要有:国际物流业、国际集装箱业、国际联运业、大陆桥联运业、同城物流业、区域物流业等。

第二节 物流产业的特点

一、物流产业的一般特点

(一)跨部门、跨行业复合的特点

物流产业是复合型产业,其跨部门、跨行业复合的特点突出。

物流产业横跨第一产业、第二产业和第三产业,在传统的产业分类中,每种类型的产业之中都有大量的物流行业。例如:第一产业中的粮食、棉花、油料等仓储业是自古以来就有的行业;第二产业中各种物流机械装备的制造业、各种物流线路和物流结点的设计、建筑业等;第三产业中流通产业一半或者一大半,涉及千家万户的配送服务业等。从大的方面它横跨了农业、制造业和流通产业,这个特点对于物流产业来讲非常突出。

(二)产业体系庞大复杂,产业的边界不清、相互交叉

物流产业由铁道、公路、水运、空运、仓储、搬运、包装等行业为主体组成,同时还包含商业、物资业、供销、粮食、外贸等行业中的几乎一半领域,还涉及机械、电气等装备制造业中的物流装备生产行业和国民经济所有行业之中的供应、生产、销售活动中能够分离出来的独立的、企业化的物流活动。所以,物流产业体系非常庞大,而且和上述若干产业在内容上有重复和交叉,这就造成了其与其他产业存在边界不清和相互交叉的情况。

(三)物流产业影响及派生大量的物流活动

物流活动的涉及面和影响深度远远超过了其产业本身。很多类型的生产企业和其他企业中都有不可缺少的物流活动,这些物流活动虽然有产业化的趋势,但是并没有以产业化的形态出现,因此不能包括在物流产业之中。但是,我们应当认识到,这些物流活动之所以能够成为企业必不可少的活动,成为企业经营的重要支持因素,这也是因为其与物流产业有密切的联系。从某种意义上来讲,物流产业支持和影响这些活动,这些活动虽然不是物流产业本身的活动,但是可以看成是物流产业派生的活动。

(四)分布广泛,缺乏产业集中度

物流产业和制造业、农业等产业的一个非常重要的区别在于:从地域范围来讲,工业、农业都可以做到产业密集、产业集中,而物流业必然是广泛分布的一个产业。虽然它也有一定的相对集中程度,但是不可能在一定地域范围之内大规模集中。

(五)总体上的非生产性和服务性

虽然现代化的物流产业之中有一些行业(如流通加工行业)能够创造价值、生成财富,但是从总体上来讲,物流的产业形态仍然是承担和组织已经具备了价值和使用价值产品的实物运动,这个运动总体上是增加物流对象成本的因素。物流业体系非常庞大,但是这个“大”的制约条件是成本,并不是越大越好,一个成本消耗过大的物流体系,并不是好的物流体系。

二、物流产业不涵盖国民经济中所有的物流活动

物流产业不涵盖国民经济中所有的物流活动的特点应当引起我们的重视。有一些人认为,物流产业代表了国民经济中物流的全部,因此将对国民经济物流问题的认识转化为对物流产业的认识。实际上,物流产业只是国民经济物流活动中产业化了的那一部分,是由独立的物流企业所体现的物流活动。

在国民经济中,有几大领域的物流发生在物流产业之外。

(一)生产领域的内部物流

生产领域的内部物流是所有生产、加工、制造过程中的物流,是生产工艺过程的一部分,除了外包给物流企业的那一部分之外,都发生在物流产业之外,数量和规模相当巨大。

(二)国民经济管理和经营机构的内部和外部物流

在现代社会,这个领域的物流可以采取外包给物流企业去做的办法,但是,即便如此,仍然有大量的物流需要由本身去完成。

(三)若干其他产业直接控制和运行的内部和外部物流

在本书中已经谈及了具有对内和对外物流服务能力的许多种行业和企业,其中不少是不属于物流产业的,最有代表性的是商业和餐饮业。

(四)人们日常工作和生活中相当多的物流活动

人们日常工作和生活中的物流活动普遍而繁杂,主要依托于物流业去做的也只有搬家、快递等少数活动,大量的物流需要由人们自己去完成。以上所述的物流活动,与生产、工作、生活是一体化的,不可能大量以外包的形式委托物流业去做,更不可能脱离生产、工作、生活,独立成物流产业形态而存在,但是对生产、工作、生活却有相当大的作用和影响。物流科学对这个领域的物流合理化问题相当关注,但这与对物流产业的认识和研究是有区别的。

三、国民经济中物流业态的存在形式

国民经济中物流业态的存在形式可以归纳为两类:系统的业态存在形式和单项业务

的业态存在形式。

（一）系统的业态存在形式

系统的业态指的是能够提供系统物流服务的物流业。这种物流业的理论模式是，从事物品从供应地向接收地的实体流动的业务，能够做到根据用户的实际需要，将运输、储存、装卸、搬运、包装、流通加工、配送、信息处理等基本功能实施全部或者部分的有机结合。这种业态可以称之为具有多项综合服务能力的业态。应当说，这是物流业的理想业态存在形式。可以运用三种办法打造这种业态形式：

第一，企业全面建设多项综合服务能力，从而向客户提供服务需要的系统服务。

第二，企业本身虽然缺乏直接的系统服务的能力，但是企业通过整合能力和管理能力的建设，可以利用社会上存在的物流领域中单项的物流服务资源，通过本身的整合，向客户提供系统的物流服务。

第三，企业依托本身的单项服务的专业服务能力，以此核心竞争能力，再加上系统的整合和管理，利用社会的资源补充本身的不足，做到按照客户需求提供局部或者完整系统的物流服务，应该说这是一种优化的业态形式。

（二）单项业务的业态存在形式

单项业务的业态存在形式是大量而且普遍存在的。其根本原因是现代社会中存在这种需求。这种需求来自两个方面：

一个方面是社会需求不一定全都是系统性的需求，物流面对的服务领域如此广泛，又包含那么多的环节，这都可能产生需求，当然就派生了为这种需求提供服务的业态。

另外一个方面是提供系统物流服务的企业，需要整合单项业务这些最基本的资源，才会形成系统的服务能力，这就给单项业务的业态提供了市场。

还有一个重要的因素使这种业态具有很强的生命力，那就是专业化的因素。物流的各个环节和各项不同的功能，在科技、装备、管理和运作方式方面都属于不同的专业领域，都有本身独特的系统，把它们各自打造成本专业的核心竞争能力也是非常不容易的。但是，总比打造系统物流整体的核心竞争能力要来得容易，何况还有资本、人才、技术、装备各方面的制约。因此，这种业态自然会得到经济界的认同，成为企业的一种选择。

第三节 物流产业结构

一、物流产业结构的概念

国民经济的产业结构是指各种产业的构成及各产业之间的关联与比例关系。不同国家环境、资源及发展的道路不同，因此产业状况有时会有很大的差别。在每个具体的经济发展阶段、发展时点上,组成国民经济的产业部门是大不一样的,因此就会有不同的产业结构。

物流产业也是如此。我国的物流产业庞大而且复杂,因此,组成物流产业的各种"业"之间,就必然存在关联与比例关系,这就是物流产业的产业结构。这种结构不是一成不变的,它具有动态的稳定性。

二、物流产业构筑的原则

服务是物流产业构筑的主线和灵魂。许许多多物流行业所起的作用,最后都归结到最终的物流服务上。所以,从本质上来看,物流产业的主体应当属于第三产业。

物流领域有物流机械装备的制造业、有物流系统设计和建设业,这些在理论上是属于第二产业的行业,在物流产业中是以支持物流运作、提高物流水平的面貌呈现的,最终通过物流经营服务来实现社会对物流服务的需求。它们的最终表现仍然是服务。

除了外向型的物流业之外,物流产业总体上是以国民经济的"成本中心"建立起来的,必须围绕着实现物流的社会职能和国家职能,支持国民经济其他产业的发展,降低国民经济运行的成本来构筑物流产业。

绝大部分物流企业,都应该成为独立经营的主体,因此,赢利应当成为企业目标之一。

三、物流产业结构的四个层面

物流产业所包含的行业,互相间形成了一种层状的结构体系。大体上可以分成四个层面:基础层面、平台层面、运行层面和服务经营层面。这种结构体系如图 5-1 所示。

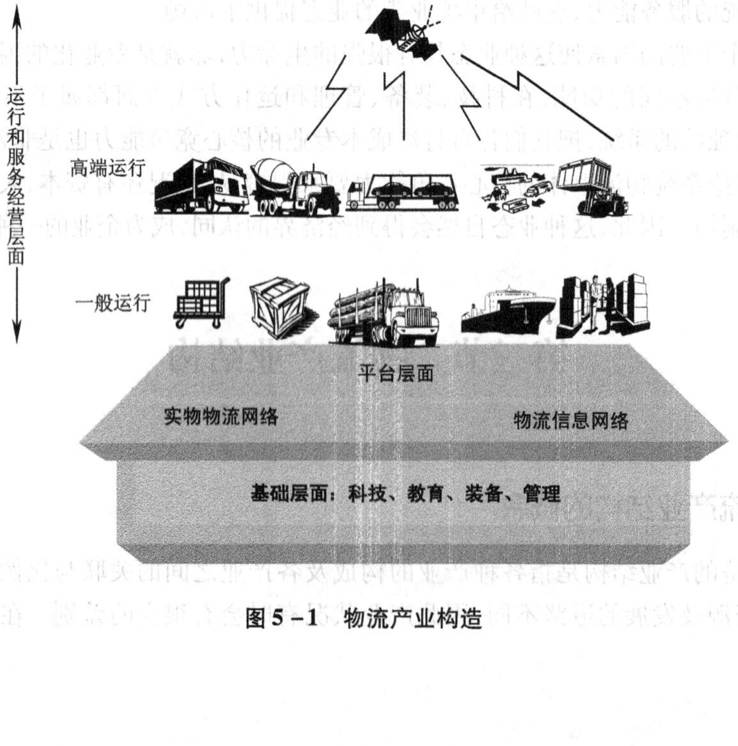

图 5-1 物流产业构造

（一）基础层面

基础层面是每一种类型的产业都需要有的产业基础。一个产业的形成，不仅仅依托于这个产业在国民经济中的作用和地位，不仅仅依托于这个产业存在的理论基础，更重要的是这个产业需要有一些基本的支持行业，需要有基本的支持力量。国民经济中许多产业的基础都有一个共同特点，那就是，凡是产业都必然有着雄厚的支持行业和企业。

构成物流产业这种起支持作用的基础层面的行业和企业主要是科技、教育、研究、设计、建设、制造及劳动手段提供、管理等行业、企业和部门。

（二）平台层面

物流产业的平台层面是比较独特的，平台层面的行业和企业本身可以成为物流运作的一种形式，但是更重要的是，它们主要支持和承载物流的运作。物流的运行需要有平台的支持，这和物流远程化和广泛化有关系，不同国家、不同地区存在大面积的差异，平台的主要作用是均化差异、保证运作。平台的构筑必须是系统化的，这是国家非常重要的资源，往往代表一个国家的经济发展水平和开放程度。

平台层面的物流行业，大体有三个大的行业类别：信息网络类别、实物物流网络类别、实物物流结点类别。其中，实物物流网络包括铁道网络、公路网络、水运网络、空运网络、管道网络五大网络体系和它们所组成的综合网络体系，是平台层面最重要的资源。

（三）运行层面

运行层面由具体从事和承担各种类型的物流运行经营和组织物流运行活动的行业与企业所构成。鉴于物流的复杂性和广泛性，这个层面的行业与企业数量是最多的，种类也是最多的。

国民经济具有复杂性，无论是在经济发达的国家还是在经济落后的国家，物流需求都是多种多样的，必然有一般需求与高端需求之分。所以，运行层面也必须适应这种需求，具有大量的一般物流行业和企业，还有大量的从事高端的物流运行的行业和企业。

物流的高端运行与一般运行并没有严格的、绝对的界限，在不同的经济发展时期和不同国家，高端运行和一般运行涉及的行业和企业也是有区别的。

一般来说，可以认为高端运行是信息化和高度工业化所支持的物流行业和企业的运行；一般机械化所支持的是一般物流运行企业。当然，就我国而言，还有相当数量的物流运行没有达到一般运行的水平，仍然处于原始的、落后的运行方式，这些也不属于一般的运行层面的内容。在产业划分时，对于这种技术极端落后、劳动消耗很大、对环境有相当严重的影响的运行方式还不能称之为一般运行，只能称之为低端运行。中国物流产业中含有低端运行的物流行业和企业，这是不容回避的事实，也是我们必须急于改变的。

(四)服务经营层面

服务经营层面由具体从事各种类型的物流经营并以此向客户提供物流服务的行业与企业所构成,这个层面所做的工作是利用前面三个层面所提供的资源,按照用户需要,整合这些资源向用户提供服务。

四、物流产业结构内涵

物流产业结构的内涵复杂,我们可以从以下几个方面来认识物流产业结构。

(一)体制结构

物流产业体制结构是影响和决定现代物流发展非常重要的结构关系。物流产业涉及的领域十分广泛,恰当的结构关系是它本身"立业"的基础,也是外界认知它的基础。对于我国而言,物流产业的体制结构尤为重要,因为不同的体制会对发展有不同的要求。物流产业的体制结构的关系可以用以下三个方面的体制和制度状况来反映:

1. 所有制结构。我国的物流产业所有制结构状况呈现多种所有制共存的局面:全国性物流平台业公有制、股份制占绝对主导地位;战略和长期储备业公有制占绝对主导地位;航空、铁路和远洋的承运业公有制、股份制占主导地位;面向生产、流通企业的各种物流经营和运行业处于多种所有制状态;面向社会和家庭的物流经营和运行业私企、个体占主导地位。

2. 管理体制和制度结构。管理体制分市场管理和产业管理两大领域。市场管理体制按照国家市场营销的相关政策及法律和各个地区的政府所颁布的市场营销的相关政策由相关的授权单位实施管理。对于关系国计民生的铁路、航空、远洋水运等物流产业,采取国家集权和层层分权的管理体制。

3. 物流产业权属结构。权属结构是物流产业中各个局部的产权、管理权归属的结构关系,具体反映下面三个方面的综合关系:所有制结构关系;资本、资产的结构关系;行政及权力的结构关系。例如,物流产业中配送中心的权属结构可能由生产企业、商业批发企业、商业零售企业、用户以及物流企业单独或合作形成一种结构比例关系。

(二)物流产业服务能力结构

物流产业服务能力结构是两种极端能力之间的一种结构状态,具体而言是全面服务能力和单项服务能力的一种结构状态,可以表述为多种能力广泛分布的结构。它是派生的结构,结构状况取决于物流需求结构。

对介于两个极端的服务能力之间的服务能力可以做出多方面的表述,例如,系统服务能力、专业服务能力、综合服务能力、快速服务能力、大量服务能力、精细服务能力、配送服务能力、远程服务能力、地区服务能力等。这种结构对于物流产业来讲是由物流产业之中某种业种的特性和能力、水平所决定的,是物流产业不断调整自己的结构来满足需求的结果,体现了物流产业发展内在的规律性。

（三）物流产业规模结构

物流产业规模结构是从大到小不同规模物流业的结构状态，它反映了规模的总体水平、平均水平、规模层次、不同规模的比重和状态。

物流产业规模结构是存在非常大的差异的结构状态，从巨型企业到个体企业，从现代化的超乎规模的新型企业到只有一车、一船甚至一人的企业都有。虽然存在着由于从传统物流业向现代化物流业过渡的因素，导致各种不同规模的物流业共存而出现有非常大的差异的结构状态，但是，这也是物流产业规模结构的正常状态，是由社会上对于物流需求规模的多样化所决定的，是需求规模多元化所决定的。

（四）物流产业的行业和企业结构

与经济领域有些行业、企业比较单一的产业不同，物流产业行业、企业种类繁多而且状况复杂，都处于物流这个大产业之中，但是它们的设施、装备、工具及技术有很大的差别，因此，存在不同类别的结构问题。

物流产业行业、企业结构基本由四大业种构成，包括：物流基础业、物流运行业、物流营销服务业和物流管理业。

1. 物流基础业。物流基础业是物流运行和发展所直接依托的全部行业和企业，主要包括物流基础设施、科技、教育、研究、设计、建设、制造及劳动手段提供等行业、企业和部门。物流基础业是我国市场化进程比较晚的一个领域，并没有完全企业化，尤其是重要的基础设施、教育和研究设计，是物流基础不可缺的，但是大多以事业和政府部门的形态存在。

物流基础业也是一个复杂的结构体系。这个结构体系的构成如下：

（1）提供直接支持物流运行的基础设施的物流基础业。这些基础设施主要包括各种类型的物流基础设施、铁道、公路、管道、空运航道、水运航道及港口、码头、机场、车站等。

（2）提供直接支持物流运行的基础装备和工具的物流基础业。这些基础装备和工具主要包括各种类型的车辆、船舶、货机、装卸及搬运机具、货架、货仓、包装机具等。

（3）直接支持物流运行的指挥和管理行业及部门。它主要包括上述领域中指挥、调度、操控、信号、经营、服务及管理等行业及部门。

（4）间接支持物流运行的物流基础设施建设业和物流装备、工具的制造业。

（5）间接支持物流运行的物流基础科技、教育、研究、设计、管理行业及部门。

2. 物流运行业。这是指直接从事物流各专业领域（如空运，铁道、公路运输，仓储、包装等专业领域）的物流运行，提供物流运行服务的全部行业和企业。物流运行业的主要特点是“运行”，使物流各专业能有效运作。它可以直接向最终用户（即向“第一方物流”、“第二方物流”）提供它们所需要的物流运行服务，也向物流服务业（即“第三方物流”）提供物流运行服务，使“第三方物流”具有包括“运行”在内的物流服务能力。可以这样评价和描述物流运行业：它是物流服务的“基础能力”和“专业资源”。

物流运行业结构体系由运输业、仓储业、装卸业、包装业、流通加工业等构成。

物流运行业是物流装备和技术水平的集中体现,物流运行业本身需要大量资金和相当的时间才能建立起来。在物流运作过程中,它是物流活劳动和物化劳动的主要投入领域,所以,物流运行业是物流成本主要的消耗领域。

3. 物流营销服务业。物流基础业、物流运行业都可以利用自己的那一部分物流能力对用户提供相应的物流服务,但是,在整个物流产业中,它们还是主要起基础性作用和资源作用。在市场上进行物流服务营销的行业本书称之为物流营销服务业。物流营销服务业的服务方式有两种:一是利用本身的物流资源和物流能力对客户提供物流服务;二是整合物流基础业、物流运行业的资源成为自己的服务能力。物流营销服务业是以物流为服务手段向社会提供物流服务的,它的本质就是俗称的"第三方物流"。

物流营销服务业的宗旨是向客户提供个性化、定制化的物流服务,因此其很难形成本身的结构体系,本书仅从物流服务的极端能力角度来表述其结构体系的构成:①从事系统物流服务的系统物流营销服务业;②从事单项专业物流服务的专业物流营销服务业。

4. 物流管理业。提供物流管理的企业、事业单位。

五、物流产业的地区结构

物流产业具有明显的地区特点,这是由不同地区的物流基础资源不同、传统经济结构中与物流相关的产业不同、产业发展程度不同造成的。物流产业的地区结构尤其与该地区的物流平台资源有关。

一般而言,内陆地区物流平台主要是公路、铁路、管道及航空,主要集约以公路、铁路网络为平台的物流基础及运作企业;沿海、沿江地区,除了一般的物流平台资源之外,还有内陆地区不具备的水运平台资源,主要集约以水运为主体的物流基础及物流运作企业,因此,在这些地区,由于水网的分隔,公路网络的资源就会相对比较短缺。

在经济全球化的环境下,物流出现了远程化、大型化的趋势,沿海港口的物流产业集约化程度越来越高。沿海港口的物流产业不但承担着国际物流终端的职能,而且承担着国际、国内综合物流的转换、指挥、管理的职能和大进大出的综合基地职能。一般而言,沿海的港口城市是国际物流企业、大型第三方物流企业、大型营业仓库和储备基地、大型运输枢纽的集约地,是一个国家非常重要的物流资源集约地区。

物流产业的这种地区性的差异,也在一定程度上决定了物流产业在不同地区的作用和地位。一般而言,物流产业在该地区国民经济中的地位有三种:

第一,国民经济的重要支柱产业。承担国际交往的沿海港口城市,可以通过本地区物流企业国际化的、远程化的、全国的、外地区的物流运作取得经济利益,该地区的物流产业明显的是"利润中心",物流可以成为重要支柱产业。

第二,支柱产业。内陆的物流枢纽城市和一般的港口城市,其物流企业也可以通过外部的运作取得收益,一般的情况是物流作为支柱产业存在,有时也可以成为重要支柱产业。

第三,一般产业。不属于物流枢纽地区的城市,物流在该地区和城市国民经济中的作用仅只支持本地国民经济，物流在国民经济中的总体作用是“成本中心”，物流主要作为一般产业存在，或者也可以作为支柱产业存在。

第四节　主要物流行业及其企业

物流企业是构筑物流产业的基础，整个物流产业的水平，取决于基础物流企业中的核心企业的水平以及企业的总体水平。企业分类法很多，这里根据本书所提出的物流运作类型以及分层的产业结构对物流企业做一介绍。

一、物流基础业的主要行业及其企业

（一）物流装备制造业

物流装备制造业是物流产业的重要基础，是物流技术装备水平的集中体现，它不仅对物流产业十分重要，也是国民经济领域的重要行业。物流基础业中的主要企业集中在物流装备制造领域，这个领域形成了成熟的业种，即物流装备制造业，这是向物流提供劳动手段要素的行业，它包括的主要企业有：集装设备生产企业、货运汽车生产企业、铁道货车生产企业、货船企业、货运航空器企业、仓库设备企业、装卸机具企业、产业车辆企业、输送设备企业、分拣与理货设备企业、物流工具企业、物流信息装备企业等。

（二）物流基础设施建设业

物流基础设施建设包括铁路、公路线路及站场建设，水运线路及港口建设，航空货运及站场建设，仓库建设，物流基地及园区建设等。它的重要性不止于物流，也是国民经济的重要基础建设，因此是国民经济的重要行业。

（三）物流系统及项目建设业

物流系统及项目建设业包括物流系统及项目的规划、设计、建设及安装企业。当前，我国进入了物流系统的大规模建设阶段，但是非常缺乏专业的物流系统及项目建设企业，因此，这个领域的企业有很大的发展空间。

（四）物流系统研究及咨询业

物流系统研究及咨询业包括专门从事物流系统发展及物流合理化的研究机构、咨询机构、规划机构，这些机构大多是企业化的。

二、物流平台业

专门构筑物流平台并且提供平台支持服务的物流企业是物流产业中重要的企业领域。物流平台往往涉及国家的经济命脉,它有时候会突破企业化的范畴,作为政府的一种社会职能提供有偿的或者公益化的支持服务。主要有:

第一,实物物流平台的建设业。它包括铁路建设企业、公路建设企业、空港建设企业、港口建设企业、管道铺建企业、仓库建设企业、物流枢纽建设企业、配送系统建设企业等。实物物流平台的主体是五大网络系统,是国家的重要资源,需要经过几十年、上百年的建设和大量的投资,因此往往纳入国民经济计划之中,由国家去进行建设。

第二,物流信息平台建设业。

第三,物流平台经营管理业。物流平台的运行,需要通过经营和管理来实现,因此,物流平台需要有大量的经营企业和管理部门,通过经营和管理来支持各种类型的物流服务企业在平台之上运作。该平台的经营管理和在平台之上的物流运作,不同国家有不同的体制形式,可以采取"网运分离"的形式,即平台建设和经营与在平台上的物流运作由不同的部门和企业独立完成;也可以采取"网运一体化"的形式,即平台经营管理和在平台上的物流运作由同一主体去完成。

三、物流经营服务业

物流经营服务业是依托于物流基础的支持并且在物流平台上进行物流运作从而向用户提供物流服务的企业群体。

提供物流服务的企业,按照其服务水平及服务能力的不同,又可以分成一般物流经营服务企业和系统物流经营服务企业两种类型。一般物流经营服务企业提供单项的、低端的、基本的物流服务;系统物流经营服务企业提供系统化的、远程的、精益的、高服务水平的物流服务。物流经营服务业就是由这两大类型企业组成的。

(一)一般物流经营服务企业

一般物流经营服务企业有两种主要类型:

1. 提供物流平台的经营服务类型。这种企业不直接从事物流服务,而是向从事物流服务的企业提供平台的支持服务。我国物流平台的所有权及经营权在很多情况下没有实现分离,虽然改革的目标之一是"网运分离",也即构建物流平台和物流平台的经营运作应当实现分离,但是,由于物流平台的专业信息具有复杂性,当前大量的还是构筑和运行的一体化模式。

2. 依托平台提供实物物流运作的服务类型。这是介于物流平台和物流用户之间的企业,这种类型的企业是物流平台的用户,同时又向其他物流用户提供服务。这是物流经营服务企业的主体。

一般物流经营服务企业种类很多,数量也很大,主要有铁路货运企业、公路货运企业、一般船舶货运企业、包装企业、装卸及搬运企业、仓库以及货场货站企业等。

（二）系统物流经营服务企业

系统物流经营服务企业是现代物流的企业类型，这种类型的企业一般可以进行大规模的物流运作，有了规模，才有进行系统化运作的前提条件。其次，必须具有大面积覆盖的网络，这是进行高水平系统化运作的前提条件。另外，有效的物流平台支持对于系统化运作的企业也是必不可少的，物流平台水平不够，就没有办法进行高水平的系统化运作。系统物流经营服务企业本身还必须有强大的生产力支持，包括采用先进的、有效的物流装备及物流工具，有现代化的经营管理力量。

系统物流经营服务企业的主要类型有：联运物流企业、国际物流企业、快运物流企业、配送系统企业、流通加工企业、第三方物流企业、第四方物流企业以及其他许多专业化的物流企业，如冷链企业、散装水泥企业、商品混凝土企业、管道油气企业等。

第五节 物流产业聚集

物流产业聚集是现代物流产业的一个非常重要的发展。

一、产业聚集与物流产业聚集

产业集聚是指同一产业或相关产业的生产活动在地理空间的集中现象，其实质是资源配置在空间上的一种表现形式。产业聚集是一个老话题，物流产业聚集却是一个新的话题，或者可以说是一个老话题的新版本。

产业聚集为我国经济发展做出了巨大的贡献，在工业领域这已经是一个非常成熟的经济形态。

产业聚集，过去在工业领域多称为产业集群，对于工业领域的产业聚集我们不但看到了成效，而且也容易理解和接受，因为那是生产资源和生产过程、产品产出的集中地域，人们明显地看到在那个地方集中生产并且集中形成相关的产品，产业聚集效果非常直观。

但是物流产业的聚集却与我们所熟知的工业产业聚集有很大的区别，它有自己的特殊性。物流产业的聚集表现出来的是“根据地”式的聚集，而不是物流运作的聚集。物流者，是要在大范围流动，但是这个流动需要有一个“根据地”，要依靠“根据地”的支持。所以，物流产业的聚集集中了资本要素、资产要素、管理要素，成为一种独特的、与工业产业聚集不同的产业聚集模式。形式不同，却同样表现出同一产业在某个特定地理区域内高度集中的产业聚集现象。

二、物流产业聚集模式

(一)产业的地域性聚集

产业有四种类型的地域性聚集:

第一种类型是围绕自然地域的聚集。这种聚集是以不同的自然地域(如水域、山地区域、平原区域、热带区域)为聚集的前提条件。例如,水产养殖产业是在自然水域以及已经自然化的大型人工水域聚集的,水运业的产业聚集应是水运港口区域等。

第二种类型是围绕社会政治文化地域的聚集。例如,高等教育产业、文化产业主要聚集在政治文化中心地区等,都是这种类型的聚集。

第三种类型是围绕市场和资源的地域聚集。市场和资源具有引导和决定产业配置的功能。市场和资源环境创造相关产业的聚集条件,市场和资源利益提供相关产业的聚集动力。例如大型、名牌商业在北京王府井地区的聚集,就是这种类型的聚集。

第四种类型是围绕交通地域的聚集。这种聚集是因为交通条件能够有力地支持和保证物资的进出,从而实现企业连续生产和经营,这对于物资消耗量大、产品产量大的产业尤其重要。交通枢纽地域尤其适合这种选择。

物流产业的地域性聚集,最多的是第四种类型,第一种类型也有。

(二)港口区域——物流产业聚集的热地

可以这样说,港口区域是物流产业聚集的热地。其重要的原因是,依托于"港"的物流产业聚集,交通区位优势十分明显,而交通正是物流业的核心需求。这个区位优势有几个重大的效应:

第一,可以有效地缓解和解决交通瓶颈的问题。我国当前的交通状况主要是交通资源短缺,依托于"港"的物流产业聚集占领了交通资源的高地,能够比较容易取得交通资源,保证物流的运行。

第二,可以吸引具有较强竞争能力的大型物流企业。物流企业充分认识到"港"资源的重要性,当然乐于利用区位优势。

第三,可以为物流企业未来的发展提供空间资源。这是一个世界性的问题,对于现代物流还处于初期发展的我国来说这个问题尤为重要,因为我国物流企业的规模还都有限,必须为以后的发展留出足够的空间。我们需要接受其他产业曾经有过的教训,为物流企业做大预留出未来的发展空间,一般来讲,"港"区比城市等拥挤地区更具有这种可能性。

三、物流产业聚集的重要形态——物流园区

经过多年的探索,我们已经找到了通过物流园区来聚集物流产业的具体形式。本书在物流结点部分对物流园区有全面的介绍,物流园区的聚集作用在所有的物流结点中非常突出,所以,除了具有一般的物流结点的功能之外,物流园区最重要的作用是物流产业

聚集作用。我国国家标准《物流术语》是这样定义物流园区的："物流园区是为了实现物流设施集约化和物流运作共同化，或者出于城市物流设施空间布局合理化的目的而在城市周边等各区域，集中建设的物流设施群与众多物流业者在地域上的物理集结地。"这个定义包含了物流产业聚集的概念。

物流园区的概念与国内外已经建立并且广泛使用的诸如基地、枢纽、中心的概念是有区别的。"园区"的概念已经约定俗成，早就在其他经济领域大量应用，应当说，"园区"的概念是清晰的。例如，聚集各种不同类型的、众多的工业制造业的"工业园区"，聚集各种不同类型的科研单位及新技术研制与生产企业的"科技园区"等。物流园区的"园区"也与之协调，成为园区的一种。

把交通枢纽、车站、机场、港口、保税区、商贸中心等都纳入物流园区范畴，其结果必然是使物流园区失去了个性，从而也就失去了生命。所以，国家标准中"众多物流业者在地域上的物理集结地"应当是物流园区的本质特征。

四、防止物流产业聚集的绝对化

产业聚集是现代产业发展的一个重要趋势，但是要防止物流产业聚集的绝对化。和世界上的任何事物一样，产业聚集也有它的优势所在和问题所在，充分发挥它的优势而防止它的缺点和问题扩散，是一个重要原则。

对于工业企业、商业企业来讲，在解决这个问题方面已经取得了一些经验，找到了一些解决办法。例如，工业的产业聚集往往远离产品需求的市场，基于工业产品的定型化和标准化，采用年度订货和网络订货等方法可以解决产品的大量销售问题，因此使市场不受产业聚集的影响。再例如，商业的聚集也不是绝对的，在一个商业聚集区我们可以见到几乎所有的名牌、大型商业，但是在广大的市场上也可以看到分散配置同品牌产品的小型商业和服务网点。当然，个别有特殊商业理念的商业除外。

但是，对于物流企业来讲，在提出和推行物流产业聚集的时候，这个问题并没有得到很好的解决。一个重要原因是物流产业运行的特殊性，它的产业可以是聚集的，但是它的运行却是非常分散的。

任何一个物流企业，它的服务范畴都远远超出了企业所在地域的范畴，为众多用户提供优质服务对物流企业而言是生死攸关的大事，必须要有相应的体制来解决好这个问题。港区物流产业聚集所存在的问题就是这个问题。

总部"根据地"的聚集与服务机构分散配置是一个很好的选择。对物流来讲，服务机构就是物流的网点，依靠总部"根据地"实现资本要素、资产要素、管理要素等核心要素的聚集，依靠网点提供贴近用户的服务，这应当是物流产业体制的完整模式。

所以，有些产业可以主要强调聚集，但是对于物流产业来讲完整的说法应当是：总部"根据地"的聚集与服务机构的分散是比较理想的模式。

第二部分

物流基础活动及优化

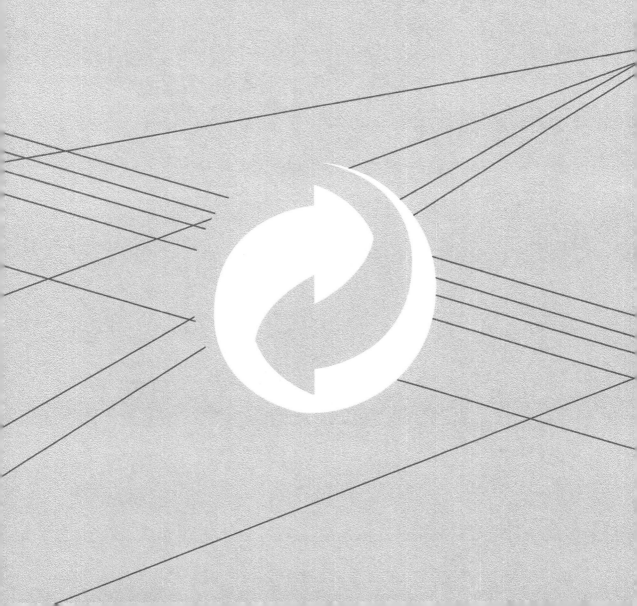

第六章

包　装

第一节　概述及分类

一、包装的概念

包装是在物流过程中为保护产品，方便储运，促进销售，按一定技术方法采用容器、材料及辅助物等将物品包封并适当加以装潢和贴上标志等工作的总称。简言之，包装是包装物及包装操作的总称。

二、包装在物流中的地位

在社会再生产过程中，包装处于生产过程的末尾和物流过程的开头，既是生产的终点，又是物流的始点。

作为生产的终点，产品生产工艺的最后一道工序是包装。因此，包装对生产而言，标志着生产的完成。从这个意义上讲，包装必须根据产品性质、形状和生产工艺来进行，必须满足生产的要求。

作为物流的始点，包装完成之后，包装了的产品便具有了物流的能力，在整个物流过程中，包装便可发挥对产品保护的作用和进行物流的作用，最后实现销售。从这个意义来讲，包装对物流有决定性的作用。

在现代物流观念形成以前，包装被天经地义地看成生产的终点，因而一直是生产领域的活动，包装的设计往往主要从生产终结的要求出发，因而常常不能满足流通的要求。物流研究认为，包装与物流的关系，比之与生产的关系要密切得多，其作为物流始点的意义比之作为生产终点的意义要大得多。因此，在对系统进行划分时，应将包装从生产系统转入物流系统之中，这是现代物流的一个新观念。

三、包装的特性与功能

包装有三大特性，即保护性、单位集中性及便利性。这三大特性赋予了包装保护商品、方便物流、促进销售、方便消费的四大功能。

(一)保护商品

保护商品是包装的首要功能,是确定包装方式和包装形态时必须抓住的主要矛盾。只有有效地保护,才能使商品不受损失地完成流通过程,实现所有权的转移。

包装的保护作用体现在下述几个方面:

1. 防止商品破损变形。包装应当有一定的强度,能承受在装卸、运输、保管过程中各种力的作用,如冲击、振动、颠簸、压缩等,起到对外力破坏性作用的抵抗作用。

2. 防止商品发生化学变化。这是指防止商品吸潮、发霉、变质、生锈,这就要求包装能在一定程度上起到阻隔水分、溶液、潮气、光线、空气中的酸性气体的作用。

3. 防止腐朽霉变、鼠咬虫食。这就要求包装具有阻隔霉菌、虫、鼠侵入的能力。

此外,包装还有防止异物混入、污物污染,防止商品丢失、散失、盗失等作用。

(二)单元化

包装有将商品以某种单位集中的功能,这就叫单元化。包装成多大的单位为好,不能一概而论,要视商品生产的情况、消费的情况以及商品种类、特征,还有物流方式和条件而定。一般来讲,包装的单元化主要应达到两个目的:方便物流和方便商业交易。

从物流方面来考虑,包装单位的大小要和装卸、保管、运输的能力相适应。在此基础上,应当尽量做到便于集中输送以获得最佳的经济效益,同时又要求能分割及重新组合以适应多种装运条件及分货要求。从商业交易方面来考虑,包装单位的大小应适合于进行交易的批量;在零售商品方面,应适合于消费者的一次购买。

(三)便利性

商品的包装还有方便流通及方便消费的功能,这就要求包装的大小、形态、包装材料、包装重量、包装标志等各个要素都应为运输、保管、验收、装卸等各项作业创造方便条件,也要求包装应容易区分不同商品并进行计量。进行包装及拆装作业,应当简便、快速,拆装后的包装材料应当容易处理。

(四)促销性

恰当的包装能够唤起人们的购买欲望。与商流有关的包装功能是促进销售。在商业交易中,促进销售的手段很多,包装在其中占有重要地位。包装外部的形态、装潢与广告说明一样,是很好的宣传品,对顾客的购买起着说服的作用。这样看来,适当的包装可以推动商品销售,具有很大的经济意义。对于包装的这个功能有许多描述,“包装是不会讲话的推销员”、“精美的包装胜过 1 000 个推销员”等都形象地说明了这一功能。

四、包装的分类

（一）按照包装在流通中的作用分类

1. 商业包装。它是以促进销售为主要目的的包装。这种包装的特点是外形美观，有必要的装潢，包装单位适于顾客的购买量以及商店陈设的要求。在流动过程中，商品越接近顾客，越要求包装有促进销售的效果。

2. 运输包装。它是以强化输送、保护产品为主要目的的包装。运输包装的重要特点，是在满足物流要求的基础上使包装费用越低越好。为此，必须在包装费用和物流时的损失两者之间权衡利弊，寻求最佳的效果。为了降低包装费，包装的防护性也往往随之降低，商品的流通损失就必然增加，这样就会降低经济效益；相反，如果加强包装，商品的流通损失就会降低，但这样一来，包装费用就必然增加。如果完全不允许存在流通损失，就必然存在所谓的“过度包装”、“过剩包装”，物流及包装费用必然会大大增加，由此带来的支出的增加会大于不存在“过度包装”或“过剩包装”时必然的损失，同样会降低经济效益。因此，对于普通商品，包装程度应当适中，才会有最优的经济效益。

（二）按照包装材料的针对性分类

1. 专用包装。专用包装是根据被包装物的特点进行专门设计、专门制造的，只适用于某种专门产品的包装，如水泥袋、蛋糕盒、可口可乐瓶等。

2. 通用包装。通用包装是不进行专门设计制造，而根据标准系列尺寸制造的包装，用以包装各种无特殊要求的或标准尺寸的产品。

（三）按照包装容器分类

1. 按照包装容器的抗变形能力，可将包装分为硬包装和软包装两类。硬包装又称刚性包装，包装体有固定形状和一定强度；软包装又称柔性包装，包装体可有一定程度的变形，且有弹性，可以对外力起到缓冲作用，从而使被包装物得到保护。

2. 按照包装容器形状，可将包装分为包装袋、包装箱、包装盒、包装瓶、包装罐等。

3. 按照包装容器结构形式，可将包装分为固定式包装和可拆卸折叠式包装两类。固定式包装尺寸、外形固定不变，这类包装的最大问题是，空包装回收返运时占有很大的空间，会严重降低运输效率；可拆卸折叠式包装可通过折叠拆卸，在不需包装时缩减容积以利于管理及返运。

4. 按照包装容器使用次数，可将包装分为一次性包装和多次周转包装两类。一次性包装在拆装后，包装容器受到破坏，不能按原包装再次使用，只能回收处理或另做它用；多次周转包装可反复使用，此类包装在建立一定逆向物流的回送渠道后，就可周转使用。

（四）按照包装技术分类

1. 按照包装层次及防护要求，可将包装分为个装、内装和外装三类。个装即单个包装,是对商品的个体进行包装;内装是内部包装,可以是个装,也可以是若干个商品的集合内装;外装是外部包装,往往是集合的大包装。

2. 按照包装的保护技术,可将包装分为防潮包装、防锈包装、防虫包装、防腐包装、防震包装、危险品包装等。

第二节 包装材料

常用的包装材料有纸、塑料、木材、金属、玻璃等。从各个国家包装材料生产总值比较来看,20世纪90年代以前,使用最广泛的是纸及各种纸制品,其次是木材,塑料材料还处于快速增长期。现在,塑料材料已经成为主要的包装材料,它对于其他包装材料已经有了广泛取代的势头。

一、纸及纸制品

常用的包装纸类制品有以下几种。

(一)牛皮纸

牛皮纸是不透明的一般包装纸,可用做铺衬、内装和外装,可制成纸袋,还可作为瓦楞包装纸的面层,有较高强度和耐磨性,柔韧性也好,有一定的抗水性。其规格有32,38,40,50,60,70,80,120(克/平方米)等多种。

(二)玻璃纸

玻璃纸是透明或半透明的防油纸,有30,40,50(克/平方米)等多种规格,用于内装、小包装和盒外、瓶外封闭包装,有装饰、绝潮隔尘等作用。其主要特点是美观、透明,有很强的装饰性能,其缺点是强度较低。

(三)植物羊皮纸

植物羊皮纸是用硫酸处理的半透明纸,也称硫酸纸。主要用于带一定装饰性的小包装,如用于包装食品、茶叶、药品等,可在长时间存放中防止货物受潮、干硬、走味。

(四)沥青纸、油纸及蜡纸

沥青纸、油纸及蜡纸是包装原纸经浸渍沥青或油、蜡而制成的改性包装纸,有较强的隔水、隔汽、耐磨的保护性能,主要用于个装、内装和箱、盒包装内衬,工业品包装中较多采用。

（五）板纸

板纸有以稻草及其他植物纤维为原料的档次较低的草板纸（又称黄板纸），还有以多层结构而面层用漂白纸浆制成的高档白板纸和密度较高的箱板纸三种类型。

草板纸用做包装衬垫物及讲究外观效果的包装匣、盒；白板纸用于价值较高商品的内装及中、小包装外装；箱板纸用于强度要求较高的纸箱、纸盒、纸桶。

（六）瓦楞纸板

瓦楞纸板是纸质包装材料中非常重要的一种，由两层纸板和芯层的瓦楞芯纸黏合而构成，见图6-1。其面层纸板主要采用的材料是箱板纸。瓦楞芯可制成不同形状，按芯的瓦楞高度和密度分为A,B,C,E四种，工业品包装采用较厚的、强度较高的A,B,C三种。各种瓦楞纸板的主要参数及性能如表6-1所示。

瓦楞纸单层强度有限，为扩展其包装适用范围，瓦楞纸板可制成多种层形的结构：有仅一张面层和一层瓦楞芯的单面瓦楞纸板；有一层芯层和两层纸板的双面单瓦楞纸板；有三张面层和二层芯层复合的双层瓦楞纸板；还有四张面层和三层芯层的三层瓦楞纸板（见图6-1）。

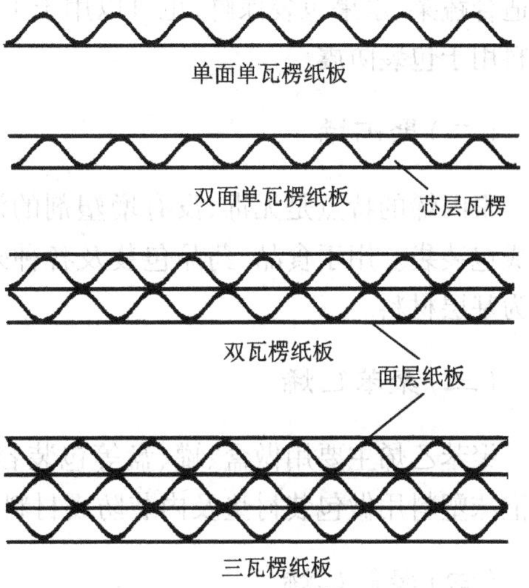

图6-1 各种瓦楞纸板结构

与相同厚度的其他纸制品比，瓦楞纸板的主要特点是重量轻、强度性能好，有很好的抗震性及缓冲性，所以具有对被包装物的保护作用。其生产成本也较低，面层还具有装饰和促销作用。

表6-1 瓦楞纸板的种类及主要性能

种类	瓦楞高（毫米）	瓦楞数 个/米	耐平面压力排序	耐垂直压力排序	耐平行压力排序
A	4.5~4.8	120	3	1	3
B	2.5~3.0	170	1	3	1
C	3.5~3.7	140	2	2	2
E	1.1~1.2	320			

（七）蜂窝纸板

蜂窝纸板是和瓦楞纸板结构类似但芯层不同的包装纸板，由两层纸板和芯层的蜂窝状芯纸黏合而构成。这种纸板性能类似瓦楞纸板但制作成本较高，应用不如瓦楞纸板广泛。

二、塑料及塑料制品

常用的塑料包装材料有以下几种。

(一)聚乙烯

根据制造工业以及材料密度不同,聚乙烯有高压聚乙烯、中压聚乙烯及低压聚乙烯三种。其密度情况是:高压聚乙烯为低密度,而中、低压聚乙烯密度较高。

在包装中,聚乙烯主要用于制造塑料薄膜,也用于制造瓶、桶及包装箱、盒,其中尤以高压聚乙烯薄膜使用广泛。聚乙烯薄膜不能透过水分,但能透过氧及二氧化碳等气体,很适合蔬菜、水果包装保鲜,也可以用于工业品个装、内装。发泡后的半硬质聚乙烯泡沫塑料用于包装防震。

(二)聚丙烯

聚丙烯的特点是无毒,没有增塑剂的污染及溶出,可制成薄膜、瓶、盖及用薄膜扁丝编成包装袋。用于食品、药品包装及各种外装包装袋,集装袋等大型袋也采用聚丙烯材料为基层材料。

(三)聚苯乙烯

聚苯乙烯主要用做盒、罐、盘等包装容器和热缩性薄膜包装材料。发泡后的聚苯乙烯泡沫塑料用做包装衬垫及内装防震材料。

(四)聚氯乙烯

聚氯乙烯可制成瓶、盒、箱及薄膜,用于小包装袋或周转塑料箱,也可发泡制成硬质泡沫塑料。由于聚氯乙烯高温下可能分解出氯化氢气体,有腐蚀性,不宜用于金属材料防锈包装。

(五)钙塑材料

钙塑材料由大量填充钙质材料改性塑料制成。钙质材料这种低值填料的加入,大大降低了材料的成本,使之可以成为木材、纸板的代用材料,可用于制造钙塑瓦楞纸板、钙塑包装桶及包装盒等。

三、木材及木制品

木材是应用广泛的、历史最悠久的传统包装材料,主要使用板材制作各种包装箱,常用的一般包装木材有杉木、松木等。以木材为原料制成的胶合板、纤维板、刨花板等板材也用于制作包装箱、桶等。

木材制成的包装材料主要用于外包装,经过美化装饰的木材材料,也广泛用于高档商品的小包装。

四、金属

当做包装材料的金属材料有以下几种。

(一)镀锡薄板

镀锡薄板俗称马口铁,是表面镀有锡层的薄钢板。由于锡层的作用,镀锡薄板除有一般薄钢板的优点外,还有很强的耐腐蚀性和装饰性。不同的钢基成分和钢板工艺,具有不同的调质加工性能,可加工成各种形状的容器,主要用做制造高档罐容器,如各种饮料罐、食品罐等。其表面装潢之后可成为工业和商业包装合一的包装。

(二)涂料铁

涂料铁由镀锡薄板一面涂以涂料加工制成,主要用于制造食品罐,盛装各种食品。

(三)铝合金

铝合金以铝为主要合金元素。按照其他合金元素的种类及含量不同,铝合金有许多型号,分别可制铝箔、饮料罐、薄板、铝板及型材,可制成各种包装物,如牙膏皮、饮料罐、食品罐等小包装,也可以制成航空集装箱等大型包装,还可与塑料等材料复合制成复合薄膜,这种包装材料广泛用于商业小包装材料。

铝合金包装材料的主要特点是隔绝水、气及一般腐蚀性物质的能力强,强度重量比大,因而包装材料轻,无效包装较少。此外,铝合金材料无毒,外观性能好,易装饰美化,这些都是现代包装材料不可缺少的品质。

五、玻璃及陶瓷

玻璃、陶瓷是历史悠久的包装材料。其主要特点是具有很强的隔绝性能和耐腐蚀性能,强度较高,因此有很强的保护商品的作用。其装潢、装饰性能好,因此广泛用于商业包装,较多用于个装,有宣传、美化的推销作用。

玻璃及陶瓷可制成瓶、罐,陶瓷还可制成较大的罐、坛,主要用于食品、饮料、酒类、药品等的包装,也用于包装化学工业的具有腐蚀性的物品。

六、复合材料

复合材料是将两种或两种以上的材料通过各种方法复合在一起制成的包装材料。复合材料能避免各种包装材料的缺点,发挥各种包装材料各自的优点,在包装领域有广泛的应用。现在使用较多的是薄膜复合材料,主要有纸基复合材料、塑料基复合材料、金属基复合材料等。

第三节　包装技术

一、包装容器技术

(一)包装袋

包装袋包装是柔性包装的重要技术。包装袋的材料是挠性材料,有较高的韧性、抗拉强度和耐磨性。一般包装袋是筒管状结构,一端封死,在包装结束后再封装另一端,包装操作一般采用充填操作。包装袋广泛适用于运输包装、商业包装、内装、外装,因而使用较为广泛。包装袋一般分成下述三种类型:

1. 集装袋。它是一种大容积的运输包装袋,盛装重量在1吨以上。集装袋的顶部一般装有金属吊架或吊环等,便于铲车或起重机的吊装、搬运。卸货时可打开袋底的卸货孔,即行卸货。集装袋适于装运颗粒状、粉状、小型块状和球状的货物。

集装袋一般多用聚丙烯、聚乙烯等聚酯纤维纺织而成。集装袋装卸、搬运货物都很方便,可使装卸效率明显提高。

2. 一般运输包装袋。这类包装袋的盛装重量是0.5~100公斤,大部分是由植物纤维或合成树脂纤维纺织而成,或者是由几层挠性材料构成的多层材料包装袋。例如麻袋、草袋、水泥袋等,主要包装粉状、粒状和个体小的货物。

3. 小型普通包装袋。这类包装袋盛装重量较轻,通常用单层材料或双层材料制成。某些具有特殊要求的包装袋,也有用多层不同材料复合而成的。小型普通包装袋包装范围较广,液状、粉状、块状和异型物等均可采用这种包装。

上述几种包装袋中,集装袋适于运输包装,一般运输包装袋适于外包装及运输包装,小型普通包装袋适于内装、个装及商业包装。

(二)包装盒

包装盒是介于刚性包装和柔性包装两者之间的包装技术。其包装材料有一定挠性,不易变形,有较高的抗压强度,刚性高于袋装材料。其包装结构是规则几何形状的立方体,也可制成其他形状,如圆盒状、尖角状,一般容量较小,有开闭装置。包装操作一般采用码入或装填,然后将开闭装置闭合。

包装盒整体强度不大,包装量也不大,因此,不适合做运输包装,适合做商业包装、内包装,适合包装块状及各种异形物品。

(三)包装箱

包装箱是刚性包装技术中的重要一类。其包装材料为刚性或半刚性材料,有较高强度且不易变形。其包装结构和包装盒相同，只是容积、外形都大于包装盒，两者通常以10升为分界。包装操作主要为码放，然后将开闭装置闭合或将一端固定封死。包装箱整体强度较高，抗变形能力强，包装量也较大，适合做运输包装、外包装。包装范围较广，主要用于固体杂货包装。包装箱主要有以下几种：

1. 瓦楞纸箱。瓦楞纸箱是用瓦楞纸板制成。按瓦楞纸箱的外形结构分类，有折叠式瓦楞纸箱、固定式瓦楞纸箱和异形瓦楞纸箱三种。按构成瓦楞纸箱体的材料来分类，有瓦楞纸箱和钙塑瓦楞箱。

2. 木箱。木箱是流通领域中常用的一种包装容器，其用量仅次于瓦楞箱。木箱主要有木板箱、框板箱和框架箱三种。

(1)木板箱。木板箱一般用做小型运输包装容器，能装载多种性质不同的物品。木板箱作为运输包装容器具有很多优点，例如，有抵抗碰裂、溃散、戳穿的性能，有较大的耐压强度，能承受较大负荷，制作方便等。但木板箱的箱体较重，体积也较大，其本身没有防水性，这就使它有非常大的局限性。

(2)框板箱。框板箱是先由条木与人造板材制成箱框板，再经钉合装配而成的。

(3)框架箱。框架箱由一定截面的条木构成箱体的骨架，根据需要也可在骨架外面加木板或其他板材覆盖。框架箱有两种形式：无木板覆盖的称为敞开式框架箱；有木板覆盖的称为覆盖式框架箱。

框架箱由于有坚固的骨架结构，因此具有较好的抗震和抗扭力，有较大的耐压能力，而且其装载量也比较大。

3. 塑料箱。塑料箱一般用做小型运输包装容器，其优点是自重轻，耐蚀性好，可装载多种商品，整体性强，强度和耐用性能满足反复使用的要求，可制成多种色彩以对装载物分类，手握搬运方便，没有木刺，不易伤手。

4. 集装箱。集装箱是由钢材或铝材制成的大容积、标准尺寸的物流装运设备。从包装角度看，它也属于一种大型包装箱，可归属于运输包装的类别之中，也是大型反复使用的周转型包装。

(四)包装瓶

包装瓶是瓶身与瓶颈尺寸有较大差别的小型容器，主要由刚性材料制成，是刚性包装中的一种，包装材料有较高的抗变形能力，刚性、韧性要求一般也较高。个别包装瓶的材料介于刚性与柔性材料之间，瓶的形状在受外力时虽可发生一定程度的变形，但外力一旦撤除，仍可恢复原来的瓶形。包装瓶的结构是瓶颈口径远小于瓶身，且在瓶颈顶部开口；其包装操作是填灌操作，然后将瓶口用瓶盖封闭。

包装瓶包装量一般不大，适合美化装潢，主要做商业包装、内包装使用，主要包装液体、粉状货。包装瓶有圆瓶、方瓶、高瓶、矮瓶、异形瓶等若干种。包装瓶的瓶口需要封盖才能将包装物与外界隔绝，瓶口与瓶盖的封盖方式有螺纹式、凸耳式、齿冠式、包封式等。

(五)包装罐

包装罐是罐身各处横截面形状大致相同,罐颈短,罐颈内径比罐身内颈稍小或无罐颈的一种包装容器,是刚性包装的一种。其包装材料强度较高,罐体抗变形能力强。包装操作是进行装填操作后将罐口封闭。其可做运输包装、外包装,也可做商业包装、内包装用。

包装罐主要有三种:

1. 小型包装罐。其可用金属材料或非金属材料制造,容量不大,一般是用做销售包装、内包装,罐体可采用各种方式装潢美化。

2. 中型包装罐。其容量较大,一般用做化工原材料、土特产的外包装,起运输包装的作用。

3. 集装罐。这是一种大型罐体,外形有圆柱形、圆球形、椭球形等,卧式、立式都有。集装罐往往是罐体大而罐颈小,采取灌填式作业,灌填作业和排出作业往往不在同一罐口进行,另设卸货出口。集装罐是典型的运输包装,适合包装液状、粉状及颗粒状货物。

二、包装的防护技术

(一)防震包装技术

防震包装又称缓冲包装,其包装本身具有一定的抗震保护作用。所谓防震包装,就是指为减缓内装物受到冲击和振动,保护其免受损坏所采取的具有一定防护作用的包装。

防震包装方法主要有以下三种:

1. 全面防震包装方法。全面防震包装方法是指内装物和外包装之间全部用防震材料填满进行防震的包装方法。

2. 部分防震包装方法。对于整体性好的产品和有内装容器的产品,仅在产品或内包装的拐角或局部地方使用防震材料进行衬垫即可。所用包装材料主要有泡沫塑料防震垫、充气型塑料薄膜防震垫和橡胶弹簧等。

3. 悬浮式防震包装方法。对于某些贵重易损的物品,为了有效地保证其在流通过程中不被损坏,应采用比较坚固的外包装容器,然后用绳、带、弹簧等将被包装物悬吊在包装容器内,这样,在物流中,无论在什么操作环节,内装物都被稳定悬吊而不与包装容器发生碰撞,从而减少损坏。

(二)防破损包装技术

缓冲包装有较强的防破损能力,因而是防破损包装技术中有效的一类。此外,还可以采取以下几种防破损保护技术:

1. 捆扎及裹紧技术。捆扎及裹紧技术的作用,是使杂货、散货形成一个牢固整体,以增加整体性,便于处理及防止散堆,从而减少破损。

2. 集装技术。利用集装技术，可以减少在物流的各个环节中外界、操作者与货体的接触，从而防止破损。

3. 选择高强保护材料。可以通过外包装材料的高强度来防止内装物受到外力的作用而破损。

（三）防锈包装技术

1. 防锈油防锈蚀包装技术。锈蚀是空气中的氧、水蒸气及其他有害气体等作用于金属表面引起电化学作用的结果。如果使金属表面与大气锈蚀的各种因素隔绝（即将金属表面保护起来），就可以防止金属大气锈蚀。防锈油防锈蚀包装技术就是根据这一原理，将金属涂封防止锈蚀的。用防锈油封装金属制品，要求油层要有一定厚度，油层的连续性好，涂层完整。

2. 气相防锈包装技术。这是用气相缓蚀剂（挥发性缓蚀剂）在密封包装容器中对金属制品进行防锈处理的技术。气相缓蚀剂是一种能减慢或完全停止金属在侵蚀性介质中的被破坏过程的物质，它具有挥发性，它在密封包装容器中挥发或升华出的缓蚀气体能充满整个包装容器内的角落和缝隙，同时吸附在金属制品的表面上，从而起到抑制大气对金属锈蚀的作用。

（四）防霉腐包装技术

装运食品和其他有机碳水化合物货物时，货物表面可能生长霉菌，如遇潮湿，霉菌生长繁殖极快，甚至伸延至货物内部，使其腐烂、发霉、变质，因此要采取特别防护措施。

包装防霉烂变质的措施，通常是采用冷冻包装、真空包装或高温灭菌方法。

冷冻包装的原理是减慢细菌活动和化学变化的过程，以延长货物的储存期，但不能完全消除食品的变质。

高温灭菌法可消灭引起食品腐烂的微生物，可在包装过程中用高温处理防霉。

真空包装法也称减压包装法或排气包装法，是在密闭的包装中排除空气，制造一定的真空度。这种包装可阻挡外界的水汽进入包装容器内，也可防止在密闭的防潮包装内部存有潮湿空气，在气温下降时结露。采用真空包装，要避免过高的真空度，以防损伤包装材料。

防止运输包装内货物发霉，还可使用防霉剂。防霉剂的种类很多，用于食品的必须选用无毒防霉剂。有些经干燥处理的食品包装，应防止水汽浸入以防霉腐，可选择防水汽和气密性好的包装材料，采取真空或充气包装。

机电产品的大型封闭箱，可酌情采用开设通风孔或通风窗等相应的防霉措施。

（五）防虫包装技术

防虫包装常用的是驱虫剂，即在包装中放入有一定毒性和气味的药物，利用药物在包装中挥发气体杀灭和驱除各种害虫。常用驱虫剂有萘、对位二氯化苯、樟脑精等。也可采用真空包装、充气包装、脱氧包装等技术，使害虫无生存环境，从而防止虫害。

特别需要说明的是，驱虫剂、杀虫剂等防虫包装技术，不适合应用于饮料、食品、药品的包装之中。

(六)危险品包装技术

危险品包装技术是个性化非常强的包装技术，要根据每一种危险品的特殊要求进行包装，这是一个大的原则。

危险品有上千种，按其危险性质，交通运输及公安消防部门将其分为十大类，即爆炸性物品、氧化剂、压缩气体和液化气体、自燃物品、遇水燃烧物品、易燃液体、易燃固体、毒害品、腐蚀性物品、放射性物品。有些物品同时具有两种以上的危险性。

对有毒商品(例如有机农药一类的商品、杀虫剂、杀鼠剂、有毒化工产品等)的包装要明显地标明有毒的标志。防毒的主要措施是包装严密，不漏、不透气，使其与外界隔绝。

对有腐蚀性的商品，要特别防止商品和包装容器的材质发生化学变化从而损坏包装。金属类的包装容器，要在容器壁涂上涂料，防止腐蚀性商品对容器的腐蚀。

对黄磷等易自燃商品，宜将其装入壁厚不少于1毫米的铁桶中，桶内壁须涂耐酸保护层，桶内盛水，并使水面浸没商品，桶口严密封闭，每桶净重不得超过50公斤。遇水即引起燃烧的物品如碳化钙，其遇水即分解并产生易燃乙炔气，对其应用坚固的铁桶包装，桶内充入氮气。如果桶内不充氮气，则应装置放气活塞。

对于易燃、易爆商品，例如有强烈氧化性的、遇有微量不纯物或受热即急剧分解引起爆炸的商品，应采用塑料桶包装，然后将塑料桶装入铁桶或木箱中，每件净重不超过50公斤，并应有自动放气的安全阀，当桶内达到一定气体压力时，能自动放气。

(七)特种包装技术

1. 充气包装。充气包装是采用二氧化碳气体或氮气等不活泼气体置换包装容器中空气的一种包装技术方法，也称为气体置换包装。这种包装方法是根据好氧性微生物需氧代谢的特性，在密封的包装容器中改变气体的组成成分，降低氧气的浓度，抑制微生物的生理活动、酶的活性和鲜活商品的呼吸强度，达到防霉、防腐和保鲜的目的。

2. 真空包装。真空包装是将物品装入气密性容器后，在容器封口之前抽真空，使密封后的容器内基本没有空气的一种包装方法。

一般的肉类商品、谷物加工商品以及某些容易氧化变质的商品都可以采用真空包装。真空包装不但可以避免或减少脂肪氧化，而且能够抑制某些霉菌和细菌的生长。同时，在对商品进行加热杀菌时，由于容器内部气体已排除，因此加速了热量的传导，提高了高温杀菌效率，也避免了加热杀菌时，由于气体的膨胀而使包装容器破裂。

3. 收缩包装。收缩包装就是用收缩薄膜裹包物品(或内包装件)，然后对薄膜进行适当加热处理，使薄膜收缩而紧贴于物品(或内包装件)的包装方法。

收缩薄膜是经过特殊拉伸和冷却处理的聚乙烯薄膜，由于薄膜在定向拉伸时产生残余收缩应力，这种应力受到一定热量后便会消除，从而使其横向和纵向均发生急剧收缩，同时使薄膜的厚度增加。收缩薄膜收缩率通常为30%～70%，收缩力在冷却阶段达到最大值,并能长期保持。

4. 拉伸包装。拉伸包装是由收缩包装发展而来的,它是依靠机械装置在常温下将弹性薄膜围绕被包装件拉伸、紧裹,并在其末端进行封合的一种包装方法。由于拉伸包装不需进行加热,所以消耗的能源只有收缩包装的1/20。拉伸包装可以捆包单件物品,也可用于托盘包装之类的集合包装。

5. 脱氧包装。脱氧包装是继真空包装和充气包装之后出现的一种新型除氧包装方法。脱氧包装是在密封的包装容器中,使用能与氧气起化学作用的脱氧剂与之反应,从而除去包装容器中的氧气,以达到保护内装物的目的。脱氧包装方法适用于某些对氧气特别敏感的物品,适用于那些即使有微量氧气也会促使品质变坏的食品包装。

第四节 集合包装

一、集合包装的概念

集合包装又称组合包装或集装单元,是将许多单件物品,通过一定的技术措施组合成一种大的包装形态,至于大到什么程度并没有明确界限。

现代物流领域还有一个非常重要的概念称做集装,集合包装和集装是非常近似同时又有一定区别的两个概念。如果集合包装成为尺寸规格相同、重量相近的大型标准化的组合体,这种大型的组合状态的集合包装则称集装。还需要说明的是,集合包装和集装这两个概念在没有明确所指的前提下,是经常混用的。

从包装角度来看,集合包装是一种按一定单元将杂散物品组合包装的形态,是属于大型包装的形态。

在多种类型的产品中,小件杂散货物很难像机床、建筑构件等产品那样进行单件处理,由于其具有杂、散,且个体体积、重量都不大又都不相同的特点,所以,总是需要进行一定程度的组合。只有有利于物流和物流过程的各项操作,才能有利于销售,有利于使用。比如一般包装箱、包装袋等都是杂散货物的组合状态,只不过是组合的规模较小。

杂散货物的组合方式,是随科学技术进步而发展的。在科学不太发达,起重、装卸机具没有普遍采用,装卸工作全要依靠人力进行时,杂散货物的组合包装程度主要受两个因素的制约:一个因素是包装材料的限制,包装材料强度和材料自重制约了包装体的大型化;另一个因素是人力装卸能力的限制,包装必须限制在人的最大体能范围之下,因此,那时的组合体,重量一般在50公斤以下。

集合包装是材料科学和装卸技术两个方面有了突破进展之后才出现的,用大单元实现组合,是整个包装技术的一大进展。

从运输角度来看,集合包装的组合体往往又正好是一个装卸运输单位,非常便利运输和装卸,因而在运输领域把一个集合包装看成是一个运输体(货载),称单元组合货载或称集装货载。

二、集合包装的方式和种类

集合包装有若干种典型的方式,在各类典型方式的交叉领域还演化派生出许多非此非彼的集装方式,因而集合包装方式的种类很多。

各种典型的集装方式和它们之间的变形方式有以下若干类。

(一)托盘类

托盘中最典型的是平托盘,其变形体有柱式托盘、架式托盘(集装架)、笼式托盘(集装笼)、箱式托盘、折叠式托盘、轮式托盘(台车式托盘)、薄板托盘(滑板)等。

(二)集装箱类

集装箱中最典型的是普通集装箱,其变形体有:笼式集装箱、罐式集装箱、台架式集装箱、平台集装箱、折叠式集装箱等。许多种集装箱和相应的托盘在形态上区别并不大,但规模相差较大。

(三)集装容器类

集装容器中最典型的是集装袋,其变形体有集装网络、集装罐、集装筒等。

(四)集装货捆类

集装货捆是以捆扎方式形成的集装体,集装网络也是集装货捆的一种变形体。

三、集合包装的特点与作用

集合包装的主要特点是集小为大,集小为大的主要作用是使中、小件散杂货以一定规模进入物流过程、进入市场流通,形成规模处理的优势。集合包装的效果实际上是这种规模优势的效果。

集合包装的作用主要有以下几个方面。

(一)促使装卸合理化

有些人认为,促使装卸合理化是集合包装的最大作用。和单个物品的逐一装卸处理比较,这一作用主要表现在:

第一,缩短装卸时间。这是由多次装卸转为对集合包装货载的一次装卸而带来的效果。

第二,使装卸作业劳动强度降低。过去,中、小件大数量散杂货的装卸,工人劳动强度极大,且由于劳动强度大,工作时极易出差错、出货损、出工伤事故。采用集合包装后不但减轻了装卸劳动强度,而且加强了对货物的保护,可以更有效地防止装卸时的碰撞损坏及散失丢失。

（二）使包装合理化

采用集合包装后，甚至可以去掉小包装，从而在包装材料总量上有了很大节约；包装强度由于集合包装的大型化和防护能力的增强也大大提高，有利于保护货物。

（三）便于储存保管

在储存保管方面，集装方式是对集装整体进行的运输和保管，大大方便了运输及保管作业，也能有效利用运输工具和保管场地的空间，从而大大改善了环境。

（四）促使运输合理化

在运输领域，尤其是大量运输的火车和大吨位货轮的运输领域，装卸时间往往是决定运输技术经济效果的重要因素，集合包装对于加快运输速度，使运输更加合理化起到了很大的推动作用。

（五）便于管理

集合包装的货物进行封装之后，在整个物流过程中不再需要进行反复不断的清点，从而大大节省了管理力量，同时，也能有效地防止物流过程中的差错、丢失等问题。

（六）促进系统化

集合包装的最大作用，还是以其为核心所形成的系统，将原来分立的物流各环节有效地联合为一个整体，使整个物流系统实现合理化。物流的现代化、系统化进展是离不开集合包装的。可以说，集合包装，尤其是标准化的集合包装是物流现代化的重要手段和标志。

第五节 包装合理化

一、包装合理化的概念

包装合理化是物流合理化的组成部分。从现代物流观点来看，包装合理化不单是包装本身的合理与否的问题，而且是整个物流合理化前提下的包装合理化问题。

包装合理化一方面包括包装总体的合理化，这种合理化往往用整体物流效益与微观包装效益的统一来衡量；另一方面也包括包装材料、包装技术、包装方式的合理组合及运用。

二、包装合理化的三要点

(一)防止包装不足

包装不足包括以下几个方面:

第一,包装强度不足,从而使包装防护性不足,造成被包装物的损失。

第二,包装材料水平不足,由于包装材料选择不当,包装不能很好地起到运输防护及促进销售的作用。

第三,包装容器的层次及容积不足,从而造成被包装物的损失。

第四,包装成本过低,不能达到必要的包装要求。

包装不足,造成的主要问题是在流通过程中的损失及促销能力的降低,这一点不可忽视。我国曾经在1988年进行过全国包装大检查,经过统计分析,认定由于包装不足引起的损失,一年达100亿元以上,这在当时的经济总量中占有相当大的比重。

(二)防止包装过剩

包装过剩包括以下几个方面:

第一,包装物强度设计过高,如包装材料截面过大,包装方式大大超过强度要求等,从而使包装防护性过高。

第二,包装材料水平选择过高,如可以用纸板却不用而采用镀锌、镀锡材料等。

第三,包装技术过高,包装层次过多,包装体积过大。

第四,包装成本过高,一方面可能使包装成本支出大大超过因减少损失可能获得的效益;另一方面,包装成本在商品成本中比重过高,损害了消费者利益。

对包装过剩的浪费不可忽视。对于消费者而言,购买的主要目的是内装物的使用价值,包装物大多成为废物被丢弃,因而会造成浪费。此外,过重、过大的包装,不但会加大物流的成本,而且有时会影响消费者对产品的判断,反而会降低包装的促销功能,所以也不可取。根据日本的一项调查,发达国家包装过剩问题很严重。计划经济时期,我国的包装问题主要是包装不足;最近一些年来,包装过剩的问题逐渐成为一个严重问题,一个重要原因是,我们没有认识到包装过剩的危害,这需要引起我们的重视。

(三)从物流总体角度出发,用科学的方法确定最优包装

由于物流诸因素是可变的,因此,包装也是不断发生变化的。确定包装形式,选择包装方法,都要与物流诸因素的变化相适应。

1.对包装发生影响的第一个因素是装卸。不同的装卸方法决定着不同的包装。例如,在技术不发达、主要采用手工装卸方式的情况下,包装的重量必须限制在手工装卸的允许能力之下,包装的外形及尺寸也要适合于人工操作。进行手工装卸的重量和时代有关,在工人的权力和健康没有受到保护的时代,手工装卸的包装往往达到60~100公斤;在工人的权力和健康受到保护的时代,手工装卸的包装重量有所降低,以减轻工人的体

力消耗。但是,这并不等于说包装的重量越轻越好。包装重量太轻,人工装卸的反复频率就要增加,也容易引起人的疲劳并降低劳动效率;同时,对于过轻的包装,工人们往往合并操作,也容易造成损失。

现代管理科学对人工装卸的最佳重量进行研究后确定:包装的重量为工人体重的40%较为合适,即男劳动力20~25公斤,女劳动力15~20公斤是比较合适的。如果采用机械装卸,包装的重量可大大增加。例如,采用集装箱做外包装,重量可达10吨以上。衡量包装是否先进,也不能脱离物流的其他分系统孤立地进行。例如,集装箱的使用,如果没有与之适合的装卸手段,就谈不上先进。

2. 对包装有影响的第二个因素是保管。在确定包装时,必须对保管的条件和方式有所了解。例如,采用高垛,就要求包装有很高的强度,否则就会被压坏。如果采用低垛或料架保管,包装的强度就可以相应降低,以节约资源和费用。

3. 对包装发生影响的第三个因素是输送。输送工具类型、输送距离长短、道路情况如何都对包装有影响。例如:道路情况比较好的短距离汽车输送,可以采用轻便的包装;同一种产品,如果进行长距离的车船联运,就要求采用严密厚实的包装。

三、包装合理化的若干问题

(一)关于包装模数问题

包装模数是关于包装基础尺寸的标准化及系列尺寸的选定的一种规定。

包装模数标准确定之后,各种进入流通领域的产品便需按模数所规定的尺寸进行包装,按模数包装之后,各种包装货物可以按一定规定随意组合,这就有利于小包装的集合,有利于集装箱及托盘的装箱、装盘。包装模数如能和仓库设施、运输设施尺寸模数统一,也有利于运输和保管,不但使包装实现合理化,而且能实现全物流系统的合理化。因此,包装模数问题是物流现代化的基础问题。

包装模数尺寸的标准化有一定局限性。大部分工业产品,尤其是散杂货可以实现包装的标准化;有些产品,如长型、异型品等则无法按模数尺寸包装,可做个别处理。

(二)包装的大型化和集装化

包装大型化和集装化十分有利于物流系统在装卸、搬运、保管等过程中的机械化,有利于加快这些环节的作业速度从而加快全物流过程的速度,有利于减少单位包装,节约包装材料,还有利于货体保护。为实现物流过程的机械化、自动化,提高物流效率,包装的大型化和集装化是不可少的。

采用大型包装和集装方式还要考虑大型包装和集装这种运输包装形态和销售的结合,办法是,使大型包装和集装的货物个体的工业包装实现商业包装化,即货物个体在大型包装和集装的保护作用下,可省却单独的工业包装,而使之商业包装化,从大型包装或集装中取出后,不需做拆除工业包装处理即可成为销售单位并有促销效果。

(三)包装的多次、反复使用和废弃包装处理

包装产业现今已是世界各国的重要产业之一,在有的国家已占到国民经济的5%以上。与产品规模相对应的是资源消耗巨大,因而资源回收利用、梯级利用、资源再循环是包装领域现代化的重要课题。在这方面,有许多有效的处置措施:

1. 通用包装,即有广泛适用性的包装。按标准模数尺寸制造瓦楞纸、纸板及木制、塑料制通用外包装箱,这种包装箱不用专门安排回返使用,由于其通用性强,无论在何处落地,都可转用于其他包装。

2. 周转包装。有一定数量规模并有较固定供应流转渠道的产品,可采用周转包装多次反复周转使用的办法。周转包装可按某种产品的特殊需要制造,有较强的专用性。其周转方法是,采用周转包装的货体运至商店或其他用户,卸下货后再将前次已用毕的同数量空包装装车回返,进行逆向物流。这种周转方式在不安排专程回运的情况下实现往返运输,因而运力利用也是合理的。

3. 梯级利用。一次使用后的包装物,用毕转做它用或用毕进行简单处理转做它用,这就形成了一级一级的利用,直到完全报废,这就是梯级利用。例如,瓦楞纸箱部分损坏后,切成较小的纸板再制成小箱,或将纸板用于垫衬。有的包装物可设计成多用途的,在一次使用完毕之后,可做他用。如设计成水杯形式的包装物,使用完毕后包装可以当水杯使用,这就使资源利用更充分、更合理。

4. 再生利用。将废弃的包装经再生处理,生成其他用途的材料或制成新材料。例如,将废弃包装塑料制成再生塑料等。

(四)开发新的包装材料和包装器具

通过创新开发新的材料和技术,利用各种复合技术、包装容器技术大量开发新包装材料和容器是包装现代化的重要内容。这方面的主要趋势是,包装物的高功能化、用较少的材料实现多种包装功能等。

第七章

装卸搬运

第一节　概述及分类

一、装卸搬运的概念

在同一地域范围内（如车站范围、工厂范围、仓库内部等）改变“物”的存放、支承状态的活动称为装卸，改变“物”的空间位置的活动称为搬运（个别领域称为输送），两者合称装卸搬运。有时候或在特定场合，单称“装卸”或单称“搬运”也包含了“装卸搬运”的完整含义。

在习惯使用中，物流领域（如铁路运输）常将装卸搬运这一整体活动称为“货物装卸”；在生产领域中常将这一整体活动称为“物料搬运”或“物料输送”。实际上，活动内容都是一样的，只是领域不同而已。

在实际操作中，装卸与搬运是密不可分的，两者是伴随在一起发生的。因此，在物流科学中并不过分强调两者的差别，而是作为一种活动来对待。

搬运的“运”与运输的“运”的区别之处在于，搬运是在同一地域的小范围内发生的，而运输则是在较大范围内发生的，两者是量变到质变的关系，至于地域范围的大小，并无一个绝对的界限。

二、装卸搬运的地位

装卸搬运的基本动作包括装车（船）、卸车（船）、堆垛、入库、出库以及连接上述各项动作的短程输送，是随运输和保管等活动而产生的必要活动。

在物流过程中，装卸搬运活动是不断出现和反复进行的，它出现的频率高于其他各项物流活动，而且每次装卸搬运活动都要花费很长时间，所以往往成为决定物流速度的关键。装卸搬运活动所消耗的人力也很多，所以装卸搬运费用在物流成本中所占的比重也较高。以我国为例，铁路运输的始发和到达的装卸搬运作业费大致占运费的20%左右，船运占40%左右。因此，装卸搬运是降低物流费用的重要环节。

此外,进行装卸搬运操作时往往需要接触货物,因此,这是在物流过程中造成货物破损、散失、损耗、混合等损失的主要环节。例如,袋装水泥纸袋破损和水泥散失主要发生在装卸搬运过程中,玻璃、机械、器皿、煤炭等产品在装卸搬运时最容易造成损失。

由此可见,装卸搬运活动是影响物流效率、体现物流水平、决定物流技术的经济效益的重要环节。

为了说明上述看法,列举几个数据如下:

第一,据我国统计,火车货运以500公里为分歧点,运距超过500公里,运输在途时间多于起止的装卸时间;运距小于500公里,装卸搬运时间则超过实际运输时间。

第二,美国与日本之间的远洋船运,一个往返需25天,其中运输时间13天,装卸搬运时间12天。

第三,据我国对生产物流的统计,机械工厂每生产1吨成品,需进行252吨次的装卸搬运,其成本为加工成本的15.5%左右。

三、装卸搬运的特点

(一)装卸搬运是附属性、伴生性的活动

装卸搬运是物流每一项活动开始及结束时必然发生的活动,因而有时常被人忽视,有时被看成是其他操作不可缺少的组成部分,从而不再对其进行单独的研究。例如:一般而言的"汽车运输",就实际包含了相随的装卸搬运;仓库中泛指的保管活动,也含有装卸搬运活动。

(二)装卸搬运是支持、保障性的活动

对装卸搬运的附属性不能理解成被动的,实际上,装卸搬运对其他物流活动具有一定的决定性作用。装卸搬运会影响其他物流活动的质量和速度。例如:装车不当,会引起运输过程中的损失;卸放不当,会引起货物转换为下一步运动的困难。许多物流活动在有效的装卸搬运的支持下,才能达到高水平。

(三)装卸搬运是衔接性的活动

任何物流活动在互相过渡时,都是以装卸搬运来衔接的,因而,装卸搬运往往成为整个物流的"瓶颈",是物流各个功能之间能否形成有机联系和紧密衔接的关键,而这往往又是一个大系统的关键。建立一个有效的物流系统,关键看这一衔接是否有效。比较先进的系统物流方式——联合运输方式,在某种意义上就是着力解决这种衔接而实现的现代物流方式。

四、装卸搬运的分类

(一)按装卸搬运施行的设施、设备对象分类

按装卸搬运施行的设施、设备对象分类,可分为仓库装卸、铁路装卸、港口装卸、汽车

装卸和飞机装卸等。

1. 仓库装卸配合出库、入库、维护保养等活动进行，并且以堆垛、上架、取货等操作为主。

2. 铁路装卸是对火车车皮的装进及卸出，特点是一次作业就需实现一车皮的装进或卸出，很少出现像仓库装卸时的整装零卸或零装整卸的情况。

3. 港口装卸包括码头前沿的装船，也包括后方的支持性装卸搬运。有的港口受泊位条件的局限，大船无法靠岸，只能在锚地停泊进行装卸，这时常采用小船在码头与大船之间“过驳”的办法，其装卸的流程较为复杂，往往经过几次的装卸及搬运作业后才能完成船与陆地之间的货物过渡。

4. 汽车装卸一般一次装卸批量不大，由于汽车的灵活性，可以减少或根本减去搬运活动，而直接、单纯利用装卸作业达到车与物流设施之间货物过渡的目的。

（二）按装卸搬运的机械及机械作业方式分类

按装卸搬运的机械及机械作业方式分类，可分成使用吊车的“吊上吊下”方式，使用叉车的“叉上叉下”方式，使用半挂车或叉车的“滚上滚下”方式这三种主要的作业方式。此外，还有“移上移下方式”及散装方式等。

1. 吊上吊下方式。该方式采用各种起重机械将货物从上部起吊，依靠起吊装置的垂直移动实现装卸，并在吊车运行的范围内或回转的范围内实现搬运或依靠搬运车辆实现小搬运。由于吊起及放下属于垂直运动，这种装卸方式属垂直装卸。

2. 叉上叉下方式。该方式采用叉车从货物底部托起货物，并依靠叉车的运动进行货物位移，搬运完全靠叉车本身，货物可中途不落地直接被放置到目的地。这种方式垂直运动不大而主要是水平运动，属水平装卸方式。

3. 滚上滚下方式。该方式主要指港口装卸的一种水平装卸方式。利用叉车或半挂车、汽车承载货物，连同车辆一起开上船，经过一段距离的运输，到达目的之后再从船上开下，称为“滚上滚下”方式。利用叉车的滚上滚下方式，在船上卸货后，叉车必须离船；利用半挂车、平车或汽车的滚上滚下方式，拖车将半挂车、平车拖拉至船上后，拖车开下船而载货车辆连同货物一起运到目的地，再将原车开下或拖车上船拖拉半挂车、平车开下。

滚上滚下方式需要有专门的船舶，对码头也有不同要求，这种专门的船舶称“滚装船”。

4. 移上移下方式。该方式是在两车之间（如火车及汽车）进行靠接，然后利用各种方式不使货物垂直运动，而靠水平移动将货物从一辆车推移到另一辆车上。移上移下方式需要使两种车辆水平靠接，因此，需对站台或车辆货台进行改变，并配合移动工具实现这种装卸。

5. 散装散卸方式。该方式是对散装物进行装卸，一般从装点直到卸点，中间不再落地，采用的设备主要是管道系统，管道输送的长度可以改变，这种装卸方式的装、卸两个点无须靠近在一起，可以保持相当长的距离。所以，这是集装卸与搬运于一体的装卸方式。

（三）按被装卸物的主要运动形式分类

按被装卸物的主要运动形式分类，可分垂直装卸、水平装卸两种形式。

(四)按装卸搬运对象分类

按装卸搬运对象分类,可分成散装货物装卸、单件货物装卸、集装货物装卸、液态货物装卸等。

(五)按装卸搬运的作业特点分类

按装卸搬运的作业特点分类,可分成连续装卸与间歇装卸两类。

1. 连续装卸,它主要是对同种大批量散装货物、液体货物或小件杂货通过连续输送机械,连续不断地进行作业,中间无停顿,货间无间隔。在装卸量较大、装卸对象固定、货物对象不易形成大包装的情况下,适用于采取这一方式。

2. 间歇装卸,它主要是针对批量变化大,品种、包装形态也有比较大差别的杂货。装卸这类货物无须采用连续不断装卸搬运的工艺,装卸搬运操作有较强的机动性,装卸地点可在较大范围内变动。其主要适用于货流不固定的各种货物,尤其适用于包装货物、大件货物,散粒货物也可采取此种方式。

第二节 装卸搬运作业

一、装卸搬运作业的准备

(一)决定装卸搬运作业方式

根据"物"的种类、体积、重量、到货批量、运输车辆或其他设施状况确定装卸搬运作业方式,确定装卸搬运设备及设备能力的选用。

(二)决定装卸搬运场地

预先规划装卸地点及卸后货物的摆放位置及放置状态,确定站台及车辆靠接位置等。

(三)准备吊具、索具等附属工具

配合装卸搬运方式,选择和准备有效的吊、索具,是提高装卸效率、加快装卸搬运速度及减少装卸损耗的重要一环。

在上述准备完成的情况下,进行装卸搬运作业。

二、装卸搬运机器及设施的配置

装卸搬运活动的种类很多,在不同领域为配合不同活动所进行的装卸搬运工作中,机器的选用有较大区别,现分述如下。

（一）在物流设施内的装卸搬运活动及机器配置

在物流设施内的装卸搬运活动是很频繁的。一般而言，物流设施都有特定的用途，这些有特定用途的物流设施都是根据处理货物种类、方式，根据物流设施与物流线的衔接运输方式设计和建造的，如立体或平面仓库、高站台、低站台、铁道专用线及站台、汽车站台等。同时，在特定的物流设施中，往往配置最理想的专用物流机器。这样一来，在这一特定物流设施中，便可以进行专业化的装卸搬运，形成一个完善的装卸搬运工艺，使这种特定物流设施中的装卸搬运活动有很高的工作效率和很完善的机械配置。

如果不是专业化的物流设施而是一般通用的物流设施，如物流现代化发展进程中出现的综合转运站，要在其中从事多种货物的多种物流活动，这种物流设施在各个局部也是只适应某些物流操作的专业化的设施，只不过这种设施的专业领域很广，适应能力很强而已。

所以，在物流设施中的装卸设施和机具，是按设计建成的专用性强的设施和专用装卸搬运设备。由于设施的针对性、专业性强，如果这种设施移做他用，则有较大困难。

1. 卡车站台。在物流设施内，根据不同领域、不同货物处理对象，所选用的卡车站台不同。处理多品种、少批量、多次数的货物（如配送中心的货物处理），一般采用高站台的设计，即站台高度与汽车货台高度相同，站台平面与配送处理场连成一体，配送处理之货物可以方便地水平装入车内；处理少品种、大批量的货物，一般采用低站台，即站台面和地平面等高，有利于铲斗车、叉车、吊车进行装卸。

2. 火车站台。一般散杂货及包装货装卸采用高站台，高站台的站台与车厢底板同高，各种作业车辆、小型叉车及人力可方便地从站台进出车厢从事装卸作业；集装箱、托盘等大型货体，采用吊车或大型叉车作业，一般采用和地面平行的低站台。

与物流设施内的高站台和低站台适应的装卸方法、装卸机械及适合的对象货物见表7－1。

表7－1　设施内外装卸方法及机械选用

场所		装卸方法	装卸机组	对象货物
物流设施内	高站台	人力装卸		少量货物
		利用搬运装卸机器装卸	手推车、手车、搬运车、手推平板车、电动平板车、带轮的箱式托盘	一般货物、托盘货物、箱装货物
		输送机装卸	动力式输送机	箱装货物、瓦楞纸箱、散粒货物
	低站台	叉车装卸	叉车＋侧面开门的车身	托盘货物
			叉车＋托盘等带移动装置的车体	
		输送机装卸	动力式输送机	箱装货物、瓦楞纸箱、散粒货物

续表

场所	装卸方法	装卸机组	对象货物
物流设施外	人力装卸	和重力式输送机并用	一般杂货
	机械装卸(利用卡车上装设的装卸机械)	卡车携带小型吊车	机械类托盘货物、建筑材料
		自动升降板装置、随车吊具、自动翻卸	桶罐、储气罐、小型搬运车、托盘、捆装货物、集装袋

(二)在物流设施外的装卸搬运活动及机械配置

在物流设施外的装卸搬运是经常遇到的。在物流设施外,许多用户(如家庭、商店、一般工厂等)不可能有专门的设施和专用装卸机具。一般而言,这个领域的装卸搬运,由于不具备专业的装卸搬运条件及设备,因而成本必然较高,装卸搬运水平又会比较低,制约了物流总水平的提高。在这种情况下,装卸方式有三种:

1. 人力装卸。除去全部利用人力外,还可采用手动叉车、移动式输送机升降台车和手推车等机具配合人力进行搬运。

2. 随车的装卸工具装卸。这种随车的装卸工具主要有三种:第一种是车载小型卡车吊,可有效完成设施外装卸;第二种是车尾部升降板;第三种是自动翻卸、自动收集垃圾、自动吸排污物、带辊道输送带等的专用车辆,到目的地后可完成一部分装卸搬运的操作。

3. 租用装卸机械。这也是常用的办法,尤其是不经常发生的重型货物装卸,需要租用专用吊车,这会造成装卸费用的大幅度上升,是设施外装卸很难克服的缺点。

三、装卸作业方法

(一)单件作业

单件作业指的是对非集装的、按件计的货物逐个进行装卸操作的作业方法。

单件作业对机械、装备、装卸条件要求不高,因而机动性较强,可在很广泛的地域内进行而不受固定设施、设备的地域局限。

单件作业可采取人力装卸、半机械化装卸及机械装卸。单件作业由于是逐件处理,装卸速度慢,且装卸要逐件接触货体,因而容易出现货损,反复作业次数较多,也容易出现货差。

单件作业的装卸对象主要是包装杂货,多种类、少批量货物及单件大型、笨重货物。

(二)集装作业

集装作业是对集装货载进行装卸搬运的作业方法。每装卸一次是一个经组合之后的集装货载,在装卸时对集装体逐个进行装卸操作。它与单件装卸的主要异同在于,都是按件处理,但集装作业“件”的单位远大于单件作业中“件”的单位。

集装作业由于集装单元较大,不能进行人力手工装卸,虽然在不得已时,可用简单机械偶尔解决一次装卸问题,但对大量集装货载而言,只能采用机械进行装卸,同时也必须在有条件的场所进行这种作业。其不但受装卸机具的限制,也受集装货载存放条件的限制,因而集装作业机动性较差。

集装作业一次作业装卸量大,装卸速度快,且在装卸时并不逐个接触货体,而仅对集装体进行作业,因而货损较小,货差也小。

集装作业的对象范围较广,一般除特大、重、长的货物和粉、粒、液、气状货物外,都可进行集装。粉、粒、液、气状货物经一定包装后,也可集合成大的集装货载。特大、重、长的货物,经适当分解处置后,也可采用集装方式进行装卸。集装作业有以下几种方法:

1. 托盘装卸。托盘装卸利用叉车对托盘集装的货载进行装卸,属于“叉上叉下”方式。由于叉车本身有行走装置,所以,在装卸的同时可以完成小搬运,而不需落地过渡,再等待用其他办法进行搬运,因而有水平装卸搬运的特点。托盘装卸受叉车运动的局限,常需叉车与其他设备、工具配合,才可以有效地完成全部装卸过程。例如,使用叉车叉上之后,由于叉的前伸距离有限,有时需要利用托盘搬运车或托盘移动器来解决托盘水平短距离移动问题。由于叉车叉的升高有限,有时又需与升降机、电梯、巷道起重机等设备配套使用,以解决托盘垂直位移的问题。

2. 集装箱装卸。集装箱装卸主要使用港口岸壁吊车、龙门吊车、桁车等各种垂直起吊设备进行“吊上吊下”式的装卸。同时,各种吊车还都可以做短距离水平运动,因此可以同时完成小范围的搬运。如需超越吊车运动范围进行一定距离的搬运,则还需与搬运车相配合。

对小型集装箱,也可以和托盘一样采用叉车进行装卸。

港口装卸,利用叉车或半挂车,可以进行“滚上滚下”式装卸。

3. 货捆装卸。货捆装卸主要采用各种类型的起重机进行装卸,货捆的捆具可与吊具、索具有效配套进行“吊上吊下”式装卸。短尺寸货捆则可采用一般叉车装卸,长尺寸货捆还可采用侧式叉车进行装卸。货捆装卸适于块条状货物、强度较高无须保护的货物。

4. 集装网、袋装卸。集装网、袋装卸主要采用各种类型的吊车进行“吊上吊下”作业,也可与各种搬运车配合进行吊车所不能及的搬运。

货捆装卸与集装网、袋装卸有一个共同的突出优点,即货捆的捆具与集装袋、集装网本身重量轻,又可折叠,因而无效装卸少,装卸作业效率高;且相对其他集装货物而言,货捆具与集装袋、网成本较低,装卸后又易返运,因而在装卸搬运方面有独特的优势。

5. 挂车装卸。挂车装卸是利用挂车的可行走机构,连同车上组合成的货载一起拖运到火车车皮上或船上的装卸方式。这种方式可以充分利用挂车具有机动性的优点,使挂车能够做到“门到门”,货体只需要经过一次装卸便可以依托于挂车完成复杂的物流过程。挂车装卸属水平装卸,采用“滚上滚下”的装卸方式实现水平装卸。

其他集装装卸方式还有滑板装卸、无托盘集装装卸、集装罐装卸等。

(三)散装作业

散装作业是指对大批量粉状、粒状货物进行无包装的散装、散卸的装卸方法。装卸可连续进行,也可采取间断的装卸方式。但是,都需采用机械化设施、设备。在特定情况下,且批量不大时,也可采用人力装卸,但是会有很大的劳动强度。散装作业方法主要有以下几种:

1. 气力输送装卸。其主要设备是管道及气力输送设备,以气流运动裹携粉状、粒状物沿管道运动而达到装、搬、卸之目的,也可采用负压抽取的办法,使散货沿管道向负压方向运动。管道装卸的特点是密封性好,装卸能力高,容易实现机械化、自动化。

2. 重力装卸。它是指利用散货本身的重量进行装卸的方法。这种方法必须与其他方法配合,首先将散货提升到一定高度,具有一定势能之后,才能利用货物本身的重力进行下一步装卸。

3. 机械装卸。它是指利用能承载粉、粒货物的各种机械进行装卸,有两种主要方式:

(1)用吊车、叉车改换不同机具或用专用装载机,进行抓、铲、舀等形式作业,完成装卸及一定的搬运作业。

(2)用皮带、刮板等各种输送设备,进行一定距离的搬运卸货作业,并与其他设备配合实现装货。

第三节　装卸搬运机械及工具

一、概述

装卸搬运机械是物流系统中使用频度最大、使用数量最多的一类机械装备。一次运输过程,最少也要有四次装卸搬运过程,如果运输过程中还有中转,需要进行转运、储存、流通加工等活动,则会有更多的装卸搬运过程。在生产过程中,一个生产工艺过程往往由几十次物料搬运过程组成,反复不断地进行取、搬、装操作,装卸搬运机械工具所起的作用则是有效地衔接这些过程。

这些过程有时是同一动作的简单重复,有时则是在特定条件下针对特定对象,有不同的过程,专业性很强。因此,要满足这些数量既多、又各具特点的装搬活动,装卸搬运机械工具就要有很多种类,以通用的或者专用的多种机械及工具来满足各种不同的作业要求。

装卸搬运机械及工具的涉及面非常广泛,许多物流机械及工具也都有装卸搬运的功能。例如,滚式货架、托盘、半挂车等物流系统的核心装备,实际上也具有装卸搬运机械及工具的性质。在配送领域,为满足特殊的卸货(拣选)要求和分货要求,也有相应的拣选式货架和分货机等，这些设备也具有装卸搬运机械的性质。在本书中，不将上述机械包含在装卸搬运机械中。

二、装卸搬运机械的分类

（一）按作业性质分类

按装卸和搬运的作业性质不同，可将装卸搬运机械分为装卸机械、搬运机械及装卸搬运机械三类。从功能来看，实际上是单一功能和综合功能两大类。

单一功能的装卸搬运机械，只满足装卸或搬运这一个功能。这种单一作业功能的机械有很大优点，即机械结构较简单，多余功能较少，专业化作业能力强，因而作业效率高，作业成本较低，但使用上受局限。有时候，从这种机械的单独操作来看效率确实很高，但由于其功能单一，作业前后需要很烦琐的衔接，需要配套采取几种机械完成一个任务，因此，会降低整个物流系统的效率。

单一装卸功能的机械种类不多，以手动葫芦最为典型，固定式吊车如卡车吊、悬臂吊等吊车虽然也具有一定移动半径和搬运的功能，但基本上还属于单一功能的装卸机具。

单一功能的搬运机具种类较多，如各种搬运车、手推车以及除了斗式、刮板式输送机之外的各种输送机等。

物流科学很注重装卸、搬运两种功能兼具的机械机具，将这两种作业操作合而为一，会有较好的系统效果。属于这类机械机具的最主要的是叉车、港口中用的跨运车、车站用的龙门吊以及气力装卸输送设备等。

（二）按机具工作原理分类

按机具工作原理分类，可将装卸搬运机械分为以下几类：

1. 叉车类，包括各种通用和专用叉车。

2. 吊车类，包括门式、桥式、履带式、汽车式、岸壁式、巷道式等各种吊车。

3. 输送机类，包括辊式、轮式、皮带式、链式、悬挂式等各种输送机。

4. 作业车类，包括手车、手推车、搬运车、无人搬运车、台车等各种作业车辆。

5. 管道输送设备类，包括液体、粉体的装卸搬运一体化的以泵、管道为主体结构的一类设备。

（三）按有无动力分类

按有无动力分类，可将装卸搬运机械分为以下几类：

1. 重力式装卸输送机具。辊式、滚轮式等输送机属于此类。

2. 动力式装卸搬运机具。这类搬运机具有内燃式及电动式两种，大多数装卸搬运机具属于此类。

3. 人力式装卸搬运机具。这类搬运机具用人力操作作业，主要包括小型机具和手动叉车、手车、手推车、手动升降平台等。

三、装卸搬运机具的选择

在物流各个环节,选择装卸搬运机具主要依据五个条件:

第一,作业性质。明确是单纯的装卸或单纯的搬运,是否需要更为机动一些的装搬多功能机具。

第二,作业运动方式。根据作业场地和作业规划,确定作业运动方式。一般典型的运动方式有三种:水平运动、垂直运动和斜面运动。

第三,作业速率。按物料及物流速度、进出量要求确定是变速作业、高速作业还是平速作业,是连续作业还是间歇作业。

第四,作业对象体形及重量。按作业对象体形可分为粉粒体、液体、散块体、包装体等,包装体又分为袋装体、箱装体、罐装体等不同类型,这些都是选择机具及工作方式的依据。

第五,搬运距离。一般搬运距离在500米以下,可分为若干距离范围,以此选择具有不同搬运能力的机具。

表7-2列出了按不同条件对搬运机具的选择,表7-3列出了按不同条件对输送机的选择,可供参考。

表7-2 搬运机具的选择

作业	物的运动	搬运物重量(公斤)	搬运距离(米)	装卸搬运机械器具											
				手车	手推车	搬运车	电动搬运车	手推平板车	电动平板车	步行操作叉车	叉车	侧面叉车	电动小型装卸车	动力牵引车	货运汽车
搬运	水平间歇运动	5~15	5~15	✓											
			5~50		✓										
		100~250	5~50		✓	✓									
			50~200		✓	✓	✓	✓	✓						
		250~500	5~15		✓	✓		✓	✓		✓		✓		
			15~50		✓	✓	✓	✓	✓	✓	✓	✓	✓		
			50~200				✓			✓	✓	✓			
		500~1 500	5~50			✓	✓	✓	✓	✓	✓	✓	✓		
			50~200				✓			✓		✓		✓	
			200以上											✓	✓
		1 500~3 000	15~200				✓			✓		✓		✓	
			200以上											✓	✓

表 7－3 输送机的选择

作业	物的运动	搬运物的重量(公斤)		搬运距离(米)	输送机										
					重力式			动力式							
								带移动车轮		固定设备					
					移动辊式输送机	算盘式输送机	滚式输送机	传动带	板条式输送机	传动带	辊式输送机	链式输送机	吊运式输送机	盘式输送机	台式输送机
搬运、输送	水平连续	单个物品	1～10	3～10	√	√	√	√	√	√	√			√	
				10～50						√	√			√	
			10～30	3～10	√			√	√	√	√				
				10～50						√	√			√	
			30～500								√		√		√
			500～10 000								√	√			√
		集装	300～1 500	50～500							√	√	√		√
搬运、输送	水平连续	单个物品	1～10	3～10				√	√	√				○	
				10～50						√				○	
			10～30	3～10				√	√	√					
				10～50						√					
			30～500	50～500								○	√		○
			500～10 000									○	√		○
		集装	300～1 500										√		○

注:“√”为优先选用,“○”为可选用。

第四节 主要装卸搬运机具

一、叉车

叉车又称铲车、叉式举货机,是物流领域最常用的具有装卸、搬运双重功能的机具。

(一)叉车的特点

叉车的主要特点有以下几个:

1. 具有很强的通用性。叉车几乎在物流的所有领域都有所应用,与托盘配合使用之后,其通用性更强,适合能装上托盘的各种货物的装卸搬运。

2. 具有装卸、搬运双重功能。叉车是装卸搬运一体化的设备,实际应用中,装卸、搬运两个操作合而为一,因而减少了一个物流环节,加快了作业速度。

3. 配合叉车属具,可强化特殊功能。与各种叉车属具配合,可将通用性很强的叉车变成专用性很强的叉车,这就可以用于各种特定的作业,有利于提高作业效率和扩大叉车的使用范围。

4. 机动性强,应用方便。叉车机动性强,活动范围大,在许多其他机具难以使用的领域都可采用叉车。此外,在缺乏作业条件的场外作业时,采用叉车也很方便。

(二)叉车的分类

1. 按动力方式分类,可以将叉车分为以下几类:

(1)发动机式叉车。其包括汽油机式叉车、柴油机式叉车及液化石油气式叉车。其中最常用的是汽油机式叉车,其特点是重量较轻,操作方便,输出功率较大,价格较便宜。

(2)电动机式叉车。其以蓄电池为动力,操作简单,不排放气体也无噪声,具有绿色环保的特点,在仓库及配送中心内部采用较多。

(3)手动式叉车。这种叉车由于无动力,使用、维护简便,但是起重量较低。

2. 按特性及功能分类。叉车按特性与功能分类,有平衡重式叉车、前移式叉车和侧叉式叉车三种基本类型,它们也是常用类型。

除此之外,还有插腿式叉车、集装箱叉车、拣选叉车、步行式叉车、堆垛叉车等具有特殊、专项功能的叉车。

3. 按起重能力分类。按起重能力可将叉车分为各种不同起重级别的叉车,一般的起重级别为 1 ~ 10 吨,不同领域也使用 0.5 ~ 40 吨的叉车。

(三)叉车的参数

选择叉车时,应根据叉车的参数来确定是否能够满足某一使用领域的要求。其主要参数有以下几个:

1. 起重能力。起重能力是选择叉车时的主要参数,一般为安全工作的最大起重能力。叉车在工作时靠重力平衡或支脚平衡,如果选择不当,超出叉车的设计荷重能力,在使用时叉车便有翻倒的危险。

起重能力用额定起重表示,是安全作业的最大起重能力。所谓安全作业,是在规定的荷距范围内的作业,一般用载荷中心距表示。

2. 最大起升高度。它是指在额定起重量、门架垂直状态下,货叉可升至的最大高度。一般叉车最大起升高度为 3 米,现在,配合立体仓库作业,最大起升高度可达 5 米以上。

3. 车体高度。车体高度是地面至门架上部或棚顶的高度,这一高度的选择要与仓库、车、船门的高度配合,以利于叉车通过,也利于在低矮空间作业时对叉车的选择。

4. 最小转弯半径。它是在无载状态下,转弯时能达到的最小半径。这一参数的作用是确定仓库内通道宽度和设计堆放场作业面,或在确定尺寸的作业区中选购合用的叉车。

此外,不同工作环境条件选用叉车时,还需要考虑叉车自重、最大爬坡度、最大运行速度、最大起升速度和门架倾角等。

（四）各种主要叉车

1. 平衡重式叉车。这种叉车依靠车体及车载平衡，车体的重量加上平衡的重块与起重之货物重量平衡，为具有一定的起重能力并保持平衡，需要提高自重。因而其特点是，自重大、轮距大、行走稳定、转弯半径大。

平衡重式叉车按照发动机的分类有内燃机式和蓄电池式两种，一般而言，蓄电池式车身小巧，较为灵活，但大多是小吨位车。如图7－1 所示。

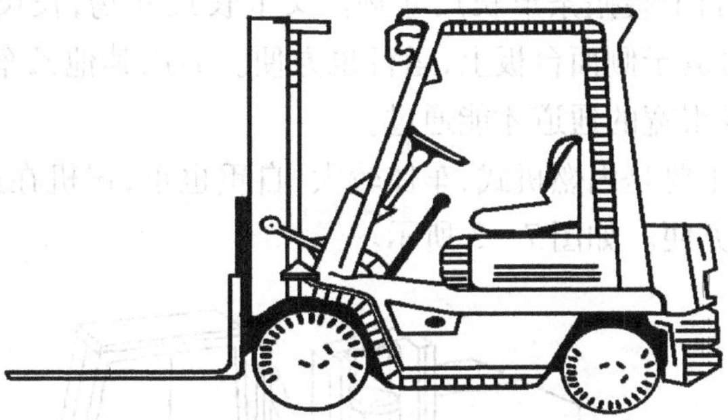

图 7－1 平衡重式叉车

平衡重式叉车主要是四轮型，个别电动叉车有三轮型。其依靠换装各种叉车属具附件可用来装卸搬运多种货物，起重能力范围也很广泛。其主要用于车站、工厂、货场等领域，尤其适于路面较差、搬运距离较长的领域。

2. 前移式叉车。前移式叉车结构的主要特点是，车前部设有跨脚插腿，跨脚前端装有支轮，与车体的两轮形成四轮支撑。作业时，重心在四个轮的支撑面中，因此比较稳定。其门架或货叉可以前后移动，以便于取货及卸货。如图 7－2 所示。

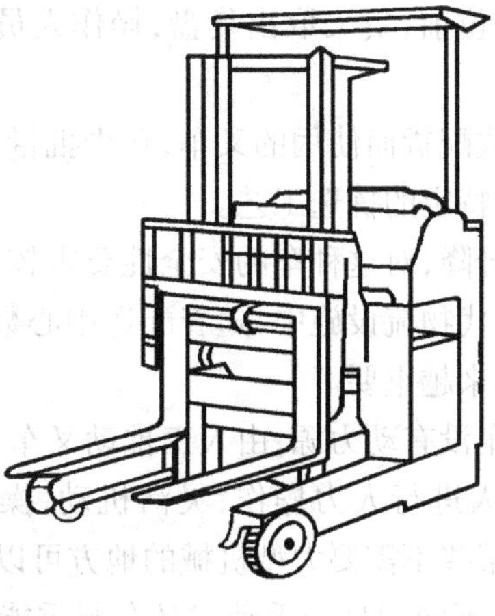

图 7－2 前移式叉车

前移式叉车车体较平衡重式叉车小，转弯半径小，可减小通路宽度。由于没有平衡重量的问题，因而自重轻。前移式叉车主要靠电池驱动，行走速度较慢，且轮子半径较小,对地面要求较高。主要用于室内仓库以及配送中心和工厂厂房内,在运行地域狭小之处尤其适于选用这种叉车,以节省通道面积。

3. 侧面叉车。侧面叉车的门架及货叉在车体一侧,而不在车体前方。其主要特点有两个:

第一个特点是在入出库作业时,车体顺通道进入后,货叉面向车侧面的货架或货垛,在装卸作业时不必像一般叉车那样先转弯然后再作业,这样,可在狭窄通道中作业,可节约通道的占地面积,提高仓容率。

第二个特点是有利于装搬条形长尺寸物。叉上长尺寸物,长尺寸物与车体平行,作业方便,在运行时还可放于侧面台板上,运行也方便。而用其他叉车叉运长尺寸物时,长尺寸物横于车前,需要很宽的通道才能通过。

这种叉车的动力主要是内燃机式,车体较大,自重也重,司机在进行叉装叉卸作业时不如其他种类的叉车方便。如图 7-3 所示。

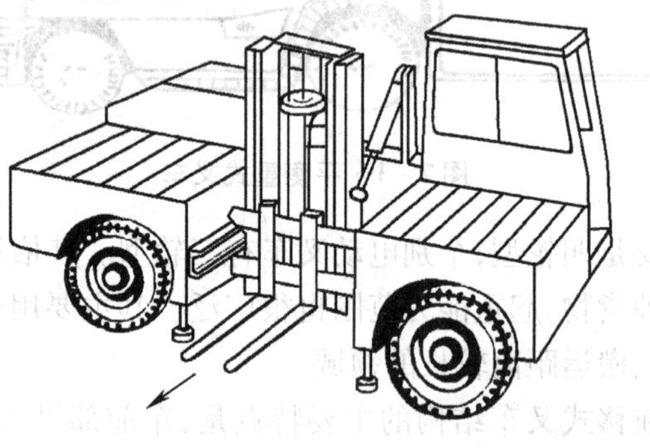

图 7-3 侧面叉车

4. 拣选式叉车。拣选式叉车的主要特点是操作者能随装卸装置一起在车上进行拣货作业,当叉车行进到某一货位前,货叉取出货盘,操作人员将所需数量拣出,再将货盘放回。

拣选式叉车是适应拣选式配货而使用的叉车,在少批量、多品种拣货作业时,这种叉车与高层货架配合,形成一种特定的拣选工艺。

由于拣货者与货叉同时升降,对这种车的安全性要求较高,一般采用电池式叉车,且起重量不大,行走稳定。在现代物流设施中,随着配送中心数量的增加,拣货作业的数量也在增加,这种叉车的作用越来越重要。

5. 手动式叉车。这种叉车没有动力源,由人工推动叉车,通过油压设备,手动油压柄起降货叉。这种叉车可由一人进行人力操作,灵活机动,操作方便简单,价格便宜。因此,从追求合理化角度看,在某些不需要大型机械的地方可以有效地应用。

这种叉车起重能力较低,不同型号的手动式叉车起重能力为 200 ~ 1 000 公斤,起升高度范围一般为 75 ~ 1 500 毫米,在装卸搬运小件货物时以及在精品仓库、商店、配送中心中有广泛的应用。

6. 电动式人力叉车。这种叉车类似于手动叉车,也是一种轻便型叉车。这种类型的叉车也有不同的结构，如可以是电动行驶及操纵货叉，人步行随机操作；也可以人力移动机器，电力操纵货叉。

7. 多方向堆垛叉车。这种叉车在行进方向两侧或一侧作业，或货叉旋转 180 度，向前、左、右三个方向做叉货作业。这种类型的叉车又有一些具体的种类，如仅能在行进方向左方或右方作业的横向堆垛叉车，能在几个方向任意作业的三方向堆垛叉车。

（五）叉车属具

叉车改换装不同属具会使叉车专用性大大提高，属具也成了叉车设备中的重要工具。图 7-4 是安装了不同属具的几种叉车。

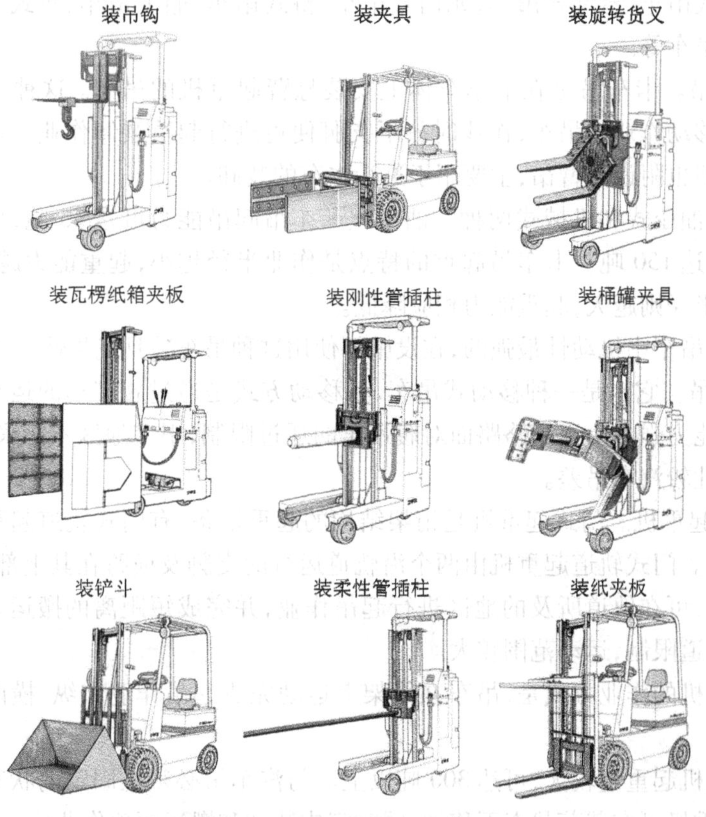

图 7-4 安装了不同属具的叉车

二、吊车和其他装卸搬运机具

（一）吊车

1. 概述。吊车是从物品上部通过吊钩吊装吊卸的一类起重机械的总称。这种机具以装卸为主要功能，搬运的功能较差，搬运距离很短。

吊车有以下几个特点:

(1)大部分吊车车体移动困难,因而通用性不强,往往属于港口、车站、流通中心等处的固定设备。

(2)功能单一,主要是装卸,起垂直吊装吊卸作用,移动的距离很短。

(3)吊车的作业方式是从物品上部起吊,因而作业需要空间高度较大,作业时比较平稳。

(4)机动性差,主要在设施内作业,个别种类的吊车可在设施外作业。

(5)起重能力大,起重重量范围较大。

2. 种类。吊车的种类很多,在物流的不同领域采用的吊车种类也不同。主要的吊车种类有:桅杆式吊车、悬臂式吊车、龙门式吊车、桥式吊车、船上吊车、轮式吊车、浮吊、岸壁吊车、索道吊车等。

(1)卡车吊。卡车吊是在卡车车体上安装悬臂起重机的吊车。这种卡车安装吊车后,就成了可移动作业的吊车,作业时放下支脚便可进行起重装卸作业。也有的卡车仍以运输为主,但也附设悬臂吊,主要用于进行本车的装卸。

卡车吊有油压式和机械式两种。油压式卡车吊起吊能力可达45吨,机械式卡车吊的起吊能力可达150吨。卡车吊起重的特点是作业半径越小,起重能力越大;吊臂倾斜角越小,作业半径则越大,起重能力相应降低。

卡车吊是吊车中机动性最强的,在设施外使用这种吊车独具优越性。

(2)履带吊。它也是一种移动式吊车,其移动方式是通过履带车的运动。这种吊车自重大,起吊能力强。由于道路路面对履带车的通过限制,很多地区不能采用履带吊车,所以,其机动性较汽车吊差。

(3)门式起重机。门式起重机是桁架结构的起重设备,有门式轨道起重机和门式轮胎起重机两种。门式轨道起重机由两个沿轨道运行的支脚及横跨在其上部的梁组成,支脚沿轨道运动,可在轨道所及的地区进行起吊作业,并完成短距离的搬运。门式轮胎起重机则不受轨道限制,运动范围较大。

门式起重机的作业方式是,吊车在梁架上运动完成起吊作业和纵、横两个方向的移动搬运。

门式起重机起重量较大,可达300吨以上。与汽车吊必须在固定的状态下进行作业不同,门式起重机可在载荷状态下移动,同时完成装卸和搬运两项作业。

门式起重机上部的梁可以向外延伸形成悬臂,伸离支脚轨道范围,能够覆盖火车装卸区和汽车或船舶装卸区,所以在转运中心、港口及车站特别适合采用这种机具。参见图7-5。

(4)桥式起重机。它又称天车,是和门式起重机原理基本相同的机具,不同的是,门式起重机有两端的高支腿,在地面的轨道上行走,而桥式起重机支腿短,轨道架设在建筑物的立柱跨梁上,这样便节省了支腿所占用的地面,在仓库内或厂房内作业时,由于少占室内面积而具有较大优越性。参见图7-6。

桥式起重机在厂房内或仓库内作业的主要优点是,由于从货物上部作业,仓库无须

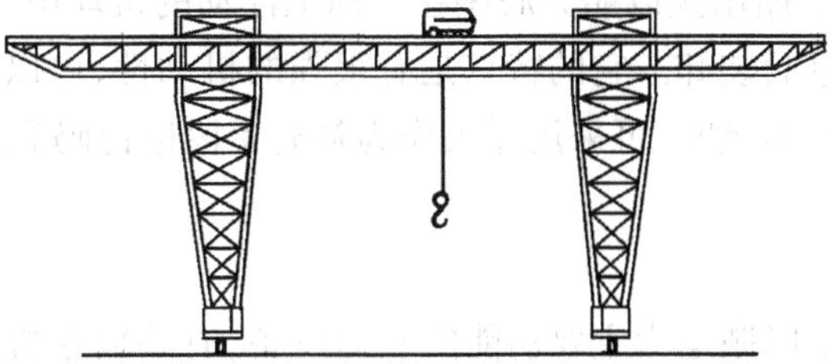

图 7－5 门式起重机

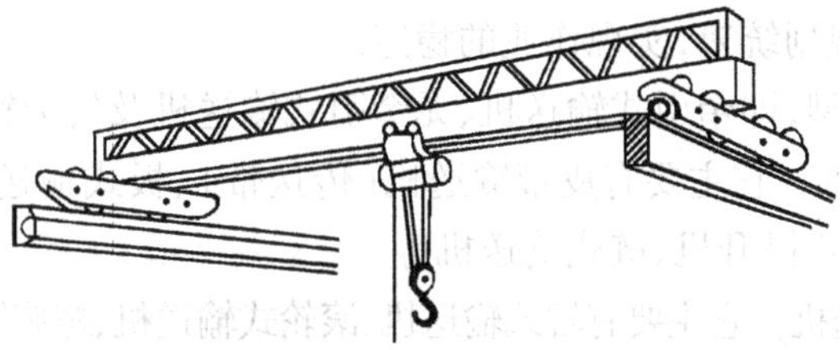

图 7－6 桥式起重机

留有通道，依靠桥架的纵向运动和天车在桥梁上的横向运动，桥式起重机的作业范围可覆盖整个厂房平面或库房平面，因而就仓库而言，仓容的面积利用率可高达 90% 以上，这是比采用叉车工艺进行搬运装卸的优越之处。桥式起重机在生产物流中应用广泛，尤其是在重型工业生产企业和冶金、机械、建材等生产企业使用较广泛，在机电仓库、钢材库等库内使用也较广泛。

（5）门座式岸边起重机。它是码头上常用的大型吊车，有一个门式底座，底座可沿码头顺轨道移动，门座上部安装旋转式起重机，可使起重臂在 360 度范围旋转，其起重臂还可俯仰，起重范围一边可覆盖靠停在码头的货船，另一边可覆盖货场，通过起重臂的回转完成岸上货场和货船之间的装卸。门座式岸边起重机主要用于码头、转运站的集装箱装卸及量大体重的货物装卸，采用不同的属具，还可用于散货、矿石的装卸。参见图 7－7。

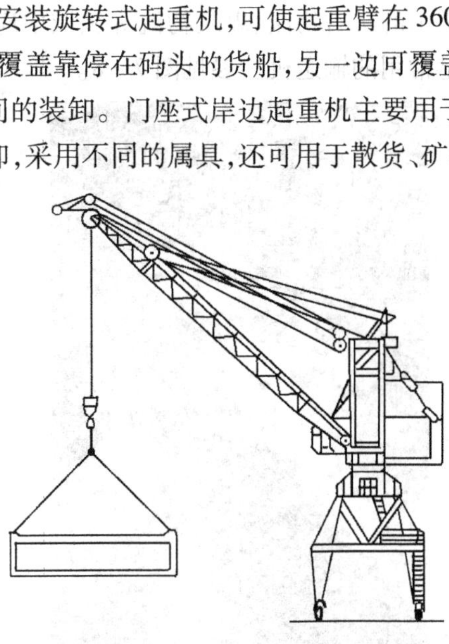

图 7－7 门座式岸边起重机

(6)船吊(浮吊)。船吊是以船为底座在水面上浮动的机动吊车,主要用于码头外装卸或船与船之间水上过驳装卸。它的特点是有很强的机动性,可以巡回在各个码头进行作业。当某个码头机具不足时,可采用浮吊作为补充手段进行码头装卸。

(二)输送机

1. 概述。输送机是以搬运为主要功能的载运设备,有些输送机兼装卸功能。输送机的共同特点是能够实现连续搬运,这是叉车、吊车无法比拟的优点。由于连续作业,作业效率高,可实现小范围的轮动。这种机械的输送路线是确定的,只有在重新安装时才会改变路线,因而易于规划统筹,实现作业的稳定。

输送机有三大类型,即牵引式输送机、无牵引式输送机及气力输送机三类。

(1)牵引式输送机。它主要有皮带输送机(传送带)、板式输送机、悬挂输送机、斗式提升机、自动扶梯、板式提升机、链式输送机等。

(2)无牵引式输送机。它主要有辊式输送机、滚轮式输送机、螺旋输送机、振动输送机等。

(3)气力输送机。它主要有吸送式(负压抽吸式)、压送式和混合式三种。

2. 主要输送机及输送设备。

(1)皮带输送机。它的工作原理是将输送带张紧在辊柱上,外力驱动辊轮转动带动输送带循环转动,依靠输送带与物料之间的摩擦力,将置于其上的物料移动。

皮带输送机有三种主要类型:第一种是固定式,固定在两个区域进行搬运;第二种是移动式,可利用人力移动皮带输送机的位置,随时改变搬运区域;第三种是往复式,皮带回程也设计成运货通路。

一般来讲,固定式皮带输送机可以进行长距离搬运,可制成运能很大的大型运输机,这种形式的皮带输送机在矿山的矿石物流、煤炭物流等领域中应用有很大优势,在港口、车站用于装卸散、块料,也是常用的输送机。参见图7-8。

图7-8　固定式皮带输送机

移动式皮带输送机一般是小型机,是衔接性搬运机具,在集货和配送、拣选货物领域作为配套机械使用,也用于设施外的装卸搬运。参见图7-9。

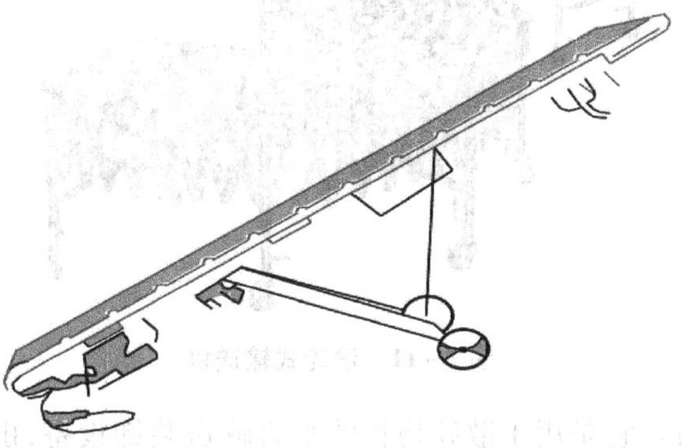

图7-9 移动式皮带输送机

往复式皮带输送机主要用在仓库、配送中心等设施内。

皮带输送机可用于输送散、粒、块状物料,也常用于输送中、小包装货物,一般不用于集装物的输送。

(2)辊式输送机。辊式输送机由许多定向排列的辊柱组成,辊柱可在动力驱动下在原处不停地转动,以带动上置货物移动,也可在无动力的情况下,以人力或货物的重力推动货物在辊柱上移动。

辊式输送机的主要特点是承载能力很强,由于辊子滚转,使货物移动的摩擦力很小,因而搬运大、重物件较为容易,常用于搬移包装货物、托盘集装货物。由于辊子之间有空隙,所以小散件及粒状、块状物料的搬运不能采用这种输送机。

辊式输送机分为固定式和移动式两种,其使用领域主要是仓库内、配送中心内等。参见图7-10。

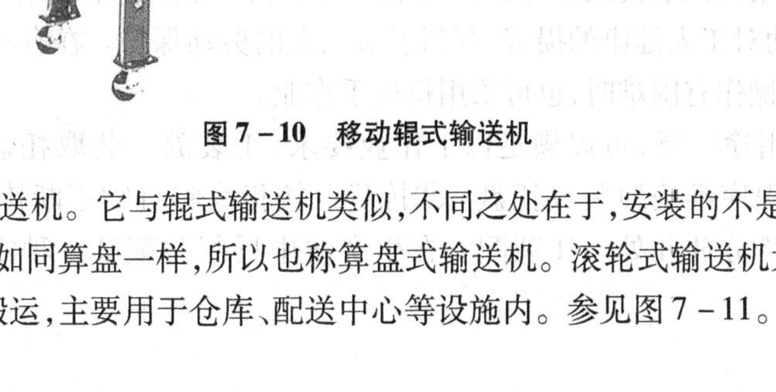

图7-10 移动辊式输送机

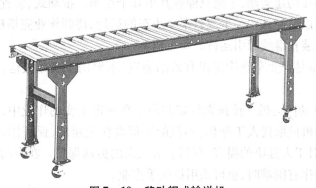

(3)滚轮式输送机。它与辊式输送机类似,不同之处在于,安装的不是辊子而是一个个小轮子,其分布如同算盘一样,所以也称算盘式输送机。滚轮式输送机无动力驱动,适合于人力和重力搬运,主要用于仓库、配送中心等设施内。参见图7-11。

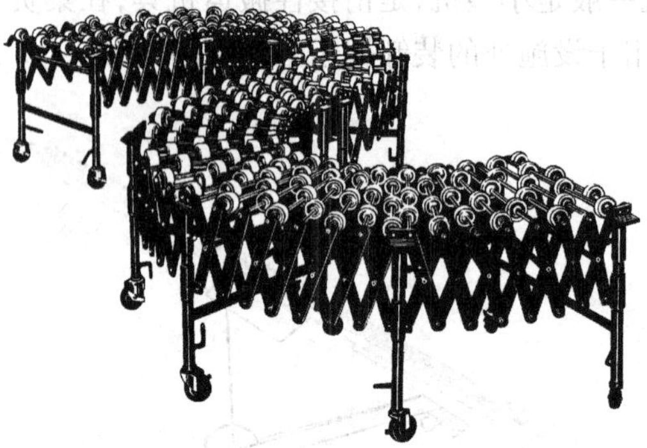

图 7-11　滚轮式输送机

(4)斗式提升机。它是用于散碎物料的垂直输送装卸设备,由若干往复单向运动的料斗串接而成,在低处的料斗盛入物料,到高处绕过最高点,料斗从向上位置转为向下,将物料倒出,完成垂直搬运和装卸。其主要在工厂、转运站装卸散粒物料时采用。

(5)气力输送设备。气力输送设备是管道输送的一种,其主要结构是输送动力源和密封管道两部分,由动力源产生正压或负压,迫使进入管道的粉粒物料运动,达到装卸、搬运和输送的目的。

气力输送采用管道系统,可任意按需要进行水平、垂直、斜向的输送,一般来讲,输送距离可以很长,乃至大大超出短距离输送的范围,在较长距离范围内运输粉粒状物料。

气力输送设备是专用设备,不能混用于各种物料,因此在作业量大且连续的场合才宜于安装使用,是大规模产业的专用设备。一般都安装于专用货站、码头、仓库和工厂中。

(6)悬挂输送设备。悬挂输送设备是悬挂装置组成的回路,悬挂装置下部悬挂作业台车、货盒、货盘或挂钩,在驱动装置驱动下可连续沿悬挂装置顺序运行。悬挂输送设备分固定式和推动式,固定式的悬挂小车按一定间隔顺序运行,只要整个装置处于运行状态,每个悬挂车都在均速运动,不能只停顿其中几个小车。推动式、装置小车与轨道牵引件不做死连接,可以暂停其中一个或若干个小车的运行,待到作业完毕后,再启动推杆将小车推走,由牵引装置继续牵引运行。参见图 7-12。

悬挂输送设备是企业车间物流很有效的装置,不但用于成品搬运,在车间生产过程中也大量采用。

(7)机械手自动搬运机。按预先设定的命令在固定不变的作业中,尤其在反复进行的单调作业中,用机械取代人工操作,不但能够提高作业速度,保证作业准确无误,而且能解除单调劳动对工人健康的损害,有利于对工人的劳动保护。在有污染、高温、低温等特殊环境,人工操作有困难时,也可采用机械手作业。

机械手的用途广泛,可以满足以下作业要求:①装放。装取托盘或包装箱,按事前指令的码垛程序准确地装放托盘。②拣货。按指令将货物不断拣出。③分货。按指令将运来之货分放几处。④装配。在生产线中反复装配某一种零部件,或反复进行某种操作。

图 7－12 悬挂输送设备

（三）作业车辆及其他机具

1. 人力作业车辆。在物流系统中，人力作业的比重与流水线作业的比重比较，还是要多得多，原因是物流领域太广，很难全面实现机械的系统配置。尤其是在设施外的偶发物流活动，更难以实现机械作业，因而人力作业还是不可缺少的。此外，即使是在设施内，鉴于物流活动的复杂性及用户需要的多样性，也会经常以人力作业来衔接设施内的机械化工艺流程。所以，即使在现代物流系统中，也需要使用和开发适用的人力技术和人力、机械相结合的半机械化技术。人力作业车辆主要有以下几种：

（1）手车。手车是一种两轮车，车前部带叉撬装置，在搬运箱、袋、桶等货物时，无须专门将货物举起装卸，可以使装卸搬运连成一气，在仓库、车站、配送中心的装车、倒垛、配货作业中有所应用。

（2）手推车。手推车是有手推扶把的两轮或四轮车辆，手推车类型很多，有双手柄、单手柄、带挡板手柄、单层、双层、三层、平底式、骨架底式、笼式、固定手柄式、折叠手柄式等，荷重为 100～500 公斤不等。

（3）电动搬运车。电动搬运车是以蓄电池为动力的四轮低货台搬运车，分为载人及不载人两种。

（4）牵引台车。牵引台车是由动力车牵引运动的无动力平板车的一种作业车辆。

（5）底盘车。底盘车是按集装箱型设计，能放置一个集装箱的只有底盘的搬运车，用于衔接港口集装箱在码头及堆放场之间的搬运。

（6）无人搬运车。现代仓库、配送中心和工厂车间中，在地面条件较好的情况下可使用自动化无人搬运车，如图 7－13 所示。

自动化无人搬运车的作业原理，是光电识别装置识别贴于地面的运行路线标志，启动控制器控制电机运转，车辆便可按人们事前指定的线路自动行驶。

无人搬运车车型范围很宽,从装运几十公斤到装运几百公斤的都有,这种车机动性也较强,当需要更换路线时只需重新设路标即可。

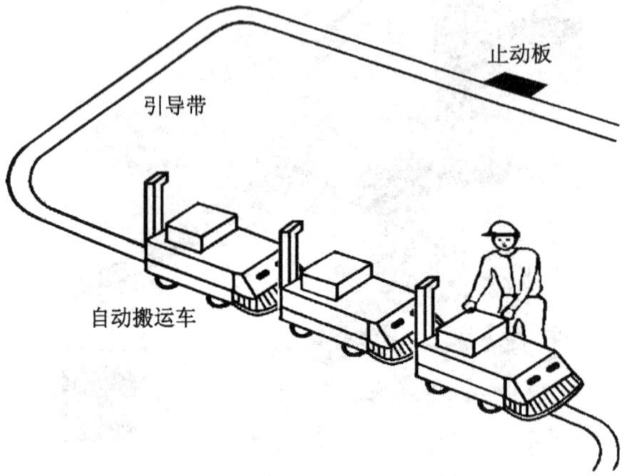

图7-13 自动化无人搬运车

第五节 装卸搬运合理化

一、防止无效装卸

无效装卸的含义是消耗于有用货物必要装卸劳动之外的多余装卸劳动。一般装卸操作中,无效装卸具体反映在以下几个方面。

(一)过多的装卸次数

物流过程中,货损主要发生在装卸环节,而在整个物流过程中,装卸作业又是反复进行的,从发生的频数来讲,超过物流过程中的任何其他活动,所以,过多的装卸次数必然导致损失的增加。

从费用来看,一次装卸的费用相当于几十公里的运输费用,每增加一次装卸,费用就会有较大比例的增加。此外,装卸又会阻缓物流的速度,是降低物流速度的重要因素。

(二)过大的包装装卸

包装过大、过重,在装卸搬运时反复在包装上消耗较多的劳动,这一消耗不是必需的,因而形成无效劳动。

(三)无效物质的装卸

进入物流过程的货物,有时混杂着没有使用价值或对用户来讲使用价值不对路的各种掺杂物，如煤炭中的矸石、矿石中的表面水分、石灰中的未烧熟石灰及过烧石灰等，在反复装卸时，实际上这些无效物质也在反复消耗劳动，因而形成无效装卸。

二、充分利用重力和消除重力影响，进行少消耗的装卸

在装卸时考虑重力因素，可以利用货物本身的重量，进行有一定落差的装卸，以减少或根本不消耗装卸的动力，这是合理化装卸的重要方式。例如，从卡车、铁路货车上卸货时，利用卡车与地面或小搬运车之间的高度差，使用溜槽、溜板之类的简单工具，可以依靠货物本身的重量，从高处自动滑到低处，这就不需消耗动力。如果采用吊车、叉车将货物从高处卸到低处，其动力消耗虽比从低处装到高处小，但是仍需消耗动力。两者相比较，利用重力进行无动力消耗的装卸显然是更为合理的。

在装卸时尽量消除或削弱重力的影响，也会减轻体力劳动及其他劳动消耗。例如，在进行两种运输工具的换装时，可以采取落地装卸方式，即将货物从甲工具卸下并放到地上，一定时间之后或搬运一定距离之后再从地上装到乙工具之上，这样起码在“装”时要将货物举高，就必须消耗改变位能的动力。如果进行适当安排，将甲、乙两工具进行靠接，从而使货物平移，从甲工具转移到乙工具上，就能有效消除重力影响，实现合理化。

在人力装卸时，一装一卸是爆发力，而搬运一段距离，这种负重行走要持续抵抗重力的影响，同时因要行进一段路程而体力消耗很大。所以，人力装卸时如果能配合简单机具，做到“持物不步行”，则可以大大减轻劳动量，做到合理化。

三、充分利用机械，实现“规模装卸”

规模效益早已是大家所接受的。在装卸时也存在规模效益问题，主要表现在一次装卸量或连续装卸量要达到充分发挥机械最优效率的水准。为了更多降低单位装卸工作量的成本，对装卸机械来讲，也有“规模”问题，装卸机械的能力达到一定规模，才会有最优效果。追求规模效益的方法，主要是通过各种集装实现间断装卸时一次操作的最合理装卸量，从而使单位装卸成本降低，也可通过散装实现连续装卸的规模效益。

四、提高“物”的装卸搬运活性

（一）装卸搬运活性

装卸搬运活性的含义是，从物的静止状态转变为装卸搬运运动状态的难易程度。如果很容易转变为下一步的装卸搬运而不需过多做装卸搬运前的准备工作，则活性就高；如果很难转变为下一步的装卸搬运，则活性就低。

（二）装卸搬运活性的量化

为了对活性有所区别，并能有计划地提出活性要求，使每一步装卸搬运都能按一

定活性要求进行操作,对于不同放置状态的货物做出不同的活性规定,这就是"活性指数"。

活性指数分为0~4共5个等级(如表7-4所示),分述如下:

1. 散乱堆放在地面上的货物,进行下一步装卸必须要进行包装或打捆,或者只能一件件操作处置,因而不能立即实现装卸或装卸速度很慢,这种全无预先处置的散堆状态,定为"0"级活性。

2. 将货物包装好或捆扎好然后放置于地面,在下一步装卸时可直接对整体货载进行操作,因而活性有所提高,但操作时需支起、穿绳、挂索,或支垫入叉,因而装卸搬运前预操作要占用时间,不能取得很快的装卸搬运速度,活性仍然不高,定为"1"级活性。

3. 将货物形成集装箱或托盘的集装状态,或对已组合成捆、堆或捆扎好的货物,进行预垫或预挂,装卸机具能立刻起吊或入叉,活性有所提高,定为"2"级活性。

4. 将货物预置在搬运车、台车或其他可移动挂车上,动力车辆能随时将车、货拖走,这种活性更高,定为"3"级活性。

5. 如果货物就预置在动力车辆或传送带上,即刻进入运动状态,而不需做任何预先准备,活性最高,定为"4"级活性。

表7-4 装卸搬运活性指数

放置状态	需要进行的作业				活性指数
	整理	架起	提起	拖运	
散放地上	✓	✓	✓	✓	0
置于一般容器	0	✓	✓	✓	1
集装化	0	0	✓	✓	2
无动力车	0	0	0	✓	3
动力车辆或传送带	0	0	0	0	4

由于装卸搬运是在物流过程中反复进行的活动,因而其速度可能决定整个物流速度,每次装卸搬运的时间缩短,多次装卸搬运的累计效果则十分可观。因此,提高装卸搬运活性对合理化是很重要的因素。

五、提高"物"的运输活性

装卸搬运操作有时是直接为运输服务的,下一步直接转入运输状态,因而只有进行合理的装卸操作,将货物预置成容易转入运输的状态,装卸搬运才称得上合理。对这种活性的质量用货物的运输活性指数(见表7-5)表示。

表 7－5 货物的运输活性指数

货物状态	活性指数
散放、要运输时必先集装或一件件地处理，在运输工具上还需采取固定、苫盖、防震等保护	0
事先预垫，可直接穿吊索或用叉车装上运输工具，或预先放于企业内部的集装箱、托盘、网络之上	1
事先将货物置于本行业范畴的集装工具上，运输时装上运输工具即可转入本行业范畴的运输	2
事先将货物全部置于集装工具中，装到运输工具上后就可转入全面的运输	3
不但事先将货物装入全部集装工具中，而且将集装工具放在运输工具上，一启动就可开始运输	4

很明显，运输活性越高，货物越容易进入运输状态，可能带来直接缩短运输时间的效果。

六、选择最好的搬运方式，节省体力消耗

在物流领域，即使是现代化水平已经很高了，也仍然避免不了要有人力搬运的配合，因此，人力搬运合理化问题也是很重要的。

根据科学研究的结论，采用不同搬运方式和不同移动重物方式，其合理使用体力的效果不同，如图 7－14 所示。在搬运小件物品时，以 B－1 方式即肩挑方式最省力，而以 B－7 方式最为费力；在移动重物时，以 Y－1 方式可能移动的重量最大，而以 Y－5 方式可能移动的重量最小。

科学地选择一次搬运重量和科学地确定包装重量也可促进人力装卸的合理化。

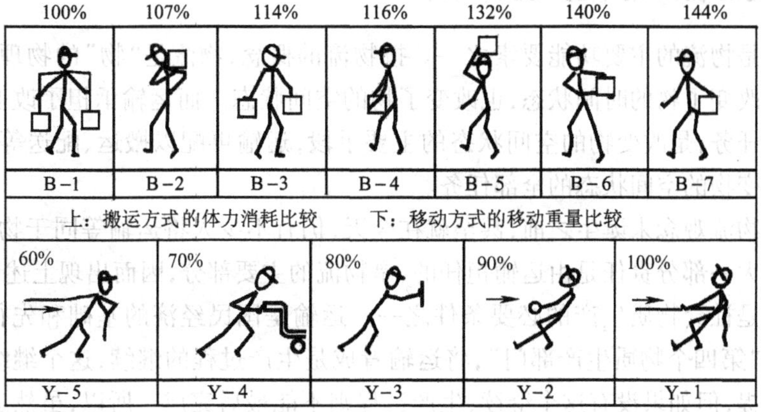

图 7－14 人力搬运的合理化

第八章

运 输

第一节 概述及分类

一、概述

（一）运输的概念

运输是人和物的载运及输送。物流学界对物流研究对象主体的认识，不包括“人流”，所以，本书中的运输专指“物”的载运及输送 。它是在不同地域范围间（如两个城市、两个工厂之间，或一个大企业内相距较远的两个车间之间），以改变“物”的空间位置为目的的活动，对“物”进行空间位移。运输与搬运的区别在于，运输是较大范围的活动，而搬运是在同一地域之内的活动。

（二）运输在物流中的地位和作用

1. 运输是物流的主要功能要素之一。按物流的概念，物流是“物”的物理性运动，这种运动不但改变了物的时间状态，也改变了物的空间状态。而运输承担了改变物的空间状态的主要任务，是改变物的空间状态的主要手段，运输再配以搬运、配送等活动，就能圆满完成改变物的空间状态的全部任务。

在现代物流观念未诞生之前，甚至就在今天，仍有不少人将运输等同于物流，其原因是物流中很大一部分责任是由运输担任的，是物流的主要部分，因而出现上述认识。

2. 运输是社会物质生产的必要条件之一。运输是国民经济的基础和先行。马克思将运输称为“第四个物质生产部门”，将运输看成是生产过程的继续，这个继续虽然以生产过程为前提，但如果没有这个继续，生产过程则不能最后完成。所以，虽然运输这种生产活动与一般生产活动不同，它不创造新的物质产品，不增加社会产品数，不赋予产品以新的使用价值，而只变动其所在的空间位置，但这一变动能使生产继续下去，使社会再生产不断推进，从这个角度将其看成一种物质生产部门，或者物质生产部门的一个组成部分是非常有道理的。

运输作为社会物质生产的必要条件,表现在以下两个方面:

第一,在生产过程中,运输是生产的直接组成部分,没有运输,生产内部的各环节就无法连接。

第二,在社会上,运输是生产过程的继续,这一活动联结着生产与生产、生产与消费的环节,联结着国民经济各部门、各企业,联结着不同国家和地区。

3. 运输可以创造"场所效用"。场所效用的含义是:同种"物"由于空间场所不同,其使用价值的实现程度则不同,其效益的实现也不同。由于改变场所而最大限度地发挥了使用价值,最大限度地提高了产出投入比,这就是"场所效用"。通过运输,将"物"运到场所效用最高的地方,就能发挥"物"的潜力,实现资源的优化配置。从这个意义上讲,也相当于通过运输提高了物的使用价值。

4. 运输是"第三个利润源"的主要源泉。这主要有以下三个方面的理由:

第一,运输是运动中的活动,它与静止的保管不同,要靠大量的动力消耗才能实现这一活动,而运输又承担大跨度空间转移的任务,所以活动的时间长、距离长,消耗也大。消耗的绝对数量大,其节约的潜力也就大。

第二,从运费来看,运费在全部物流费中占最高的比例,一般综合分析计算社会物流费用,运输在其中占接近50%的比例,有些产品运费甚至高于产品的生产成本,所以节约的潜力是很大的。

第三,从宏观角度看,由于运输总里程大,运输总量巨大,通过体制改革和运输合理化可以大大缩短运输吨公里数,从而大大提高运输效益。

二、运输方式的分类

(一)按运输设备及运输工具不同分类

1. 公路运输。公路运输是主要使用汽车,也使用其他车辆(如人、畜力车)在公路上进行货客运输的一种方式。公路运输的优势领域,是中短距离、相对小批量的货运和水运、铁路运输难以到达地区的长途、大批量货运。由于公路运输有很大的灵活性和两个端点劳动消耗较少的优势,近年来,在有铁路、水运的地区,较长途的、大批量运输也开始应用公路运输。

公路运输的主要优点是:有比较大的灵活性;公路建设期短,投资较低,易于因地制宜;对收到站设施要求不高,可以支持"门到门"的现代物流服务形式,即从发物者的门口直到收货者的门口,而不需转运或反复装卸搬运。公路运输也可作为其他运输方式的衔接手段。运输的经济半径一般在200公里以内,大型公路汽车货运和经济半径可以达到500公里甚至更长。

2. 铁路运输。它是使用铁路列车运送客货的一种运输方式。铁路运输主要承担长距离、大数量的货运,在没有水运条件的地区,几乎所有大批量货物都是依靠铁路运输,它是在干线运输中起主力运输作用的运输形式。

铁路运输的优点是速度快,运输不太受自然条件限制,载运量大,运输成本较低。其主要缺点是灵活性差,只能在固定线路上实现运输,需要以其他运输手段配合和衔接才能实现比较大范围的覆盖。铁路运输经济里程一般在200~500公里以上。

3. 水运。它是使用船舶运送客货的一种运输方式。水运主要承担大数量、长距离的运输,是在干线运输中起主力作用的运输形式。在内河及沿海,水运中也常使用中、小型运输工具,担任补充及衔接大批量干线运输的任务。

水运的主要优点是成本低,能进行低成本、大批量、远距离的运输。但是水运也有显而易见的缺点,主要是运输速度慢,受港口、水位、季节、气候影响较大,因而一年中中断运输的时间较长。

水运有以下四种形式:

(1)沿海运输。它是使用船舶通过大陆附近沿海航道运送客货的一种方式,一般使用中、小型船舶。

(2)近海运输。它是使用船舶通过大陆邻近国家海上航道运送客货的一种运输形式,视航程可使用中型船舶,也可使用小型船舶。

(3)远洋运输。它是使用船舶跨大洋的长途运输形式,主要依靠运量大的大型船舶。

(4)内河运输。它是使用船舶在陆地内的江、河、湖、川等水道进行运输的一种方式,主要使用中、小型船舶。

4. 航空运输。它是使用飞机或其他航空器进行运输的一种形式。航空运输的单位成本很高,因此,主要适合运载的货物有两类:一类是价值高、运费承担能力很强的货物,如贵重设备的零部件、高档产品等:另一类是紧急需要的物资,如救灾抢险物资等。

航空运输的主要优点是速度快,不受地形限制。在火车、汽车都达不到的地区也可依靠航空运输,因而有重要意义。

5. 管道运输。它是利用管道输送气体、液体和粉状固体的一种运输方式。其运输形式是物体在管道内顺着压力方向循序移动。它与其他运输方式的重要区别在于,作为运输工具的管道设备是静止不动的。

管道运输的主要优点是,由于采用密封设备,在运输过程中可避免散失、丢失等损失,也不存在其他运输设备本身在运输过程中消耗动力所形成的无效运输问题。另外,其运输量大,适合于运送量大且连续不断的物资。

(二)按运输的范畴分类

1. 干线运输。它是利用铁路、公路的干线和大型船舶的固定航线进行的长距离、大数量的运输,是进行远距离空间位置转移的重要运输形式。干线运输的速度一般较同种工具的其他运输方式要快,载运量也大,成本也较低。干线运输是远程物流运输的主体。

2. 支线运输。它是与干线相接的分支线路上的运输。支线运输是干线运输与收、发货地点之间的补充性运输形式,路程较短,运输量相对较小,支线的建设水平往往低于干线,运输工具的水平也往往低于干线,因而速度较慢。

3. 二次运输。它是在干线、支线运输之后再发生的运输,是一种补充性的运输形式,路程较短,是干线、支线运输到站后,站与用户仓库或指定接货地点之间的运输。由于是单个单位的需要,所以运量也较小。

4. 厂内运输。它是在工业企业范围内,直接为生产过程服务的运输,一般在车间与车间之间、车间与仓库之间进行。小企业中的这种运输以及大企业车间内部、仓库内部的运输不称“运输”,而称“搬运”。

(三)按运输的作用分类

1. 集货运输。它是将分散的货物汇集集中的运输形式,一般是短距离、小批量的运输。货物集中后才能利用干线运输形式进行远距离及大批量运输,因此,集货运输是干线运输的一种补充形式。

2. 配送运输。它是将据点中已按用户要求配好的货分送各个用户的运输。一般是短距离、小批量的运输,从运输的角度讲,也是对干线运输的一种补充和完善的运输。

(四)按运输的协作程度分类

按运输的协作程度分类,可将其分为一般运输及联合运输两类。孤立地采用不同运输工具或同类运输工具而没有形成有机协作关系的为一般运输。联合运输简称联运,是使用同一运送凭证,由不同运输方式或不同运输企业进行有机衔接来接运货物,利用每种运输手段的优势以充分发挥不同运输工具效率的一种运输形式。采用联合运输,对用户来讲可以简化托运手续,方便用户,同时可以加快运输速度,也有利于节省运费。

(五)按运输中途是否换载分类

1. 直达运输。它是在组织货物运输时,利用一种运输工具从起运站、港一直运送到到达站、港,中途不更换载运工具、不入库储存的运输形式。

直达运输的作用在于,避免产生中途换载所出现的运输速度减缓、货损增加、费用增加等一系列问题,从而能缩短运输时间、加快车船周转、降低运输费用。

2. 中转运输。在组织货物运输时,在货物运往目的地的过程中,在途中的车站、港口、仓库进行转运换装,包括同种运输工具不同运输路线的转运换装和不同运输工具之间的转运换装,称中转运输。

中转运输的作用在于:通过中转,往往可以将干线、支线运输进行有效衔接,可以化整为零或集零为整,从而方便用户、提高运输效率;可以充分发挥不同运输工具在不同路段上的最优水平,从而获得节约或效益;有助于加快运输速度。中转运输方式的缺点是在换载时必然需要停顿从而会出现低速度、高货损并且增加费用支出。

中转运输及直达运输的优劣不能笼统言之,两者在一定条件下各有自己的优势,各有本身适用的优势领域。因此,需要具体问题具体分析,并以用户的需要和总体效益为最终判断标准。

第二节 陆运方式

一、汽车及汽车运输

(一)货运汽车

在物流领域中的货运汽车种类很多,主要有以下几种:

1. 普通货车。普通货车按载重能力分为轻型、中型、重型三种;按货台构造分为低货台、高货台两种;按有无车厢板分为平板车、标准档板车和高档板车三种。

轻型货车一般载重吨位在2吨以下,多为低货台,人力装卸较方便。轻型货车的主要应用领域是城市物流用车及城市以外商业及农民用车,各有不同的发展趋势。其中城市物流用车向美观、精益、封闭、多功能、低排放方向发展,主要用于市内集货、配送、宅配运输、同城供应链物流。

中型货车一般载重量2~8吨,其中4吨以下的有向低货台发展的趋势,主要用于市内运输,在我国城市之间、农村地区的运输中也有较多的使用。

大型货车的载重量在8吨以上,一般是高货台,主要用于长途干线汽车运输。

2. 厢式货车。厢式货车是有载货车厢的一类货车。厢式货车由于本身有防雨、隔绝封闭的功能,因而装车后无须再做苫盖等技术处理,且货物置于车厢中,能防散失、盗失,安全性较好。所以,其虽然自重较重,无效运输比例较高,但仍然有广泛的使用。其分类如下:

(1)按货厢高度分,有低货厢、高货厢两种。低货厢车的货台上在车轮位置有凸起,对装车有影响,高货厢车底座为平板,虽然货箱底板较高,不太适合人力装卸,但车上堆垛无障碍,在车上的操作较为容易。

(2)按开门方式分,有后开门式,侧开门式及两侧开门式,侧、后双开门式,顶开式和翼式等多种。

后开门式厢式货车适于后部装卸,适于手车、手推车等进入装卸,车后部与站台接靠后,占用站台长度位置较短,同一个站台能同时停靠更多的车辆,有利于多车辆同时装卸。后开门式厢式货车不适合有后挂车,如果后有挂车,则无法开门装卸。

侧开门式厢式货车适于边部装卸和叉车作业,货车侧部与站台相接后,占用站台长度较长。

顶开式厢式货车适于吊车吊装,翼式厢式货车适于两侧同时装卸。

3. 特殊用途货车。按装运货物的专用性分,货车可分为许多种类,有汽车搬运车、大型平板车、饲料搬运车、油槽车、动物搬运车、冷冻冷藏车、水泥散装车等。这些特种专业车辆都是着眼于提高货运汽车某一方面的功能,使之具有专业性的特点,装运一般货车无法装运的货物或者虽然可以采用一般卡车和厢式车装运,但是装运效率较低的货物。这些货车的缺点是通用性低,往往只能单程装运,因而会加大运输成本。

4. 特殊装置货车。货车按车体附设装置不同有多种类别,这也使货车具有了多种不同的功能。例如,有带吊车的货车、带尾部自动升降板的货车、车厢分离式的货车、翻卸货式及车身倾斜式货车等形式。这些种类的车都是力求使汽车运输与装卸有机结合,使这些车可在没有良好的装卸装备的地点,依靠本车附设设备进行装卸,所以这些类型的车尤其适于设施外的地区使用。

5. 车头与车体分离式货车。车头与车体分离式货车是车头与车体可以灵活连接和摘挂的货车类型,又称挂车。车体本身没有动力装置,需要经过连接后的车头牵引才能够组合成货运车辆。车体一般都是重型车体,基本上有两种类型:厢式车体和平板车体。厢式车体的车体结构和厢式货车车体结构相同,只是规格比较大;平板车体之上可以装载各种货物,但主要是装运集装箱。

按照接挂方式的不同以及车体车轮承重方式的不同,车头与车体分离式货车又可以分为半挂车及全挂车两种。

与集装箱运输相比,车头与车体分离式货车的主要优点是可以配合滚装运输,在终端无须配备重型装卸吊车,依靠车头完成装卸及小搬运,从而直接到户。

(二)汽车运输方式

1. 长距离干线运输。长距离干线运输是采用越来越多的一种汽车运输形式。以往对各种运输方式进行技术经济分析时,将汽车运行的经济里程限定在 200 公里范围,主要是地区和城市内部运输。汽车大型化以后,装载吨位成倍提高,司乘人数却未增加,单位运量的汽车自重相对降低,故而汽车运行的经济里程大大扩展。此外,汽车的“门到门”的服务形式,可省去转运换载的时间及成本,从而汽车的干线运输不仅在水运、铁道运无法覆盖的地区被大量采用,而且,即使在水运、铁道运输条件具备的地区也有相当强的竞争力。在我国铁路运力十分紧张的地区,国家对汽运分流的形式还给予政策上的鼓励。

长距离干线运输的主要问题是司机的疲劳驾驶,在我国,可以采用双司机办法解决这个问题。在国外,对于确定路线的汽车干线运输,有一种“中途换乘方法”,即在甲、乙两地单程运行时间一天的情况下(600 ~ 700 公里),甲、乙两地早晨同时发车,在途中设换乘地,司机互相交换车辆,驾对方的车再驶回本地。这样可以保证司机能在家中休息,有利于消除疲劳,同时也省却了司机分别在外留宿的差旅费。

长距离干线运输的方式往往需要以首末的集配运输配合,汽车的长距离干线“门到门”的运输受用户需求量的制约,不是很普遍,与集配运输结合才算完成完整的物流。

2. 近中距离“门到门”运输。汽车的近、中距离运输,较多采用“门到门”的形式,车辆大小可在较大范围内选择,因而批量的制约不大,使用的局限性便很小。此外,即使对小用户,还可以用“共同化”方式实行“门到门”运输。

3. 配送运输。配送运输以短距离汽车运输为主,是汽车运输的重要形式,往往以“中心到门”、“店到门”的方式完成。

4. 集配运输。集配运输是与干线运输衔接的短程运输形式,尤其是铁、水、空干线运输,用汽车进行集配衔接是必然的,可以说是干线运输的必要补充和辅助形式。集配运输主要以“门到站”、“站到门”的形式实现。

5. 联运。汽车运输是联运的一个环节。参加联运的汽车运输形式主要是集装箱车、半挂车等,以便使汽车运输与其他运输方式能够顺畅衔接。

二、铁道运输

(一)铁道车辆

在物流中应用的铁道车辆主要有以下几种:

1. 平车。平车是铁道上大量使用的通用车型。这种车无车顶和车厢挡板,车体自重较小,装运吨位可相应提高,且无车厢挡板的制约,装卸较方便,必要时可装运超宽、超长的货物。它主要用于装运大型机械、集装箱、钢材、大型建材等。在平车的基础上,人们采取各种相应的技术措施,发展出集装箱车、车载车、袋鼠式车等,对满足现代物流要求、提高载运能力作用很大。

2. 敞车。敞车是铁道上一种主要的车型。这种车无车棚顶,但设有车厢挡板(槽帮),有高槽帮、低槽帮等不同类型,主要装运建材、木材、钢材、各种袋装和箱装杂货以及散装矿石、煤炭等货物。

3. 棚车。棚车是铁道上主要的封闭式车型。其较多的是侧滑开门式,采用小型叉车、手推车、手车等进入车厢内装卸。也有的车顶设滑动顶棚,拉开后和敞车类似,可采用吊车从上部装卸。它主要装运需防雨、防潮,防止丢失、散失等较贵重的物品。

4. 罐车。罐车是铁道上用于装运气、液、粉等货物的主要专用车。罐体的安装方法主要是横卧圆筒形,也有立置筒形、槽形、漏斗形、球形。分为装载轻油用罐车、粘油用罐车、酸类罐车、水泥罐车、压缩气体罐车等多种。

5. 保温及冷藏车。保温及冷藏车是能保持一定温度进行温调及能进行冷冻运输的车辆,能够适应冬、夏等季节生、鲜食品的运输。

6. 特种车。它是装运特殊货物的车型,虽然使用不多,但也有所应用,如长大货物车、牲畜装运车等。

(二)铁道运输方式

1. 整车运输。它是铁路一整车皮装运同种货物的运输方式。整车运输可发挥整装整卸的优势,可充分使用一辆车的运力,因而运输成本较低,有关经营单位收费也较低。

2. 合装整车运输。它是同一发到站的不同货主或同一货主的不同货物凑整一车的运输方式。合装的目的主要是充分利用车辆运力,也有利于降低成本。

3. 零担运输。它是货主需要运送的货不足一车,承运部门将不同货主的货物按同一到站凑整一车后再发运的服务形式。零担运输需要等待凑整车,因而速度慢,为克服这一缺点,可以采用定路线、定时间的零担班车。

4. 二、三站分卸。它是整车起运,在最多三个车站分别卸货的一种运输服务方式。这种方式既利用了整车装车起运的优点,又可分别在有限的几个站卸货,方便了用户,同时不过分影响车辆周转和运力的使用。

5. 集装箱专列运输。它是在站与站之间或站与港之间进行的集装箱专列的快速运输,是铁道运输的新形式,这种运输形式对于加快集装箱货运速度及集装箱周转速度,加快港口的集疏运输有很大作用。

6. 一般集装箱运输。它是铁路集装箱运输,在铁道运输系统内的整零担运输方面发挥了很大的作用,由于铁道集装箱吨位不大,可利用货站原有装卸设备,因而可在很大范围内办理这种运输业务。

7. 铁路的"大陆桥"运输。铁路是"大陆桥"运输的"陆桥"部分,是"大陆桥"联运的核心,这一内容详见"国际物流"部分。

8. 专线行包快运。它是利用铁路干线,在行包运输量上规模的定点城市之间开设行包专列的一种快运方式。

第三节 水运、空运和管道运输方式

一、水路运输

(一)货船

1. 干货船。通常所讲的货船主要是指干货船,干货船又分为主要装运散装货的干散货船和装运包装货的杂货船两类。这两类船是通用性较强的船型。

(1)干散货船是装运粉末状、颗粒状、块状等货物的大宗货物运输船舶。它的一般结构是大货仓、大货舱口、单层甲板。它有普通散货船和专用散货船两类,专用散货船包括运煤船、矿砂船、散装水泥船、散装运粮船等。

(2)杂货船是适合装载各种类型捆包货物的船舶,是使用最多的普通货船。

2. 冷藏船。它是绝热保温性好且装有制冷装置,能保持长期低温的装运生鲜食品的船舶。

3. 集装箱船。它是杂货船向专业化发展的产物,是专用装载集装箱或混装集装箱的高速货船。

4. 驳船。它是没有动力的载货船。与火车车皮一样,驳船通过拆解和组合,可以灵活地靠岸进行装卸,同时又可以编组成大的船队进行运输,因此具有灵活机动的特点,而且结构简单,造价便宜,载货适用性强,运输成本也比较低。

5. 滚装船。它是连车体一起装运车载货并采取滚上滚下方式装卸车载货物的船,一般装运的车体是不带动力装置的半挂车,可以是集装箱底盘的半挂车,也可以是厢式半挂车或敞开式半挂车。如图8-1所示。

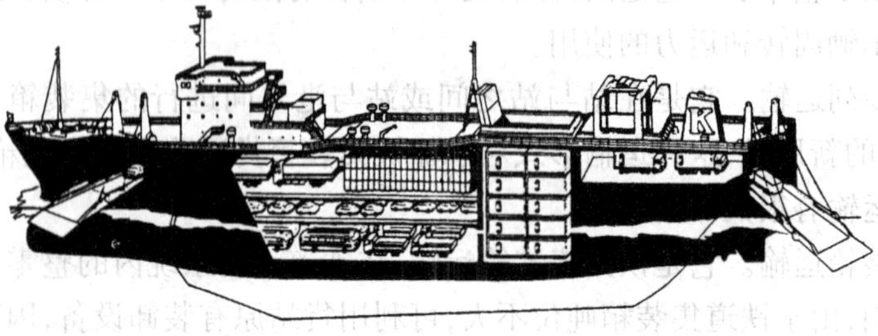

图8-1 滚装船

6. 油船。它是载运石油的多舱货船,又称油轮,是远洋运输中的特大型、大型船舶。

7. 矿石船(矿砂船)。它是专门装运矿石的特种船。

8. 液化气船。它是专门装运液化石油或液化天然气的船。

9. 载驳船。它是将装有货物的小驳船载入本船的一种大型货船,是"船载船"方式的运输工具。它有两种类型:一种类型是小驳船驶近载驳船后,用大船上起重机将小驳船连船带货吊起放于舱内或舱面;另一种类型是船从大船尾部浮进,再由起重平台托起置于舱内或甲板上。

这类船的一个很大特点是不需大量投资建设码头,在无码头地区也可以装卸驳船。同时将载驳船的干线运输和驳船的小量装运合而为一,可以使水陆的干线运输与深入到内河航道的支线运输有机结合起来,使海运、近海运及内河运输的联运得以实现。在港区条件较差、大船无法靠岸的情况下,也可采用载驳船进行港口驳运。

(二)船运方式

1. 货物定期船运。它又称定期班轮,是按确定路线及运行时刻表运行的远洋运输方式,主要装运杂货等包装货。

2. 不定期船运。它是指发到时间、船期、航线都不确定的货运方式,按运货要求配船运输。一般装运大数量、低运价的货物。

3. 联运。它是指国际集装箱多式联运及一般水陆联运的水运部分,其航线是固定的。

二、航空运输

航空运输设备主要有货机和客货机两类,现在客货机的使用越来越多。在运输方式上有包机运输和一般航空快递、行李托运、货物托运等运输形式。

三、管道运输

管道运输在城市范围内早就是广泛采用的运输方式。20世纪初期,城市中的自来水管道、排污管道已经在发达国家的城市中大量铺设,之后便是大量铺设城市中输送燃气的管道系统。20 世纪中期,管道运输逐渐超越城市的范围,向远程化的新型运输系统发展,并且借助与石油和天然气的输送,成为一种新型的运输系统,管道的铺设距离可以达到几千公里。

管道运输系统的主要技术装备是管道线路和作为油品流动动力的泵站(管道系统的结点),再加上进油和出油的两个终端,就构成了整个管道物流系统。

由于管道有连续输送的特点,线路的输送效率在几种运输方式中是最高的,大口径管道系统有相当大的运输能力。例如,2002 年 10 月份开通的兰州—成都—重庆输油管道,全长 1 250 公里,年输送能力为 500 万吨。

管道运输系统的一个很大的缺点是难以进行多品种的运输,如果采取按顺序输送的办法,也只能在不同的时间段按顺序输送有限几个品种的油料。

理论上,由于管道物流系统是封闭型的系统,管道运输安全性好,货损应该很小,运输费用应当远低于铁道运输。但是,在实际运行过程中,由于钻孔偷盗油问题的发生,不但会出现货损,而且非常容易引发火灾、爆炸等重大事故,因此需要大量的保卫、管理以及抢修人员,从而增加了成本和管理的难度。

第四节 联合运输

联合运输是在跨越许多区间的大范围内,综合发挥各种不同运输方式的优势进行不同运输方式协作的运输形式。联合运输是可以使货主按统一的运输规章或制度,使用同一个运输凭证,享受不同运输方式综合优势的一种有效运输形式。联合运输能够使货主避免货物运输途经的地区,由于体制、政策、法规、管理模式的不同而阻缓货物的运输;货主不需要反复地办理手续,不需要多次组织不同的运输就能够解决跨地域运输的问题,从而大大便利了货主。

联合运输的最低限度要求是两种不同运输方式进行两程的衔接运输。

联合运输按地域划分有国际联运和国内联运两种,国内联运较为简单,国际联运是联合运输最高水平的体现。联合运输的实现取决于两个主要的要素:一是管理要素,必须要有有效的管理手段和管理组织形式对复杂的联合运输实施管理;二是技术手段要素,需要有能够实行联合运输的有效技术装备及工具。采用技术及装备手段的关键在于,对不同运输方式实现有效的联结和过渡。除其他章节所介绍的滚装方式之外,以下介绍另外几种主要的技术。

一、驮车运输方式

驮车运输方式是铁路滚装方式的一种,是采用铁路、汽车联合运输的一种技术。这种技术以载货汽车为核心设备,从发运者处接运货物,完成“门到站”的运输;到达火车—汽车转运站之后,顺火车车尾坡道开上火车,锁住后,由火车车皮驮运汽车货载完成“站到站”运输;至到达站之后,再顺序沿车尾坡道开下,直驶至接货人的“门口”。

一般说来,驮车运输方式中火车运输一段距离较长,单位运价较低,从而对汽车“门到门”的优质服务起到了降低成本、提高速度的补充作用,如图 8 - 2 所示。

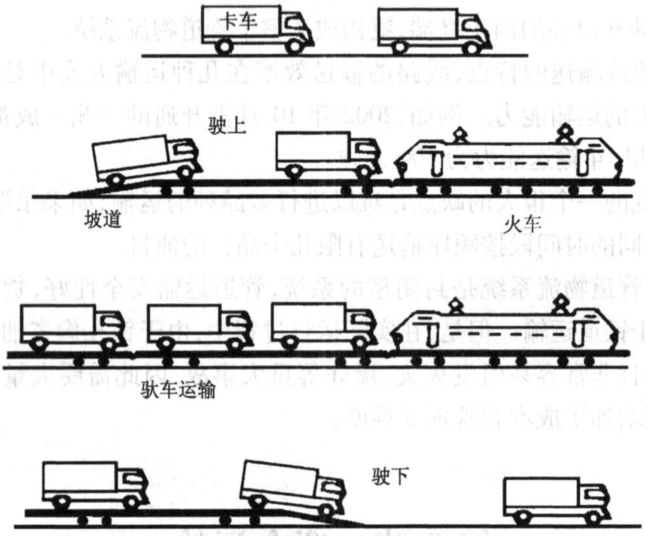

图 8 - 2 驮车运输装卸方式

驮车运输方式的优点如下:

第一,可以防止过长距离的汽车运输,从而降低运费,减轻司机疲劳,减少事故,减少由于堵车、道路状况不佳耽误交货等问题的发生。

第二,可以保持物流的连贯性,大幅度减少装卸时间。

第三,可以大幅度降低人工费、燃料费、汽车过路费等。

第四,卡车开上开下方式实现装卸,省却了装卸机械。

二、箱车分体方式

箱车分体方式采用可与汽车底盘分开的车箱,在火车—汽车转运站,用吊车将车箱起吊,与车体分开,再放到火车车皮上,实现汽车与火车的联运。

这种方式与一般集装箱方式类似,在装卸时也采用吊装集装箱的龙门吊。其区别是,其箱体可不按集装箱的标准尺寸,而按火车车皮的最优尺寸制造,可比集装箱装运能力更大。

这种方式通用性较差,在铁路—汽车固定运输线上,如果有长期稳定的散杂货输送,则可采用这种方式组成一个高效运输的系统。

三、公路、铁路两用方式

公路、铁路两用方式是箱式半挂车和铁路台车相结合,组成火车列车的一种形式。

采用这种方式,在公路上行驶时,是汽车拖挂车与箱式半挂车组成汽车运输单位;在与火车结合时,半挂车首尾与火车台车相接,火车运行时用油压系统将半挂车轮子提起,依靠台车在轨道上行驶。

这种方式的优点是,除车箱体可原样进行“门到门”运输外,台车较小、自重轻,因而与集装箱火车运输比较,无效运输少。公路、铁路两用方式如图 8 -3 所示。

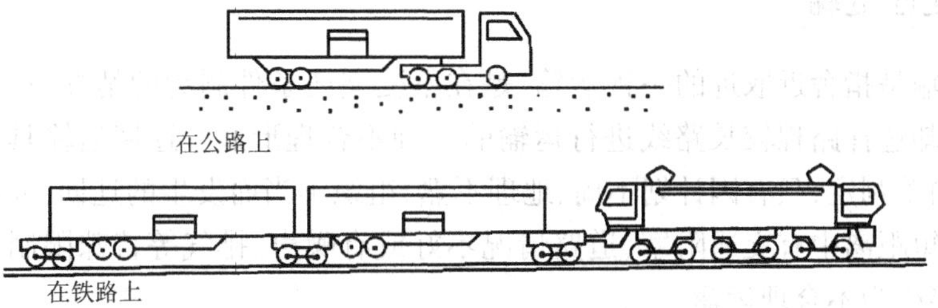

图 8 -3 公路、铁路两用方式

第五节 运输合理化

一、不合理运输

不合理运输指的是在现有条件下可以达到的运输水平而未达到,从而造成了运力浪费、运输时间增加、运费超支等诸多不合理问题的运输形式。目前,我国存在的不合理运输形式主要有以下几种。

(一)返程或起程空驶

空车无货载行驶,可以说是不合理运输的最严重形式。在实际运输组织中,有时候必须调运空车,从管理上不能将其看成不合理运输。但是,因调运不当,货源计划不周,不采用运输社会化所提供的低成本资源而形成的空驶,是不合理运输的表现。

造成空驶的不合理运输主要有以下几种原因:

第一,能利用社会化的运输体系而不利用,却依靠自备车送货提货,往往出现单程重车、单程空驶的不合理运输。

第二,由于工作失误或计划不周,造成货源不实,车辆空去空回,形成双程空驶。

第三,由于车辆过分专用,无法搭运回程货,只能单程实车、单程回空周转。

(二)对流运输

对流运输亦称“相向运输”、“交错运输”,是指同一种货物,或彼此间可以互相代用而又不影响管理、技术及效益的货物,在同一线路上或平行线路上做相对方向的运送,而与对方运程的全部或一部分发生重叠交错的运输。对已经制定了合理流向图的产品,一般必须按合理流向的方向运输,如果与合理流向图指定的方向相反,也属对流运输。

在判断是否是对流运输时需注意的是,有的对流运输是不很明显的隐蔽对流,例如不同时间的相向运输,从发生运输的那个时间看,并无出现对流,这样就可能做出错误的判断,所以要注意发现隐蔽的对流运输。

(三)迂回运输

迂回运输是指舍近取远的一种运输,是在不受交通条件制约的情况下,可以选择短距离运输而却选择路程较长路线进行运输的一种不合理形式。迂回运输具有一定的复杂性,不能简单判定,只有因计划不周、地理不熟、组织不当而发生的迂回,才属于不合理运输。因最短距离中有交通阻塞、道路情况不好或有噪声、排气等特殊限制不得以发生的迂回,不能称为不合理运输。

(四)重复运输

本来可以直接将货物运到目的地,但是在未达目的地之处,或目的地之外的其他场所将货卸下,再重复装运送达目的地,是重复运输的一种形式。其另一种形式是,同品种货物在同一地点一面运进,同时又向外运出。重复运输的最大不合理处是增加了非必要的中间环节,这就必然会延缓流通速度,从而增加费用,增大货损。

(五)倒流运输

倒流运输是指货物从销地或中转地向产地或起运地回流的一种运输现象。其不合理程度要甚于对流运输。原因在于,往返两程的运输都是不必要的,形成了双程的浪费。倒流运输也可以看成是隐蔽对流的一种特殊形式。

(六)过远运输

过远运输是指调运物资舍近求远,近处有资源不调而从远处调,可采取近程运输而未采取,拉长了货物运距的浪费现象。过远运输存在着占用运力时间长、运输工具周转慢、物资占压资金时间长等缺点,另外,远距离运输自然条件相差大,易出现货损,增加费用支出。

(七)运力选择不当

运力选择不当是指没有正确地选择、利用运输工具的不合理现象,常见的有以下几种形式:

1. 弃水走陆。在同时可以利用水运及陆运时,不利用成本较低的水运或水陆联运,而选择成本较高的铁路运输或汽车运输,使水运优势不能发挥。

2. 铁路、大型船舶的过近运输。这是指不是铁路及大型船舶的经济运行里程却利用这些运力进行运输的不合理做法。其主要不合理之处在于火车及大型船舶起运及到达

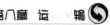

目的地的准备、装卸时间长，且机动灵活性不足，在过近距离中利用，发挥不了运速快的优势。相反，由于装卸时间长，反而会延长运输时间。另外，与小型运输设备比较，火车及大型船舶装卸难度大，费用也较高。

3. 运输工具承载能力选择不当。不根据承运货物数量及重量而盲目选择运输工具，造成过分超载、损坏车辆、损毁道路，甚至增加事故。最近几年，为了降低单位成本，提高利润，这个问题在全国各地广泛发生，应当引起我们的重视。与此相反，货物不满载，浪费运力，尤其是“大马拉小车”现象在我国计划经济时期发生较多，现在也仍然是一些机关、单位在运输工具选择上经常存在的问题。由于装货量小，单位货物运输成本必然增加，不合理之处显而易见。

（八）托运方式选择不当

托运方式选择不当是指可以选择适合的托运方式而未选择，造成运力浪费及费用支出加大的一种不合理运输。例如：应选择整车未选择，反而采取零担托运；应当直达而选择了中转运输；应当中转运输而选择了直达运输；等等。

（九）超限运输

超限运输是近年来在公路运输领域不合理运输非常突出的表现形式，在某种意义上来讲，已经超出不合理的范畴，而属于一种危害性的运输了。超限运输的含义是超长、超大、超重、超高、超速，总之，超过了车辆的技术承载能力，也超过了道路的承载能力，从而造成车辆的损害、严重的行车事故以及道路的损失。仅仅以对公路的损失来讲，研究数据表明，10 吨的载货车如果实际装载量达到 20 吨，每行驶一次，就相当于 10 吨的载货车行驶几万次，其结果是成倍地缩短了公路使用寿命。

上述各种不合理运输形式都是在特定条件下表现出来的，在判断时必须注意其不合理的前提条件，否则就容易出现判断失误。例如，同一种产品，如果商标不同，价格不同，所发生的对流不能绝对看成不合理，因为其中存在着市场机制引导的竞争，优胜劣汰，如果强调因为表面的对流而不允许运输，就会起到保护落后、妨碍竞争甚至助长地区封锁的反作用。类似的例子，在各种不理运输形式中都可以举出一些。

再者，以上对不合理运输的描述，主要是就形式本身而言，是从微观观察得出的结论。在实践中，必须将其放在物流系统中做出判断，着眼点在于追求总体的、系统的合理性。在不做系统分析和综合判断时，很可能出现“效益背反”现象。单从一种情况来看，避免了不合理，做到了合理，但这往往是局部的、微观的合理，从总体来看，会使其他部分出现不合理。所以，只有从系统的角度综合进行判断，才能有效地避免出现“效益背反”现象，从而优化全系统。

二、运输合理化的概念

运输是物流中最重要的功能要素之一，物流合理化在很大程度上依赖于运输合理化。运输合理化的影响因素很多，起决定性作用的有五个方面的因素，称为合理运输的

"五要素"。

(一)运输距离

在运输时,运输时间、运输货损、运费、车辆或船舶周转等运输的若干技术经济指标都与运距有一定比例关系,运距长短是运输是否合理的一个最基本因素。缩短运输距离从宏观、微观方面都会带来好处。

(二)运输环节

每增加一次运输,不但会增加起运的运费和总运费,而且必然要增加运输的附属活动,如装卸、包装等,各项技术经济指标也会因此下降。所以,减少运输环节,尤其是同类运输工具的环节,对合理运输有促进作用。

(三)运输工具

各种运输工具都有其使用的优势领域,对运输工具进行优化选择,按运输工具的特点进行装卸运输作业,最大限度地发挥所用运输工具的作用,是运输合理化的重要一环。

(四)运输时间

运输是物流过程中需要花费较多时间的环节,尤其是远程运输,在全部物流时间中,运输时间占绝大部分。所以,运输时间的缩短对整个流通时间的缩短具有决定性作用。此外,运输时间短,有利于运输工具的加速周转和充分发挥运力的作用,有利于货主资金的周转,有利于运输线路通过能力的提高,对运输合理化乃至整个物流系统的合理化有很大贡献。

(五)运输费用

本书前面已言及运费在全部物流费中占很大比例,运费的高低在很大程度上决定着整个物流系统的竞争能力。实际上,运输费用的降低,无论对货主企业来讲还是对物流经营企业来讲,都是运输合理化的一个重要目标。运费的判断,也是各种合理化实施是否行之有效的最终判断依据之一。

从上述五个方面考虑运输合理化,就能取得预想的结果。

三、运输合理化的有效途径

长期以来,我国劳动人民在生产实践中探索和创立了不少运输合理化的途径,曾经在一定时期内、一定条件下取得了很大效果,直到今天也有一定的研究价值、参考价值和启迪作用。现将这些运输合理化的途径汇集如下。

(一)提高运输工具实载率

实载率有两个含义:一是单车、单船实际载重与运距之乘积和标定载重与行驶里程之乘积的比率,它是安排单车、单船运输时,判断装载合理与否的重要指标;二是车、船的统计指标,即一定时期内车、船实际完成的货物周转量(以吨公里计)占车、船载重吨位与行驶公里之乘积的百分比。在计算车、船行驶的公里数时,不但包括载货行驶,也包括空驶。

提高实载率的意义在于:充分利用运输工具的额定能力,减少车、船空驶和不满载行驶的时间,减少浪费,从而求得运输的合理化。

我国曾在铁路运输上提倡"满载超轴",其中"满载"的含义就是充分利用货车的容积和载重量,多载货,不空驶,从而达到运输合理化之目的。这个做法对推动当时运输事业的发展起到了积极作用。当前,国内外开展的"配送"形式,优势之一就是将多家需要的货和一家需要的多种货实行配装,以达到容积和载重的充分合理运用,比起以往自家提货或一家送货车辆大部空驶的状况,是运输合理化的一个进展。在铁路运输中,采用整车运输、合装整车、整车分卸及整车零卸等具体措施,都是提高实载率的有效途径。

(二)采取减少动力投入、增加运输能力的有效措施求得运输合理化

减少动力投入、增加运输能力,这种合理化的要点是,少投入、多产出,走高效益之路。运输的投入主要是能耗和基础设施的建设,在设施建设已定型和完成的情况下,尽量减少能源投入,是少投入的核心。做到了这一点就能大大节约运费,降低单位货物的运输成本,达到运输合理化的目的。国内外在这方面的有效措施有:

1. 前文提到的"满载超轴",其中"超轴"的含义就是在机车能力允许的情况下,多加挂车皮。我国在客运紧张时,也采取加长列车、多挂车皮的办法,在不增加机车的情况下增加运输量。

2. 水运拖排和拖带法。竹、木等物资的运输,利用竹、木本身的浮力,不用运输工具载运,采取拖带法运输,可省去运输工具本身的动力消耗,从而求得运输合理;将无动力驳船编成一定的队形,一般是"纵列",用拖轮拖带行驶,可以比船舶载货运输运量大,从而求得运输合理化。

3. 顶推法。顶推法是我国内河货运采取的一种有效方法,是将内河驳船编成一定的队形,由机动船顶推前进的航行方法。其优点是航行阻力小,顶推量大,速度较快,运输成本很低。

4. 汽车挂车。汽车挂车的原理和船舶拖带、火车加挂基本相同,都是在充分利用动力能力的基础上,增加运输能力。

(三)发展社会化的运输体系

运输社会化的含义是发展运输的大生产优势,实行专业分工,打破一家一户自成运输体系的状况。一家一户的运输小生产,车辆自有,自我服务,不能形成规模,且一家一户运量需求有限,难于自我调剂,因而经常出现空驶、运力选择不当(因为运输工具有限,选择范围太窄)、不能满载等浪费现象,而且配套的接、发货设施,装卸搬运设施也很难有效地运行,所以浪费颇大。实行运输社会化,可以统一安排运输工具,避免对流、倒流、空

驶、运力不当等多种不合理运输的发生,不但可以追求组织效益,而且可以追求规模效益,所以发展社会化的运输体系是运输合理化的非常重要的措施。

当前我国火车运输的社会化运输体系已经较完善,而在公路运输中,小生产的生产方式非常普遍,所以公路运输是建立社会化运输体系的重点。

社会化运输体系中,各种联运体系是水平较高的方式。联运方式充分利用面向社会的各种运输系统,通过协议进行一票到底的运输,有效地打破了一家一户的小生产局面,因而具有合理性。

我国在利用联运这种社会化运输体系时,曾经创造了"一条龙"货运方式。对产、销地及产、销量都较稳定的产品,事先通过与铁路交通等社会运输部门签订协议,规定专门收、到站,专门航线及运输路线,专门船舶和泊位等,有效地保证了许多工业产品的稳定运输,取得了很大成绩。

(四)开展中短距离铁路公路分流、"以公代铁"的运输

开展中短距离铁路公路分流、"以公代铁"的运输,这一措施的要点,是在公路运输经济里程范围内,或者经过论证,超出通常平均经济里程范围,尽量利用公路。这种运输合理化的表现主要有两点:一是对于比较紧张的铁路运输采用公路分流后,可以实现一定程度的缓解,从而加大这一区段的运输通过能力;二是充分利用公路"门到门"的优势和在中、短途运输中速度快且灵活机动的优势,达到铁路运输服务难以达到的水平。

"以公代铁"目前在我国杂货、日用百货运输及煤炭运输中较为普遍,一般在200公里以内,有时可达700~1 000公里。我国经济界通过对山西煤炭外运进行认真的技术经济论证,突破了传统的认识,采用公路外运煤炭,对促进山西的煤炭产业发展以及支持北京、天津、河北等地的煤炭需求起到了很大的作用。

(五)尽量发展直达运输

直达运输是追求运输合理化的重要形式,其对合理化的追求要点是通过减少中转的换载,提高运输速度,省却装卸费用,降低中转货损。直达的优势,尤其在一次运输批量和用户一次需求量达到了一整车时表现最为突出。此外,在生产资料、生活资料运输中,通过直达运输,建立稳定的产销关系和运输系统,也有利于提高运输的计划水平。可以考虑采用最有效的技术来实现这种稳定运输,从而大大提高运输效率。

对于直达运输,物流学界和社会上一直存在一种误解,认为只有灵活性非常高的汽车运输方式才能实现直达的"门到门"运输。汽车运输方式当然是直达的"门到门"运输的有效方式,但是,铁路成列货车的直达"门到门"运输更具有非常重要的意义。尤其在基础产业领域,大型的规模化的原材料生产企业所需要的煤炭和原料是完全可以采取这种运输方式的。我国钢铁企业对所需要的煤炭采取成列货车"门到门"直达运输方式,这是使我国钢铁生产飞速发展的重要原因之一。

特别需要一提的是,如同其他合理化措施一样,直达运输的合理性也是在一定条件下才会有所表现,不能绝对认为直达一定优于中转。要根据用户的要求,从物流总体出

发做综合判断。如果从用户需要量的角度来分析，批量大到一定程度，直达是合理的，批量较小时中转是合理的，其分歧点如图 8 –4 所示。

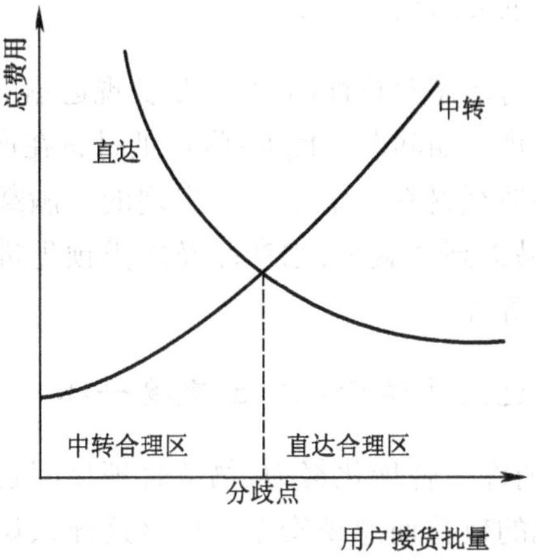

图 8 –4 直达运输及中转运输分歧点示意图

（六）配载运输

配载运输是充分利用运输工具的载重量和容积，合理安排装载的货物及载运方法以求得合理化的一种运输方式。配载运输也是提高运输工具实载率的一种有效形式。

配载运输往往是轻重商品的混合配载，在以重质货物运输为主的情况下，同时搭载一些轻泡货物。例如：海运矿石、黄沙等重质货物，在舱面捎运木材、毛竹等；铁路运矿石、钢材等，在重物上面搭运轻泡农、副产品等。这样，在基本不增加运力投入、不减少重质货物运输的情况下，解决了轻泡货的搭运，因而效果显著。

（七）“四就”直拨运输

“四就”直拨，是我国曾经采用的减少中转运输环节，力求以最少的中转次数完成运输任务的一种形式。一般批量到站或到港的货物，首先要进分配部门或批发部门的仓库，然后再按程序分拨或销售给用户。这样一来，往往出现不合理运输和其他种种的不合理之处。

“四就”直拨，首先是根据准确的、及时的信息由管理机构预先筹划，然后就厂或就站（码头）、就库、就车（船）将货物分送给用户，而无须再经过搬运、入库保管等操作，进入仓库之后再等待分拨了。

（八）发展特殊运输技术和运输工具

依靠科技进步是实现运输合理化的重要途径。例如：采用专用散装及罐车，解决了粉状、液状物运输损耗大、安全性差等问题；采用袋鼠式车皮、大型半挂车，解决了大型设备整体运输问题；采用“滚装船”，解决了车载货的运输问题；采用集装箱船进行集装箱的干线运输,比一般船舶能容纳更多的箱体;采用集装箱高速直达车船,有效地加快了运输速度;等等。这些都是通过采用先进的科学技术实现运输合理化的例证。

(九)通过流通加工使运输合理化

有不少产品,由于其本身形态及特性问题,很难实现运输的合理化,如果对其进行适当加工,就能够有效解决合理运输问题。例如:将造纸材料在产地预先加工成干纸浆,然后压缩体积运输,就能解决造纸材料运输中经常出现的不满载的问题;轻泡产品预先捆紧、包装成规定尺寸,就容易提高装载量;水产品及肉类预先进行冷冻加工,就可提高车辆装载率并降低运输损耗;等等。

(十)消除安全隐患也是运输合理化的重要一环

物流的安全事故会抵消许多合理化努力,物流合理化问题,必须把保证安全放在首位,不能因片面追求合理化的效益而忽视安全。应该这样认识问题:没有安全就没有合理化,这是合理化的一个基点。

第九章

储　　存

第一节　概述及分类

一、储存的概念

在物流科学体系中，经常涉及库存、储备及储存这三个概念，而且这三个概念经常被混淆。其实，这三个概念虽有共同之处，但也有区别，认识这些区别有助于我们理解物流中“储存”的含义和零库存概念。

（一）库存

库存指的是仓库中处于暂时停滞状态的物资。物资的停滞状态可能由任何原因引起，这些原因大体有：能动的各种形态的储备、被动的各种形态的超储、完全的积压。

（二）储备

物资储备是一种有目的的储存物资的行动，也是这种有目的的行动和其对象总体的称谓。物资储备的目的是保证社会再生产连续不断地、有效地进行。所以，物资储备是一种能动的储存形式，或者说是有目的、能动地让物资在生产领域和流通领域中暂时停滞，尤其是指在生产与再生产、生产与消费之间的那种暂时停滞。

储备和库存的本质区别在于：

第一，库存明确了停滞的位置，即在仓库中，而储备这种停滞所处的地理位置远比库存广泛。储备的位置可能在生产及流通中的任何环节，可能是仓库中的储备，也可能是其他形式的储备。

第二，储备是有目的的、能动的、主动的行动，而库存有可能不是有目的的，有可能完全是盲目的。

（三）储存

储存是包含库存和储备在内的一种广泛的经济现象，是一切社会形态都存在的经济现象。在任何社会形态中,对于不论什么原因形成停滞的物资,也不论是什么种类的物资,在没有进入生产加工、消费、运输等活动之前或在这些活动结束之后,总是要存放起来,这就是储存。这种储存不一定在仓库中,而是可以在任何位置上,也有可能永远进入不了再生产和消费领域。

这里,我们之所以抽象地对库存、储备、储存进行描述,是为了使读者认识物流中的"储存"是一个非常广泛的概念,物流学要研究的就是包括储备、库存在内的广义的储存概念。

与运输的概念相对应,储存是以改变"物"的时间状态为目的的活动,通过克服产需之间的时间差异获得更好的效用。

二、储存的地位和作用

(一)储存是物流的主要功能要素之一

在物流中,运输承担了改变空间状态的重任,而物流的另一个重任,即改变"物"的时间状态是由储存来承担的。所以,在物流系统中,运输和储存是并列的两大主要功能要素,称为物流的两根支柱。

(二)储存是社会物质生产的必要条件之一

储存作为社会再生产各环节之中,以及社会再生产各环节之间的"物"的停滞,构成了上一步活动和下一步活动的必要条件。例如,在生产过程中,上一道工序生产与下一道工序生产之间,总免不了有一定间隔,上一道工序的半成品,总是要到达一定批量之后,才能经济合理地传送给下一道工序,而下一道工序为了保持连续生产,也总是要有一些储备保证,于是,这种储存无论对哪一道工序来说,都是使之正常的必要条件。至于储存在社会再生产的环节之间所起的作用,正如马克思说过的那样:"生产过程和再生产过程的不断进行,要求一定量的商品(生产资料)不断处在市场上,也就是形成储备。"①他还说:"商品停滞要看做是商品出售的必要条件。"②

所以,储存和运输的非常重要的共性是,它们和生产活动不同,不增加社会产品的数量,不赋予产品以新的使用价值。它们的作用只是变动了"物"的时间状态和空间状态,然而这一变动就能保持生产、流通的正常,使社会再生产不断推进。

储存作为社会物质生产的必要条件,具体表现在衔接及调节作用上。

现代的大生产形式是多种多样的。从生产和消费的连续性来看,各种产品都有不同的特点。有的产品生产是均衡进行的,而消费却是不均衡的。例如:生活资料中的啤酒、清凉饮料就是一年四季连续不间断生产的,而消费的高峰却集中在夏季;生产资料中的某些建筑材料也有类似的特点。还有一些产品生产是不均衡的,而消费却均衡不断地进

---

① 《资本论》第2卷,北京:人民出版社,1975年版,第155页。
② 《资本论》第2卷,北京:人民出版社,1975年版,第165页。

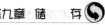

行，最典型的产品是粮食，粮食的产出有季节性，而消费却是持续不断地进行的。生产资料中的木材也有类似的特点。当然，还有不少产品生产和消费都不均衡（如冬贮夏用的冰），也有不少产品生产和消费都是均衡连续的。对这些复杂的均衡和不均衡进行衔接，这就是储存的重要作用。

现代生产强调生产和消费要均衡协调，以获取较好效益。这一目标在汽车制造业、电气工业、机械加工工业等工业中已经广泛地实现，出现了所谓“传送带式生产”、“无库存的轮动式生产”以及近些年的“供应链”等生产方式。但是，生产的复杂性，决定了在经济领域中不可能全面实现这一目标。生产和消费在时间上的不均衡、不同步的现象是客观存在的，因此，就需要进行调节，即生产的产品要经过一定时间的储存保管才能与消费相协调。此外，出于备战、备荒的要求，出于合理使用资源、防止产品一时过剩造成浪费的要求，出于延迟一段时间出售产品而获取较优价格的要求，都需要对生产的产品进行一定时间的储存。

储存的上述作用被称为“蓄水池”作用和“调节阀”作用。

（三）储存可以创造“时间效用”

同一种东西，在不同的时间有不同的价值和效用，这就是时间效用。同种“物”由于时间状态不同，其使用价值的实现程度可能有所不同，其效益的实现也就会不同。因改变时间而最大限度发挥使用价值，最大限度地通过价值和使用价值的提高而提高了产出投入比，就称为“时间效用”。通过储存，使“物”在效用最高的时间发挥作用，就能充分发挥“物”的潜力，实现资源在时间上的优化配置。从这个意义上讲，也相当于通过储存提高了物的使用价值。

（四）储存是“第三个利润源”的重要源泉之一

“第三个利润源”的提法之中，把储存看成是其中主要部分之一，这与我们的传统认识是有冲突的。传统实践和传统认识中，储存作为一种停滞，时时有冲减利润的趋势，在“存”的过程中由于产品变质、损耗、陈旧而造成使用价值降低，当然必然会影响到利润；各种储存成本的支出又必然起到冲减利润的作用；在储存的过程中，由于新产品的出现失去了市场，利润更无从谈起。那么，利润源又从何说起呢？可以从以下几个方面来回答这一问题：

第一，有了库存保证，就可免除加班赶工，省去了增大成本的加班赶工费。

第二，有了储存保证，就无须紧急采购，不致因加大采购成本而冲减利润。

第三，有了储存保证，就能在有利时机进行销售，或在有利时机购进，这当然会增加销售利润，或者减少采购成本。

第四，储存是大量占用资金的一个环节，仓库建设、维护保养、进库出库又要大量耗费人力、物力、财力，储存过程中的各种损失，也是很大的消耗。因而，储存中节约的潜力也是巨大的，通过储存的合理化，通过减少储存时间，降低储存投入，加速资金周转，可降低成本，增加利润。

三、储存的逆作用

物流系统中,储存作为一种必要活动,由其特点决定,也经常存在冲减物流系统效益、恶化物流系统运行的趋势。所以,甚至有人明确提出,储存中的"库存"是企业的癌症,主要是因为储存的代价太高。这主要表现在以下几个方面:

第一,保管费用增加。库存会引起仓库建设、仓库管理以及仓库工作人员工资、福利等项费用开支增加。

第二,利息及机会损失。储存物资占用资金所付之利息,以及这部分资金用于另外项目的机会损失都是很大的。

第三,陈旧损坏与跌价损失。物资在库存期间可能发生各种物理、化学、生物、机械等损失,严重的会失去全部价值及使用价值。随储存时间的增加,存货无时无刻不在发生陈旧损坏,一旦错过最佳的销售期,又会不可避免地出现跌价损失。

第四,保险费支出。投保缴纳保险费与保险的时间有关,储存的时间越长,相应的保险费用就越高。保险费支出在有些国家、地区已达到较高比例。

上述各项因素所增加的费用支出都是降低企业效益的原因,再加上在企业全部运营中,储存占用往往可以达到40% ~70%的高比例,在非常时期,有的企业其库存竟然占用了全部流动资金,使企业无法正常运转。所以,有些经济学家和企业家将储存看成是"洪水猛兽",当然也就不足为奇了。

无论是褒还是贬,都不能根本改变现代社会储存这一现实,相反,却证实了储存既有利又有害的两重性。物流科学的研究,就是要在物流系统中充分发挥储存有利的一面而扼制其有害的一面。

四、储备、储存的分类

(一)储备的分类

1. 按储备在社会再生产中的作用分类。

(1)生产储备。生产储备是工矿企业为了保持生产的正常进行而保有的物质准备,这种储备在生产领域中,已脱离了流通领域但尚未投入生产过程。

生产储备一般以库存的形式存在,储备占用生产企业的流通资金。由于被储备之"物"已由生产企业验收,在此期间的损失一般都进入生产企业的生产成本之中。

生产储备进一步分类如下:

①原材料、燃料及零部件储备。这些都是为保持生产过程正常进行的储备,主要有以下三种:

第一,经常储备。它是企业在前后两批原材料、燃料及零部件运达的间隔期间,为满足日常生产而建立的储备。这种储备是经常需要保有的。当一批订货到达时,储备的数量到了最高值,在间隔期中陆续消耗,储备陆续降低,至间隔期到达日、下批订货到达前,储备降至最低,如图9-1所示。

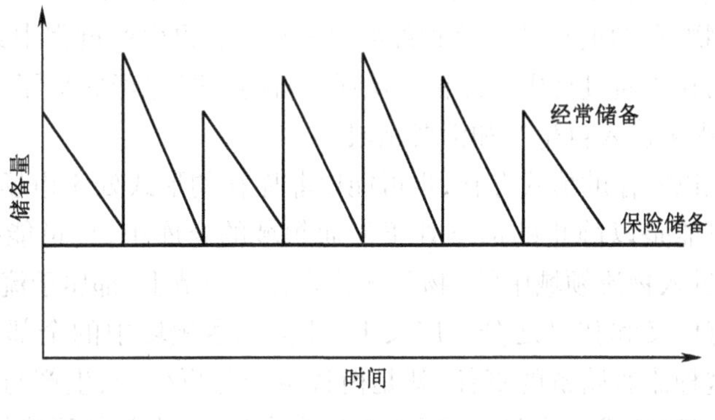

图 9－1 经常储备、保险储备

第二，保险储备。它是企业为了应付各种意外所建立的储备。这些意外包括：运输延误，在经常储备间隔期结束时仍未到货，但正常储备已经用尽；或者虽到货，但品种、规格、质量不符合生产要求，不能投入使用，但正常储备已经用尽；或由于生产加速造成消耗速度增加，在间隔期未完时，经常储备便已用尽；或紧急外援，划拨出去一部分经常储备；等等。为此所建立的储备称保险储备。保险储备在未动用时，是一个恒定数量，其数量变化没有周期性。

在资源比较短缺的情况下，生产企业的保险储备是一种非常重要的储备形式，如果没有这种储备，生产企业就会面临巨大风险。现在的情况发生了根本性的变化，由于基本实现了从卖方市场向买方市场的根本转变，市场有非常强大的调节能力，因此，企业不必再像过去那样，必须依靠自己来解决应急保险的问题，而是可以依靠社会来解决这个问题。但是，并不是所有的东西都能从社会取得保证，保险储备的观念和在这个观念指导下所形成的应急准备仍然是非常必要的。

第三，季节储备。它是企业为了克服某些原材料供应的季节影响而建立的储备。当生产、消耗或流通受到季节性影响而发生中断时，为弥补这一中断期，以中断期为目标按消耗速率建立这种储备。

②半成品储备。它是生产企业为使两道工序、两个车间或两个协作厂之间能有效协调，保证下道工序的正常稳定所建立的储备。

③成品储备。它是工业企业生产工艺完成后，为等待检验、包装配套工作或等待装运所形成的储备。

生产企业的原材料储备有较强的规律性，核定比较严格，是一种目的性、计划性较强的储备；而半成品储备往往不是目的性、计划性很强的储备行动，只是一种暂时的储存。

(2)消费储备。消费储备是消费者为了保持消费的需要而保有的物质准备，这种储备是在最终消费领域中，已脱离了流通领域但是尚未进入消费过程的储备。

消费储备一般不以库存的形式存在，在强大的流通领域储备保证之下，消费者无须过多储备,因而也很少为此而专设仓库,往往采取暂存、暂放的储存形式。

(3)流通储备。流通储备是在社会再生产过程中,为保证再生产的正常进行而保持在流通领域中的"物"的暂时停滞。这种停滞有的是社会再生产过程中必要的暂时停滞,有的则是非必要的在流通过程中的滞留。流通储备的"物"已经完成了上一段生产过程,进入流通领域,但尚未进入再生产和消费领域。

流通储备可能以库存的形式存在,也可能以非库存的形式处于市场上、车站上、码头上,或在运输中;可能是以静止的形态处于流通领域的仓库中,也可能处在不停的运动中。可以说,全部进入物流领域中的"物",无论在什么环节上,都属于流通储备。

流通储备又有广义和狭义之分。广义上,社会流通领域中的全部产品皆为流通储备,这是总概念,这种流通储备的责任,就是衔接生产与再生产、生产与消费的责任。其中,按马克思所言,是"要求一定量商品"不断处在市场上,也就是形成储备,这种一定量的储备就形成了流通储备。

广义上的流通储备是整个国民经济发展所不可缺少的,流通储备总量与国民经济生产总值、国民收入总量在宏观上有一定比例关系。

狭义上,流通储备指流通企业为实现企业经营所保有的物质准备,具体而言,则是为了保证市场所需、保证销售和供应所保有的物质准备,这个准备往往也以库存的形式存在。

如果将流通企业的销售类同生产企业的生产,虽然两者各有特点,但是,销售也可能和生产一样形成一种连续的消耗,这样,流通企业的储备也就有了三种基本形式:①经常流通储备。它是为了满足日常稳定销售而建立的储备。②保险流通储备。它是为了防止由于各种意外原因导致货源中断从而保证销售的储备。③季节流通储备。它是为了在因季节性影响出现货源中断时仍能保证销售及供应的储备。

在实际工作中,人们对于生产储备的重视程度远高于流通储备,原因是生产储备一旦出现毛病,后果则可能是停产待料,这对于诸如水泥厂、钢铁厂、化工厂等绝不能中断生产的生产企业而言,会造成非常大的停产损失。而流通企业储备的耗尽,后果是脱销,这种脱销可以迫使用户寻找其他供应者以解除流通企业储备耗尽的困扰。所以,人们往往不重视流通企业的这一问题,因而流通企业经常储备、保险储备及季节储备的核定不如生产企业严格。

出现这种现象,说明人们并未从生产观念转向经营观念。其实,由于脱销而丧失了信誉、丢失了顾客的严重性绝不亚于生产企业停产。流通企业要想在市场竞争中取胜,对这三种储备形式均应予以重视。

(4)国家储备。国家储备是国家有关机构代表国家为全国性的特殊需求所建立的物质准备。这种储备主要存在于国家专门设立的机构中,也有的存在于流通领域或生产领域之中。国家储备主要有以下三种形式:

①国家的当年准备。在国家每个计划年度中,为了解决因计划不周、计划不准确或计划失误所导致的物资短缺问题,每年由国家控制一部分物资或计划指标以备当年使用,称为当年准备。

②国家的战略储备。这是国家从长远发展考虑,或从国际形势考虑,对战略物资或本国资源缺乏的物资所保有的准备。战略储备物资的主要对象是粮食、武器、有色及稀有金属、贵金属等。

③国家的防灾保险储备。这是国家为了应付可能发生的水、旱、火、地震等自然灾害和其他意外事件及突发紧急事件所保有的物质准备。防灾保险储备的主要对象是粮食及各种抢险救灾物资。

(二)储存的分类

1.按储存的集中程度分类。

(1)集中储存。储存以一定大数量集中于一个场所之中,称为集中储存。集中储存是一种大规模储存方式,可以产生规模效益,有利于储存时采用机械化、自动化设施,有利于先进科学技术的实施。集中储存有比较强的调节能力及对某一需求的更大保证能力,集中储存的单位储存费用较低,经济效果较好。

(2)分散储存。储存在地点上形成较广区域的分布,每个储存点的储存数量相对较低,称为分散储存。分散储存是较小规模的储存方式,往往和生产企业、消费者、流通企业相结合,它不是面向社会而是面向某一企业的储存,因此,其储存量取决于企业生产要求及经营规模。

分散储存的主要特点是容易与需求直接密切结合,储存位置离需求位置很近,但是由于库存数量有限,保证供应的能力一般较小。

达到同样的供应保证能力和调节能力,集中储存有一定的优势,集中储存总量远低于分散储存总量之和,周转速度也高于分散储存,资金占用总量低于分散储存占用之和。

(3)零库存。零库存是现代物流学中的重要概念,指某一领域不再保有库存,以无库存(或很低的库存)作为生产或供应保障的一种系统的方式。

2.按储存的位置分类。

(1)仓库储存。它是指储存的位置在各种类型的仓库、库棚、料场之中。仓库储存是储存的一种正式形态,为进行这种储存,需要有一套基础设施,还需有入库、出库等正式手续。

(2)车间储存。生产过程中的仓库储存是生产过程中的正式储存形态,是整个生产计划的一部分,而车间储存则是一种非正式储存形式,是生产过程中的暂存形式。由于是暂存,所以,不需有存、取等正式手续,也不进行核算。

(3)站、场、港储存。站、场、港储存是在物流过程中衔接点的储存。这种储存的目的在于为发运和提货做准备,其性质是一种暂存,是一种服务性的、附属性的储存。因此,不能要求它像生产储存那样有很强的计划性。

第二节　储存作业

一、储存作业的一般程序

不同形式的储存,其作业内容各异,以利用仓库作为储存设施的作业为例,其一般程序如图9-2所示。

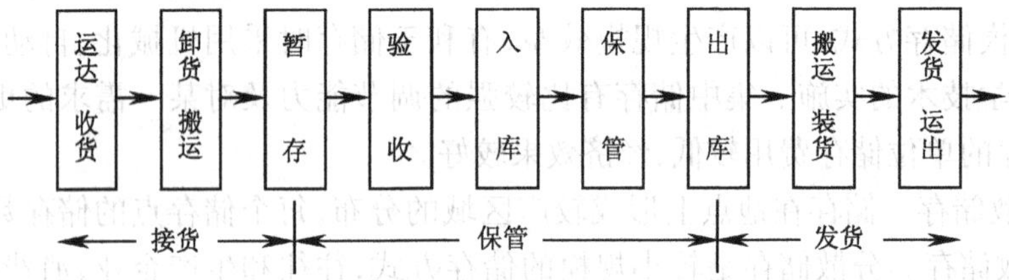

图9-2　储存作业的一般程序

(一)接货

接货是根据储存计划和发运单位、承运单位的发货或到达通知,进行货物的接收及提取,并为入库保管做好一切准备的工作。接货工作有以下几项内容:

1. 与发货单位、承运单位的联络工作。这项工作是根据业务部门的协议或合同,与发货及承运单位建立联系,以掌握与接货有关的情报资料,从而制订接货计划,安排接货的人力、物力。

2. 制订接货计划。在充分掌握到货时间和货物数量、重量、体积等基本情况的基础上,根据接货力量及整个企业的经营要求,并与有关业务部门协商,制订接货计划。接货计划有两个方面的主要内容:一方面是根据内部情况,与发货及承运部门商定的到货接取计划;另一方面是根据发货及承运部门的计划,安排本单位接货时间、接货人员、接货地点、接货装备的计划。接货计划制订之后,企业各有关部门(如装卸、验收、财务等)便可以此为据合理安排工作。

3. 办理接货手续。按接货计划,各个职能部门在确定的时间内办理各种接货手续,如提货或接取手续、财务手续等。

4. 到货的处理。在各种手续完成后或手续办理过程中,对所到的货做卸货、搬运、查看、清点及到货签收工作并在适当地点暂存。

5. 验收工作。按接货计划的要求,根据有关契约或其他凭证,对到货进行核证、检查、检验,以最后确认是否接货。验收工作主要有三项内容:一项是核证,即对货物的有关证件进行核实,如对品名、产地、认证材料、出厂日期、装箱单据、发接货手续进行核对;

第二项是数量验收，即清点及检查到货总量、单位包装量及按数量指标检查其他内容；第三项是质量验收，储存的接货一般做外观质量检查，储运企业如果不是自己进行经营，而是代储代存，则货物的内在质量由货主负责，储运企业只检查与储运有关的外观质量、包装质量等。生产企业的储存接货，则需按技术业务部门提出的要求，由专门的质量检查部门进行复杂的技术检验。

通过验收的物资，则可办理入库手续。

（二）保管

保管是根据物资本身的特性以及进出库的计划要求，对入库物资进行保护、管理的工作环节。保管工作主要有以下几个方面的内容：

1. 与接货单位及用货单位的联系、联络工作。保管工作受接货与用货两端的制约，必须充分掌握和了解接货与用货两方面的信息，才能有计划地安排好保管工作。

2. 制订保管计划。根据保密对象的特点，在掌握保管时间、数量等要求的基础上，制订保管计划。保管计划主要有几个方面的内容：一是保管数量计划，保管数量的决策不在保管部门而在业务部门，但是，保管条件、场所、人力等是决定保管数量的重要因素，也是计划的依据，同时，库存量控制的实施点在保管部门，所以，保密部门也是库存量计划的制定部门之一；二是分类管理计划，根据库存物品的品种、规格、质量特点，合理规划保管场所和保管方式；三是维护保养计划，根据库存物的特点及存储的时间，安排维护保养时间、方法及人力、物力。

3. 办理入库、出库手续。入库、出库手续及由此产生的凭证，是保管的重要基础工作，也是系统管理，进行财务、统计分析的基本信息点。入库手续主要包括各种凭证的签收处理、建立保管账目等。出库手续主要包括各种出库凭证的核对及处理、通知备货出库等。

（三）发货

发货是根据业务部门的计划，在办理出库手续的基础上，进行备货、出库、付货或外运付货工作。发货工作有以下几项主要内容：

1. 与收货单位、外运承运单位的联系、联络工作。其目的在于充分掌握收货单位情况或提货时间、能力及外运承运的时间、能力要求等，合理确定发货计划。

2. 制订发货计划。根据物资的特点，在与收货单位及承运单位共同确定了发货方式的基础上，制订发货计划。其主要包括备货时间、备货方式、装卸搬运力量的安排和其他人力物力的安排等。

3. 核对及备货。备货是保管人员按业务部门的通知及发货计划完成的工作，在外运或发货时，必须核对无误之后完成交货手续及实际交货工作。

4. 办理交货手续。按发货计划，与收货或接货部门办理各项交接手续。

二、货物在储存期间的变化

(一)质量变化

1.引起质量变化的因素。在储存期间,货物的质量变化主要是由以下因素引起的:

(1)储存时间。物资在储存过程中,内部物质运动会不断进行,这种变化是由量变到质变的过程,储存期越长,这种变化的聚集越大,最终可能引起质量指标的改变。另外,在储存期间,外界物质不断与被存物接触,会出现外界物质的机械侵入,从而改变被存物的质量,同样也会使被存物内部发生变化。

(2)储存环境。物资储存环境可能促进或减弱上述变化的趋势,不良的储存环境,可能大大加速物资的质量由量变到质变的过程。

(3)储存操作。储存过程中,要经常作业于被储物品,这可能造成突发性碰撞、磨损、冲击、混合等,使物资质量迅速发生变化。

2.质量变化的形式。质量变化有以下几种形式:

(1)物理和机械变化。这是物资在贮存过程中发生质的变化的重要原因,可以细分为以下几个方面:

①物理存在状态的变化。有些物资在不同温度、湿度、压力条件下存在形态不同,这就可能让它失去原来应有的形态。这种变化有挥发、溶化、熔化三种类型。由于挥发,使原来是液体或固体的物资转化为气体而散发掉;由于溶化,使原来为固体的物资转化为液体流失;由于熔化,使原来为固体的物资软化变形,而改变或失去原来的使用价值。

②渗漏变化。液态及气态物资,由于储存条件不当,如仓库的密封不善或包装破损,会逐渐发生数量损失。外界的某些物质渗漏到包装和仓库中,也会造成内部物资的损失。有些固态物资挥发或溶化后,也会发生渗漏损失。

③串味变化。这是指有吸附特性的物品在储存期间吸附了有味气体或液体,而失去或降低了使用价值。这一变化在生活资料中表现较为突出,如粮食、茶叶、糕点吸附了汽油、氨水而发生味道的变化,会使品质严重降低甚至不能食用。

④破损变化。物资在储存过程中由于外力作用造成形体的破裂,如破碎、掉边、折角等。

⑤变形。物资在储存期间由于外力或其他作用(如温度、湿度等),其物理形态、尺寸会发生改变,如弯曲、压扁、折扭等,另外,固体溶化也会引起变形。

⑥机械混杂。外部环境的灰尘、杂物、生物排泄物等混到被存物之中,使得被存物的质量严重降低。

(2)化学变化。在储存期,由于物品内部或不同物品之间发生化学反应,改变了原物质的微观状态,形成不同于原物质的新物质,从而使其使用价值变化造成损失。化学变化主要有以下几种:

①分解与水解。这是指是在光、热、湿等外界因素影响下,被存物内部的组成物质经分解变化为两种以上新物质而造成的变化。由于形成的新物质的使用价值与原物质不

同,从而造成了损失。

②水化。这是指被存物在水的直接作用下或与潮湿空气接触,与其中水汽作用发生化学反应而形成与原性质不同的新物质,从而造成损失。

③锈蚀。这是指由于金属材料制品在潮湿环境中或接触各种化学物质、混入各种杂物,发生化学反应或电化学反应而形成各种铁的氧化物或盐类的现象。这种变化发展到一定程度可能影响物资的质量,从而造成损失。

④老化。老化是指高分子材料在温度、湿度、空气、光线等外界因素的联合作用下,其化学结构逐渐改变并最终改变了原有性能和质量,如强度、耐久性下降,发粘、性脆、皲裂等。

⑤化合。在储存期间,被存物之间发生化学反应,或被存物与环境中其他物质发生化学反应而生成新物质,从而造成损失。

⑥聚合。在储存期间,在适宜的温度及其他条件下,被存物内部的低分子化合物聚成大分子从而改变了原有质量。

(3)生化变化。在储存期间,有生命活动现象的有机体物质,继续进行生命活动,如呼吸活动、后熟、发芽抽薹、胚胎发育活动等,从而使所存物资的质量发生改变,这种生物性活动主要发生在粮食、肉类、鱼类、蔬菜、水果、蛋奶等类物资中。

在储存期间有机体受外界生物的影响,发生如霉变、发酵、腐败等生物化学变化,也会引起其使用价值的严重改变。

此外,由于鼠类、害虫、蚁类等生物的侵入,也会造成被存物的损失。

(二)价值变化

在储存期间,物资在价值方面还可能发生以下几种变化:

1. 呆滞损失。储存的时间过长,虽然原物资的使用价值并未变化,但社会需要发生了变化,从而使该物资的效用降低,无法按原价值继续在社会上流通,形成了长期积压在储存领域的呆滞物资,这些物资最终要进行降低价格处理或报废处理,所形成的损失为呆滞损失。有许多呆滞物资同时也存在物理、化学、生化的变化,使损失叠加,问题更为严重。

2. 时间价值损失。物资储存实际也是货币储存的一种形式。资金的时间价值决定了每存放一段时间,资金则按一定规律减值。所有被存物都必然占用资金,而资金的使用要付出一定利息,储存时间越长利息支付越多,或者储存时间越长,资金的机会投资损失越大。这种损失纯粹是时间因素影响的结果,与时间存在一定的比例关系,这是物资储存中不可忽视的损失。

三、储存物资的维护保养

物资维护保养的含义是通过一定的环境条件及对被保管物品采取具体技术措施,保持其使用价值不发生减退的全部管理和技术操作工作。物资维护保养工作的主要内容有以下几项。

(一)创造适合于物资储存的环境条件

创造适合于物资储存的环境条件是维护保养物资的根本性措施,在适合的环境条件下,能有效防止和控制物资质量的变化。环境条件可作用于被存的全部物资,防护范围大,能解决大量物资的储存保护问题。

1. 温度条件。化学反应速度与温度有关。由于分子的活动受温度影响,一般而言,温度高,化学反应较强烈,生物化学活动也较激烈。所以,温度升高会促进各种类型的化学反应,也会影响物质的形态变化(如软化),造成储存物资的变化。

为了保证所存物资的质量,需要对温度进行控制,温度控制范围依据物资的安全储存温度来确定。对多数物资来讲,安全储存温度是一个最高界限温度,超过这个温度就会使物资较快地劣化;也有些物资需要控制最低温度,如易被冻坏的物资和低温会破坏其组织及性能的物资。

2. 湿度条件。化学反应速度与湿度有关,溶解、水解、水化等物理、化学变化和湿度也有关,某些微生物的活动以及生物性物资的生化活动,对湿度也有要求。各种物资在一定含水率范围内能安全储存,这就是物资的安全水分,控制储存环境的湿度,就能使物资处于安全水分范围内,以起到保护作用。

3. 密封隔离条件。储存物资与其他外界物质的接触,是物资在储存期间劣化的因素之一,如不同物资之间的混杂和化学反应,外界物质对储存物的污染、侵害以及与储存物的化学反应,生物虫蛀,细菌等对储存物的破坏等。因此,有些储存物需要在一定的密封条件下才能保证质量。

密封也能有效地创造一个适宜的湿度条件,对物资起到保护作用。

(二)对部分所存物资进行个别技术处置

上诉的环境条件是对所存全部物资起作用的因素,与环境条件的区别是,维护保养工作可以只对部分物资进行,即对部分物资采取有针对性的技术措施,因此比较容易实施和操作,成本也比较低,这是保管工作中常用的方法。其主要技术措施有:

1. 个别物品的封装。需要特殊防护的物资,在环境条件不能满足其防护要求的情况下,可以个别进行封装,以为其单独创造微观的环境条件。

2. 物品表面的喷涂防护。在物品的表面涂油及喷施一层隔绝性物质,可以有效地将所存物资与环境条件隔离开来,起到维护作用。

3. 对物资表面施以化学药剂。不同种类的化学药剂可以起到防霉、防虫、防鼠等作用。

4. 气相防锈保护。在金属表面或四周施以挥发性缓蚀剂,由其在金属制品周围挥发出缓蚀气体,起到阻隔腐蚀的作用,从而达到防锈目的。

5. 喷水增湿降温。在环境湿度或温度失控的状况下,可以对物资进行小面积个别喷水或浸水,以迅速阻止化学反应的激烈进行,达到维护保养的目的。

(三)进行救治防护

对已经发生变质损坏的物资,应采取各种救治措施,防止损失扩大。救治措施有除锈、破损修复、晾晒等。

第三节 储存设备的种类及特点

一、储存设备的种类

借助于设备来储存实物,有久远的历史。储存设备在人们的生活中以及各种生产活动中有大量的应用,是现代物流领域的重要设备之一,对于实现物流的储存功能有决定性的作用。现代物流领域的储存设备种类很多,现在分类予以介绍。

(一)按照储存物形态的不同分类

1. 液体物储存设备。它是专门储存液体状态的物资储存设备,主要有储罐、储液池、储槽、储液瓶、储液桶、储液袋等。

2. 粉状、颗粒状物储存设备。它是专门储存粉状、颗粒状物的物资储存设备,主要有储罐、储槽、储桶、储袋等。

3. 固体状物储存设备。它是储存各种形状、各种尺寸的固体状物的设备,主要有货架、集装箱、托盘、托板、储物柜等。

4. 气体物储存设备。它是专门储存气体状态的物资储存设备,主要有储气罐、储气袋等。

(二)按照储存物特性的不同分类

1. 有毒、有害物的储存设备。它是专门储存有毒、有害物的物资储存设备。

2. 污染物的储存设备。它是专门储存对环境会造成污染的物资的储存设备。

3. 易燃易爆物的储存设备。

有毒、有害物,污染物和易燃易爆物分别会造成不同的破坏和损害,都需要专门的储存设备,主要包括专用的、外部带有警示标志的、严格密封的、高强度的罐体、储物袋和储物瓶等。

(三)按照储存物的名称不同分类

在许多领域,例如有特别储存要求的民用饮料、油脂、饮用水领域,还有化工、石化以及有毒、有害物,易燃、易爆、危险品领域,储存设备必须专用,专用的程度应当达到针对某一种具体物资。由于很多储存设备外形近似或者相同,所以,这些储存设备的名称必须清晰标明。有时这些设备需要分类、分库存放,不得混杂放在一个仓库或者场地之中。专用储存设备要用储存物的名称命名,以显示它的专用性和重要性。所以,这种储存设备种类非常多,大体分类如下:

1. 民用食用物资储存设备。主要有:加工油罐、食用油罐、酒精罐、调料罐、药液罐、酒类及葡萄酒储罐等。

2. 化工物资储存设备。主要有:酸罐、沥青加温储罐、液氧储罐(贮槽)、石油储罐、液氨储罐、液氮储罐等。

3. 气体物资储存设备。主要有:沼气柜、煤气柜、氢气储罐、液化石油气储罐、高压气瓶、高压罐、常压罐等。

4. 建材类物资储存设备。主要有:乳胶罐(桶)、油漆罐(桶)、袋装水泥储存托盘(集装箱)、散装水泥仓、散装水泥罐、散装水泥集装等。

5. 其他类储存设备。主要有:污水处理罐、大型贮水罐、消防储水罐、化粪储罐等。

(四)按照储存设备的特点分类

1. 按照储存设备的结构形式不同主要有:一般货架、立体货架、卧式储罐、立式储罐、球形储罐、拼装罐、大型拼装罐等。

2. 按照储存设备使用的材料不同主要有:钢制货架、钢筋混凝土货架、搪瓷储罐、玻璃钢储罐、碳钢储罐、钛储罐、不锈钢储罐、聚乙烯储罐等。

3. 其他还有低温贮槽、冰箱、冰柜等。

二、储存设备的特点

储存设备种类非常多,它们的主要特点如下。

(一)个性化是储存设备最突出的特点

虽然很多储存设备有通用性,储存设备的共同特点是通用性和个性化共存,但是,特别需要强调个性化这个储存设备最突出的特点。在物流过程中必须注意这个特点,才能够保证进入物流领域的不同的物资能够得到最优化的处理。尤其是对于与人类生活和人类健康密切相关的食用物资,与人和社会安全密切相关的有毒、有害、易燃、易爆、危险品之类物资的储存设备,其个性化涉及的是生存的环境,显然,这个特点异常突出。

(二)方便物流操作是储存设备的特点之一

所谓方便物流操作,主要指的是储存设备连同其中的储存物资可以以一个整体进入物流过程之中,被储存放置到储存设备中,通过装卸、搬运、运输、入库、出库、储存来完成整个物流过程,最后再从储存设备中取出,只要按照相关的技术进行操作就能够方便地实现。

（三）安全性是储存设备的必备特点

储存设备的安全性表现在两个方面：一方面是储存设备对被存物有足够的防护和隔绝能力，保证被存物所需要的环境条件不发生变化；另一方面是储存设备和被存物之间不发生反应，储存设备对被存物不产生污染。

（四）储存设备与包装一体化是储存设备比较普遍的特点

储存设备的本身就是产品的包装，这是储存设备的一个比较普遍的特点。虽然不是所有的储存设备都是如此，但是却有相当的比重。

第四节 主要储存设备——货架

一、概述

（一）货架的概念

就字面而言，货架泛指存放货物的架子。在仓库设备中，货架是指专门用于存放成件物品的保管设备。

货架在物流仓库中占有非常重要的地位，随着现代工业的迅猛发展和物流量的大幅度增加，为实现仓库的现代化管理，改善仓库的功能，不仅需要开发各种不同类型的仓库，而且还需要充分发挥货架的作用。

（二）货架的作用及功能

货架的作用及功能有如下几个方面：

1. 货架是架式结构，可充分利用仓库空间，提高库容利用率，扩大仓库储存能力。
2. 存入货架中的货物互不挤压，物资损耗小，可完整保持物资本身的功能，减少货物的损失。
3. 货架中的货物存取方便，便于清点及计量。
4. 可以采取防潮、防尘、防盗、防破坏等措施，保证存储货物的质量。
5. 很多新型货架的结构及功能有利于实现仓库的机械化及自动化管理。

二、货架的分类

（一）按货架的适用性分

按货架的适用性不同，可将其分成有广泛适用性的通用货架和只适用于放置特定储存物的专用货架两类。

(二)按货架的封闭程度分

按货架的封闭程度不同,可将其分成敞开式货架、半封闭式货架和封闭式货架三类。

(三)按货架的结构及形状特点分

为适用于千差万别的储存物存放并且有利于操作,货架的结构和形状也有很大的不同,其主要类别有:层架、层格架、抽屉架、悬臂式货架、橱柜式货架、三角架、栅型架、组合装配式可拆卸式货架等。

(四)按货架的可动性分

按货架的可动性不同,可将其分为固定式货架、移动式货架、旋转式货架、可调式货架、流动储存货架等。

(五)按货架的高度分

按货架的高度不同,可将其分为3种:低层货架,高度在5米以下;中层货架,高度在5~15米;高层货架,高度在15米以上。

(六)按货架的载重量分

按货架的载重量不同,可将其分为三种:重型货架,每层货架载重量在500公斤以上;中型货架,每层货架(或搁板)载重量为150~500公斤;轻型货架,每层货架载重量在150公斤以下。

三、通用货架

通用货架有层架、层格式货架、抽屉式货架、橱柜式货架等若干种,层格式货架、抽屉式货架、橱柜式货架都是在层架的基础上演变出来的。常用的通用货架是层架和层格式货架。

(一)层架

层架由主柱、横梁、层板构成,货架本身分为数层,层间用于存放货物。

层架的尺寸规格在很大范围内变动,一般而言,轻型层架主要是人工进行装、取货操作,规格尺寸及承载能力都和人的搬运能力相适应,高度一般在2.4米以下,厚度在0.5米以下;中、重型货架尺寸则要大得多,高度可达4.5米,厚度可达1.2米,宽度可达3米。

层架结构简单,容易制造,消耗的材料较少,适用性强,便于作业时的收发操作,但存放物资数量有限,是人工作业仓库的主要储存设备。轻型层架多用于小批量、零星收发的小件物资的储存。中型和重型货架要配合叉车等工具储存大件、重型物资,所以其应用比较广泛。

（二）层格式货架

层格式货架的种类和结构与层架类似，区别在于层格式货架的某些层甚至每层中用间隔板分成若干个格。

一般来说，层格式货架每格原则上只能放一种物品，物品不易混淆。其缺点是层间光线暗，对工人操作有影响，存放数量少。层格式货架主要用于规格复杂多样、必须互相间隔开的物品。

四、专用货架

专用货架主要有以下几种。

（一）U 形架（H 形架）

U 形架外形呈 U 字形，组合叠放后呈 H 形。为使其重叠码放和便于吊装作业，在架的两边上端形成吊钩形角顶，如图 9－3 所示。

U 型架结构简单，但强度很高，价格较低，码放时可叠高，因而可提高仓库的利用率。此外，可随货收发，因而节省收发时的倒装手续，可实现机械化操作，可做到定量存放。

U 形架主要用于存放量大的管材、型材、棒材等大型长尺寸金属材料和建筑材料等。

（二）悬臂式长形料架

悬臂式长形料架是由 3～4 个塔形悬臂和纵梁相连而成，如图 9－4 所示。其分单面和双面两种，悬臂架用金属材料制造，为防止材料碰伤或产生划痕，可在金属悬臂上垫上木质衬垫，也可用橡胶带保护。悬臂架的尺寸不定，一般根据所放长形材料的尺寸大小而定。

悬臂式长形料架为边开式货架的一种。其特点是可在架子两边存放货物，但不太便于机械化作业，存取货物作业强度大。一般适于轻质的长条形材料存放，可用人力存取操作。重型悬臂架用于存放长条形金属材料，必须依靠机械进行操作。

（三）栅架

栅架分固定式和活动式两种。材质有用钢材焊接或铆接而成的，也有用钢质与木质混合的钢木结构，规格尺寸有多种。

此种货架存取材料方便，可实现机械化作业；缺点是占地面积大，库容利用率低。其主要用于存放长条形金属材料。

（四）托盘货架

托盘货架是存放装有货物托盘的货架。托盘货架所用材质多为钢材结构，也可用钢筋混凝土结构。其可做单排型连接，也可做双排型连接。图 9－5 为托盘货架实照，其规模大小,视仓库的大小及托盘尺寸的大小而定。

(A) U形货架实照

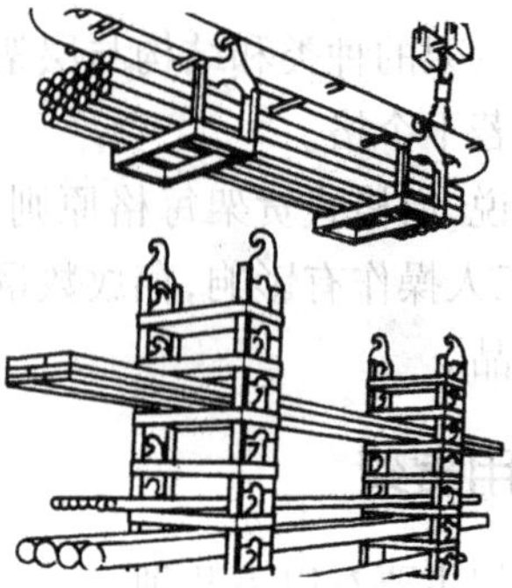

(B) U形货架操作图

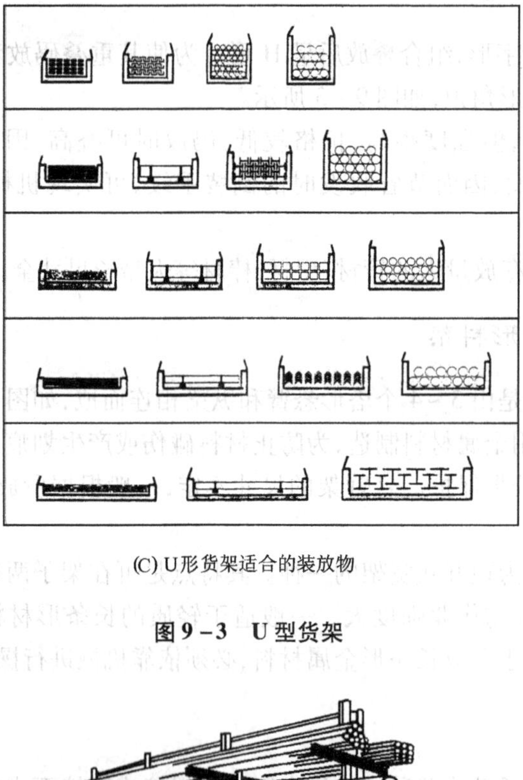

(C) U形货架适合的装放物

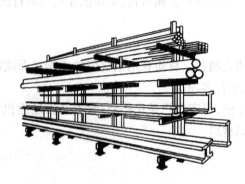

图 9－3 U 型货架

图 9－4 悬臂式货架

图 9－5 托盘货架

在物流过程中，托盘是使用非常多的一种装载货物的工具。用托盘装载货物时，如果将托盘直接堆码，会出现以下问题：

第一，用平托盘直接堆码，两盘之间及最下层的货物会受到挤压，甚至造成货物损坏，这种堆码方法会将先到的货物压在下面，也不能做到先进先出。

第二，当各个托盘装载不同货物时，只能分别单独放置，不能堆码成垛，从而造成库容率降低。

第三，如果使用立柱式托盘或框架式托盘，虽然可以堆码，使货物不受挤压，但堆码不能太高，太高后稳定性差，不安全。

因此，采用托盘货架，每一个托盘占货架上的一个货位，这样能克服上述弊端。

托盘货架可实现机械化装卸作业、单元化存取，较高的托盘货架使用堆垛起重机存取货物，较低的托盘货架可用叉车存取货物，库容利用率可以得到大幅度的提高，可提高劳动生产率，实现高效率的存取作业，便于实现计算机的管理和控制。

五、特种货架

特种货架主要有以下几种。

（一）进车式货架

1. 结构。进车式货架又称驶入式货架，其结构如图 9－6 所示。

这种货架采用钢质结构。钢柱上一定位置有向外伸出的水平突出构件，当托盘送入时，突出的构件将托盘底部的两个边拖住，使托盘本身起架子横梁作用。当架上没有放

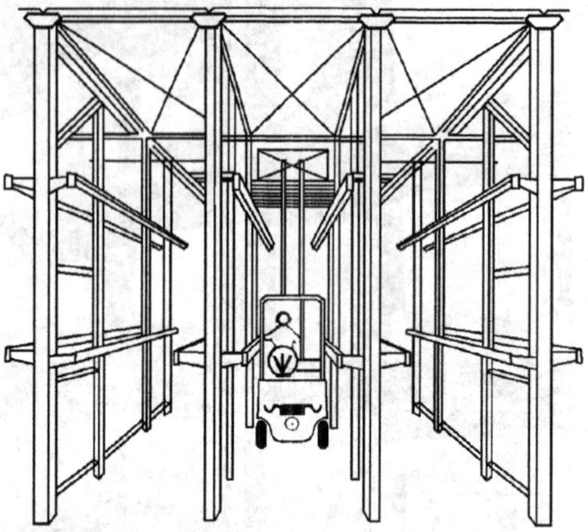

图9-6 进车式货架

托盘货物时,货架正面便成了无横梁状态,这时就形成了若干通道,可方便出入叉车等作业车辆。

2.特点及用途。进车式货架的特点是叉车可直接驶入货架进行作业,叉车与架子的正面成垂直方向驶入,在最里面设有托盘的位置卸放托盘货载,当最里面一排装满之后,再顺序装第二排、第三排……直至装满。取货时再从外向内顺序取货。进车式货架一般来讲一端是封闭的,叉车只能从架子的正面驶入。这样,从一个方面看这种货架可提高库容率及空间利用率;但是,从另一方面看,很难实现先进先出。因此,每一巷道只宜保管同一品种货物,此种货架只适用于保管少品种、大批量以及不受保管时间限制的货物。

进车式货架也可以制成两端都开放的类型,这种类型虽然另一端又增加了叉车通道,因而减少了库房的有效面积,但是,这样一来能起到保管场所及叉车通道的双重作用,也可以解决先进先出的问题。

进车式货架是高密度存放货物的重要货架类型,库容利用率可达90%以上。

(二)移动式货架

1.结构和分类。移动式货架是一种带轮且可移动的货架。在货架下面装有滚轮,在仓库地坪上装有导轨,货架可通过轮子沿导轨移动。

根据驱动方式的不同,移动式货架分为人力摇动式和电力驱动式两种。电力驱动装置通过内设的电机与电缆连接,依靠电机拖动。

2.特点及用途。移动式货架平时互相依靠,密集排列在一起,可以密集储存货物,存取货物时,通过手动或者电力驱动,使货架沿轨道横向移动,形成通道和存取货物的操作空间。并可用这个方法不断变换通道位置,以便于对另一货架进行作业,如果预留的通道比较宽,就可以利用产业车辆和叉车等设备进行存取作业,作业完毕,再将货架移回原来位置。这样,就克服了普通货架每列必须留出固定的通道的弊病,减少了仓库作业通道数,一般只需要留出一条通道的位置就可以了。

据估算，用移动式货架，在同等仓库条件下，可使仓库空间利用率成倍提高。用这种货架，货物存取方便，易于控制。移动式货架除去操作的通道空间两端的货架处于敞开状态之外，在无人看守时，可以将货架锁定，这样一来，紧密相接的货架便可以处于封闭状态，提高了安全性能。

移动式货架主要用于小件、轻体货物的存取。采取现代技术，使设备大型化，也可制成存取大重量物品，如管件、阀门、电机、小型托盘的组合货架等。这种货架尤其适用于环境条件要求高、投资大的仓库，如冷冻、气调等仓库，由于利用率高，就可相应减少环境条件的投资。

（三）装配式货架

1. 结构。装配式货架的柱、梁、层板、隔板等均制成标准件，在柱的两边钻出圆、椭圆、心形或其他形状的孔穴，在孔穴处用紧锁装置进行装配。其尺寸有多种，一般可以形成标准系列。

2. 特点及用途。固定式货架主要是焊接或铆接的，不能拆卸，如货架不合乎要求或仓库位置有变化时，则只能将其丢弃不用，或者花大量费用进行改装。与之相比较，装配式货架则可以避免这些麻烦。装配式货架的特点是可以自由调节长、宽、高度，横隔层也可以上下组装。这种货架可以根据实际需要进行组装或拆卸，对储存空间可以灵活地进行调整，使其与存放物体的体积相适应。这样，可提高货架容积充满系数，增加储存能力，并可满足物资品种、规格变化频率快，新品种层出不穷，变化莫测的市场的需要。

（四）阁楼式货架

1. 结构和分类。阁楼式货架为两层堆叠而成阁楼布置的货架。其结构有的由底层货架承重，上部搭置楼板，形成一层新的库面；有的是由立柱承重，上部搭置楼板形成库面。

2. 特点及用途。阁楼式货架是在已有的仓库工作场地上面建造阁楼，在阁楼上面放置货架或直接放置货物，这就将原有的平房库改为两层的楼库。改造后的库房，相应要配以适当的设备，货物提升可用输送机、提升机、电葫芦，也可用升降台。在阁楼上面可用轻型小车或托盘牵引车进行货物的堆码。

这种货架的特点是充分利用空间，一般用于旧库改造。

一般的旧库，库内有效高度在 4.5 米以上，如果安装一般货架或者就地堆放货物，在操作上受人的身高所限，只能利用 2 米左右，采用阁楼式货架后，可成倍提高原有仓库利用率。

这种货架的主要缺点是，存取货物需要上下阁楼，存取作业效率低。其主要用于存放贮存期较长的中小件货物。

（五）重力式货架

重力式货架又称流动式货架，是现代物流系统中的一种应用广泛的装备。其原理是利用货体的自重，使货体在有一定高度差的通道上，从高处向低处运动，从而完成进货、储存、出库的作业。

1. 结构。重力式货架和一般层架从正面看基本相似，但是，其深度比一般层架深得多，类似许多层架密集靠放，进出货的操作分别在货架的前后两端进行。每一层的隔板做成前端（出货端）低、后端（进货端）高的一定坡度。货物可在本身重力的推动下，从高端向低端自行移动。隔板的版面力求平整、光滑，使之具有滑动性，以便于货体顺滑道从高端向低端滑动。重力式货架也可制成滑道形式，也可安装滑轨、辊子或滚轮，以提高货体的运动性能，这样就可以在保持从高端向低端的运动性的基础上，尽量将坡度做得小一些，使货体在自重的作用下沿滚轮向低端运动。

2. 特点。重力式货架主要有以下特点：

（1）单位库房面积的存储量大。重力式货架是密集型货架的一种，能够大规模密集存放货物，与移动式货架密集存放的功能相比，其规模可做得更大，且从1公斤以下的轻体小件物到集装托盘，乃至小型集装箱都可以采用重力式货架。

（2）由于密集程度很高，减少了通道数量，可有效节约仓库的面积。由普通货架改为重力式货架后，仓库面积可节省近50%。参见图9-7。

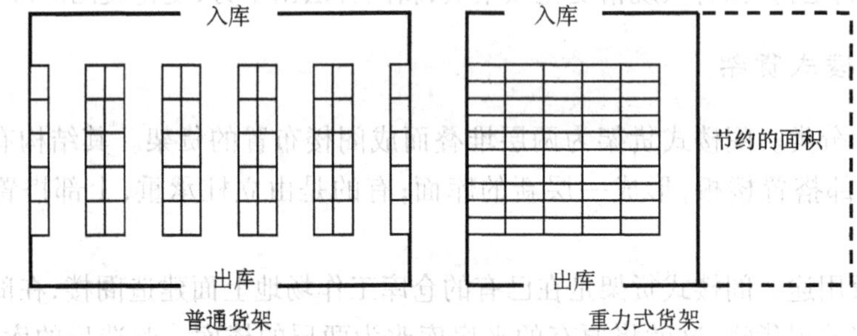

图9-7 重力式货架与一般货架之比较

（3）固定了出入库位置，减少了出入库人员和工具的运行距离。采用普通货架出、入库时，搬运工具如叉车、作业车需要在通道中穿行，易出差错且工具运行线路难以规划，运行距离也长，采用重力式货架后，叉车运行距离可缩短1/3。

（4）由于入库作业和出库作业完全分离，两种作业可各自向专业化、高效率方向发展，且入库、出库时，工具不互相交叉运行，不互相干扰，事故率降低，安全性增加。

（5）与进车式货架等密集存储方式不同，重力式货架可以绝对保证先进先出，因而符合仓库管理现代化的要求。

（6）重力式货架与一般货架比，大大缩小了作业面，有利于进行拣选活动（如图9-8所示），是拣选式货架中很重要的一种，也是储存型拣选货架中重要的一种。

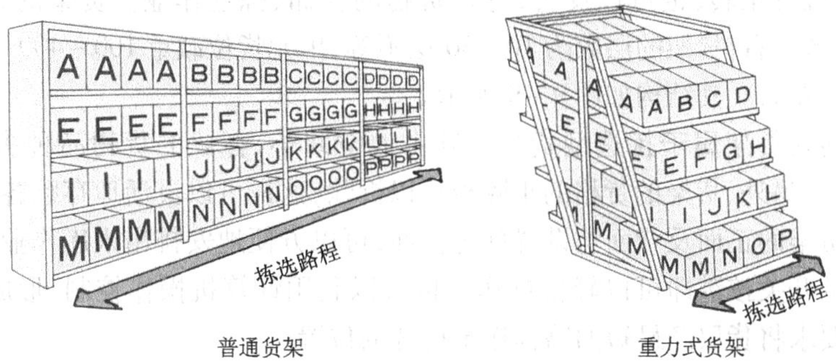

图9-8 重力式货架有利于拣选活动

3. 应用。重力式货架的主要应用领域有两个:一个是进行大量存储;另一个是作为拣选式货架普遍应用于配送中心、转运中心、仓库、商店的拣选配货操作中,也用于生产线的零部件供应线上。大型重力式货架储存量较大,是以储存为主的货架,轻型、小型重力式货架则属于拣选式货架。

(六)滑板式货架

滑板式货架是搁板可以向前方或前后两个方向滑动的货架。滑板式货架骨架为钢质结构,滑板的滑动机构有人力驱动及电动机驱动两种。

滑板式货架可以叠放,这就使得其货格高度可以比一般货架降低,从而增加存货能力,主要用于小件较重物品的存放。其适合配用吊车作业,由于滑板连同货体一起可从货架中拉出,所以能方便从上部进行存取作业,提高效率。

(七)旋转式货架

旋转式货架又称回转式货架。它是适应目前生产及生活资料由少品种、大批量向多品种、小批量发展趋势而发展起来的一类现代化保管贮存货架。这种货架的出现可以满足目前由于货物品种的迅猛增加而产生的新的要求,满足拣选作业的工作量、劳动强度日益增大以及系统日益复杂的要求。

对于所有的货架,货物的拣选方式可以归纳为如下两种方式:一是货物存放在固定的货架内,操作者进行取货;二是货架可以水平、垂直、立体方向回转,货物随货架移动到操作者面前,被操作者选取。旋转式货架属于后一种。

旋转式货架在存取货物时,可用计算机自动控制,也可用控制盘控制,根据下达的货格指令,该货格以最近的距离自动旋转至拣货点停止。这种货架存贮密度大,货架间不设通道,与固定式货架比,可节省占地面积30% ~50%。由于货架可以转动,使拣货路线简捷,拣货效率高,拣选差错少。

根据货架旋转方式的不同,旋转式货架可分为垂直旋转式、水平旋转式、立体旋转式三种。

1. 垂直旋转式货架。这种货架类似垂直提升机,在提升机的两个分支上悬挂有成排的货格,提升机可正转,也可以反转,进行货物的存储、拣选作业。货架的高度为 2 ~ 6 米,正面宽 2 米左右,货架的层数为 10 ~ 30 层不等,单元货位载重 100 ~ 400 公斤,回转速度每分钟 6 米左右。其结构如图 9 – 9 所示。

垂直旋转式货架属于拣选型货架。其占地空间小,存放的货物品种多,最多可达 1 200 种左右。另外,货架的货格的小隔板可以拆除,这样可以灵活地存贮各种长度尺寸的货物。在货架的正面及背面均设置拣选台面,可以方便地安排出入库作业。在旋转控制上用编号的开关按键即可以轻松操作。也可以利用计算机操作控制,形成联动系统,按照指令的要求将货层经最短的路程送至挑选的位置。

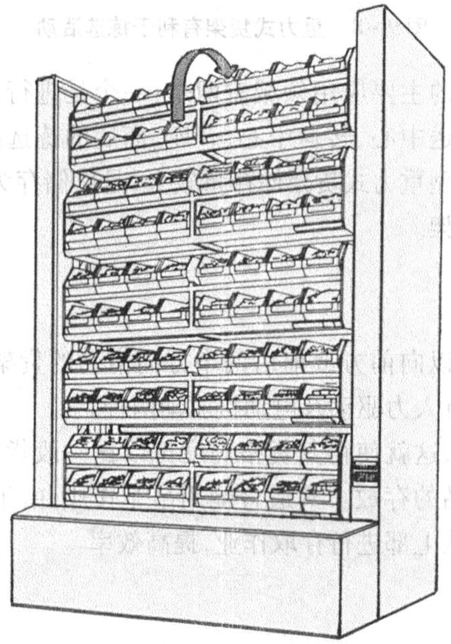

图 9 – 9 垂直旋转式货架

垂直旋转货架主要适用于多品种、拣选频率高的货物。如果取消货格,改成支架,也可用于成卷的货物,如地毯、纸卷、塑料布等的存放。

2. 多层水平旋转式货架。多层水平旋转式货架是一种拣选型货架,这种货架的各层可以独立旋转,每层都有各自的轨道。用计算机操作时,可以同时执行几个命令,使各层货物从近到远,旋转到达拣选面,有序地到达拣选点。拣选的操作人员可以在原地不动等待指定的货位到达后进行拣选,因此,减少了操作的疲劳,拣选效率很高。

此外,这种货架存贮货物品种多达 2 000 种以上,主要用于出入库频率高、多品种拣选的配送中心等领域。

3. 整体水平旋转货架。这种货架由多排货架连接在一起,每排货架又有若干层货格,货架做整体水平式旋转,每旋转一次,便有纵向的一排货架达到拣货面,可对这一排的各层进行拣货。其结构如图 9 – 10 所示。

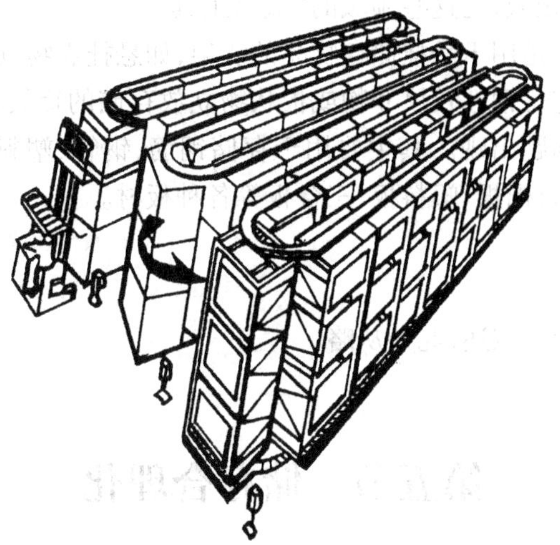

图 9-10 整体水平旋转货架

整体水平旋转式货架每排可放置同种物品，但包装单位不同，如上部货格放置小包装、下部货格放置大包装，拣选时不再计数，只取一个需要数量的包装即可。也可以一排货架不同货格放置互相配套的物品，一次拣选可在一排上将相关物品拣出，轻易地实现配套。这种货架还可做小型分货式货架，每排不同货格放置同种货物，旋转到拣选面后，将货物按各用户分货要求拣出分放在各用户的指定货位，使拣选、分货结合起来。

所以，整体水平旋转货架主要是拣选型货架，也可看成是拣选、分货一体化的货架。

这种货架旋转时动力消耗大，不大适于拣选频度太高的作业，否则会大大提高拣选的成本。所放置货物主要是各种包装单位的货物，种类的容量受货架长度制约，因而所放置的货物种类必然有限，这一特点决定了这种货架不适合于多品种、多频度的拣选需求。

整体水平旋转货架也可制成长度很长的货架，可增大存储容量，但由于动力消耗大，拣选等待时间长，不适于随机方式拣选，在需要成组拣选或可按顺序拣选时可以采用。

整体水平旋转货架规模越大、长度越长，则其拣选功能便逐渐向分货功能转化，成为适用于小型分货领域的分货式货架。

（八）其他专用货架

1. 屏挂式货架。屏挂式货架用于放置小型、超小型物件，如手头需用的必备工具、文具、办公用品、生活物品，正在处理的文书、文件、信件，小型零部件，仪器、仪表等。这些物体用一般货架放置，极易混乱，取放也不方便，采用屏挂式货架则很整齐、直观，能很方便地存取。

屏挂式货架结构特殊，是由屏风面板或墙面板及若干挂篮、挂箱、挂斗、挂袋组成。其采用插挂、吊挂、槽沟啮合等各种方式将屏风板与挂篮等组合在一起。

屏挂式货架非常适合于家庭、办公室、售票处等小件物品种类很多，经常容易出现混乱、差错和找寻困难的领域,是这些领域的"效率工具"。

2. 悬挂式货架。它是用于悬挂储存物品的货架,如悬挂衣物、册簿、雨伞等。

3. 立置式货架。它是钢性长尺寸物或板状物立放存储的货架,可防止由于物品互相堆压而不利于拣取的问题出现。其主要用于存储钢筋、钢管、塑料管、木材等,立置式三角架可用于存放钢板、石棉板、塑料板、三合板等各种板材。

(九)立体货架

立体货架本书有专章叙述,此处从略。

第五节 储存合理化

一、不合理储存

不合理储存主要表现在两个方面:一方面是储存技术不合理,造成了物品的损失;另一方面是储存管理、组织不合理,不能充分发挥储存对整个物流系统的支持作用及优化作用。

不合理储存主要有以下几种形式。

(一)储存时间过长

储存时间从两个方面影响储存这一功能要素的效益,两者彼此消长的结果,形成了储存的一个最佳时间区域。

一方面是经过一定的时间,被储物资可以获得"时间效用";另一方面是随着储存时间的增加,被储物资有形及无形损耗加大,是"时间效用"的一个逆反因素。从"时间效用"角度来考察,有的物资储存一定时间,效用可能增大,时间继续增加,效用也会出现降低,有的物资时间效用甚至可能出现周期性波动(参见图9-11)。因而储存的总效益是确定储存最优时间的依据。

虽然储存时间与储存总效益之间有着复杂的关系,各种被储存的物品不能一概而论,但是,对绝大多数物资来说,过长的储存时间都会影响总效益,因而都属于不合理储存范畴。

(二)储存数量过大

储存数量也主要从两个方面影响储存这一功能要素的效益,这两方面利弊的消长,也使储存数量不是一个恒定的数,而是有一个最佳的区域,超过或者低于这个数量区域的储存量,都是不合理的储存。

储存数量对储存效益的影响是两方面的:

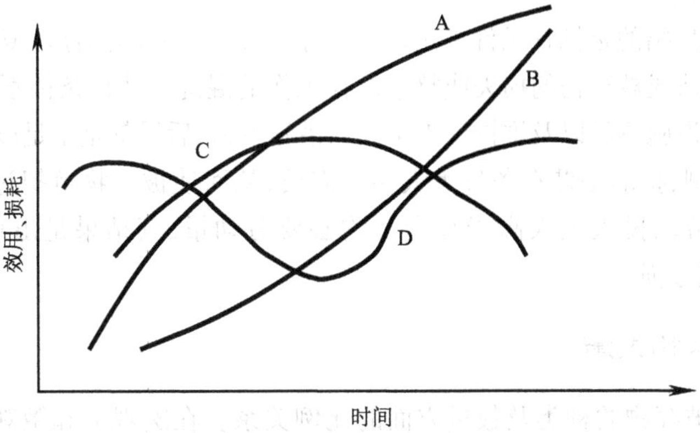

图 9-11 储存时间与效用的关系

一方面，储存以一定数量形成保证供应、保证生产、保证消费的能力。一般而言，单就保证的技术能力而言，数量大可以有效提高这一能力，但是保证能力的提高不是与数量成正比，而是遵从"边际效用"，每增加一单位储存数量，总能力虽会随之增加，但所增加的保证供应能力却逐渐降低，以至到达一定限度之后，再增加储存量对保证能力已基本不产生影响。

另一方面，储存的损失（各种有形及无形的损失）随着储存数量的增加而基本上成比例地增加，储存量越大，损失量也越大；如果管理力量不能也按比例增加的话，甚至还可能出现储存量增加到一定程度，引发损失陡增的现象。

所以，储存数量的增加会引起储存损失无限度增加，而保证能力的增加却是有限度的。因而可以肯定地说，超出一定程度的储存数量是有害而无益的。

（三）储存数量过低

储存数量过低，会严重降低储存对供应、生产、消费的保证能力；储存数量越低，储存的各种损失也会越低。两者彼此消长的辩证结果是：储存数量降低到一定程度，由于保证能力的大幅度削弱，会引起巨大损失，这个损失会直接导致生产停顿、市场脱销的严重问题。其损失远远超过来自于减少储存量从而减少库损、减少利息支出损失等带来的收益。所以，储存量过低，也是会大大损害总效益的不合理现象。

当然，如果能够做到降低储存数量而不降低保证能力的话，数量的降低也是绝对好的现象，在储存管理中，所追求的零库存就是出于此道理。

所以，不合理储存所指的"数量过低"是有前提条件的，即保证能力由数量决定而不由其他因素决定。

（四）储存条件不足或过剩

储存条件也从两方面辩证地影响储存这一功能要素的效益。这两方面利弊消长的结果，也决定了储存条件只能在恰当范围内，条件不足或过分，都会使储存的总效益下降,因而是不合理的。

储存条件不足,指的是储存条件不足以为被存物提供良好的储存环境及必要的储存管理措施,因此往往造成被存物的损失或整个储存工作的混乱。储存条件不足主要反映在储存场所简陋、储存设施不足以及维护保养手段与措施不力,后果都是不足以保护被存物。

储存条件过剩,指的是储存条件大大超过需要,从而使被存物负担过高的储存成本,使被存物的实际劳动投入大大高于社会平均必要劳动量,其结果是出现财务方面的问题,直接导致出现亏损。

(五)储存结构失衡

储存结构是被存物的种类及数量方面的比例关系。在宏观上和微观上,被存物的比例关系都经常会出现失调,这种失调表现在以下几方面:

1. 储存物的品种、规格、花色失调,存在总量正常,但不同品种、规格、花色此有彼无的现象。

2. 不同品种、规格、花色的储存物储存期失调、储存量失调,存在此长彼短或此多彼少的现象。

3. 储存物储存位置的失调,在大范围地理位置上或局部存放位置上存在该有却无、该少却多、该多却少的失调现象。

二、储存合理化

(一)储存合理化的概念

储存合理化的含义是用最经济的办法实现储存对于物流系统的功能。储存的主要功能是满足储存这种需求,实现被存物的"时间价值",这就必须有一定储量。马克思指出:"商品储备必须有一定的量,才能在一定时期内满足需要量。"①这是合理化的前提或本质,如果不能保证储存功能的实现,其他问题便无从谈起了。但是,储存的不合理又往往表现在对储存功能实现的过分强调,因而是过分投入储存力量和其他储存劳动所造成的。所以,合理储存的实质是,在保证储存功能实现的前提下尽量少地投入,从经济学角度来讲,这也是一个投入产出的关系问题。

(二)储存合理化的主要标志

1. 质量标志。保证被存物的质量,是完成储存功能的根本要求,只有这样,商品的使用价值才能通过物流得以最终实现。在储存中增加了多少时间价值或是得到了多少利润,都是以保证质量为前提的。所以,储存合理化的主要标志中,为首的应当是反映使用价值的质量。

现代物流系统已经拥有很有效的维护物的质量、保证被存物价值的技术手段和管理

---

① 《资本论》第2卷,北京:人民出版社,1975年版,第164页。

手段,也正在探索物流系统的全面质量管理问题,即通过物流过程的控制,通过工作质量来保证储存物的质量。

2. 数量标志。在保证储存功能实现的前提下,有一个合理的数量范围,这是储存合理化的重要方面。目前科学管理的方法已能在各种约束条件的情况下,对合理数量范围做出决策,但是较为实用的还是在消耗稳定、资源及运输可控的约束条件下所形成的储存数量控制方法,此点将在后面叙述。

3. 时间标志。在保证储存功能实现的前提下,寻求一个合理的储存时间,这是和数量有关的问题,储存量越大而消耗速率越慢,则储存的时间必然长,相反则必然短。在具体衡量时往往用周转速度指标来反映时间标志,如周转天数、周转次数等。

在总时间一定的前提下,个别被存物的储存时间也能反映合理程度。如果少量被存物长期储存,成了呆滞物,虽反映不到宏观周转指标中去,也标志着储存存在不合理。

4. 结构标志。结构标志是从被存物不同品种、不同规格、不同花色的储存数量的比例关系的角度对储存合理性的判断。尤其是相关性很强的各种物资(例如成套、配套的物资)之间的比例关系更能反映储存合理与否。由于这些物资之间相关性很强,只要有一种物资耗尽,即使其他种物资仍有一定数量,也会因为相关配套物资的缺乏而无法投入使用。所以,不合理的结构影响面并不仅局限在某一种物资身上,而是有扩展性。结构标志的重要性也可由此确定。

5. 分布标志。它是指不同地区储存的数量比例关系,以此判断对当地需求比的保障程度,也可以此判断对整个物流系统均衡性的影响。

6. 费用标志。这是指从实际费用上判断储存的合理与否,如仓租费、维护费、保管费、损失费、资金占用利息支出等。

三、储存合理化的实施要点

(一)进行储存物的ABC分析

ABC分析是实施储存合理化管理的基础分析方法和基础工作。在ABC分析的基础上可以进一步解决各类储存物的结构关系、储存量、重点管理、技术措施等合理化问题。

ABC分析以及进一步实施的重点管理方法,详见本书有关章节。

(二)在ABC分析基础上实施重点管理

在ABC分析基础上实施重点管理,决定各种物资的合理库存储备数量及经济地保有合理储备的办法,乃至实施零库存。

(三)适度集中储存

在形成了一定的社会总规模的前提下,追求经济规模,适度集中库存,这是合理化的重要内容。所谓适度集中库存,是利用储存规模优势,以适度集中储存代替分散的小规模储存来实现合理化。

集中储存是面对两个制约因素,在一定范围内取得优势的办法。这两个制约因素一是储存费,二是运输费。

如果库存过分分散,每一处的储存保证的对象有限,各分库存点之间互相难以调度调剂,则每一处库存都需分别按其保证对象的要求确定库存量。各分散库存之和,往往形成比较大的总量,就会导致总储存费用的增加。

集中储存易于进行调度调剂,集中储存总量可大大低于分散储存之总量。但是,过分集中储存,储存点与用户之间距离长,储存总量虽然降低,但运输距离拉长;储存费用降低而运费支出加大,在途时间长,又迫使周转储备增加。所以,适度集中的含义是主要在这两方面取得最优集中程度。

适度集中库存除在总储存费及运输费之间取得最优之外,还有一系列其他优点:对单个用户的保证能力提高;有利于采用机械化、自动化方式;有利于形成一定批量的干线运输;有利于成为支线运输的始发站。适度集中库存也是"零库存"这种合理化形式的前提条件之一。

(四)加速总的周转,提高单位产出

储存现代化的重要课题是将静态储存变为动态储存。周转速度一快,会带来一系列的合理化好处:资金周转快、资本效益高、货损降低、仓库吞吐能力增加、成本下降等。具体做法诸如采用单元集装存储、建立快速分拣系统、建立有效的信息系统等,都有利于实现快进快出,加速周转。

(五)采用有效的"先进先出"方式

保证每个被存物的储存期不至过长,"先进先出"是一种有效的方式,也是储存管理的准则之一。有效的先进先出技术和管理措施主要有:

1. 贯通式货架系统。利用货架的各层形成贯通的通道,从一端存入物品,从另一端取出物品,物品在通道中自行按先后顺序排队,不会出现越位等现象。贯通式货架系统能从技术上非常有效地保证"先进先出"。

2. "双仓法"储存。给每种被存物都准备两个仓位或货位,轮换进行存取,再配以必须在一个货位中取完之后才可补充新货物的管理规定,则可以保证实现"先进先出"。

3. 计算机存取系统。采用计算机管理,在入库存放时向计算机输入时间记录,编入一个简单的按时间顺序输出的程序,取货时计算机就能按时间给予指示,以保证"先进先出"。这种计算机存取系统还能将"先进先出"和"快进快出"结合起来,即在保证"先进先出"的前提下,将周转快的物资存放在便于放置和取出之处,优先进行存储操作,以加快周转,减少劳动消耗。

(六)提高储存密度,提高仓容利用率

提高储存密度,提高仓容利用率的主要目的是减少储存设施的投资,提高单位存储面积的利用率,以降低成本、减少土地占用。具体有以下三种方法:

1. 采取高垛的方法,增加储存的高度。具体方法有,采用高层货架仓库,利用货架将单位存储面积的储存能力大幅度增加;采用集装箱,利用集装箱堆高的办法提高单位储存能力等。这些方法都可比一般堆存方法大大增加储存密度。

2. 缩小库内通道宽度以增加储存有效面积。具体方法有:采用窄巷道式通道,配以轨道式装卸车辆,以减少车辆运行宽度要求;采用侧叉车、推拉式叉车,以减少叉车转弯所需的宽度;采用门架式吊车,从上部起吊;采用移动式货架,从而减少货架之间通道数量;等等。

3. 减少库内通道数量以增加储存有效面积。具体方法有:采用密集型货架、采用可进车的可卸式货架、采用各种贯通式货架、采用不依靠通道的桥式吊车装卸技术等。

(七)采用有效的储存定位系统

在仓库中,尤其是大型仓库中,入库、出库时寻找货位是花费时间、降低效率的因素,也是容易出差错的环节。储存定位的含义是将被存物的位置确定,以减少这项工作的差错、提高这项工作效率的方法。一个有效的定位系统,能大大节约寻找、存放、取出的时间,节约不少物化劳动及活劳动,而且能防止差错,便于清点及实行订货点等存货的管理方式。

对储存定位系统可采用先进的计算机系统管理,也可采取一般人工管理方式。行之有效的方式主要有:

1. "四号定位"方式。它是用一组四位数字来确定存取位置的固定货位方法,是我国手工管理中采用的科学方法,也是无法完全采用计算机系统的小型仓库可以采取的科学方法。这四个号码是:序号、架号、层号、位号。四个号码形成一组定位的位置码,这就使每一个货位都有一个位置码号,在物资入库时,按规划要求,将物资存储的位置编号记录在账卡上,提货时按四位数字的指示,很容易寻找到储存位置,将货物拣选出来。这种定位方式可对仓库存货区位先做出规划,并能很快地存取货物,有利于提高速度,减少差错。

2. 电子计算机定位系统。这是利用电子计算机储存容量大、检索迅速的优势,在入库时,将存放货位输入电子计算机,出库时向电子计算机发出指令,并按电子计算机的指示人工或自动寻址,找到存放货的位置,拣选取货的方式。电子计算机定位系统可以采取固定货位的方式,也可以采取自由货位的方式。计算机的优势是允许采取自由货位的方式,电子计算机指示入库货物存放在就近易于存取之处,或根据入库货物的存放时间和特点,指示合适的货位,取货时也可就近就便。这种方式可以充分利用每一个货位,而不需专位待货,有利于提高仓库的储存能力,当吞吐量相同时,可比一般仓库减少建筑面积。

(八)采用有效的监测清点方式

对储存物资数量和质量的监测不但是掌握物资的基本情况之必须,也是科学库存控制之必须。在实际工作中稍有差错,就会使账物不符,所以,必须及时、准确地掌握实际储存情况,经常与账卡核对,这无论是人工管理或是计算机管理都是必不可少的。此外,对被存物经常的监测也是掌握被存物质量状况的重要工作。监测清点的有效方式主要有:

1."五五化"堆码。这是我国手工管理中采用的一种科学方法。储存物堆垛时,以"五"为基本计数单位,堆成总量为"五"的倍数的垛形,如梅花五、重叠五等,堆码后,有经验者可过目成数,大大加快了人工点数的速度,且减少了差错。

2.光电识别系统。在货位上设置光电识别装置,该装置对被存物扫描,并将准确数目自动显示出来。这种方式不需人工清点就能准确掌握库存的实有数量。

3.电子计算机监控系统。用电子计算机指示存取,可以防止人工存取易于出现的差错。如果在被存物上采用条形码认寻技术,使识别计数和计算机联结,则每存、取一件物品时,识别装置自动将条形码识别并将其输入计算机,计算机会自动做出存取记录。这样只需向计算机查询,就可了解所存物品的准确情况,而无须再建立一套对实有数的监测系统。

(九)采用现代储存保养技术

采用现代储存保养技术是储存合理化的重要方面。

1.气幕隔潮。在潮湿地区或雨季,室外湿度高且持续时间长,仓库内若想保持较低的湿度,就必须防止室内外空气的频繁交换。一般的情况下,在打开仓库门作业时,便自然形成了空气交换的通道,由于作业的频繁,库外的潮湿空气会很快进入库内,一般库门、门帘等设施隔绝潮湿空气效果不理想。

在库门上方安装鼓风设施,使之在门口处形成一道气流,由于这道气流有较高压力和流速,在门口便形成了一道气墙,可有效阻止库内外空气交换,防止湿气浸入,而并不阻止人和设备出入。气幕还可起到保持室内温度的隔热作用。

2.气调储存。调节和改变环境空气成分,可以抑制被存物的化学变化和生物变化,抑制害虫生存及微生物活动,从而达到保持被存物质量的目的。

调节和改变空气成分有许多方法,可以在密封环境中更换配合好的气体,可以充进某种成分的气体,可以除去或降低某种成分气体等。气调方法对于有新陈代谢作用的水果、蔬菜、粮食等物品的长期储存、保质、保鲜很有效。例如,粮食可长期储存,苹果可储存3个月以上。

气调储存对防止生产资料在储存期的有害化学反应也很有效。

3.塑料薄膜封闭。塑料薄膜虽不能完全隔绝气体,但能隔水隔潮,用塑料薄膜封垛、封袋、封箱,可有效地造就封闭的小环境,阻缓仓库内外空气交换,完全隔绝水分。在封闭环境内如果置入杀虫剂、缓蚀剂,注入某种气体,则内部可以长期保持该种物质的浓度,长期形成一个稳定的小环境。所以,可以用这个方法来进行气调储存,它比气调储存要简便易行且成本较低,也可以用塑料薄膜针对水泥、化工产品、钢材等制作有防水效果的包装材料或者进行防水封装,以防变质和锈蚀。

热缩性塑料薄膜在对托盘货物封装后再经热缩处理,则可基本排除封闭体内部的空气，塑料膜缩贴到被封装物上，不但能有效地与外部环境隔绝，而且还起到紧固包装的作用，形成一个稳固的整体，防止塌垛、散垛。

（十）采用集装箱、集装袋、托盘等运储装备一体化的方式

集装箱等集装设施的出现，给储存带来了新观念，尤其是大型集装箱，本身便是一个仓库，不需要再有传统意义的库房。在物流过程中，也就省去了小件货物在物流各个环节少不了的入库、验收、清点、堆垛、保管、出库等一系列储存作业，因而对改变传统储存作业有很重要的意义，是储存合理化的一种有效方式。

第十章 流通加工

第一节 概　述

一、流通加工的概念

（一）基本理念

1. 流通加工是流通中的一种特殊形式。流通加工是在物品从生产领域向消费领域流动的过程中，为了促进销售、维护产品质量和提高物流效率，对物品进行简单的、适当的加工，使物品发生物理、化学或形状变化的一项活动。

总的来讲，流通加工在流通中仍然和流通总体一样起“桥梁和纽带”作用。但是，它却不是通过保持流通对象的原有形态而实现这一作用的，而是和生产一样，通过改变或完善流通对象的形态来实现“桥梁和纽带”作用的。

2. 流通加工也是加工的一种特殊形式。流通加工的加工可以说是生产过程在流通过程中的延续，流通加工的本质依然是对被加工物进行再生产，所采取的手段是生产性的手段。这种加工除了方便流通之外，还能实现以下两大目标：

第一，对被加工物进行符合目的的改造。在生产加工阶段，这种改造按照总体的需求大规模地进行，进入流通领域之后，已经有明确的用户和明确的需求目标，流通加工就是按照这种精细化之后的明确的用户和明确需求目标进行符合目的的改造。所以，流通加工这个过程不是可有可无的过程，而是必要的过程。当然，这并不是针对所有的产品而言，进行符合目的的改造完全可能在生产阶段全部完成。

第二，对被加工物进行从初级产品到成熟产品的提升改造。与前面“进行符合目的的改造”不完全一样的是，进行符合目的的改造取决于“目的”，因此，这个目的不一定就是“成熟产品”，而这种对被加工物进行从初级产品到成熟产品的提升改造却是单方向的提升改造。

3. 流通加工的定义性描述。现在，对流通加工应当说在经济界有一定的共识，但是，人们对于流通加工的定义却有一定的差别,包括有些重要文件中对流通加工的定义也存在不妥之处,因而引起一定的争议。本书的下述定义仅供参考:

流通加工是物品在从生产者向消费者的流通过程中,为了方便流通和物流的处理,提高物流的效率,保护物品在流通过程中不受损害,增加物品的附加价值,满足客户个性化需求,促进销售而进行的有特点的加工作业。

(二)流通加工与生产加工的区别

流通加工与一般的生产型加工在加工方法、加工组织、生产管理等方面并无显著区别,但在加工对象、加工目的、加工程度方面差别较大,其差别主要有以下几点。

1. 加工对象的差别。流通加工的对象是进入流通过程的商品,具有商品的属性,而生产加工的对象不是商品,而是原材料、零配件、半成品。

2. 加工程度的差别。流通加工大多是简单加工,而不是复杂加工。一般来讲,如果必须进行复杂加工才能形成人们所需的商品,那么,这种复杂加工应专设生产加工过程,生产过程理应完成大部分加工活动。流通加工是生产加工的一种辅助及补充。特别需要指出的是,流通加工绝不是对生产加工的取消或代替。

3. 价值的差别。从价值观点看,生产加工的目的在于创造价值及使用价值,而流通加工则在于完善其使用价值,并在不做太大改变的情况下提高价值。

4. 从业者的差别。流通加工的组织者是从事流通工作的人,能密切结合流通的需要进行加工活动。从加工单位来看,流通加工由商业或物资流通企业完成,而生产加工则由生产企业完成。

5. 加工目的的差别。商品生产是为交换、为消费而生产的,流通加工的一个重要目的,是为了消费(或再生产)所进行的加工,这一点与商品生产有共同之处。但是,流通加工有时候是以自身流通为目的,纯粹是为流通创造条件,这种为流通所进行的加工与直接为消费进行的加工从目的上来讲是有区别的,这又是流通加工不同于一般生产的特殊之处。

二、流通加工的地位及作用

(一)流通加工在物流中的地位

1. 流通加工有效地完善了流通。流通加工在实现时间、场所两个重要效用方面,确实不能与运输和储存相比,因而,不能认为流通加工是物流的主要功能要素。流通加工的普遍性也不能与运输、储存相比,流通加工不是所有物流系统中必然出现的环节。但这绝不是说流通加工不重要,实际上它也是不可轻视的,是对物流起着补充、完善、提高作用的功能要素,它能起到运输、储存等其他功能要素无法起到的作用。所以,流通加工可以描述为是提高物流水平,促进流通向现代化发展的不可缺少的形态。

2. 流通加工是物流中的重要利润源。流通加工是一种低投入高产出的加工方式,往往以简单加工解决大问题。实践证明,有的流通加工通过改变装潢使商品档次提升而充分实现其价值;有的流通加工将产品利用率一下子提高了20% ~50%,这是一般生产加工所难以企及的。根据我国近些年的实践,仅流通加工向流通企业提供利润这一点,其成效也并不亚于从运输和储存中挖掘的利润,是物流中的重要利润源。

3. 流通加工在国民经济中也是重要的加工形式。在整个国民经济的组织和运行中,流通加工是其中一种重要的形态,对推动国民经济的发展和完善国民经济的产业结构和生产分工具有一定的意义。

(二)流通加工的作用

1. 提高原材料利用率。利用流通加工环节进行集中下料,是将生产厂运来的简单规格的产品,按使用部门的要求进行下料。例如:将钢板进行剪板、切裁;木材加工成各种长度及大小的板、方;等等。集中下料可以优材优用、小材大用、合理套裁,有很好的技术经济效果。北京、济南、丹东等城市曾经对平板玻璃进行流通加工(集中裁制、开片供应),一下子将玻璃利用率从60%左右提高到85%~95%。

2. 进行初级加工,方便用户。用量小或临时需要的使用单位,缺乏进行高效率初级加工的能力,依靠流通加工可使使用单位省去进行初级加工的投资、设备及人力,从而搞活供应,提高对用户的服务水平。目前发展较快的初级加工有:将水泥加工成生混凝土,将原木或板方材加工成门窗,冷拉钢筋及冲制异型件,钢板预处理、整形、打孔等。

3. 提高加工效率及设备利用率。由于建立集中加工点,可以采用效率高、技术先进、加工量大的专门机具和设备,将分散加工变成规模加工。这样做的好处有:一是提高了加工质量;二是提高了设备利用率;三是提高了加工效率。其结果是降低了加工费用及原材料成本。例如,一般的使用部门在对钢板下料时,采用气割的方法,这就需要留出较大的加工余量,不但出材率低,而且由于热加工容易改变钢的组织和局部性能,加工质量也不好。在流通过程中设置集中加工环节,由于形成了规模就可以采用高效率的剪切设备,在一定程度上解决了上述问题。

4. 充分发挥各种输送手段的最高效率。流通加工环节将实物的流通分成两个阶段。一般来说,由于流通加工环节设置在消费地,因此,从生产厂到流通加工的第一阶段输送距离长,而从流通加工到消费环节的第二阶段距离短。第一阶段是在数量有限的生产厂与流通加工点之间进行定点、直达、大批量的远距离输送,因此,可以采用船舶、火车等大量、高效输送的手段;第二阶段则是采用配送方式,利用汽车和其他小型车辆来输送经过流通加工后的多规格、小批量、多用户的产品。这样不但可以充分发挥各种输送手段的最高效率,加快输送速度,节省运力运费,而且提高了服务水平,完善了整个物流系统。

5. 改变功能,提高收益。在流通过程中进行一些改变产品某些功能的简单加工,其目的除上述几点外还在于提高产品销售的经济效益。例如,内地的许多制成品(如玩具、时装、轻工纺织产品、工艺美术品等)在深圳进行简单的装潢加工,改善了产品外观,仅此一项就可使产品售价提高20%以上。所以,在物流领域中,流通加工可以成为高附加价值的活动,这种高附加价值的形成,主要是着眼于满足用户的需要,提高服务功能而取得的,是贯彻物流战略思想的表现,是一种低投入、高产出的加工形式。

三、流通加工是生产力发展的产物

流通加工的出现,不但反映了人们对流通理论及观念的改变,更主要的是生产力发展的结果。

(一)流通理论及观念的改变

传统的理论认为,商品流通是以货币为媒介的商品交换,它的重要职能是将生产及消费(或再生产)联系起来,起“桥梁和纽带”作用,完成商品所有权和实物形态的转移。因此,流通与流通对象的关系一般不是改变其形态而创造价值,而是保持流通对象的已有形态,完成商品所有权的转移以及商品实体的空间的位移,实现其“时间效用”及“场所效用”。

长期以来,人们对于流通的传统认识是根本排斥在这个过程中生产性活动的存在,所以,长期以来就不存在流通加工这个概念。但是,许多种不同的流通加工活动在实践中出现并且发展起来,这就逐渐改变了人们的理论和观念,丰富了人们的认识。

流通加工的出现使流通过程明显地具有了一定的生产性,这就改变了长期以来形成的流通是商品价值及使用价值转移过程的旧观念。这样一来,就从理论上明确了流通过程是可以主动创造价值及使用价值的过程,而不单是被动地“保持”和“转移”的过程。所以,流通加工的出现,是流通领域的实践和流通理论及观念的改变的共同结果。

(二)生产力发展的结果

1. 流通加工的出现与大规模生产方式有关。现代生产发展趋势之一是生产规模大型化、专业化,依靠单品种、大批量的生产方法降低生产成本,获取经济的高效益,这样就出现了生产相对集中的趋势。这种生产规模的大型化、生产的专业化程度越高,生产相对集中的程度也必然越高。

生产的集中化进一步引起产需之间的分离。产需分离的表现最初主要在空间、时间及人三个方面,即生产及消费不在同一个地点,而是有一定空间距离;生产及消费在时间上不能同步,存在着一定的“时间差”;生产者及消费者不是处于一个封闭圈内,一部分人生产的产品供给成千上万人消费,而某些人消费的产品又来自其他许多生产者。解决上述分离问题的手段则是运输、储存及交换。

近年来,人们进一步认识到,现代生产引起的产需分离并不局限于上述三个方面,这种分离是深刻而广泛的。第四种重大的分离就是生产及需求在产品功能上的分离。尽管“用户第一”等口号成了许多生产者的主导思想,但是,生产毕竟有生产的规律,大生产的特点之一便是“少品种、大批量、专业化”,产品的功能(规格、品种、性能)往往不能与消费需要密切衔接,虽然现在在一些领域已经开始了精益生产、按订单生产,但毕竟还没有成为主流。解决这一分离问题的方法就是流通加工。所以,流通加工的诞生实际是现代生产发展的一种必然结果。

2. 流通加工的出现还与消费的个性化有关。消费的个性化和产品的标准化之间存在着一定的矛盾,使本来就存在的产需第四种形式的分离变得更严重。本来,解决第四种分离问题可以采取增加一道生产工序或者在用户单位加工改制的方法,但在个性化问题十分突出之后,采取上述措施将会使生产及生产管理的复杂性及难度增加,按个性化生产的产品难以组织高效率、大批量流通。所以,消费个性化的新形势及新观念的出现,就更进一步为流通加工开辟了道路。

3. 流通加工的出现还与人们对流通作用的观念转变有关。在社会再生产全过程中,生产过程是典型的加工制造过程,是形成产品价值及使用价值的主要过程,再生产型的消费就其本质来看也是和生产过程一样,通过加工制造消费了某些初级产品而生产出深加工产品。

历史上,在生产不太复杂、生产规模不大时,所有的加工制造几乎全部集中于生产及再生产过程中,而流通过程只是实现商品价值及使用价值的转移而已。在社会生产向大规模生产、专业化生产转变之后,社会生产越来越复杂,生产的标准化和消费的个性化出现,生产过程中的加工制造常常满足不了消费的要求。由于流通的复杂化,生产过程中的加工制造也常常不能满足流通的要求。于是,加工活动开始部分地由生产及再生产过程向流通过程转移,在流通过程中形成了某些加工活动,这就是流通加工。流通加工的出现使流通过程明显地具有了某种"生产性",改变了长期以来形成的"价值及使用价值转移"的旧观念。这就从理论上明确了对流通的新认识:从价值观念来看,流通过程是可以主动创造价值及使用价值的,而不单是被动地"保持"和"转移"使用价值的过程。因此,人们必须研究流通过程中孕育着多少创造价值的潜在能力,这就有可能通过努力在流通过程中进一步提高商品的价值和使用价值,同时,可以以很少的代价实现这一目标。这样,就引起了流通过程从观念到方法的巨大变化,流通加工则适应这种变化而诞生。

4. 效益观念的树立也是促使流通加工形式得以发展的重要原因。20 世纪后期,效益问题逐渐引起人们的重视,过去人们盲目追求高技术引起了燃料、材料投入的大幅度上升,结果新技术、新设备虽然采用了,但往往得不偿失。20 世纪 70 年代初,第一次石油危机的发生证实了效益的重要性,使人们牢牢树立了效益观念。流通加工可以以少量的投入获得很大的效益,是高效益的加工方式,自然得到很大的发展。所以,流通加工虽然可能不需要采用什么先进技术,但这种方式是现代观念的反映,在现代的社会再生产过程中起着重要作用。

第二节 流通加工的类型

一、增值性流通加工

(一)为弥补生产领域加工不足的深加工

有许多产品在生产领域的加工只能到一定程度,这是由于存在许多限制因素限制了生产领域不能完全实现终极的加工。例如:钢铁厂的大规模生产只能按标准规定的规格生产，以使产品有较强的通用性，使生产能有较高的效率和效益；木材如果在产地制成木制品的话，就会造成运输的极大困难，所以原生产领域只能将木材加工到圆木、板方材这个程度，进一步的下料、切裁、处理等加工则由流通加工完成。这种流通加工实际是生产的延续，是生产加工的深化，对弥补生产领域的加工不足有重要意义。

很明显，这种流通加工的形式有很强的增值性，因为在生产领域所完成的大致是产品的基本形态和功能，属于初级产品形态，而流通加工所赋予的是用户需要的使用价值。

（二）为满足需求多样化而进行的服务性加工

需求存在着多样化和变化两个特点，为满足这种需求，经常是用户自己设置加工环节。例如，生产消费型用户的再生产活动往往从原材料初级处理开始。就用户来讲，现代生产的要求，是生产型用户能尽量减少流程，尽量集中力量从事较复杂的、技术性较强的劳动，而不愿意将大量初级加工包揽下来。这种初级加工带有服务性，由流通加工来完成，生产型用户便可以缩短自己的生产流程，使生产技术密集程度提高。

对一般消费者而言，则可省去烦琐的预处置工作，而集中精力从事较高级的、能直接满足需求的劳动。

（三）为提高原材料利用率的流通加工

流通加工具有综合性强、用户多的特点，可以合理规划、合理套裁、集中下料，从而有效提高原材料利用率，减少损失浪费。

（四）为提高加工效率的流通加工

许多生产企业的初级加工由于数量有限，加工效率不高，也难以投入先进技术。流通加工以集中加工的形式克服了单个企业加工效率不高的弊端。以一家流通加工企业代替若干生产企业的初级加工工序，促进了生产水平的提高。

（五）以提高经济效益、追求企业利润为目的的流通加工

流通加工的一系列优点，可以形成一种“利润中心”的经营形态，这种类型的流通加工是经营的一环，在满足生产和消费要求的基础上取得利润，同时在市场和利润的引导下使流通加工的作用在各个领域中能够有效地发挥。

二、增效性流通加工

（一）为保护产品所进行的加工

在物流过程中，直到用户投入使用前都存在对产品的保护问题，要防止产品在运输、储存、装卸、搬运、包装等过程中遭到损失，使使用价值能够顺利实现。为保护产品所进行的加工并不改变进入流通领域的“物”的外形及性质。这种加工主要采取稳固、改装、冷冻、保鲜、涂油等方式进行。

(二)为提高物流效率、方便物流的加工

有一些产品由于其本身的形态使之难以进行物流操作,如鲜鱼的装卸、储存操作困难,过大的设备搬运、装卸困难,气体物运输、装卸困难等。进行流通加工,可以使物流的各环节易于操作,如鲜鱼冷冻、过大设备解体、气体液化等。这种加工往往改变“物”的物理状态,但并不改变其化学特性,最终仍能恢复产品原来的物理状态。

(三)为促进销售的加工

流通加工可以从若干方面起到促进销售的作用。例如:将过大包装或散装物(这是提高物流效率所要求的)分装成适合一次销售的小包装的分装加工;将原来以保护产品为主的运输包装改换成以促进销售为主的装潢性包装,以起到吸引消费者、指导消费的作用;将零配件组装成用具、车辆以便于直接销售;将蔬菜、肉类洗净切块以满足消费者要求;等等。这种流通加工可能是不改变“物”的本体,只进行简单改装的加工,也有许多是组装、分块等深加工。

(四)衔接不同运输方式,使物流合理化的加工

在干线运输及支线运输的结点设置流通加工环节,可以有效解决大批量、低成本、长距离干线运输与多品种、少批量、多批次末端运输和集货运输之间的衔接问题。在流通加工点与大生产企业间形成大批量、定点运输的渠道,又以流通加工中心为核心,组织对多用户的配送,也可在流通加工点将运输包装转换为销售包装,从而有效衔接不同目的的运输方式。

(五)生产—流通一体化的流通加工形式

依靠生产企业与流通企业的联合,或者生产企业涉足流通,或者流通企业涉足生产,形成对生产与流通加工进行合理分工、合理规划、合理组织,统筹进行生产与流通加工的安排,这就是生产—流通一体化的流通加工形式。这种形式可以促成产品结构及产业结构的调整,充分发挥企业集团的经济技术优势,是目前流通加工领域的新形式。

第三节　流通加工方法

一、流通加工的重要原则

简单作业是流通加工的重要原则,这里面包含三个重要内容:

第一,流通加工本身的投入应当少而精。就是以最少的投入来解决问题,投入的力量应当是精干的力量,要保证加工的效率和质量,不能降低流通加工投入的水平。流通

加工如果违背了简单作业的原则，则不仅会占用相当长的流通时间，而且需要投入大量的人力、设备力和物力，其结果是由于增加了物流的成本而使商品的成本增加。

第二，对物流对象应当尽量少改变。物流对象的使用价值是在生产加工过程中实现的，这个实现要付出一定的代价，要经过相应的规划、设计，原材料的选用以及添加加工工艺等一系列科学的、精细的工作才能够完成。流通加工毕竟不是生产过程，又受到流通过程条件和加工水平的局限，对物流对象大的改变显然不具备可行性。另外，在实践中如果发现需要对物流对象进行大的改变，应该转移到生产过程中去完成，这也是流通过程的使命。

第三，流通加工的作业简单易行。流通过程中的管理和领导力量、科技力量、业务人员的水平、装备力量与生产过程相比较不属于同一个水平，因此，流通加工的作业必须简单易行，才具备可行性。

特别需要说明的是，以上所说的重要原则是普遍性的原则。有相当数量的流通加工，例如本书列举的水泥熟料在使用地磨制水泥的流通加工、集中搅拌供应商品混凝土和钢材等生产资料的流通加工，需要有大的投入，需要有设备、装置，是不是违背了简单化的原则呢？如果不做横向比较而做纵向比较，依然可以说没有违背这个原则，因为和水泥、钢材等生产资料的生产过程相比较，上述流通加工还是简单得多。

二、流通加工的主要作业内容

流通加工的主要作业内容有包装、分割、分装、组合、计量、拣选、分拣、刷标志、拴标签、组装等。

（一）以包装为主体的作业

流通加工之中的包装在作业方面与生产包装不同，要求有很强的机动灵活性。生产包装是按照生产设计大量重复进行的；流通加工的包装主要按照用户的要求进行，具有一定的个性化。因此，流通加工包装中所采取的包装物规格、包装作业操作都很难事先规划和设计成固有的模式。

流通加工的包装作业主要有：

1. 散装或小包装的适度包装作业。将无包装的散装物进行不同程度的包装，或者对有内包装、销售包装的小包装体进行集合包装。

2. 没有包装的大件货物拆解、分割及包装作业。长、大、重的结构性的大件货物通过拆解作业之后用包装材料进行包装作业，变成新的包装体；对于原材料性的大件货物，进行下料、打碎、磨细等加工操作，之后进行不同程度的集合变成新的包装体。

3. 大包装货物的分割、分装包装作业。将大包装货物拆装，将拆装之后的货物重新包装成小包装体提供给用户，也可以对小包装体进行不同数量的组合，做出新的集合包装。

4. 不同种类货物拆装、分拣及重新组合包装。将若干种不同种类货物拆装，进行分拣，并按新的要求进行配货，将不同种类的货物进行不同数量的组合，做出新的集合包装。

(二)以加工制造为主体的作业

流通加工中的加工制造和生产环节中的加工制造的主要不同之处在于流通加工中的加工制造是对生产环节的补充和完善。也可以这样认识流通加工中的加工制造:这是从总体上而不是单从生产或者流通的角度进行优化的结果。如果从生产的全过程来看,一个非常长的生产过程的其中一部分生产环节设置于流通过程之中,处于流通过程之中的这个生产环节,就是我们所说的流通加工。

一般来讲,流通加工中的加工制造是处于生产过程两端的流通过程之中,这样它所起的作用才是补充和完善作用。

流通加工以加工制造为主体的作业主要有:

1. 原材料下料等准备性的加工作业。长期以来,原材料下料等作业都是在企业中完成的,完成之后就进入到生产工序,这也是一种"小而全"的生产方式。这种方式对有大批量需求的生产企业有比较高的加工效率,但是,对于规模比较小的生产企业,要专门配备这一道工序代价非常高,而且任务也不饱满。将原材料下料等准备性的加工作业向上转移到流通领域进行流通加工,可以形成规模性的加工作业,可以面向多个用户的需求,可以采用更科学的下料规划,因此,有较好的技术经济效益。

2. 对生产过程所需物资实施配送所进行的加工配货作业。实施物资配送所进行的配货作业,除了简单的组配之外,还经常需要对配送物按照不同的需求进行各种不同的加工作业,以满足配货的要求。

3. 为适应市场的需要对产品进行的加工作业。大量而且成批生产的产品,虽然是按照社会总需求进行规划和生产的,但是很难满足个性化的需求,从个性化需求角度对产品进行的加工作业是衔接大生产与个性化小需求的重要的流通加工方式。

4. 将接近用户的生产环节转移到流通过程中实现。从优化角度出发,将某些生产环节转移到流通过程中实现,实际上是在流通过程中通过流通加工完成了生产过程。

(三)以方便物流、提高物流水平为主体的作业

1. 减少数量、提高效率的作业。这项流通加工活动的作业是减量作业,需要通过各种减量的加工活动来完成,如拣选、除杂、浓缩、精炼等。

2. 保证货物质量和品质的作业。保证进入到流通过程中的货物质量和品质是流通过程的一项重要原则。这项作业除了保护性的包装作业之外还有许多重要的作业方式,如加固、化学处理、温度处理等。

3. 防止灾害损失的作业。灾害损失巨大,通过一定的投入,用各种技术手段、管理手段和加工措施可以有效地解决这个问题。

4. 改变和选择物流方式的作业。物流方式的确立与货物本身的性能和状态有关,通过改变货物本身的性能和状态可以达到改变和选择新的物流方式的目的,例如把气体物压缩成液体从而选择新的物流方式,就是靠这种流通加工实现的。

第四节 主要的流通加工

一、水泥熟料在使用地磨制水泥的流通加工

在需要长途运入水泥的地区，变运入成品水泥为运进熟料这种半成品，在该地的流通加工点（磨细工厂）磨细，并根据当地资源和需要的情况掺入混合材料及外加剂，制成不同品种及标号的水泥供应给当地用户，这是水泥流通加工的重要形式之一。在国外，采用这种物流形式已有一定的比例。在需要经过长距离输送供应的情况下，以熟料形态代替传统的粉状水泥有很多优点：

第一，可以大大降低运费、节省运力。运输普通水泥和矿渣水泥平均约有30%以上的运力消耗在矿渣及其他各种加入物上。在我国水泥需用量较大的地区，工业基础大都较好，当地又有大量工业废渣，如果在使用地区对熟料进行粉碎，可以根据当地的资源条件选择混合材料的种类，这样就节约了消耗在混合材料上的运力和运费。同时，水泥输送的吨位也大大减少，有利于缓和铁路运输的紧张状态。

第二，可按照当地的实际需要大量掺加混合材料。生产廉价的低标号水泥，发展低标号水泥的品种，就能在现有生产能力的基础上更大限度地满足需要。我国大、中型水泥厂生产的水泥，平均标号逐年提高，但是目前我国使用水泥的部门需要大量较低标号的水泥。然而，大部分施工部门没有在现场加入混合材料来降低水泥标号的技术力量和设备，因此，不得已使用标号较高的水泥，这是很大的浪费。如果以熟料为长距离输送的形态，在使用地区加工粉碎，就可以按实际需要生产各种标号的水泥，尤其可以大量生产低标号水泥，减少水泥长距离输送的数量。

第三，容易以较低的成本实现大批量、高效率的输送。从国家的整体利益来看，在铁路输送中运力利用率比较低的输送方式显然不是发展方向。如果采用输送熟料的流通加工形式可以充分利用站、场、仓库现有的装卸设备，又可以利用普通车皮装运，比之散装水泥方式具有更好的技术经济效益，更适合于我国的国情。

第四，可以大大降低水泥的输送损失。水泥的水硬性是在充分磨细之后才表现出来的，但是也正因为如此，水泥容易受潮变质。而没有磨细的熟料抗潮湿的稳定性很强，所以，输送熟料也可以基本防止由于受潮而造成的损失。此外，颗粒状的熟料也不像粉状水泥那样易于散失、易于造成环境污染。

第五，能更好地衔接产需，方便用户。从管理的角度看，长距离输送是定点直达的渠道，这对于加强计划性、简化手续、保证供应等方面都有利。采用长途输送熟料的方式，水泥厂就可以与有限的熟料粉碎工厂之间形成固定的直达渠道，能实现经济效果较优的物流；水泥的用户也可以不出本地区而直接向当地的熟料粉碎工厂订货，因而更容易沟通产需关系，具有明显的优越性。

二、集中搅拌供应商品混凝土

改变以粉状水泥供给用户,由用户在建筑工地现制现拌混凝土的习惯使用方法,而将粉状水泥输送到使用地区的流通加工点(集中搅拌混凝土工厂或称商品混凝土工厂),在那里搅拌成商品混凝土,然后供给各个工地或小型构件厂使用,这是水泥流通加工的另一种重要方式。它有优于直接供应或购买水泥在工地现制混凝土的技术经济效益,因此,受到许多工业发达国家的重视。这种流通加工的形式有以下优点:

第一,这种流通加工方式,把水泥的使用从小规模的分散形态改变为大规模的集中加工形态,因此,可以充分应用现代科学管理技术组织现代化的大生产;可以发挥现代设备和现代化管理方法的优势,大幅度地提高生产效率和混凝土质量;集中搅拌,可以采取准确的计量手段和最佳的工艺;可以综合考虑外加剂及混合材料的影响,根据不同需要,大量使用混合材料拌制不同性能的混凝土;能有效控制骨料质量和混凝土的离散程度,可以在提高混凝土质量、节约水泥、提高生产率等方面都有所获益,具有大生产的一切优点。例如,制造每立方米混凝土的水泥使用量,采用集中搅拌一般能比分散搅拌减少20~30公斤。

第二,与分散搅拌比较,相等的生产能力,集中搅拌的设备在吨位、设备投资、管理费用、人力及电力消耗等方面,都能大幅度降低。由于生产量大,可以采取措施回收使用废水,防止各分散搅拌点排放洗机废水造成的污染,有利于环境保护。由于设备固定不动,还可以避免因经常拆建所造成的设备损坏,延长设备的寿命。

第三,采用集中搅拌的流通加工方式,可以使水泥的物流更加合理。这是因为,在集中搅拌站(厂)与水泥厂(或水泥库)之间可以形成固定的物流渠道,这些渠道的数目大大少于分散使用水泥的物流渠道数目,在这些有限的物流渠道之间,就容易采用高效率、大批量的输送形式,有利于提高水泥的散装率。在集中搅拌场所内还可以附设熟料粉碎设备,实现熟料粉碎及拌制商品混凝土两种流通加工形式的结合。另外,采用集中搅拌混凝土的方式,也有利于新技术的推广应用,大大简化建筑工程工地材料的管理,节约施工用地等。

三、钢材剪板及下料加工

热连轧钢板和钢带、热轧厚钢板等板材最大交货长度可达7~12米,有的是成卷交货。这种长度对于使用钢板的用户来说,大、中型企业由于消耗批量大可设专门的剪板及下料加工设备,按生产需要进行剪板、下料加工;但是,对于使用量不大的企业和多数中、小型企业来讲,单独设置剪板、下料的设备不仅需要很大的投资,同时存在设备闲置时间长、人员浪费大、不容易采用先进方法的问题,流通加工可以有效地解决这一问题。

剪板加工是在固定地点设置剪板机进行下料加工或设置种种切割设备将大规格钢板裁小,或切裁成毛坯,这样一来就可以降低销售起点,便利用户。我国曾经在北京大兴设置的剪板厂,就是专门对进口卷板进行剪板加工,然后将小规格钢板进行销售的流通加工企业。

集中下料加工目前专设于流通部门的还很少见,主要是大型企业集中安装设备进行此项工作。

钢板剪板及下料的流通加工有如下优点:

第一,由于这种自然环境可以选择加工方式,加工后钢材的晶相组织较少发生变化,可保证原来的交货状态,因而有利于进行高质量加工。

第二,加工精度高,可减少废料、边角料,也可减少再进行机加工的切削量,既可提高再加工效率,又有利于减少消耗。

第三,由于集中加工可保证批量及生产的连续性,可以专门研究此项技术并采用先进设备,从而大幅度提高效率和降低成本。

第四,可以集中回收和利用加工的边、角、余料及废料,有利于资源的节约,有利于逆向物流。

第五,对于用户来讲,能简化生产环节,提高生产水平。

与钢板的流通加工类似,还有圆钢、型钢、线材的集中下料、线材冷拉加工等。

四、木材的流通加工

(一)磨制木屑、压缩输送

磨制木屑、压缩输送是一种为了实现流通的加工。木材是比重轻的物资,在运输时占有相当大的容积,往往使车船满装但不能满载,同时,装车、捆扎也比较困难。从林区外送的原木中有相当一部分是造纸材,美国采取在林木生产地就地将原木磨成木屑,然后压缩成比重较大、容易装运的形状,之后运至靠近消费地的造纸厂的方法,取得了较好的效果。根据美国的经验,采取这种办法比直接运送原木节约一半的运费。

(二)集中开木下料

在流通加工点将原木锯截成各种规格的锯材,同时将碎木、碎屑集中加工成各种规格的板,甚至还可进行打眼、凿孔等初级加工。过去用户直接使用原木不但加工复杂、加工场地大、加工设备多,更严重的是资源浪费大,木材平均利用率不到50%,平均出材率不到40%。实行集中下料,按用户要求供应规格料,可以使原木利用率提高到95%,出材率提高到72%左右,有相当好的经济效益。

五、煤炭及其他燃料的流通加工

(一)除矸石加工

除矸石加工是以提高煤炭纯度为目的的加工形式。一般煤炭中混入的矸石有一定发热量,混入一些矸石是允许的,也是较经济的。但是,有时不允许煤炭中混进矸石,在运力十分紧张的地区要求充分利用运力,多运“纯物质”,少运矸石,在这种情况下,可以采用除矸石的流通加工以排除矸石。

(二)为管道输送煤浆进行的煤浆加工

煤炭的运输主要采用运输工具载运方法,运输中损失浪费较大,又容易发生火灾。采用管道运输是近代兴起的一种先进技术。目前,某些发达国家已开始投入运行,有些企业内部也采用这一方法进行燃料输送。在流通的起始环节将煤炭磨成细粉,煤炭本身便有了一定的流动性,再用水调和成浆状则具备了流动性,可以像其他液体一样进行管道输送。这种方式不与现有运输系统争夺运力,输送连续、稳定而且快速,是一种经济的运输方法。

(三)配煤加工

在使用地区设置集中加工点,将各种煤及一些其他发热物质按不同配方进行掺配加工,生产出各种不同发热量的燃料,称配煤加工。这种加工方式可以按需要发热量生产和供应燃料,防止出现热能浪费、“大材小用”的情况;也能防止发热量过小、不能满足使用要求的情况出现。工业用煤经过配煤加工还可以起到便于计量控制、稳定生产过程的作用,在经济及技术上都有价值。

(四)防止煤炭自燃的流通加工

物流过程中,大量储存的煤炭一个很大的危险是自燃。自燃不但造成煤炭的严重损失,而且会对环境造成污染,严重的还会造成火灾灾害。因此,需要采取保护、防范措施防止煤炭自燃,这是煤炭物流过程中的特殊流通加工形式。

(五)天然气、石油气等气体的液化加工

由于气体输送、保存都比较困难,天然气及石油气往往只好就地使用,如果当地资源充足而使用不完,往往就地燃烧掉,造成浪费和污染。两气的输送可以采用管道,但因投资大、输送距离有限,也受到制约。在产出地将天然气或石油气压缩到临界压力之上,使之由气体变成液体,就可以用容器装运,使用时机动性也较强,这是目前采用较多的方式。

六、平板玻璃的流通加工

平板玻璃的“集中套裁,开片供应”曾经是我国重要的流通加工方式,这种方式是在城镇中设立若干个玻璃套裁中心,负责按用户提供的图纸统一套裁开片,向用户供应成品,用户可以将其直接安装到采光面上。在此基础上也可以逐渐形成从工厂到套裁中心的稳定的、高效率的、大规模的平板玻璃“干线输送”,以及从套裁中心到用户的小批量、多户头的“二次输送”这样一种现代物流模式。这种方式的好处是:

第一,平板玻璃的利用率可由不实行套裁时的62% ~65%提高到90%以上。

第二,可以促进平板玻璃包装方式的改革,从工厂向套裁玻璃的流通中心运输平板

玻璃，如果形成固定渠道便可以搞大规模集装，这样不但节约了大量包装用木材，而且可防止流通中平板玻璃大量破损。

第三，套裁玻璃的流通中心按用户需要裁制，不仅能够提高对用户的服务水平，满足用户要求，而且有利于玻璃生产厂简化规格，搞单品种大批量生产。这不但能提高工厂生产率，而且可以简化工厂切裁、包装等工序，使工厂能集中力量解决生产问题。

第四，现场切裁玻璃劳动强度大，废料也难于处理，搞集中套裁可以广泛采用专用设备进行裁制，废玻璃相对数量少并且易于集中回收处理和逆向物流。

七、生鲜食品的流通加工

（一）冷冻加工

冷冻加工是为解决鲜肉、鲜鱼在流通中保鲜及搬运装卸的问题，采取低温冻结方式的加工。这种方式也用于某些液体商品、药品等。

（二）分选加工

农副产品规格、质量离散情况较大，为获得一定规格的产品，采取人工或机械分选的方式加工称为分选加工。这种加工广泛用于果类、瓜类、谷物、棉毛原料等。

（三）精制加工

农、牧、副、渔等产品精制加工是在产地或销售地设置加工点，去除无用部分，甚至可以进行切分、洗净、分装等加工。这种加工不但大大方便了购买者，而且还可以对加工的淘汰物进行综合利用。比如：对鱼类的精制加工所剔除的内脏可以制成某些药物或饲料，鱼鳞可以制高级黏合剂，头尾可以制鱼粉等；蔬菜的加工剩余物可以制饲料、肥料等。

（四）分装加工

许多生鲜食品零售起点较小，而为保证高效输送出厂，包装则较大，也有一些是采用集装运输方式运达销售地区。为了便于销售，在销售地区按所要求的零售起点进行新的包装，即大包装改小、散装改小包装、运输包装改销售包装，这种方式就是流通加工领域的分装加工。

八、机械产品及零配件的流通加工

（一）组装加工

多年以来，自行车及某些机电设备储运困难较大，主要原因是不易进行包装，如进行防护包装，包装成本过大，并且运输装载困难，装载效率低，流通损失严重。但是，这些货物有一个共同特点，即装配较简单，装配技术要求不高，主要功能已在生产中形成，装配后不需进行复杂检测及调试就可以恢复原来产品的形状及性能。所以，为解决储运问题,降低储运费用,采用了半成品(部件)高容量包装出厂,在消费地拆箱组装的方式。组装一般由流通企业在所设置的流通加工点进行,组装之后随即进行销售,这种流通加工方式近年来已在我国广泛采用。

(二)石棉橡胶板的开张成型加工

石棉橡胶板是机械装备、热力装备、化工装备中经常使用的一种密封材料,单张厚度3毫米左右,单张尺寸有的长达4米,不但难于运输,而且在储运过程中极易发生折角等损失,尤其是用户单张购买时更容易发生这种损失。此外,许多用户所需的垫塞圈,规格比较单一,不可能安排不同尺寸垫圈的套裁,利用率也很低。石棉橡胶板开张成型加工,是按用户所需垫塞物体尺寸裁制好进行供应,不但方便用户使用及方便储运,而且可以安排套裁,提高利用率,减少边角余料损失,降低成本。这种流通加工套裁的地点一般设在使用地区,由供应部门组织。

九、以垃圾减量为目的的流通加工

现代社会,垃圾处理的问题是一个非常大的问题,是一个世界性的问题。垃圾减量应当从源头开始。对于一个城市来讲,垃圾产生的源头一个是生产领域,一个是流通领域。流通领域是垃圾产生的重要源头。例如,曾经是北方冬天主导蔬菜的大白菜,离开生产地点之后,在流通过程中会产生20%左右的蔬菜垃圾,如果能够在源头上得到有效的处理就会减少大量的最终垃圾。

第五节　流通加工合理化

一、不合理流通加工的形式

流通加工是在流通领域中对生产的辅助性加工,从某种意义来讲它不仅是生产过程的延续,实际上还是生产本身或生产工艺在流通领域的延续。这个延续可能有正、反两方面的作用,即一方面可能有效地起到补充完善的作用,但是,也必须估计到另一个可能性,即对整个过程的负效应。各种不合理的流通加工都会产生抵消效益的负效应。

不合理流通加工形式有如下几种。

(一)流通加工地点设置不合理

流通加工地点设置即布局状况是整个流通加工是否有效的重要因素。一般而言,为衔接单品种大批量生产与多样化需求的流通加工,加工地设置在需求地区,才能实现大批量的干线运输与多品种末端配送的物流优势。如果将流通加工地设置在生产地区,则会出现明显的不合理,其不合理之处在于:

第一，加工之后的多样化的产品，必然会出现多品种、小批量由产地向需求地的长距离运输，从而形成不合理。

第二，在生产地增加了一个加工环节，同时也增加了近距离运输、装卸、储存等一系列物流活动。

所以，在这种情况下，不如由原生产单位完成这种加工而无须设置专门的流通加工环节。

一般而言，为方便物流的运行，加工环节应设在产出地，设置在进入社会物流之前，如果将其设置在物流之后，即设置在消费地，则不但不能解决物流问题，反而在流通中增加了一个中转环节，因而也是不合理的。

即使是在产地或需求地设置流通加工的选择是正确的，还有流通加工在小地域范围的正确选址问题，如果处理不善，仍然会出现不合理。这种不合理主要表现在交通不便，流通加工点与生产企业或用户之间距离较远，流通加工点的投资过高（如受选址的地价影响），加工点周围社会、环境条件不适宜等。

（二）流通加工方式选择不当

流通加工方式包括流通加工对象、流通加工工艺、流通加工技术、流通加工程度等。流通加工方式的确定实际上是与生产加工的合理分工。分工不合理，本来应由生产加工完成的，却错误地由流通加工完成，本来应由流通加工完成的，却错误地由生产过程去完成，都会造成不合理。

流通加工不是对生产加工的代替，而是对生产加工的一种补充和完善。所以，一般而言，如果工艺复杂，技术装备要求较高，或加工可以由生产过程延续或轻易解决的，都不宜再设置流通加工，尤其不宜与生产过程争夺技术要求较高、效益较高的最终生产环节，更不宜利用一个时期市场的压力使生产者变成初级加工或前期加工者，而由流通企业完成装配或最终形成产品的加工。如果流通加工方式选择不当，就会出现与生产夺利的恶果。

（三）流通加工作用不大，形成多余环节

有的流通加工过于简单，或对生产及消费者作用不大，甚至有时由于流通加工的盲目性，未能解决品种、规格、质量、包装等问题，相反却增加了成本，这也是流通加工不合理的重要表现。

（四）流通加工成本过高，效益不好

流通加工之所以能够有生命力，重要优势之一是有较大的产出投入比，因而起着补充完善的作用。如果流通加工成本过高，则不能实现以较低投入实现更高使用价值的目的。除了一些必需的，从政策要求出发即使亏损也应进行的加工外，都应看成是不合理的。

二、流通加工合理化

流通加工合理化的含义是实现流通加工的最优配置,不仅做到避免各种不合理,使流通加工有存在的价值,而且做到最优的选择。

为避免各种流通加工不合理现象,对是否设置流通加工环节,在什么地点设置,选择什么类型的加工,采用什么样的技术装备等,需要做出正确抉择。目前,国内在进行这方面合理化的实践中已经积累了一些经验,取得了一定成果。

实现流通加工合理化主要考虑以下几个方面。

(一)加工与配送相结合

加工与配送相结合是将流通加工设置在配送点中,一方面按配送的需要进行加工,另一方面加工又是配送业务流程中分货、拣货、配货中的一环,加工后的产品直接投入配货作业,而无须单独在配送点之外设置一个加工的中间环节,使流通加工有别于独立的生产,将流通加工与中转流通巧妙地结合在一起。同时,由于配送之前有加工,可使配送服务水平大大提高,这是当前对流通加工合理选择的重要形式,在生活资料领域已经被广泛地采用,在煤炭、水泥等产品的流通中也已显现出较大的优势。

(二)加工和配套相结合

在对配套要求较高的流通中,配套的主体来自各个生产单位。但是,完全配套有时无法全部依靠现有的生产单位,进行适当的流通加工,可以有效促成在更广泛领域内社会资源的配套,更有效地发挥流通的"桥梁与纽带"的作用。

(三)加工与合理运输相结合

流通加工能有效衔接干线运输与支线运输,促进两种运输形式的合理化。支线运输转干线运输或干线运输转支线运输是本来就必须停顿的环节,在停顿过程中,按下一步干线或支线运输的合理的要求进行适当加工,可大大提高运输及转载水平。

(四)加工与合理商流相结合

通过加工有效促进销售,使商流合理化,也是流通加工合理化的努力方向之一。加工与配送的结合,提高了配送水平,强化了销售,是加工与合理商流相结合的一个成功的例证。此外,通过简单地改变包装加工,形成方便的购买量,通过组装加工解决用户使用前进行组装、调试的难题,都可以有效促进商流。

(五)加工与节约相结合

节约能源、节约设备、节约人力、节约耗费是流通加工合理化的重要方面,也是目前我国设置流通加工环节的重要目标。对于流通加工是否合理的最终判断,首先在于是否能实现物流为用户服务的本质要求,同时还要看其是否能实现社会的效益和企业本身的效益两种效益,而且是否取得了最优效益。

对流通加工企业而言,其与一般生产企业的一个重要不同之处是,流通加工企业更应树立社会效益第一的观念。如果只是追求企业的微观效益,不适当地进行加工,甚至与生产企业争利,这就有违于流通加工的初衷,或者其本身已不属于流通加工范畴了。

第三部分

物流平台

第十一章

物流平台支持

第一节　平台及物流平台的概念

一、平台的一般概念

平台本来是建筑领域的概念。中国的古建筑在基础之上需要构筑一个平台，建筑物建筑在平台之上。

平台的概念在现代社会衍生和发展的结果就是：平台是起到支持作用、基础作用、规范作用和整合作用的标准化体系。

现在，平台的概念和平台的实际构筑在社会上已经非常广泛，物流也包括在这个概念的应用领域之中。平台的代表特性有四个方面。

（一）通用性和公用性

平台的提法首先表述的是一种通用性和公用性，是现代社会的一种共同语言和标准，是对专用性、专用技术带来的多样性和复杂性的一种完善和补充，是对工业化时期过分专业化的一种补充和修正，以防止专业化造成的分割，体现对复杂事务的一种整合方式。

（二）广泛性

平台的提法其次体现的是一种广泛性，也就是广泛的适应性，这样才能够达到追求规模的目的，从而降低制造、建设或者运作的成本。

（三）支持性

平台还起到一种支持作用，这种支持作用有些类似于“基础”的支持，但是更为直接、更为明确，也可以看成是基础和建筑物结构部分的细分，在基础和建筑物之间的那一部分称之为平台，我国古建筑常常用这种构筑方法。

(四)有限性

无论哪个领域的平台,其支持作用、基础作用、规范作用和整合作用都是有限的。虽然平台的广泛的适应性非常重要,但是,它又会受到现代社会追求高效率的专业化的制约,平台仅仅针对某些确实存在共同支持作用的领域而构筑,平台的作用不可能无限扩张,这就是它的有限性表现。

平台对于物流领域恐怕更加重要,是物流领域进行规范、整合,进行大规模开发和建设所必需的。尤其是对于中国的物流领域,有效地构筑一个物流平台可能是中国的物流业从“粗放式”向“集约式”转变,并且取得“跨越式发展”的重要举措。

二、物流平台的概念

物流平台的概念并没有出现在我国国家标准《物流术语》之中,这在一定程度上说明,它是一个新的概念,也可能是对平台的解释在国内并没有取得共识或者这个概念还不成熟的原因。

现在平台的概念用得非常多,近年来,物流平台的概念也被业内人士广泛使用,但是,笔者在写本书的时候进行多方面的查找,没有找到确切的解释,在和一些同行探讨的时候,他们大体上都只有“意会”,这也许在一定意义上说明这个概念边界不是很清晰。

物流平台的概念可以从以下几个角度进行思考,形成以下几种描述:

从标准化角度来看,物流平台是对物流的各种活动起到承载和支撑作用的标准化系统。

从工程和管理的角度来看,物流平台是对物流的各种活动起到承载和支撑作用的工程和管理系统。

从环境条件的角度来看,物流平台是由物流科学技术、物流教育、物流管理、物流基础设施共同构筑的环境条件,它支持和制约着物流运行。

从作用的角度来看,物流平台的作用是使物流活动能够高效率地、顺畅地进行,使不同的物流活动能够有效地衔接,能够为物流开发提供标准化的环境。

本书对物流平台的定义性描述如下:

物流平台是对物流的各种活动起到承载和支撑作用的标准化系统。物流平台的作用是使物流活动能够高效率地、顺畅地进行,使不同的物流活动能够有效地衔接,能够为物流开发提供标准化的实物工具。

对上述解释中涉及的概念进一步解释如下:

第一,物流活动主要指实物物流,鉴于实物物流的复杂性和多样性,又鉴于实物物流跨地域的广泛性,平台的承载和支持是非常重要的;物流活动也指与物流相关的其他开发活动,例如物流装备制造、物流软件开发等。

第二,用承载和支持作用来表述平台的作用,表明了这个作用与具有基础支撑能力的基础作用有区别。

第三,物流平台作用的主要来源在于提供共同性和标准化的支持,因此它必然是标准化系统。这个标准化系统可能是对社会开放的标准化系统,也可能是仅支持局部复杂事物的封闭的标准化系统。因此,对于物流平台而言,存在对外部社会开放的公共平台和仅仅局限和适合于局部领域的特殊物流平台,例如能够支持国际标准集装箱物流的集装箱平台、能够支持原油物流的原油物流平台、能够创造低温物流条件的冷链平台以及能够支持快速物流的快速物流平台等。

有的人认为,在社会经济系统中设置一个统一的物流平台不是更理想吗?这实际上是把复杂的问题过于简单化的一种想法,标准化系统一个重要的原则是“简化”,但是过于简化又常常使标准化系统的适用性受到影响。对于物流平台来讲,鉴于它的复杂性,就必然是分层次的、有针对性的。开放式的社会化的物流平台固然理想,但并不能解决所有物流对象和企业的需求,这也是各种专用性的、特殊的物流平台可以存在的原因。

第四,物流平台的作用,在于“使不同的物流活动能够有效地衔接和顺畅地进行”,也就是说要想使物流活动贯通,在于提高物流的速度和效率,在于降低物流成本和增加赢利。这也是打造物流平台和判断物流平台的考量点。我们为什么要构筑物流平台,我们为什么要打造诸如集装箱平台、托盘平台、散装平台、冷链平台等,这是重要原因。

第二节 物流平台的类别

一、总体分类

对物流平台,从宏观上有两大分类:物流共用平台和物流专用平台。

(一)物流共用平台

物流共用平台既然是共用的,其本身必然是综合性的物流平台。这种综合性不单是针对物流而言,也针对全面的客、货运输而言,综合物流平台是同时对客运和货运都起到承载和支持作用的平台,这是长期以来世界各个国家物流平台的主体模型。

(二)物流专用平台

物流专用平台是仅仅对货运起到承载和支持作用的平台,它是某些领域、某些国家的特定发展阶段的创新型的模型。

物流平台当前的现状是:物流综合平台是主体,物流专用平台虽然有但是比较少见。也就是说,在铁路、公路以及水路、空路的航线上,综合物流平台不但可以支持各种客运车辆、船舶、飞机的运行,也可以支持各种货运车辆、船舶、飞机的运行,还可以支持客、货混装的运输工具运行。

很明显,因为共用的综合物流平台有巨大的优势才能够在当今世界上占主导地位。这种综合平台有非常显著的特点,如适应能力强、利用率高、占用和消耗资源少等,因而人们似乎并不考虑在共用的综合物流平台之外其他的可能性。显然,无论从人们的认识方面还是实际的运作方面,这种综合平台在当今世界占主导地位似乎是毫无争议的。

但是,我们在实际生活中也感受到这种模式的缺点。我们在高速公路上行驶时一个不能够回避的问题是,在我们非常珍爱的高档小轿车前后左右行驶着庞大的货运车辆。大煞风景不说,我们头脑中经常会出现这么一个简单的问题:这么好的路面,让这些大的重型货车很快就轧坏了,多可惜啊!能不能把这么好的道路专门留给多姿多彩的客运轿车,而给那些“傻大黑粗”的大货车另开一条道路?把客运和货运分开,这实际上就是用两种不同的平台支持两种不同的运作方式问题,这就需要有一定比例的、适度的物流专用平台。

二、按照平台的主体分类

(一)物流基础设施平台

物流基础设施平台的主要内涵是物流线路、物流结点、物流网络,它基本上是具有公益性质的对社会开放的物流平台。“开放式”是物流基础设施平台的一个重要特征。

(二)物流信息平台

物流信息平台的主体是各种信息设备、信息网络、信息运行机构,这个平台支持物流的信息传递。

(三)物流标准化平台

物流标准化平台是对各种物流活动起到承载和支持作用的标准化系统。

(四)物流管理平台

物流管理平台由各种管理机构、管理设施、管理网络以及相关手段结构而成,支持对物流的各种管理活动。

三、按照平台所支持的运作分类

(一)实物物流平台(物流网络平台)

实物物流平台是支持各种实体货物物流的平台系统,我们通常讲的物流平台的主体就是实物物流平台。如果按照硬件和软件分类,这个平台属于硬件。

（二）物流信息平台

物流信息平台是支持各种实体货物物流的信息和与其相关性的信息流动平台，它是物流平台的重要组成部分。如果按照硬件和软件分类，这个平台属于软件。

四、按照平台结构分类

（一）铁路物流平台

铁路物流平台是依托于铁路线路，再和仓库、车站、货场等资源进行系统化的构筑所形成的物流平台。它是我国国内远程物流的主体平台系统。

（二）水运物流平台

水运物流平台的主体结构是水运线路，它的主要特点是大运量和低成本。水运物流平台可以进一步分为远洋水运物流平台和内河水运物流平台两大类，其中远洋水运物流平台是我国国际贸易物流的主体平台系统。

（三）航空物流平台

航空物流平台的主体结构是空运线路，它的主要特点是小运量、快速度和高成本。航空物流平台在使用上有所制约，基本上属于专属式物流平台。

（四）公路物流平台

公路物流平台是依托于公路运输线路，再和仓库、车站、货场等资源进行系统化的构筑所形成的物流平台。它是我国及世界各国使用最广泛的物流主体平台系统。

五、按照物流对象分类

为了追求效率，可以构筑不同专业的物流平台，其种类很多，大体有：农产品物流平台、石油物流平台、钢材物流平台、散装水泥物流平台、汽车物流平台等。

六、按照物流平台作用的范围分类

按照物流平台作用的范围分类，可以分成区域物流平台、全国物流平台、国际物流平台。

七、主要物流平台案例

铁路物流平台是铁路平台的重要组成部分，这里通过铁路物流平台的一个典型案例帮助我们领会物流平台的内涵。

纵观铁路的发展过程，铁路最初完全是为了供人观赏、供人游乐的东西，以后逐渐发展成远程、快速、载人的运输设施，而大量用于货运就是近代、现代的事情了。专门的、快速的、长距离的货运铁路系统是现代社会的产物。

以我国为例,虽然有人研究后提出,我国秦朝就已经有了“铁路”,只不过是木头做的轨道,与现在铁路的共同点是在轨道上运行;在我国土地上出现最早的用钢铁材料作为轨道的铁路是1865年英国商人在北京宣武门外建的一条500米长的小铁路,行驶小火车供人观赏及娱乐,以引起中国人的兴趣,但是不久后就被拆除;我国真正的第一条具有货运功能的铁路是以后出现的湘沪铁路,自上海经江湾至吴湘,长约14.5公里。

我国的铁路一直处于短缺状态,铁路客、货运一直在快速增长,营业里程也一直在快速增长,除工厂内、矿山内以及一个特定的经济区域内专门用于原材料、矿石以及其他各种物资(当然也有上下班、工作中的工人)运输的专用铁道之外,大范围跨越的、面向社会的营业铁路几乎全都是客货兼顾、混运,直至大秦铁路的出现。大秦铁路是一条长距离的,跨越若干省市的专门运输煤炭的铁路物流平台,它支持煤炭的大量物流。大秦铁路可以看成是我国铁路实物物流平台的一个典范。

大秦铁路是铁路物流通道式的平台,是我国为大量煤炭运输所修建的第一条现代化的专用电气化双线重载铁路。这条铁路西起山西大同,东至河北秦皇岛,全长653公里,是晋煤外运的主通道,也是山西、陕西和内蒙古西部等“三西”地区西煤东运的主要通道。大秦铁路全线开行1万吨和2万吨重载列车,平均不到15分钟,就有一列运煤列车驶过,2010年计划运煤量为3.8亿吨,较原设计能力1亿吨提高了3.8倍,为我国的经济发展做出了重大贡献。大秦铁路是目前世界上运输能力最大的专业煤炭运输线路,配置了大能力的机车和大载重专用货车,采用大规模的自动装卸系统和直达运输方式,依托万吨级装车站点和中国最大的煤炭接卸港——秦皇岛港,形成了完整的煤炭运输体系。虽然类似的重载列车专用线路在澳大利亚、美国、俄罗斯等国家早已有之,但是,对于我国这还是头一次,是我国经济建设中的一项创举。现在世界各国类似的专线铁路中,大秦铁路已经拔到了运量的头筹。

第三节 物流平台的构筑及结构体系

一、物流平台体系及层次结构

物流平台的种类、作用因平台的承载及支撑对象不同而有所不同,在偌大的物流领域中,平台是分层次存在的,完整的物流平台分层次的结构体系及平台的基本内容如表11-1所示。

表 11－1 物流平台分层次的结构体系及基本内容

结构层次				基本内容
第一层次	第二层次	第三层次	第四层次	
物流平台	实物物流平台（硬件）	物流设施平台 物流网络平台	线路平台	铁路、公路、水路、管道
			结点平台	物流基地、物流中心、港口、机场、车站
		物流装备、材料平台	集装平台	集装箱、托盘、集装袋、货捆
			散装平台	散装车辆、散装仓库、散装装卸设备
			自动化平台	立体仓库、高层货架、举升设备、自动化装备
			物流工具、材料平台	装卸搬运工具、运输工具、保管工具、包装材料及工具
	物流管理平台（软件）	物流信息平台	公用物流信息平台	通信系统、传输系统、数据交换系统、计算机网络、物流情报信息系统、通关系统
			专用物流信息平台	卫星定位系统、地理信息系统、射频标签系统、专用数据库、供应链解决方案
		物流标准化平台	数据标准化平台	条码系统、编码系统、物流建筑模数及尺寸系列、物流工具装备模数及尺寸系列
			技术标准化平台	集装标准化、叉车标准化、运输车辆标准化、装卸搬运设备标准化、仓库标准化
			管理标准化平台	制度、法律、规定、规则以及工作标准、合同标准、行文标准、报文标准等

二、物流平台结构体系的特点

物流平台结构体系具有以下几个特点。

（一）复杂性和多样性

物流平台结构体系反映了物流平台是一项复杂的系统工程，这项系统工程的建设，涉及一个国家经济建设的若干重要方面，例如铁路网络的建设、公路网络的建设、高速公路网络的建设、内河水运网络的建设、沿海水运网络的建设、远洋水运网络的建设、物流基地等物流设施建设和这些设施网络的布局和建设、信息网络系统的建设、物流机械工业和自动化体系的建设以及物流领域几千个标准的制定、协调等。这么复杂的系统建设，需要大量投资，需要时间进行一项一项的建设，需要在运行中进行长时间的磨合和调整，显然，物流平台的建设和发展不可能一蹴而就。这也是我国现代物流水平不高、物流成本在 GDP 中的比重居高不下的一个重要原因。

物流平台的复杂性是由物流需求的多样性所决定的，物流平台的结构体系实际上也反映了这种多样性。这个平台的结构体系，几乎可以应对整个社会经济系统所有的物流运作需求。

(二)多层次和有层次性

物流平台层次很多,但并不杂乱,有非常鲜明的层次性。因此,只要掌握这种层次的规律,对层次之间的关系有总体性的认识和安排,就可以逐步地、分层次地建立这个平台体系。

(三)内在相关性

物流平台有非常强的内在相关性,因此,平台的构造和建设必定是一个系统工程,必定要追求协调和共同发展。忽视这种相关性,只在某些个别领域大量投资,进行高水平的建设,搞单兵独进,不是一个明智之举。关于对物流平台内在相关性的研究现在还很不透彻,例如,在现代社会中,在不同的国情条件下各种线路的比例关系以及它们的优化是现在还没有完全解决的问题,诸如此类的问题是当前造成物流领域投资效果不理想的重要原因。

(四)背反性和矛盾性

物流的背反性也充分反映在物流平台的构筑上,背反性和矛盾性也是物流平台内在相关性的另一种表现形式。例如,各种线路之间、线路和结点之间就存在着此消彼长的相关关系,物流平台的结构,应当是这些关系的优化结果而不可能是一种恒定不变的结构关系。

三、物流基础设施平台

(一)概述

物流基础设施平台的作用是为物流运作提供承载和支持,在这个统一的平台上,能够进行各种不同形式的物流运作。一般而言,物流运作的水平不能超越平台提供的支持,换句话说,物流平台实际上决定着整个物流系统的水平。一个能够有效共用的、高技术水平的、标准化的平台,对提升物流的运作水平有非常重要的意义。

下面举三个非常明显的例子。

第一个例子是:如果铁路线路有不同的标准,有宽轨、标准轨、窄轨,铁路运输就必然不可能贯通一气,需要在不同轨道交界处换装车辆或者换装车辆底盘,这是需要耗费时间同时增加成本的,显然,这种状况的平台支撑水平很难满足现代物流快速、贯通的要求,会给物流运作带来很大的困难。现代社会,有一些地区的国家实行"一体化",不同标准的铁路轨道体系就是阻碍一体化进程的重要因素。据知,欧盟的一体化发展一个重要的技术障碍,就是各国有4 种宽度不同的车轴、4 种高低不同的火车、5 种电力系统和7 种信号系统,要实现一体化,构筑统一的平台是重要条件。

第二个例子是:现有的铁路线路平台,受到铁道隧道高度的限制,不可能支持在铁路上进行双层集装箱运输的铁海集装箱联运。

第三个例子是:在现代物流公路运输大型化、重型化趋势下,公路平台的构筑标准和技术等级很难支持这种趋势,只能采取限制的措施来解决问题。

这些例子都说明,物流基础设施平台在一定程度上决定了物流运作的水平和运作方式。建设高水平的物流基础设施平台,是发展现代物流的先决条件。

(二)物流基础设施平台的基本元素

物流基础设施平台的基本元素有两个:线路和结点。

物流基础设施的线路和结点的种类、数量、技术水平都具有相当的复杂性,对它们进行有效的构筑是物流工程的重要内容。线路和结点不同的构筑方式,可以形成不同水平、不同功能的网络结构,这就是我们常说的物流平台。

物流基础设施平台可以由各个独立的网络组成,我国现在就属于这种构筑方式,铁路、公路、水运、航空、管道五大网络体系并存。但是物流实际运作中,往往需要两个以上的网络体系进行有机结合,才能形成有效的平台支持。这就要求其中的某些网络体系进行一体化的构筑。一般来讲,航空、管道两大网络体系功能独特,往往进行独立的运作,而铁路、公路、水运三大网络体系,尤其是铁路、公路两大网络体系,功能相近,物流对象也相近,又都属于大面积覆盖的物流基础设施,现代物流在构筑物流基础设施平台时,需要考虑它们的一体化问题。

表 11 - 1 可以反映出物流基础设施平台的复杂性。

四、实物物流基础设施平台的两种模式

物流基础设施平台的五大网络体系如何进行构筑和衔接,这是物流基础设施平台需要解决的问题。由于基础设施平台的网络建设需要大量的投资,甚至需要倾注国力才能去做,同时这种平台建设工程量巨大,需要非常长的时间,几乎伴随一个国家发展的历史进程,因此,有一个战略性的平台构筑思路、防止失误,是非常重要的问题。

物流基础设施工程的技术路线,主体上有两种不同的模式。

(一)层状模式

层状模式结构类似于矿物结构的石墨结构[见图 11 - 1(a)],每一层都是一个有规律的、结构完善的网络,每一个点(就石墨而言是碳原子,就物流而言是结点)都是每一层网络中的一个结点,但是,层与层之间的联系却比较弱。就物流平台而言,每一层的构筑,是由不同的输送网络所形成的紧密联系的网络系统,如铁道系统、公路系统等。每一层各自成系统,这个层次的系统内能够进行有效的结构和衔接,因此对以此为平台的物流运作有非常强的承载和支持作用。但是,铁路、公路、水运、航空、管道各个独立系统所形成的各层之间却缺乏有效的、有机的、紧密的联系,因此,层与层之间的转换会遇到很大的困难和阻力。例如,铁路和公路之间的转换、铁路和水运之间的转换、公路和航空之间的转换都是属于层与层之间的转换,层状模式存在的最大问题是,很难有效解决层与层之间,也即不同网络系统之间的转换问题。

这种模式的工程特点,是每一层的网络系统可以独立构筑和独立运作,因此比较容易构筑建设。

(二)立体网络模式

立体网络模式结构类似于矿物结构的金刚石结构[见图 11－1(b)],整个立体网络结构是有规律的、结构完善的,每一个点(就金刚石而言是碳原子,就物流而言是结点)都是立体网络中的一个结点,这个结点既属于公路,又属于铁路,而整个立体网络系统是由各种不同的运输系统优化、互补而建立起来的完善的立体网络系统。很明显,这种立体网络结构,没有断层,结构完善而紧密,对于需要在不同网络之间进行转换的物流运作来讲,是一种理想的模式。

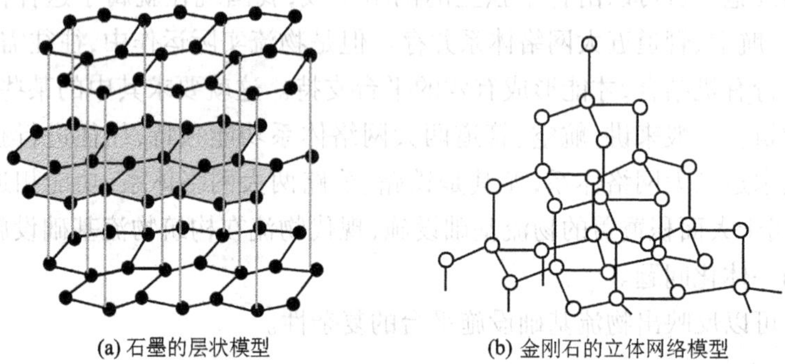

图 11－1　层状模型和立体网络模型

这种模式的实施,往往采用综合物流结点的方式,依靠这种物流结点,把铁路、公路、水运甚至航空和管道系统进行有效的连接,实现一体化。

在物流平台工程的实际运作中,现在还没有看到任何一个国家在整体上能够按照理想的金刚石模型去构建,但是,局部地实现这种工程模式是可行的,尤其应该以立体网络模式作为一种优化的目标,去解决物流平台层状模式构造造成的各个层之间脱节的问题。

五、物流平台的构筑

(一)构筑要点

物流平台的构筑要把硬件、软件放在同样重要的地位予以重视。特别要注意避免由于硬件具有可视性、可操作性,看得见,摸得着,能够立竿见影地发挥作用,所以只重视硬件的构筑,而忽视软件的构筑问题。对于物流这个复杂的体系来讲,物流平台软件的构筑尤其重要,这是能够使复杂系统协调高效运作的关键因素。

物流平台硬件、软件的构筑建设需要从以下三个方面进行统筹规划、协调发展。

首先是基础设施类,包括机场、铁路、道路与航路网络、管道网络、仓库、物流中心、配送中心、站场、停车场、港口与码头、信息网络设施等。

其次是设备类,包括物流中心、配送中心内部的各种运输工具、装卸搬运机械、自动化作业设备、流通加工设备、信息处理设备及其他各种设备。

再次是标准类,比如物流术语标准、托盘标准、包装标准、卡车标准、集装设备标准、货架标准、商品编码标准、商品质量标准、表格与单证标准、信息交换标准、仓库标准、作业标准等。

(二)遵循原则

在构建区域物流平台的过程中,需要遵循以下几个方面的原则:

1. 统一原则。强调现代物流的各部门、各环节从适应物流需要出发,统一设备规格、技术性能和信息标准。

2. 协调原则。强调组织物流的各部门及运输、储存、装卸、包装、流通加工、配送、信息处理各环节,必须加强信息交流,在时间、空间上互相衔接。

3. 物流平台的兼容性原则。区域物流平台的构建,是结合区域经济优势及其发展特点进行的,区域间的市场经济的互补性决定了区域间物流平台应有较好的兼容性。

4. 整体效能原则。区域物流平台作为一个系统化、一体化的物流支持体系,其优劣应以整体效能为评价标准,应在保证整体效能最大化的前提下,追求各子系统的最大利益。这就要求在其发展过程中,统筹兼顾,协调发展。因此,需要把握主要矛盾,解决好物流平台中各相关环节的"瓶颈"问题。

5. 硬件基础设施建设应有相对的前瞻性,即适度超前。铁路、公路、场站、码头、仓库等硬件基础设施属固定物,其建设具有阶段性。在任何当前期的建设中,都应依据规划超前建设。

第四节 物流平台的作用

一、物流运作总体水平取决于物流平台的水平

现代物流服务需要通过现代物流的运作来实现,这是毫无疑问的,但是,现代物流的运作必须依托于现代物流平台。超越物流平台的支撑能力而进行的物流运作,不可能获得很大的成功,物流领域第三方物流的现状可以充分说明这个问题。第三方物流是发达国家非常成功的现代物流运作的创造,最近几年,我国大量传统物流企业向第三方物流转型,希望借助第三方物流的概念和运作方法来实现现代物流服务。然而,据最近的调查,有五成以上的客户对第三方物流不满意,其原因不排除第三方物流企业本身运作水平和管理水平的问题,更主要的是缺乏有效的、现代化的、公共性的、开放性的物流平台的支持,如果物流服务企业没有本身的或多或少的物流平台资源,仅仅依靠现有的物流平台便很难按照现代物流的要求向客户提供服务。

所以,现代物流运作和现代物流平台是互相依存的关系,没有现代物流平台,物流运作的现代化根本不可能全面实现。当然,仅仅有一个理想的现代物流平台而不能在平台之上进行有效的现代物流运作,平台存在也是枉然。在我国其他领域的现代化建设中,这两种问题都出现过,然而,我国物流领域现在的主要矛盾不是后者而是前者。

物流运作的水平总体上受到物流平台的支持和制约,应当被看成是现代物流领域里的一条规律——物流平台水平决定物流运作水平的规律。在这个规律的前提下,即使是同一个物流平台,不同的物流企业水平不同、管理水平不同、决策能力不同,因此,也会有不同水平的运作,不同企业运作水平和效果的差异是非常大的。但是,无论多么高水平的物流运作,都不可能超越物流平台所能够提供的支持。举一个非常简单的例子,就散装水泥而言,如果没有由散装仓库、散装装卸设备、散装运输车辆、散装计量设备、散装接收和使用装备所构筑的散装平台的支持,就完全不可能实现现代的散装物流。从某种意义上来讲,物流运作的总体水平直接取决于物流平台水平。这就是我们在物流运作和物流平台两者之间,特别关注物流平台的原因。

二、物流平台对于现代物流和国民经济的作用

(一)物流平台是现代物流的重要组成部分

我们曾经用系统工程来描述过我国若干项建设的现代特点,现代物流也是一项系统工程。但是和一般的单项系统工程比较,现代物流是规模更大(按照经济影响力,现代物流规模大约是国民经济的1/5)、覆盖面更广(覆盖全国乃至国际)、涉及领域更多(全部生活、生产领域)、涉及深度更深(国民经济的微观、中观、宏观全方位)的特殊系统工程。在这个系统工程之中,物流平台是起着支撑和承载物流运作的基础作用的系统工程。这种支撑和承载,加上由科学、技术、教育、政治的基础力量打造的坚实基础,再依靠现代物流企业的运作,形成国家现代物流的完整构架。可以肯定地说,这几个方面都是现代物流系统工程中不可或缺和非常重要的组成部分。

(二)物流平台在国民经济中的地位和作用表现为是国民经济基础产业之一

在国民经济中,物流平台的直接作用是支持现代物流的运作,而现在物流的运作都是服务于国民经济各个产业,所以这个运作支持的是国民经济其他产业的运行。这就是国民经济基础产业地位的表现。还有一点必须要指出的是,物流平台不仅仅是对物流的运行起到承载和支持的作用,同时,它也是支持人的流动平台的一部分,或者一部分是物流和人的流动共用的平台。所以,物流平台对于旅游、文化、政治等活动也有重要的作用。

(三)物流平台是一个国家现代化水平和现代文明的标志

我们现在所说的物流平台中的一些基本要素,几千年前就是一个国家实力的标志和文明的标志。例如,铁路和远洋货轮是工业文明的标志,电气化铁路、高速公路是现

代文明的标志，中国的大运河沟通南北文明，等等。一直到今天，铁路的里程、高速公路的里程、远洋航线的里程、航空运输线路的覆盖程度仍然是一个国家实力和文明的标志。现在，这个标志越来越体现在物流平台的整体水平之中。

三、物流平台对物流的具体影响

（一）物流平台决定物流量

全社会的物流总量，固然取决于国民经济和人民生活对于物质实体需求的数量，但是在一定的生产力发展水平下，这个需求总量未必能够实现，这在我国经济发展的历程中经常会出现，即使在今天，这个问题也偶尔会成为制约国民经济发展的重大问题。例如，我国的燃料尤其是煤炭，往往由于物流的制约而造成沿海发达地区每年都会出现供不应求的局面。物流的制约并不是因为缺乏相应的经营者和管理者，而是物流平台的问题，尤其是物流平台中铁路、公路系统的平台资源短缺的问题。

（二）物流平台决定物流速度

速度问题是物流要解决的一个大问题，不同水平和不同构造的物流平台，物流速度有很大的差异。例如，如果物流平台上的铁路、公路没有能够有效衔接，在结点上没有一体化的构造，那么，需要综合利用铁路、公路平台资源的物流，在结点之处必然形成停顿，这就必然降低物流速度、增加物流时间。如果平台能够支持全程贯通的联运，同样的物流范围，由于大大减少了不同物流方式的转换时间，从而大大提高了物流速度。

（三）物流平台决定物流成本

我们曾有一个认识上的误区，认为粗放式的生产方式和物流方式固然不好，但是它所消耗的物流成本比较低。但是，我们对国内外的物流水平进行分析对比之后，发现了一个让我们吃惊的数据：我国物流成本在国民生产总值中的比重，竟然高出美国一倍以上。如此高的比重关键问题在什么地方呢？关键问题在于我国物流平台很难支持低成本的物流运作。物流平台的贯通性不够，是延缓物流时间、增加物流操作、增加物流消耗、增加物流成本的重要因素。

（四）物流平台决定物流方式

国民经济和人民生活中所有的物质产品都需要通过物流来实现其价值，由于产品本身的特性以及社会生产、社会需求的不同，必将派生出种类非常多的、非常复杂的物流方式。是否能够实现这些物流方式，这就要看物流平台的水平和能力了。虽然在买方市场的现实情况下，需求的拉动作用表现出非常强大的力量，在这种力量的作用下，物流平台支持的物流方式也有大幅度的扩展，但是，物流平台毕竟是一种公共的、标准化的系统，这个系统一旦建立，物流方式的选择就必须按照平台的要求进行。换句话说，需要根据物流平台来选择物流方式，而不能超越物流平台的能力选择物流方式。

(五)物流平台决定物流的现代化水平

物流平台的结构、技术、水平等是物流现代化的重要标志,各个国家物流现代化水平的比较指标,大多出自物流平台各个结构部分。例如,铁路的长度、高速公路的通行里程、重要战略物资的储备能力以及人均拥有的物流平台资源数量等。实际上也是如此,关于物流平台的结构,其中许多内容不仅是物流平台的构造内容,同时也是物流现代化甚至是国民经济现代化的内容。

第五节 物流发展,平台先行

一、物流现代化建设重点

从20世纪80年代开始,我国学术界已经开始现代物流的引进和中国化的研究,但是现代物流概念被国民经济所接受和容纳,并且进入到国民经济建设领域,仅仅是最近五六年的事情。然而,就在这短短的几年间,通过大大小小的实践,通过一系列的失败和成功,我们逐渐认识到:物流平台的建设,应当是物流现代化建设的重点。

改革开放以后,我国经济界一件印象深刻的事情是我国第一轮电子商务的兴起与沉寂。20世纪末,IT技术给我国带来了一系列新的变革,其中包括被认为是商业领域革命性的变革——电子商务被经济领域普遍看好。人们以为IT技术可以解决网上交易和网上结算的问题,这是电子商务的关键问题,这个问题一解决,电子商务的广泛应用问题就会迎刃而解,所以,一时间,掀起了一股电子商务热。

然而不久之后,残酷的事实便告诉我们,事情并不像人们当初所想的那样简单,尽管以IT技术为核心的科技含量非常高的、又有全新虚拟概念的网上交易及网上结算的问题已经得到了解决,但是,交易实现之后麻烦就来了,交易实现之后是货物送达,这是人们原本认为简单的事情,这些被网络精英们看成是技术含量很低的事情,也就是"物流"这种"实而又实"的事情,却不像人们想象的那样简单、那样可以轻而易举地完成。所买的东西没有拿到手,"商务"就不可能最终实现。电子商务的挫折便由此而起。这个问题不但在中国存在,在更领先一步的美国也照样存在。根据报道,在1999年西方最重要的节日——圣诞节,世界著名电子商务网站——亚马逊网站由于配送出现问题,有1/5的网上订货没有按时送到,产生了极大影响,这也说明了即使在当今世界最发达的国家也存在物流的问题。

矛盾爆发的初期,人们以为这是没有人从事这种服务性物流的缘故,随之而来的是物流服务企业的大量建立。这以后人们才深深感受到,即使有这种服务性的物流企业,事态的发展仍然不够理想,其根本原因在于缺乏能够进行这种服务性物流的平台支持,也就是说缺乏配送平台的支持。不是说一个企业要搞配送就立刻能搞成的,支持配送的配送平台在现代物流平台中是结构比较简单的平台，但是，也必须有一系列的工程项目和管理来构筑这个平台，例如配送中心、贯穿在整个配送活动中的信息传递、配送车辆、配送路线、配送管理等，没有这个平台，被人们看成物流领域里面的最简单的配送也不可能实现。

物流现代化必须建立在一个基础之上，那就是社会的物流环境和物流条件能够保证这种现代化的运作，这就是物流平台的制约和支持作用。所以，能够从事现代物流运作的企业和能够支持现代物流运行的平台，这是现代物流的两翼，而物流平台更具有基础性和制约性，尤其在物流现代化建设的初期，两者相比，物流平台更是处于主要矛盾的地位，这时，把物流平台的建设作为物流现代化建设的重点是符合事物发展规律的。

二、在国家政策上把物流平台放在先行地位

物流平台的建设和构筑，是一个非常庞大的系统工程，这个系统工程的庞大和复杂之处在于，并不是一个单项工程就能解决问题，它必须是若干个具体的工程系统项目集成在一起才能构筑而成。这些工程项目并不是一朝一夕可以完成的，这种工程建设不仅要消耗大量的资金，而且要耗用相当长的时间，因此，它是一种历史的积累，是随着一个国家工业化和现代化的进程而逐步形成的。所以，绝不像一个大的工业、交通发展项目，有投资、有设计、有施工能力，用上若干年就可以建成。所以，物流平台的建设和构筑需要以时间为代价，这当然是应当尽早去做的事情，这是在国家政策上应当把物流平台放在先行地位的重要原因。

我们讲物流平台的建设和构筑应当先行，还因为这个平台不仅仅是物流运行的承载和支撑，而且还是整个国民经济和人民生活的承载和支持力量，它是一种基础，基础性的建设总应该先行。

在国民经济发展的排序中，在市场导向的前提下，物流平台的建设和构筑保持一定的优先和先行，是我们需要明确的政策选择，这个选择有利于带动整个国民经济的发展。

实际上，世界各个国家在经济发展进程中，以交通建设为代表的与物流平台有关的建设，都有一定的先行性，这个基础打好之后，整个国家的建设和发展才能进入坦途。

在国家政策上明确物流平台的建设与构筑应当优先和先行之后，其他许多方面的相关政策就应该有所倾斜，尤其是投资方面的政策。物流平台的建设和构筑需要超大规模的投资，如此大规模的投资很难在短期内解决，也往往是一个国家发展进程中难以承受的财政方面的沉重负担。所以，在政策上明确先行之后，需要同时配套一系列的投资、融资政策和吸引外资的政策，需要有相当力度的、突破性的解决方案。

三、国家的交通系统建设应该提高到物流平台建设的高度

当前，我国在政策上，还没有把物流平台的构筑和建设放在明确的地位，这是影响我国实现现代化物流水平的一个大问题。

固然，我国的国家政策将铁路、交通系统的建设放在非常重要的位置和优先的地位，虽然铁路、交通系统的建设是物流平台建设不可缺少的一个组成部分，但是，如果不把它

提高到物流平台建设的高度,这些系统仍然是各个独立的、自成体系的、互相难以衔接甚至互相排斥的系统。

对这个问题的认识一直到今天还是有差异。有的人认为,我国国民经济中,交通系统的建设和发展一直是国民经济的重点,不需要再加入物流平台的概念。确实是这样,在现代物流概念还没有形成之前,交通概念就已经形成,而且是国民经济计划和建设的主要内容,这个体系已经存在了几十年,已经形成了一套完整的计划、管理、数据体系,概念上的改变会破坏这个领域发展的历史连续性。

交通系统(这里指的是广义的交通系统,包括铁道、公路、航运、航空等)建设和物流平台建设具有一部分共同的内容,在一定程度上这两个概念又是互相相关的。其共同的内容在于线路的建设。其不同之处在于,物流平台除了实物物流平台之外,还包括管理、政策、信息平台。仅就实物物流平台来讲,物流平台更趋向于关注系统的线路和结点的综合配置,而不仅仅是某一种类型线路的总量和线路的单独配置。物流平台的建设,除了与交通系统建设共同关注的线路建设之外,还给予各种结点,尤其是能联结不同类型线路的综合性的、一体化结点以特殊重要的地位。

现代物流研究告诉我们,结点的联结作用是使线路系统化和合理化的重要因素,然而我们也不得不看到经常出现的这个现象:结点是物流产生阻碍、出现停顿、造成物流对象的损失、降低物流速度、增加物流时间、增加劳动消耗、增加物流成本的重要因素,可以说这是物流的瓶颈。很明显,能够有效改变这一面貌的现代化的、综合的、一体化的结点应当是现代物流建设重点关注的领域。

四、物流平台的性质决定了构筑物流平台的主体是国家

由谁去建设和构筑物流平台?这是政策的一个焦点问题。由于物流平台的复杂性和多层次性,对这个问题不能一概而论。不同层次的物流平台,有不同的准入政策,基本上有两种不同的政策。

(一)物流基础平台

物流基础平台是全国性的、大范围的平台,在整个国民经济中起到基础作用。它们主要构成交通运输网络,尤其是干线网络,包括航空、水运、铁路、公路线路及结点网络。

物流基础平台不但支持和承载各种不同的物流活动,而且也是一个国家的政治、经济、文化、人民生活各项活动所依托的平台,可以说是整个国家运行所依托的基础之一,需要大规模的投入和长时间的建设,需要利用大量的公共资源,需要进行合理的资源配置,这个问题只能由国家来解决或者由国家主导来解决。

从物流基础平台作用的角度来认识,物流基础平台的重要特点是战略性、公共性和公益性。根据这些特点,世界上大多数国家,都是以国家为主体来建设和构筑物流基础平台,或者是由国家在综合、全面配置之后,再部分或全部实现物流基础平台私有化。

（二）物流应用平台

专门承载和支持局部的、特定的物流运行，具有一定的专用性和归属性的物流平台是物流应用平台，它是物流基础平台的补充和完善。当然，单就物流平台而言，它仍然具有广泛的支持能力和公共性。这种物流平台的构成，一部分是利用物流基础平台，另一部分是具有自己特点的专用平台。其中，配送平台就是一个明显的例子。配送平台部分利用物流基础平台道路系统、空运系统、水运系统，但这不足以满足配送的要求，配送平台还必然有能够支持配送的配送中心以及相应的设施、工具，还有配送各个领域的信息系统，这一部分是配送的专用平台。

很明显，物流应用平台的构筑应当采取市场化的办法。

所以，就物流平台的主体而言，我们应当有这样清晰的政策：物流平台的建设和构筑，主体是国家。

五、物流平台的性质决定了不以利润最大化为目标

我国在经济体制转变的过程中，西方经济学中的“利润最大化”，几乎已经成为经济领域被广泛认同的一条重要原则。物流平台应当如何对待这个问题，这是政策需要解决的。这个问题解决之后，物流平台的建设和构筑以及经营和管理等问题才会得到正确、妥善的解决。

就物流基础平台而言，它的战略性、公共性和公益性决定不仅不能以“利润最大化”为目标，甚至不能以“适度利润”为目标。对物流基础平台的考核内容，不是“利润增加”，而是“功能增加、能力增强和成本下降”。

就物流应用平台而言，情况有所不同。物流应用平台是为满足特殊物流需要而建设和构筑的，应用平台以及在应用平台上的物流运作共同形成了一个主体，既然是市场化的，“利润最大化”当然应当成为其追求的目标之一。但是，我们千万不能忘记物流本身在大部分情况下所具有的从属性和支持作用，它从属和支持生产、商业、外贸、供应链，物流平台相对物流来讲，又起着更深层次的从属和支持作用，所以，“利润最大化”的前提是物流在其所从属和支持的大系统之中首先要实现“成本最低化”、“服务最优化”。

六、物流平台的“三性”原则

物流平台的适用性、可靠性和经济性是我们建设和构筑物流平台的一个基本思考，也是我们判断物流平台有效性的主要依据。

（一）适用性

适用性讲的是物流平台要适合我国的产业状况和市场需求，适合我国社会经济发展的现实需要和战略需要，既不搞“低指标、瓜菜代”，也不盲目地搞“面子工程”、“未来工程”。适用性主要讲的是对当前经济的发展和市场需求的适用，同时还要给未来留出适用性延伸和发展的空间，今天的适用不能成为明天发展的障碍。

(二)可靠性

可靠性讲的是物流平台的有效和安全。依托安全可靠的物流平台,物流运作就可以最大限度地实现优化。现代物流领域中经常讲的库存控制、零库存、准时方式、精益物流等,都必须依托可靠的物流平台才能实现。物流平台一旦不能有效支持物流运作,或者发生重大事故,上述高水平的物流方式就不可能实现。

(三)经济性

经济性讲的是物流平台构筑的节约原则和在适用性基础上的低成本原则,物流平台建设规模巨大,大量耗用资金,会消耗很大的国力,经济性是不得不讲的。经济性还讲的是物流平台应当能够支持低成本的物流运作。要做到这一点,在建设和构建物流平台时需要解决两方面的问题:一方面是物流平台本身的低成本,从而能够降低物流运作的成本分摊;另一方面是物流平台结构、技术和有效性能够支持低成本的物流运作。

第十二章

物流信息平台与物流信息化

第一节　物流信息化

一、物流信息

（一）物流信息的概念

按照国家标准 GB/T 18354—2001《物流术语》的定义，物流信息是“反映物流各种活动内容的知识、资料、图像、数据、文件的总称”。这是一个非常宽泛的定义，反映物流各种活动内容的知识、资料、图像、数据、文件，是一个非常庞大的、复杂的、无时无刻不在生成的一种爆炸性的概念。但是，其中的内容绝大多数是没有用处的，只有少部分能够确切反映物流活动，对于物流的运作管理是有用的。发现和搜集这些有用的信息并且依照人们的目的对它们进行处理和运用，这正是我们应当研究的问题，是企业应当解决的问题。

所以，我们对于物流信息概念的描述，应当特别强调“有用”。

不仅在物流运作过程中，而且在所有的活动中我们都会经常遇到这种情况，我们抓住的信息有时候是无效的，甚至是虚假的，过后我们才发现，最重要的信息被遗漏掉了，从而使我们遭受到损失。但是，如果为了防止有用的、重要的信息被遗漏或者丢失，我们对浩繁的信息通通予以高度的关注，这是我们在精力上和经济上根本无法承受的。为此，我们必须科学地对待物流信息。

与处理所有复杂问题一样，要想抓住有用的重要的物流信息，也必须掌握本书所倡导的一种思想方法——“关键的少数和一般的多数”的认识论。在这个前提下，还必须运用相应的手段和方法来解决这个问题，这就要依赖于物流信息技术。我们研究物流信息技术、物流信息系统，就是为了解决对物流活动有决定影响的信息的收集、传递、处理、运作问题。

(二)信息流

物流信息产生于物流活动,又应用于物流活动,它是流动性非常强的信息。流动性是物流信息的非常重要的特点。这个流动性的主要体现是物流信息的流动速度超越物流运作的速度,是一种事前的信息,物流信息的价值就在于此。如果物流信息的流动速度滞后于物流运作的速度,虽然也具有流动性,但是却是一种事后的信息。事后信息不是没有价值,它有总结经验的价值、借鉴的价值,但是却不可能对物流运作进行事前的指导和决策。

物流信息化的一个非常重要的目标是使物流信息畅通。畅通的办法一个是开发有效的信息技术,使信息技术系统化;另外一方面是通过建立适当的体制和实行有效的管理模式来消除物流过程中的信息壁垒,建立无缝化的信息接口,使信息能够顺畅地流动。

(三)物流信息的分类

为了正确认识和处理物流信息,可以从几个方面对物流信息进行多层次的分类。

1. 按照物流信息发生的领域分类,可以将其分成内部物流信息和外部物流信息两种。前者是一个物流系统或者一个物流企业活动范畴内所产生的信息;后者是系统外部产生的信息。

进一步,按照物流信息发生的具体环节,又可以将其分成不同环节的物流信息,如运输信息、仓储信息等。

2. 按照物流信息的系统性分类,可以将其分成对孤立性的物流信息和系统性的物流信息两种。系统性的物流信息是相互关联的多信息的组合,是信息群,它也是物流信息的一个重要、特殊的信息。对孤立性的物流信息和系统性的物流信息还可以进行更深层次的分类。

3. 按照物流信息与物流活动的关联程度分类,可以将其分成物流本体信息和物流相关信息两类。我们不仅要重视对于物流活动本身信息的掌握,而且需要对与物流相关的产业信息,如与物流密切相关的流通信息、市场信息、商品信息以及超越物流的更大的宏观信息予以掌握。这样才不至于脱离社会环境和国家的实际,对信息的研判发生偏差。

4. 按物流信息的加工程度不同分类。物流运作的特点是空间广、时间长,这就决定了物流信息发生源多且信息量大,因此,信息量太大而使人无法容纳、无法收集、无法从中洞察和区分有用信息以及无法有效利用信息的"信息爆炸"情况便非常严重。为此,需要对信息进行加工。按加工程度不同可将信息分成两类:

(1)原始信息。原始信息是指未加工的信息,它是最有权威性的凭证性的信息,取得原始信息,是信息工作的基础。原始信息是加工信息可靠性的保证,有时候,人们只重视加工信息而放弃了原始信息,一旦有争议、有疑问,无法用原始信息核证,在这种情况下,加工信息便毫无意义,所以,忽视原始信息是不当的。

(2)加工信息。加工信息是对原始信息按照需求进行各种方式、各层次处理之后的信息。对原始信息进行提炼、简化和综合,可大大缩小信息量,并可将信息梳理成规律性的东西,便于使用。对原始信息进行加工需要各种加工手段,如分类、汇编、汇总、精选、制档、制表、制音像资料、制文献资料、制数据库等,同时还要制成各种指导使用的资料。

二、物流信息技术

物流信息技术是物流信息化的基础技术,从当代各个领域的科学技术的发展来看,信息技术是发展最快的领域,因此,技术的创新、技术的升级、技术的淘汰是处于动态的过程之中。第二次世界大战以后,由于电子计算机的出现和应用,使信息技术从一般的手工技术和电话、电报传递技术发展成电子信息技术,20世纪后半期,随着计算机系统的互连,信息技术实现了自动化、网络化。

物流信息技术可以有以下几种分类方法。

(一)按物流信息技术的技术内涵分类

按物流信息技术的技术内涵分类,可将其分为信息标准化技术、信息编码技术、信息标志技术、信息识读技术、信息传输技术、信息处理技术、信息跟踪技术、信息集成技术等若干种类。

(二)按物流信息技术的适用性分类

按物流信息技术的适用性分类,可将其分为通用信息技术和专用信息技术。

1. 通用信息技术。物流领域有许多工作是属于基础性的、通用性的工作,例如,一般办公室的事物处理,人事系统、工资系统、财务系统等管理信息系统,一般的数据传输,办公室自动化等。各企业除业务内容不一样,工作程序、方法和设备基本上是相同的,因此,这些信息技术可以应用在许多不同的部门和企业,是带有基础性的、通用性的信息技术。

特别需要说明的是,通用信息技术在物流领域,尤其是在物流领域的各种基础工作中,被大量应用。

2. 专用信息技术。它是带有物流专业功能的信息技术。在物流专业领域里面应用这种信息技术,会有较高的效率并且可解决物流领域的特殊问题。

(三)按物流信息技术的功能范围分类

按物流信息技术的功能范围分类,可将其分为单独功能的物流信息技术和系统功能的物流信息技术。

1. 单独功能的物流信息技术。它属于基础性的物流信息技术,为信息技术开发的初期的信息技术,是针对某一项具体的需求,因此功能比较单一。

2. 系统功能的物流信息技术。它是能够有效地协调物流系统可能出现的“背反”现象,满足物流运作系统化需求的信息技术。这种技术需要将单独功能的物流信息技术进行有效的组合,因此,可使物流信息技术的水平上升到新的高度。现代物流的运作,尤其是现代复杂的物流运作,都需要依靠系统功能的物流信息技术。

三、物流信息系统

(一)物流信息系统的概念

物流信息系统的概念有两个层面:

第一,生产企业物流管理层面。这个层面是生产企业信息系统的一个子系统,是生产企业从接受订单开始到产品销售为止这一过程中的物流活动信息的信息系统,是企业管理信息系统的一部分,信息系统着重于支持企业管理。我们可以把这一层面的物流信息系统定义为物流管理信息系统。

第二,物流企业物流经营层面。这一个层面是社会物流企业物流经营系统的主体,是物流企业从与客户的物流服务合同开始一直到按照合同要求完成客户的物流活动委托这一过程的物流活动信息的信息系统,信息系统着重于支持物流企业的经营活动。我们可以把这一层面的物流信息系统定义为物流经营信息系统。

长期以来,物流信息系统只是在企业信息系统的一个子系统层面上运作,着重于解决企业物流,尤其是企业仓库管理和库存问题。现在仍有不少的著作把物流信息系统只定义成企业信息系统的一个子系统。

物流社会化的发展,使物流信息系统从附属于生产企业的内部系统,变成了国民经济体系中与生产系统、贸易系统平行的信息系统,是伴随着社会物流独立的经营体系所形成的物流信息系统。它也从企业内部物流管理信息子系统扩展到社会物流的信息系统。

我们可以这样描述物流信息系统:物流信息系统是建立在现代计算机网络技术、网络通信和数据传输技术、物流信息技术之上的,系统地组织和管理物流信息的一种信息技术和信息管理的概念。

物流信息系统是伴随着物流系统而存在的,主要解决物流系统的信息从收集到处理和应用的需要。物流信息系统和一般的信息系统有相同的或相似的结构,但是它所依托的实体系统是有特点的物流系统,因此在信息对象、技术、组织、管理等方面有自己的特殊性。

(二)物流信息系统技术结构

物流信息系统技术结构包括硬件、软件、数据库三大技术。

1. 硬件。它包括计算机和计算机互联网络,计算机相关的硬件设施,通信、传输设施及设备等,构成计算机硬件平台。

2. 软件。它包括三大类型的软件:系统软件、基础软件和应用软件。系统软件是控制、协调系统硬件,使之能够按该系统要求进行运行的软件;基础软件主要是实现系统基本操作和应用软件开发,主要包括计算机语言、计算机计算、各种开发工具等;应用软件是面向物流活动和物流运作,最后实现物流信息系统功能的软件。

3. 数据库。它是实现数据大量存储设备与技术的总称。数据库的任务是积累、存放和调用相关的信息,以支持物流信息系统的运行。

数据库又分专业数据库和公用数据库两类,其目的在于对太多的信息进行整理分类,分类存放数据以及对不同的物流管理信息子系统进行支持。

(三)物流信息系统的子系统结构

物流信息系统具有强大的功能,从订单处理、客户管理、物流运作、现场管理、设施装备管理、物流活动优化等,无所不能。人们对物流信息系统各种各样的功能进行分类汇总,形成了一种功能结构体系。物流信息系统大体上可以归纳成以下子系统:

1. 生产企业内部物流管理信息系统。从生产企业层面,物流信息子系统主要有:订单处理子系统、决策支持子系统、管理信息子系统、办公自动化子系统、物流业务外部化子系统、绩效管理子系统等。

2. 社会物流企业经营管理信息系统。其主要有:合同管理子系统、客户管理及服务子系统、决策支持子系统、管理信息子系统、办公自动化子系统、物流企业管理子系统、增值运作子系统等。

(四)物流信息系统的功能

物流信息系统主要有五大功能:

1. 规划计划功能。从客户的需求开始,通过预测,掌握前景和发展的动向,进一步建立规划和计划,并以此来指导和约束物流运作,把物流运作纳入理性的轨道。这是物流信息系统具有的事前的功能。

2. 分析决策功能。物流活动运作的过程中,包括规划和计划的内容,都有一个多重可能性和可比的决策判断问题,分析决策的功能就是要解决支持决策者正确地选定方案的问题。这是物流信息系统具有的事前的和实时的功能。

3. 管理控制功能。对于经过决策并且形成了规划和计划的物流活动,通过管理控制功能予以实施,同时,对实施过程中出现的超越规划和计划的问题,物流信息系统应当能够及时掌控和处理,并且对管理和控制进行调整。这是物流信息系统具有的事后的功能。

4. 交易运作功能。支持交易运作,能够成功地取得客户和物流业务,才能够开始物流一系列的操作。有许多决策取决于交易时所确定的物流服务水平、价格和物流活动的范畴。所以,在有效信息支持下的交易运作,才能够签订一个有利的合同。

5. 客户服务功能。在市场经济环境下,尤其是在买方市场前提下,只有重视对客户的服务,才能够取得客户并且保持与客户的战略联盟关系,保证企业的战略发展。所以,客户服务功能是在现代市场环境中非常重要的功能,在传统的物流信息系统中,这一点是受到忽视的。

四、物流信息化

(一)物流信息化的含义

将现代计算机技术、现代通信技术、现代网络技术贯穿于物流运作和物流管理的全部环节之中,称为物流信息化。现代物流的核心评价标准是物流信息化。

"化"的含义是全部而且彻底,而在我国,信息化的水平在国民经济各个产业中是不高的。物流领域是传统的、比较粗放的运作领域,因此,物流信息化的建设是繁重的工作,实现全面而彻底的信息化是一个理想的目标,是信息技术应用的积累和点滴进行信息化建设的结果。因此,我们更应该重视的是信息技术在物流运作和管理过程中的具体应用,积累性地完成物流信息化的任务。

计算机技术和信息技术、通信技术被用来扶助和支持物流的运作已经有多年的历史,在有些领域已达到相当发达的程度,这就使我们能够清晰地看到信息化对于物流运作的提升作用。

物流信息化是依靠一项一项的信息技术建设起来的,信息化的基础是信息技术。

(二)物流信息化是信息技术、管理和组织的一体化产物

每一种不同的"化"都需要相应的信息技术的支持,但是仅仅有信息技术是不够的。我们往往存在这样的误解,认为有了物流信息技术就自然有了物流信息化,其实,物流信息化是物流信息技术、物流信息管理和组织一体化的产物。它们之间存在这样的关系:信息技术作为一种技术的基础,通过有效的物流信息管理和组织,使之成为物流信息系统,这才能有效地处理和解决物流信息的问题,促进物流信息化。

物流信息平台是承载和支持物流信息化的重要物质基础,物流信息化的运作涉及面广泛而深入,但是它们都有一个共同的平台支持,这个平台也成了物流信息化的联系力量。

(三)物流信息化的作用

物流信息化赋予了物流各个领域以新的面貌。可以对物流信息化做这样的描述:物流过程的系统化、物流设施的自动化、物流经营的网络化、物流接口的无缝化、物流服务的增值化、物流运作的精益化、物流管理的智能化等。

如果再进一步,物流信息化再加上物流运作的相关的现代装备、设施等技术和管理、组织的支持,这一切综合就构成了物流的现代化。

五、物流信息工作

(一)收集信息

开展物流信息工作,建立物流信息系统,首先要进行的是最基础的工作——信息收

集。只有广泛地通过各种渠道收集各种有用的信息，才能充分反映物流全貌，才能进一步从中筛选出有价值的东西。

收集信息也是整个信息工作中工作量最大、最费时间、最占用人力的环节，因此，必须掌握有效的方法，提高信息收集的效率。

由于信息数量大，对于某个具体的物流系统来讲，没必要也不可能兼收并蓄，必须有取有舍。为了有效地收集信息必须培养这方面的人才，并组织信息需求和使用部门认真研究信息收集的范围。具体来讲，要明确以下问题：

1. 收集什么样的信息。是收集科技信息还是市场或经营信息？

2. 收集信息的目的。收集信息是为了制定合理物流路线还是为了确定合理储备？或为了进行物流成本核算？不同目的的信息收集范围和内容差异非常大。一般而言，动态的物流运作信息是收集的重要目标。

3. 确定深度和精度。不同系统对信息的深度及精度要求不同，例如，是按小时还是按周、按分秒收集库存动态信息，是掌握某一具体时刻的信息还是掌握某一时间范围的信息，应当事前明确，要求深度和精度过高会造成时间、精力、费用的浪费，要求不足则使信息质量不高。

4. 选择信息源，建立信息渠道。信息源的选择与信息收集目的及内容有关，为实现既定目标，必须选择能提供所需信息的最有效信息源。信息源一般较多，应进行比较，选择提供信息数量大、种类多、质量可靠的信息源，使信息工作持久化是非常重要的。因此，有必要建立固定信息源和收集渠道。

信息源所提供的信息形式主要有文字记录形式信息、视听型信息和电子数据三种。

（二）信息处理

信息处理工作是对收集到的信息进行筛选、分类、加工及储存。对信息进行处理后，才能方便地使用收集到的信息。

在信息量比较大、信息来源比较多而复杂的情况下，信息处理是不可缺少的程序。

信息处理大致有以下几个步骤：

1. 信息分类及汇总。为了对信息进行分类储存和分类使用，必须先建立完善的信息分类标准。一般说来，各个系统在特殊信息方面有统一分类规定，在通用科技及管理信息文献方面可参照全国图书资料标准分类方法。

信息的分类可按信息载体分，也可按知识单元分，如分成一般信息、专题信息等。

2. 信息编目（或编码）。这是指用一定的代号来代表不同的信息项目。用普通方式（如资料室、档案室、图书室）保存信息需进行编目，用电子计算机保存信息则需确定编码。在信息项目、信息数量很大的情况下，编目及编码是将信息系统化、条理化的重要手段。

3. 信息储存。一般的信息储存手段有图书馆、资料室储存方式，建卡片、档案的储存方式，汇总报表的储存方式等。现代储存方式是用电子计算机及外部设备的储存功能，建立有关数据库进行大量储存。

4. 信息更新。信息的连续性、广泛性固然非常重要,但信息也有效用期,失效的信息需要及时淘汰更新,才能掌握更多的新信息,也更有利于信息的使用。

5. 信息分析研究。专职的信息部门或有关的业务部门对原始信息进行分析、归纳、判断,将信息进行一定的加工,目的是向决策机构提供高级信息,这项工作称为信息研究。对信息使用者来讲,利用这种高级信息,可简化决策的准备工作,提高决策速度及效率。

(三)信息服务

服务性是物流信息资料的重要特性,信息服务工作的目的就是将信息提供给有需求的部门和外部用户使用。现代物流系统特别强调与用户的信息沟通,信息服务也是客户服务系统的一项重要服务内容。客户在选择物流服务公司的时候,物流服务公司的信息服务的及时性、便利性,也是双方合作的重要依据。

信息服务工作的主要内容有以下几方面:

1. 信息发布及报道。按一定要求将一些重要信息内容通过电子文件、电子数据通信、会议、文件、报告、年鉴等形式予以发表或公布,便于使用者搜集、使用。信息发布和报道工作是科学性极强的工作,一定要报道准确及时,同时还应正确处理保密与多提供真实信息的关系。

发布及报道有时候是按照与客户的合同要求,为客户提供例如物流时间、货物位置、车辆状况等信息,这些信息动态性很强,往往通过网络进行传递。

2. 借阅。文献形式的信息资料应当建立借阅制度及交换制度,以方便用户交流、宣传、使用。

3. 查询及代查代办。用户可以按照一定的程序,进入物流信息系统之中,利用相关的信息技术进行查询。物流信息系统管理者也可以按用户要求收集信息或查找所需信息,解决某些人不习惯使用信息载体的问题,也可帮助需要信息但缺乏查办力量的单位解决信息来源问题。

4. 复制。按规定向使用者提供载有相关信息的磁盘及复印、复制品。

5. 信息咨询。有些物流环节和有关部门并不需要了解全面信息或没有力量收集连续信息,而仅就某一需要决策的方面要求了解有关信息,或者使用部门超出自己的固定信息范围,要了解其他方面的信息,则可依靠专业信息的咨询服务。信息咨询工作部门主要是回答用户的问题、接受用户某方面的信息研究委托、提供研究成果等。

第二节 物流信息平台

一、概述

在物流信息化初期,众多的开发商基本在信息不共享的前提下各自进行自己的信息系统开发。鉴于信息系统的复杂性、开发的广泛程度和技术难度,各个独立开发的信息系统也逐渐形成了自己的平台支持。有了这种平台支持,各自独立开发的信息系统都可以在自己的范围内实现信息共享、信息畅通和有限的互联。但是,各个系统之间,从不同的编码开始,有不同的识别技术、不同的连接技术、不同的数据支持及不同的数据系统、不同的操作系统、不同的应用系统、不同的通信协议、不同的报文标准,因此,实际上存在类似于计划经济行政分割的信息分割状态。这种状态虽然在市场经济前提下有利于竞争和优选,但是,不同系统之间的差异必将影响到信息的畅通。同时,由于单个企业实力的局限,平台的规模和能力受到制约,也往往无法完成所需要的信息资料的收集。对于需要大量信息,同时本身需要多方向开放的物流系统来讲,这是一个很严重问题。

现在,这个问题随着各种信息网络尤其是互联网的出现已经大大缓解,但是,仍然存在依托不同平台开发并运行的信息系统。例如,当初北京市政府信息化工程在建设初期就曾经不得不在微软和金山两大系统之间进行选择。中国的物流信息系统,现在还处于不同企业各自开发,仅仅能够做到企业内系统畅通和完善的阶段。独立开发自己的信息系统不能利用廉价的公共资源,这种状况使中国物流产业信息化的成本相当高,这应当说是影响中国物流信息化水平提高的一个重要原因。

当企业处于向全国化和国际化发展的情况下,要实现不同系统之间的有效转换以及不同地区之间、不同国家之间的有效联结,就必须基于大的、统一的平台4行开发。

鉴于物流信息平台的基础性和重要性,在现代物流发展过程中,构筑物流信息平台是首先必须启动的工作。例如,深圳市的物流规划就把信息平台建设和整合作为主要的规划内容,规划中把物流信息化建设的战略目标确定为:“构筑物流信息平台,支撑现代物流业发展对信息的综合需求。”

二、共用的信息基础平台

虽然物流信息化在特殊领域可以依托独立的、专用的信息平台,但是,一般而言,物流信息化最有效的方式是建立在整个国民经济和人民生活所依托的基础共用平台之上,这个平台也是物流信息最基础的共用平台,主要由国家构筑和管理。平台的主要内容如下。

(一)基础通信平台

基础通信属于非增值服务的通信,主要有三个领域,即一般固定电话和电报、图文传真以及邮政信函。

基础通信平台是最基本、最广泛、最廉价的信息平台资源。它可以支持直接的电话语音信息交换和图像、文字信息交换,支持实物型文件、录音录像带、软盘、光盘、相片的信息传递。基础通信平台有久远的历史,一直到今天它仍然是各个行业广泛依托的信息平台。

(二)一般增值服务

一般增值服务是基础通信平台的发展和延伸,它可以支持客户对于信息传递的更高需求,也就是说可以支持"增值"的需求,如比一般信函速度更快的快递、电话会议、可视电话等。

(三)移动通信

移动通信是无线通信方式。它可以分成常规移动通信和集群通信系统两大类。前者为特定用户群提供一条信道通信的平台支持,信道空置时,也不允许为其他用户利用,因而效率比较低,专用程度、安全性较高。对多个用户提供通信的平台支持,是集群通信系统,集群通信系统只要有空闲的信道,用户就不必等待,拥有的全部信道可以允许所有用户群共享,传输效率比较高,因而成本也较低。

移动通信平台为物流提供了非常良好的通信支持。由于物流的远程化和流动性的特点,其他的通信技术对运动中的物流工具和工作者提供的支持非常有限,这曾经是制约物流发展的非常重要的原因。

移动通信平台可以为物流提供多种通信服务的支持,应用最多的是一般的语音通信,凡是移动通信网络可以覆盖的地区,都可以实现语音通信。最近几年,移动通信平台支持力度有大幅度的提高,这个平台还有支持无线上网、移动目标的定位等功能,尤其是移动目标的定位功能,是移动信息平台技术的重大发展,使移动目标的定位有了更多的、廉价的、方便的选择。由此看来,移动通信平台是物流尤其是远程物流非常重要的信息平台。

(四)计算机网络和互联网

网络是物流信息化最重要的平台支持。计算机网络是互联网的基本元素,互联网是由计算机构筑成的复杂网络,其通常的定义是:在网络协议控制下和标准化的支持下,利用某种传输介质和通信手段,把地理上分散的计算机通信设备及终端等相互连接在一起,达到相互通信和资源、信息共享的计算机复合系统,而且是全球范围内众多计算机网络连接而成一个逻辑网络,是由计算机网络汇合而成的一个网络集合体。

作为互联网的基础,计算机网络从分布特点来讲,可以分成局域网和广域网。局域网是广域网的基础,广域网又是互联网的基础,互联网实际上是全球范围内的广域网。

中国共用计算机互联网 CHINANET 由骨干网、接入层、全国网管中心、全国信息中心和相关资源服务器组成。通过电话线和各种专线覆盖全国,也可以通过这些线路灵活地进入互联网。

互联网平台提供的主要支持服务内容有远程登录、文件传输、软件调用、电子信箱(E-mail)、网上交易及结算的电子商务活动。以互联网为平台,可以全面地以信息为基础进行物流管理、物流经营、物流教育、物流咨询等活动。

（五）数据通信

数据通信是支持电子数据交换（EDI）的通信平台，是通信平台中一种特殊的增值服务方式。依托这个平台，借助于远程通信技术方式，通过电子数据的采集、加工、转换成EDI标准文件和分发而完成远程的电子数据交换传递。作为共用信息基础平台的数据通信，邮电部门构建了中国共用分组交换数据网（CHINAPAC）、共用数据网（CHINADDN）及共用计算机互联网（CHINANET）。除了共用的数据通信平台之外，一些特殊领域，如军事领域、个别企业之间还可以建立专用的、点对点或点对多点的数据通信平台。

共用的数据通信平台主要有以下三种形式：

1. 中国共用分组交换数据网（CHINAPAC）。它由国家骨干网和各省市内网组成，由骨干网覆盖全国，再和各地的共用电话网和用户电报网互联，这样就可以覆盖已开通电话的所有地区。它对于信息传递的主要支持功能有：向用户提供X.25基本业务以及虚拟专用网、广播功能等多项业务。此外还开发了电子信箱、可视图文、电子数据交换、数据库检索等多项增值业务。

2. 中国共用数据网（CHINADDN）。它由国家骨干网、省市内网和本地网三级网络组成。其主要功能是：为用户提供永久或半永久租用电路业务。例如：点对点专用电路；点对多点广播、点对多点的数据传输和会议电视业务；压缩传真业务和移动电话漫游电路；证券、商行、外国办事机构的专用电路。可以支持计算机实时中高速数据通信、局域网互联等，是信息化社会传递信息的中、高速数据传输网络。

3. 中国共用计算机互联网（CHINANET）。与前两种基于增值网（VAN）的EDI不同，在互联网已经普及的今天，基于Internet的远程数据交换系统（IEDI）在已经能够提供数据安全技术的基础上，更容易实现数据交换。企业在互联网上建立Web网站，就可以在全球范围内与固定对象进行远程数据交换。很明显，CHINANET这个平台具有更强大的、更广泛的支持力度。

（六）卫星定位

由全球卫星定位系统GPS（Global Positioning System）和地理信息系统GIS（Geographic Information System）的信息技术共同构筑了远程移动目标定位的平台系统。这个平台系统把三维空间动态定位和该空间的地理位置结合起来，提供了对远程的、移动的物流设备进行实时定位的支持。全球卫星定位系统平台原则上可以支持地球上所有地域的移动目标定位，而无须受到网络覆盖的限制，因此具有最强大的定位功能。在移动通信网络无法覆盖的地区，或者移动通信网络所支持的定位无法满足精确度要求的情况下，卫星定位平台是唯一的选择。

（七）共用信息应用工程

共用信息应用工程平台大体有以下五个领域：

1. 金桥工程。它是国家公用经济信息网平台工程,是我国经济和社会信息化的基础设施,与通信干线及各部门已有的专用通信网互联互通、互为备用,建成覆盖全国的中枢信息网。

2. 金关工程。它是将海关、外贸、外汇管理和税务等企业和部门业务系统联网,做出口退税、配额许可证管理、进出口收汇结汇、进出口贸易统计等业务的信息应用系统,包括EDI平台。

3. 金卡工程。它是利用信息网络运作的电子货币工程。其目的在于支持金融电子化和商业电子化。它作为一个基础平台已经在全国普遍应用。

4. 金税工程。它是为了严格税收征管,堵塞税收流通而实施的一项全国性信息化构筑的一个全国性信息平台。

5. 金企工程。它是国民经济以企业信息为主要内容的信息平台的一个重要部分。这个平台的主要构成是企业的信息源和数据库,构筑成全国经济信息企业基础资源网络平台。

三、共用物流信息平台

全社会物流活动的领域非常广阔,涉及的层面多,涉及的信息用户的数量也非常多,各种物流企业的物流活动都有许多不相同之处,但是它们的相互沟通却都依靠共用的基础物流信息平台。如果没有这个平台,各个不同的物流领域的物流运作就很难交流和沟通。物流共用信息平台就是首先对共用数据进行采集,不同物流企业和部门除了依据自己经营所需要的特殊数据之外,还要依赖于许多重要的公用数据,如物流基础设施平台的能力、运作情况、收费、社会物流总量等。有了这些公用的数据,才能够为企业特殊的物流运作提供基础性的信息支持,才能使微观的运作不至于与社会的运作出现矛盾、产生冲突。

共用信息平台对于采集的数据进行处理,使之成为支撑不同应用领域的共用信息储存、查询、通信等数据系统,同时建立有关的数据库。

共用信息平台应该是一个开放式的平台,其所有信息资源应当做到全社会共享。

物流信息系统共用平台具有专用性和实用性的特征。深圳市在《"十五"及2015年现代物流业发展规划》中,对物流信息系统共用平台所赋予的任务是:"共用信息平台是通过对共用信息(如交通流背景资料、物流枢纽货物跟踪信息、政府部门间共用信息)进行收集、分析及处理,对物流企业信息系统完成各类功能(如车辆调度、货物跟踪及运输计划制定等)提供支撑;为政府相关部门的信息沟通提供信息枢纽作用;为政府提供宏观决策支持。公用信息平台的本质在于为企业提供单个企业无法完成的基础资料收集,并对其进行加工处理;为政府相关部门公用信息的流动提供支持环境。通过公用信息平台保障物流信息的畅通。"

第三节 物流相关基础信息技术

一、事务处理系统(TPS)

事务处理系统是物流业务可以运用的基础系统,它向管理信息系统、决策支持系统和其他信息系统及管理工作提供所需要的数据。

事务处理系统的处理对象是作为企业经营的基础——订货单和票据。其具体的处理工作是:将原始的单据录入计算机系统,对订货单据、购货的订单和结算单据、收据、工资支付单据、付出账款、收入账款等基本业务活动进行记录并随时更新。这个系统可以全面反映日常的活动,为更高层次的信息系统提供基础数据并且直接帮助业务的改善。

事务处理系统的应用软件是成熟化、商品化的应用软件,对于通常的企业而言,主要是采购处理、销售处理和企业内部的会计处理、人事处理、物资管理等。

以 POS 事务处理软件为例,这个处理系统包括:采购数量、库存控制、采购订单处理、接货、应付账款等处理能力。

二、管理信息系统(M1S)

管理信息系统是帮助管理者通过系统传输的信息,随时掌握和了解业务的进展及变化情况,以便进一步采取有效的管理、控制措施。

管理信息系统虽然是20世纪六七十年代时兴起来的,但是,至今仍是物流领域重要的信息系统,其应用范围广泛,实用价值很高。国内外在物流领域中应用管理信息系统的结果证实:物流的各个领域都可以通过以计算机为基础的管理信息系统得到改善,统计证实,应用管理信息系统,常常可使生产率提高10% ~15%。

物流管理信息系统以物流为特定的对象范畴,把物流和物流信息结合成一个有机的系统,这个系统用各种方式选择、收集、输入物流计划的、业务的、统计的各种有关数据,经过有针对性、有目的的计算机处理,即根据管理工作的要求,采用特定的软件技术,对原始数据处理后输出对管理工作有用的信息。

管理信息系统面对企业众多管理的需求,是若干具体管理系统的集成系统。管理信息系统包含财务系统、人事系统、工资系统、成本系统等内容,因此,必须有选择地应用,以提高管理效率。

在物流领域中,管理信息系统常常可大可小。例如,国际物流的管理信息系统可包容船运、港口仓储、汽车运输等若干子系统,而一个仓库的管理信息系统本身可能只是一个独立系统,同时又是更大规模物流系统中的子系统。

三、资源计划系统

资源计划系统包括物料资源计划(MRP)、分销资源计划(DRP)、物流资源计划(LRP)信息系统以及延伸的其他资源计划系统(CRP,ERP)。

传统的生产和流通领域,主要依靠库存进行资源配置的调节,工业化时期着眼于库存的合理控制,形成了许多库存控制系统,最有名的是基于经济批量(EOQ)方法之上的定期订货、定量订货,用控制订货来控制库存,用控制库存来解决资源配置的问题。

随着计算机应用普及和管理信息系统功能的不断提高,资源计划系统突破了静态的库存管理,实现了动态的资源获取和资源供应、配置,用动态的方法来代替依靠库存的方法。资源计划系统就是这样一种方法。

(一)物料资源计划(Materials Resources Planning,MRP)

物料资源计划包括物料需求计划(MRPⅠ)和物料资源计划(MRPⅡ)。物料需求计划是物料资源计划的基本部分,也是资源配置计划系统的基础,MRPⅢ,DRP,LRP等都是其的延伸和发展。

MRP的基本原理,是根据企业生产计划,确定每一种或者主要物料的需求时间、需求数量、需求品种和需求节奏,形成一个精细的计划系统。这个系统的能力和水平取决于生产企业,尤其是制造业的工艺技术水平,只有具有相当高的工艺技术水平,才能形成一个明确的、精细的需求。

在这个基础上,物料资源计划就可以规划出全部资源或主要资源按照最恰当的数量、最恰当的品种规格和最恰当的时间到达计划所指定的位置。再加上实物物流系统的有效运作,完美地执行这个计划,就可以取得不再依靠库存进行资源配置的效果。

(二)分销资源计划(Dstribution Resources Planning,DRP)

物料资源计划是在生产计划基础上形成的资源配置计划,因此难以应用在流通领域。分销资源计划则适用于流通领域的流通企业,尤其适用于连锁配送企业。配送企业应用这个系统,可以根据连锁企业的需求计划(相当于生产企业的生产计划),制定配送中心的进货计划和向连锁企业的送货计划。

(三)物流资源计划(Logistics Resources Planning,LRP)

将MRP和DRP实行有机结合,使之成为贯穿到整个社会再生产系统的资源配置技术,在生产企业中应用MRP,在生产企业外应用DRP,并使两者能够很好地接口,这样就可以在现代物流系统中应用。例如,在供应链系统中,在第三方物流的领域中,这个系统可以促成供应链的建立,成为支持供应链的技术手段。

四、条形码系统

条形码系统是现代物流系统中基础信息系统的一个重要组成部分。它可以满足大量、快速采集信息的要求,能适应物流大量化和高速化的要求,从而大幅度提高物流效率。

条形码系统是条形码的编码技术、条形码符号设计技术、快速识别技术和计算机管理技术的系统组合。它是实现计算机管理和电子数据交换不可缺少的开端技术。

(一)条形码系统的主要应用领域

条形码系统的主要应用领域有以下几个方面:

1. 库存管理领域。通过对条形码的识别,掌握入库、出库、库存数量、库内位置的信息,以支持库存管理和库内作业。

2. 重点管理领域。根据条形码信息,可以通过相关软件自动生成 ABC 的分类,从而支持重点管理。

3. 配送领域。在进行配送工作时,根据条形码所提供的信息进行拣选或分货,实现配货作业。

4. 电子数据交换领域。条形码信息作为电子数据交换系统的基础数据。

5. 供应链领域。通过条形码识别,掌握货物在途情况。

6. 物流管理领域。通过条形码所传递的信息,进行统计、结算、分析等管理活动。

(二)条形码系统在物流领域中的作用

1. 条形码是物流系统的基础。条形码所包含的是信息数据,是物流系统中物流对象的简要说明书,通过条码单元将大量信息集约起来,就能使信息的采集和录入工作电子化。依靠这个系统,人们构筑了物流信息系统的开端。

2. 条形码是整个物流过程中的信息源。条形码在整个物流系统中,不管它处在什么位置都可以通过专用的条形码读取设备,掌握它的运动节奏。在现代物流系统中,这是构筑 EDI 系统、供应链系统的一个重要组成部分,通过它可以随时掌握物流对象的位置状况和相关管理状况。

3. 沟通国际物流。条形码实际上是一种国际通用语言,通过对条形码的识别,可以进行国际上的沟通。适应现代物流系统的国际化趋势,通过条形码系统进行这种国际上的沟通,可省却不同国家语言文字的转换过程,从而有力地支持物流的国际化。

(三)商品条形码和物流条形码

我国采用国际标准的条形码为通用商品条形码。其主板是由 13 位数字码及相应的条码符号组成,也采用 8 位数字码及相应的条码符号。

在物流领域,也采用通用商品条形码。此外,物流条形码还有另外一些类型,如交叉二五码及贸易单元128 条形码等。一般采用的是由 14 位数字组成的标准物流条形码,它与通用商品条形码的区别之处在于,在通用商品条形码单位数字之前增加一位数字,表示物流的识别代码。

五、电子数据交换系统(EDI)

电子数据交换系统是对信息进行交换和处理的网络自动化系统,是将远程通信、计算机及数据库三者有机结合在一台系统中,实现数据交换、数据资源共享的一种信息系统,这个系统也可以作为管理信息系统和决策支持系统的重要组成部分。

国际数据交换协会(IDEA)对于电子数据交换的定义是:通过电子方式,采用约定的报文标准,从一台计算机向另一台计算机进行结构化数据传输的计算机网络系统。

电子数据交换系统是物流领域非常重要的信息系统,它的主要功能是利用计算机广域网,进行远程、快速的数据交换和数据的自动处理。对于物流领域而言,通过电子数据交换系统,很容易掌握远程的物流数据,从而大大推动了物流管理水平的提升,在物流国际化趋势下,这个系统成为支撑经济全球化和物流国际化的重要手段。

电子数据交换系统在物流领域有特别重要的作用,这是因为,物流的大和泛的特点,使之很难建立大系统的信息网络。有时候,这个大系统各个局部之间分野较明显,且实际运行的各个局部,往往早就有其纵向的系统,并且已经较为完善,各个局部自成系统的例子也不乏见,如铁道系统、港口系统、仓储系统等。所以,物流系统带有一定"横跨"的性质,物流系统的信息完全可由与各个局部领域的信息交换和共享而得到,这就是物流系统特别需要电子数据交换系统的原因。

还有一点,物流系统与外部也有必须进行的信息交换关系,如外部的工业部门、工业企业、用户、商店、海关、银行、保险公司等,也需要实现网络的联结,进行电子数据交换。

采用电子数据交换系统之后,信息交换便可由两端直接进行,而越过很多中间环节,这就使物流过程中每个衔接点的手续大大简化,由于减少甚至消除了物流各个过程中的单据凭证,不但减少了差错,而且大大提高了工作效率。

第四节　主要物流信息系统

一、射频一标签系统(Radio Frequency,RF)

一般的 POS - 条码系统需要进行接触识别,这种识别方式对于物流系统而言,常常不大适用。这是由于在物流过程中,不可能全部、全面进行接触识别,所以 POS - 条码系统的应用有一定局限。

射频一标签识别系统是一种重要的标志技术,它的主要功能是对运动的或静止的标签进行不接触的识别,这种识别技术是应用射频技术,对物流对象物上面贴置的标签进行电磁波射频扫描,就可以识别物流对象物的相关信息,并进行直接读写,或者经过计算机网络将信息传输。

射频一标签系统由以下两部分组成。

（一）射频

射频系统通常由读写器、计算机网络两部分组成。射频系统的读写器有三个主要组成部分：读写模块、射频模块和天线。读写器在一个区域范围内发射电磁波，对标签进行数据采集，通过计算机网络进行数据转换、数据处理和数据传输。

（二）标签

射频标签的基本功能如下：具有一定的存储容量，用以存储被识别对象的信息；标签的数据能被读入或写入，而且可以编程，一旦编程后，就成为不可更改的永久数据；使用、维护都很简单，在使用期限内不需维护。

射频标签的主要作用是，存储物流对象的数据编码，对物流对象进行标志。通过天线将编码后的信息发射给读写器，或者接受读写器的电磁波反射给读写器。

射频—标签系统总体组成如图 12－1 所示。

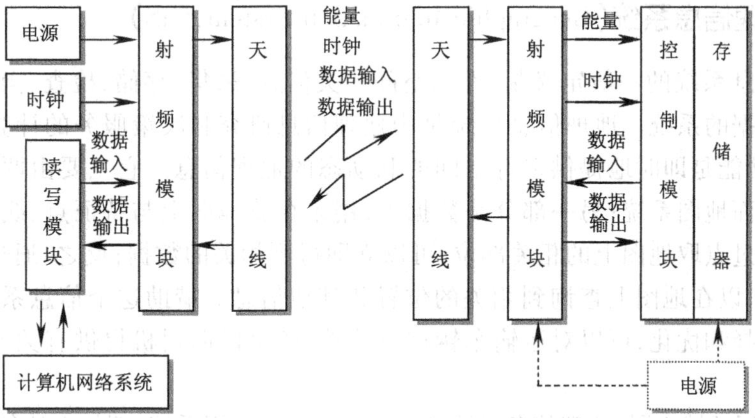

图 12－1　射频系统的两个组成部分

二、销售时点信息系统（Point of Sale，POS）

销售时点信息系统是指通过能够自动读取信息的设备，在销售商品时直接读取和采集商品销售的各种信息，然后通过通信网络或计算机系统将读取的信息传输至管理中心，进行数据的处理和使用。

一般来讲，应用最多的自动读取设备是商店在结算时所用的收银机，又称 POS 机。按照经营管理要求，所读取的数据可事先指定，并且将数据压缩在条形码中。当然，在特定的情况下，也可以采取其他的数据读取方式。

销售时点信息系统是信息的基础采集系统，是整个商品交易活动或物流活动的信息传输最基本的环节，通过销售时点信息系统，对基础信息可以不遗漏地全面搜集，并且有不失真的特点。

销售时点信息系统在物流领域应用的功效有以下几方面：

第一,基础信息采集。这是POS系统的主要功能,它能够即时地从源头采集整个物流活动的基础信息,可以说是物流信息的最基本的工作。

第二,提高数据采集效率。POS系统由于采用了自动读取的设备进行数据的采集和读入,可以使工作效率大大提高,尤其是数据量比较大时,这个系统的数据采集的优势就更加突出。它可以在瞬间对复杂的数据进行读取和采集。

第三,提高管理水平。采用POS系统,可以使管理工作从分类管理上升到单品管理,尤其对精细物流系统而言,后续的仓位管理、自动存取货物的管理等都要以这种单品的信息采集为基础。

第四,提高统计效率。通过计算机网络,利用智能化的信息处理手段,可以使非常烦琐的统计工作、统计分析工作通过计算机自动生成。这样一来,就使过去物流过程中经常容易出现差错和造成时间延误的环节变得准确而通畅。

第五,将管理领域延伸。采用POS系统,在管理物流对象的同时,还能实现对物流环节和工作人员的管理。

三、地理信息系统(Geographic Information System,GIS)

地理信息系统的一般定义是:面向空间相关信息,采集、存储、检查、操作、分析和显示地理数据的系统。地理信息系统是为地理信息研究和决策服务的计算机网络系统,其主要功能是即时地提供多种空间的和动态的地理信息。它主要由两部分组成:一部分是桌面地图系统;另一部分是数据库,用来存放地图上与特征点、线、面所相关的数据。通过点取地图上的相关部位,可以立即得到相关的数据;反之,通过已知的相关数据,也可以在地图上查询到相关的位置和其他信息。借助这个信息系统,可以进行路线的选择和优化,可以对运输车辆进行监控,还可以向司机提供有关的地理信息等等。

根据应用领域不同,地理信息系统又有各种不同的应用系统,例如土地信息系统、城市信息系统、交通信息系统、环境信息系统、仓库规划信息系统等,它们的共同点是用计算机处理与空间相关的信息。

地理信息系统的主要应用领域有以下几个:

第一,电子地图。借助于计算机和数据库应用,电子地图可以比一般地图有几百、几千倍的信息容量,通过电子地图可以提供一种新的按地理位置进行检索的方法,以获取相关的社会、经济、文化等方面的信息。

第二,辅助规划。地理信息系统可以辅助仓库、站场等基础设施的规划。它可以用地理坐标、图标方式,直观地反映这些基础设施的基本情况和布局情况,以进一步分析布局是否合理,从而对规划起到支持的作用。

第三,交通管理。地理信息系统与全球卫星定位系统相结合,可以及时反映车辆运行情况、交通路段情况、交通设施运行情况等,从而有效地支持交通管理。

第四,军事应用。地理信息系统在军事后勤仓库的分布、库存物资的分布、仓库物资的调用、储备的分布规划等领域,具有提供信息、进行分析和辅助决策的作用。

四、全球卫星定位系统(Global Positioning System,GPS)

全球卫星定位系统是利用多颗通信卫星对地面目标的状况进行精确测定的系统。它可以实现运行车辆的全程跟踪监视,并通过相关的数据和输入的其他系统的相关数据进行交通管理。

全球卫星定位系统是通过卫星对地面上运行的车辆、船舶进行测定并精确定位。在车辆、船舶或其他运输工具设备上配置信标装置,就可以接收卫星发射信号,以置于卫星的监测之下,通过接收装置,就可以确认精确的定位位置。

全球卫星定位系统在物流领域的重要应用,主要有以下方面(参见图 12-2)。

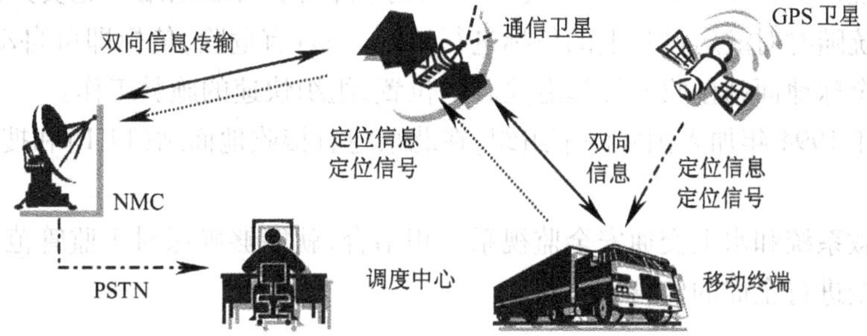

图 12-2 GPS 系统

第一,进行车辆、船舶的跟踪。可以通过地面计算机终端,实时显示出车辆、船舶的实际位置,位置精度以"米"计量。对于重要的车辆和船舶,要想随时掌握其动态,目前只能依靠这个系统。

第二,信息传递和查询。GPS 系统可以实施双向的信息交流,可以向车辆、船舶提供相关的气象、交通、指挥等信息,同时可以将运行中的车辆、船舶的信息传递给管理中心。

第三,及时报警。通过全球卫星定位系统,可以掌握运输装备的异常情况,接收求助信息和报警信息并迅速传递到管理中心实施紧急救援。

第四,支持管理。根据这个系统所提供的信息,可以实施运输指挥、实施监控、路线规划和选择、向用户发出到货预报等,可以有效支持大跨度的物流系统管理。

全球卫星定位系统还可以应用于物流设计和物流分析,如优化车辆行驶路线,优化物流网络和物流网点布局等。

五、水上交通安全信息监控及卫星搜救系统

物流广域化、国际化之后,车辆在途的交通安全问题,是货主和第三方物流企业非常关注的一个问题。尤其是多式联运的海上和大陆桥运输的交通安全问题,更为重要。水上交通安全信息监控系统是这种信息系统的代表。这个系统的主要构成为:

第一,网络系统。它包括水上交通安全监控信息的主干网和各管理部门的局域网以

及广域主干网和局域网之间的链接。

第二,应用软件系统。上述网络实现信息传递和信息交流,以此为基础实施船舶管理、船员管理、事故与应急管理、通航安全管理、船载客货的管理等项管理。

第三,交通安全监督信息系统可以通过全球卫星定位系统或者卫星搜救系统,即时地掌握水上船舶的航行情况、停滞情况、方位情况,随时通过这个系统传递外部的气候和海域、港口的信息,指导船舶安全航行,并随时洞察水上航运期间可能出现的安全危险,通过公安等外部系统予以解决。

国际海事组织在《海上人命与安全公约》(SOLAS)中明确规定:所有总吨位300吨以上的船舶必须按照要求装备遇险定位、搜救设备以保障海上安全。利用卫星传递信息的全球搜救系统(COSPAS-SARSAT),是一个向海上、航空及陆地用户免费开放的服务系统。这个系统随时对航运设备上的信标进行监控,一旦有危险,信标即可自动报警,经卫星转发后由全球地面站接收并计算遇险者的位置,组织快速的施救工作。

我国已于1994年加入国际海事组织,在北京建有接收地面站(LUT)和搜救任务控制中心(MCC)。

卫星搜救系统和水上交通安全监视系统相结合,就能够确保对于监管范围内海域的船舶交通安全进行全面的监管。

六、智能运输系统(ITS)

智能运输系统是针对地面运输管理的信息系统。这个系统的目的在于提高地面运输的效率。

20世纪末,世界各国都占用了大量的土地资源和其他资源建设各种形式的公路运输体系,但是,交通拥堵问题、交通事故问题、交通环境污染问题却越来越严重。继续通过大量建设公路的办法来解决日益增长的运输需求,受到了环境等方面的制约,越来越变得不可能,因此,利用信息技术来提高整个公路网的通行能力就变得十分迫切。智能运输系统就是针对此问题提出的解决方案。

智能运输系统将信息技术贯穿于交通运输的方方面面,形成了集成的地面运输管理体系。例如属于智能运输系统的商务用车运营子系统,这个系统可以自动询问和接收各种交通信息,进行合理调度,提供在物流过程中需要了解的特殊公路信息,如桥梁净高、各种路段的限速等等,对运送危险品之类的特种车辆进行跟踪,同时对车辆和驾驶员的状况进行全程监视并在事故情况下自动报警,甚至可以做到在道路能见度比较低的情况下,自动探测前方的障碍物,以保证安全行车。

智能运输系统以通信和信息技术为基础,标准化的问题便十分重要。目前已经有国际标准化组织(ISO)设置的专门技术委员会(TC204)解决标准化问题。我国也有国家ITS中心,以解决智能运输系统标准化、技术开发、产品生产和产业化问题。

第五节　物流应用软件技术

一、物流应用软件的分类

（一）按通用性分类

1. 物流通用应用软件。它是适用于各个物流领域，适用于不同物流环节的共同相关工作的应用软件。由于物流系统的规模庞大，物流机构、物流企业数量非常多，在许多环节的相同工作实现规范化和标准化之后，可以大量采用通用型的应用软件。这样一来，可以有效地支持通用应用软件的使用。已经有一些成熟的软件，可以作为建立物流系统的基础资源加以利用。

物流通用软件具有使用量大、开放性强的特点，应当是物流应用软件发展的一个方向。

2. 个性化的物流应用软件。它是专门针对某一特定物流企业、物流系统或者物流工作开发的软件。这种软件可以有针对性地发挥作用，有效地解决提高物流系统效率、增强物流企业管理能力的问题。但是其应用领域比较狭窄，或者因为企业间的竞争，不能够形成开放式的、普遍应用的软件。

（二）按功能分类

1. 操作系统软件。它可以将物流的各项活动予以程序化，使之按物流工作的要求控制计算机硬件并承担客户程序的接口，使得物流应用软件发挥作用。

2. 管理系统软件。它是按照物流管理的特定要求，针对物流总体活动和物流各功能的管理任务要求所开发的物流应用软件。例如，仓库管理软件、计价结算软件、客户关系管理软件、合同管理软件、设备管理软件以及物流统计软件等等。

3. 物流营销活动软件。它是针对各种独特的物流营销活动所开发的专用软件。例如，路径选择软件、货物追踪软件、外包承运企业选择软件、车辆调度及配装软件等等。

4. 电子文件及数据传输软件。它是将信息、文件、单据以数据传输方式进行电子文件交换的软件系统。例如，EDI 系统、网上资料查询系统等等。

5. 集成物流活动软件。它是将物流企业集成或者物流活动集成的软件系统。例如，第三方物流系统软件、集成供应链管理软件等等。

二、主要物流应用软件

(一)储存业务软件

1. 仓储管理系统软件。仓储管理系统软件为从货物入库到出库全过程提供管理支持,进行全过程的自动化记录。仓储管理系统软件的主要功能有:仓位管理、订单处理、存货管理、发货管理、验收管理、仓储设备管理、库存补充管理、库存即时盘点、工作实时监督管理等。

应用仓储管理系统软件,可以最大限度地减少货单处理及库存盘点的时间,从客户服务角度来看,差错率大幅度减少;可以支持随机存储和仓位的随机利用,改变传统的仓位划分、空位待货的状况,从而最大限度地利用仓储空间;可以提高发货的质量和准确性,提高发货的速度,减少顾客的等待时间;可以为与仓储有关的其他经营活动提供及时而正确的仓储信息,以支持整个物流经营活动;可以使整个仓储管理过程实现"无纸化"作业,大大提高效率。

2. 库存管理软件。库存管理软件是对库存数量进行控制的软件,它可以随时监督库存量的变化情况,根据业务要求和库存管理要求,进行进货的经济批量控制,或者进行零库存管理。

库存管理软件的主要功能有:对库存进行分类,进行重点管理;库存的即时跟踪与监督,进行库存数量的控制,自动形成进货要求;完成库存单据及库存报告;等等。库存管理软件可以是仓储管理系统软件的一个子系统,也可以以独立软件应用在其他领域。

(二)运输及配送业务软件

1. 车辆管理软件。车辆管理软件是对大型物流公司众多车辆进行管理的软件,对车辆调度、运行、装运计划、货物装载量、装运方式、司机的劳务管理以及成本核算等提供全方位的管理支持。

车辆管理软件的应用目的,在于保证对客户满意的服务,同时尽可能降低成本,减少车辆占用,保证安全运营。

2. 物流路径选择软件。物流路径选择软件是提供车辆运行路径方案并进行优化的软件,它可以根据多项商业逻辑及标准,根据地理信息系统所提供的信息,生成多模式、多路径货运路线的方案,并且提供不同条件下优化的建议。

物流路径选择软件对于城市内的配送系统,对于多式联运的复杂运输系统选择最佳物流运输路线有重要作用。这个软件不但可以节约运费,减少司机的劳务负担,而且在复杂的运输环境中,可以保证物流准时,提高客户的满意程度。

(三)业务管理软件

1. 网络信息查询软件。应用网络信息查询软件,可以通过企业内部网或者有协议的外部网络资源进行业务信息查询。经过授权,按一定规则可以进入系统进行高效的查询,随时掌握货物进出、库存及仓库的利用情况,获得即时数据;可以与供应商和客户分享资料,没有边界限制,客户和供应商无论在何时何地,只要通过约定密码进入系统,就可以获得最新的信息。

这种系统不仅为企业内部标准化、效率化的管理所需要,也是企业经营战略的一种手段,它为客户及供应商提供即时而准确的信息,使客户和供应商可以及时调整自己的业务活动,为客户提供可信的信息服务。

这个系统可以和客户系统互联,在客户终端便可以及时掌握和跟踪货物的进出及库存情况,同时也可以向企业提供相关的客户信息,可以和客户进行网上的谈判及签订契约,甚至对账和结算。

2. 客户关系管理软件。在客户众多的情况下,实现对每一个客户的有针对性的服务,在不增加成本、不改变基本服务承诺的情况下,根据每个客户的特点,尽量实现定制化的、带有增值含量的服务,从而形成市场占领的优势,这是客户关系管理软件要解决的问题。客户关系管理软件可以掌握客户历史的和现实的状况、客户的物流需求、客户的营销方式和营销策略以及客户最满意的服务方式等等,从而有针对性地提高客户受理的效率,增强客户服务的能力,进而向客户提供各种增值服务,从而达到客户满意。

3. 调度监控管理软件。它是结合移动通信技术、全球卫星定位技术、地理信息系统、企业内部网与互联网技术,对物流设备、工具(如车辆、船舶等)移动目标进行监控与调度的管理软件。

这个系统软件可以即时进行信息采集、监测跟踪、多级调度、信息传输及发布、双向通信,从而跟踪移动目标,进行监控和指挥,向客户提供货物在途情况、预计到达时间,根据实际情况及时进行调度管理。其效果是,选择最优化物流路线、达到最快的物流速度、最大限度降低空载率、降低成本、保障安全,尤其是能够使客户放心和满意。这个系统软件对于第三方物流企业,对于利用虚拟库存的物流领域来讲,是非常重要的。

4. 物流业务管理软件。物流业务管理软件是支持物流企业进行物流业务全面管理的系统。这个系统是许多业务活动的集成,能够充分利用信息资源进行信息共享。

这个软件可以根据物流企业业务活动集约地的不同,分别对总部的业务、网点业务、线路业务进行控制和管理,对不同的物流业务,例如配送、分销、流通加工业务进行控制和管理,包括客户管理、货物进出库管理、库存管理、运输管理、配送管理、航运管理等等。

物流业务管理软件可以进行订单处理、事故处理、资料查询、货物状态查询、业务报表管理、合同管理、资金运作及结算管理、运输与仓储计划管理、业务受理以及经济活动分析等各项工作。

5. 物流资源管理软件。物流资源管理软件是对物流企业内部、外部的现实实体资源与虚拟资源进行管理的系统。这个系统的目的在于通过信息技术和网络技术支持,充分了解本企业(尤其是大型物流企业)的物流资源和社会上可以利用的物流资源(虚拟资源)。有了这个系统,就可以确定最优的资源投入,最大限度地利用现有资源,防止资源的浪费;慎重而且节约地建立新的资源;充分利用买方市场的优势,无偿获得并且低成本地运用社会资源,使物流资源虚拟化。

物流资源管理软件的主要功能如下:

(1)管理机构资源管理。管理机构资源包括人力资源和装备资源,通过该软件对它们进行全面掌握,以提高管理机构效率和降低成本。

(2)网点资源管理。这是指对仓库、货场、装卸站场、堆场进行全面控制管理。网点资源是资本投入最大的资源领域,是资源控制的重点,该软件可以提供网点数量、规模、能力的状况和可利用的潜力,提供量化分析,以支持决策。

(3)运输工具资源管理。其包括对运输工具的数量、质量、规格和配套情况进行全面分析和管理,对运输工具资源的利用情况进行分析管理,为其优化进行辅助决策。

(4)装卸设备资源管理。这是指对装卸设备的数量、质量、规格和配套情况进行全面分析和管理,对装卸设备的利用情况进行分析管理,以充分挖掘潜力,灵活调度,保证装卸活动的高效进行。

(5)人力资源管理。在大型物流企业中各种类型的职工数量非常庞大,而人力资源又有不同于物力资源的许多特点:难以规范化、难以数量化、动态化非常强。通过对人力资源的有效管理,不但可以充分调动和激励人的积极性,不断提高整个企业的水平,而且可以获得人力资源使用的低成本。

人力资源管理首先是人力资源信息管理,资源管理系统提供强大的信息支持,并且提供各种统计分析功能,以形成决策支持。

此外,资源管理软件系统还包括虚拟资源信息及管理、客户资源管理、供应商资源管理、软件资源管理等。

(四)供应链管理软件

供应链管理软件是支持供应链管理的集成企业软件。这个软件要解决的问题是将整个供应链资源和供应链管理集约,寻找“终点至终点”的答案。

供应链管理软件不仅管理从供应商开始的原材料变成成品,经过装运,最后到客户的全过程,而且,许多公司还将人力资源、财务(总账、应付账款、应收账款等)和其他业务也一同与供应链管理集成在同一企业软件中。

这个软件可能包括几百种商业处理过程,如生产计划、发票及票据、进出库、收货业务、存货控制等。这种集成的企业软件可以方便地处理企业内的信息流,利用这种软件还可以不再需要系统之间的接口,这些接口和功能可以由公用的数据库来实现。运用供应链管理软件,最终的结果是增加客户,减少成本,保持最佳的库存状态以及改进对客户的服务,提供多种增值服务的选择,维持一个跨越国际、洲际供应链的正常运作。

第十三章

物流线路

第一节　物流线路的概念及种类

一、概述

物流线路是实物物流改变空间位置的基本载体，在线路上从事的物流活动是运输。物流线路是物流网络中连接物流结点的通道，是供运输工具移动和运行的通道式设施，是运输工具赖以运行的物质基础。线路和结点共同构筑了物流网络。

线路与物流活动中的运输是一体的，它直接支持运输。物流线路是物流基础设施平台的核心，是物流的最基础的条件，只要有允许物流的线路，就可以发生物流活动。线路在物流中的重要地位从远古至今都是首屈一指的，远远高于其他物流平台的组织结构，例如物流结点、物流信息、物流管理。物流结点、物流信息、物流管理都是现代物流的支撑和结构因素，而即使在远古时代，只要有线路存在，就会在线路上面出现物流。

现代物流线路的重要性越发突出，这是因为在现代，经济全球化已经是一个重要的特征，要解决经济全球化的问题，就需要在全球实现“物”的流通，当然，这需要靠高水平的物流系统，而覆盖全球的物流线路就是它的核心和基础之一。

二、物流线路的作用

物流线路在物流系统中发挥的主要作用是扩展物流的覆盖面，支持运输功能的实现。

物流线路将各个地区联结起来，使物流活动能够依托这些线路到达这些地区，从而实现物资交流和沟通，并进一步影响和促进经济和文化发展。

作为物流平台的一部分，物流线路系统是一个工程技术系统，是需要建设和构筑才能够形成的。在这个问题的认识上人们往往存在一个误区，认为有一些物流线路是大自然赐予我们的，如水运线路和空运线路，其实不然。虽然一些自然环境条件有利于物流的运行，但是这些环境条件并不是线路的全部，只是线路工程技术系统的一个基础条件，在这个基础之上,必须要建设和构筑对物流起支持作用、平台作用的线路系统,而这需要大量的投资以及人力和时间。这在铁路线路的建设和构筑上是非常明显的,即使是水运线路和空运线路也是如此,需要对通行的路线进行勘探、测量、选择和规划,需要充分掌握线路通过地区的自然条件和自然状况,需要排除隐蔽的障碍物,总之是以不同的方式方法对线路进行总建设和构筑。

三、物流线路的种类及结构

(一)种类

作为物流基础设施平台的线路有五大系统,即铁路线路、公路线路、水路线路、航空线路、管道及其他线路。

1. 铁路线路。它是支持火车运行和各种轮轨车辆运行的物流线路,其主体是支持列车运行的货运铁路和客运铁路。它有很多种类,包括干线铁路、支线铁路、地方铁路、森林铁路、小铁路、企业内部铁路、企业内部轨道传输线等。

铁路线路的结构主体是路基和路轨,桥梁、隧道、涵洞也是铁路线路结构部分。

2. 公路线路。对于现代物流而言,公路线路是支持除火车外各种车辆运行的物流线路,其主体是支持汽车运行的货运线路和客运线路,当然,历史上以及现在还有多种依托马车、牛车、人力车甚至人力的物流。公路线路也有很多种类,包括干线公路、高速公路、区域公路、一般道路等。公路线路是由路基、路面和桥隧组成的一个整体的工程结构。

3. 水运线路。它是支持各种船舶运行的物流线路,其主体是支持货运船舶的线路。水运线路的结构主体是海上、湖上、江河上面的水运航线,虽然只要有水域就可以进行不同程度的物流运作,但是,真正支持大规模物流的水运线路是需要进行建设和开辟的,也存在工程结构的问题。

4. 航空线路。它是支持各种飞行器运行的物流线路,其主体是支持货运及客运飞机的线路。航空线路不是大规模物流的主体线路,但是它所具有的特殊能力是特殊物流、应急物流的重要线路。

5. 管道及其他线路。它是支持在管道中物流运行的物流线路。线路的结构主体是连续互通的管道,以及与管理和控制相关的管道设备。这一类中还有传送带线路等。

(二)结构

物流线路有两种典型的结构状态:

1. 独立的线路系统。以本线路系统为主体,进行独立的运行和管理。

2. 网络结构状态线路系统。多条线路可以构筑成网络,进而多种线路也可以构筑成网络,在这种线路的网络上可以进行单条线路的独立运作,但更重要的是利用网络优势进行网络的管理和联合运作。

第二节 公路与道路线路

一、概述

公路是支持公共交通之道路。一般而言,连接城市、乡村和工矿基地之间,主要供汽车行驶并具备一定技术标准和设施的道路称为公路。公路之外的所有的“路”都可以称为道路。所以,道路的范围更加广泛,公路、城市道路、乡村道路、企业内部的厂区道路、车间道路、广场大路、羊肠小路都可以称为道路。

公路和道路都是物流线路的组成部分,都是物流平台的基础资源。选择、建设、配置、规划好公路与道路线路这个基础资源,对于最低限度地保证物流运行和最高限度的物流合理化都是非常重要的事情。

公路和道路对于物流的支持,主要是支持物流的重要功能——运输,同时(尤其是道路)也支持物流的另外一个重要功能——搬运。

二、分类

(一)按照行政范畴综合分类

公路按行政等级可分为五个等级:国家公路、省公路、县公路和乡公路(简称为国、省、乡道)以及专用公路。

1. 国家公路。国家公路又称国道,是全国性的主要公路,包括国际公路,国防公路,连接首都与各省、自治区、直辖市首府的公路,连接各大经济中心、交通运输枢纽、生产基地和战略要地的公路。

2. 省公路(省道)。省公路是具有全省政治、经济意义,并由省负责修建、养护和管理的公路干线。

3. 县公路(县道)。县公路是具有全县政治、经济意义,连接县城和县内主要乡(镇)、主要商品生产和集散地的公路,以及不属于国道、省道的县际间公路。县道由县、市公路主管部门负责修建、养护和管理。

4. 乡公路(乡道)。乡公路是主要为乡(镇)村经济、文化、行政服务的公路,以及不属于县道以上公路的乡与乡之间及乡与外部联络的公路。

5. 专用公路。专用公路是专供或主要供厂矿、林区、农场、油田、旅游区、军事要地等与外部联系的公路。专用公路由专用单位负责修建、养护和管理,也可委托当地公路部门修建、养护和管理。

(二)按照技术特性分类

按照公路的技术特性分类,可以将其分成三大类:普通公路、高速公路和专用公路。

1. 普通公路。普通公路主要是客货混运的道路体系。我国对于普通公路的分类一般分成国道主干道、省级公路及县乡公路三个等级。国道主干道、省级公路以干线为主,县乡公路和部分省级公路属于支线公路。

普通公路对于使用者一般给予"国民待遇",按照一般的交通管理办法实施管理。国道主干道对于运行对象有比较严格的限制。

2. 高速公路。我国的高速公路一般也是按照客货混运的道路体系构造的,有诸多限制,如不允许非机动车辆和某些特定的机动车辆通行。

3. 专用公路。和铁路客货混运的线路体系一样,公路客货混运造成的混乱及资源的浪费是一个比较严重的问题。尤其是客货混运的线路构筑方式,已经不能满足物流向大重量、大数量、大体积方向发展的趋势,因此,和铁路一样适当建设一些专用的客运专用线路、货运专用线路,以适应不同的需求和采用不同的技术标准,解决客货混运造成的混乱及资源的浪费,也是未来的发展趋势之一。专用公路的道路体系建设比铁路相同的体系建设要容易一些,因此可能成为率先突破的领域。

(三)按照技术等级分类

根据我国的《公路工程技术标准》(JTJ001—1997),公路按使用任务、功能和适应的交通量分为五个等级:一级公路、二级公路、三级公路、四级公路、等外公路。

1. 一级公路。一级公路的标准是:汽车分向分车道行驶并可根据需要控制出入的多车道公路。其可以进一步细分为四车道一级公路、六车道一级公路。

2. 二级公路。二级公路的标准是汽车行驶的双车道公路,交通量比较高。

3. 三级公路。三级公路的标准也是供汽车行驶的双车道公路,交通量低于二级公路。

4. 四级公路。四级公路的标准是交通量低于三级公路的供汽车行驶的双车道或单车道公路。

5. 等外公路。等外公路是交通量比四级公路还低的,宽度、路面铺装水平没有达标的公路。

(四)按照不同的地位分类

不同地位体现了不同道路的重要性。按照公路的不同地位可将其分成干线公路和支线公路两类。

1. 干线公路。它是公路线路的主体和骨架,国道和省道属于干线公路。

2. 支线公路。县道和乡道属于支线公路。

(五)按照运营是否收费分类

按照运营是否收费,可以将公路分成收费公路和公益公路两类:

1. 收费公路。国家允许依法设立收费公路,同时对收费公路的数量进行控制。收费公路一般是贷款修筑的公路和国家批准的部门或企业投资修建的公路,收费主要用于偿还贷款,也用于筹集公路养护和管理资金。收费办法采取计重收费和按车辆收费两种。

2. 公益公路。它主要是国家投资修建的公路,符合规定的车辆免费通行。国家采用依法征税的办法筹集公路养护资金,不再另收费用。

对于这个问题,国家的政策是以非收费公路为主,适当发展收费公路。

三、公路及道路支持的物流

公路及道路支持的物流,在所有的物流线路中可以说是数量最大、范围最广,在数量上拔得了头筹。这种物流主要有以下几种。

(一)"门到门"及"到门"物流

1. "门到门"物流。这种物流不经任何中转环节把货物从发货者的"门口"直接运送到用户的"门口"。很明显,"门到门"物流不经过中间的停滞、换载、装卸,因此可以加速货物送达,减少由于倒运所引起的装卸操作,因而减少了费用、减少了货损和货差。同时,物流手续简便,无须双方再办理任何其他中间环节的手续。

2. "到门"物流。所有的物流都必须有效地解决"到门"的问题,也就是物流的首、尾两个终端的问题。这个问题的有效解决要依靠公路及道路,因为只有公路及道路才能够全面到达这两个终端。所以,铁路、空运、水运线路所支持的物流"到门"的问题要依靠公路及道路。也可以说,公路及道路线路是铁路、空运、水运系统的组成部分。

(二)其他有优势的物流形式

1. 精益物流。精益物流属于精细服务和增值服务范畴的服务方式,有很强的个性化的要求,公路及道路对物流的支持,可控性强,灵活机动,能够满足用户个性化的要求,因而比较容易实行精益化的运作。

2. 铁路、空运、水运的补充物流。这种补充包括两方面:一方面是衔接铁路、空运、水运等线路,成为一个完整的大系统;另一方面是在铁路、空运、水运不能运行的地区独自撑起物流的大任。

3. 企业内部物流。企业内部一般没有铁路、空运、水运的线路,但是,企业内部物流又是企业绝对不可缺少的,这除了依靠传送带、管道等线路资源来解决之外,只有靠企业内部的道路来支持。

四、公路及道路线路的特点

第一个特点是,公路及道路线路的基础性、公益性和广泛的覆盖性,这也是公路及道路线路未来的发展方向。确保公路的公益性特征不被扭曲才会使基础牢固。

公路是支持除火车以外的各种陆上运输工具的线路,公路这个名字本身就表达了它的公用性。实际上,作为公用平台,公路线路比铁路线路有更强的公用性。

公路线路平台与铁路线路平台一个非常重要的区别是,平台与运行的相关性比较弱,因此,公路平台和在公路线路上的运作容易实现分离。

第二个特点是,公路及道路线路的数量大、种类多,等级水平和质量水平有比较大的差异,这是一个重要的特点。这个特点带来的结果一个是增加了物流运行的难度,另外一个是带来了对物流运行的支撑的多样性和物流运行的机动灵活。

第三个特点是,公路及道路线路的安全性相对较低。公路及道路线路易损性及事故的多发性影响了它对于物流运作支持的稳定性。一旦出现这样的问题,可以通过广泛覆盖的公路及道路找到替代的方案。

第四个特点是,公路及道路线路固定设施简单,投资比较低,构筑和建设相对比较容易。这就有利于解决临时的、急需的物流线路需求,成为物流初期开拓和发展的重要手段。

第三节 铁路线路

一、概述

铁路线路是轨道线路的代表,也是所有运输方式中的骨干运输方式。

除了个别的铁路线路之外,多数的铁路线路都是同时支持客运和货运,也有专门支持货运的铁路线路。例如:我国的大秦铁路不仅仅是专门支持货运,而且是专门支持煤炭货运的铁路线路;还有不少是专门支持客运的铁路,如我国的高速铁路。所以,不同的线路,技术能力和技术标准是不同的。在货运方面,专门支持货运的铁路线路,是重载铁路线路。一般的铁路线路大宗货物运输重载化也是发展趋势。铁路线路支持的重载化单元列车对提高运能、减少燃油消耗、节省运营车等有显著效果,能获得好的经济效益。

铁路线路是一种系统性的资源,是铁路系统的重要基础资源,是机车车辆和列车运行的基础条件。广义上,铁路线路是由路基、轨道、桥梁、隧道、车站、货场以及相关建筑物组成的一个系统资源;狭义上,铁路线路是由路基、轨道、桥梁、隧道所组合成的系统性的、整体的工程结构。

对于在铁路上运行的货物车辆,一方面是采用大型货车解决大重量、大体积货物的物流;另外一方面是尽量降低货车自重,车体结构向轻量化发展,提高轴重、增加轴数,从而相应增加运送货物的数量。

铁路客运线路和货运线路分离是未来的重要发展趋势之一。一旦专门货运的铁路线路大量出现并且形成网络,铁路物流平台的服务质量就会出现质的飞跃。

二、分类

(一)按照铁路线路的建设与管理主体分类

按照铁路线路的建设与管理主体分类,可将其分为国家铁路、地方铁路、合资铁路、企业内部铁路和铁路专用线。

1. 国家铁路,简称国铁。我国的国家铁路是国务院铁路主管部门——铁道部所管理的铁路。国家铁路采用的是高度集中、统一指挥的运输管理体制。

2. 地方铁路。它是地方政府投资和管理的铁路。

3. 合资铁路。它是由不同主体投资兴建的铁路。

地方铁路和合资铁路在运营方面同样也纳入国家集中、统一指挥的运输管理。

4. 企业内部铁路。它是企业内部为解决本企业生产经营的物流问题而修建的铁路,如森林铁路、工矿铁路、水库工程铁路等。企业内部铁路不纳入国家高度集中、统一指挥的运输管理体制之中,具有专属性,所以又称为专用铁路。

5. 铁路专用线。它是由企业或者其他单位管理的与国家铁路或者其他铁路线路接轨的岔线。

铁路专用线与专用铁路都是企业或者其他单位修建的主要为本企业内部运输服务的,两者所不同的是,专用铁路一般都自备动力,自备运输工具,在内部形成运输生产的一套系统的运输组织,而铁路专用线则仅仅是一条线路平台,其长度一般不超过30公里,其运输动力使用的是与其相接轨的铁路的动力。铁路专用线的修建虽然是为解决企业或者单位内部的运输需要而修建的,但是其本身也是国家铁路网的组成部分。

(二)按照铁路线路的地位分类

按照铁路线路的地位分类,可将其分为正线、站线、段管线、岔线和特别用途线。

1. 正线。连接车站并贯穿或直接伸入车站的线路为正线。正线可分为站外正线和站内正线,连接车站的部分为站内正线。

2. 站线。车站除设有正线外,还应根据作业需要和繁忙程度,分别铺设供列车到达或出发使用的到发线,为列车编组、解体、转线使用的牵出线的调车线,为货物装卸而设的货物线。此外还有指定用途的其他线,如机车走行线、机待线、驼峰迂回线、禁止溜放车辆停留线、救援列车停留线、倒装货物线、加冰线、轨道衡线、车辆洗刷线、车辆站修线等,这些线路统称为站线。

3. 段管线。段管线是指由机务、车辆、工务、电务、供电等段专用并由其管理的线路。例如:机务段的机车准备线、机车转头用的三角线、转盘线、卸油线;车辆段内车辆检修作业用的线路和工务、电务、供电段内停留轨道车、作业车及其他车辆用的线路。

4. 岔线。岔线是指与铁路接轨,通往路内外单位(厂矿企业、砂石场、港口、码头、货物仓库)的专用线路。岔线直接为厂矿企业服务,一般不设车站;为了取送车的方便,有的岔线也设了车站。

5. 特别用途线。其包括安全线、避难线等线路。

(三)按照铁路线路的等级分类

按照铁路线路的等级分类,可将其分为Ⅰ级、Ⅱ级、Ⅲ级三个等级。

1. Ⅰ级铁路。它是在路网中起骨干作用的铁路,远期年客货运量高于2 000万吨。

2. Ⅱ级铁路。其有两种情况:

(1)在路网中起骨干作用的铁路,远期年客货运量低于2 000万吨。

(2)在路网中起联络、辅助作用的铁路,远期年客货运量高于1 000万吨。

3. Ⅲ级铁路。它是为某一区域服务,具有地区运输性质的铁路,远期年客货运量低于1 000万吨。

(四)按照铁路线路的功能分类

按照铁路线路的功能分类,可将其分为标准铁路、高速铁路、专用铁路、铁路专用线和重载铁路等。

重载铁路有物流的专用性,是用于运行大宗散货的总重大、轴重大的列车的特殊铁路。它的特点是货车行驶密度大、运量大。一般火车单列运输量为2 000~3 000吨,而重载火车单列运输量至少在5 000吨以上,总重可达1万~2万吨,轴重可达30吨。重载铁路运输的大宗散货主要为煤炭、矿石、散粮等。重载铁路是一种效率甚高的运输方式,我国的大秦铁路就是这样的重载铁路。

(五)按照铁路线路的铁轨轨距分类

按照铁路线路的铁轨轨距分类,可将其分为标准轨铁路、宽轨铁路和窄轨铁路。

1. 标准轨铁路。标准轨的轨距为1 435毫米。

2. 宽轨铁路。大于标准轨轨距的为宽轨铁路,其轨距大多为1 524毫米和1 520毫米。

3. 窄轨铁路。小于标准轨轨距的为窄轨铁路,其轨距多为1 067毫米和1 000毫米。

我国的铁路大都采用标准轨距,个别地方也有窄轨铁路。台湾和海南岛的铁路轨距为1 067毫米,昆明铁路局所属的铁路部分轨距为1 000毫米。在企业内部和施工现场也采用窄轨铁路,它们不属于正线铁路,但也是支持物流的一种铁路。

三、铁路线路物流的优势和铁路线路的特点

(一)铁路线路支持的物流优势

1. 大运量的物流。在陆地物流领域,铁路的大运量表现在两个方面:一个是单位重量大,另外一个是总量大。尤其是后一方面,对于支持像煤炭、矿石、钢材、水泥、木材这样的大数量的物流需求,具有很大的优势。

2. 长距离的物流。中长以上距离的物流,尤其是长距离物流,铁路的优势明显,在其

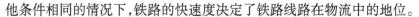

他条件相同的情况下，铁路的快速度决定了铁路线路在物流中的地位。

3. 低运行成本的物流。在陆地运输上，铁路的运行成本远低于汽车的运行成本，如果和空运比较，其成本更低。这就为给大数量、物流费用承担能力弱的重要工矿产品提供了一个非常好的选择。这也就是煤炭、水泥、木材、钢材、大数量矿产品更多选择铁路物流的原因。

4. 安全要求高的物流。在几种物流平台中，铁路线路固化性比较强，有比较高的安全性能。

（二）铁路线路的特点

铁路线路有几个非常重要的特点，决定了它的不可替代性。

1. 基础性、公益性和广泛的覆盖性的特点。这个特点的优势仅次于公路及道路线路。

2. 平台和运行相关性强的特点。铁路线路平台一个非常重要的特点是平台和运行相关性比较强，因此，与公路平台相比较有更强的系统性。

3. 运行质量和运行效率的特点。铁路线路是标准化的、系统化的资源，有更严格的要求而缺乏机动性，因此，其应用领域受到一定的限制。但是，在它运行的领域具有较高的运行质量和运行效率。

4. 安全性高的特点。铁路线路的运行有很强的稳定性，因此，由于线路事故和运行事故所造成的损失较少。

5. 结点之间直通的特点。重要结点如煤矿作为煤炭发运的结点，发电厂作为煤炭接收的结点，两点之间可以直通，这就省去了大量的反复装卸费用和短程搬运费用，也相应减少了损耗，并加快了速度、加快了周转，尤其是对于大数量物流，铁路线路具有不可比拟的优势。大秦铁路也是具有这个特点的铁路线路。

第四节 水运物流线路

一、概述

依托于水运线路的水路运输是利用各种不同的船舶和其他能够在水上浮运的工具，在江、河、湖、海以及人工水道运送货物的一种运输方式。水运线路是物流平台的重要基础资源，水运是一种重要的物流方式，也是综合运输体系中的重要组成部分。

大自然造就的江、河、湖、海是天然的水运物流线路资源，可以说是物流线路的最原始资源，是可以直接支持物流活动的资源，所以，也是人类最早利用的物流资源。天然的水运物流线路资源，经过一定程度的开发和改造，就能够使之大幅度地扩展，成为现代物流重要的基础平台资源。

现在水运物流线路已经不单单是通航的线路,而是一个线路系统,这个系统和水运物流结点系统一起构筑成为水运物流平台,成为物流平台的重要组成部分。

二、分类和物流方式

水运物流线路可以分成四种:沿海航线、近海航线、远洋航线和内河航线。沿海航线、近海航线、远洋航线是海洋运输的线路,内河航线是各种河道上的运输线路。

(一)海洋运输

海洋运输简称海运,是使用船舶等水运工具沿海上的物流线路(航道)运送货物的运输方式。海洋运输需要使用大型船舶才具有安全性和经济性,所以海洋运输具有运量大、成本低等重要的优势,是支持对外贸易的重要物流形态。但海运运输速度慢,而且受自然条件影响比较大,是这种物流方式的制约因素。

海洋运输可以进一步细分如下:

1. 沿海运输。它是在大陆附近的沿海海域的航道上运输货物的一种方式,一般使用中、小型船舶。

2. 近海运输。它是使用船舶通过大陆邻近国家海上航道的一种运输形式。

3. 远洋运输。它是使用船舶跨大洋的长途运输形式,主要依靠运量大的大型船舶。

(二)内河运输

内河运输简称河运,是使用船舶等水运工具在江、河、湖泊、水库等天然或人工水道的物流线路运送货物的运输方式。与海洋运输相比较,内河运输的可控性比较强,是重要的基础运输方式。

三、水运物流线路支持的物流

水运物流线路主要支持大运量的物流、长距离的物流和低运行成本的物流。

首先,它支持大运量的物流。由于船舶的载重能力可以有很大程度的扩展,所以,可以支持单位重量大和总量大的物流。特别是总量,现在船舶的载重已经从万吨级上升为10万吨级,对于支持像煤炭、石油、矿石、钢材、水泥、木材这样的大数量的物流需求,有不可比拟的优势。

其次,它支持长距离的物流。中长以上距离的物流尤其是长距离跨海的物流,其水运的优势明显。

最后,它支持低运行成本的物流。在所有的运输方式中,水运的成本最低,这就给大数量、物流费用承担能力弱的重要工矿产品运输提供了一个非常好的选择。

四、水运物流线路的特点

水运物流线路也是基础性、公益性和广泛覆盖的平台性的资源。与公路及铁路不同的是,水运物流线路不存在规范的、标准的、具体的、不变的实物结构,而是经常处于变化的状态之中。受海洋与河流的地理分布及地质、地貌、水文与气象等条件和因素的明显制约与影响,物流平台的水运物流线路无论是线路的路径还是线路的长短或者是线路的通过能力,都是经常处于变化之中的,尤其是受气候的影响很大,因而缺乏稳定性。所以,水运物流线路平台和运行相关性比较弱。水运物流受水运物流线路的影响,对于物流有很大的制约,尤其是接近用户的始端物流和末端物流,这种制约更为明显。所以,水运物流能够发挥重要作用的领域主要是干线物流。连接首尾的系统性物流,需要和其他物流方式协作完成,从另外一个角度来讲,就是水运物流线路支持的运输对综合运输的依赖性较大。

第五节　管道及其他物流线路

一、管道线路及管道物流

管道物流是以管道线路作为工具,气体、液体、粉末颗粒状物体在管道内运动的一种物流方式,通过管道可以实现这些物体的装卸活动、短距离的输送以及长距离的运输。

(一)分类

按照适用输送的物资和管道的技术特性,可将管道线路分成四大类:

1. 液体输送管道。自来水管道、原油管道、成品油管道、化工溶液管道、污水管道、煤浆和其他矿浆管道等都属于这一类。

2. 气体输送管道。天然气管道、二氧化碳气管道、液化气管道、矿井及生产企业通风管道都属于这一类。

3. 粉体、颗粒体输送管道。煤粉输送管道、水泥熟料疏通管道、水泥输送管道、粮食疏通管道等都属于这一类。

4. 固体输送管道。主要有水力管道固体输送、水力集装箱管道固体输送、气力集装箱管道固体输送、真空管道气压集装箱输送、电力牵引集装箱管道输送等。

(二)主要特点

管道线路输送的主要特点如下:

1. 封闭性。输送是在管道这个封闭的空间中完成的。这样一来,就给管道线路中运送的物资提供了两大保障:一是纯度的保障,在物流过程中不会有外界其他类型的物资混入;二是安全的保障,这也有两个方面,一方面是不会发生货物的丢失和像挥发那样的减损,另外一方面是可以有效防止外界因素造成的安全事故。

2. 连续性。输送是在管道这个封闭的空间中连续的、不中断地完成的。这样一来,也带来两个重要的优势:一个是有利于充分利用管道空间,提高管道高度输送能力;另外一个是有利于连续性的工艺过程,这是有些生产领域所必需的,尤其是像油田这样不能中断生产的领域和自动化的生产流水线所必需的。另外,管道运输可省去水运或陆运的中转环节,这些中转环节是增加物流费用、增加物流损失、增加物流时间的主要原因。

3. 便利性和应用的广泛性。管道线路的建设对环境条件和地理状态要求不高,管道的安装和拆除也比较容易,因此,在其他物流线路短时期难以完成的情况下,可以采用管道的方式解决问题。管道线路可以在很多领域采用,除了大家熟知的大规模、长距离的石油的输送之外,管道线路也给每一个家庭提供了很大的便利,每一个家庭、每一个办公场所的给排水、煤气都是采用管道线路。

4. 经济性。这也表现在两方面:一方面是管道线路建设的经济性,另外一方面是管道线路运行的经济性。投资少、建设速度快、占用土地资源少是管道线路建设经济性的主要表现;运行成本低、运行消耗和运行损失少、运量大、没有“三废”排放是管道线路运行经济性的主要表现。

5. 灵活性差。管道输送的规范性很强,不如其他运输方式灵活,承运的货物单一。由于灵活性差,在适合输送的货物数量不足、管道闲置的情况下,很难转用于其他领域,这就会大大增加成本。

(三)主要应用领域

管道线路的主要应用领域如下:

1. 长距离、大数量的输送。管道线路在世界范围内广泛用于石油、天然气的长距离运输。在一定的意义上,现代社会石油、天然气的大规模开发和应用与石油、天然气的长距离管道物流的实现有直接的关系。长距离、大数量的管道输送对于降低运输成本也有重大作用。

2. 各种液、气体货物的输送。除上述用于石油、天然气的长距离运输外,各种液、气体货物在社会领域以及在企业内部生产过程中的输送都可以采用管道线路。例如:汽油、煤气、天然气、自来水、酒类、食用油类及饮料,乃至废水、泥浆等的输送都可以采用管道线路。

3. 颗粒状、粉状物资的输送。固体物资经过一定的处理成为颗粒状、粉状物资,使之具有一定的流体性能就可以适合管道输送,但是一般适用于短距离或者生产企业内部工艺流程中的物流。矿石、煤炭、水泥、化学品和粮食等均可以采用管道输送。

二、航空物流线路及物流

依托于航空线路的航空物流是利用飞机等飞行器具,在空中运送货物的一种物流方式。航空线路是物流平台的重要基础资源,航空物流是一种其他物流方式难以取代的重要的物流方式,也是综合运输体系中的重要组成部分。

航空物流线路和水运物流线路有共同之处,那就是线路没有确定形状的结构实体,对于物流运作的支持方式也因此有很大不同。但是航空物流线路又是客观的真实存在,在空中建立的航空线路有一定的高度和宽度,承载货物的飞行器就是在这个线路中运行。

在通常情况下，航空物流面向社会提供的物流服务主要是信件、文件、包裹三大类，包裹多用于高附加值产品，如贵金属、首饰、药品等。

航空物流在军事方面、救灾方面有独特的优势。快速是航空物流的最大优势，非常符合现代人生活和工作快节奏的要求，特别是在非常情况下，航空物流可以紧急应对突发事件，发挥很大的作用。

航空线路支持的航空物流有两个非常重要的制约因素：一个是航空器具的制约，这个制约主要表现在体积和重量两方面，这是航空器具的技术制约；一个是成本的制约，航空物流是高成本物流，这是经济制约。

三、传送带物流线路及物流

传送带是一种散状物料的输送、搬运设备，传送带敷设的线路就是物流的线路。受到传送带设备的制约，传送带主要在企业内部工艺流程中的物流以及企业与外部衔接性的物流中发挥作用，尤其是企业内部传送带作为自动化生产线的一个组成部分，其重要作用受到重视。现在，传送带的发展冲破了企业的局限，一个城市内部或者城市之间也可能使用传送带完成物料的中、长距离输送。

传送带是带状输送设备的一个总称，理论上和实践中种类很多，相互差异很大。主要有带式输送机、板式输送机、小车式输送机、自动扶梯、自动人行道、刮板输送机、辊子输送机、螺旋输送机、振动输送机、埋刮板输送机、斗式输送机、斗式提升机、悬挂输送机和架空索道等，其中应用最广泛的是带式输送机。

传送带往往受带长的制约因而在安装和使用方面不够灵活，这个问题由于伸缩输送机的应用有所改变。伸缩输送机可以在一定长度范围之内对输送线的长度进行改变，因而提高了传送带的灵活性，相应提高了工作效率。

第十四章

物流结点

第一节 物流结点的概念及种类

一、概述

(一)物流结点的基本概念

物流结点是物流网络中连接物流线路的结节之处。

物流结点又称物流接点、物流节点,在有的场合也被称为物流据点。在物流网络中,物流结点起到连接各种线路、各条线路的中心点的作用,所以又被泛称为物流中心。各个有具体用途的这种"中心",其"中心"两字的前面又被冠以不同的名称,如配送中心、集货中心、储运中心等。

具有大规模衔接物流线路及中枢功能的结点,又称为物流中枢、物流枢纽或物流基地。

另外,像仓库、车站、货栈等规模比较小的、在局部范围起结点作用的物流专业化设施,也是物流结点的一种类型。

(二)物流网络的两个实物要素

线路和结点是实物物流网络的两个实物要素。

物流的过程,如果按其运动的程度即相对位移大小观察,它是由许多运动过程和许多相对停顿过程组成的。一般情况下,两种不同形式的运动过程或相同形式的两次运动过程中都要有暂时的停顿,而一次暂时停顿也往往连接两次不同的运动。物流过程便是由这种多次的运动—停顿—运动—停顿所组成的。

与这种运动形式相呼应,物流网络也是由执行运动使命的线路和执行停顿使命的结点这两种基本元素所组成。线路与结点相互关系、相对配置以及其结构、组成、联系方式的不同,形成了不同的物流网络。物流网络水平的高低、功能的强弱,则取决于网络中两个基本元素的配置和两个基本元素本身。

全部物流活动是在线路和结点上进行的。其中,在线路上进行的活动主要是运输,包括集货运输、支线运输、干线运输、配送运输等。而其他所有物流功能要素,如包装、装卸、保管、分货、配货、流通加工等,则都是在结点上完成的。所以,从这个意义上讲,物流结点是物流系统中非常重要的部分。实际上,物流线路上的活动也是靠结点组织和联系的,如果离开了结点,物流线路上的运动必然陷入瘫痪。

(三)物流结点对物流网络的优化作用

现代物流网络中的物流结点对优化整个物流网络起着重要作用。从发展的角度来看,它不仅执行一般的物流职能,而且越来越多地执行指挥调度、信息传递等神经中枢的职能,是整个物流网络的灵魂所在,因而更加受到人们的重视。所以,在有的场合结点也被称为物流据点,而执行中枢功能的结点又被称为物流中枢或物流枢纽。

物流结点是现代物流中具有较重要地位的组成部分,这是物流系统化发展的要求。物流学形成初期,学者和实业家们都比较偏重于研究物流的若干基本功能,如运输、储存、包装等,而对结点的作用认识不足。这是因为物流发展的初期,人们对系统化的观念认识尚不足。物流系统化的观念越是增强,就越是强调总体的谐调、顺畅,强调总体的最优,而结点正是处在能联结系统的位置上,物流总体的水平往往通过结点体现。所以,物流结点的研究是随现代物流的发展而发展的,也是现代物流学研究内容的创新。

二、物流结点的功能及作用

物流结点是以以下功能在物流系统中发挥作用的。

(一)衔接功能

物流结点将各个物流线路联结成一个系统,使各个线路通过结点变得更为贯通而不是互不相干,这种作用称为衔接作用。在物流未系统化之前,不同线路的衔接有很大困难。例如,轮船的大量输送线和短途汽车的小量输送线,两者输送形态、输送装备都不相同,再加上运量的巨大差异,所以往往只能在两者之间有长时间的中断后再逐渐实现转换。这是一种被动的衔接,其结果是使两者不能贯通。物流结点利用各种技术的、管理的方法可以有效地在两者之间起到衔接作用,将中断转化为通畅。

物流结点的衔接作用可以通过多种方法实现,主要有:①通过转换运输方式,衔接不同的运输手段;②通过加工,衔接干线物流及配送物流等不同目的的物流;③通过储存,衔接供应物流和需求物流等不同时间的物流;④通过集装箱、托盘等集装处理,衔接整个“门到门”运输,使之成为一体。

(二)信息功能

物流结点绝大部分同时也是物流信息的结点。

物流结点是整个物流系统或与结点相接物流的信息传递、收集、处理、发送的集中地,在现代物流系统中起着十分重要的作用,也是复杂物流的各个单元能联结成有机整体的重要保证。在现代物流系统中,每一个结点都是物流信息的一个点,若干个这种类型的信息点和物流系统的信息中枢结合起来,形成了指挥、管理、调度整个物流系统的信息网络,这是一个物流系统建立的前提条件。

(三)管理功能

物流系统的管理设施和指挥机构往往集中设置于物流结点之中。实际上,物流结点大都是集管理、指挥、调度、信息、衔接及货物处理为一体的物流综合设施。整个物流系统运转的有序化和正常化,整个物流系统的效率和水平的高低,取决于物流结点的管理职能实现的情况。

三、物流结点的种类

现代物流发展了若干类型的结点,这些结点在物流的不同领域起着不同的作用,学者们对它们尚无一个明确的分类意见。

本书按结点的主要功能分类。在各个物流系统中,结点都起着若干作用,但因整个系统目标不同以及结点在网络中的地位不同,结点的主要作用往往不同。本书根据结点的主要作用将其分为以下几类。

(一)转运型结点

转运型结点是以接连不同运输方式为主要职能的结点。它是处于运输线上,在两条运输线相接之处的结点。铁道运输线上的货站、编组站、车站,不同运输方式之间的转运站、终点站,水运线上的港口、码头,空运中的空港等都属于此类结点。

一般而言,由于这种结点处于运输线上,又以转运为主,所以货物在这种结点上停滞的时间较短。

转运型结点的构造特点,首先是有高效的转运设施,包括转运装卸设施、重新编组设施等。同时,为了对转运的时间差别、转运的数量差别、转运的地区差别进行有效的协调,转运型结点必须有相当规模的储存场地和仓库。需要指出的是,转运型结点中储存场地和仓库的构造特点,与储备型仓库的构造有很大区别,要求货物有很强的流动性。

(二)储存型结点

储存型结点是以存放货物为主要职能的结点。货物在这种结点上停滞时间较长。在物流系统中,储备仓库、营业仓库、中转仓库、货栈等都属于此种类型的结点。尽管不少发达国家的仓库职能在近代发生了很大的变化,一大部分仓库转化成不以储备为主要职能的流通仓库甚至流通中心,但是在现代,世界上任何一个有一定经济规模的国家,为了保证国民经济的正常运行和企业经营的正常开展,保证市场的流转,以仓库为储备的形式仍是不可少的,总还是有一大批仓库仍会以储备为主要职能。在我国,这种类型的仓库还很多。仓库在本书中有专章叙述,本章不再详述。

(三)流通型结点

流通型结点是以组织物资在系统中运动为主要职能的结点,在社会系统中则是以组织商品流通为主要职能的结点。现代物流中常提到的流通仓库、流通中心、配送中心就属于这类结点。需要说明的是,各种以主要功能分类的结点,都可以承担着其他职能而不完全排除其他职能。如转运型结点中往往设置有储存货物的货场或站库,从而具有一定的储存功能。但是,由于其所处的位置,其主要职能是转运,所以按这个主要功能归入转运型结点之中。

(四)综合型结点

综合型结点是在物流系统中集中在一个结点上全面实现两种以上主要功能的结点。这种结点的实际运作,是将若干功能有机结合于一体,所以这种结点是完善设施、有效衔接和谐调工艺的集约型结点。这种结点是适应物流大量化和复杂化,适应物流更为精密准确,在一个结点中实现多种转化而使物流系统简化、高效的要求出现的,是现代物流系统中结点发展的方向之一。

(五)物流枢纽

在各种类型的物流结点中,超大型的、连接多条线路的、地位很重要的结点往往称为"枢纽"。除去连接多条线路之外,枢纽也是多种物流设施的集中地,实际上,枢纽是综合型结点的主体类型。

物流枢纽应当包含三个要素:多条通道或者线路交汇的要素、物流设施和装备的要素以及物流园区的要素。

第一,多条通道或者线路交汇的要素。这是物流枢纽的主要要素。多条线路是物流平台的线路要素、通道要素;它们的交汇,则是大型结点的要素。

第二,物流设施和装备的要素。在物流枢纽中,设施和装备群是不可少的,这是物流运作手段、劳动手段的要素。在物流枢纽上的装备和设施,具有大型化和公共性的特点。

第三,物流园区的要素。前两个要素仅反映了物流的环境和条件,物流园区的要素反映的是物流的运作。这是与过去对物流枢纽内涵认识的不同之处。过去对物流枢纽的认识有点儿"见物不见人"。物流园区要素是一个新的要素,它赋予了物流枢纽的"灵性",谁在枢纽上进行运作?那就是物流园区中的企业。

物流枢纽也有综合性枢纽和专业性枢纽之分。在我国,专业性枢纽类型的结点主要有:

1. 航空枢纽。它是主要联结空运线路以及实现空运线路及其他线路联结的大型结点。一般来讲,可以称之为枢纽的,起码要联结 10 条以上空运线路。空运枢纽也有多种名称,例如称之为"航空港",简称为"空港"。

2. 枢纽港。它是起到枢纽作用的大型水运港口。这种港口连接多条水运线路,并且实现与其他类型线路的联结,具有多个码头和大型的储运设施。国际物流的枢纽港,还包括海关及与国际物流相关的保税区、保税仓库等设施。

3. 铁路枢纽。它是起到枢纽作用的大型铁路站点。铁路枢纽连接多条铁路线路,并且可以实现与公路等其他线路的衔接。

铁路枢纽又分为集装箱枢纽、客运枢纽、一般货运枢纽、铁路快运枢纽、行包枢纽等不同的类型。

4. 公路枢纽。它是起到枢纽作用的大型公路站点。公路枢纽连接多条公路线路,并且可以实现与其他线路的衔接。由于公路的分布非常广泛,公路线路是几种物流线路中最长的一种,因此,衔接这些线路的枢纽也非常复杂,对其往往进行更为细致的分类,一般可以分成公路主枢纽、公路一级枢纽、公路二级枢纽等不同的层次。

第二节 转运型结点

一、转运型结点的种类

转运型结点又分为陆运转运站、水运转运站、空运转运站、综合转运站及特种转运站五类。

(一)陆运转运站

陆运转运站有不少种类,我们日常所讲的车站、货站、中转站、终点站、编组站等都是陆地转运站的简称或局部称谓。

陆运转运站有以下几种主要类型:

1. 汽车中转站。它是汽车运输线上衔接在不同线路上汽车运输进行中转换载的设施。

2. 火车中转站。它是铁路运输线上衔接两段或多段线路进行货物中转或换载的设施。

这种中转设施又有两个类型:

(1)编组站。它是实行整车从一个线路上的一列换接到另一线路上,进行列车转换编组的中转车站。

(2)中转货站。它是将一个线路上装运在一车内的零星货物卸下,分别换装到另外几个线路上的车皮内,这样进行零星货物转换中转的车站。

3. 汽车、火车转运站。它是衔接汽车、火车两种不同运输方式的中转站。这种中转站有三种中转方式:

(1)汽车实行集货,由火车完成大量运输。

(2)火车完成大量运输到站后,由汽车完成配送式短程运输或由汽车实行公路货运衔接。

(3)汽车、火车间的转换,货物在转换中重新组合。

前两种转运站转运工艺较为简单,甚至可以在转运站中实现汽车、火车的对接或靠接换载;后一种转运站,货物要重新分装、编组,所以工艺较复杂,需要一定的装、卸、分货等设施支撑。

各种类型的陆运转运站如图 14－1 所示。

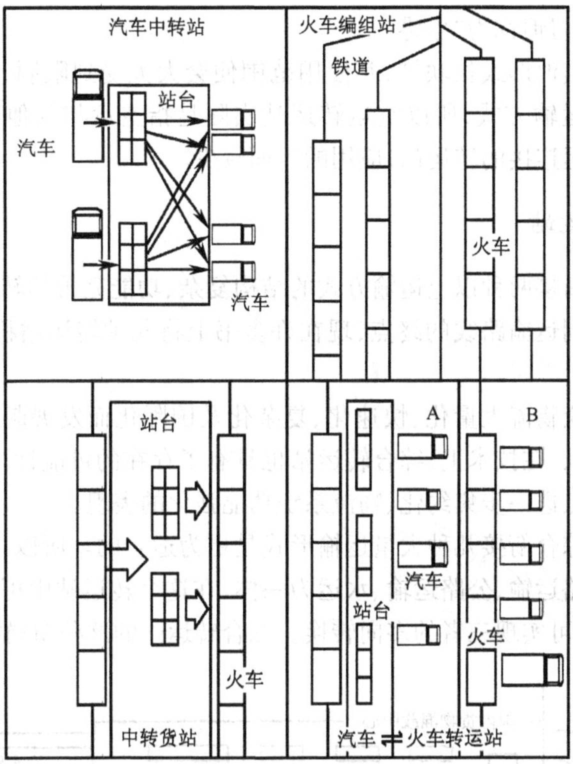

图 14－1 各种类型的陆运转运站

(二)水运转运站

水运转运站有两种类型:

1. 水运与水运之间的转运站。它是衔接两种水运方式或同一种水运方式需要对货物过驳重组的转运站,这类转运站统称为港口。

这种转运方式又有海运与内河航运转运、海运与海运转运、内河航运与内河航运转运三种转运方式。在我国,海运与内河航运转运主要是外贸、内贸衔接转运的方式,也有相当一部分是沿海运输与内河运输的衔接转运方式;海运与海运转运是转口贸易转运方式或者外运与沿海海运的转运;内河航运与内河航运转运是水运集散运输方式。

水运与水运转运的实现方法有三种:①利用码头卸货,对货物重组之后再重新装船,实现转运;②在港湾中两船直接靠接转运;③利用港湾船从一船卸货再装至另一船或另几船。

2. 水运与陆运转运站。它是衔接水运及陆运的转运站,由于这种转运是在港口内完成的,所以归入水运转运站一类之中。这种转运通过码头进行装卸和货物重组,实现陆运与水运的转换。

(三)空运转运站

空运转运站是衔接两种空运或衔接空运与其他运输方式的转运站。这种物流转运以后者为主要形式,习惯称为“空港”。

空运如果不与其他形式相联结,其使用范围便会大大受到限制,实际上几乎所有空运都必然联结其他运输方式,所以空运转运站实际是指空运与其他运输方式联结的场所。至于空运与空运连接的转运站,应用的反而较少。

(四)综合转运站

综合转运站是衔接两种以上运输方式的结构复杂、功能完善的转运站。由于这种转运站实际上也是不同运输路线的终点,现在许多书上将此种转运站称为“综合终点站”、“综合终端”。

综合终端是适应物流大量化、快速化、复杂化及国际化而发展起来的,同时,由于物流标准化的逐渐深入,在技术上,综合转运站也具有了存在的可能性。当然,综合转运站的出现也是物流结点进一步集约化、物流系统功能强化的表现。

综合转运站对综合衔接几种大量运输形式是更为适合的。所以,重要的综合转运站的理想形式是集铁路运输、公路运输、水运为一体,在这个转运站中可以实现水运、铁运、汽运的双向转换,也可实现三者的多向转换。综合转运站的这种布局如图 14－2 所示。

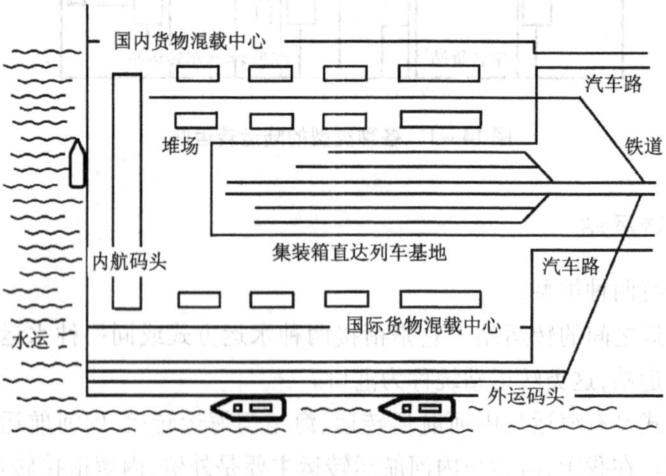

图 14－2 综合转运站布局示意

(五)特种转运站

特种转运站是具有特种用途和特种功效的转运站。有些种类的货物很难在上述转运站中进行转运，也有一些种类的货物，由于批量大，采用特殊类型的专用转运站便可达到“规模效益”，因此提高了转运水平。特种转运站往往采用专用的特种转运站设计及专用设备，以大幅度提高效率、降低成本、加速转运。

特种转运站的主要类型有：

1. 集装箱转运站。它是集装箱海上运输和陆地运输中间转运的设施和集装箱铁路运输和卡车运输中间的转运设施。

由于国际上通用的集装箱主要是20英尺及40英尺两种，所以转运站可专门设计站、场、库同时配套安装专门的起重装卸工具。这种转运站转运集装箱的效率很高，成了现代集装联运不可缺少的设施，在现代物流系统中占有很重要的地位，应用广泛。

集装箱转运站主要是适应集装箱联运而发展起来的设施，所以其转运主要是整箱转运，集装箱整箱的装卸便成了转运站转运效率的关键。通常采用的装卸设备是集装箱专用起重机和大型叉车。集装箱起重吊车配合专用吊具可以实现快速的装卸。

除此之外，集装箱转运站中还采用“滚上滚下”的滚装方式配合滚装船进行装卸。国外还在探索集装箱汽车运输和集装箱火车运输之间的不落地装卸方式，这种方式配合转盘或集装箱移动器，在不采用起重设备的情况下实现卡车和火车车皮的直接接靠、水平装卸。

2. 煤炭转运站。它是专用于煤炭转运的专用特种转运站。

煤炭由于有污染其他物资、设施的特点，同时，又属于易燃的危险品，在物流中为防止煤炭自燃或失火，需要进行喷水等处理，再加上煤炭物流的数量很大，所以往往用专用的转运站来解决煤炭转运问题。

煤炭转运站要解决的主要问题是对大量煤炭的快速装卸问题。所采用的设备专用性很强，难与其他货物装卸混用。

3. 散装水泥转运站。它是专用于散装水泥的专用特种转运站。

水泥的产品形态有不同于许多产品的特点，其不仅是微细粉状，难以用一般设备处理，而且还有污染它物及自身变质的特点，再加上水泥物流数量很大，所以也常常用专用的转运站来解决水泥的转运问题。

水泥转运站要解决的主要问题是水泥大量、快速、封闭的装卸问题，另外还有水泥封闭性的暂存问题。水泥转运站所采用的设备专用性极强。

4. 石油转运站。它是现代物流系统之中专门转运石油的转运站。

石油等大量运输的油品及液体物料，如不采取桶、罐等包装形态，则必须有专门的转运站进行转运。这一类产品的转运站以石油转运站为代表，其主要设备是泵送的管道系统和储油设施。

二、转运型结点的转运方式及工艺流程

（一）转运方式

转运型结点有以下三种转运方式：

1. 干线运输之间的转运。干线运输之间的转运是大量、快速、长距离运输之间的转运,包括干线水运之间的转换、干线铁运之间的转换、干线公路运输之间的转换以及它们之间的相互转换。这种转运的主要特点是基本保持原包装组合。

2. 干线运输与支线运输之间的转运。这种转运有两种方式:一种是集货运输与干线运输之间的转运;另一种是干线运输与配送运输之间的转运。这种转运方式是大量、快速、长距离的运输与小量、短距离、精细运输之间的转运。这种转运的主要特点是需要改变原来包装组合形态,在转运结点上实现以大化小或以小集大的转换。

3. 支线运输之间的转运。支线运输之间的转运主要是小量、短距离运输之间的转运,其有三种形式:

(1)在较小范围内的"门对门"运输,这种运输在发货前已按接货的要求组合包装形态,因此中途不再进行包装解体重组。

(2)发货端批量发货,不考虑最终用户的要求,而在转运结点上进行包装组合,将组合好的货物运达至接货的"门"。

(3)发接货端都是某种类型的物流结点(比如仓库),在转运结点上只进行运输方式的转换,如火车—汽车。这种结点不进行包装的重组,但有数量转换的任务,如从一定的大批量转换成小批量等等。

(二)不落地转运站的工艺流程

转运站种类很多,因而其工艺流程和机械装备的配置也各不相同,但是,若干类型转运站有一定的共同性,可以划分出几类不同的工艺流程实现转运。

不落地转运站的工艺流程是指在转运的换载过程中,货体不落地,在两种不同运输线路的不同运输设备上直接实现转换。这种工艺又分靠接转运、不靠接转运及进入转运三种形式。

1. 靠接转运。在不落地工艺的三种形式中,靠接转运适合于集装箱类货物、托盘货物和各种包装货物,也适合于附带移动设备(如轮子)的机械或包装体。所使用的转移设备有:

(1)集装箱或托盘移动车或移动器。利用装运设备的底面槽形,插入集装箱或托盘移动器,移动集装箱、托盘等重集装物,使之实现两个运输工具间的转移,或转移后利用移动器就位。

(2)小型叉车。手动或电动小型叉车在两个接靠的运输工具上进行作业,实现转移。

(3)车辆辊道。为实现对接转运,运输工具底座专门制成辊道底座,在运输工具接靠后利用人力或机械力推拉实现货体转移。

2. 不靠接转运。它是指两种运输工具不必靠接而进行不落地装卸转运,适用于非专门靠接运输工具或无靠接转运设施条件的集装类、大型设备或包装体货物的转运。所使用的转移设备有:

(1)叉车。两种运输设备之间有一定距离,可以利用叉车从一种设备上取下货物,再转装到另一设备上。

(2)吊车。两种运输设备处于吊车工作范围之内,可以利用吊车从一个设备上吊起货物放到另一个设备上。采用吊车完成这一作业对两种运输工具的位置要求比利用叉车作业要严格。

(3)输送机。利用皮带、辊道、滑道、滚轮等各种输送机可以在较广的范围内进行转运装卸,即从接近靠接的短距离到相距几十米、上百米距离都可以进行不落地转换运输工具的转运工作。

(4)搬运车配合装卸设备。利用装卸设备和搬运车的配合,从一种运输工具上先将货物取放到搬运车上,搬运车行驶至另一运输设备处,再利用装卸设备取下并装到另一运输设备上。这种方式可在两种运输设备相距较远的情况下进行不落地转运。

3. 进入转运。它是指一种运输工具载运的货物,在转运站不做货体移动移至另一运输工具上的转运,而是连同运输工具驶入另一工具之中,实现转运。主要有利用滚装船的"船载车方式"和驼背运输的"车载车方式"。

(三)落地工艺

在转运的换载过程中,货体先置于地面暂存,随后或隔一段时间之后再装入另一运输设备中实现转运。这种方式在以下几种情况下采用:

1. 当转运的数量低于运来的数量,因而只有一部分可以采用不落地方式换装于其他的运输线的运输工具上,剩余部分只能落地暂存,待需要时再装入另一运输设备运走。

2. 运来货物的时间与转运货物的时间不同,有一定时间差,为腾出运输工具,加速运输工具和站场、码头的货物周转,落地短时存放一段时间之后再装入另一运输设备运走。

3. 某些难以进行不落地转运的货物,如散装物、小包装物等。

4. 受装卸条件的限制,无法同时停靠两条运输线上的运输设备,或技术条件、管理条件、计划水平达不到即时转运的水平,只能先落地存放。

第三节 流通型结点

一、流通型结点的种类

流通型结点的主要种类有流通仓库、中转仓库、集货中心、分货中心、加工中心、配送中心、流通中心等。

(一)流通仓库

流通仓库是普通仓库在功能上增强仓库的进出能力,具有更强的组织货物流通的功能，同时仍保有很强储存保管能力的仓库。其与一般仓库的主要不同之处在于：

1. 仓库的位置不同。普通仓库的位置选择往往偏离物流线路较远，甚至选在城市郊区或交通不大便利的地区；而流通仓库的选址要求较严格，为了组织和加速货物流转，它的位置必须要处于物流线路之上或附近，在选址时，流通仓库的交通环境条件要求较高。

2. 仓库的相对吞吐能力不同。普通仓库中的货物往往长期存放，吞吐量与仓库存货能力之比较小，即相对来讲储存量较大而周转速度较慢，这一特点就是常说的"静态"特点，仓库中的货物长期处于停滞不动的状态；而流通仓库则不然，流通仓库中货物的周转速度较快，吞吐量与存货量的相对比值较高，货物相对停滞的时间较短。

3. 仓库内部构造及机械装备不同。普通仓库内部的规划是以存货场地为主，存货场地占库区面积与库的总面积之比较高，由于货物多处于静态，作业机械占存货数量的比重较小；流通仓库中进出货、理货工作及所占面积相对较大，而存货面积相对较小，库内机械机具运动频率较高，数量也较多，因而机械保有量较多，运行通道的面积比例也较大。

4. 仓库内的工艺流程不同。普通仓库与流通仓库相比，除了相同的进货、存货、搬运、出库等工序之外，普通仓库验收、保管、养护的工序是较重要的工序；流通仓库在这方面要求不高，甚至干脆不设保养、养护工序。

5. 仓库功能不同。普通仓库是单功能的，流通仓库功能较多，主要表现在：由于需要有效组织流通，其信息功能较强；由于周转速度快，入出库频度大，其转运功能较强；由于快速流通的需要，其理货功能也较强。

(二) 中转仓库

中转仓库是具有转运能力的仓库。中转仓库不是长期储存货物的仓库，更不是储备物资的仓库，而是在保有较大数量储存物资功能的基础上进行转发的仓库。由于有货物保有量比较大这个特点，所以，中转仓库也往往被划为储存型结点，即将其看成是一般仓库的一种，有时也划入转运结点之中，作为转运结点的一种。

由于需要有转运能力，中转仓库衔接两种以上运输方式的能力较强。其内部的设备，除有较大面积的仓库外，转运站场、转运站台及转运设施也较多，这就使这类仓库的"动态"性较强，所以从性质上来讲它也是属于流通型结点。

(三) 集货中心

集货中心是将一定范围的、分散的、小批量的，但总数量较大的货物集中，以便进行大批量处理或大批量进入物流状态的流通型结点。

集货中心多用于农产品的集货，原因是农产品生产的特殊性：单位面积的产出数量远低于工业生产，产点多且分散，产出的面积大，因此有相当大的总量。例如粮食、棉花、水果等都是这种情况。

工业生产也有类似的情况。例如，要使若干小矿点的矿产品进入大批量、高效率的物流过程之中，必须先有一个集货的过程，承担这一任务的便是集货中心。

集货中心的位置是一端与集货支线运输相连接,另一端与干线(大量运输)相连接,在其内部实现多来源、小批量、高频度的进货,由储运设施集中储存,再按不同要求集合成大包装或大数量体,进入下一步物流领域。与类型相近的转运中心相比,集货中心储存的功能较强,货物从支线运输向干线运输的转换较慢。再有,便是集货中心有一定的流通加工职能,这是与纯粹的转运中心的重要区别之一。

(四)分货中心

将集中到达的大数量货物做分块化小处理,形成新的货体,以满足较小数量的分散的需求,这种结点称为分货中心。

分货中心是适应现代化大生产和个性化需求而发展起来的。现代化大生产的重要生产方式是连续的大批量生产,且生产地又相对集中,为保证快速大量生产产品源源不断运走,以保证生产的正常进行,就需要有大量流通的手段。分货中心则以其前端与这种大量流通相衔接,再以另一端与分散的、小批量的需求相衔接,完成将集中大生产与分散小量需求衔接的使命。

分货中心并不是简单实现大量与小量的运输转换,而是采取分货的办法,将大量货物拆分并形成新的货体和新的包装形态,这一点使得分货中心具备了流通加工职能,这是与一般大转换小的转运中心的重要区别。

(五)加工中心

加工中心的主要职能是进行流通加工。集货中心、分货中心、中转仓库等物流结点都不排除有一定的加工职能,但这些中心的基本结构是为满足集货、分货、中转的需要,加工只是附带的职能。与这些中心不同,加工中心的主要职能是进行流通加工,其他的则是附带职能。

加工中心是适应提高流通附加价值的要求而发展起来的,为了取得这种高的附加价值,加工中心必须能起到生产环节不能起到的作用,否则便宁肯在生产环节完成这一使命而无须在流通过程中再设置这样的中心。所以加工中心的位置选择、加工对象的选择是决定加工中心命运的十分重要的选择,其次是加工方式及加工程度的选择。

加工中心在物流系统中的位置可以有以下几种,分别解决不同的加工问题:

1. 处于生产环节之后,进入物流过程之前设置加工中心。这种流通加工结点的位置几乎是生产过程的直接延伸,它既可能是生产活动分化出来的一部分,也可能是为满足物流需要而设置的。前者如一些大生产企业在大批量生产后,由物流部门按用户所需进行的分品种、规格、数量、到站的包装及货物处理等流通加工形式,这种加工中心不是这一类加工中心的主体。后者是为满足高效物流、合理物流而设置的加工中心,如肉类、水产的冷冻、低温加工中心,货体的集装处理中心等,是这种加工中心的主体。

2. 在物流中途设置的加工中心。设置于物流中途的加工中心主要是利用转运或中转停顿的环节,配合转运或中转而建立的流通加工点。这种设置可以利用物流过程中的必然停顿,实际上等于减少物流过程中的一次停顿,同时,由于处于物流中途,加工的灵活性较大而不完全局限于产地或使用地的太具体的、太有针对性的要求。在长距离物流(如国际物流)中,这种加工中心的设置较多。

3.在接近消费地设置的加工中心。这是目前采用较广的加工中心位置选择方式。这种加工中心是直接面向用户、直接为满足用户需求而设置的,它直接面向产品市场,因而具有很强的服务功能。

从生产力布局角度讲,在生产力集中布局取得大生产的优势和地域优势之后,这种流通加工是不可缺少的补充形式。这种加工中心的作用,就是在接近用户的位置将大生产转化为用户的个性需求,使大生产能够和市场接轨。例如,配煤加工、平板玻璃切片加工、钢材剪切加工等主要流通加工方式就是在这种中心中完成的。

加工中心的一个重要特点是其职能往往不是单一的,总是要与集货、分货、转运或配送等功能结合在一起,共同完成物流的使命,如果没有这种结合,那就不是流通加工的结点了,而可将其看成是一种新的简单生产过程。

由于物流对象种属十分庞大,加工中心的主体加工工艺种类必然也是多种多样的。但是,加工中心工艺的共同的特点是:加工区工艺较之生产企业来讲,加工量大而工艺简单,流程短。

(六)配送中心

本书对配送中心另有专章阐述,此处不再赘述。

(七)流通中心

流通中心泛指多种类型的与流通相关的中心。流通中心有两种含义:其一,是各种类型流通结点的泛称,各种流通型结点皆可称为流通中心。其二,流通中心专指各种功能、各种设施齐备的大型流通业务基地。其内部不仅包含各种物流设施和物流功能,也包括商流和信息流的功能和设施,可以说是某种商业形态和物流据点合一的流通基地,但是其主要功能还是物流的功能。

流通中心的物流功能齐全而且物流能力很大。而其商业功能,主要是集中处理商业信息和执行批发的功能。由于流通中心很少地处闹市或繁华地区,所以,其商业功能必然不会很完善,如促销、展销、零售等功能很难集中于流通中心内。

由于流通中心的物流功能很强,所以,从设施来看,也往往有处理能力很大的储存、分货、拣选、包装、装运、装卸等机械装备,是物流装备的一个集中地。根据需要,各种装备以不同形式的有效配置形成了不同目的、有特点的工艺流程。

图 14-3 及图 14-4 是流通中心的构造图,从中可以看出流通中心的一般情况。

二、流通型结点的配置方式

集货中心、分货中心及配送中心在流通型结点中具有代表性,这三种流通型结点在物流网络中有以下几种常见的配置方式。

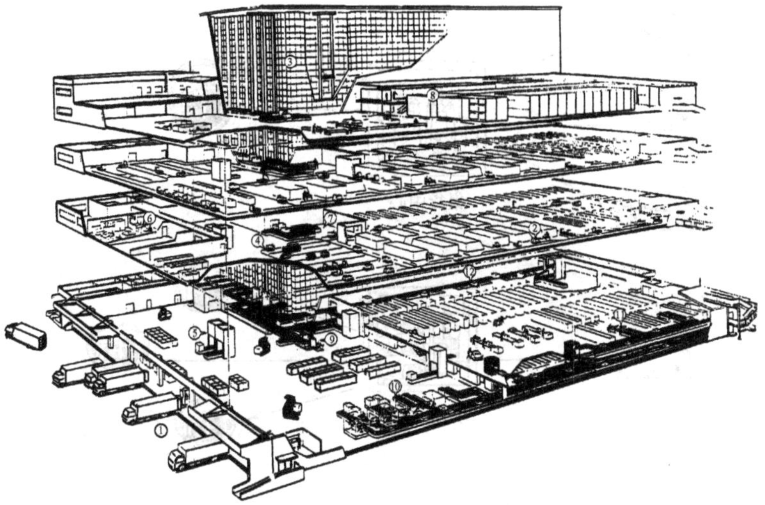

图 14－3 流通中心构造(a)

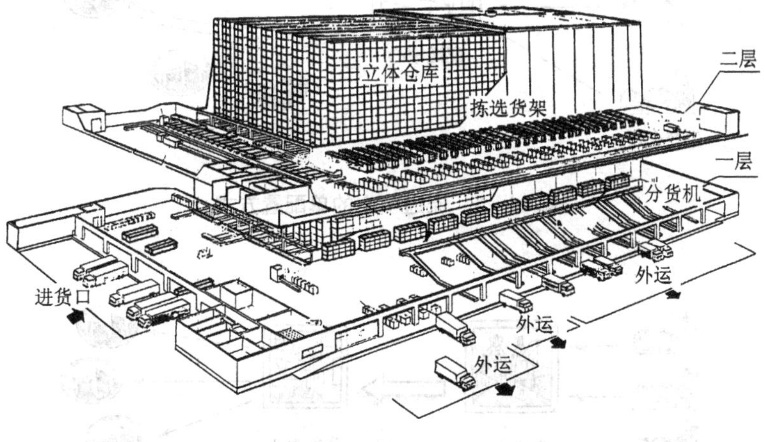

图 14－4 流通中心构造(b)

(一)单配置方式

单配置方式是简单物流系统利用一种流通型结点完善一个系统的方式。它有几种配置方式,如图 14－5 所示。

(二)综合配置方式

集货中心和分货中心综合配置方式,如图 14－6 所示。

集货中心和配送中心综合配置方式,如图 14－7 所示。

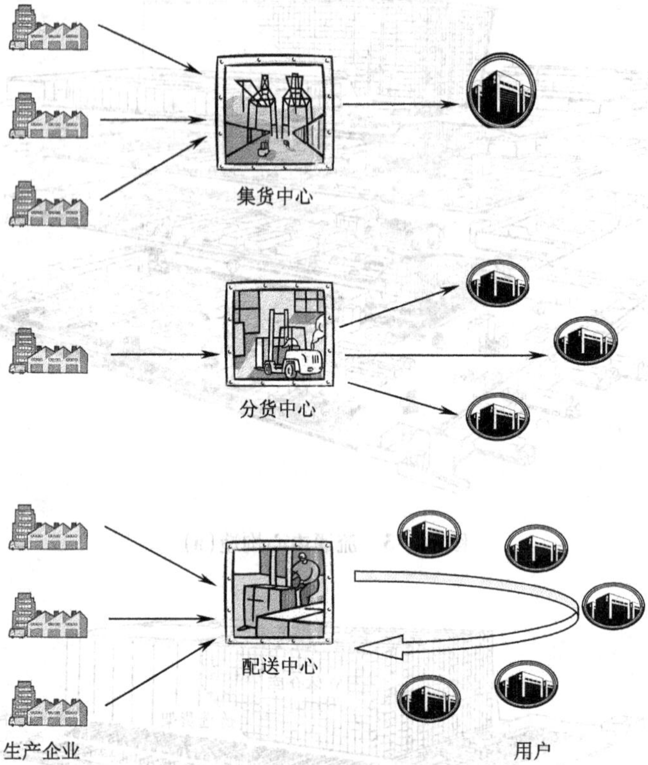

图 14－5　流通中心的单配置方式

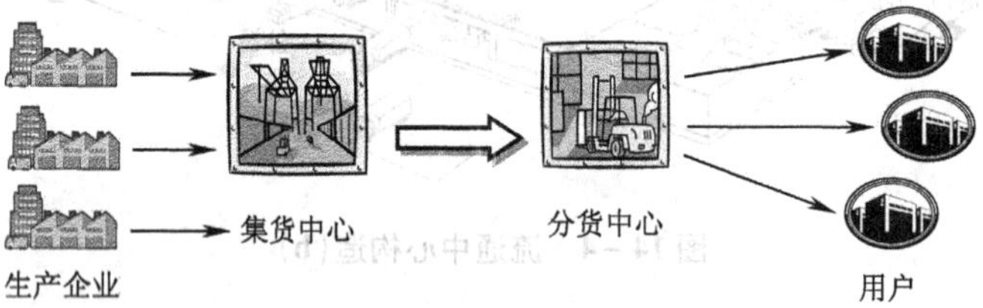

图 14－6　集货中心和分货中心综合配置

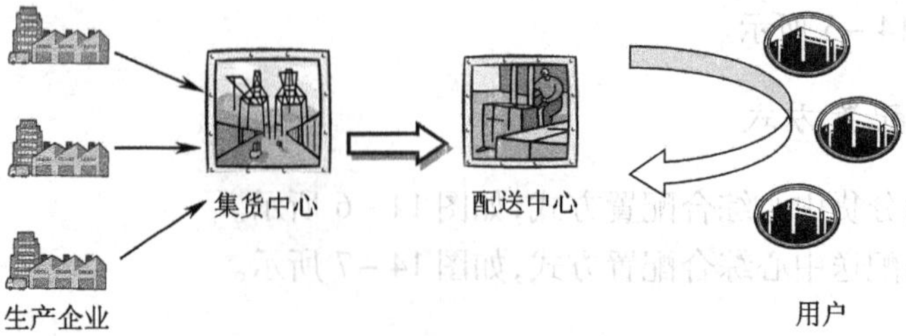

图 14－7　集货中心和配送中心综合配置

第四节 综合型结点及物流园区

一、物流园区的概念

现代社会,物流产业也出现了产业聚集的现象。与物质产品生产的产业不同,物质产品生产的产业,生产能力高度集中在一个地区,这是产业聚集的表现,但是物流产业的运行是一种普遍的分布,因而不可能高度聚集。物流产业的聚集主要表现在物流企业的聚集,还有就是物流管理中心、服务中心、经营中心、运作指挥中心和诸如流通加工等主要生产能力的聚集。这种聚集形成了一种物流功能区域,是具有综合功能的结点,这些结点就是物流园区。特别需要指出的是,因为这是一个新的事物,现在人们还缺乏对它的共识。

对物流园区,国内外都没有形成明确的共识,国内外类似的称谓也很多,有人统计过,国外有 10 几种称谓都可与物流园区相对应,国内的物流基地、物流枢纽等称谓,亦有人认为等同于物流园区。究竟如何认识物流园区,如何给物流园区下一个确切的定义,又如何认识物流园区与其他相关概念的区别,这是本书要回答的问题。

现将国内外对物流园区概念的表述大致介绍如下。

欧洲有人是这样表述的:(物流园区)是一个定义了的区域,在区域内,所有有关商品运输、物流和配送活动,通过各种运作者(经营者)实现。这些运作者可能是建在那里的建筑和设施的拥有者或租赁者,同时,允许所有与上述业务活动关系密切的企业进入。(物流园区)也必须具备所有公共设施以实现上面提及的所有运作。如果可能,它也应当包括对员工和使用者的设备的公共服务。为了鼓励商品搬运的多式联运,必须采用更适宜的多样性的运输模式进行服务。最后,(物流园区)必须通过一个单一的公共的或者私有的主体进行经营。

我国国家标准《物流术语》对物流园区的定义是:"物流园区是为了实现物流设施集约化和物流运作共同化,或者出于城市物流设施空间布局合理化的目的而在城市周边等各区域,集中建设的物流设施群与众多物流业者在地域上的物理集结地。"

本书对物流园区的概念明确表述如下:"物流园区是政府划定的一定规模的功能区域,提供物流企业聚集和运作。"

本书提出的概念是出于这样几个考虑:

第一,物流园区应当是物流产业的一个有个性的、清晰的、独特的概念。只有这样,才能进一步深化对园区的科学认识,才能形成科学的概念。也只有这样,才能够确认物流园区的地位、制定物流园区的政策,使其具有可比性和复制性。

第二,物流园区的概念应当与国内外已经建立并且广泛使用的诸如基地、枢纽、中心的概念相区别,物流园区的范围不应过宽,不但不应取代上述概念,更不应当过多地跨越物流之外的其他产业,甚至把其他产业的重要资源纳入物流产业之中。

第三,“园区”的概念已经约定俗成,早就在其他经济领域大量应用,应当说是清晰的。例如,聚集各种不同类型的、众多的工业制造业的“工业园区”;聚集各种不同类型的、众多的科研单位及新技术研制、生产企业的“科技园区”;等等。物流园区的“园区”也应与之协调。

第四,对于国家标准的概念,本书认为,这个概念大大扩大了物流园区的边界。本书对尽量扩大物流园区的边界持否定态度。本书认为,把交通枢纽、车站、机场、港口、保税区、商贸中心等都纳入物流园区的范畴,其结果必然是使物流园区失去了个性,从而也就失去了生命力。所以,本书认为,国家标准中“众多物流业者在地域上的物理集结地”应当是物流园区的本质特征。

第五,物流园区应当是政府划定的一定规模的功能区域,所以,不能把大大小小所有的“物流业者在地域上的物理集结地”都称为物流园区。

二、物流园区的作用

物流企业在物流园区实现地域上的集结,是理性的、有目的的。物流园区的形成对于物流本身和城市发展都能够发挥作用。

(一)对物流的作用

物流园区可以使物流产业形成聚集、形成规模,在物流园区集中对物流设施进行大规模的建设是物流发展的重要保障。现代物流的发展,需要进行大规模的工程设施建设,集中在一个区域之中有利于做好这件事情。

(二)对城市发展的作用

1. 有利于城市科学布局,完善城市功能。解决城市产业的合理布局,提升城市的服务能力,改善城市人居条件,重要的方法是对城市进行科学布局,在不同的部位建立不同的功能区。庞大而且过分分散的、旧的物流资源,影响这种科学布局。采用物流园区的方式,形成新的城市功能区,自然有利于解决这个问题。

2. 缓解物流对城市可持续发展的负面影响。物流对城市有很多负面的影响甚至是破坏性的影响,例如,有毒废气污染、二氧化碳排放、噪声污染、交通事故等。随着城市内物流流量的增加以及车辆的大型化、快速化、重量化的发展,近些年来,这些问题越来越严重,物流园区可以大大改善这种状况。

3. 提升城市的现代化水平。物流园区最重要的作用是提升城市物流的现代化水平,进而提升整个城市的现代化水平。有规划、大规模、科学地建设物流园区,并且在建设过程中大量采用新的科学技术手段,使之成为现代化的物流产业,这必将促使物流产业的升级,使城市物流现代化水平得到保证和提高。

4. 增强城市与外界经济交往的能力。有物流园区的存在,城市与外界的物流可以实现一定程度的集中和规模化,从而促进城市物流能力的提升,扩大与外界的经济交往,降低交往的成本。

5. 增强对城市内部各个产业的物流服务能力。物流园区可以有效解决城市发展对物流需求不断增长的问题,物流园区的建立,使城市各个产业的物流需求有所依靠,提高了对物流用户的服务能力和水平,这对于城市中各个产业的发展都可以起到支持的作用。

三、物流园区的主要构成部分

基于对物流园区的上述认识,物流园区的主要构成部分包括以下方面。

(一)进入物流园区的物流企业

物流企业是物流园区的主体,这些物流企业是对客户进行物流服务的直接承担者。物流企业可以在园区之中组织国际物流、干线物流、支线物流、流通加工、配送等各种物流经营活动。

进入物流园区的物流企业主要拥有的资源是:物流信息资源、本身的装卸搬运资源、仓储设施设备资源、能够保证在枢纽上进行经营和运作的资源、客户和物流市场资源。

物流园区中可以设立物流企业的代表处、办事处、总部或者分部的办事机构甚至物流企业的基地。

(二)物流园区的公共平台

大量企业在物流园区进行运作,除了自有的资源之外,还需要相当的公共资源,这些资源有些可以在枢纽之中获取,有些则必须由物流园区提供。例如物流园区的道路、专用线、场地以及园区的公共仓库等,尤其是高水平的公共信息平台应当是物流园区的重要构成部分。

(三)园区管理部门或管理企业

众多物流企业聚集,当然就需要管理。水、电、热、气等的运行条件和后勤的支持需要由管理部门或管理企业提供,维修、统筹、物业、安全管理也都是它们的责任。为此,可以由政府建立管理机构,园区企业联合建立管理机构,或者是在物流园区企业化的前提下,建立企业化的管理机构。

(四)相关的其他部门和企业

物流园区的一个重要特点是引入为物流运作办理相关手续的部门和企业,以保证物流园区可以对用户提供物流以及办理物流相关手续的“一站式服务”,也可以使物流企业的相关手续能够在园区之内完成。这些部门和企业主要有海关、商检、检疫、检测、工商、税务、法律、保险、银行等。也不排除在物流园区之中建立科研、教学培训机构甚至与物流企业相关的商业和生活区。

四、物流园区的发展方向

园区之间进行连锁和构筑物流园区平台是物流园区可能的发展方向。

(一)物流园区的连锁

众多物流园区现在处于各自独立建设和运营的阶段,物流园区数量达到一定程度之后,众多园区之间就必然会产生一种竞争与合作的关系,连锁就是可选择的方向之一。连锁商业是商业发展到一定程度的产物;物流园区发展到一定程度,连锁自然会提到议事日程上来。因为物流是在大范围内进行运作,众多园区实现连锁,就会有效支持物流的系统化运作,为用户实行“一站式服务”,从而大大提高物流运作的能力和水平。单个的物流园区,服务范围和服务能力有限,一旦形成连锁,哪怕这种连锁是虚拟的,服务的能力和服务范围也可以大幅度提高。

实现物流园区的连锁可以走两条路:一条路是以物流园区为单位,实现园区之间的连锁;另一条路是,入住不同地方物流园区的企业互相之间实现连锁。当前,后一条道路已经开始探索和实施。

(二)物流园区平台的构筑

我国物流园区的构筑,是各个地区分别进行规划和建设,园区与园区之间各自独立、缺乏联系,没有形成有效的网络体系。但是,在客观上,它的广泛分布实际上已经形成了一个网络的基础格局。很明显,网络的基础格局就是平台的基础。实际的网络格局形成之后,通过上述连锁的方法或者其他各种整合的方法,如园区之间的兼并和重组,就可以变成全国性的园区网络,这个网络自然具有平台的基础功能,然后再能动地进行平台其他功能建设,就可以形成物流园区平台。这当然会大大提升物流水平和物流服务能力,如果能够发展到这一步,当然对物流产业的升级会有重大作用。

(三)物流园区的巨型化

上面所提到的物流枢纽的三个要素之中,包括了进行运作的物流园区,按习惯的说法是:物流枢纽是大概念,物流园区是相对的小概念。但是和其他领域一样,物流园区也会出现反常规发展,“蛇吞象”的奇迹也不是没有的。通过物流园区自己的运作或者大资本进入物流园区或者其他什么原因,物流园区成了包含枢纽、基地在内的巨型经济体,也不是不可能的。

物流园区的发展方向是向巨型化方向发展还是向适度规模的专业化方向发展,抑或两个方向都有之,这还有待于我们观察。但是对这个发展的研究,已经不是本书的任务了。

第五节 物流结点的层次及优化

一、物流结点的层次是优化的结果

物流结点是一个矛盾的存在。一方面,物流系统的运行如果没有结点,就会出现很大的混乱和低效率;另一方面,物流结点必然造成物流过程的停顿,这又是许多弊病之源,又会造成混乱和低效率。一个完善的网络,必然是在这个矛盾体中进行优化选择的结果。

一个特定的区域,是不是需要有某种类型的或某些类型的物流结点,这些结点之间的配置层次又是如何,对此虽然可以有一种倾向性的认识,但却没有一个固定的模式,需要根据具体情况和该地区约束条件寻求优化。

二、三个层次的物流结点配置

三个层次的物流结点配置,是区域物流结点配置的一般形式,有比较广泛的适用性。

一个完善的物流网络,需要由物流结点来联结各种不同的物流线路。物流结点在网络中的作用也各不相同,有的影响到整个物流网络,有的只是在局部网络范围中起作用。一个城市或一个地区,一般需要配置三个层次的物流结点才能满足一个地区物流网络的需要,即物流基地、物流中心和配送中心。这是一个城市或一个地区在进行物流规划时物流结点配置的一般原则。

由于城市大小不同,城市基础设施条件不同以及物流对象的类型不同,所以必然有不同的物流层次,这会影响到物流网络的复杂性和网络的层次结构。物流结点的层次也必然会有所不同。物流结点的配置模式,需要根据条件进行优化的选择,这里提供的只是一种典型的模式。

物流基地、物流中心、配送中心组成了典型的物流结点网络。其网络结构如图 14-8 所示。

在三个层次物流结点的配置中,各种结点互相分工并且综合地发挥作用。

(一)物流基地

物流基地是集约了多种物流设施、起到综合功能和指挥、基础作用的特大型物流结点,是集约化的、大规模的物流设施集中地和多种物流线路的交汇地。物流基地的综合性主要体现在可以有效集约铁路、公路、水运、空运,实现综合运输、多式联运。有了这种结点就可以实现在物流基地之间进行快速、直达的大量干线运输,尤其是多式联运的干线运输。通过物流基地,可以实现本地区与外地区大规模的物流往来。

物流基地具有以下功能:

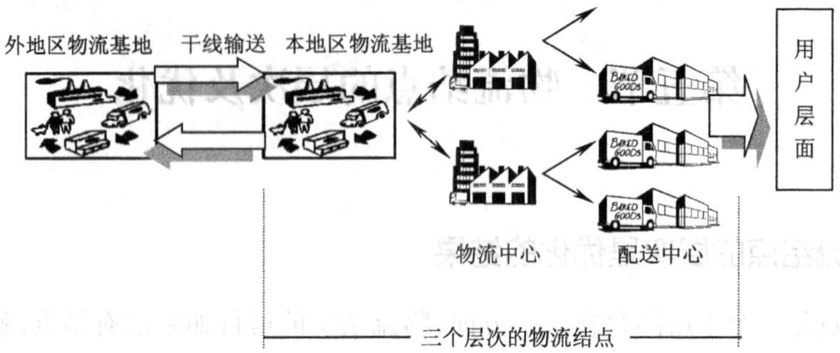

图 14-8　三个层次物流结点的配置

1. 综合功能。物流基地具有综合各种物流方式和物流形态的作用，可以全面处理包装、装卸、储存、搬运、流通加工、不同运输方式转换、信息、调度等工作。

2. 集约功能。物流基地集约了物流主体设施和有关的管理、通信、商贸等设施，规模大，集约程度高，是流通领域大生产的一种代表，是具有规模效益的流通设施。

3. 转运功能。物流基地可以有效集约铁路、公路、水运、空运，实现综合运输、多式联运的最有效转化。

4. 集中库存功能。物流基地可以通过集中库存，降低库存总量，并且实现有效库存调度。

5. 调节功能。物流基地使系统优化。

6. 指挥功能。物流基地是整个物流系统的集中信息汇集地和指挥地。

对物流基地予以归纳，可以用以下三个特点来反映，这三个特点是：集约、基础、大。

(二) 物流中心

物流中心是某一专业范畴的综合性大型物流结点，可以与干线运输相衔接，也可以从物流基地转运，起到衔接大型物流基地和本地区其他物流结点的作用。

(三) 配送中心

配送中心是面向最终用户，进行末端运输的专业化的、规模适应于需求的物流结点。

三、三个层次物流结点的布局

在城市和地区范围内，应按照层次关系规划和配置物流基地、物流中心和配送中心。一般而言，大城市，尤其是位于国土端部的大城市，在单向物流辐射方向需要配置一个物流基地；中心城市，则有可能在相对的方向配置两个或多个物流基地。考虑到城市的扩展和物流基地的寿命周期，如果物流基地距城市过近，近期的物流成本会大幅度降低，但是随着城市的扩展，物流基地的寿命周期会比较短，这就有可能增加远期的物流成本。鉴于物流基地的规模很大、投资很高，过短的寿命周期是不适宜的。一般而言，超大规模的物流基地，应该按照 50 年左右的寿命周期来确定位置。而物流中心则需要考虑有 20

年以上的寿命周期，配送中心规模较小，如果运营得当，效益较高，比较效益不亚于其他产业，因此城市的扩展对其寿命不形成太大的制约。但是，由于配送中心的特殊运作方式，一般而言，在经济发展到一定程度以后，配送中心需要大量实现“日配”，而这项工作一般都需要在深夜或凌晨进行，存在扰民问题和交通问题。就北京市而言，配送中心一般规划在四环路以外非居民稠密区较为适宜。

三个层次的物流结点在物流系统中有广泛的应用，尤其是规划和建造物流基础平台的时候，应当考虑三个层次物流结点的系统、合理的配置。

四、两个层次物流结点的配置

两个层次物流结点的配置是指物流基地（或物流中心）、配送中心（或仓库）两个层次的配置，是比较小的区域的典型性配置。如图 14－9 所示。

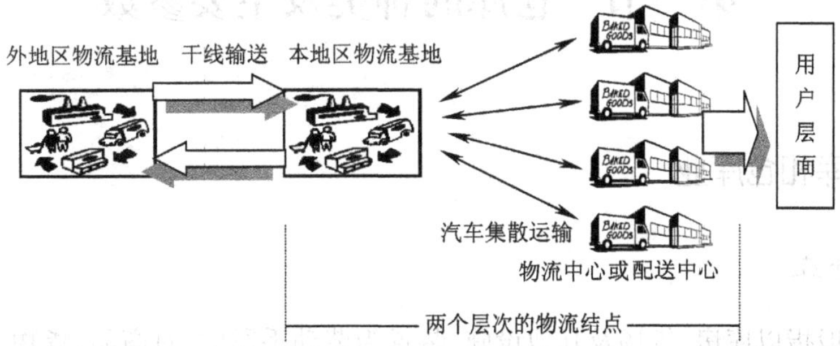

图 14－9　两个层次物流结点的配置

由于各个城市和地区产业结构不同，各地区和城市的区位条件和物流资源也有所不同，再加上物流对象的差异，所以物流结点也有不同的配置方式。城市和地区也可以采取两个层次物流结点配置的方式来支持物流，尤其是在城市、地区的规模不大，或物流不复杂的情况下，这种配置方式能够有效地减少环节，所以更具有优势。

两个层次物流结点的配置是复杂物流系统追求合理化的一种模式。对于复杂的物流系统来讲，如果能够在局部地区减少一个环节，就是一个非常大的节约。是不是能够做到这一点，要看城市和地区的具体条件，也取决于它们的物流技术、信息技术的水平和能力。

第十五章

仓　库

第一节　仓库的种类及主要参数

一、仓库和仓库业

（一）仓库

仓库一般指以库房、货场及其他设施、装置为劳动手段的，对商品、货物、物资进行收进、整理、储存、保管和分发等工作的场所，在工业中则是指储存各种生产需用的原材料、零部件、设备、机具和半成品、产品的场所。

在我国，仓库是古语“仓”和“库”两个概念的合成词。古代的农业社会需要储存粮食，出现了“仓”及“仓廪”的概念，兴兵征战又出现了放置兵器的“库”的概念，以后，相同储存功能的两个概念逐渐融合，成了今日的“仓库”。

从物流角度看，仓库在物流系统中是主要分担物流的保管功能的场所，是物流网络中一种以储存为主要功能的结点。从现代物流观点看，大型的、功能较多的仓库是物流中心的一种，是物流中心以储存、调节为主的储调中心。在局部范围中起作用的仓库，是位于支线上的结点，起物流网点的作用。

储存物资场所的种类很多，如车站站台、港口码头以及货站、货栈甚至是配送中心的备货场等。仓库与这些场所的主要区别在于：仓库对物资的储存带有防护性、保护性，需配合一系列维护保养工作，且具有独立企业的功能，储存时间也比较长，而其他储存物资的场所则只是暂存性的（如站、港、栈等），而且附属性很强。

现代物流学对仓库功能的认识有了扩展和基本认识的转变。过去，对仓库的储存职能，人们往往用一个形象的词汇来描述，即仓库是“蓄水池”，以其蓄水池作用来调节源、流，但这种调节的重要前提是要有大量的蓄水，即库存。蓄水池功能产生的原因是信息的不通畅，缺乏信息，只能“以静制动”。这种观念的实践结果是仓库的静态运行及对源、流调蓄的代价太高。在过去的生产方式条件下，这个观念所派生的运行方式还是可行的，但到了大生产、大流通时代，尤其是进入信息时代以后，静态的蓄水池已不足以起到调蓄作用了。

现代经济社会，生产方式及生产能力有了很大改变，消费方式也发生了多方面的改变，逐渐出现了直接调节源流的要求，而不需再经“蓄”而调，就如在农业生产中，如果一有需要就能及时下雨的话，农田则无须用蓄水池来灌溉了。现代生产的适应性是很强的，再加上灵活、通畅信息的帮助，使我们可以在更大的范围内进行调节，仓库则有可能从过去蓄水调节开始向直接调节方向发展或向少蓄水、多调节的方向发展。

（二）仓库业

现代社会中，流通活动日益广泛，随之出现了专职于物资储存并处理物资流通相关业务的行业，这类行业以仓库为劳动手段，从事有偿服务，这就是仓库业或称仓储业。仓库业的出现也是现代物流发展的结果之一。

二、仓库的分类

（一）按使用对象及权限分类

1. 自备仓库。它是附属于企业、机关、团体，专门为这些单位储存自用物资的仓库。

2. 营业仓库。它是社会化的一种仓库，是面向社会，以经营为手段、营利为目的的仓库。

3. 公共仓库。它是为公用事业配套服务的仓库，如火车站库、港口库等本身不单纯进行经营，而是其他事业的一环或附属的一种仓库。

（二）按所属的职能分类

1. 生产仓库。它是为企业生产或经营储存原材料、燃料及产成品的一种仓库。

2. 流通仓库。它是专门从事中转、代存等流通业的仓库，这种仓库主要以物流中转为主要职能。在运输网点中，它也以转运、换载为主要职能。

3. 储备仓库。它是专门长期存放物资，以完成各种储备保证任务的仓库。

（三）按结构和构造分类

1. 平房仓库。它是单层的、有效高度一般不超过 5 ~ 6 米的仓库。

2. 楼房仓库（楼库）。它是两层以上的楼房仓库。楼房各层依靠垂直运输机械联系，也有的楼层间以坡道相连，称为坡道仓库。

3. 高层货架仓库。这种仓库建筑结构是单层的，但内部设置层数很多、总高度较高的货架，使这种单层的建筑结构总高度甚至高于一般楼库，是仓库中一种自动化程度较高、存货能力较强的仓库。

4. 罐式仓库。它是以各种罐体为储存库的大型容器型仓库，如球罐库、柱罐库等。

(四)按技术处理方式及保管方式分类

1. 普通仓库。它是常温保管、自然通风、无特殊功能的仓库。

2. 冷藏仓库。它是有制冷设备并有良好的保温隔热性能以保持较低温度的仓库,大体上可以进一步细分成高温冷藏库(冷藏保鲜库)、低温冷藏库(冷冻库)两个大类别。冷藏仓库专门用来储存低温或冷冻物资,在现代物流系统中,冷藏仓库是冷链系统的重要结点。

3. 气调仓库。它是可以进行空气调节的仓库,主要是对空气中的氧气含量和乙烯含量进行调节,降低两者的含量和浓度,从而延长果实的保存时间。

4. 恒温仓库。它是能调节温度并能保持某一温度的仓库。

5. 水上仓库。它是在水面或水下存放物品,在高湿度条件下储存物品的仓库。

6. 危险品仓库。它是保管危险品并能对危险品起一定防护作用的仓库。

7. 散装仓库。它是专门保管散粒状、粉状物资的容器式仓库。

8. 地下仓库。它是利用地下洞穴或地下建筑物储存物资的仓库,这种仓库比较容易封闭,比较容易抗外界的干扰,主要储存石油等物资,储存安全性较高。

(五)特种仓库

1. 移动仓库。它是不固定在一定位置,而利用本身可移动的性能,能移动至所需地点完成储存任务的仓库。

2. 保税仓库。它是根据有关法律和进出口贸易的规定,专门保管进出口货物的仓库。

二、仓库的主要参数

在仓库规划及使用时,经常要运用一些反映仓库能力及工作状态的参数,简述如下。

(一)仓库建筑系数

仓库建筑系数是各种仓库建筑物实际占地面积与库区总面积之比。

$$仓库建筑系数=\frac{仓库建筑物占地面积}{库区总面积}\times 100\%$$

该参数反映库房及用于仓库管理的建筑物在库区内排列的疏密程度,反映总占地面积中库房比例的高低。

(二)库房建筑面积

库房建筑面积是仓库建筑结构实际占地面积,用仓库外墙线所围成的平面面积来计量。多层仓库建筑面积是每层的平面面积之和。

其中,除去墙、柱等无法利用的面积之后的面积称有效面积,有效面积从理论上来讲,都是可以利用的面积。但是,在可利用的面积中,有一些是无法直接进行生产活动的面积,如楼梯等,除去这一部分面积的剩余面积称为使用面积。

(三)库房建筑平面系数

库房建筑平面系数是衡量使用面积所占比例的参数。

$$\text{库房建筑平面系数}=\frac{\text{库房使用面积}}{\text{库房建筑面积}}\times 100\%$$

(四)库房面积利用率

库房面积利用率是使用面积中实际存放货物所占面积的一种衡量参数。

$$\text{仓库面积利用率}=\frac{\text{堆存货物面积}}{\text{使用面积}}\times 100\%$$

这个参数表示实际使用面积被有效利用的程度,也能对应衡量出非保管面积所占比重。

(五)库房高度利用率

库房高度利用率是反映库房空间高度被有效利用程度的指标。

$$\text{库房高度利用率}=\frac{\text{货垛或货架平均高度}}{\text{库房有效高度}}\times 100\%$$

这个参数与库房面积利用率参数所起的作用是一样的,即衡量仓库有效利用程度。仓库中可以采取多种技术措施来提高这一利用程度。

(六)仓容

仓容是指仓库中可以存放物资的最大数量,以重量单位(吨)表示。

仓容大小取决于仓库使用面积大小及单位面积承载货物重量的能力以及货物堆放时的安全要求。

$$\text{仓容(吨)}=\text{仓库使用面积(米}^2\text{)}\times\text{单位面积储存定额(吨/米}^2\text{)}$$

库容反映的是仓库的最大能力,是流通生产力衡度的重要参数。

(七)仓容利用率

仓容利用率是指实际库容量与库容之比值的百分率,一般以年平均值为考核计算依据,反映库容利用之高低。

(八)仓库有效容积

仓库有效容积是指仓库有效面积与有效平均高度之乘积。已往的仓库指标,主要描述平面利用的情况,按仓容指标的计算方法,仓容为仓库使用面积与单位面积储存定额之乘积,与库房高度关系不大,而有时仓容并不能反映库房容积利用情况。随着高平房仓库及立体仓库的出现,面积利用指标已不能完全反映仓库技术经济指标。仓库有效容积则是指描述仓库立体的能力和利用情况。

$$仓库有效容积=仓库有效面积(米^2)\times有效平均高度(米)$$

(九)仓库容积利用率

仓库容积利用率是指仓库有效容积中实际使用的容积所占的比率。

$$仓库容积利用率=\frac{仓库使用容积(米^2)}{仓库有效容积(米^2)}\times100\%$$

(十)仓库周转次数

仓库周转次数是年入库总量或年出库总量与年平均库存之比,反映仓库动态情况,是生产性仓库和流通仓库的重要指标。在年入出库总量一定的情况下,提高周转次数,则可降低静态库存的数量,从而用较小的仓库完成较大的任务。

$$仓库周转次数=\frac{进(出)库总量}{平均库存}$$

第二节　仓库设施及设备

一、计量装置

仓库中使用的计量装置种类很多,从计量方法的角度可以将其分为以下几种:①重量计量设备,包括各种磅秤、地下及轨道衡器、电子秤等;②流体容积计量设备,包括流量计、液面液位计;③长度计量设备,包括检尺器、自动长度计量仪等;④个数计量装置,如自动计数器及自动计数显示装置等;⑤综合的多功能计量设备,如计量装置等。

仓库中一般最常用的计量装置以重量计量装置为多。流体容积计量装置,用在特殊专用场合,属于专用计量装置。长度计量装置,用于钢材、木材等长材尺寸的计检,进一步换算为重量或体积,也在有限场合使用。个数计数装置随包装的成件杂货物流量的增大,使用也越来越多,尤其在处理成件杂货的配送中心等场所应用较多,是提高拣货效率的重要装置。

在现代仓库中应用计算机测量技术、电子技术、光电技术、自动计数装置、核计量装置等是计量装置的发展方向。

(一)地中衡及轨道衡

地中衡是对地面车辆、铁道车辆载货计重的衡器,常用的有机械式及电子式两类。机械式的衡器需要人工进行控制操作,手抄数据,计重误差较大,且手抄也易失误,其计重的准确度为0.5%,符合国内大批量货物计量对磅差的要求。

电子式及机电结合式的静态轨道及地中衡,其特点是带有数字自动显示并能自动打印重量数据,因而失误小、准确程度高,其准确度为0.1%~0.2%,可满足较贵重量材料如有色金属、合金钢、化工材料、粮食等计重的要求及进出口贸易的计重要求。静态轨道衡及地中衡,要求计重量时车辆必须摘挂且停放不动,才能保证计量的准确。

电子式动态衡可在车辆缓行中并在火车车皮不摘挂的情况下自动计重,计量效率较高,但准确程度较低,为0.5%。电子式动态衡主要用于煤炭、矿石等量大低值的货物计量。

(二)电子秤

电子秤是电子衡器的一种,按用途不同有吊秤、配料秤、皮带秤、台秤等多种,在物流领域中,配合重机具在起吊货物时同时计重的吊钩秤使用较多,在工厂物流中,配料秤使用较多。

电子秤主要由秤重传感器、放大系统、显示仪表三部分部件构成,其优点很多,如计重准确、结构简单、安装调试和使用方便、体积小、重量轻、计量速度快等等,所以是物流领域计重装置应用较广的产品。

(三)核探测仪(核子秤)

核探测仪(核子秤)是利用核辐射的射线对物料进行探测,电离室将透过的射线转换为电信号,由计算机进行处理,可以显示、打印,用以计量重量,也可计量容积的装置。其工作状况见图15-1。核探测仪可以进行精密计量,其主要特点是,在其他计量装置无法使用的场合,可以用核探测仪进行测量,如高温物的计量、带辐射线物的计量、危险品的计量等。这种装置特别适合动态计量。在物流领域中用做皮带管道输送煤炭的重量测量,也可用于散装水泥的计量;在生产物流领域,用于配料计量、高温物料计量等。

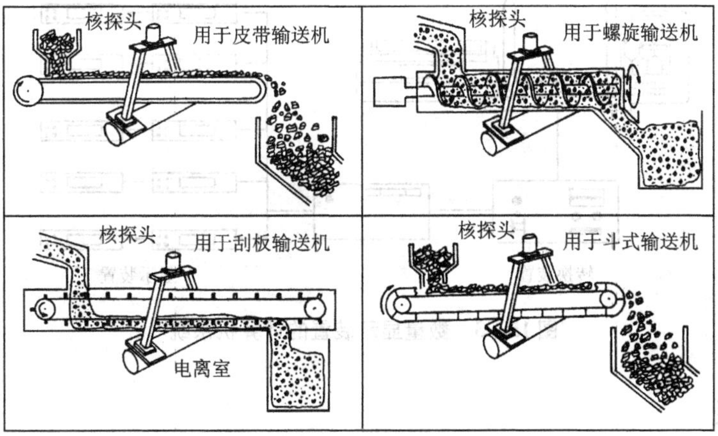

图15-1 核探测仪工作状况

(四)出库数量显示装置

出库数量显示装置是一种计数的计量装置,安装于多品种、少批量、多批次的拣选式货架上,每当取出一件货物,相应的显示装置上就显示出数量指示,可观察显示装置确认拣选数量、库存数量,如果与电子计算机联机,则可由计算机立即汇总、记录。在多品种、小批量、多批次、高速度的操作场合,用这种装置可以防止计数混乱,防止出现差错,所以应用很广泛。例如:在生产工厂的物流中,用以计量零部件、配件;在药品、化妆品、杂货、食品、衣物、文具、百货的流通中心、配送中心中,可有效辅助管理;在现代的旋转货架、移动货架、重力拣选货架上都可安装使用。如图 15 -2 所示。

图 15 -3 为数量显示装置的计算机系统图。

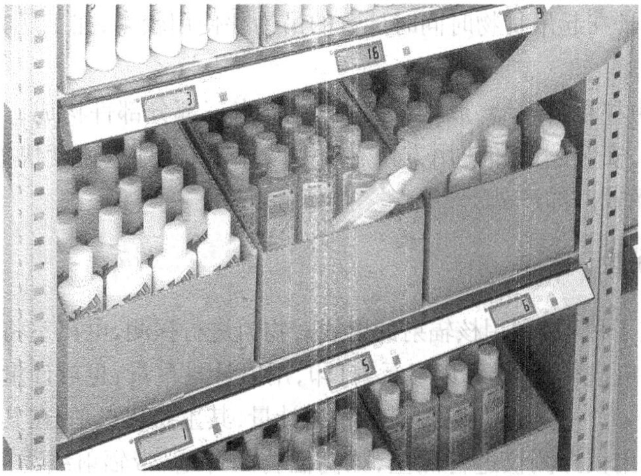

图 15 -2 数量显示装置

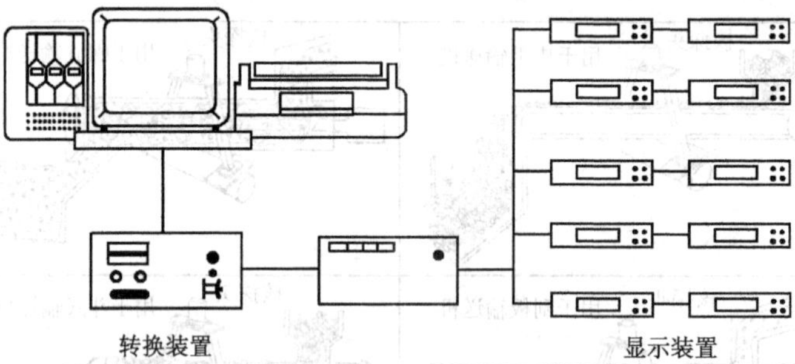

图 15 -3 数量显示装置的计算机系统

二、货架

货架是仓库中常用的装置,是专门用于放置成件物品的保管设备。

货架是仓储面积的扩大和延伸,与货物直接置于地面存放相比,货架可以成倍或几十倍地扩大实际的储存面积。因此,在仓库中采用货架这种设施,是提高仓库能力的非常重要的手段。

仓库通常使用的货架与仓库建筑比较,结构简单,制造容易且灵活性很大,所以是很容易采用的。现代仓库中的某些货架已逐渐向高科技发展。长期以来货架从属于仓库的局面得以扭转,变成了仓库从属于货架。当前使用的货架,从技术水平最低的一般层架到自动化货架,在很广的领域中发展,因而适用领域极广。

三、料棚

料棚又称货棚,是一种半封闭式的建筑物或装置。其防护作用低于正式建筑的库房,但高于露天堆场。由于料棚造价低、建造方便、建造速度快,又适于某些对环境条件要求不高的物资的存放或适于一些物资的临时存放,所以有一定使用量。

料棚按其结构特点和工作方式,主要有以下两类。

(一)固定式料棚

固定式料棚是指不可移动的半永久性建筑类型的仓库。这种建筑物立柱、棚顶都是不可移动的,进出货从料棚侧部进行。料棚可以是完全没有围护结构的敞开式,也可以是有部分围护结构的半敞式。料棚的围护结构是临时性的,因而侧部进出货较为方便,便于储存大件货物。

(二)活动料棚

活动料棚是棚顶可移动的料棚。这种设施没有固定的基础和立柱,棚顶及围护结构组成一个圆弧形或Π字形的整体,围护结构安装滚动或滑动机构,可沿轨道或按一定线路运动。一定尺寸的料棚成为一节,使用时,许多节料棚互相搭接在一起,就形成了一个条形的储存空间。装货、取货时,只需将料棚移开,就能方便地进行一般的货场作业了。作业时可以使用机械进行货物垂直移动,所以,活动料棚之间的通道可以较窄,料场利用率较高。由于活动料棚的作业方式是将料棚移开后进行装卸、存储作业,因而料棚高度可以较低,空间利用率也较高。

活动料棚的密封性高于敞开式固定料棚。活动料棚的移动,可采用人力,也可采用电力推动。

四、线路和站台

与仓库相连的线路或进入仓库内部的线路,以及线路与仓库的连接点——站台,是仓库进、发货的必经之路。这些设施既是仓库运行的基本保证条件,又是仓库高效工作不可忽视的部位。

(一)线路

对与仓库相接的线路的基本要求是,能满足进、出货运量的要求,不造成拥挤阻塞。线路的形式有两种:

1. 铁道专用线。其简称专用线,是与铁路网相接的专供仓库使用的线路。大量进出货的集散型仓库,一般依靠专用线使仓库与外界沟通。煤炭、水泥、油类、金属材料配送型仓库或配送中心,也往往依靠专用线解决大量进货的问题。

2. 汽车线。与公路干线相接的汽车线路,可以伸入仓库内部甚至库房中。一般进出货量不太大的仓库往往靠汽车线与外界相连。

生产企业的大型成品库,是靠铁路线及汽车线向外运货。

一般流通仓库,铁路线与进货区相连而汽车线与出货区相连。

在汽车大型化的前提下,有很多现代仓库不设铁路线,尤其在大城市内的仓库,主要依靠公路线与外界相接。

(二)站台

站台的基本作用是:车辆停靠处、装卸货物处、货物暂放处。利用站台就能方便地将货物装进车辆中或从车辆中取出,实现物流网络中线路与结点的衔接转换。

站台主要有两种形式:

1. 高站台。站台高度与车辆货台高度一样,一旦车辆停靠后,车辆货台与站台处于同一水平面,有利于使用作业车辆进行水平装卸,使装卸合理化。

2. 低站台。站台和地面一样高,往往是和仓库地面处于同一高度,以利于站台与仓库之间的搬运。低站台与车辆之间的装卸作业不如高站台方便。但是,如果采用传送装置装卸货,由于传送装置安装需有一定高度,采用低站台,传送装置安装后可与车辆货台保持同等高度。此外,采用低站台也有利于叉车作业。

现代仓库中,分货设备的分支机构出口端部往往与站台合而为一,汽车停靠在端部,分货机分选的货物可直接装入车中,减少了一道装卸工序。

流通仓库、工厂仓库的生产效率在很大程度上依赖于收发货物的作业效率,站台与收发货车辆的衔接决定收发货的作业效率。因此,站台的设计及与库房的配置是物流合理化需要考虑的因素。

站台货位数量及站台高度是仓库需要首先考虑的两个问题。

站台货位数量是根据仓库进出和业务量及进出频度,进一步考虑卡车数量、卡车停靠时间而决定的:

$$N(\text{站台货位数量}) = TR(\text{每小时停靠车数}) \times t(\text{停留时间})$$

站台高度的设计,在一个库区内可考虑停靠车辆的种类,设计若干不同高度的停靠位置,也可考虑车种平均高度,尽可能缩小货车车厢底板与站台的高度差,以达到提高作业效率的目的。

不同车辆参考高度如表 15-1 所示。

表 15-1 不同车辆适合的站台高度

车 型	站台高度(米)	车 型	站台高度(米)
平板车	1.32	冷藏车	1.32
长途挂车	1.22	作业拖车	0.91
市区卡车	1.17	载重车	1.17
国际标准集装箱拖车	1.40		

在仓库中,进出货车的种类可能很多,因而即使考虑不同高度的站台,也很难使全部车辆与站台相接后,车厢底板与站台处于同一高度,高度差必然存在。为克服这个高度差,使作业车辆能方便地过渡于载货车与站台之间,可采用以下办法:

第一,站台自动调节踏板。在车辆与站台停靠间隙,自动调节踏板从站台上伸出搭置在车厢底板上,不但解决高度差问题,也解决其间隙的弥合问题。

第二,升降平台。采用液压方式,支撑水平的或者斜面的平台,通过不同的高度调节,可以解决多种车辆与站台之间的高度差问题,也解决其间隙的弥合问题。

五、储存容器

(一)贮仓

贮仓又称料仓,是专门用于存放粉状、颗粒状、块状等散状非包装物品的刚性容器。

贮仓是一种密存形贮存设施,全部仓容都可用于储存物资。由于采用全封闭结构,贮仓的防护、保护效果非常好。

贮仓有许多种类型,按仓体横断面的形状区分,有圆形结构、方形结构、矩形结构等。圆形结构最为常见。圆形结构贮仓是一个圆柱体,上部为仓顶,也是进料口,下部为仓底,出料口设置在此处,出料口多设计成漏斗状。从上部装入料后,可凭借本身重量依次从下部卸料,因而也是一种先进先出型仓储设施。粮食、水泥、化肥等常采用这种贮存设施。

(二)贮罐

贮罐是专门用于存放液体、气体物品的刚性容器。贮罐也是一种密存形贮存设施,全部仓容都可用于贮存,贮罐大多采用全封闭结构,隔绝效果及防护、保护效果都很好。

贮罐种类很多,常见的有立式、卧式储罐,有球形、柱形、槽形等不同形状。圆形或椭圆形截面大,主要用钢板焊接而成。

立式贮罐一般是大型贮罐,贮量大;卧式贮罐一般较小,所以可制成固定式也可制成活动式,作为临时贮罐应用。贮罐用于贮存油料、液体化工材料、煤气等。

(三)料盘、周转箱等储存载体

有些仓库储存单元货物需要借助于其他容器,将散杂货装入后形成一定程度集约的“单元货载”。常使用的载体有料盘(从承载几十公斤到上千公斤)、料斗、料箱、周转箱等。这些载体的共同特点是自重轻,空载体可以密堆存放,有一定强度及保护性。

(四)托盘、集装箱等集装容器

各种集装设备都有容器的功能,请参阅本书集装部分。

六、巷道堆垛起重机

巷道堆垛起重机是仓库中的专用起重、堆垛、装卸设备,主要应用于巷道式货架仓库中。

(一)巷道堆垛起重机的分类

1. 按有无导轨分,可分为有轨巷道堆垛起重机和无轨巷道堆垛起重机两类。有轨式起重高度高,运行稳定,行走通道较狭窄,是巷道堆垛起重机中主要的类别。

2. 按高度不同分,可分为低层型(5 米以上)、中层型(5~15 米)及高层型(15 米以上)巷道堆垛起重机三类。在分体式高层货架仓库及简易立体仓库中,低层型利用较多,在一体结构方式高层货架仓库中,采用中、高层型巷道堆垛起重机较多。

3. 按驱动方式不同分,可分为下部驱动式、上部驱动式及上、下部驱动式巷道堆垛起重机三种。

4. 按操作方式不同分,可分为手动、自动及半自动巷道堆垛起重机三种。手动及半自动巷道堆垛起重机机上附设有司机室进行运行操作;自动巷道堆垛起重机不附设司机室,而用计算机或其他自动装置操作,可以自动寻址、自动装卸货物,其适用的货物对象,则是标准货箱式货物。

按人是否乘机操作可进一步划分为人乘机操作、人不乘机操作巷道堆垛起重机两种。其中,人乘机操作巷道堆垛起重机主要用于拣选式货架,进行杂、散货拣选。计算机操纵的人不乘机型巷道堆垛起重机是这类机械的主体。

5. 按机械的结构分,分为单立柱式、双立柱框架式巷道堆垛起重机两类。单立柱式巷道堆垛起重机用于较低层货架巷道中,双立柱框架式巷道堆垛起重机稳定性好,用于中、高层货架的巷道中。

表 15-2 和表 15-3 为两种定型产品的数据。

表 15-2　一种低层巷道机数据

标准货箱尺寸(米)	1×1~1.3×1.3
最大起重量(公斤)	1 000
总高度(米)	6
最大起重高度(米)	4.45
走行速度(米/分)	5~50
升降速度(米/分)	5~6
货叉速度(米/分)	5~20
电压	220V(60Hz) 220V(50Hz)
控制方式	全自动、卡片复合式

表 15-3 一种中层巷道机数据

标准货箱尺寸(米)	1×1~1.3×1.3
最大起重量(公斤)	1 000
总高度(米)	9~21
走行速度(米/分)	6~63
升降速度(米/分)	7.5~15
货叉速度(米/分)	10~20
电压	220V(60Hz) 220V(50Hz)
控制方式	全自动

(二)巷道堆垛起重机的主要特点

巷道堆垛起重机现在已成了货架仓库的主要装卸机具,其主要特点有以下几个:

1. 所需通道宽度比较窄,节约仓库面积。由于在轨道上运行,上、下都可受轨道的严格制约,因而巷道堆垛起重机所需运行通道宽度比其他各类机械都小,一般来讲只是叉车的1/2,这样一来便可大幅度提高仓库的面积利用率。不同类型仓库的面积利用率提高幅度不同,如果不计仓库中其他管理区域的面积,仅货架部分的面积利用率就可提高1/4。如图15-4所示。

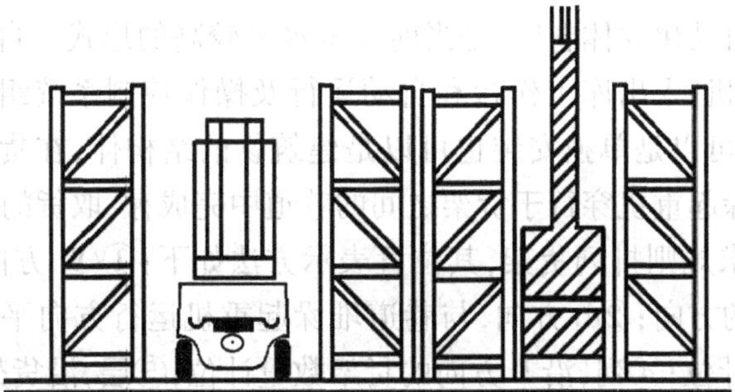

图 15-4 叉车及巷道堆垛起重机占用通道宽度比较

2. 运行稳定性好,能提高装卸速度。由于轨道的限定,巷道堆垛起重机稳定性好,因而可比叉车的装卸高度大大提高。巷道堆垛起重机一般高度在6米以上,最高可达40米,这正好和叉车的工作高度互为补充。

3. 出货工作效率高。由于轨道的引导,巷道堆垛起重机运行速度高,因而适合于提高仓库进出货工作效率的要求。

4. 可实现全自动操作。巷道堆垛起重机可配合电子计算机及伸缩货叉,实现全自动操作,这也是一般叉车难以做到的。

第三节 立体仓库

一、立体仓库概述

(一)立体仓库的构造特点

立体仓库为单层式建筑,建筑结构的高度比一般平房仓库高。其中,设置多层的、总高度较高的货架存放货物。立体仓库的建筑高度一般在5米以上,最高的立体仓库可达40米,常用的立体仓库高度在7~25米之间。

立体仓库必然是机械化仓库,由于货架在4.5米以上,已难以对货架进行进出货的人工操作,必须依靠机械进行作业。

(二)立体仓库的货架特点

立体仓库中必然配置多层货架,由于货架较高,所以又称高层货架仓库。根据立体仓库中货架的不同高度,还可细分为高层立体仓库、中层立体仓库及低层立体仓库等。

立体仓库货架的形式可以多种多样,目前建设较多的是储存单元货物(以货箱、托盘为一单元组合)的立体仓库。

立体仓库中的自动化立体仓库,是当前技术水平较高的形式。自动化立体仓库由货架、巷道式堆垛起重机、入出库工作台和自动运行及操作控制系统组成。货架是钢结构或钢筋混凝土结构,可以是单独安装也可以是建筑物的结构体,在货架内是标准尺寸的货位空间。巷道堆垛起重机穿行于货架之间的巷道中完成存、取货的工作。

立体仓库按要求规则排列货架,其位置表示方法如下:① W方向,同巷道堆垛起重机运行方向成垂直的方向;②L方向,与巷道堆垛起重机运行方向平行的方向;③排,沿W方向的货架数量计位;④列,沿L方向的货架数量计位;⑤层,沿货架高度方向的计数。立体仓库位置表示方法如图15-5所示。

二、立体仓库的种类

(一)按货架高度分类

立体仓库可分为高层立体仓库(货架高度在15米以上)、中层立体仓库(货架高度在5~15米)和低层立体仓库(5米以下)。目前,中层立体仓库建造较多,其既具有充分利用空间的优点,对设备、机械要求又不太高;高层立体仓库造价过高,对机械装备要求特殊,安装难度也较大,建造相对较少;低层立体仓库主要针对老库改造,是提高老库技术水平和库容的可行之路。

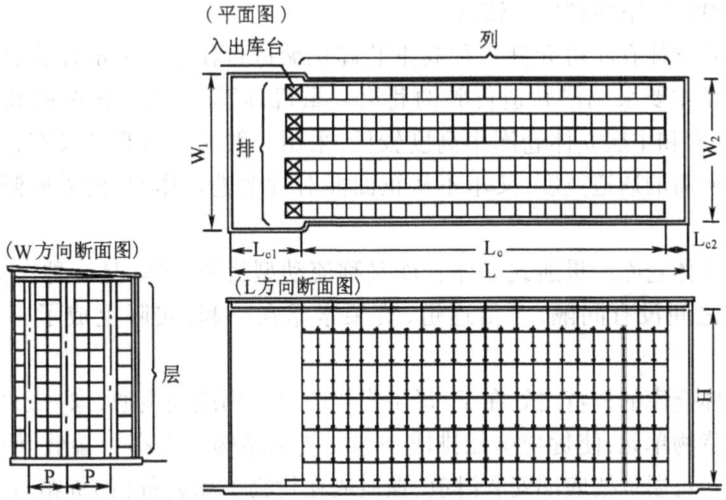

图 15－5　立体仓库位置表示方法

(二)按货架构造分类

1. 单元货格式立体仓库。图 15－6 为单元货格式立体仓库总体。

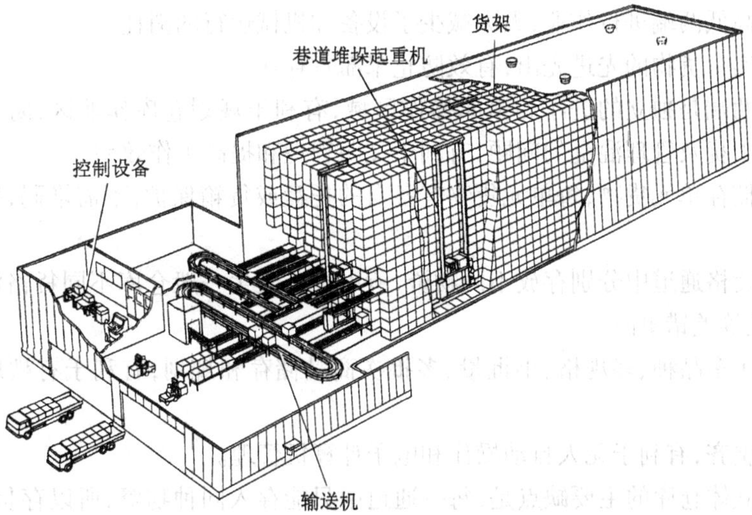

图 15－6　单元货格式立体仓库总体

单元货格式立体仓库是一种标准格式的通用性较强的立体仓库。其特点是每层货架都是由同一尺寸的货格组成,货格开口面向货架之间的通道,装取货的机械在通道中行驶并能对左、右两边的货架进行装、取作业,每个货格中存放一个货物单元或组合货物单元。

货架以两排为一组,组间留有通道。所以这种仓库需留有较多的通道,面积利用率不太高(约为60%),空间利用率较高。

单元货格式立体仓库可允许多种起重装卸机械进行作业。一般而言,中、高层立体仓库的装卸设备主要采用沿轨道行驶的巷道起重机,以保证能在狭窄的巷道内进行作业;低层立体仓库和中层立体仓库中高度较低,采用一般叉车或高架叉车进行作业。为减少叉车转弯所需的通道宽度,叉车不从正面面对货架进行作业,而采取侧叉式叉车进行作业。

2. 贯通式立体仓库。贯通式立体仓库又称流动型货架仓库,是一种密集型的仓库,这种仓库货架之间没有间隔,不留通道,货架紧靠在一起,实际上成了一个货架组合整体。

贯通式立体仓库的独特之处在于:每层货架的每一列纵向贯通,像一条条隧道,隧道中能依次放入货物单元,使货物单元排成一列。货架结构一端高一端低,使贯通的通道成一定坡度。在每层货架底部安装滑道、辊道或在货物单元装备(如货箱、托盘)的底部安装轮子,则货物单元便可在其自身重力作用下沿坡道高端自动向低端运动。如果单元货物容器有自行运行机构,或货架中安装相应机构,货架也可水平安装而不需坡度。

贯通式立体仓库的运行方式是从货架高端送入单元货物(进货),单元货物自动向低端运动,从低端出库;或一端送入,在行走机械推动下运动到另一端。

贯通式立体仓库的主要优点是:

①货架全部紧密排列,因而仓库平面利用率和容积利用率可大幅度提高,可达90%。

②只在高低两端进行作业,大大减少了设备和机械运行的消耗。

③严格实行货物的先进先出,有效防止呆滞货存在。

④货架两端是独立的进库和出库操作区域,有利于规划仓库作业区,防止出现进出库作业互相干扰及管理混乱的问题,有利于文明管理和提高工作效率。

⑤货架储存单元货物,每单元货物有各自的托盘或货箱保护,不需堆码,所以可减少货物的损失。

⑥各条货格通道中分别存放不同物资,所以不会发生一般仓库不同货格混存时常见的混杂、混乱等差错事故。

⑦有利于多品种、多规格、小批量、多批次商品储存和规划,有利于有秩序地进货和出货。

⑧规划整齐,有利于无人自动操作和电子计算机管理。

贯通式立体仓库的主要缺点是,每一通道中只能存入同种物资,所以存货种类有限,也很难灵活进行存储。另外,由于通道大小、长度一样,每一种货物存储容量大致相同,或成倍相差,因此,往往出现某些通道货位不够,某些通道有多余货位的不平衡现象,这也会降低利用率。

贯通式立体仓库技术要求较高,设备制造及仓库建筑的精密度要求较高,对托盘、货箱等单元载体要求也较高,这样才可以防止在重力滑动中的卡死。一旦卡死,故障排除难度较大。此外,这种仓库结构是钢结构,造价较高也是其缺点。

图15-7是贯通式立体仓库中常见的重力流动式货架仓库。

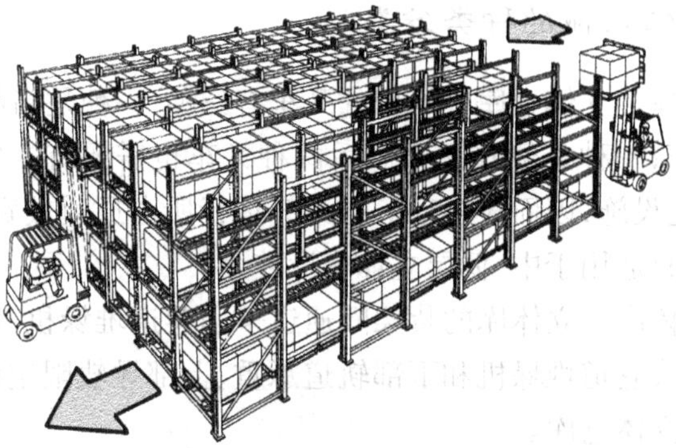

图 15-7 重力流动式货架仓库

贯通式立体仓库的适用领域有三个：

第一，用做拥挤地区的工厂或流通仓库的储备库，能够减少占地面积而提高储存量。

第二，用做配送中心的拣选仓库，尤其是成单元件的自动拣选。

第三，用做站台发货仓库，发货端于站台之上，有利于提高装车速度，减少装车距离。

3. 自动化柜式立体仓库。它是小型可移动的封闭式立体仓库，由柜外壳、控制装置、操作盘、贮物箱及传动机构组成。其主要特点是小型化、轻量化和智能化，尤其是封闭性强，有很强的保密性和安全性，适合于储存贵重的电子元件、贵金属、首饰、资料文献、档案材料、音像制品、证券票据等。

4. 条型货架立体仓库。它是用于存放条型、柱型、筒型货物的立体仓库。货架每层都伸出支臂，可以托住长条形、柱形货物，专门利用侧式叉车完成进、出货的作业。

（三）按建筑物构造分类

1. 一体型立体仓库。这种仓库的高层货架与建筑物是一体，高层货架不能单独拆装。这种仓库的高层货架兼仓库的支撑结构，仓库不再单设柱、梁。货架顶部铺设屋面，货架也起屋架作用，是一种永久性设施。这种仓库由于省却了梁、柱，在一定程度上降低了造价。

2. 分离型立体仓库。这种仓库的建筑物与高层货架不是联结为一体，而是分别建造。一般是在仓库建造完成之后，按设计及规划在仓库内部安装高层货架及相关的机械装备。

分离型立体仓库不是永久性设施，可按需要进行重新安装和技术改造，因此比较机动。一般说来，由于是分别建造，造价较高。

一体型立体仓库一般层数较高，采用钢结构或钢筋混凝土结构，而分离型立体仓库一般层数较低，主要采用钢结构，可装配，也可拆移，具有一定的机动性。

现代物流系统中，储存型的物流中心、吞吐量及储存量较大的仓库、配送中心的存货库等多采用一体型立体仓库；而车间仓库、配送中心的配货部、转运中心等多采用分离型立体仓库，也适合旧库改造时采用。

（四）按装取货物机械的种类分类

1. 货架叉车立体库。立体仓库中所用的叉车有三种：一种是高起升高度（高扬程）叉车；一种是前移式叉车；一种是侧式叉车。后两种叉车也需要有一定的起升高度。叉车由地面承重，不是固定设施，因而较机动。但叉车运行所占通道较宽，且最大起升高度一般不超过6米，因此，只适用于中、低层立体仓库使用。

2. 巷道堆垛机立体库。立体库的货架间通道采用巷道堆垛机，所用的巷道堆垛机主要是上部承重的下垂式巷道堆垛机和下部轨道承重、上部导轨限定的巷道堆垛机两种方式，主要用于中、高层立体仓库。

（五）按操作方式分类

1. 人工寻址、人工装取方式立体仓库。由人工操作机械运行并在高层货架上寻认位址，然后由人工将货物由货架取出或将搬运车上的货物装入货架。

2. 自动寻址、人工装取方式立体仓库。按输入的指令，机械自动运行寻址认址，运行到预定货位后，自动停住，然后由人工装货或从货架中取货。

3. 自动寻址、自动装取方式立体仓库。它是无人操作方式，按控制者的指令或按计算机出库、入库的指令进行自动操作。

以上三种方式立体仓库，人工寻址、人工装取的立体仓库主要是中、低层立体仓库，另两种是中、高层立体仓库。

（六）按功能分类

1. 储存式立体仓库。这种仓库以大量存放货物为主要功能，存放货物种类不多，但数量大，存期较长。各种密集型货架的立体仓库都适于做储存式仓库。

2. 拣选式立体仓库。它是以大量进货，多用户、多种类、小批量发出为主要功能的立体仓库。这类仓库要创造方便拣选和快速拣选的条件，因此，往往采取自动寻址、认址的方式。由于用户需求差异较大，难以整进整出，因此，不适合采用自动化无人作业方式，而使用人工拣选。拣选式立体仓库较多用于配送中心。

第四节　立体仓库的设备配置

一、起重设备的选择

较低高度的立体仓库可选择叉车作为存取货的工具，其优点是机动性强、灵活性好，不用担心由于举货设备故障而造成进出库的停顿。在较低层、进出货频度不高、地面条件较好的情况下，货架的L方向不深而通道条数较多时，选择叉车是适宜的。

就叉车的种类而言,三向堆垛式叉车需要通道宽度较窄而举升高度较高,可用于1~12米高的仓库中;前移式叉车和平衡重式叉车所需通道较宽,可在较矮的场合下使用。如图15-8所示。

在码高12米以上的库房的巷道式货架进行堆垛作业,适于采用巷道堆垛起重机。

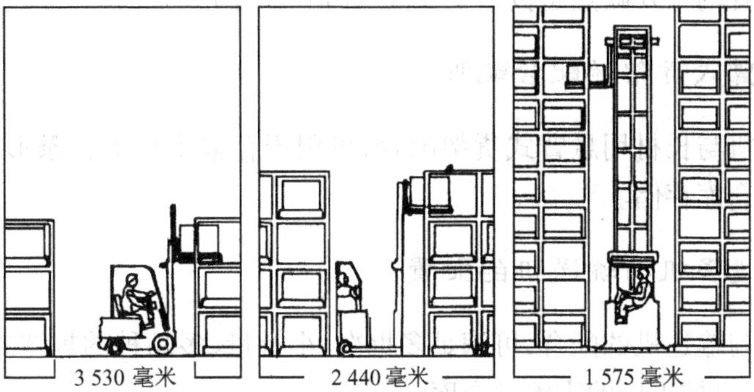

图15-8 三种叉车的选用比较

二、巷道堆垛起重机的配置方式

巷道堆垛起重机的配置方式有以下几种。

(一)基本配置

基本配置是通常采用的配置方式,是一条巷道设置一台巷道起重机,在仓库货架排数不多而巷道较少、较长的情况下,每一个巷道的工作量可以达到起重机满负荷运行的要求,也就是说,在每一巷道中的机器能充分利用的情况下采用这种类型的配置。

(二)双排配置

双排配置是指一台巷道起重机左右各向两排货架装卸单元货物,货架采用靠近巷道一侧较低而内部的那一侧较高的结构形式并配以滚轮装置。装货时先从靠近巷道一侧装入一个货盘,再将第二个顶进,使两排货架都装满货物;取货时则类似重力式货架,当从巷道一侧取走外边的一个货盘时,里面的货载便会顺滚轮移动至外侧等待取货。

这种配置方式,一条巷道承担四排货架的存取货作业,工作效率成倍提高,能充分发挥巷道机的能力,且仓库仓容利用率又能得以提高。

(三)多巷道一机配置

在业务量不大,巷道深度不够,因而巷道起重机能力有余时,可在货架端部设巷道机转弯的轨道,使一台巷道机能在多条巷道中工作,从而可减少巷道机的配置数量。

这种配置的缺点是巷道机转弯轨道要占用一定空间,因而使仓库仓容利用率降低。

(四)与重力式货架组合配置

巷道堆垛起重机与重力式货架配合可大幅度提高巷道机的工作效率,大幅度提高仓库的利用率和存储能力,是现代仓库配送中心存货中的重要配置方式,符合快速进出库的要求。这种配置的主要缺点是技术要求高、建造成本高。

(五)与悬臂式货架的配合配置

门架式巷道机与长材用悬臂式货架配合,可用于存取钢材等长条形材料,使长条形材料也能用立体仓库存储。

(六)多巷道多机与输送机的配置

多巷道多机与输送机的配合,可满足多批次、小批量、多品种的拣选式快速出货的配送要求,也适用于机械工厂的零配件仓库。

三、以重力式货架为核心装卸设备配置形式

图 15 - 9 表现的是以重力式货架为核心装卸设备配置的几种形式,现分别叙述如下。

第一,对托盘货物用叉车进行入出库操作的配置。这种配置托盘货体整进整出,适合于转运中心、中转仓库及整托盘配送的领域。

第二,叉车对托盘单元货载做进货处理,人工拣选出货的配置。这种配置适合于整进零出的拣选式仓库和配送中心的配货作业。在工厂采用这种配置时,进入库一侧为工厂外部的供应而出货侧为工厂内部的装配线。

第三,拣选工作线的配置。这种配置一端是托盘货物用叉车整进,又用叉车整出送至小型重力拣选货架,另一端是小型重力拣选货架,形成拣选工作线,适合于大量货物及少量货物配合拣选。

第四,大量出货、大量存储的配置。这种配置进出货侧各为一台沿货架端部(L 方向)的轨道式巷道机,适合于大量进货、大量出货、大量存储。

第五,综合配置。这种配置左右两侧为载人、不载人巷道堆垛起重机,中部为人工拣选线,适合于大量进货及多用户拣选。

四、小型立体仓库

在货架与建筑物分离式的立体仓库中,小型立体仓库使用越来越广泛。由于小型立体仓库灵活性高、造价较低、操作简易,又有良好的安全性,所以能有效促进立体仓库的普及。

小型立体仓库特别适合已经生产多年的工业企业内部物流。在老的工业企业需要扩大生产能力而仓库受原条件限制,无法扩大规模的情况下,利用原有仓库安装小型立体仓库,这就可以成倍提高仓库能力,扩大仓库的规模。所以,小型立体仓库对于老的工业企业来讲,是很实际的选择。

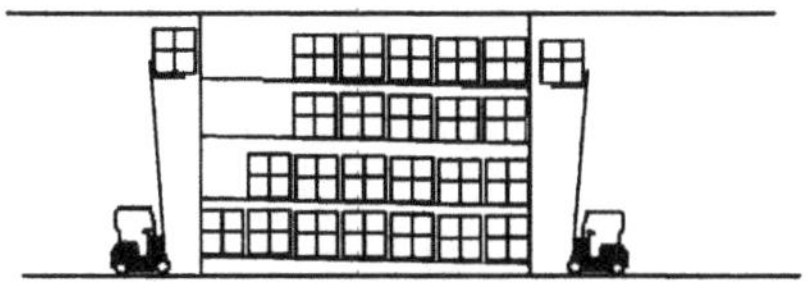

利用叉车以托盘为单元的入出库

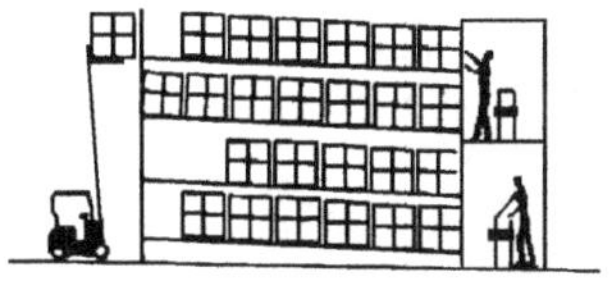

叉车托盘入库，人工拣货小包装出库

托盘重力式货架与人工拣选重力式货架结合

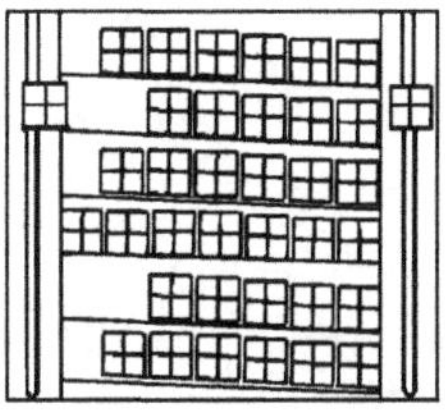

利用巷道机以托盘为单元的入出库

人工小包装及托盘入库，人工小包装出库

图 15－9　以重力式货架为核心的几种装卸设备配置

小型立体仓库可采用单元货格式、贯通式、旋转式等多种货架。

第四部分

物流系统

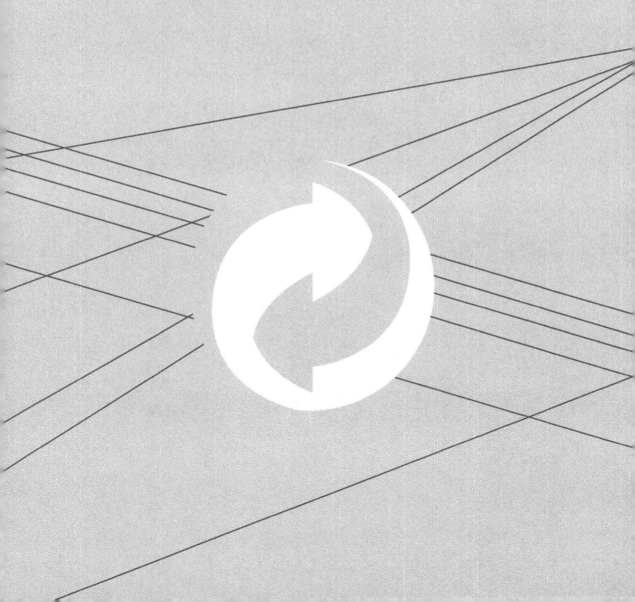

第十六章

物流系统化

第一节　物流系统

一、物流系统的概念及模式

（一）物流系统的概念

对于一个复杂的观测对象，我们经常引入“系统”这个概念进行描述和认识，之所以可以进行这种描述和认识，是因为系统是客观存在的，只有符合这种客观存在的描述和认识，才能真实地反映这个系统的状况。物流领域就是如此。庞杂的物流是一群有相互关联的个体组成的集合，这个集合体就称为物流系统。物流领域的许多局部也都很复杂，因而也是系统。物流系统是分层次的，它不但将包装、装卸、储存、运输等具体的运作结合成一个完成一定任务的有机整体，而且将仓库、车站、码头、公路、铁路的资源结合成一个有机的整体，成为一个很有特色的系统；另外一方面，物流系统又是更大的供应链系统、流通系统、内外贸系统、国民经济系统的组成部分。

举例来对这个问题进行说明：物流领域经常使用的一种工具托盘本身就是一个复杂的系统，它们下面包括平托盘、轮式托盘、箱式托盘、架式托盘……托盘又从属于集装这个系统，集装又从属于包装这个系统，包装又从属于物流这个系统，而物流又从属于流通这个更大的系统……

社会的发展与进步是物流系统产生的重要原因。现代化的大生产，生产已经不是遍地开花，而具有非常明显的集中趋势。在消费方面，生产性消费也因为生产的集中趋势而变得集中；而生活性消费由于人口的集中趋势，也派生出消费的集中。生产和消费规模的扩大，再加上数量的集中，使得物流的规模相应扩大，也相应出现了物流需求的集中。生产和消费集中而且大规模化，同时从时间和空间上被分离，这种分离又日益扩大，需要有更复杂的物流和更高要求的物流来应对。显然，这不是原始的、简单的物流能够应对得了的，物流系统的诞生就是在这样的环境条件下成为必然。

物流系统是由物流各要素所组成的、要素之间存在着有机联系并具有使物流总体功能合理化的综合体。物流系统是社会经济大系统的一个子系统或组成部分。

系统是同类或相关事物按一定的内在联系组成的,相对于环境而言有一定目的、一定功能和相对独立的整体。我国著名的科学家钱学森这样表述系统的概念:"把极其复杂的研究对象称为系统,即由内部相互作用和相互依赖的若干组成部分(称为子系统)结合而成的,具有特定功能的有机整体——集合,而且,这个整体又是它所从属的更大的系统的组成部分。"

国民经济是一个系统,物流是一个从属于国民经济的一个系统,而运输又是从属物流的一个子系统,再往下,水运又是运输的一个子系统等等。系统是分层次的,大系统有大系统的特定规律,小系统除了从属于大系统,是大系统的规律之一部分,而且本身又有自己的特定规律性,这是自然科学、社会科学中普遍存在的带有规律性的现象。

与一般系统一样,物流系统具备四个基本特征:

1. 集合性。系统是由其整体内两个以上有一定区别又有一定关联的要素,在一定条件下集合所组成。

2. 相关性。各要素组成系统是因为它们之间是相互联系、相互作用、相互影响的关系,这个关系不是简单的加和关系(即 $1+1=2$ 的关系),而可能是互相增强,当然也可能是互相减弱的关系。有效的系统一般追求的是要素之间互补增强,使系统保持稳定,具有生命力,也即 $1+1\geqslant 2$ 的关系。而要做到这一点,系统必须有一定的有序结构。

3. 目的性。系统具有能使各个要素集合在一起的共同目的,这是各个要素能够互相补充、互相增强的力量所在。

4. 适应性。系统存在于环境之中,也处于更大的系统的包容之中,因此,必须具有适应性,这是其得以存在的条件。对于社会系统而言,任何系统都是发展和变化着的,根据系统的目的,有时增加一些要素,有时删除一些要素,也存在系统的分裂及合并。研究系统,尤其是研究社会系统,应当用发展的观点,适应就必须要有变化,所以,从某种意义上来讲,适应性就是变化性。

(二)物流系统的基本模式

与一般的系统一样,物流系统的模式也是由投入、产出以及将投入转换为产出的各项物流活动、物流运作和物流管理结构而成的,这三部分就结构成了一个完整的物流系统。这三部分的关系是:产出是系统的目的,为了达成这个目的,需要把这个目的反馈给投入,根据转换的能力确定对于投入的要求。物流系统的水平和科学性就体现在:理想的产出、最低限度的投入和最高效率的转换。

物流系统基本模式如图 16-1 所示。该图是物流系统的一般的、基本的模式,物流大系统本身以及其各个子系统在不同的时间及环境条件下,系统的目的往往不同,所以,具体的输入、输出及转换有不同的内容,不会全然不变的。例如,投入是已知的而产出是未知的,投入不是依据产出要求的反馈,而是依据投入方面已知的实际的资源和能力,通过有效的转换尽量取得最大的产出。

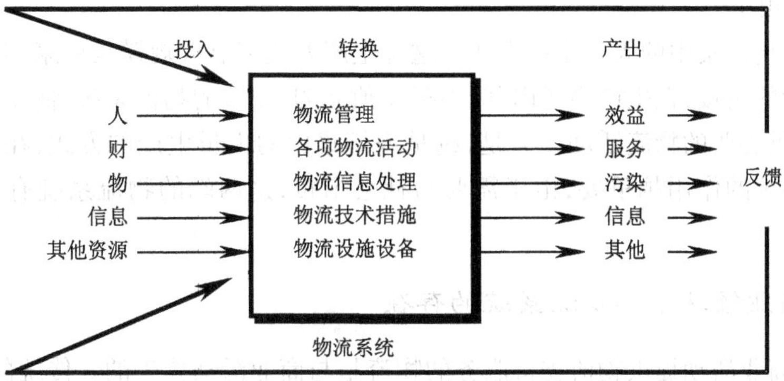

图 16－1 物流系统基本模式

二、物流系统的存在

在国民经济中，物流系统客观存在。但是，它往往和国民经济中其他的系统交叉存在，有时候是“你中有我，我中有你”，有时候是和其他系统共同拥有某些局部，存在形态具有复杂性。

物流系统的存在形式，可以是一个“巨系统”，也可以“微观系统”存在，在“巨系统”和“微观系统”之间，还有很多种类的中观的物流系统存在。

（一）生产领域中的物流系统的存在

长期以来，在生产、制造这个大的系统之中，是不包含物流系统的。物流在其中虽然存在，但是已经被看成生产过程的一部分，并没有独立出来。在生产规模大型化和连锁式的生产方式出现之后，这种情况有所改变，因为生产活动与物流活动在一定程度上实现了分离，物流活动和物流系统已经变得清晰可见。生产领域存在物流活动虽然常常被人所忽略，但是，只要这个问题提出来，便很容易取得共识。

生产领域的物流活动，是以单一项的活动形式存在还是以一定程度的相对独立的局部或者是完整的物流系统的形式存在？这取决于生产形式和企业的运行方式和管理方式，没有一定之规。在社会经济系统中，各种生产领域十分复杂，因此，生产领域的物流系统存在形式也必然是复杂的，以下三种典型生产方式中物流系统的存在具有代表性：

第一，流水线式的生产方式。尤其是制造业的传送带式流水线生产方式，生产系统和物流系统实现了高度融合，是一个统一的、完整的系统。但是，原材料、燃料等的输入和产成品的输出，仍然离不开独立的物流系统，这种独立的物流系统存在于生产领域的两端。

第二，广泛分布于生产企业内部或外部的协作生产方式。由于互相协作的生产方式，制造和加工点在地理位置上有比较远距离的广泛分布，生产过程不可能在一个场区内完成，这就需要依靠物流系统来连接生产过程，物流系统的存在对于这种生产方式是起决定性作用的。

第三,大规模集中的大量生产方式。这种生产方式依靠大规模集中来实现生产过程的快速、就近的衔接,在生产系统内部,不存在独立的、完整的物流系统,而是由生产系统来解决和提供必要的物流活动。但是,越是规模集中的大量生产的方式,在生产领域的两端,物流系统的作用越重要,由于需要与社会衔接,这两端的物流系统有非常强的独立性。

(二)商业领域中的物流系统的存在

为社会商业活动提供物流支持服务的物流是与商业活动伴生的。传统的商业领域,物流的存在往往和商业活动一体,而很难自成系统。现代商贸活动情况发生了很大变化,虽然伴生性的物流活动依然广泛存在,而且很难自成系统,但是,也出现了很有特色的服务于商贸活动的物流系统。

商业领域物流系统的存在形式主要有两大类型:

第一,宏观形式。跨国的、大型的、远程的商贸活动依靠专门的国际物流系统,这种物流系统,有的是以社会化的形式存在,有的是以企业内部的独立的物流系统形式存在。

第二,微观形式。微观领域相应的物流服务存在很广泛,但是以物流系统的形式存在,配送是非常重要的系统存在形式。从某种意义上讲,配送系统的建立和配送服务的广泛推行,使人们切身地感受到现代物流对于商业流通的巨大作用。

三、物流系统的特点

物流系统的特点有以下几个。

(一)物流系统的客观性

物流系统本来就是客观存在的,但一直未被人们所认识,从而未能能动地利用这个系统的优势。物流系统的各个要素,在长期的社会发展历程中,都已有了较高的水平,因而,人们一旦形成物流观念,按新观念建立物流系统,就会迅速发挥系统的总体优势。人们发现,诸如运输、储存、装卸搬运等活动可以结构成解决实物物理性运动问题的系统关系,这还是第二次世界大战以后的事情,从这个意义上来讲,物流系统是现代科技及现代观念的产物。

(二)物流系统的远程性

物流系统是一个大跨度系统,这反映在两个方面:一是地域跨度大;二是时间跨度大。国际物流的地域跨度之大自不待言,即使是企业物流,在现代经济社会中,跨越不同地域也是常有的事。大跨度系统带来的主要问题是管理难度较大,对信息的依程度高。

(三)物流系统的动态性

物流系统稳定性较差而动态性较强。它与生产系统的一个重大区别是:生产系统按照固定的产品、固定的生产方式,连续或不连续生产,少有变化,系统稳定的时间较长;而一般的物流系统,总是联结多个生产企业和用户,随需求、供应、渠道、价格的变化,系统内的要素及系统的运行经常发生变化,难于长期稳定。

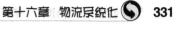

稳定性差、动态性强,要求系统有足够的灵活性与可改变性,这自然会增加管理和运行的难度。

(四)物流系统的中间层次性

物流系统属于中间层次范畴,本身具有可分性,可以分解成若干个子系统;同时,物流系统在整个社会再生产中又主要处于流通环节中,包括国民经济大范畴中的"流通"中的物流和企业经济小范畴中的"流程"中的物流。因此它必然受更大的系统如流通系统、生产系统、社会经济系统的制约。这一点,对物流系统起约束性的界定作用。

(五)物流系统的复杂性

物流系统要素本身便十分复杂,例如物流系统运行对象——"物",包括全部社会物质资源,将全部国民经济产品的复杂性集于一身,不可能不导致物流系统的复杂;此外,物流系统要素间的关系也不如某些生产系统那样简单而明晰,这就增加了系统的复杂性。

(六)物流系统要素间的"背反"性

物流系统要素间有非常强的"背反"现象,被称为"交替损益"或"效益背反"现象,要素之间并不是天生的 $1+1\geqslant 2$ 的关系,在处理时稍有不慎就会出现系统总体恶化的结果。发生这种现象的主要原因是物流系统的"后生性"。物流系统中许多要素,在按新观念建立物流系统前,早就是其他系统的组成部分,因此,往往较多受原系统的影响或制约而不能完全按物流系统的要求运行。

第二节 物流系统化

将物流和各种系统性要素进行系统的综合,让它们成为一个能够发挥作用的系统才能够充分发挥它们的作用。可以说,系统化是现代物流的基本点,是现代物流的灵魂。现代物流是系统化的产物。

一、物流系统化的概念

(一)对于物流系统化的描述

物流系统化没有确切的、标准的定义,不同的文献资料中对于物流系统化有不同的、但却是大同小异的表述。本书对于物流系统化的描述是:物流系统化指的是物流基础资源总是不以零星的、分散的、单独的状态进行运作,而是以不同的系统状态存在并且运作,在不同的条件下系统状态是不同的,系统的状态是动态性的,但总是构筑成一个系统,并且以物流系统的状态发挥作用,这种构筑、运行的过程就是物流系统化。

本书也同意这样的表述:"对物流系统进行系统综合、系统分析和系统管理等的一系列过程就叫做物流系统化。"这个表述可以说是从外部观察物流系统化过程所形成的表述,其所反映的一个观点是,系统化不是天然形成的,而是需要经过人的努力才能达成的目标。

(二)物流系统化是一种必然

物流需要系统化,这与物流资源状态有关,也与物流能够在国民经济中发挥作用有关。前者是内因,是物流资源的本质状态促成的物流系统化;后者是外因,是社会经济环境条件,尤其是现代社会经济环境条件促成的物流系统化。

1. 物流资源本身的因素。物流的基础资源十分分散而且庞杂,在古代社会,这种状态也许还会发挥作用,但是在现代社会,只有按照不同的要求整合成系统,才能够实现某些功能,才能够具有运行的能力。

2. 现代社会经济环境的因素。从另外一个角度来看,国民经济各个领域对于物流的需求都是各有特点的,必须按这种特点的要求将相关资源整合成系统才能够满足它们的需要。所以,内在因素和外部因素都是促成物流系统化的原因,在现代社会,物流系统化是规避不了的,系统化是物流的灵魂。

(三)物流系统化关键在于转换

把投入和产出联结起来,把投入转化成为产出,这才开始形成一个有效的系统。所以,这个转换是系统化的关键因素。实际上,转化也是一个系统方式而不是简单的行为,转化由一系列行为构成,包括从投入到产出之间所进行的生产、供应、销售、服务等活动中的物流运作,与运作相关的管理、信息等活动,都是在处理投入,而把投入转化成为状态、性质完全不同的产出,进一步体现了转化的系统性。

物流系统化的资本、原材料、时间和管理的消耗主要在这个环节。物流设施设备的建设,信息处理及管理工作,物流的操作、储存、运输、包装、装卸、搬运等各种运作都用于转换。转换也是物流科学的核心内容。

二、物流系统化的制约因素

物流系统化是存在着制约的,解除这些制约,处理好许多矛盾关系是物流系统化进程中必须要做的事情。

(一)转换能力的制约

物流系统化的转换取决于物流运行、物流管理等各个基础方面的水平和总体的水平，水平不够，就不能达到系统的目标，就不能构建成有效的系统。而结果就是不得不对原来的系统化设计进行改变，必须以转化能力和水平为出发点来设计整个系统，而不能再以理想化的方式、以系统的产出为系统化设计的出发点。

当然，最积极的解除物流系统化制约的办法是改变和提高转化能力，实际上是提高物流水平，随着这个水平的提高，物流系统化的水平才能够得到提升。

（二）投入能力的制约

人们在建设物流系统的时候，经常把系统的产出作为目标。但是系统的产出是投入和转换的结果，实际上受到这两者的制约，在投入方面制约因素很多，尤其受到成本的制约。在当前，也经常存在这样的情况：与物流相关的技术和操作水平足以支持物流系统从输入到输出的转换，但是却因为需要投入高成本而使人们难以承受。这种矛盾经常会出现。系统化往往因受成本的制约而降低水平。必须实事求是地面对成本制约系统化能力这个问题。但是有一点是必须要强调的，成本虽然是系统化能力的重要制约因素，但这绝不是唯一的制约因素。

（三）子系统的制约

物流系统如此复杂，其若干子系统不平衡的状态经常出现，乃至于这已经是一种公认的正常的状态。这就会对物流系统化造成制约。系统化如果不考虑这种制约，而是按照高能力、高水平来设计和打造子系统，就必然受到子系统水平不够、能力不匹配的制约，就不可能实现高水平的系统化。不同物流功能的子系统在成本方面也存在互相制约的关系。比如，为了降低库存采取小批量订货，则会因运输次数增加而导致费用上升，运费和保管费用之间存在着制约关系。

（四）外部环境的制约

外部环境对物流系统化肯定会具有一定的约束和限制，在进行物流系统化的设计时，必须实事求是地面对外部环境条件。当然，要解除外部环境对于物流系统化的制约，不仅仅是顺应环境来设计和建设物流使之系统化，还可以通过改变环境的方式。

对于物流系统化来讲，外部环境条件变化引起的突发事件会形成对物流系统化的严重制约，而这个问题又是事先设计不可能解决的。所以，物流系统化必须留有相当的余地。

三、物流系统化的五大目标

物流系统化一般有以下五个目标。

（一）服务目标

在国民经济领域，物流系统是起“桥梁、纽带”作用的流通系统的一部分，它具体地联结着生产与再生产、生产与消费，因此要求有很强的服务性。这种服务性表现在其本身有一定的从属性。尤其在市场经济条件下,要以用户为中心,树立"用户第一"的观念。其利润的本质是"让渡"性的,不一定是"利润中心"的系统,"利润中心"只是物流系统中的特例。物流系统采取送货、配送等形式,就是其服务性的体现。在技术方面,近年来出现的"准时供货方式"、"柔性供货方式"等,也是其服务性的表现。

(二)快速、及时目标

及时性不但是服务性的延伸,也是流通对物流提出的要求。从社会再生产理论看,整个社会再生产的循环,取决于每一个环节,社会再生产不断循环进步推动了社会的进步。因此,速度问题便不仅是用户的要求,而且是社会发展、进步的要求。

马克思从资本的角度论述了流通的目标,指出流通的时间越短,速度越快,"资本的职能就越大",并且要求"力求用时间去消灭空间","把商品从一个地方转移到另一个地方所花费的时间缩短到最低限度"。快速、及时既是一个传统目标,更是一个现代目标,而且随着社会大生产的发展,这一要求更加强烈了。

在物流领域采取的诸如直达物流、联合一贯运输、高速公路、时间表系统等管理和技术,就是这一目标的体现。

(三)节约目标

节约是经济领域的重要课题。由于流通过程消耗大而又基本上不增加或提高商品使用价值,所以依靠节约(不仅仅是节约流通时间)来降低投入,是提高相对产出的重要手段。

就物流过程作为"第三个利润源"而言,这一利润的挖掘主要是依靠节约。在物流领域的节约不仅表现在尽量减少投入,也表现在物流过程优化而体现的节约。例如,推行集约化方式,提高单位物流的能力,采取各种节约、省力、降耗措施,都是节约这一目标的体现。

(四)规模优化目标

以物流规模作为物流系统的目标,是以此来追求"规模效益"。生产领域的规模生产是早已为社会所承认的生产规律,但在流通领域就不那么明显了。流通领域对于规模效益的认识,远远滞后于生产领域。实际上,规模效益问题在流通领域也异常突出,只是由于物流系统比生产系统的稳定性差,物流系统连接的两端又有极大的规模差异,因而难以形成标准的规模化格式。

在物流领域以分散或集中等不同方式建立物流系统、研究物流集约化的程度、采用大型船舶和大型运输工具、推行集装箱、推行集中库存,就是规模优化这一目标的体现。

(五)库存调节目标

库存的调节性是服务性的延伸,也是宏观调控的要求,当然,也涉及物流系统本身的效益。物流系统是通过本身的库存调节,起到对生产企业和消费者的需求保证作用,从而给个人、家庭和企业创造一个良好的社会外部环境。同时,物流系统又是国家进行资源配置的一环,系统的建立必须考虑国家进行资源配置、宏观调控的需要。例如,在物流领域中建立各种储备,正确确定库存方式、库存数量、库存结构、库存分布就是这一目标的体现。

实际上,物流系统的目标当然不仅仅是这五个方面,人们可以总结出六个、七个甚至更多,或者对一些特殊的物流系统,我们只追求其中两三个目标。物流系统的个性化、针对性是我们特别应当给予关注的。

四、物流系统总目标的实现

通过上述五个目标来建立物流系统,全部或部分达到这五个目标,系统便实现了合理化,便能获得宏观和微观两个方面的效益,这是物流系统化的目的。

(一)物流系统的宏观经济效益和社会效益

物流系统的宏观经济效益是指一个物流系统的建立对全社会经济效益的影响,其直接表现形式是宏观经济中物流子系统对整个社会流通及全部国民经济效益的影响。

物流系统本身虽很庞大,但它不过是更大系统中的一部分,因此,必然处于更大系统之中,如果一个物流系统的建立破坏了母系统的功能及效益,那么,可以肯定地讲,这一物流系统尽管本身的功能理想、运作有效,但也是不成功的。

物流系统不但会对宏观的经济效益产生影响,而且还会对社会其他方面产生影响。例如,物流设施的建立影响了当地人的生活、工作,物流的污染、噪声对人和环境带来伤害等。因此,物流系统的建立,还必须考虑这些因素,要以社会发展和人民幸福为大前提。

(二)物流系统的微观经济效益和局部利益

物流系统的微观经济效益是指该系统本身在运行后所获得的局部效益、部门或企业效益。其直接表现形式是这一物流系统的建立,通过组织“物”的流动,本身所耗与所得之比。当这一系统基本稳定运行后,投入的劳动基本稳定之后,这一效益一定要表现在利润上。

在社会主义市场经济条件下,企业作为独立的经济实体,必须根据价值规律及供求规律,按获取最大经济效益的原则办事。因此,必然存在微观经济效益的获取问题。一个物流系统建立后,只将本身当做子系统,完全从母系统要求出发,不考虑与其他子系统的协调共生,而是牺牲本身的经济效益,这在大部分情况下是行不通的。应该说,一个物流系统的建立,需要有宏观及微观两个方面的推动力,两者缺一不可。

(三)国家的责任

现实的危险是,往往微观效益来得更直接,因而在建立物流系统时,市场机制的引导作用是只将微观经济效益当成唯一目的,在这种情况下,市场机制会出现失效的问题。

在物流领域,微观、宏观两个利益会出现激烈的碰撞,导致市场机制失效的问题似乎特别突出。所以,市场机制可以成为国家用以调动社会资源的一种工具,国家必须通过政策、法律来解决物流系统化宏观、微观利益的背反问题,国家的责任是在统筹兼顾、公平的基础上促进发展。

第三节　物流系统的结构及要素

一、物流系统的内涵和子系统

(一)物流系统的内涵

物流系统的内涵可以从两个方面来表述:

1. 物流活动的构筑方面。物流系统是由一系列的物流活动构筑而成的,当然,这些物流活动之间的关系是既相对独立又有广泛的有机联系,这是它们共同构筑物流系统的前提条件。这些构筑成物流系统的活动是:小搬运、包装、装卸、搬运、运输、入库、储存、出库、辅助性的加工、资源回收等等。

2. 物流运行的资源方面。物流系统的硬件是由一系列设备、设施等构成的,物流系统的资源包括货运汽车、火车、飞机、货船、货运手推车、货场、仓库、码头、车站等等。

(二)物流系统的子系统

物流系统的子系统反映了物流系统的结构状态。物流系统的内部构筑各个部分,本身往往也是完整的系统,称为物流系统的子系统。系统的划分与物流系统的内涵相对应,主要有两种划分方法:

1. 从物流功能角度划分,物流系统的子系统有包装子系统、装卸子系统、搬运子系统、运输子系统、流通加工子系统、回收子系统等。

2. 从物流运作角度划分,物流系统的子系统有公路物流子系统、铁路物流子系统、船运物流子系统、空运物流子系统等。

二、物流系统的一般要素

与所有的系统一样,物流系统的一般要素由三方面构成。

(一)劳动者要素

劳动者要素是所有系统的核心要素、第一要素。提高劳动者的素质,是建立一个合理化的物流系统并使其有效运转的根本。

(二)资本要素

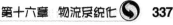

流通本身实际上也是以货币为媒介,实现交换的物流过程;企业生产过程中的物流活动,实际上也是资金运动过程;同时,物流服务本身也是需要以货币为媒介;物流系统建设更是资本投入的一大领域。离开资金这一要素,物流系统的建设便不可能实现。

(三)物的要素

物的要素包括物流系统的劳动对象,即各种实物。没有了“物”,哪里会有“流”?缺此,物流系统便成了无本之木。物的要素还包括劳动工具、劳动手段,如各种物流设施和工具、各种消耗材料(燃料、保护材料)等。

三、物流系统的功能要素

物流系统的功能要素指的是物流系统所具有的基本能力,这些基本能力有效地组合、联结在一起,便是物流的总功能,便能合理、有效地实现物流系统的总目的。物流系统的功能要素从系统结构的角度来看,也是物流这个总的功能系统的功能子系统。

物流系统的功能要素又称功能子系统,一般认为主要有运输、储存保管、包装、装卸搬运、流通加工、配送、物流信息等七项,如果从物流活动的实际工作环节来看,一个完整的物流过程由上述七项具体工作环节所构成,或者说,物流能实现以上七项功能。

(一)包装功能要素

包装这项功能要素包括产品的出厂包装,生产过程中在制品、半成品的包装以及在物流过程中换装及分装、再包装等活动。对于生产这个大系统来讲,包装系统是处于末端环节的子系统;对于物流这个大系统来讲,包装是处于起始端环节的子系统。地位不一样,各个子系统的目标也有很大差别,这就要根据物流方式和销售要求来确定。实现包装这个功能,是以商业包装为主,还是以工业包装为主,要全面考虑包装对产品的保护作用、促进销售作用、提高装运率的作用、包拆装的便利性以及废包装的回收及处理等因素。还要根据物流全过程的经济效果,具体决定包装材料、强度、尺寸及包装方式。

(二)装卸搬运功能要素

装卸搬运在物流过程中是频繁发生的一项活动。装卸搬运功能要素包括对输送、保管、包装、流通加工等物流活动进行衔接的活动,以及在物流过程的具体活动中为衔接各项操作需要配合的装卸搬运活动,例如检验、维护、保养过程中所进行的装卸搬运活动。伴随装卸活动的小搬运,一般也包括在这一活动中。

在整个物流过程中,装卸搬运活动是频繁发生的,因而不但需要消耗劳动,而且是产品损坏的重要原因。对装卸搬运这一功能要素,主要是确定最恰当的装卸方式,力求减少装卸次数,合理配置及使用装卸机具,以做到节能、省力、减少损失、加快速度,获得较好的经济效益。

(三)运输功能要素

运输功能要素常常被认为是物流的主要功能要素,或者说是物流系统的主要子系统。在没有形成现代物流系统的观念之前,运输系统所包含的范畴,实际是现代物流系统的大部分。运输系统主要针对社会物流系统而言,在传统的企业生产流程伴随的物流系统中,常常没有运输子系统,而仅有装卸搬运子系统。但是,在现代跨国企业和供应链的结构之中,运输子系统又成了企业生产的物流子系统和供应链的子系统。

运输功能要素的活动包括供应及销售物流中的车、船、飞机等方式的运输,生产物流中的管道、传送带等方式的运输。对运输这项功能要素的优化,是选择技术经济效果最好的运输方式及联运方式,合理确定运输路线,以实现安全、迅速、准时、价廉的要求。

(四)储存保管功能要素

在古代农业经济时期,储存保管的地位远远高于运输、装卸搬运等与物流相关的其他活动的地位。传统经济中,储存保管这项功能要素也经常和运输这项功能要素处于共同重要的地位。现代物流系统特别强调"流"的能力,而尽量减少储存保管活动及其带来的消耗,保管常常变成减损物流效益的主要原因。所以,储存保管功能要素的地位迅速下降。

保管包括堆存、保管、保养、检验、维护等活动。对保管活动的要求是:正确确定库存数量,明确执行储存保管任务的仓库在物流系统中的功能,是以流通为主还是以储备为主;合理确定保管制度和流程,对库存物品采取有区别的管理方式,力求提高保管效率,降低损耗,加速物资和资金的周转。

(五)流通加工功能要素

流通加工是流通过程中的辅助加工活动。这种加工活动不仅存在于社会流通过程中,也存在于企业内部的流通过程中,是现代物流系统中的一项创新的功能要素,这项功能要素有增值的积极因素。生产企业和流通企业为了有效地衔接不对称的产需,弥补生产中加工程度的不足,更有效地满足用户或本企业的需求,更好地衔接产需,往往需要进行这种加工活动。

(六)配送功能要素

配送是物流进入最终阶段,以配货、送货形式最终完成社会物流并最终实现资源配置和对用户服务的活动。

配送活动一直被看成运输活动中的一个组成部分,被看成是一种运输形式。所以,过去未将其独立为物流系统的功能,未将其看成一个独立的功能要素,而是将其作为运输中的末端运输对待,因为是末端,所以往往将其看成运输系统中的一个不太重要的子系统。

但是,配送作为一种现代流通方式,集经营、服务中库存、分拣、装卸搬运于一身,已不是单单是送货运输所能包含的。配送功能要素是整个物流系统服务能力的集中体现，这在现代经济中非常重要。现代物流系统将其作为独立功能要素，是现代物流功能系统中的一个非常重要的子系统。配送这项功能要素，也是现代物流的一个非常重要的创新。

（七）物流情报功能要素

物流情报功能要素是现代物流系统的灵魂要素。物流情报功能要素贯穿于所有的物流子系统和这些子系统的每一项具体活动之中，包括进行与上述物流各项活动有关的计划、预测以及动态（运量、收、发、存数）的情报及有关的费用情报、生产情报、市场情报活动。对物流情报活动的管理，要求建立情报系统和情报渠道。正确选定情报科目和情报的收集、汇总、统计、使用方式，以保证其可靠和及时。

有效的物流情报功能要素是物流系统取胜的关键。

上述功能要素中，运输及保管分别解决了供给者及需要者之间场所和时间的分离问题，分别是物流创造“场所效用”及“时间效用”的主要功能要素，因而在物流系统中处于主要功能要素的地位。

四、物流系统的支持要素（软件要素）

物流系统的建立需要有许多支撑手段，尤其是处于复杂的社会经济系统中，要确定物流系统的地位，要协调与其他系统的关系，都需要一定的支持手段。如果对这种类型的支持要素进行软、硬件分类的话，那么这种要素就属于软件要素。人们往往会轻视这些非物质形态的要素，或者认为这些要素和物流的直接关联不大。然而，对于涉及面如此广泛的物流来讲，这些要素起到规制和管理的重要作用，要想使物流有序，这些要素必不可少。其主要包括以下方面。

（一）体制、制度

物流系统的体制、制度决定物流系统的结构、组织、领导、管理方式，国家对其控制、指挥、管理的方式以及这个系统的地位、范畴是物流系统的重要保障。有了这个支持条件，物流系统才能确立在国民经济中的地位。

（二）法律、规章

物流系统的运行，都不可避免地要涉及企业或人的权益问题，法律、规章一方面限制和规范物流系统的活动，使之与更大系统相协调，另一方面是给予保障。合同的执行、权益的划分、责任的确定都靠法律、规章来维系。

（三）行政、命令

物流系统和一般系统的不同之处在于，物流系统关系到国家军事、经济命脉，所以，国家和政府的行政、命令等手段也常常是物流系统正常运转的重要支持要素。

(四)标准化系统

标准化系统是保证物流协调运行,保证物流系统与其他系统在技术上实现联结的重要支持条件。

(五)组织及管理要素

组织及管理要素是物流系统的“软件”,起着联结、调运、运筹、协调、指挥其他各要素以保障物流系统目的的实现的作用。

五、物流系统的物质基础要素(硬件要素)

物流系统的建立和运行,需要大量技术装备手段,这些手段的有机联系对物流系统的运行具有决定意义。这些要素对实现物流和其某一方面的功能也是必不可少的。

(一)物流设施要素

物流设施要素是组织物流系统运行的基础物质条件,包括物流站、场,物流中心、仓库,物流线路,建筑,公路,铁路,港口等。

(二)物流装备要素

物流装备要素是保证物流系统运行的物质条件。物流装备是实现各物流功能要素的手段,包括仓库货架、进出库设备、加工设备、运输设备、装卸机械等。

(三)物流工具要素

物流工具要素也是物流系统运行的物质条件。物流工具是完成物流各功能的具体工作的手段,包括包装工具、维护保养工具、办公设备等。

(四)信息技术及网络要素

信息技术及网络要素是掌握和传递物流信息的手段,在现代物流系统的支持要素中,它的地位越来越重要。不同的物流系统,需要选择不同的信息水平和信息技术,根据所需信息水平的不同,来选择通信设备及线路、传真设备、计算机及网络设备等。

第四节 物流系统建设

一、现代物流需要系统性的建设

按照系统科学原理,考虑物流系统的特殊情况,要在我国国民经济中实行现代物流,必须要进行物流系统的建设。需要特别强调的是,这种建设是需要统筹、有规划、全面、协调的"系统性的建设",而不是只建设一些要素而忽视其他一些要素。在一个物流系统之中,各个要素之间也必须要有系统的、均衡性的发展。

当然,不同的物流系统有不同的特性,对若干要素要有选择,要有轻重、主次、有无的恰当安排,这种安排就构筑了许多不同的、各有特点的、各有其适用领域的物流系统。

物流系统建设涉及非常广泛的领域,需要进行专门的研究。在本书中,主要就我国推行现代物流初期应当重点进行的工作,应当如何安排物流系统建设以及这些建设对于我国国民经济的作用进行一些探讨。

二、物流系统规划

要防止物流系统建设中的盲目性,要使物流系统建设与国民经济的需求相适应,规划是物流系统建设初期必须首先要做的事情。

一般的物流系统规划需要提出和部署以下几方面的工作。

(一)确定现代物流在本地区国民经济中的位置

各个国家、各个地区乃至各个城市的现代物流在国民经济中的地位是不同的,必须根据本地区国民经济的结构状况和物流可以发挥的作用来确定。确定现代物流在本地区国民经济中的地位,这是规划该地区物流发展水平和物流发展速度的前提条件。

确定现代物流在本地区国民经济中的地位,大体上有以下几种情况:

1. 物流作为重要支柱产业的地位。如果这个地区的国民经济在很大程度上依赖于国际和国内的贸易,尤其是依赖于转口和转运型的贸易,或者这个地区是处于连接不同物流系统的枢纽地位,大量集中国内、国外的物流企业和物流管理机构,形成了远远超越本地区辐射范围的物流市场,物流业的生产总值比重很高,物流业的就业人数对于解决该地就业问题起到很大的作用,当地的国民经济在很大程度上取决于物流业,当地的国民经济发展前景也看好物流业,就可以确定其重要支柱产业的地位。

很明显,在我国的香港、荷兰的鹿特丹以及新加坡等地,物流业都是实际上的重要支柱产业。我国的深圳市是现在我国唯一把物流业作为重要支柱产业的城市。

2. 物流作为支柱产业的地位。物流对经济发展具有很强的支柱作用,但是还没有能够达到对全局产生重大影响的地步,或者虽然其支柱作用非常明显和重要,但是该地区的经济多元化发展,已经形成了少数产业作为重要支柱的状况,从而降低了物流在经济总量中的比重。在这种情况下,可以确定其支柱产业的地位。

像我国的北京、上海、天津、广州等城市,物流作为支柱产业的地位便十分明显。

3. 物流作为支持产业的地位。如果某一地区重要的产业需要有物流的支持作用,但该地区物流缺乏独立发展的环境和条件,则说明该地区的物流产业带有明显的服务属性和附属性,依托于其他重要产业发展。在这种情况下,可以确定其支持产业的地位。

4. 物流作为一般产业的地位。现代社会中,在任何地区和城市,物流都是其产业结构系统中的一个子系统,物流在大部分地区的国民经济中并不表现出它的特殊地位和特殊的重要性,但又是整个国民经济中生产、生活等各项活动中必须要有的组成部分。在这种情况下,可以确定其一般产业的地位。

(二)确定物流产业形态及结构

无论物流作为什么地位的产业,都有与之相适应的产业形态及结构。并非每一个地区对如此复杂的物流产业体系都需要进行全面的建设和发展,发展必须以需求为前提,要有针对性和适用性。当然,在规划中,前瞻性也是不可缺少的,不能陷入短视化的境地,这也是规划的一个非常重要的原则。

确定物流的产业形态和结构,大体上有以下几种情况:

1. 建立完整的物流产业结构的体系。这基本上是一种理论上的提法,对一个大的国家或者大的地区而言,这或许还有应用的价值。但是我们特别需要重视的是,在经济全球化趋势推动之下,每个国家或者大的地区都应当从全球化和国际分工的角度来考虑问题。因此,实际上建立完整的物流产业结构体系或许缺乏战略远见。

从国家安全的角度考虑,可以形成一种应急的方案,能在很短时期补充自己所缺乏的那一部分结构,而无须采取一切都自己办的解决办法。

2. 建立有特点的物流产业结构体系。这是将物流作为重要支柱产业、支柱产业和支持产业的地区和城市往往需要选择的一种方案。采取这种选择方式,该地区物流产业的地位会明显地体现出来。

在具体规划产业形态及结构的时候,需要做以下几件事情:

(1)决定物流产业的总目标。例如,需要确定该地区物流产业是属于服务性的还是属于基础性的,该地区的物流产业是服务于农业还是服务于制造业抑或是服务于煤炭、石油等原材料工业。

(2)定位主体物流系统。例如:将石油作为战略储备的地区,主体物流系统可以定位成石油储备物流系统;处于供应链重要环节上的地区,其主体物流系统可以定位成供应链物流;支持该地区大量制造企业和电子信息企业的物流可以定位成精益物流;该地区集中物流市场和物流经营可以定位成第三方物流;等等。

(3)确定物流产业的行业和企业结构。具体地确定在物流产业中重点的、一般的建立或者舍弃哪一些物流行业,这就形成了物流的行业结构体系。

3. 建立一般的物流产业结构体系。建立一般的、地区和城市为了保持正常生产和生活必须要有的物流产业结构体系。

(三)规划物流及与物流相关资源的配置和分布

上述工作完成之后,地区或者城市的物流资源需求便已经明确。下一步需要对这些资源的空间布局和数量布局以及相互的联系做出规划。这并不是物流规划的特有要求,而是所有规划都必须要做的事情。但是对于物流规划来讲,物流及与物流相关资源的配置和分布有一定的特殊性,那就是物流及与物流相关资源的配置和分布有非常强的网络性,不是规划几个点就能解决的。

三、物流平台的规划和建设

物流规划的一个重要内容,就是规划出支持本地物流系统运作的物流平台。物流平台对该地区的物流活动起到支持的作用。

物流平台的规划,不仅要解决当前、当地有特点物流系统的运作问题,而且在遭遇突发事件和特殊情况之后,要让物流平台仍然有足够的支持作用。所以,物流平台有一定的完整性和独立性。

物流平台本身也是一个系统,需要进行系统化的配置和优化。从规划的角度,需要关注的物流平台主要是:①由分层次的物流结点和物流线路组成的实物物流网络平台;②由分层次的物流信息网络所组成的物流信息平台;③由分层次的、全面标准化所组成的标准化平台;④由物流制造业统合、分工所组成的物流装备平台。

物流系统平台的规划和建设,是我国现在经济发展极需要给予重视的一个领域,是需要相当的时间才能够形成实用价值进而不断完善和优化的一个领域。

第五节 物流系统评价及优化

国民经济的许多领域都有共同的评价指标,例如广泛采用的劳动生产率指标、成本指标、利润指标等,这当然也适用于物流领域。

一、物流系统的评价原则

不仅在物流领域,在其他的领域也存在着这样的现实:并不是所有的系统化都是成功的。在系统化的整个过程之中,物流系统可能会出现种种问题,例如,系统水平不高甚至低下,系统化建设的结果远远偏离原来的目标,系统化的某些环节不能满足系统化总体的要求,系统化的关键环节或者总体出现错误等等。因此,在物流系统化进程中应当随时发现、避免和纠正上述问题。对物流系统的评价和物流系统的优化做的就是这样的工作。

物流系统优化是建立在物流系统评价的基础上的,物流系统评价在于找出问题并且指出优化的方向,优化的物流系统也要接受评价来证实它的优化。

物流系统评价和优化共同遵循的原则主要有以下三个。

(一)可比性原则

鉴于物流领域的庞杂,各种物流系统之间有相当的差异和不同,因而,对物流系统进行评价和优化时,必须选择可比的物流系统,采用具有可比性的评价方法,在比较中才能够做出真实的评价和实现优化。另一方面,具有可比性才具有评价的可操作性。特别要注意的是,优化是相对的,也是在比较中产生的。

（二）客观性原则

评价的目的是为了对物流系统的建立和运行做出决策,寻求系统的优化。评价是由人和有关机构来进行的,这就存在着评价水平的问题。为了保证评价水平,客观性是非常重要的原则。保证评价的客观性,必须遵循一定的程序和制度,要求评价资料全面、可靠、正确,防止评价人员的倾向性,并注意评价人员的组成和代表性。

（三）全面性原则

评价和优化除特殊情况外都需要防止偏颇、力求全面。评价指标要包括系统目标所涉及的主要方面,评价指标本身也应当是一个系统,以保证评价不出现片面性。

二、物流系统的评价内涵

物流系统是实用性非常强的系统,对于物流系统的评价,与所有复杂的、动态的系统的评价一样,现实性和针对性是非常重要的,有针对性才会有可比性,才会有有效的评价。对物流系统,可以根据情况选择以下某些方面进行评价。

（一）物流系统目标评价

物流系统的目标主要根据需求而定。对物流系统目标的评价主要有三方面的内容:

1. 系统目标的针对性。对系统目标针对性的评价,是判断系统目标选择是否正确、准确,是否抓住了系统要解决的主要问题。

2. 系统目标对于需求的满足程度。系统目标的确立是否能够科学地满足这个系统的需求,是基本满足还是全面满足,满足程度过低或者过高都反映了系统目标的设置不准确。

3. 系统目标的可行性。所确定的系统目标是否科学合理,是否可以对贯彻这个目标进行有效的操作,经过努力是否可以达到这个目标,都可以反映出系统目标的设置是否准确。

一般而言,为了显示水平,设置系统目标过高的情况是会经常发生的,这可能造成两个后果:一个是需要付出过高的代价,另外一个是缺乏可行性系统技术上的操作性。这是系统目标评价时需要注意的问题。

（二）物流系统功能评价

物流系统功能评价主要是评价系统有哪些能力,是否具有能够满足需求的能力。当然,每一个具体的物流系统,目标不同,就会有不同的功能,物流系统功能根据其目标而定。系统功能评价主要有两方面的内容:

1. 所确定的系统功能是否能够保证系统目标的实现。

2. 所确定的系统功能是否科学合理,是否具有可操作性和可行性,是否具有经济性和合理性。

（三）物流系统结构评价

物流系统结构的设计和构筑，是实现物流功能的基础，反映物流系统化的水平。物流系统结构评价也主要有两方面的内容：系统结构的构筑是否能够保证系统功能的完成，所确定的系统结构及系统流程本身是否科学合理。

（四）物流系统运行评价

物流系统运行的评价实际上是对物流系统的一个全面检验，是用实践来检验物流系统的水平和这个系统实际运行过程中的各个方面的性能。

（五）物流系统经济性评价

物流系统本质是服务系统，需要服从和服务于主系统的需要。在现代社会，社会经济活动、社会文化活动和其他各种活动对物流的需求都会受经济方面的制约，因此，物流系统的经济性变得非常重要，涉及这个系统的价值甚至生命。物流系统经济性评价主要有两方面的内容：一方面是物流系统运作的成本是否在可接受的范围之内；另一方面是由于物流系统的存在和运行，是否给大系统带来经济效益，或者恰恰相反。

三、物流系统的优化

由于物流系统存在"效益背反"的现象，不能过分看重经济评价和上述的任何一项评价，需要对上述各个方面的评价综合进行考虑和判断，同时对于不同的物流系统，应根据其不同的特点来选择评价的重点。还应当注意的是物流系统评价的动态性，要防止评价指标和评价方法的僵化。

决定物流系统成败的关键，要看系统最终是否实现了优化。

物流系统很复杂，系统和种类很多，系统的存在领域也各不相同，所以，物流系统的优化也没有一定之规，优化经常是一个渐进的过程。

四、物流系统优化的方向性问题

包括物流系统在内的系统优化问题，是经济领域和学术领域都很关注的问题，并且形成了许多理论性的共识。这里不探讨这些问题，仅对有特点的个性化优化的方向性问题做一个表述。

（一）物流系统接口问题

物流系统接口问题包括两大方面的问题：一方面是物流系统与国民经济其他系统的接口问题；另一方面是物流系统内部分系统或子系统之间的接口问题。接口的优化是物流系统优化的关键性问题。

1. 物流系统与国民经济其他系统的接口的优化。现实中完全存在这样的情况：不同的系统,其系统本身系统化的问题解决得比较好,但是两个比较好的系统由于接口存在问题,很难融合成一个更大的系统,从而导致更大的系统出现问题。物流系统化搞得再好,这个问题不解决,也会影响到国民经济这个更大的系统。

物流系统与国民经济其他系统的接口,主要是指与商业系统、外贸系统、各种物质生产与制造系统的接口。特别需要注意的是,物流业是生产性服务业,接口问题的解决必须立足在这个基点之上。

2. 物流系统内部分系统或子系统之间的接口的优化。在物流系统内部,不同子系统本身的系统化问题长期以来有专业的部门和人来解决,但是系统之间的接口往往存在问题。在接口之处需要发生系统的连接和转换,由于技术不衔接、管理不衔接、操作不衔接而造成的停顿、阻塞、损坏等许许多多的问题,是物流系统现实的而且是十分严重的问题。物流系统内部分系统或子系统之间的接口和运作方式的转换在物流系统中并不是偶然现象,而是高频度出现的现象,因此,是影响物流效率和物流水平的重要原因,当然也是增加物流成本的重要因素。

物流系统内部分系统或子系统之间的接口很多,如装卸系统和运输系统的接口,进一步区分,还有装卸系统和铁路运输系统的接口、装卸系统和水运系统的接口、储存系统与装卸系统的接口、储存系统与运输系统的接口等等。

(二)物流系统能力和水平问题

物流系统的能力取决于两个方面:物流基础资源的能力和系统的能力。

1. 物流基础资源的能力。物流基础资源的能力是物流系统能力的物质基础。基础资源能力如果薄弱,物流系统化虽然仍然可以发挥一定的作用,但是不能够超越基础资源的水平,不能根本改变由于基础资源能力弱而使整个物流系统能力薄弱、水平低下的问题。

物流的基础资源能力主要是铁路、公路、水运、航空等基础资源的数量及它们的运载能力,仓库、货场、站场等基础资源的数量及它们的储存能力等等。这些能力主要是通过不断的投入和建设取得的。一定意义上,物流的基础资源能力是因为长时期、不断的投资取得的,这个能力有一个特点,那就是逐渐积累形成。这在一定程度上决定了物流系统的优化的逐渐性和积累性。

2. 物流系统的能力。资源仅仅是一个基础,仅仅起到一定的决定作用而不是完全的决定作用。一个重要的原因是这些基础性的资源没有变成系统的资源,因而没有发挥系统性资源的作用。物流基础性资源的能力和系统的能力是有区别的。物流系统的能力和水平是通过系统化来达成优化所取得的。

第十七章

集装系统

第一节 集装

一、概述

（一）集装的概念

将许多单件物品，通过一定的技术措施组合成尺寸规格相同、重量相近的大型标准化的组合体，这种大型的组合状态称为集装。

从包装角度来看，集装是一种按一定单元将杂散物品组合包装的形态，是属于大型包装的形态。

在多种类型的产品中，小件杂、散货物很难像机床、建筑构件等产品那样进行单件处理，由于其杂、散，且个体体积重量都不大又各不相同，所以，总是需要进行一定程度的组合，才能有利于销售，有利于物流，有利于使用。比如一般包装箱、包装袋等都是杂、散货物的组合状态。

杂、散货物的组合方式，是随科学技术进步而发展的。在科学不太发达，起重、装卸机具没有普遍采用，装卸工作全要依靠人力进行时，杂、散货物的组合包装程度主要受两个因素制约：一个因素是包装材料的限制，包装材料的强度和自重制约了包装体的大型化；另一个因素是人力装卸能力的限制，包装必须限制在人的最大体能范围之下，因此，那时的组合体，重量一般在50公斤以下。

集装是材料科学和装卸技术两个方面有了突破进展之后才出现的，用大单元实现组合，是包装技术的一大进展。

从运输角度来看，集装所组合的组合体往往又正好是一个装卸运输单位，非常便于运输和装卸，因而在运输领域把集装主要看成是一个运输体（货载），称单元组合货载或集装货载。

(二)集装的方式和种类

集装有若干种典型的方式,在各类典型方式的交叉领域还有各种各样的集装方式,因而集装的种类方式很多。但是,一般不做特殊解释而称之为集装的,主要是指集装箱和托盘。

各种典型的集装方式和它们之间的变形体如下:

1. 托盘。最典型的托盘是平托盘,其变形体有柱式托盘、架式托盘(集装架)、笼式托盘(集装笼)、箱式托盘、折叠式托盘、轮式托盘(台车式托盘)、薄板托盘(滑板)等。

2. 集装箱。最典型的集装箱是普通集装箱,其变形体有:笼式集装箱、罐式集装箱、台架式集装箱、平台集装箱、折叠式集装箱等。许多类集装箱和相应的托盘在形态上区别并不大,但规模相差较大。

3. 集装容器。典型的集装容器是集装袋,其变形体有集装网络、集装罐、集装筒等。

4. 集装货捆。它是以捆扎方式形成的集装体,集装网络也是货捆的一种变形体。

(三)集装的特点与效果

集装的主要特点是集小为大,而这种集小为大是按标准化、通用化要求进行的。集小为大的主要作用是使中、小件散、杂货以一定规模进入市场和流通领域,形成规模处理的优势。集装的效果实际上是这种规模优势的效果。

集装的效果主要有以下几方面:

1. 促使装卸合理化。有些人认为,这是集装的最大效果。与单个物品的逐一装卸处理比较,这一效果主要表现在:

第一,缩短装卸时间。这是多次装卸转为对集装货载的一次装卸而带来的效果。

第二,使装卸作业劳动强度降低。过去,中、小件大数量散、杂货装卸,工人劳动强度极大,且由于劳动强度大,工作时极易出差错、出货损、出工伤事故。采用集装后不但减轻了装卸劳动强度,而且集装货物的保护作用可以更有效地防止装卸时的碰撞损坏及散失丢失。

2. 使包装合理化。采用集装后,物品的单体包装及小包装要求可降低甚至可以去掉小包装,从而在包装材料上有很大节约,包装强度由于集装的大型化和防护能力增强,也大大提高,有利于保护货物。

3. 便于储存保管。在储存保管方面,集装方式是对货物整体进行运输和保管,大大方便了运输及保管作业,也能有效利用运输工具和保管场地的空间,大大改善环境。

4. 便于管理。集装的货载进行封装之后,在整个物流过程中,便不需要进行反复不断的清点,从而大大节省了管理力量,同时,也能有效地防止物流过程中出现差错、丢失等问题。

5. 促进系统化。集装的最大效果,还是以其为核心所形成的集装系统,将原来分立的物流各环节有效地联合为一个整体,使整个物流系统实现合理化。物流的现代化、系统化进展是离不开集装的,可以说集装是物流现代化的重要标志。

二、集装系统

(一)集装系统的概念

集装系统是以集装方式进行物流活动,贯穿物流全过程并对此进行综合、全面管理的物流形式。

在集装系统中,首要的问题是将货物形成集装状态,将零散货物集中成单元货物,即形成一定大小和重量的组合体,这是集零为整的方式。

集装系统有时简称集装或集装化,这是许多和集装形态相关活动综合的总称。集装贯穿了物流的全过程,在全过程中发挥作用,创造了"门到门"全新的物流概念。

集装有效地将分散的物流各项活动联结成一个整体,是物流系统化中的核心内容和主要方式。集装系统能在多方面起作用,尤其是干线物流,因而许多人已将其看成是干线物流发展的方向。

(二)集装系统的基本要素

1. 工具要素。集装系统的工具主要是各种集装工具及配套工具,如集装箱、托盘、网络、集装袋、滑板、散装罐等。这些工具的主要作用是将零杂货物组合成单元货物,并以这些工具为承托物,以单元货物为整体进行物流。这些工具以不同的形式进行集装,各适用于不同对象的货物,再加上各集装工具有不同的类型和尺寸,所以,可以满足大部分物质资源进行集装的需求。

与这些集装工具配套的还有一些辅助性工具,主要有:①装卸辅助工具,如集装的吊具、索具,叉车装卸集装的叉车附件属具等;②搬运辅助工具,如使托盘在运输设施上移动的托盘移动器等;③包装辅助工具,集装货载的稳固工具,装箱、出箱工具等。

2. 装置、设施要素。集装系统的装置、设施要素主要有:

(1)集装站、场、码头。它们是衔接集装运输的结点,如火车集装装运站、集装处理场、集装码头等。在集装站、场、码头中的活动主要是集装的存放及装卸。

(2)集装装卸设施。其主要有集装箱吊车、托盘叉车、集装箱半挂车、散装管道装卸设备、散装输送传送设备等。

(3)集装运输设备。其主要有集装箱船、集装箱列车、散装罐车等。

(4)集装储存设施。其主要有集装箱堆场、托盘货架、集装货载、立体仓库等设施。

3. 管理要素。集装系统的管理和一般的工厂管理、商业管理区别甚大,主要区别在于,其管理不是在一个特定的、企业可以管辖甚至所属的区域中,而是在一个大的地域范围中,是大区域跨度的管理,必须依靠有效的管理才能形成内在的、有机的联系。由于集装的范畴很广,从地域来讲,集装货载的运动可能遍及全国甚至国际上,因此,管理有很强的特殊性。主要管理工作有:

(1)托盘、集装箱的周转管理。托盘、集装箱、集装罐等集装工具一旦发运,有时距离远及千里之外,如何回收、复用、返空是管理中的一个重大问题,采取集装箱系统网络、托盘共用、托盘联营等方式能够比较有效地解决管理问题。

(2)集装箱联运经营管理。集装的整个物流过程涉及若干种运输方式、许多部门和站场,必须进行一种有效的协作才能使集装箱联运顺利实现,所以签订联运合同、协议也是一种管理方式。

(3)集装信息管理。集装信息解决大系统运行现状情况的掌握问题。整个大系统的协调,需要信息沟通,当然这也是决策依据。所以,集装信息是管理中重要的一部分,也是集装系统的一个非常重要的要素。

4. 集装系统的支撑要素。它主要包括体制、法律、制度等。

第二节 集装箱

一、概述

(一)集装箱的定义

集装箱是进行散、杂货及特殊单元组合的大型容器性工具。一般集装箱具备下述功能:

1. 能长期反复使用。
2. 以箱为整体进行物流,途中转运时箱中货物无须倒装、换装。箱内货物只在起点和终点进行逐个处置。
3. 物流过程中以集装箱为一体进行运输的转换及运输形态和其他形态的转换。
4. 对内装货物有较强的防护、保护能力。
5. 箱内净空在1立方米以上。

通用集装箱是集装箱中的主体,其定义如下:

通用集装箱是用于运输和储存若干单元货物、包装货物或散装货物的风雨密封型、长方形、标准尺寸的集装箱,它可以限制和防止发生货损货差,可脱离运输工具作为单元货物进行装卸和运输,无须倒装箱内货物。

(二)集装箱的特点

集装箱的优缺点都很明显,其特点概括如下:

1. 强度高,保护防护能力强,因而货损小。
2. 集装箱具备多种功能,其本身还是一个小型的储存仓库。因此,使用集装箱,可以不再配置仓库、库房。
3. 集装箱可以重叠垛放,有利于提高单位地面的储存数量。在车站、码头等待运处,占地也较少。

4. 几种集装方式中，尤其在散、杂货集装方式中，集装箱的集装数量较大。表 17－2 列出了我国国家标准规定的集装箱尺寸及重量，从中可以看出装载量与自重之和，最高可达 30 吨以上。

5. 集装箱还具备标准化装备的一系列优点，例如，尺寸、大小、形状有一定规定，便于对装运货物和承运设备做出规划、计划。以集装箱的标准化为基点，可以在大范围内统一装卸、运输工具，简化装卸工艺，通用性、互换性强。

6. 集装箱也有一些重大缺点，限制了其在更广的范围中应用：

(1)自重大，因而无效运输、无效装卸的比重大。物流过程中，许多劳动消耗于箱体本身上，增加了货物对运费的负担。

(2)箱体本身造价高，在每次物流中分摊由集装箱本身造价所派生的集装箱使用费的成本较高。

(3)箱子返空困难，空箱返空造成很大的运力浪费。

(三)集装箱的一般构造

集装箱的一般构造如图 17－1 所示。其典型结构是梁板结构，梁起支撑作用，板起承载封闭作用。有底板、顶板、两侧板，两端一端是端壁，另一端是端门。

箱顶部两端安装起吊的挂钩，以便于吊车类装卸机具进行装卸操作。有的集装箱箱底设叉车的叉入槽孔，以利用叉车进行装卸作业。

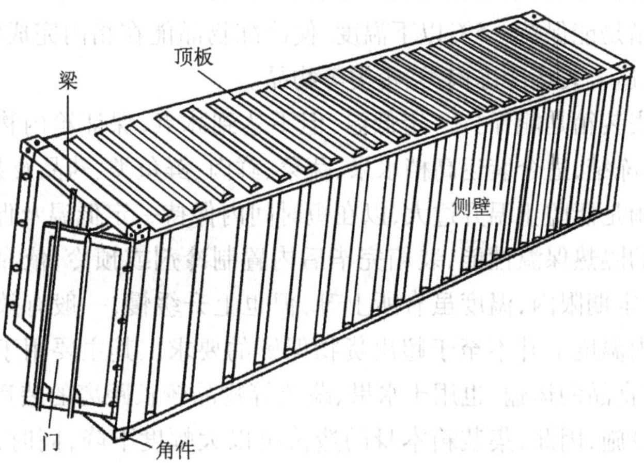

图 17－1　集装箱的一般结构

二、集装箱的种类

集装箱的种类很多，对其有多种分类方法。

(一)按箱内适装货物分类

按箱内适装货物对集装箱进行分类，可以指导我们按照货物种类选择适合的集装箱。

1. 通用干货集装箱。通用干货集装箱也称通用集装箱、杂货集装箱,是具有集装箱的基本结构,但不需调控温度,内部也不安装其他特殊设备的、适用于一般杂货的封闭集装箱。通用干货集装箱的箱门设于一端或侧面。通用干货集装箱是使用最广、数量最大的一类。如图 17 – 2 所示。

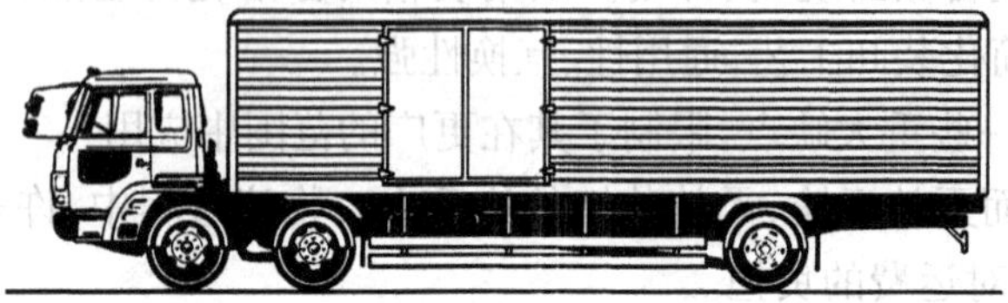

图 17 – 2 通用干货集装箱

通用干货集装箱不但强调装运货物的通用性,也强调运输和贸易的通用性。有些集装箱,如我国的部分铁道集装箱,虽也符合上述基本特点,但不能实行国际联运或国内水陆联运,故也不属于通用集装箱的范畴。

2. 专用集装箱。它是具有集装箱基本结构,但为满足不同专业领域的特殊需要装有各种专用设备或有特殊构造的集装箱。专用集装箱可进一步分为以下几种:

(1)保温集装箱。它是能进行适度温度控制的集装箱,其内部有温度控制设备,如制冷机等。为适应保温需要,集装箱体采用隔热保温材料或隔热保温结构。保温集装箱又分为冷藏集装箱、低温恒温集装箱及隔热集装箱三类。

①冷藏集装箱是能保持 –5℃以下温度,使冷冻物品能在箱内完成物流的集装箱,一般采用电力制冷,适合装运冷冻肉类、鱼类等物品。

②低温恒温集装箱是能保持一定低温,但不达到冰点,保证箱内物品能在低温下保质、保鲜而不使其冻结,适合装运高档水果、蔬菜、鲜肉、鲜鱼类、药品及某些化工制剂等。

③隔热集装箱是能防止温升过大,以在短时间内保持一定低温及保鲜的集装箱。这种集装箱有很好的隔热保温性能,装箱完毕后内置制冷剂或预冷,依靠其很强的隔热能力保持温度,在一定期限内,温度虽有所上升,但也上升缓慢,一般有效时间在 2 ~ 3 天,可以保证集装箱内温度上升不至于超出货物保鲜的要求。其主要用于短途冷冻物的运输,如城市内冷冻食品的运输,也用于水果、蔬菜等物品较长距离的装运。这种集装箱由于不必安装制冷设施,因此,集装箱本身的造价可以大幅度下降,同时,集装箱运行过程中也不必对电源等条件有所要求,大大提高了这种集装箱的适用性。

(2)通风集装箱。它是具有空气调节能力的集装箱,内设通风装置,如排风扇等,或在集装箱上装设通风孔、通风栅栏,甚至箱壁采用金属网等通风材料制造。其主要用于动植物装运,需要在满足动植物呼吸作用,保持空气能够不断更新的场合采用。

(3)罐式集装箱。它是能够装运各种液体、气体及部分粉末体、颗粒体的特殊形状的集装箱,这种集装箱主体采用罐体,能够承受较大应力作用,保持高度密封性能并以最少的材料制成相同容积的罐体。为了维持罐体的稳定,可采用框架结构,也可采用支架结构。

罐式集装箱和罐式车辆的不同之处在于,这种集装箱的周边尺寸可按通用集装箱的尺寸制造,这样就可以和通用集装箱一样装运而不是与车辆连成整体,因而比罐式车更加灵活机动。如图 17 –3 所示。

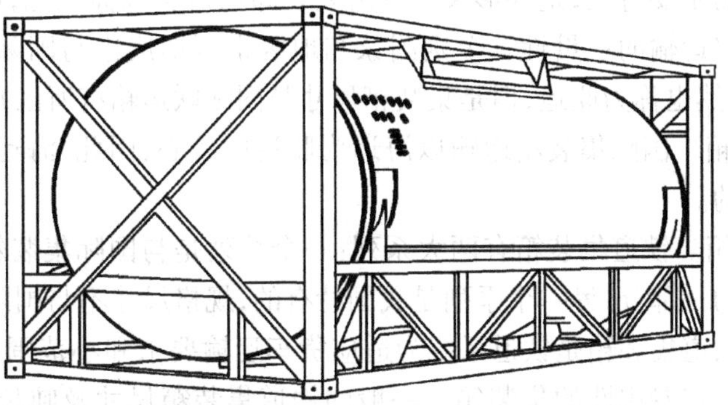

图 17 –3 海运集装箱型的罐式集装箱

(4)动物集装箱。它是专用于装运活的动物如食用肉牛、羊、猪、马匹等的集装箱。这种集装箱的特殊之处在于有良好的通风、采光、饮水喂食设施。箱壁采用栏网式、栅栏式或栅窗式。

(5)平板玻璃专用集装箱。它是专门用于装运建筑用、设备用平板玻璃的专用箱,其构造上的特殊之处在于,箱内有立放、固定和稳定平板玻璃的支架。用这种集装箱装运平板玻璃,可省却平板玻璃的一般包装,箱的密封效果及防护效果也都比一般包装强得多,可减少平板玻璃在物流过程中的破碎等损失。

平板玻璃集装箱有 1 吨、2 吨、2.5 吨及 5 吨等若干种。

(6)车辆集装箱。它是专门用于装运摩托车、自行车等车辆的集装箱。组装好的车辆可立置于箱内,箱内有支撑摩托车、自行车的支架。

(7)机械及部件专用集装箱。它是用于专门装运某种机械部件的专用集装箱。这种集装箱根据装运的机械种类不同,内部有不同的支撑、支护、防护、分隔设备。现在投入使用的有发动机集装箱、纺织机械零件集装箱、煤矿机械零件集装箱、液压件专用集装箱等。一般都是小型非通用箱。

(8)石棉及各种纤维材料集装箱。它是石棉、岩棉、矿棉等纤维产品专用集装箱。这种集装箱没什么特殊构造,主要利用集装箱的高密封性防止纤维材料散失及造成污染。

(9)铝材、铜材及贵重金属专用集装箱。铝、钢等金属较为贵重,且其板材规格型号很多,又难以用其他方式集装,用集装箱装运,箱内设不同尺寸隔板,可装运多种尺寸的材料。由于箱具有封闭保安性,可防止贵重金属材料的丢失。

(二)按运输方式分类

按运输方式对集装箱进行分类,可以指导我们选择适合的运输形式。

1. 联运集装箱。联运集装箱是能满足物流系统多种运输形式的运输,并在转运结点能进行快速转运,不需对箱内装运物重组的集装箱。一般而言,这种集装箱需满足国际联运要求,主要指符合国际标准(ISO 标准)的国际海上运输大型集装箱。在箱体规格尺寸方面,联运集装箱主要指20英尺和40英尺长的两种标准箱。

联运集装箱的主要特点,是外形尺寸及吊装装卸构造实现标准化,以保持海运、大型集装箱车运及铁路运输的一贯性。个别国家和地区也可形成不与国际联运接轨的联运形式,这种形式虽然也称为联运,但是集装箱尺寸与国际联运箱有所区别。

2. 海运集装箱。国际集装箱运输以海运为联运的核心,因此,海运集装箱和国际联运集装箱是相同的。

3. 铁道集装箱。铁道集装箱有两大系列:一个系列是与国际集装箱联运相接轨的,成为联运集装箱的一部分;另一个系列是我国特有的,规格尺寸不与国际接轨。

我国特有的铁道集装箱是铁道系统为适应货车运输要求和小范围铁—水、铁—陆联运而设计的具有一定专用性的集装箱。一般的铁道集装箱尺寸及吨位远小于国际联运集装箱,我国铁道集装箱主要是5吨的和10吨的两种,也采用1吨的集装箱。

由于我国的内陆运输仍是以铁道为主,所以铁道集装箱在我国有很大的保有量。

4. 空运集装箱。它是适合于航空货运及航空行李托运的集装箱。空运集装箱有几个特点:一是集装箱自重要求小,箱材厚度要求小,以减少无效运输,尽量增加空运量,因而集装箱的材质主要是高强度的轻金属,以合金铝为主。二是空运集装箱需要装入飞机货仓中,其形状受飞机货舱形状及大小的制约,且由于机种很多,这种集装箱难以形成通用规格尺寸。即使是同一飞机用的集装箱,在机腹的不同位置,箱的形状尺寸也不同,一架飞机需若干集装箱配套才能保证飞机有效装运。

图 17-4 以波音 747—200 客货混合型飞机用集装箱为例,可使我们有一个感性的认识。

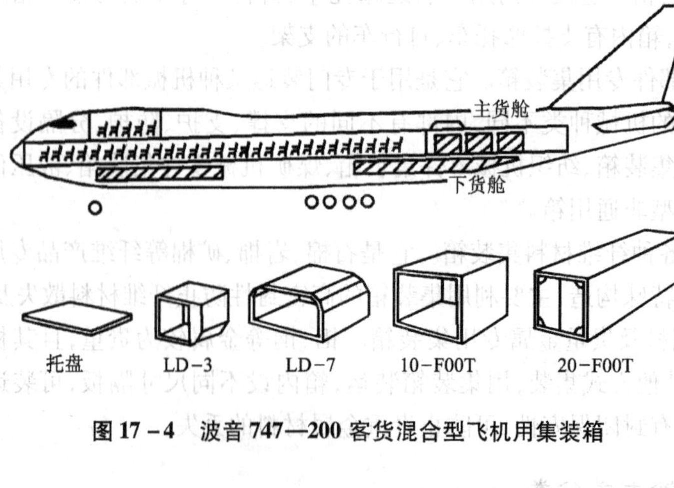

图 17-4 波音 747—200 客货混合型飞机用集装箱

(三)按制造材料分类

按制造材料对集装箱进行分类,主要有钢制集装箱和铝制集装箱两种。

1. 钢制集装箱。它是采用最多的集装箱，尤其是通用大型集装箱绝大部分是钢制。这种集装箱强度高、自重大，由于钢材加工和使用的广泛性，这种集装箱生产量比较大，相对来讲价格较低。

2. 铝制集装箱。它属于轻集装类别，箱体自重轻，箱体尺寸不大，受合金铝材料性能的限制，难以建造大型集装箱，而且价格昂贵，在航空这种特殊领域中采用较多。

(四)按集装箱箱体构造分类

按集装箱箱体构造分类，可以指导我们选择适合的装卸处理形式。

1. 按开门位置不同，可将集装箱分为侧开门、前开门、前后双开门及顶开门四种形式。前、后、侧开门的集装箱适合于叉车及作业车进入集装箱内作业，或在外部进行外部装卸作业，顶开门集装箱适合于吊车装卸作业。

2. 折叠式集装箱。它是四个侧壁和顶板在空箱时可折叠平放到台座上的集装箱，当需装运时可再支装成箱。这种箱适合于无回头货的单程运输，返运时折叠可减少运力的占用。

3. 拆解式集装箱。这种集装箱顶板、台座和四个侧壁靠组件组装而成，必要时可全部拆解，其特点与折叠式相同。

4. 台架式集装箱。这种集装箱只有台座和角柱及部分侧板，有时连侧板都没有，主体只是一个台架。这种集装箱的主要特点是，由于没有侧板的遮拦阻挡，可从上部及四周方便地进行装卸。参见图 17－5。

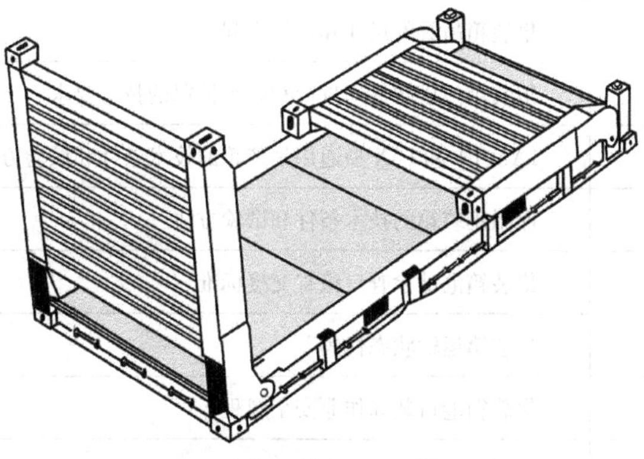

图 17－5 台架式集装箱

5. 抽屉集装箱。这种集装箱箱内由一定尺寸的抽屉组成，打开箱门后便可抽出抽屉装取货物，一般是小型集装箱，主要用于装运仪器、仪表、宝石、武器、弹药及贵重物品。

6. 隔板集装箱。它是箱内有若干隔板分隔的集装箱，隔板可组合、拆卸、拼装，适用于装运需分隔的物品。

三、集装箱标准

集装箱标准对集装箱的发展有非常重要的作用,整个物流系统的标准化领域中,集装箱标准也是十分重要的一环。集装箱的标准不仅与集装箱本身有关,也与各运输设备、各装卸机具,甚至与车站、码头、仓库的设施都有关。

集装箱标准主要有两部分:一部分是硬件标准;一部分是软件标准。硬件标准包括集装箱外部尺寸、集装箱重量、集装箱的结构和强度、集装箱角件、集装箱门搭扣件等;软件标准包括统一名称术语、作业规则、使用方法、装运方法、代码标志等。目前我国集装箱国家标准目录如表 17 - 1 所示。

表 17 - 1 集装箱国标目录

代　号	名　称
GB 1413—85	集装箱外部尺寸和额定重量
GB 1834—80	通用集装箱最小尺寸
GB 1835—85	集装箱角件的技术条件
GB 1836—85	集装箱标记代号
GB 1992—85	集装箱名词术语
GB 3218—82	5D 型通用集装箱的技术条件和试验方法
GB 3219—82	ICC 型通用集装箱的技术条件和试验方法
GB 3220—82	集装箱吊具的尺寸和重量系列
GB 3817—83	集装箱门搭扣件固货栓和施封护罩的技术要求
GB 5338—85	1AA,1A 和 1AX 型通用集装箱的技术条件和试验方法
GB 7392—87	保温集装箱的技术条件和试验方法
GBI 1601—89	集装箱港站检查口检查交接标准
GB 4290—84	集装箱运输状态代码
GBI 1602—89	集装箱港口装卸作业安全规程
GB/T 12418—90	钢质通用集装箱修理技术条件
GB/T 12419—90	集装箱公路中转站站级划分及设备配备

集装箱运行范围很大,甚至是国际化的,所以标准化向国际标准靠拢是十分重要的。我国国家标准 GB1413—85 采用了国际海运两种主要类型的集装箱规格,同时又有主要适合国内运输的 5D 及 10D 两种类型,以表 17 - 2 列出。

为对照参考,表 17 - 3 列出了集装箱的国际标准。

表 17－2 GB 1413—85 集装箱规格

集装箱	高度(*H*)		宽度(*W*)		长度(*L*)		额定重量（最大总重量 公斤）
	尺寸	极限偏差	尺寸	极限偏差	尺寸	极限偏差	
	毫米						
1AA	2 591	0～5	2 438	0～5	12 192	0～10	30 480
1A	2 438	0～5	2 438	0～5	12 192	0～10	30 480
1AX	<2 438	0～5	2 438	0～5	12 192	0～10	30 480
1CC	2 591	0～5	2 438	0～5	6 058	0～6	20 320
1C	2 438	0～5	2 438	0～5	6 058	0～6	20 320
1CX	<2 438		2 433	0～5	6 058	0～6	20 320
10D	2 438	0～5	2 438	0～5	4 012	0～5	10 000
5D	2 438	0～5	2 438	0～5	1 968	0～5	5 000

表 17－3 国际标准集装箱规格系列

箱型	长(毫米)	宽(毫米)	高(毫米)	总重量(公斤)
1AA	12 192	2 438	2 591	30 480
1A	12 192	2 438	2 438	30 480
1AX	12 192	2 438	<2 438	30 480
1BB	9 125	2 438	2 591	25 400
1B	9 125	2 438	2 438	25 400
1BX	9 125	2 438	<2 438	25 400
1CC	6 058	2 438	2 591	24 000
1C	6 058	2 438	2 438	24 000
1CX	6 058	2 438	<2 438	24 000
1D	2 991	2 438	2 438	10 160
1DX	2 991	2 438	2 438	10 160
1AAA	12 192	2 438	2 896	30 480
1BBB	9 125	2 438	2 996	25 400

第三节 集装箱物流

一、集装箱运输工具

集装箱专用运输工具有集装箱船、集装箱车等。

(一)集装箱船

在集装箱物流中,尤其是在国际集装箱运输中,船舶是主要的运输工具。国际通用20和40英尺两种大型集装箱,用普通船运输装运量有限,且装运困难,所以近几十年发展出了若干类型的专用集装箱船,它是集装箱运输,尤其是集装箱联运的主要运输工具。

能载运集装箱的船舶种类很多,但载运能力、载运方式相差甚远。现在主要采用的有以下几种:

1. 吊装式集装箱船。这种集装箱船集装箱入出船作业采用吊装方式,利用岸上或船上起重设备进行吊装吊卸。它主要有三种类型:第一种是专用全集装箱船;第二种是半集装箱船;第三种是集装箱—杂货两用船。这三种船集装箱货体的装卸作业都采取吊上、吊下方式(LO/ LO方式)。其中最典型的是全集装箱船。

全集装箱船是集装箱专用船,其特点是载运集装箱数量大,一般为大开口单甲板,舱内有稳固集装箱的箱格结构,每一箱格可堆放集装箱4~9层。甲板上可堆放集装箱2~3层,并有系紧装置稳固集装箱。

全集装箱船载重量一般在万吨以上,第四代全集装箱船载重量已达5万吨级以上,载箱量最大已达3 000~40 00个国际标准集装箱,具有很高的运输效率。

集装箱—杂货两用船是属于多用途的货船。这种船主要适于在货种、货流变化量大,未形成有效的集装箱集运系统的航线上采用,往往是集装箱和各种散、杂货混载,有很高的灵活性。这种船一般是双甲板船,采用大船口、平舱盖,以便在盖上放置集装箱。舱口尺寸与国际标准集装箱配套,以便装卸作业。

2. 滚装式集装箱船。这种集装箱船集装箱入出船作业采用滚装方式,又称RO/RO船。其具体作业方式是将集装箱货载连同牵引车一起驶入船上,车及集装箱一同完成水运或上船后只留下载运集装箱的挂车而将牵引车辆从船上驶下。

连同车辆一起运输的集箱船所运之集装箱不能叠放堆码,因而船型必是多层甲板。这种船与码头之间的装卸是通过船首、船尾或船侧的开口处,通过跳板将载集装箱的车辆驶上驶下。各层仓的沟通主要靠斜坡道或升降机。

滚装式集装箱船的优点是对码头要求较低、装卸速度快、装卸效率高、适应货种多。其缺点是舱容利用率低、造价高。在集装箱运输中它是一种辅助船型。如图17－6所示。

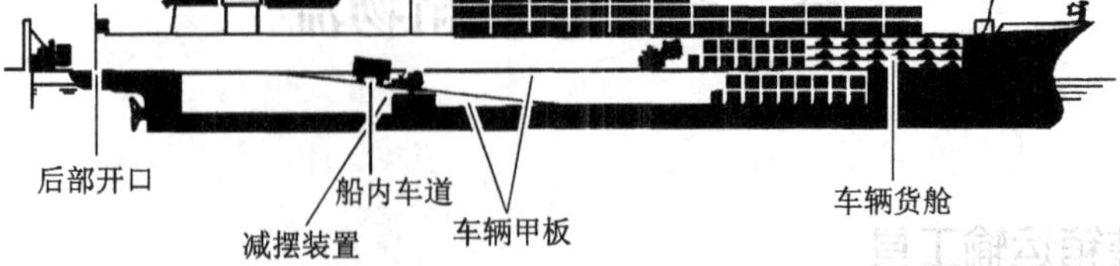

图17－6 滚装式集装箱船

3. 载驳集装箱船。这种集装箱船集装箱入出船作业采用浮装方式，所以又称子母集装箱船。载有集装箱的驳船，浮进载驳船或整体吊入载驳船之后，进行“船载船”的载驳运输，到达目的地后再将载有集装箱的子驳船放入水中。这种船又称浮装式集装箱船。

载驳集装箱船的主要特点是，利用小驳船的机动性及通达性，可将海上干线运输、内航干线运输与小河道、小水域的配送、集货运输有效地联结起来，有利于实现水运的“门到门”运输。尤其是大小船之间的转运，利用载驳集装箱船可节省转运时间和转运时的装卸费用。

4. 内河集装箱船。它是用于内河航运的专用集装箱船，主要是有自航能力的自航驳船，也采用驳船组队的形式。

内河集装箱船的主要特点是其上部建筑简单，有大开口或大甲板，便于装卸集装箱。内河集装箱船受内河船运限制，船体较小，由于内河水深变动较大，因而主要采用吊上吊下方式进行集装装卸。

5. 江海联运型集装箱船。它是能在海上和江上运输而不需换运的集装箱船，又有江船出海型和海船进江型两种。这种船有利于江海直达联运，是一种新的船型。

（二）集装箱公路运输

集装箱公路运输是集装箱物流的重要运输形式，尤其是对集装箱“门到门”联运系统，集装箱公路运输是不可缺少的首尾运输的重要环节。对于大型集装箱而言，集装箱公路运输也进行长距离的干线运输。

集装箱公路运输车是集装箱公路运输的主要设备，其主要有以下几种类型：

1. 集装箱半挂车。集装箱半挂车又分平板式、梁架式、浮动轮式及伸缩梁架式等若干种。其基本结构是，半挂车前部有支脚或浮动轮，后部为承重轮。在运输时，前部搭放于拖车之上，与拖车一起形成一个整体，集装箱连同货物体的重量及挂车自重由拖车和挂车共同承受。

在几种半挂车中，梁架式半挂车有较强的专用性，挂车车体较轻，因而运输耗能较少；平板式半挂车属于多用型，除用于运装集装箱之外还可装运其他多种大重量、长尺寸货物，专用性较差，车身重量较大，因而运输集装箱的经济效益不如梁架式半挂车。

半挂车装运集装箱与拖车组合成集装箱列车，如图 17－7 所示。

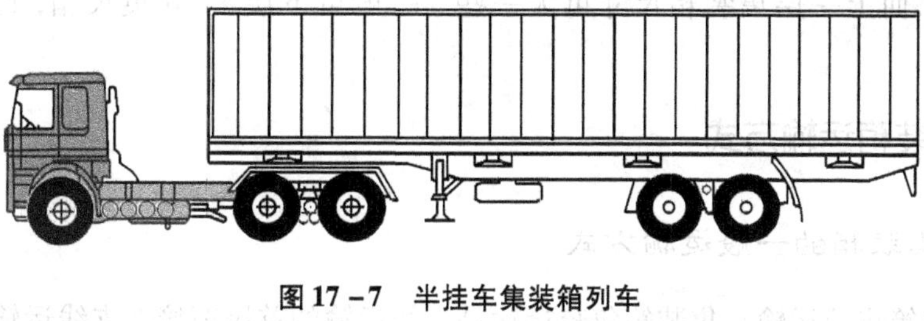

图 17－7 半挂车集装箱列车

2. 集装箱全挂车。集装箱全挂车车体是无动力、可行走式车体，挂车完全承载集装箱，短距离移动时，可用各种小型车辆拉动，甚至人力推动；进行长距离集装箱运输时，则接上拖车形成集装箱全挂列车。这种车型如果用于国际大型集装箱,则列车总长度太长,运行不便,所以一般用于小型集装箱,采用较短的全挂车。

3. 集装箱自装自卸车。它是车上带有装卸集装箱设施的特殊形式的集装箱车。在开展集装箱"门到门"运输时,在一端或两端缺乏装卸工具时,采用这种车型十分有利,是开展集装箱"门到门"运输的重要车辆类型。

(三)集装箱铁道货车

一般铁道货车皆可装运集装箱,但装箱大小及长度受铁道货车尺寸的制约,且普通铁道平板货车虽可装运集装箱,但货车本身自重较大,因而无效运输较严重,车辆构造也不适于快速装卸及大量运输。所以,除了一般混运运输线以外,专门进行集装箱运输的线路及定期集装直达列车一般都应该采用集装箱专用车。集装箱专用车的主要类型有:

1. 梁架式集装箱专用车。这种车车上没有平底台板,而是将集装箱直接置于梁架的平面之上,集装箱装上后,有稳固装置锁固集装箱并有缓冲装置。很明显,这种专用车本身结构简单,重量比较轻,因而减少了无效运输。

2. 车载车式滚装集装箱货车。这种车的主要形式是低平台平板货车,拖车式集装箱可从车平板一端借助高站台或斜面开上货车,进行"车载车"运输。用这种"车载车"方式运输集装箱,主要好处在于实行"门到门"联运时,免去了烦琐的转运,而靠载集装箱的全挂车或半挂车实现"门到门"。

3. 双层集装箱货车。火车车皮装运一层集装箱,往往达不到火车满载要求,从物流标准化来看,火车及集装箱如果想达到最优配合,则两种标准要做很大变动,这对早已经实现本身标准化的火车和集装箱而言,都已经难以做到,这可以说是后发物流系统的先天不足之处。

火车不可能装运两层集装箱是因为超高,受到桥梁、涵洞通过能力的限制,无法运输。所以在不改变集装箱尺寸的前提下,要想装运两层,必须降低车底高度,解决的办法主要是采用"袋鼠式"火车车皮,即对双层集装箱货车采用在两轴之间降低车底高度的凹型车底,以降低车底高度。将两层集装箱下面的一层集装箱堆垛于此处,可在装运两层集装箱后不超高,而火车载运能力却大幅度提高。

两层集装箱运输,下层由于车轮凸起,集装箱只能装在两轴之间,所以,下层装的集装箱尺寸小,而上一层集装箱尺寸可大一些。一般可下层装 40 英尺箱,上层装 45 英尺箱。

二、集装箱运输方式

(一)集装箱的一般运输方式

1. 集装箱集疏运输。集装箱集疏运输是干线运输的首尾衔接性支线运输,是国际集装箱运输的必然组成部分,这种集疏运输是在内陆进行的,所以又称内陆集疏运输,有内陆公路集疏运输、内河集疏运输及铁路集疏运输三种形式。

集疏运输的任务，是将各用户的集装箱通过三种形式或其中某种形式集中成能采用专用集装箱船或集装箱列车进行干线运输的批量，进入集装箱的长距离、大批量的干线物流；或将大批量到港、到站的集装箱运给用户，完成疏运任务。

2. 集装箱班轮。它是利用集装箱船在固定港口之间，进行定期、定航线的集装箱运输。这种运输形式在各国被普遍采用，其运输量巨大。我国也开辟了到美洲、欧洲以及日本、我国香港、地中海、东南亚等地的定期班轮航线。

3. 集装箱定期直达火车列车。它是采用固定车底的专用集装箱车皮组成的火车专列，定点、定线、定期运行；也可采用平底车进行车载车的驮背运输，即“滚动公路”式运输。由于火车列车运行速度快，装卸速度快而且装运能力大，所以，这种运输形式在不少国家被普遍采用。在美国，20 世纪后期，铁路驮背运输方式的直达列车已占相同领域集装箱货运量的 44% 。

4. 集装箱火车专运列车、快运列车。专运列车、快运列车也采用专用集装箱货车，但是在运输上两种方式各有特点：专运列车在专门线及站之间运行，但不确定时间表；快运列车专门对小批量集装箱进行没有固定时间表的快运。

（二）集装箱联运

集装箱联运综合利用各种运输方式进行集装箱运输，利用集装箱在全物流过程中无须个别处置内装货物的优点，进行有效的线路与线路之间的衔接转换，以充分利用各种运输方式的优势，实行不同运输工具的协作运输。

集装箱联运主要有以下几种方式：

1. 一般集装箱联运。它是在干线运输区段，由几种不同运输工具施行的协作运输，接取及送达运输仍采取一般运输，单独办理手续进行处置。这种联运不能做到“门到门”，但能在运距很长的区段充分利用集装箱的优势，而且在不同运输工具之间能利用集装箱及专门的设施实现有效的、快速的转换，而不是采用一般的装卸、搬运方法把一个车的货物卸下再装到另外一个车上。

2. 国际集装箱多式联运。其主要有两种：

(1)“门到门”的集装箱联运。在全线进行联运，并从集装箱在货主门口装货开始，直到用户门口卸箱为止，中途全部实行一票到底的联运，并在不同运输工具之间实现换载。

“门到门”集装箱联运在管理上采取一家承接组织全程运输的方式，在技术上主要是运输工具之间有效转换。为此，必须在专门衔接集装箱货载的站、场、港进行专业化的操作。

(2)大陆桥集装箱联运。它是利用大陆桥实行集装箱的运输。陆桥运输以集装箱联运为标志，也以跨不同国家的运输线为标志，所以又称国际集装箱陆桥运输。

目前，国际上已开辟了许多条多式联运线路，其中和亚洲有关，能为我国所利用的主要多式联运有：

远东—欧洲多式联运，包括海陆联运和大陆桥运输两种。其中远东—欧洲多式联运所通过的大陆桥是西伯利亚大陆桥和北美大陆桥。通过我国中部的连云港至中亚大陆桥也已开通。

亚洲—欧美海空联运,是以亚洲至欧美的海运为主,在欧、美到达地再通过空运到内陆地区的多式联运。

由于集装箱联运往往要进行一次或多次汽车集装箱和铁道集装箱的转运,而转运会降低整个联运速度、增加联运时间,转运环节上所产生的装卸费用也会增加联运的成本,所以,各国都采用了一些有效技术解决这个问题。“平移系统”就是其中一种有效方式。这种方式利用汽车上的油压系统,在汽车和火车平行靠接后,将集装箱顺导轨移至火车上面,完成换载。参见图 17-8。

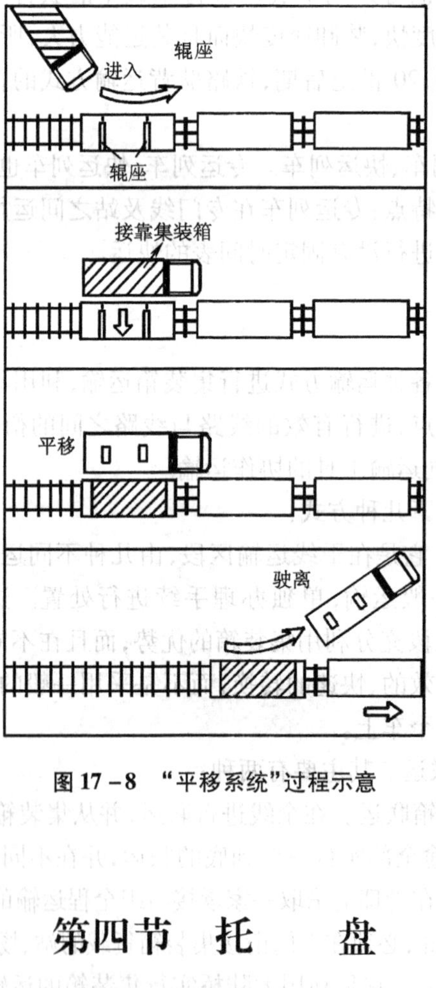

图 17-8 “平移系统”过程示意

第四节 托 盘

一、概述

(一)托盘的概念

为了使物品能有效地装卸、运输、保管,将其按一定数量组合放置于一定形状的台面上，这种台面有供叉车从下部叉入并将台板托起的叉入口，以这种基本结构的平板台板和各种在这种基本结构基础上所形成的各种形式的集装器具都可统称为托盘。

托盘是一种重要的集装器具，是在物流领域中适应装卸机械化而发展起来的一种集装器具。托盘的发展可以说是与叉车同步，叉车与托盘的共同使用，形成了有效的装卸系统，大大地促进了装卸活动的发展，使装卸机械化水平大幅度提高，使长期以来在运输过程中的装卸瓶颈问题得以解决或改进。所以，托盘的出现有效地促进了整个物流水平的提高。

托盘最初是在装卸领域出现并发展起来的，在应用过程中又进一步拓展了其作为储存设施，作为一个运输单位的重要作用，使托盘成了物流系统化的重要装备机具，对现代物流的形成，对物流系统的建立发挥了很大的作用。

托盘的出现也促进了集装箱和其他集装方式的形成和发展，现在，托盘已成为与集装箱一样重要的集装方式，成为集装系统的两大支柱之一。托盘尤其以简单、方便的优点在集装领域中颇受青睐。

（二）托盘的特点

托盘和集装箱在许多方面优点、缺点互补，往往难以利用集装箱的地方可利用托盘，托盘难以完成的工作由集装箱完成。

托盘的主要优点有：

1. 自重量小，因而用于装卸、运输时托盘本身所消耗的劳动较少，无效运输及装卸较集装箱为少。

2. 返空容易，返空时占用运力很少。由于托盘造价不高，又很容易互相代用，互以对方托盘抵补，所以无须像集装箱那样必有固定归属者，也无须像集装箱那样返空。即使返空，也比集装箱容易。

3. 装盘容易。装卸作业不需像集装箱那样深入到箱体内部去进行，装卸操作十分方便，装盘后可采用捆扎、紧包等技术处理，使用时很简便。

4. 装载量虽较集装箱小，但也能集中一定数量，比一般包装的组合量大得多。

托盘的主要缺点是：保护性比集装箱差，露天存放困难，需要有仓库等配套设施。

二、托盘的种类

（一）平托盘

一般所称之托盘，主要是指平托盘。平托盘是托盘中使用量最大的一种，可以说是托盘中的通用型。其中木制平托盘的基本构造如图 17－9 所示。

平托盘可按三个条件进行分类：

1. 按台面分类。平托盘按承托货物的台面可分成单面型、单面使用型和双面使用型、翼型四种，如图 17－10 所示。

2. 按叉车叉入方式分类，平托盘可分为单向叉入型、双向叉入型、四向叉入型三种。

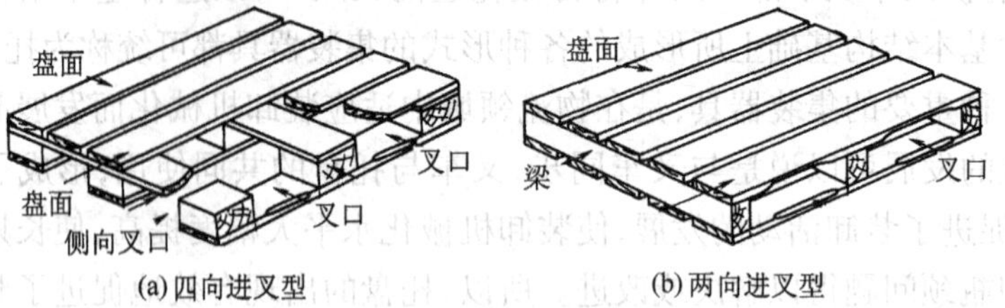

图 17-9　木制平托盘的基本构造

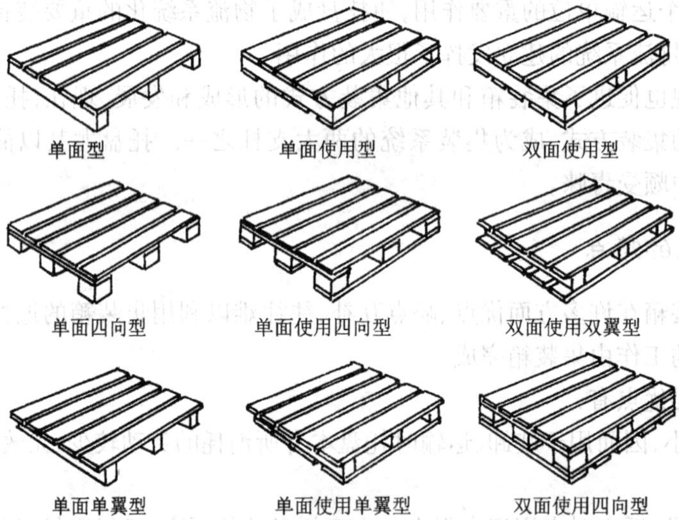

图 17-10　各种平托盘的形状构造

四向叉入型,叉车可从四个方向进叉,因而叉的运用较为灵活。对单向叉入型,叉车只能从一个方向进叉,因而在叉车操作时较为困难。

3. 按制造材料分类,平托盘可分成以下几种:

(1)木制平托盘。图 17-10 所示的各种平托盘都是木制平托盘的构造。木制平托盘制造方便,便于维修,本体也较轻,是使用广泛的平托盘。

(2)钢制平托盘。它是用角钢等异型钢材焊接制成的平托盘。与木制平托盘一样,钢制平托盘也有各种叉入型和单面、双面使用型等各种形式。钢制平托盘自重较重,比木制平托盘重,人力搬运较为困难,如果采用轻钢结构,最低重量可制成 35 公斤的 1 100 毫米 × 1 100 毫米的钢制平托盘,可使用人力方便搬移。钢制平托盘最大的特点是强度高,不易损坏和变形,维修工作量较小。

钢制平托盘可以制成翼形平托盘,这种托盘不但可使用叉车装卸,也可利用两翼套挂吊具进行吊装作业。

(3)塑料制平托盘。它是采用塑料模制成的平托盘,一般是双面使用型,两向叉入或四面叉入。由于塑料强度有限,很少有翼形的平托盘。

塑料制平托盘最主要的特点是本体重量轻,耐腐蚀性能强,可着各种颜色分类区分,托盘是整体结构,不存在透钉刺破货物的问题,但塑料托盘的承载能力不如钢制和木制托盘。

(4)胶合板制平托盘。它是用胶合板钉制台面的平板型台面托盘。这种托盘质轻,但承重力及耐久性皆较差。

(二)柱式托盘

柱式托盘如图 17 - 11 所示。其基本结构是托盘的四个角有固定式或可卸式的柱子,这种托盘的进一步发展,又可从对角的柱子上端用横梁连接,使柱子成门框型。柱式托盘的柱子部分用钢材制成,按柱子固定与否分为固定柱式和可卸柱式两种。

图 17 - 11 柱式托盘

柱式托盘的主要作用有两个:一是防止托盘上的货物在运输、装卸、保管等过程中发生塌垛;二是利用柱子支撑承重,可以将托盘货载堆高叠放而能够保持稳定性,同时不用担心压坏托盘下部的货物。

(三)箱式托盘

箱式托盘的基本结构是沿托盘四个边安装板、栅、网等,组成各种箱体,有些箱体有顶板,有些箱体上没有顶板。箱板有固定式、折叠式和可拆卸式三种。

由于四周栏板不同,箱式托盘又有各种叫法,如四周栏板为栅栏式的称为笼式托盘或集装笼。

箱式托盘的主要特点有两个:一是防护能力强,可有效防止塌垛,防止货损;二是由于四周的护板护栏,这种托盘装运范围较大,不但能装运可码垛的形状整齐的包装货物,也可装运各种异型的不能稳定堆码的物品。

(四)轮式托盘

轮式托盘的基本结构是在柱式、箱式托盘下部装有小型轮子,这种托盘不但具有一般柱式、箱式托盘的优点,而且可利用轮子做小距离运动,这样一来就不再需要搬运机具进行搬运,推动轮式托盘就可以完成搬运工作。可利用轮子做滚上滚下的装卸,也有利于装车、装船后移动其位置,所以轮式托盘具有很强的搬运性。此外,轮式托盘在生产物流系统中,还可以兼做作业车辆。

(五)特种专用托盘

上述托盘都具有一定的通用性,可适装多种中、小件杂、散包装货物。由于托盘制作简单,造价低,所以针对某些较大数量的货物和有特殊要求的货物,都相应制出装载效率高、装运方便、适于的专用托盘。现在各国采用的专用托盘种类不可计数,都在某些特殊领域发挥作用。

1. 航空托盘。它是航空货运或行李托运用托盘,一般采用铝合金制造,为适应各种飞机货舱及舱门的限制,一般制成平托盘,托盘上所载物品以网络覆罩固定就形成了一个整体货载。

2. 平板玻璃集装托盘,又称为平板玻璃集装架。这种托盘支撑和固定立放的平板玻璃,在装运时,平板玻璃顺着运输方向放置,以保持托盘货物的稳定性。

平板玻璃集装托盘有若干种,现在使用比较多的是A型单面放置平板玻璃、单面进叉的托盘、L型双面装放平板玻璃双面进叉的托盘以及框架式双向进叉式的托盘。如图17-12所示。

图17-12 各式平板玻璃集装架

3. 油桶专用托盘。它是专门装运标准油桶的异型平托盘,托盘为双面型,两个面皆有稳固油桶的波形表面或侧挡板,油桶卧放于托盘上面,由于波形槽或挡板的作用,不会发生滚动位移。同时,还可几层叠垛,解决桶形物难以堆高码放的困难,也方便了储存。如图17-13所示。

4. 托盘货架式托盘。这种托盘是一种框架形托盘,框架正面尺寸比平托盘略宽,以保证托盘能放入架内,架的深度比托盘宽度要窄,以使装有货物的托盘能搭放在架上。架子下部有四个支脚,形成了叉车进叉的空间。这种货架式托盘叠高组合,便成了一组临时的托盘货架,可将托盘货载送入架内放置。这种货架式托盘也是托盘货架的一种,是货架与托盘的一体物。

5. 长尺寸物托盘。它是专门用于装放长尺寸材料的托盘,这种托盘叠高码放后便成了组装式长尺寸货架。

图 17－13　桶型物专用托盘

6. 轮胎专用托盘。轮胎本身有一定的耐水、耐腐蚀性，因而在物流过程中不需密闭，且本身很轻，易于装卸。其主要问题是储运时怕压挤，装放于集装箱中又不能充分发挥箱的载重能力。所以，采用柱式、框式托盘是一种很好的选择。

第五节　托盘作业

一、托盘作业机械

（一）装卸机械类

托盘装卸机械主要有两种：

1. 叉车。叉车是托盘装卸的主体机械，全部托盘都采用叉车装卸的设计，个别托盘，如钢制翼型托盘、长尺寸物托盘、平板玻璃集装架等也辅助以吊车装卸的设计。可以说，托盘和叉车是配套使用的两种机具，托盘—叉车构成了物流大系统之中的一个小系统。

2. 托盘移动车。托盘移动车是在小范围中移动托盘的小型机具，这种机具的作用是在仓库内部货位之间移动托盘、调整托盘与运输工具之间的装卸位置、在运输工具内部移动托盘货体就位。这种车分动力式与手动式两种。其工作原理是，先降低托盘叉的高度，使之低于托盘底座的高度，叉入托盘叉入口后，再抬高叉座，将托盘抬起，利用移动车的轮子移动托盘，到达目的地之后，再降低叉座高度，从叉入口中抽出叉爪。如图 17－14 所示。

托盘移动车适用于所有类型的托盘。

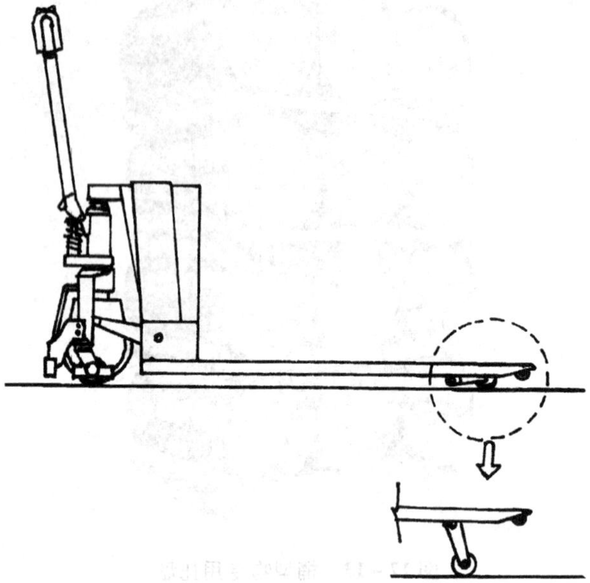

图 17－14 托盘移动车

(二)搬运机械类

适用或专用于托盘搬运的机具主要有四种:

1. 辊式输送机。这种输送机承重能力大,因而适用于多数托盘的搬运,只有轮式托盘不适合采用这种搬运机械。

2. 链式输送机。这种输送机与辊式输送机一样,除了轮式托盘外,适用于其他各种托盘。

3. 垂直输送机。托盘专用的托盘垂直输送机是将水平输送和垂直输送结合为一体的输送机,垂直通道按标准托盘的尺寸设计。如图 17－15 所示。

4. 无人搬运车。在工厂内部及在物流中心、配送中心中,往往需一定距离的运输,且又难以完全长期固定运输路线,因而不能安装固定式的输送机,在这种情况下,除了使用一般产业车辆外,也使用较大的无人搬运车系统。

(三)移动机械类

托盘在集装箱、火车、大型汽车、船舶内作业时,常常需要进行移动就位的活动。例如,用叉车将托盘从厢式货车后门装入后,为连续进行叉车装入托盘货物的装卸操作,就需将先装进的托盘货物向车厢内部移动,类似作业需要有一些专门的移动工具。这些移动工具主要有如下几种:

1. 托盘移动器。托盘移动器有手动、自动两种类型,是在带槽车箱底盘座上移动托盘的简单工具。将移动器叉入托盘下部的车底板上预设的槽中,按动压杆,就会将托盘抬起,移动器的小轮则可沿槽座将托盘向前移动。如图 17－16 所示。

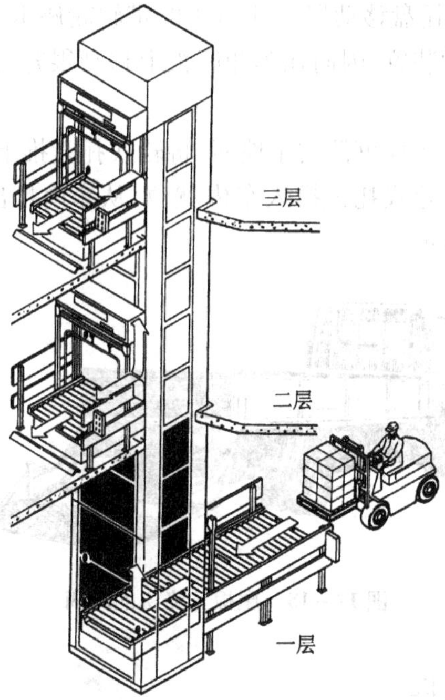

图 17－15　托盘专用垂直输送机

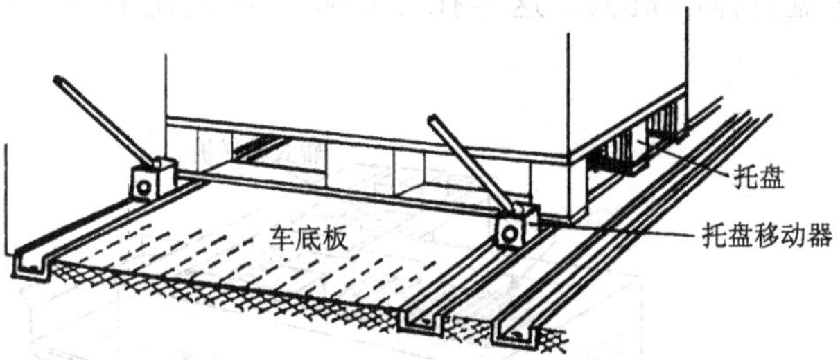

图 17－16　托盘移动器

2. 车上带倾斜辊轮装置。在卡车上安装可前后小角度倾斜的辊子，在装卸时将辊子抬起，以托起托盘，辊子前后倾斜，使装入或卸出托盘货物省力易行。在运输时，降下辊子，使托盘落座于车台板上以保持稳定。如图 17－17 所示。

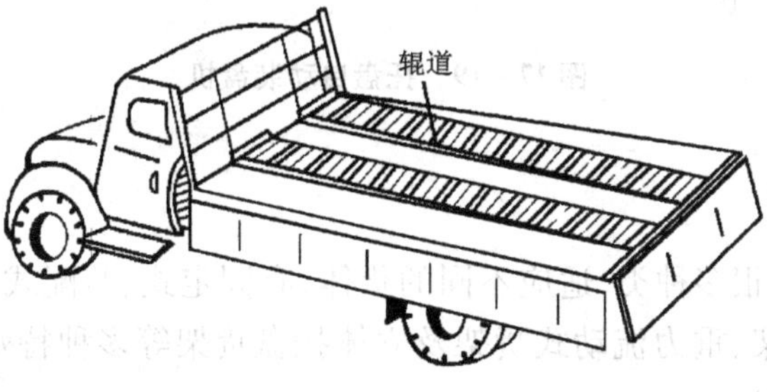

图 17－17　倾斜辊轮装置的车辆

3. 尾板升降机。上述托盘移动器及托盘用的带辊轮座卡车都只适用于不带轮的托盘,而轮式托盘本身有移动装置,因而在车厢底板上移动很容易,但是装车时却不能使用叉车。

尾板升降机的作用是,尾板可低放于地面,将轮式托盘推上以后,尾板水平上升与车台座水平相接,这样便可将轮式托盘推入车内就位,从车内推出托盘卸下也是利用车尾板升降机。如图 17-18 所示。

图 17-18　尾板升降机的车辆

(四)托盘自动装盘机

托盘自动装盘机是标准包装货物或确定规格包装货物,按预定指令反复、多层在托盘上码放形成托盘货体的机械。这是托盘作业全机械化的重要一环,如图 17-19 所示。

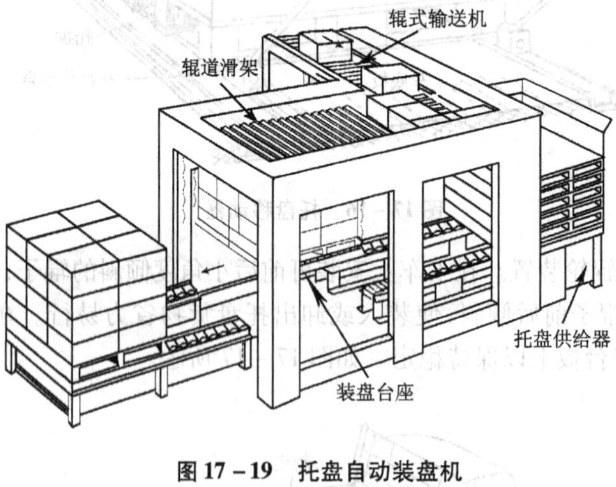

图 17-19　托盘自动装盘机

(五)托盘货架

托盘专用货架有很多种类,适应不同的货体,有固定式、装配式、移动式等多种一般货架,还有驶入式货架、重力流动式货架及立体托盘货架等多种特殊货架(参见“储存”一章第四节——货架)。

（六）配套机具

物流过程中的许多环节还需有一些配套机具来提高作业效率、贯通物流系统，主要有以下几种：

1. 升降台板。升降台板依靠其升降定位的作用，将不同高度的作业面连在一起，起到不同高度过渡之作用。它有带轮及不带轮两种。这种台板不但用于托盘系统的运行，也可用于工厂中的作业。

2. 托盘转向器。它是能转动托盘方向的简单器具。它可使装卸托盘的操作者固定在一个位置进行操作，依靠转向器将新的作业面展现在操作者面前，这样可减轻操作者的劳动强度。在工厂的生产线上，在操作者活动空间狭小、位置必须固定的情况下，采用这种转向器更为有效。

托盘转向器分轻型、中型、重型三种，分别以不同颜色标示，其最大荷重可达 3 000 千克以上，其自重一般不超过人的搬运能力。表 17－4 为托盘转向器的参考规格。

表 17－4 托盘转向器的规格 单位：毫米、千克

形式	轻型					中型					重型				
颜色	橙黄					黄色					白色				
规格 型号	外径	内径	高	自重	耐荷重	外径	内径	高	自重	耐荷重	外径	内径	高	自重	耐荷重
60	600	520	53	10.6	500	600	520	53	10.6	800					
80	800	720	53	14.0	600	800	720	53	14.0	1 000					
100	1 000	920	53	17.8	800	1 000	920	53	17.8	1 500	1 000	920	53	17.8	2 500
120	1 200	1 120	53	21.5	1 000	1 200	1 120	53	21.5	1 800	1 200	1 120	53	21.5	2 700
140	1 400	1 300	65	39.0	1 300	1 400	1 300	65	39.0	2 000	1 400	1 300	65	41.0	3 000
160	1 600	1 500	65	44.0	1 500										

图 17－20 是托盘转向器的作业示意。

图 17－20 托盘转向器工作

二、托盘的装盘

用平托盘运输形状整齐的包装货物，装盘是一项重要的操作，整个物流过程的托盘

货体稳定与否,主要取决于装盘方式和稳固方式。

(一)装盘码垛方式

在托盘上放装同一形状的立体形包装货物,可以采取各种交错咬合的办法码垛,这可以保证足够的稳定性,甚至不需再用其他方式加固。

托盘上货体码放方式很多,其中主要有四种码放方式,如图 17－21 所示。

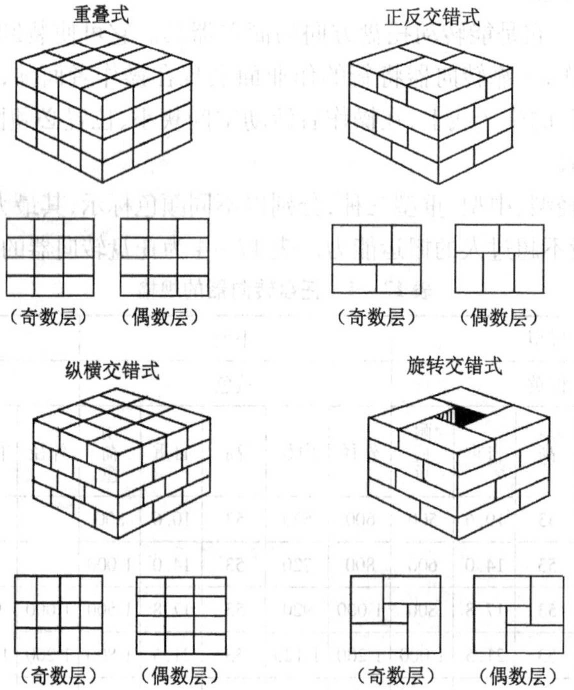

图 17－21 托盘货物码垛方式

1. 重叠式。重叠式即各层码放方式相同,上下对应。这种方式的优点是,工人操作速度快,各层重叠之后,包装物四个角和边重叠垂直,能承受较大的荷重。这种方式的缺点是,各层之间缺少咬合作用,稳定性差,容易发生塌垛。在货体底面积较大的情况下,采用这种方式可有足够的稳定性。一般情况下,重叠式码放再配以各种紧固方式,不但能保持稳固而且装卸操作省力。

2. 纵横交错式。纵横交错式即相临两层货物的摆放旋转 90 度角,一层成横向放置,另一层成纵向放置,如图 17－21 所示。这种方式在作业时,装完一层之后,利用转向器将托盘旋移 90 度角,再按原操作方法码放。纵横交错式层间有一定的咬合效果,但咬合强度不高。这种方式装盘也较简单,如果配以托盘转向器,装完一层之后,利用转向器旋转 90 度角,工人则只用同一装盘方式便可实现纵横交错装盘,劳动强度与重叠式相同。

重叠式和纵横交错式适合自动装盘机进行装盘操作。

3. 正反交错式。正反交错式即同一层中,不同列的货物以 90 度角垂直码放,相邻两层的货物码放形式是另一层旋转180度的形式，如图17－21所示。这种方式类似于房屋建筑砖的砌筑方式，不同层间咬合强度较高，相临层之间不重缝，因而码放后稳定性很高，但操作较为麻烦，且包装体之间不是垂直面互相承受荷载，所以下部货体易被压坏。

4. 旋转交错式。旋转交错式即第一层相邻的两个包装体都互为90度角，两层间的码放又相差180度角，这样相邻的两层之间互相咬合交叉，托盘货体稳定性较高，不易塌垛，如图17－21所示。其缺点是码放难度较大，且中间形成空穴，会降低托盘载装能力。

（二）托盘的塌垛

托盘塌垛是物流过程中的一个较大的问题，一旦出现塌垛，不但会造成货损，而且破坏了物流过程的贯通性，减缓了物流速度，降低了物流效率。

物流过程中的塌垛大体有四种类型的状况：一是货体倾斜；二是货体整体移位；三是货体部分错位外移，部分落下；四是全面塌垛。

发生塌垛的主要原因，一是运输工具、运输线路及路况意外事故等外部原因；二是码放不当的内部原因。比较而言，在不发生特殊运输事故的情况下，码垛是决定是否发生塌垛的重要因素。另外，包装表面的材质也起一定的作用，表面摩擦力大的包装物则比较不易发生塌垛。

（三）托盘货体的紧固

托盘货体的紧固是保证货体的稳固性、防止塌垛的重要手段。托盘货体紧固的方法有如下几种：

1. 捆扎。用绳索、打包带等对托盘货体进行捆扎以保证货体的稳固。捆扎方式有水平捆扎、垂直捆扎等。

2. 网罩。用网罩盖住托盘货体起到紧固作用。这种方法多用于航空托盘。

3. 框架。用框架包围整个托盘货体再用打包带或绳索捆紧以起到稳固作用。

4. 中间夹摩擦材料。将摩擦系数大的片状材料，如麻包片、纸板、泡沫塑料等夹入货物层间，起到加大摩擦力、防止层间滑动的作用。

5. 专用金属具。对某些托盘货物，最上部如可伸入金属夹卡，则可用专用夹卡将相邻的包装物卡住，以便每层货物通过金属具成一整体，防止个别货物分离滑落。

6. 黏合。在每层货物之间贴上双面胶条，可将两层货物通过胶条黏合在一起，这样便可防止在物流中，托盘上的货物从层间发生滑落。

7. 胶带粘扎。这种方法是将托盘货体用单面不干胶包装带粘捆，其特点是，即使是胶带部分损坏，由于胶带全部贴于货物表面，也不会出现散捆。而用绳索、包装带捆扎，一旦一处断裂，则全部捆扎便失去效用。

8. 平托盘周边垫高。将平托盘周边稍稍垫高，托盘上置之货物会向中心互相依靠，在物流过程中，如果发生摇动、振动时，可防止层间滑动错位，防止货垛外倾，因而也会起到稳固作用。

9. 收缩薄膜。将热缩塑料薄膜置于托盘货体之上，然后进行热缩处理，塑料薄膜收缩后,便将托盘货体紧箍成一体。这种紧固方法,不但能起到固紧、防塌垛的作用,而且由于塑料薄膜的不透水作用,还可起到防水、防雨的作用。这种方法有利于克服托盘货体不能露天放置、需要仓库的缺点,可大大扩展托盘的应用领域。

10. 拉伸薄膜。用拉伸塑料薄膜缠绕捆扎拉货体,拉伸薄膜外力撤除后可收缩固紧托盘货体。

三、托盘的使用及管理

(一)托盘的使用

托盘的使用有两种方式:

1. 托盘联运。托盘联运是托盘的重要使用方式。托盘联运又称一贯托盘运输,其含义是从发货人开始,通过装卸、运输、转运、保管、配送等物流环节,将托盘货体原封不动地送达收货人的一种"门到门"的运输方法。

由于采用了托盘,在物流过程中的各个环节,可以以托盘货体整体作为处理对象,而不需逐个处理每件货物,这样就可大大减少人力装卸每一件货物的次数,节省劳务费用,防止事故及货损的发生,节省包装及包装费用,加快物流速度。

托盘联运是社会化的问题,很难在一个行业、一个部门或一个小地区自行实现,因此,要解决托盘联运问题,必须实行全社会统一的托盘技术标准和托盘管理制度。

实行联运的托盘有固定的尺寸标准和有限的种类,不是本书中列举的所有托盘都能进入联运领域。

我国联运托盘的规格尺寸和国际标准化组织规定的通用尺寸是一致的,主要有三个规格:800 毫米 ×1 000 毫米,800 毫米 ×1 200 毫米,1 000 毫米 ×1 200 毫米。

联运用托盘都采用平托盘,以便于叉车、货架、仓库的标准化。

2. 托盘专用。各个产业领域,各个流通领域,各工厂、车间、仓库内部都有提高工效、追求物流合理化的问题,因此,托盘专用领域是不可忽视的领域。

托盘专用是按某一领域的要求,在这一领域的各个环节,采用专用托盘作为贯通一气的手段,实际上是这一个小领域的托盘联运。托盘专用则可按这一领域的特殊性选择和设计效率最高的专用托盘,而无须顾及社会物流标准化的要求,因而托盘的选择更合理,在这一领域中有别的领域无法比拟的技术经济效益。

在较大的托盘自用领域也可参照托盘联运的管理方式,组织托盘交换,以在这一领域中用尽可能少的托盘数量解决问题。

平板玻璃专用托盘的物流是托盘专用的典型例子。平板玻璃产量很大,也有较广阔的流通领域,但是这种产品不可能利用通用联运平托盘,其他形式的托盘也很难采用,平板玻璃专用托盘解决了其他类型托盘不能解决的立装、紧固等问题,形成了这一领域的"门到门"的贯通运输。

但是,专用托盘的流通,有时要配以专用机具、设施,这会降低这些机具设施的使用效率,限制专用托盘的发展,这是专用托盘的缺点。

在工厂物流系统中,为配合流水线作业,专用托盘使用也很广泛。如汽车制造厂的零部件专用托盘,其流程是托盘装入零部件后,进入立体仓库保管,按照装配计划,从立体仓库取出托盘进入装配流水线,内置的零件在一定装配位置装配完毕后,空盘再回送至供应部门,如此往复使用。

(二)托盘的管理和联营体系

托盘在联运系统中的管理与集装箱有很大的不同,主要在于联运托盘种类少,尺寸及材料大体相同,托盘价格相差不大,因此,不需如同集装箱那样严格计划返运,不需如同集装箱那样有明确的、不可改变的归属。基于这个特点,托盘可只保留一个数量的归属权,可在联营系统中广泛进行交换,而不强调个别托盘的归属和返盘。

联营共用托盘有以下几种方式:

1. 对口交流方式。有关单位之间签订协议,各单位所属托盘可在若干有关单位之间运营,这些单位共同承担接收、回送等义务,到一定时期清算。

2. 即时交换方式。以运输承担人和发货人为双方,当发货人发出一批托盘后,运输承担人则给予发货人同等数量的托盘。这种方式在趋近一体化的欧洲广泛采用。

3. 租赁方式。托盘由托盘公司所拥有,托盘公司在各地设营业点,货主自己不备托盘,使用时从附近租赁公司租用,接货后空盘就近归还租赁公司,托盘公司拥有全部托盘并进行调配、维修、更新。这是一种社会化很强的托盘管理形式。

4. 租赁交换并用方式。这种方式是运输当事人与货主之间采用交换方式,而与托盘公司之间采用租赁方式。

5. 结算交换方式。这种方式是针对即时交换的缺点而制定的。即时交换方式容易出现现场空托盘数量不足的情况,空托盘无法及时回收与返还,至使托盘货物滞留,从而影响整个发送过程的进行。采用结算交换方式,托盘流动方式与即时交换方式程序相同,只是不需在现场交换托盘,通过传票处理,在规定的日期内返还即可。对不能按期返还的或造成丢失的要支付赔偿金。由于该方式对托盘回收、返还的责任范围等均有明确规定,因而较即时交换方式更具有优越性。

第六节 其他集装方式

除了集装箱、托盘这两种应用面广、适用广泛的主体集装方式外,还有若干种在某些货物、某些领域能发挥特殊作用的集装方式。

一、集装袋

(一)概述

集装袋是一种袋式集装容器,它的主要特点是柔软、可折叠、自重轻、密闭隔绝性强。

集装袋是以各种高强度纺织材料做基材,为保护基材并且提高集装袋的强度、整体性及密封性能,需要在基材表面涂覆橡胶或塑料材料而制成。主要的基布材料是聚丙烯纺织材料,也采用天然纤维织成的帆布材料,表面涂覆材料有 EVA 塑料、乳胶、聚丙烯及聚氯乙烯等。

由于现代化学工业的发展,人造纤维材料已有了很大强度,因此可制成大型的、大容积的包装容器。

采用集装袋可有利于粉粒体、液体等难于处理的物品的物流,而且可提高装卸效率、降低费用和减少物流损失。由于集装袋体轻又可折叠,所以易于整个物流过程的处理,在返空、清洗、存放方面更有优势。

(二)集装袋的种类

1. 按集装袋的形状分类,可将其分为圆筒形和方形两种,一般常见的以筒形较多。

2. 按适装物品的形状分类,可将其分为粉粒体集装袋和液体集装袋两种,这两种集装袋在构造及材质选择上有区别。

3. 按集装袋吊带的设置方式不同分类,可将其分为顶部吊带(吊带在顶部袋口处)、底部托带(四根吊带从底部托过从上部吊运)及无吊带三种。前两种在装卸时可叉可吊,后一种只能依靠叉车装卸。

4. 按集装袋装卸料方式分类,可将其分为上部装料下部卸料两个口、上部装料并卸料一个口两种。

5. 按集装袋的材质不同,可将其分为涂胶布袋、涂塑布袋、交织布袋三种。

表 17-5 列出了集装袋的参考类别及规格,可供参考。

表 17-5 集装袋的参考类别及规格

容积(米³)	装载量(千克)						尺寸(毫米)			
	物品容重(千克)						方形		圆筒形	
	1.00	0.9	0.8	0.7	0.6	0.5	长宽	高度	直径	高度
0.5	500	450	400	350	300	250	710	900	900	780
0.64	600	550	500	400	350	300	710	1 120	900	1 000
0.84	800	750	650	550	500	400	865	1 030	1 100	890
1	1 000	900	800	700	600	500	865	1 200	1 100	1 060
1.25	1 250	1 100	1 000	850	750	600	865	1 470	1 810C	1 320
1.5	1 500	1 350	1 200	1 000	900	750	865	1 750	1 100	1 620
1.75	1 750	1 550	1 400	1 200	1 000	850	945	1 700	1 200	1 550
2	2 000	1 800	1 600	1 400	1 200	1 000	945	1 920	1 200	1 770

(三)集装袋的使用

集装袋使用领域很广,目前主要用于水泥、粮食、石灰、化肥、树脂类等易变质且易受污染并污染别的物品的粉粒状物的装运。在液体物品方面,适用于装运液体肥料、表面活性剂、动植物油、酱油、醋等。

二、集装网络

集装网络是用高强纤维材料制成的集装工具。集装网络比集装袋更轻,所以运输中的无效运输更小,网络价格较低,所以用这种方式集装费用较省。集装网络主要装运包装货物和无包装的块状货物,每个网络一次装运 500 ~ 1 500 公斤,在装卸中采取吊装方式。

集装网络的缺点主要是对货物防护能力差,因而应用范围有较大限制。

三、罐体集装

罐体集装和罐式集装箱类似,但不属于集装箱系列,而单独构成专用的系列。这种集装方式有两个典型的代表体系。

(一)水泥散装

水泥散装是采用专用的罐式散装汽车、火车及船舶,以水泥散装仓库为配送结点,将火车或船舶运到的大批量散装水泥卸放入散装仓库,转换运输方式,利用罐式散装汽车将水泥运至用户的"门"。

在结点之中,水泥的装卸依靠管道进行,采用气力或重力装卸方法,这种结点称为水泥散装中转站。

水泥散装需要大量的用户,可不经配送结点直运至用户的散装仓库。

水泥散装专用集装系统的主要缺点是,专门设备不可能载货返程,因此只能空返,造成运力浪费和费用的增加。

(二)石油、燃料油

石油、燃料油采用专用的油罐车进行运输,其物流过程为:专用大型油罐车或专用油船将油运至中转库,一般是大型地下油库或油罐,再由中转库分运至各加油站,在加油站完成对用户的服务。

这种集装方式全部采用专用设备,运输效率高且安全,是油品运输的主体形式,在这一领域,罐式集装箱反而应用较少。

四、货捆

货捆是依靠捆扎将货物组合成大单元的集装方式。

许多条形及柱形的、强度比较高的、无须防护的材料,如钢材,木材,各种棒、柱建材,还有能进行捆扎组合的铝锭以及其他金属锭等货物,采用两端捆扎或四周捆扎的方式,可以组合成各种各样的捆装整体。

五、滑板

滑板又称薄板托盘或滑片,是托盘的一种变形体。其结构只是一片无支撑的薄板,也可使叉车的钢叉沿滑板滑动插入板底,在不伤毁其他货物的情况下,将滑板连同滑板上的货物一起进行装卸操作。与托盘比,由于减少了一面盘面和纵梁、垫块,所以无效操作更少。

滑板一般有塑料制、木制、纸制等,塑料制滑板比木制、纸制的更好。应用滑板有八大优势:

第一,滑板的载物面经过特殊加工,所以有较大的摩擦系数,滑板上的货物不易发生滑动塌垛等事故。

第二,滑板结实耐用,可以反复使用,并能承受强度很大的操作。

第三,滑板具有较强的耐水及耐化学物质腐蚀的性质。

第四,采用塑料质的滑板卫生清洁,易用水洗清洁,可防止杂菌繁殖,比一般集装物卫生,适于装运食品及医药用品。

第五,在装运冷冻物或在严寒地带使用也有很高的强度。

第六,滑板自重轻,采用滑板集装,滑板自重的无效运输可忽略不计,只相当于木质托盘的1/20。

第七,由于滑板很薄,可节省保管空间。

第八,可大幅度降低集装成本,节约费用。

图17－22是各种形状的滑板,图17－23是安装专门附件的叉车对滑板货体的装卸过程。

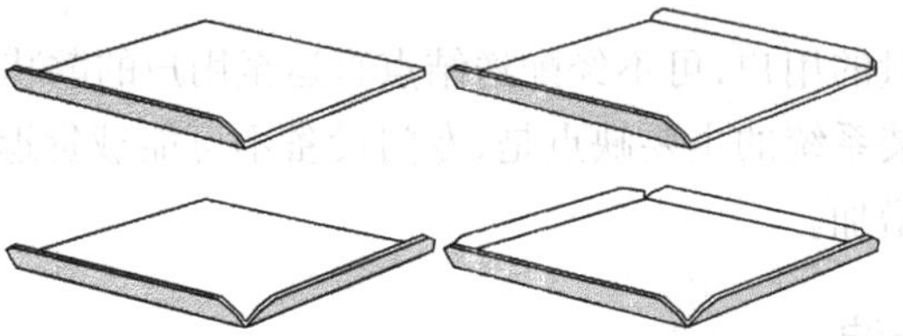

图17－22 各种形状的滑板

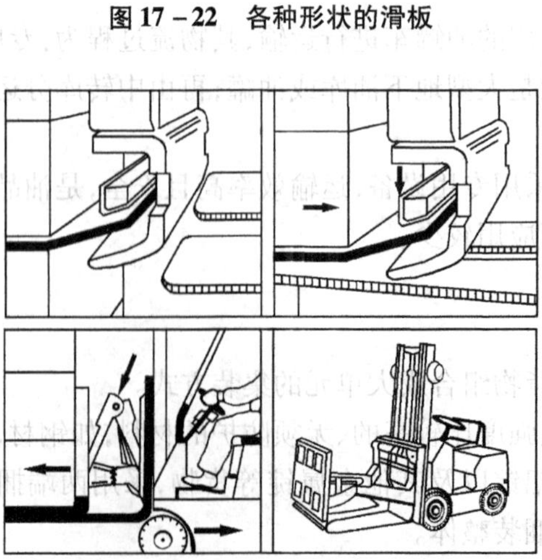

图17－23 滑板货体装卸及带推拉器叉车

使用滑板,需要有带钳口的推拉器的叉车。取货时先用推拉器的钳口夹住滑板的壁板,将叉向前伸,同时将滑板货体拉到叉上;卸货时先对好位,然后用推位器将滑板货体推出,使货体就位。滑板集装的最大缺点是对叉车有特殊要求,且叉车附件造价高。另外,对操作人员的操作要求也较高,操作难度大。

表17-6列出了滑板的一些参考指标。

表17-6　滑板的一些参考指标

厚度(毫米)	集装重量(千克)
0.8	<500
1.0	500~700
1.3	500~1 000
1.5	700~1 500
1.8	1 000~2 000

六、集装箱式半挂车

可以承担集装箱物流的半挂车有两种主要类型:一种是平板式半挂车,可以将集装箱整体放置于半挂车上进行物流;另一种是集装箱式半挂车,是箱体和半挂车体一体化的结构。这两种方式都可以实行集装箱联运。

集装箱式半挂车是专用半挂车的一种类型。它是用于集装方式联运的一种集装与运输工具一体的集装方式。这种方式以集装箱式半挂车为一个单元组合体进行物流,在途中不个别处置车内载运的货物,而是连同半挂车一起进行装卸、换载,只适于采用滚装方式。这种方式的流程如图17-24所示。

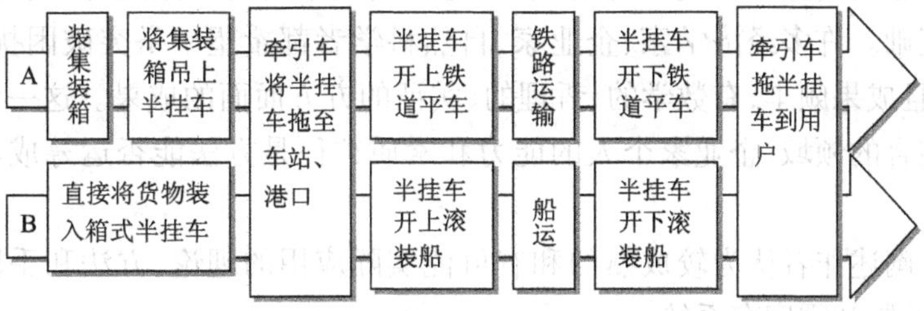

A:平板式半挂车的集装箱滚装流程
B:集装箱式半挂车的集装箱滚装流程

图17-24　半挂车滚装流程

所以,利用集装箱式半挂车,可以使整个物流过程浑然一体,充分利用联合运输的优势,而且实现"门到门"的运输。

第十八章

库存控制系统

第一节　库存控制——物流优化的基础

在物流的过程中，停滞不可避免，其中，有一些停滞可能很短暂，很难控制，也很难避免，但是对全局影响不大。但是有一些停滞，尤其是在物流结点上以库存形式发生的停滞，是在可控范围之中的，库存控制系统就是针对这些停滞的控制而言的系统。

库存控制的问题，并不是仓库管理这样的工作能完全解决的问题，而是一个系统性的问题，它不但受整个物流系统和整个供应链的影响和制约，而且受到仓库管理之外的多方面工作的制约。所以，我们探讨的不是一个简单的库存管理工作，而是一个系统。

库存控制系统是物流大系统中重要的子系统，是物流研究中的一个重要领域。

把库存量控制到最佳数量，尽量少用人力、物力、财力把库存管理好，获取最大的供给保障，是很多企业、很多经济学家追求的目标，甚至是企业之间竞争生存的重要一环。库存控制直接影响到整个物流系统的成本，也影响一系列的物流运行，是物流系统优化的一个重要基础。许多经济学家、企业家、自然科学者都希望一举突破困扰人们多年的这一难题，并且成果颇丰，有数学的、哲理的、实证的方方面面的成果。这一领域是方法、实践与理论结合的领域，企业家个人的能力和素质往往是方法能否运筹成功、理论能否实证的关键。

本章着重阐述作者认为较成熟的和有可能实际应用的理论、方法和手段，主要是重点管理、存货控制和零库存系统。

一、库存控制系统的概念

库存控制系统是以控制库存为目的的相关方法、手段、技术、管理及操作过程的集合，这个系统贯穿于从物资的选择、规划、订货、进货、入库、储存及至最后出库的一个长过程，这个过程的结果，是最后实现按人们的目标控制库存的目的。

特别需要明确的是，库存控制问题不是一个孤立的问题，尤其不是仓库管理独自所能解决的问题，而是超越仓库管理范畴之外的整个系统，不但包括物流系统，而且包括经营管理系统的综合性问题。

二、库存控制系统的要素

一般的库存控制系统中，起决定作用或较大作用的要素主要是以下几个。

（一）企业的选址和选产

企业的选址和选产是库存控制系统中决定库存控制结果的最初的要素。在规划一个企业时，企业的选址对未来控制库存水平的关系极大。以企业所需要的主要原材料的库存控制为例，如果这个企业的选址远离原材料产地而运输条件又比较差，则原材料的库存控制问题就变得比较困难，库存水平便很难控制到低水平，库存的稳定性也很难控制。

同样，企业产品的决策本身便已是库存控制的一个影响因素，有的产品决策脱离了该地区库存控制的可能，就会导致产品决策的失败。

企业选址和选产在一定意义上是对于库存对象物的供应条件的选择，即该供应条件是否能保证或满足实现有效的库存控制，如果无法满足库存控制的要求，就会导致成本的大幅度增加等，甚至导致生产的不稳定和中断，从而出现严重的后果。

（二）订货

订货批次和订货数量是决定库存水平的非常重要的因素。对于一个企业而言，在一定时期中，产品生产量或销售量大体维持在一个确定的水平，库存的消耗速率是有规律的。换一句话说，库存控制作为一个系统，它的输出取决于生产和销售决策，是不可控的。因此，可控的、可以调整的是输入，而输入的调整依赖于订货，所以，订货与库存控制的关系十分密切，乃至不少企业的库存控制转化为订货控制，以此解决库存问题。

（三）运输

订货只是商流问题，能否按订货的批量和批次实现控制，这取决于运输的保障。运输是库存控制的一个外部影响要素，有时候库存控制不能达到预期目标并不是控制本身或订货问题，而是运输的提前或延误。提前则一下子增大了库存水平，延误则使库存水平下降甚至会出现失控状态。

（四）信息

在库存控制中，信息要素的作用在于提供对管理的支持。库存控制系统信息有两个重要的产生源：一个是外部市场信息源；一个是内部信息源。内部信息源所产生的信息，除了一般的运行信息之外，重要的是库存水平的信息。监控库存水平是一项重要的工作。库存水平信息的采集、传递、反馈是库存控制的一个关键，这可以说是信息要素在这个系统中的突出之处。

(五)管理

一般而言,库存控制系统并不靠一条流水线、一种高新技术工艺等硬件系统支持,而主要是靠管理,因此,管理要素的作用可能更大一些。

三、库存控制系统的目标

不同领域的库存控制有不同的目标,这对于库存控制方法、库存控制的约束程度甚至库存控制子系统在大系统中的地位和重要性都有影响。库存控制系统的常见目标如下。

(一)库存成本最低的目标

库存成本最低是库存控制系统重要的经济目标。库存占用是企业的巨大压力,往往是企业需要通过降低库存成本以降低企业生产、制造及管理运作的总成本、增加赢利和增加竞争能力所选择的目标。

(二)库存保证程度最高的目标

库存保证程度最高是高标准安全库存的目标。它大体有两种情况:一种情况是缺货会造成巨大的损失,绝对不允许缺货,在非常重要的领域以及应对自然灾害、战争、突发事件方面需要取得最高标准的安全库存保障;另一种情况是因为产品畅销,企业更多地依靠销售机会取得效益,这就特别强调库存对于经营、生产活动的保证,绝对不能因为缺货而影响生产,而不强调库存本身的效益,相比之下压低库存意义不大。在企业增加生产、扩大经营时,往往选择这种库存的控制目标。

(三)不允许缺货的目标

企业的技术、工艺属于连续、自动的生产方式,没有中间库存的缓冲保障。这种生产工艺条件决定了一旦缺货就会全线停产,会造成巨大的、不可弥补的损失,如果想再继续生产就会十分困难,因此绝对不允许停产。这种类型的企业,必须以不缺货为控制目标。国民经济中许多类型的企业都属于这种类型。例如:水泥生产企业原料一旦缺货,会造成窑炉停火;化工类型的企业如果出现这一类问题,不但会造成停产的损失,甚至会有很大的危险;供应型的企业,在必须以供货保证来与其他企业履约,否则会受到赔偿或接管等威胁时,也需要制定不允许缺货的控制目标。还有,为了应对突发的灾难性事件,有一些重要的应急物资,必须以不允许缺货为库存控制的目标。

(四)限定资金的目标

在市场经济条件下,企业为了追求最大的效益,必须对各个环节的资金使用进行有效的控制,在这种情况下,企业必须在限定资金的前提下实现供应,这就需要以此为前提决定采购数量及采购批次,进行库存的一系列控制。

（五）快速的目标

在一个大的系统中，库存控制往往不依其本身的经济性来确定目标，而是依大系统的要求确定目标，如果大系统要求实现快速的周转，那么库存系统就需要以最快的速度实现进出货为目标来控制库存。典型的例子是鲜活产品的物流系统，在这个物流系统中的库存控制，就必须以快进快出为目标。

四、库存控制系统的若干制约条件

库存控制是受许多外部环境条件制约的，库存控制系统内部也存在"交替损益"现象，这也从内部形成制约。这些制约因素可以影响库存控制水平，乃至决定控制的成败。主要制约因素如下：

第一，需求的不确定性。有许多种产品受多方面的因素影响，需求可能是不确定的。有时候突发的热销造成需求突增；有时候受到宏观调控的影响，会出现需求的突减；有时候市场突然变化而出现剧烈的需求波动；等等。这些都会使原来制定的控制目标失控。

第二，订货周期。通信、差旅延误的影响或其他因素的影响，使得订货周期不确定，因而诸如定期订货法之类的库存控制便无法实施，这当然会制约库存控制水平。

第三，运输。运输的不稳定和不确定性使很多计划无法实现，必然会制约库存控制水平。

第四，资金制约。资金的暂缺、资本运动不灵等会使预想的控制方法落空，因而这也是一个制约因素。

第五，管理水平的制约。管理水平达不到控制的要求，则必然使控制无法实现。

第六，价格和成本的制约等。

第二节 基础分析及重点管理

ABC 分析法是储存管理中常用的分析方法，也是经济工作中的一种基本工作方法和分析认识事物的思想方法。ABC 分析的应用在储存管理中最为广泛，能够比较容易地取得以下成效：①压缩了总库存量；②解放了被占压的资金；③使库存结构合理化；④节约了管理力量。

由于 ABC 分析具有如此重要的作用，现在这种分析方法已经成了许多管理软件中的重要功能模块。

一、ABC 分析的理论基础

ABC 分析的理论建立在两个重要基础之上：第一个是复杂的社会现象中存在"关键的少数和一般的多数"的社会规律；第二个是我们的投入总是存在有限性。

(一)"关键的少数和一般的多数"的社会规律

ABC分析的理论基础是"关键的少数和一般的多数"这样一种社会规律。社会上任何复杂事物,其内部的基本组成部分都不可能是完全一致的,会存在主次之分、轻重之分、贵贱之分、好坏之分,都存在着"关键的少数和一般的多数"这样一种规律。事物越是复杂,这一规律便越是明显。应该说,这个认识和辩证法中关于主要矛盾的认识是合拍的,只是矛盾诸方面的另外一种表述形式而已。

"关键的少数和一般的多数"是普遍存在的,可以说是比比皆是。例如,在社会结构上,少数人领导多数人;在一个集体中,少数人起左右局势的作用;在市场上,少数人进行大量购买;几百种商品中少数商品是大量生产的;在销售活动中,少数销售人员销售量占绝大部分;成千上万种商品中少数几种取得大部分利润;在工厂生产经营方面,少数品种占生产量的大部分,少数品种占利润的大部分;成千上万种库存物资中,少数几种物资库存量占大部分,少数几种物资占用了大部分资金;在影响质量的许多原因中,少数几个影响因素带来大的损失;在成本方面,少数因素占成本的大部分;在研究机关中,少数科研人员取得大部分研究成果;在人才中,德、智、体诸方面都拔尖的只是少数人;等等。

可以做出这样的归纳,一个系统中,少数事物具有决定性的影响,相反,其余的绝大部分事物对系统却没有太大的影响。

ABC分析便是在这一思想的指导下,通过分析,对复杂事物分类处之,尤其是将"关键的少数"找出来,并确定与之适应的管理方法,这便形成了以后要论及的分类管理方法。特别是要进行A类事物的重点管理,使我们能够以"1倍的努力取得7~8倍的效果"。

但是,ABC分析和哲学中主要矛盾的理论还是有一定区别的。哲学讲的是一种思想方法、一种认识论、一种智慧;ABC分析则是科学的操作。其主要区别在于,ABC分析用数量的研究方法来分析出"关键的少数",这就使这种分析手段更容易排除假象而找到事物的本质,更容易排除主观随意性而客观地认识问题。由于采用了数量的研究方法,才使多少年来人们头脑中"主要、次要"、"关键、一般"、"纲、目"等认识,转变成了具有较强科学性的现代管理方法。

(二)投入的有限性

我们对复杂事物进行分类不单单是为了认识事物内部的结构性的区别,不单单是为了把复杂事物梳理清楚,还有一个很重要的原因,是我们能够投入的力量总是有限的,尤其在经济社会中,还有"效率和效益"在左右着我们的力量投入。我们经常讲的"全力以赴",作为动员性口号而言无疑是没有错误的,但是作为应对复杂事物的工作方法而言,就是不科学的了。中国古话"量力而为"才是应对复杂事物的科学思考。

投入的有限性也是一种客观规律。因为投入的有限性,所以我们对于投入也必须进行适当的分配。很明显,将有限的力量主要(重点)用于解决具有决定性影响的少数事物上和将有限力量平均分摊在全部事物上，两相比较，当然是前者可以取得较好的成效，而后者成效较差。

二、ABC 分析的一般步骤

此处仅以库存的 ABC 分析及重点管理方法为例。一般说来，企业的库存反映着企业的经营水平，调查企业的库存，可以大体搞清该企业的经营状况。虽然 ABC 分析法已经形成了企业中的基础管理方法，有广泛的适用性，但目前应用较广的还仅仅在库存分析中。

ABC 分析的一般步骤如下。

（一）收集数据

按分析对象和分析内容收集有关数据。例如，打算分析产品成本，则应确定与产品成本相关的各个因素，确认哪些因素与产品成本构成有关直接关系，进而收集产品成本构成等方面的数据。又例如，如果打算针对某一系统搞价值工程，则应首先分析并确定系统中各局部功能，进一步收集各局部成本的数据。

本例拟对库存物品的平均资金占用额进行分析，以了解哪些物品占用资金多，以便有效分配管理力量并实行重点管理。应收集的数据为：每种库存物的平均库存量、每种物品的单价等。

（二）处理数据

对收集来的数据资料进行整理，按要求计算和汇总。本例以平均库存数乘以单价，求算各种物品的平均资金占用额。

（三）制 ABC 分析表

ABC 分析表栏目构成如下：

第一栏为物品名称；

第二栏为品目数累计，即每一种物品皆为一个品目数，品目数累计实际就是序号；

第三栏为品目数累计百分数，即累计品目数对总品目数的百分比；

第四栏为物品单价；

第五栏为平均库存；

第六栏是第四栏单价乘以第五栏平均库存，为各种物品平均资金占用额；

第七栏为平均资金占用额累计；

第八栏为平均资金占用额累计百分数；

第九栏为分类结果。

制表按下述步骤进行：将第二步已求算出的平均资金占用额以大小顺序排队，由高至低填入表中第六栏。以此栏为准，将相当物品名称填入第一栏；物品单价填入第四栏；平均库存填入第五栏。在第二栏中按 1，2，3，4……编号，则为品目累计。此后，计算品目数累计百分数填入第三栏;计算平均资金占用额累计填入第七栏;计算平均资金占用额累计百分数,填入第八栏。见表 18 -1 和表 18 -2。

表 18 -1 储存物为 36 种的 ABC 分析表

一栏	二栏	三栏	四栏	五栏	六栏	七栏	八栏	九栏
物品名称	品目数累计(序号)	品目数累计(%)	单价(元/千克)	平均库存(千克)	平均资金占用额(元)	平均资金占用额累计(元)	平均资金占用额累计(%)	分类结果
	1	2.78	480	3 820	1 833 600	1 833 600	60.5	A
	2	5.55	200	1 060	212 000	2 045 600	67.4	A
	3	8.33	45	3 820	171 900	2 217 500	73.3	A
	4	11.11	35	3 820	133 700	2 351 200	77.5	A
	5	13.89	30.5	3 410	104 005	2 455 205	80.9	A
	6	16.66	46.7	1 470	68 649	2 523 854	83.2	B
	7	19.44	14	4 880	68 320	2 592 174	85.5	B
8	22.22	13	5 220	67 860	2 660 034	87.7	B	
	9	24.99	10.2	4 880	49 776	2 709 810	89.4	B
	10	27.78	38	1 060	40 280	2 750 090	90.7	B
	11	30.55	10.1	3 820	38 582	2 788 672	91.9	B
	12	33.32	7.0	4 880	34 160	2 822 032	93.1	B
	13	36.10	21.5	1 470	31 605	2 854 437	(略)	C
	14	36.88	25	1 060	26 500	2 880 937	(略)	C
	15	41.66	5.4	4 880	26 352	2 907 289	95.9	C
	16	44.43	1.9	9 760	18 544	2 925 833	(略)	C
	17	47.21	1.1	11 460	12 606	2 938 436	96.9	C
	……	……					……	……
	36	100					100	……

表 18－2 重点管理要求

分类结果	管理重点	订货方式
A 类	为了压缩库存，投入较大力量，精心管理，将库存压到最低水平	计算每种物品的订货量，采用定期订货方式
B 类	按经营方针来调节库存水平，例如，要降低水平时，就减少订货量和库存	采用定量订货方式
C 类	集中大量地订货，不费太多力量，增加库存储备	双仓法储存，采用订货点法进行订货

（四）根据 ABC 分析表确定分类

按 ABC 分析表，观察第三栏累计品目百分数和第八栏平均资金占用额累计百分数，将累计品目百分数为 5% ～15% 而平均资金占用额累计百分数为 60% ～80% 的前几个物品，确定为 A 类；将累计品目百分数为 20% ～30% 而平均资金占用额累计百分数也为 20% ～30% 的物品，确定为 B 类；其余为 C 类。C 类情况正和 A 类相反，其累计品目百分数为 60% ～80%，而平均资金占用额累计百分数仅为 5% ～15%。

（五）绘 ABC 分析图

以累计品目百分数为横坐标，以累计资金占用额百分数为纵坐标，按 ABC 分析表第三栏和第八栏所提供的数据，在坐标图上取点，并连接各点曲线，则绘成如图 18 －1 所示的 ABC 曲线。

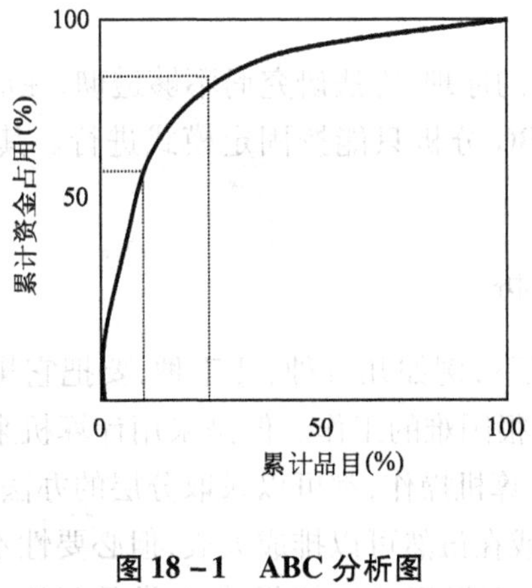

图 18 －1 ABC 分析图

按 ABC 分析曲线对应的数据，按 ABC 分析表确定 A，B，C 三个类别的方法，在图上标明 A，B，C 三类，则制成 ABC 分析图。在管理时，如果认为 ABC 分析图直观性仍不强，也可绘成如图 18 －2 所示的直方图。

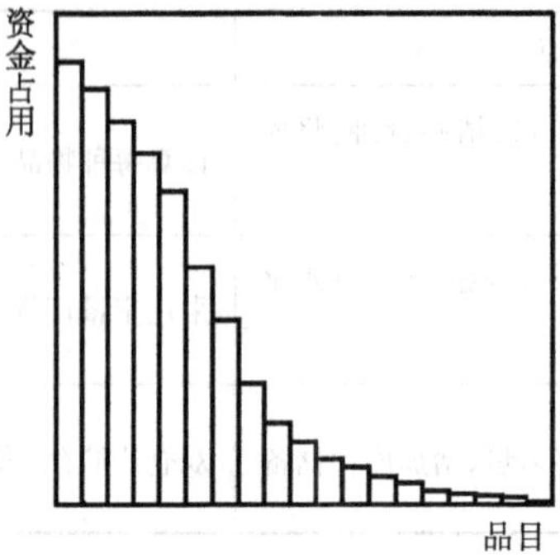

图 18－2 直方图

三、确定重点管理要求

ABC 分析的结果，只是理顺了复杂事物，搞清了复杂事物各个局部的地位，明确了重点。但是，ABC 分析的主要目的更在于解决困难，它是一种解决困难的技巧，因此，在分析的基础上必须提出解决的办法，才算真正达到了 ABC 分析的目的。目前，许多企业为了应付验收检查，做表面文章，形式上搞了 ABC 分析，虽对了解家底有一些作用，但并未真正理解这种方法的真谛，未能将分析转化为效益，这是应力求避免的。

按 ABC 分析结果，再权衡管理力量与经济效果，对三类库存物品进行有区别的管理，表 18－2 是为减少流动资金占用，采用压缩库存的方式进行重点管理所制定的管理标准，可供参考。

四、多重 ABC 分析

目前，我国对 ABC 分析的原理、方法研究尚不够透彻，在应用上也不甚灵活，有些人甚至产生一些误解，认为 ABC 分析只能按固定模式进行。其实，ABC 分析还有许多灵活、深入的方法。

（一）分层的 ABC 分析

在物品种类较多的情况下，例如几百种、几千种，要把它排列成大表，这对于手工操作的 ABC 分析来讲，是一件很困难的工作。但是采用计算机来处理，就是比较容易的事情了。无论是手工操作和计算机操作，都可以采取分层的办法，尤其是手工操作，在品种多无法全部排列于表中时，或在虽然可以排成大表，但必要性不大的情况下，也可以先进行品目的分层，以减少项数，再根据分层结果将 A 类品目逐一列出，进行个别、重点的管理。

以某仓库库存品目 3 439 种的 ABC 分析为例，用分层方法进行分层排列的 ABC 分析表如表 18－3 所示。

表 18-3 分层的 ABC 分析表

按平均资金占用额的分层范围(百元)	品目数	品目累计数	品目累计(%)	平均资金占用额(百元)	平均资金占用额累计	平均资金占用额累计(%)	分类结果
>6	260	260	7.5	5 800	5 800	69	A
5~6	86	346	9.9	500	6 300	75	A
4~5	55	401	11.7	2 500	6 550	78	A
3~4	95	496	14.4	340	6 890	82	B
2~3	170	666	19.4	420	7 310	87	B
1~2	352	1 018	29.6	410	7 720	92	B
<1	2 421	3 439	100	670	8 390	100	C

(二)多种分类方法

除了按计算结果分成 A,B,C 三类外,在实际运用中也常根据对象事物的特点,采取分成两类或三类以上的方法。例如分成五类、十类等等。

以上方法都是一般 ABC 分析方法的简单延伸,实际上,在实际工作中常常遇到更为复杂的情况。例如:分类要满足的不是一个目标,而是多个目标,只按库存金额这一个目标进行单重分类并不能解决其他管理问题。在这种情况下可以应用多标准分析,在品目数太多时也可进行多重、多标准的 ABC 分析。

(三)多重 ABC 分析

多重 ABC 分析是在第一次 ABC 分析的基础上,再进行一次 ABC 分析。

仍以表 18-3 的分析为例。分层的 ABC 分析中 A 类的品目种类有 401 种,对于管理工作来讲,这仍然是一个庞大的数字。这 401 种物品的集合,仍然会遵循"关键的少数和一般的多数"的规律,因此,可以对这一集合群再做一次 ABC 分析(二重分析)。其结果,原 A 类中又划分出 A,B,C 三类,分别冠以 A—A、A—B、A—C,以使管理者了解 A—A 为重中之重,在管理上确定对应的有效管理方法。同样,在 B 类中如果也需进行区分的话,可按同样道理,划分出 B—A、B—B、B—C 三类。C 类本来属于"一般多数",在管理上往往不需细化,所以一般而言,对 C 类不再进行二重分析。但是,如果管理者认为有必要进行这一分析,则也可分成 C—A、C—B、C—C 三类。

于是,按二重 ABC 分析,实际上形成了七类或九类的分类:

七类分类:A—A,A—B,A—C,B—A,B—B,B—C,C。

九类分类:A—A,A—B,A—C,B—A,B—B,B—C,C—A,C—B,C—C。

在品目种类非常多的情况下,还可以进行第三重、第四重分类。

五、多标准 ABC 分类

在实际工作中,管理目标往往不止一个。例如,一般管理,往往看重物品价值,按价值进行分类,但是,单价高的物品,可能数量并不大,因此以总价值为目标分类就会有不同分类结果。还有更复杂的情况,在一个企业中,有的人关心价值,有的人或部门关心各种物品的供货保证程度,物品价值可能不高,但一旦出现供应的中断会带来巨大损失,他们希望能按这种供应保证程度或供应中断的风险大小进行 ABC 分析,以正确地确定不同的管理方法。企业中的仓库管理人员还可能关注保管的难易程度或物品在仓库中可能损坏的程度,希望以此为目标进行分类,以分别制定适合于仓库管理人员使用的分类及重点管理办法。

不同的要求形成了不同的标准,如果分别按不同的标准分类,可能使同一集合的物品有若干不同的分类结果,这无疑会造成分类的混乱,反而会增加管理难度,违背了分类的初衷。多目标分析分类方法,就是针对这种情况所提出的分类方法。

(一)双标准 ABC 分析

多标准 ABC 分类的基本原理可以双标准 ABC 分类为代表,其具体做法是:

1. 数列排列法。以表 18-2 所举 36 种物品分类为例,由于这一数列较大,在本书中不易表达,所以,此处将其缩合,即减少一半数量,序号 1,2 合为一种,3,4 合为一种,依此类推,数列元素由 36 个缩减为 18 个,并分别以 1~18 编号。根据表 18-1 以价值为标准的分类结果,形成数列及相应的分类,见表 18-4。

再按另一个标准对这 18 种物品进行 ABC 分析。例如,以供应保证程度为标准进行分类,并比较两个目标的轻重,以确定两个标准的优先序。此处假定价值分类较重要,把它作为主要的标准。仍以数列形式排列,如表 18-5 所示。

表 18-4　单标准数列分类

物品编号	1	2	3	4	5	6	7	8	9	10	11	12	13	14	15	16	17	18
分类(价值标准)	A	A	B	B	B	B	C	C	C	C	C	C	C	C	C	C	C	C

表 18-5　双标准数列分类

物品编号	1	2	3	4	5	6	7	8	9	10	11	12	13	14	15	16	17	18
物品价值	A	A	B	B	B	B	C	C	C	C	C	C	C	C	C	C	C	C
保证程度分类	B	B	A	C	B	C	A	B	C	C	C	C	C	C	C	C	C	C
组合结果	AB	AB	BA	BC	BB	BC	CA	CB	CC	CC	CC	CC	CC	CC	CC	CC	CC	CC

双标准分类结果使物品重要性程度的组合结果出现新情况,需对分类结果进行调整,其中编号 9~18 的物品分类位置没有变化,皆为 CC 类;编号 1~8 的物品中,1 和 2 两个序号为 AB 类,仍居最重要的地位;3~8 编号中,第三号 BA 的地位为冠,也确认为原序号;在 4~8 五种物品中比较,CB(第 8 号)显然位置最低,排于第 8 位;其次是 BC(第 4,6 号),组合后的重要程度显然要低于第 5 号 BB;第 7 号 CA,因其排序后降至第 6,7 位。

最后只剩下 BB 及 CA 的比较(第 5 号及第 7 号),两者的组合等级相近,关键要通过判断两个目标轻重,特别强调根据哪一个目标来最终确认其位置。假如价值目标重要性很高,则 BB 居于 CA 之前,假如保证程度标准与价值目标相差无几,也可将 CA 居于 BB 之前。在管理上,这两种物品序号相连,总的管理重点地位是相同的,具体管理措施则可分别制定。

调整后的组合分类前八种物品排序如表 18－6 所示。

表 18－6 组合分类结果

物品组合后编号	①	②	③	④	⑤	⑥	⑦	⑧
物品原编号	1	2	3	5	7	4	6	8
组合分类结果	AB	AB	BA	BB	CA	BC	BC	CB

2. 坐标法。将横坐标与纵坐标分别表示不同标准的分类,其中,纵坐标与横坐标比较居较重要地位,其分类写于前,横坐标分类写于后,形成图 18－3 的坐标图。将表 18－6 的分类结果填于坐标图中,便可清晰地看出组合分类的结果。

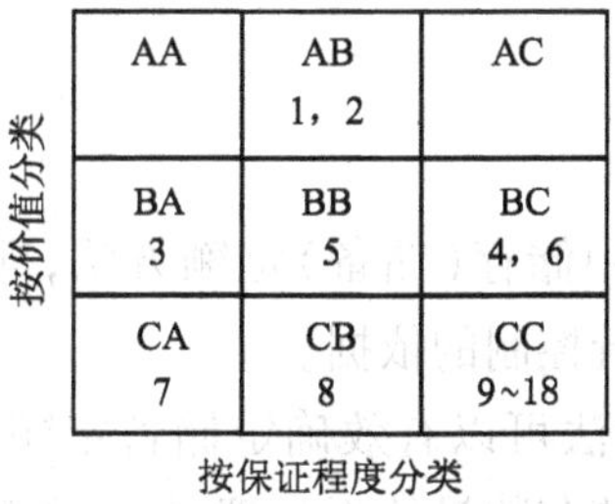

图 18－3 坐标法双标准分类

用三向坐标体系,根据上述原理也可做出三标准分类。用数列方式也可以做出三标准以上的多标准分类。多标准分类会出现很复杂的分类情况,管理的人工操作难度过大,因此,多标准分类结果可以形成物品的分类编码,采用光电识别技术配合计算机方式进行更精细的管理。

(二)多标准的模糊分类

采用专家介入的办法,对分类不明晰的物品按多标准(如表 18－5 中前 8 种)进行一对一的强制性对比,排出重要性顺序,再根据 A,B,C 三类所占的比例关系确定 A,B,C 三类。这种办法可以解决标准多、分类难度大、类别过多的弊病,将复杂的问题简化。

表 18－7 为按多标准强制对比方法确定组合分类的简化了的例子。在强制对比时,专家们必须根据多标准,在两个对比元素中比较出一个较另一个重要,并以重要一方计 1 分,次要一方计 0 分的计分方法列于对比表中,按统计的计分值大小排列出重要性顺序,再按比例数决定 A,B,C 三类。

表 18-7 模糊方法的多标准强制对比分类

物品名称	A	B	C	D	E	F	G	H	得分	排序	分类结果
A	×	1	1	0	1	1	1	1	6	②	A
B	0	×	1	0	1	1	1	1	5	③	B
C	0	0	×	0	1	1	1	0	3	⑤	B
D	1	1	1	×	1	1	1	1	7	①	A
E	0	0	0	0	×	0	1	0	1	⑦	C
F	0	0	0	0	1	×	1	0	2	⑥	C
G	0	0	0	0	0	0	×	0	1	⑧	C
H	0	0	1	0	1	1	1	×	4	④	B

第三节 存货数量控制系统

一、储备定额

我国对储存数量的控制,常用储存(储备)定额方法,即确定储存物的最低、最高数额,以此数额作为对储存数量进行控制的依据。

采用计算、估算、统计分析方法可以有效确定储备定额,并以此为报警依据,超过此数额说明储存量已过高,出现了储存数量的不合理;低于此数额说明储存量过低,会有比较大的风险。在实际管理中,可以用控制图直观观察储备的逐日变动情况。也可以将控制限度输入计算机中,由计算机进行报警处理或自动发出补充货物通知。

人们常用两种储备定额进行储存的数量控制:一个是保险储备定额;一个是经常储备定额。如图 18-4 所示。

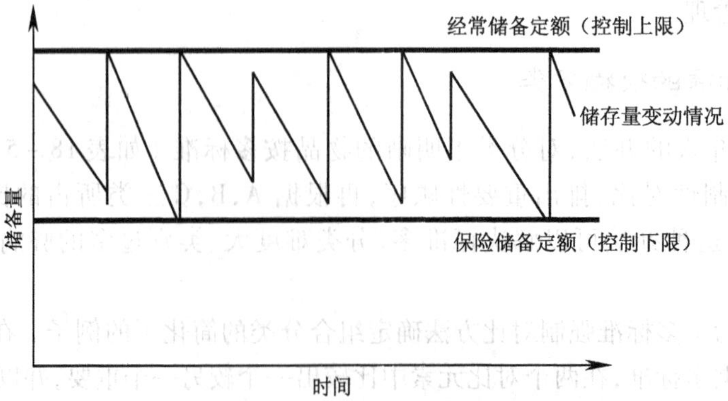

图 18-4 储备定额示意

（一）经常储备定额

经常储备定额的计算方法为：

经常储备定额 = 物资平均日耗量×合理储备天数

日耗量及合理储备天数都可以用计算方法、统计分析方法、预测方法、估算方法求出。

（二）保险储备定额

保险储备定额的计算方法为：

保险储备定额 = 物资平均日耗×保险天数

同样，日耗量及保险天数也可以用各种方法求得。显然，保险储备是静态的，一旦确定，即为一不变量，实际上是经常储备的控制下限。经常储备以保险储备定额数为其控制下限，以经常储备定额为其控制上限，实际的储备量在两者之间变动。

（三）补充库存的方式

为了能对库存有效地进行控制，需要采取科学的补充库存的方式。如图 18－5 所示。

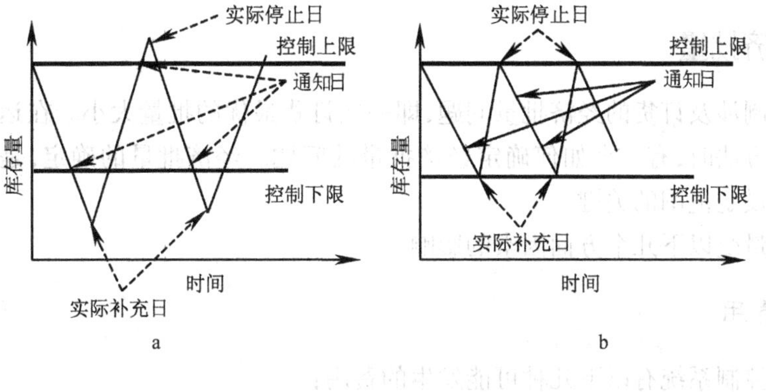

图 18－5 补充储存的滞后效应和提前量

a. 到达控制线再发通知，由于滞后效应，实际补充日和实际停止日皆越出控制线。

b. 通知日有一个提前量，则实际补充日和实际停止日可控制在上下限内。

如果当储存量达到控制下限再安排补充库存，在补充期间，储存量还会继续因消耗而下降，使储存量越过下限；如果储存量达到控制上限，才采取停止进货措施，由于在途货物陆续到达，仍可能使实际储存量越过上限。所以，考虑到这种滞后现象，需要提前发出补充库存或停止补充的通知。提前量可以用统计分析方法或根据发货单位、运输能力的实际情况而定。常用的补充储存的方式有以下三种：

1. 订货点法。订货点法是储存量下降到一定水准（即所确定的订货点）时就发出一定数量订货或进货通知的方法。

订货点的确定是根据进货时间所制定的一个提前量,发出订货或进货通知后,原储存量继续降低,待到基本耗尽时,储存量正好得到补充。采用这种方式,进货量是一个不变值。

订货点可以事先人为拟定,可采取人工标志、图表显示、计算机自动报警等各种警告的方式,采用先进的系统管理手段,一旦到达订货点,计算机可以自动发出订货(或进货)通知,自动补充储存量。在仓库与供应方建立电子数据交换系统(EDI)后,这种方式可自动进行,形成自动化的库存系统。

2. 定期订货法。定期订货法是预先确定一个订货间隔(订货周期),每到这个订货间隔就进行订货或通知进货的方式。这种方式有固定的时间间隔,但到达此订货或通知进货的时间时,现有的储存量每次都是不同的。所以,每次发出订货通知时都需要确定本次的进货量,每次的进货量是变化的。进货量一般是最高储存量(储备定额)与预计到达日储存量之差,也可根据消耗速度灵活确定,以保持平均储存量为一个较低的水准。

3. 双仓法。双仓法是订货点法的一种具体的、简便的形式。对被储存物,准备两个库位(或货位),每一个库位的储存量是根据计算确定的经济批量。用这两个库位储存物资。当一个库位的货发完之后,由另一库位发货,与此同时补充第一个库位,如此反复进行。这种方法的订货点以库位为标志,库位中储存物耗尽,则到达订货点。这种对订货点的标志方法非常直观,比其他方法来得简单、清晰,便于检查和管理。

二、经济批量

库存控制涉及订货的经济批量问题,即一次订货最优的批量大小。在运用上述控制存货数量的方法时,有一个如何确定经济批量的问题。经济批量的确定,是能否将存货控制在人们设定范围的关键。

经济批量受以下几个方面因素的影响。

(一)费用

在存货控制系统有以下几种可能发生的费用:

1. 总费用。它是指发生在保管中及订货中的总费用。

2. 订货采购费用。它包括采购人员的谈判费、差旅费、工资及进货、验收等费用。

3. 保管费用。它是指发生在仓库中的全部费用,如仓租费、搬运装卸费、保险费、维护费、损失丢失费、占用资金利息等因订货批量不同发生的变动费用和不变费用。

4. 存货单价。

(二)数量

1. 年存货量

2. 一次采购订货批量。

（三）费用关系

1. 年采购费用。年采购费用取决于采购次数，采购批量越小则采购次数就必然越多；相反，采购批量大，采购次数则少。而采购订货次数越少，采购订货批量越大，则费用越低。

2. 年存货费用。年存货费用取决于平均存货数量，平均存货数量越大则反映采购批量大（如图 18－6 所示），年存货需支付的费用必然高。为降低年存货费用，应尽量减少采购批量。

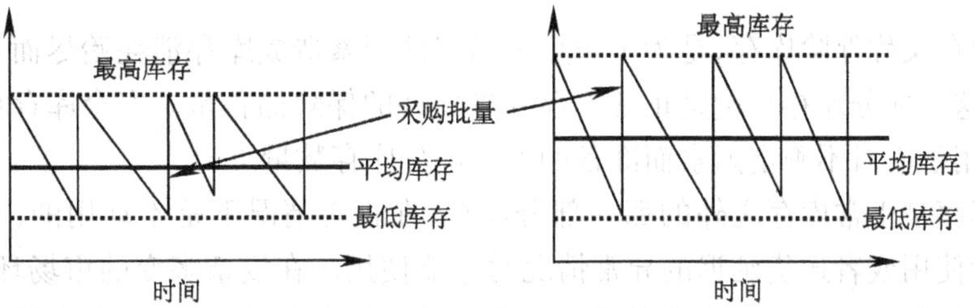

图 18－6 采购批量与平均存货量的关系

3. 年存货总费用。年存货总费用是 1，2 两项费用之和。在存货系统中，1，2 两个要素存在交替损益现象，所以，年存货总费用不是两项费用的简单加和，而是交替损益的最优结果。如图 18－7 所示。

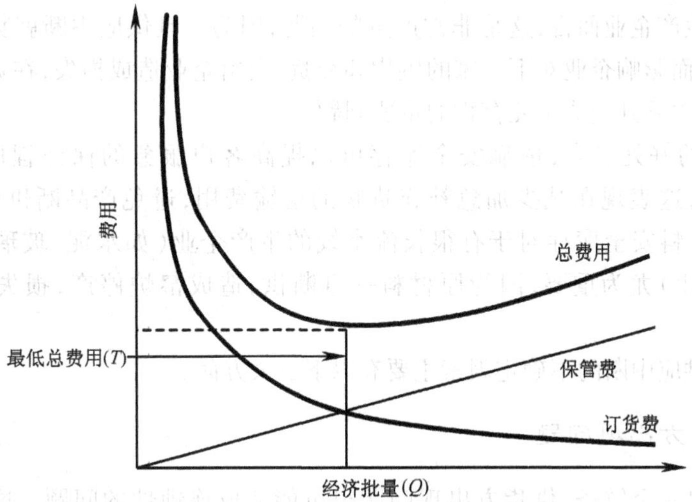

图 18－7 经济批量图示

上述经济批量，是在基本影响因素作用下的理想模式，在实际工作中会遇到许多复杂的情况，这都会影响经济批量的大小，在确定经济批量时应考虑这些影响因素。这些影响因素主要有：最低储存量不是零，而是可以允许缺货，则平均库存量会相应降低，同时还要考虑缺货损失这一系统要素；如果采购订货单价随订货量增大而可以折扣，则需考虑经济批量中未考虑到的材料成本因素。

第四节　安全库存

一、安全库存概述

安全库存又称保险库存,是为了防止不确定性因素造成库存消耗殆尽而预先准备的库存数量,这一部分库存数量是正常库存数量之外的保险储备量。安全库存比较好理解的定义是:用于应对不确定因素而准备的那一部分库存数量。

安全库存是正常库存之外的那一部分库存,在正常情况下是不动用的,只有在出现库存量过量使用或者送货延迟的异常情况时才能使用。在复杂多变的市场环境中,企业的安全库存往往跟不上环境变化的节奏,起不到应有的作用。例如:当市场需求旺盛的时候,企业产品销售火爆,就经常会出现没有库存保证供应的状况,缺货的情况很严重;而在市场萧条时,安全库存显得多余,安全库存所占领的资金也显得格外突出。

安全库存极富动态性。在社会生产、生活的各个领域,不确定因素实在是太多了,这些不确定因素对库存可能造成的影响也不尽相同。有些影响使库存消耗减慢,从而造成库存超出需要,有些影响正好相反,造成库存消耗加快,严重的情况是库存耗尽而出现供给中断。对于生产企业而言,这是非常严重的问题,因为一旦供应中断就势必影响企业的正常生产,进而影响企业对下一家的供货和交货,会给企业造成损失,在竞争激烈的市场环境下,这是关系到企业生死存亡的重要问题。

安全库存的好处多多,依靠安全库存可以提高客户服务的保证程度,从而提高客户服务水平,这表现在减少加急补充货物的运输费用,避免产品断供脱销、失去信誉。此外,原材料安全库存对于有很长流水线的生产企业(如水泥、玻璃等生产流程非常复杂的企业)尤为重要,因为原材料一旦断供,造成窑炉停产,损失会被放大万倍以上。

可能造成供应中断的不确定因素主要有以下三大方面。

(一)供货方出现问题

供应往往是一个链条,供货方出现问题很可能造成连锁性的问题。这些问题大致有:有的供货企业倒闭、停产、出事故、市场缺货、法律争端、交货误期、交货中断等等。对于受货方而言,掌握直接供给者的信息,尤其是重要供货的直接供给者的信息是必需的,也是能够做到的。一旦供货方出现了问题,可以及时做出储备方面的调整,这就不一定需要安全库存的保证。但是,如果供货方的问题非常复杂,而且出现连锁性的问题,就很难掌握,必须靠安全库存来防止造成危害和损失。

（二）物流方面出现问题

物流过程，尤其是物流的运输过程是经常容易出现问题的环节，如果供货距离过长，一旦出现问题，很难采取替代和补救措施。若干种运输方式中，又有一些运输方式本身安全可靠性比较脆弱，如海运、空运、水运。与运输相关的装卸搬运环节也经常会发生问题。因此，必须要靠安全库存来防止造成危害和损失。

（三）用户和市场方面出现问题

现代社会，企业的生存往往取决于用户和市场，所以，满足用户和市场的要求，几乎已经形成一条定律。用户和市场方面一旦出现突发性的大量需求，而企业的生产能力要满足这种需求，就必然会采取相应的对策加快生产节奏。在这种情况下，通过供应链的传导作用，企业对于上游的供货会形成突发性的、大量的需求。这一方面当然可以靠迅速增加供货方的供货量来解决；另一方面，也是安全库存发挥作用的时候。

二、确定安全库存需要考虑的因素

安全库存是库存的一部分，安全库存数量应当适当、适度。有了安全库存，就可以减小缺货的可能性，在一定程度上降低由于库存短缺而付出的成本。但保持安全库存是需要付出代价的。是否需要确定安全库存？如果建立安全库存，安全库存应保有多大的数量？这是需要进行认真权衡的问题。这种权衡首先是认识和观念上的问题，需要对一些重要的因素进行科学的比较和权衡；其次是科学决策的问题，需要进行一些科学的分析和科学的计算。确定安全库存需要考虑哪些重要的因素？原则上有以下几方面。

（一）安全库存不是可有可无

安全库存是需要保持的库存的一个种类，安全库存在正常情况下不动用，只有在库存量过量使用或者送货延迟时等异常情况下才能动用。正常运行的企业，在一般正常的情况下，安全库存会出现长期不动用的现象，这就会造成人们对安全库存的不重视，认为安全库存没有用处。安全库存的作用是“有备无患”，当然，这需要经过权衡：一再出现库存耗尽，如果会造成相当大的经济损失和客户的丧失，使企业蒙受不可挽回的损失，安全库存就是绝对必要的；如果有很多弥补和补救措施，不至于造成不可挽回的损失，所以，也可以允许一定程度的缺货，那么，安全库存是否还有必要？这是一个很困难的权衡和抉择的问题。

（二）安全库存不能绝对化

安全库存是相对的安全库存而不是绝对的安全库存。对于大多数企业来讲，不应当也不能够追求绝对安全库存，理由非常简单：那就是代价太高，企业要为绝对安全的库存付出过高的代价,企业要为这种库存付出太多的人力、物力和资金,而且这些代价会逐步地、或多或少地向用户转移。另外,所有的企业都存在经济承受能力的问题,把安全库存绝对化会超出企业的经济承受能力,当然是不可取的。

安全库存不能绝对化的另外一个重要含义是应当允许一定程度的、一定比例的缺货。当然,要对缺货的代价和安全库存的代价做出比较和权衡。应根据不同物品的价格、用途、获取方式、对于经营方面和用户的重要程度以及客户的要求,将缺货保持在适当的水平上,允许一定程度的缺货现象存在。

所以,保持安全库存的同时尽量降低安全库存应该是我们的选择。

(三)安全库存取决于企业的社会责任和承受能力

不同的企业社会责任和承受能力是不同的,有一些企业与国计民生的关系非常密切,需要保有很高的库存来完成它的社会使命,这其中也包括比较高的安全库存。在我国有不少这种类型的企业。因此,安全库存的确定首先要考虑企业的社会责任。

(四)特殊情况的较高安全库存

特殊情况下,需要有较高的甚至绝对的安全库存保障:

1. 与人的生命攸关的药品和其他医疗资源的领域;
2. 一旦发生缺货,需要付出很高的缺货成本,安全库存的付出相比来讲要小得多;
3. 服务水平要求较高,不考虑经济利益,不允许缺货;
4. 储存成本较低,多存一些也不会增加太多的成本;
5. 需求量的波动较大,只能以增加安全库存来应对。

三、安全库存的核定

安全库存的核定方法很多,有按照数理统计方法进行精确计算来确定安全库存的,也有根据简单的经验法则来确定安全库存的。本章上一节保险储备的计算方式就是其中的一种。为了应对不同的产业和不同的市场环境、不同的经营周期和经营时间,要选择相对来讲比较恰当的安全库存 。应该说,安全库存的核定没有一定之规。安全库存的确定是一种智慧,是一种经营的智慧。

(一)经典的安全库存公式

安全库存 SS 是日平均需求 d、日需求量的标准差 σ 、提前期 L(补货提前期和采购提前期)、提前期 L 的标准差 σ_L 和服务水平 CSL 的函数,故有:

$$SS = Z\sqrt{\sigma_L^2(L) + \sigma_d^2(\bar{d})^2}$$

式中:SS——安全库存;

$\bar{L}$——提前期的平均值;

$\bar{d}$——日平均需求量;

Z——某服务水平下的标准差个数;

σ_d——日需求量 d 的标准差；

σ_L—— 前期 L 的标准差。

上式虽然是经典安全库存公式，但是它在实际中应用却很有限。原因是对于实际的生产企业、商业企业和相关的政府机构来讲，需要的数据种类太多，数据量太大，数据又不可能是静态的，数据收集难度很大，需要耗费大量人力、财力，所以这个公式非常缺乏实用性，可以认为这个公式只是一个理论上的东西。

（二）建立在数理统计理论基础上的核定方法

我们可以用数理统计的方法来直接核定安全库存，数理统计理论实际上也是确定安全库存的基础性的思考方法。很多安全库存的确立，虽然并没有直接利用数理统计的分析和计算，然而其思想方法也是数理统计的思想方法。

用数理统计的方法确定安全库存，需要有一些前提的假设条件：假设在一定时期内需求是服从正态分布的；假设需求量超过库存量，库存围绕着平均消费速度发生变化，大于平均需求量和小于平均需求量的可能性各占一半，缺货概率为50%；假设需求量是连续的。这样就可以用正态分布来描述需求函数。

在核定安全库存的时候，只需关注平均水平之上的需求。也就是说，只有在需求量大于平均水平时，才需要设立安全库存。安全库存量的计算公式如下：

安全库存量 = 需求量标准正态偏差 × 需求量标准差

（三）1.5 倍原则

1.5 倍原则是可口可乐公司库存管理一个安全的存货原则。

安全存货量 = 实际销量 × 1.5 倍

建议的订货量 = 安全存货量 − 现有库存

1.5 倍原则的基本原理和基础工作都是建立在数理统计基础之上的，是人们在长期销售量统计基础上寻找规律，形成的一个很容易推广掌握的通用的原则。由于经营活动非常频繁，对于每一次的安全库存不可能不断进行计算来确定，所以，可口可乐公司的这一套办法具有非常强的实用价值。

1.5 倍原则是建立在客户上期的销量基础上而建议的本期订货和存货管理的依据。坚持遵循 1.5 倍原则进行客户存货管理，将有助于主动争取客户的订单，帮助客户减少缺货或货物积压的风险，并保证消费者随时都能够买到所需的产品，从而使客户不遗漏每次成交的机会。这个方法是建立在提高客户销量和利益基础之上的，因而能赢得客户信任，客户容易采纳。

很明显，这并不是一个普遍适用的原则，而是仅仅针对可口可乐这样的饮料商家销售库存的一个原则。它的规律性在于，在连续的前后两段紧密相接的时段中，需求均衡很少产生突变，所以可以以前一时段存货数量作为基础。如果存在一定的或者比较长的间隔期，就会不适用。

第五节 零库存

一、零库存的概念

“零库存”是一种特殊的库存概念,零库存的含义是仓库储存形式的某种或某些种物品的储存数量很低的一个概念,甚至可以为“零”,即完全不保有库存。

不以库存形式存在就可以免去仓库存货的一系列问题,如仓库建设、管理费用,存货维护、保管、装卸、搬运等费用,存货占用流动资金及库存物的老化、损失、变质等问题。

零库存是对某个具体企业、具体商店、车间而言,是在有充分社会储备保障前提下的一种特殊形式。零库存不是广义的概念而是一个具体的概念。虽然现代科学技术和管理技术可以把零库存的控制区域,从一个车间延伸到一个工厂,再延伸到相关的社会流通系统,但是在整个社会再生产的全过程中,零库存只能是一种理想,而不可能成为现实。没有社会储备的保障,没有供大于求的经济环境,微观经济领域的零库存是很难实现的。

二、零库存的实现方式

零库存有以下两种实现方式。

(一)依靠新的生产力,以技术手段实现零库存

采用新的技术装备和生产工艺,例如,把“岛式”生产改为连续生产方式,采用轮动式的生产线,可以在整个生产流程的过程中,实现环节之间、车间之间的零库存。

(二)依靠调整生产关系,以管理手段实现零库存

采用诸如物流联盟、供应链等企业协作的方式,采用配送的方式,采用看板管理方式等等,依托于信息技术,依靠准确的计划衔接,可以实现制造企业内部的、企业内部与外部的、社会流通系统某些环节的零库存。

三、不同领域的零库存

零库存可以在销售系统的销售库存、供应系统的供应库存、生产系统的生产库存、储备系统的储备库存以及社会流通系统的流通库存中实现。无论哪个领域的零库存,都需要有一定的社会经济条件和市场条件的支持。

（一）销售领域的销售零库存

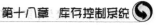

一般来讲，在买方市场环境下，产品的供给量总是要大于或略大于产品的需求量，以充足的商品去开拓市场和占领市场。一旦缺货，市场份额就会被竞争对手所占有。因此，保持一定的销售库存，不仅在产品供给过剩的前提下不可避免，也是市场竞争的需要。所以，在这种市场环境下，一般不可能实现销售系统的零库存。

实现销售领域的销售零库存，需要依靠求大于供的市场环境，这种市场环境可能在以下几种情况下形成：

1. 计划经济时期的卖方市场环境。由于短缺经济的主导作用，处于物资短缺的状况下，企业可以不保持销售库存。

2. 对于稀缺资源，采取控制的办法创造短缺的环境。这种方式即使在市场经济的买方市场条件下，也可以依靠管理来实现销售的零库存。

（二）供应领域的供应零库存

在买方市场环境下，由于产品供大于求，买方有主导权，就可以设计出各个领域供应的零库存。这个零库存的前期条件是要有充足的社会供应保障。当然，现代化的管理方法和科学技术手段是不可缺的。

（三）生产领域的生产零库存

生产零库存的前提条件，也是应当有一个外部供应的保障。在这种环境下，生产过程中才可以采用先进的工艺技术实现零库存。

（四）社会流通领域的流通零库存

具有供、销双重职能的社会流通领域，是实现零库存难度较大的一个领域，也是第三方物流、供应链等先进流通方式的奋斗目标。

（五）储备领域的储备零库存

一般认为，储备领域是不可能实现零库存的领域，除非出现了异常的储备枯竭。但是，如果采用无库存储备等特殊方法也可以实现零库存。

四、实现零库存的主要方式

供应链物流、第三方物流和其他的新型物流系统，都把零库存服务作为对客户服务的一项重要的形式。企业为了降低成本，在自已组织物流系统时，也把零库存作为降低成本、提高整个经营水平的一项工作。资源计划方法可以实现零库存的计划，但是，零库存的实现必须依靠有效的实物物流系统，只有计划方法是不够的。

具体实现零库存的方式有以下几个。

(一)委托保管方式

委托保管方式是接受用户的委托,由受托方代存代管所有权属于用户的物资,从而使用户不再保有库存,甚至可不再保有保险储备库存,从而实现零库存。

这种零库存形式的优势在于:受委托方利用其专业的优势,可以实现较高水平和较低费用的库存管理,用户不再设库,同时减去了仓库及库存管理的大量事务,集中力量于生产经营。但是,这种零库存方式主要是靠库存转移实现的,并不一定能使库存总量降低。所以,从一个单独的企业来讲,实现了零库存,但是从系统角度来讲,这并不是真正的零库存。

(二)协作分包方式

协作分包方式即美国的“sub - con”方式和日本的“下请”方式。其来源是制造企业的一种产业结构形式,这种结构形式可以以若干分包企业的柔性生产准时供应,使主企业的供应库存为零;同时,主企业的集中销售库存使若干分包劳务及销售企业的销售库存为零。

在许多发达国家,制造企业都是以一家规模很大的主企业和数以千百计的小型分包企业组成一个金字塔形结构。主企业处于核心的角度进行大规模的整合,主要负责装配最终产品,形成品牌并且进行产品市场开拓;分包企业各自分包劳务、分包零部件制造、分包供应和分包销售。例如,分包零部件制造的企业,可采取各种生产形式和库存调节形式,以保证按主企业的生产速率,按指定时间送货到主企业,从而使主企业不再设一级库存,达到零库存的目的。

主企业的产品(如家用电器、汽车等)也分包给若干推销人或商店销售,可通过配额、随供等形式,以主企业集中的产品库存满足各分包经销者的销售,使分包经销者实现零库存。

(三)轮动方式

轮动方式也称同步方式,是在对系统进行周密设计的前提下,使各个环节速率完全协调,从而根本取消甚至是工位之间暂时停滞的一种零库存、零储备形式。这种方式是在传送带式生产的基础上,进行更大规模延伸形成的一种使生产与材料供应同步进行,通过传送系统供应从而实现零库存的形式。

(四)准时供应系统

在生产工位之间或在供应与生产之间完全做到轮动,这不仅是一件难度很大的系统工程,而且需要很大的投资,同时,有一些产业也不适合采用轮动方式。因而,比轮动方式有更多灵活性、较容易实现的准时方式被广泛采用。准时方式不是采用类似传送带的轮动系统,而是依靠有效的衔接和计划达到工位之间、供应与生产之间的协调,从而实现零库存。如果说轮动方式主要靠“硬件”的话,那么准时供应系统则在很大程度上依靠

"软件"。

(五)看板方式

看板方式是准时方式中一种简单有效的方式,也称"传票卡制度"或"卡片"制度,是日本丰田公司首先采用的。在企业的各工序之间,或在企业之间,或在生产企业与供应者之间,采用固定格式的卡片为凭证,由下一环节根据自己的节奏,逆生产流程方向,向上一个环节传递卡片,指定供应,从而协调关系,做到准时同步。采用看板方式,有可能使供应库存实现零库存。

看板方式是电子信息化时代之前一种非常有效的信息传递方式,这种方式一般来讲不能进行远程的信息沟通,采用看板方式实现的零库存,基本上是在相近企业之间、企业内部的工序之间发生作用。

(六)"水龙头"方式

"水龙头"方式是一种像拧开自来水管的水龙头就可以取水而无须自己保有库存的零库存形式。这是日本索尼公司首先采用的。这种方式经过一定时间的演进,已发展成即时供应制度,用户可以随时提出购入要求,采取需要多少就购入多少的方式,供货者以自己的库存和有效供应系统承担即时供应的责任,从而使用户实现零库存。适于这种供应形式实现零库存的物资,主要是工具及标准件。

(七)无库存储备

国家战略储备的物资,往往是重要物资,战略储备在关键时刻可以发挥巨大作用,所以几乎所有国家都要有各种名义的战略储备。由于战略储备的重要,一般这种储备都保存在条件良好的仓库中,以防止其损失,延长其保存年限。因而,实现零库存几乎是不可想象的事。无库存的储备,是仍然保持储备,但不采取库存形式,以此达到零库存。例如,有些国家将不易损失的铝这种战略物资做成隔音墙、路障等储备起来,以备万一,而在仓库中不再保有库存就是一例。

(八)配送方式

配送方式是综合运用上述若干方式采取配送制度保证供应,从而使用户实现零库存的方式。

五、配送方式的零库存

配送方式可以通过以下组织及运营形式实现一般用户和企业用户的零库存。

(一)配送企业以自己的集中库存保证用户的零库存

由配送企业进行集中库存,取代原来各个生产企业的分散库存,是配送形式可以使一般用户和企业用户实现零库存的根本原因。但是,这种零库存的实现并不在于集中库存的形式,如果这种库存结构的改变带来的不是好效益,不伴随效益的提高,就会使形式本身出现危机并进一步否定集中库存。

实际上,配送的优势不仅在供应,同时也在库存的改变,配送以较低的集中库存总量取代了较高的分散库存总量,同时又提高了供应保证程度,这是配送可以实现用户的供应零库存的重要原因。

(二)配送如何实现零库存

1. 以“多批次、少批量”的送货,使用户企业的经常储备平均库存趋近于零。由于配送企业是向多个企业送货,可以集中多个企业的需要,在凑整运输工具保持运输效益的同时,大幅度降低每个企业的一次供应批量,这种供应批量小到可以直达工位或者平均储备很低,不必当成库存考虑。采用这种方法,可以使企业的库存结构中数量最大的经常储备实现零库存。

2. 利用配送企业在流通领域中广泛的社会联系和集中库存调节功能较强的优势,使用户企业的保险储备库存趋近于零。保险储备库存的目的,是应付各种意外的事变。“天有不测风云”,很明显,以单个企业来应付不测之风云,能力总是有限的。配送企业的总库存,对任何单个企业来讲,都形成了比原单个企业保险库存大得多的保险库存,因而为各个企业提供的安全系数要大得多。

此外,由于配送企业面向许多企业,其集中库存的种类,显然也比任何单个企业所能保有的品种多得多,这也使安全保障增加。再有,一旦出现配送企业的库存也提供不了安全保证的情况,利用配送企业的广泛社会联系,也易于形成紧急供应体制。所以,配送的集中库存可以实现用户企业保险库存的零库存。

3. 配送企业通过自己强有力的供应保证,可使用户企业根本不出现呆滞库存和超储备库存。呆滞库存及超储备库存的出现,是缺乏供应保证所不可避免的,如果通过配送使供应保证程度提高,自然会实现呆滞库存及超储备库存的零库存。

4. 配送企业通过自己的有效服务,采取即时配送、准时配送等多种服务形式,保证用户企业的临时性、偶然性及季节性需求,从而解脱企业其他各种库存压力,实现零库存。

(三)配送形式与其他各种零库存形式的比较

各种零库存形式都有其特点和应用的优势范围,在各种形式中,影响面较大、应用广泛程度较高的主要有配送方式和协作分包方式。目前,协作分包方式主要应用于制造企业之间,在许多发达国家中有很广泛的应用,其历史也较之配送方式长一些。但是这种方式社会化程度较弱,供应弹性往往较低,承担风险的能力也较差,尤其是一旦形成连锁企业之后,供应的互相依赖程度过强,缓冲及调节能力较差,远不如配送方式。

配送方式广泛适用于生产企业及商业企业,其配送的种类限制不大,适用于多种工农业产品,尤其适用于初级产品和品种规格复杂的产品,再加上这种形式供应弹性较高,缓冲及调节能力较强,因而其适用范围比协作分包方式更为广泛。

配送方式与其他方式比较，已逐渐形成了一种体制，而不单是一种方法。从规模、范畴、作用及涉及面来看，在几种零库存方式中，配送及协作分包具备形成体系制度的条件，因而它们对零库存的实现是稳定的。

配送作为一种综合的形式，可以容纳及吸收其他各种方式的优点，从而融汇各家之长。例如：配送时间可以采用准时系统的方式，使配送和准时系统结合起来；配送企业与用户之间可以采用看板方式等，以保持同步节奏；配送服务职能的增强及配送手段的强化，也能使配送与“水龙头”式即时供应结合起来，不但实现计划的、准时的、定量的配送，而且能以随时、即时的配送补充。所以，比较起来，配送比之其他种方式，在实现零库存方面有更广泛的应用领域。

第十九章 地域物流系统

第一节 企业物流系统

一、企业物流的概念及范畴

（一）企业物流的定义

关于企业物流的内涵及范畴，还存在许多不同的看法。按照国家标准 GB/T 18354—2001 的定义，企业物流是“企业内部的物品实体流动”。这个定义和生产物流的定义在范畴上完全重叠，只是表述方式不同，它对企业物流范畴的定义过窄。

本书的理解为：企业物流是以企业经营为核心的物流活动，包括发生在企业内部和企业外部的相关物流活动。

企业物流是具体的、微观物流活动的典型领域。

（二）企业物流的范畴

企业系统活动的基本结构是投入—转换—产出，对于生产类型的企业来讲，是原材料、燃料、人力、资本等的投入，经过制造或加工使之转换为产品或服务；对于服务型企业来讲，则是设备、人力、管理和运营转换为对用户的服务。物流活动便是伴随着企业的投入—转换—产出而发生的。相对于投入的是企业外供应或企业外输入物流，相对于转换的是企业内生产物流或企业内转换物流，相对于产出的是企业外销售物流或企业外服务物流。企业的投入、转换、产出关系以及与之对应的物流如图 19 - 1 所示。

由此可见，在企业经营活动中，物流渗透到其各项经营活动之中。

二、企业物流的分类

（一）按企业性质不同分类

按企业性质不同，有不同种类的企业物流。

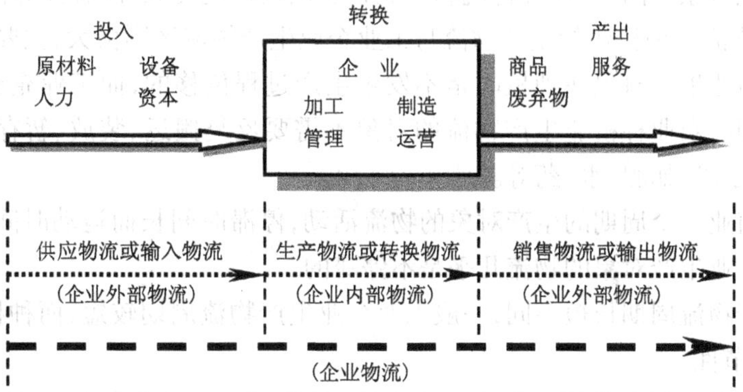

图 19-1 与企业经营对应的物流

1. 工业企业物流。工业企业物流是对应工业生产经营活动的物流,这种物流有四个子系统,即供应物流子系统、生产物流子系统、销售物流子系统及废弃物物流子系统。

工业生产企业种类非常多,其物流活动也有差异,按主体物流活动的区别,可大体分为四种类型:

(1)供应物流突出的类型。这种物流系统,供应物流突出而其他物流较为简单,在组织各种类型工业企业物流时,供应物流组织和操作难度较大。例如,采取外协方式生产的机械、汽车制造等工业企业便属于这种物流系统。一个机械的几个甚至几千个零部件,有时来自全国各地,甚至外国,这一供应物流范围既大,难度也大,成本也高,但生产成一个大件产品(如汽车)以后,其销售物流便很简单了。

(2)生产物流突出的类型。这种物流系统,生产物流突出而供应、销售物流较为简单。典型的例子是生产冶金产品的工业企业,供应的是大宗矿石,销售的是大宗冶金产品,而从原料转化为产品的生产过程及伴随的物流过程都很复杂,有些化工企业(如化肥企业)也具有这样的特点。

(3)销售物流突出的类型。例如,很多小商品、小五金等,大宗原材料进货,加工也不复杂,但销售却要遍及全国或很大的地域范围,是属于销售物流突出的工业企业物流类型。此外,如水泥、玻璃、化工危险品等,虽然生产物流也较为复杂,但其销售时物流难度更大,问题更严重,有时会出现大事故或花费大代价,因而也包含在销售物流突出的类型中。

(4)废弃物物流突出的类型。有一些工业企业几乎没有废弃物的问题,但也有废弃物物流十分突出的企业,如制糖、选煤、造纸、印染等工业企业,废弃物物流对企业生存有决定性的影响,因而,特别需要重视解决废弃物物流的问题。

2. 农业生产企业物流。农业生产企业实际上有两种性质不同的企业:农产品加工企业和农业种植企业。其中,农产品加工企业的性质及对应的物流与工业企业是类似甚至是相同的。更具备特点的是农业种植企业,这种企业的物流是农业生产企业物流的代表,农业种植企业的四个物流系统的特殊性是:

(1)供应物流。其以组织农业生产资料(化肥、种子、农药、农业机具)的物流为主要内容,除了物流对象不同外,这种物流和工业企业供应物流类似,没有大的特殊性。

(2)生产物流。种植业的生产物流与工业企业生产物流区别极大,主要区别是:

第一,种植业生产对象在种植时是不发生生产过程位移的,而工业企业生产对象要不断位移。因此,农业种植业生产物流的对象不需要反复搬运、装放、暂存,而存在物流活动的是劳动手段,如肥、水、药等。

第二,种植业一个周期的生产对象的物流活动,停滞时间长而运动时间短,最大的区别在于,工业企业生产对象的物流几乎是不停滞的。

第三,生产物流周期长短不同,一般工业企业生产物流周期较短,而种植业生产物流周期长且有季节性。

(3)销售物流。销售物流以组织农业产品(粮食、棉花等)的物流为主要内容。销售物流的一个很大特点是,其诸功能要素中,储存功能的需求较高,储存量较大,且储存时间长,"蓄水池"功能非常突出。

(4)废弃物物流。种植生产的废弃物物流也具有不同于一般工业企业废弃物物流的特殊性,尤其是粮食种植业,主要表现在,以重量计,其废弃物物流的重量远高于销售物流的重量。

3. 商业批发企业物流。商业批发企业物流是以批发据点为核心,由批发经营活动所派生的物流活动。这一物流活动组织大量物流对象运进以及组织总量同量物流对象物的运出,但是批量变小、批次变多。在批发点中的转换是包装形态及包装批量的转换。

商物合一型的批发企业和商物分离型批发企业的上述物流过程是同样存在的,只是发生的地点有所区别,一种是商物合一的据点,另一种是独立的物流据点。

不同地位的批发企业物流有所不同,主要有两种类型:

(1)大型企业销售网络中的批发企业。这种批发企业面对固定的零售网点或固定的生产型、消费型用户,其物流特点是销售物流网络固定,因而网络组织完善,销售物流有有效的规划和组织,水平较高。

(2)独立批发企业。这种批发企业依靠本身经营和市场开拓同步组织物流活动,用户有很强的不确定性,因而销售物流难以形成固定渠道和网络。

4. 配送企业物流。它是以配送中心为核心的由配送活动组成的物流。这一物流的主要特点是配送中心内部的分货、拣选、配货等物流活动,这是和生产物流非常不同的、有特点的物流活动。

关于配送,本书已有详尽的介绍,请读者参阅。

5. 商业零售企业物流。它是以商业零售商店或零售据点为核心的、以实现零售销售为主体的物流活动。不同商业零售企业所伴随的投入、转换、产出的物流活动有一定区别,主要有以下四种类型:

(1)一般多品种零售企业。这种类型的企业,其物流取决于它的零售方式所产生的供应需求,重点在于多品种、小批量、多批次的供应物流。这种物流一方面可保证零售企业的销售,保证不脱销、不断档;另一方面则是保证商业零售企业不以库存支持这种方式的销售。所以,其供应物流是多品种零售企业突出的物流,企业内部物流的关键则是降低库存以保证最大的售货面积,库存少占用场地,尤其在“黄金地域”的零售企业,其物流更要强调这一点。

习惯上消费者在零售商店购物后,由自己完成从零售商店到家庭的物流,所以,一般零售企业的销售物流,主要是大件商品的送货和售后服务。所以,销售物流不是这种类型商业企业的主要物流形态。

(2)连锁店型零售企业。这种企业的物流特点集中于供应物流,和一般零售企业供应物流不同,连锁店的销售品种是相同的、有特色的,其供应物流是由本企业的共同配送中心完成的。

(3)直销企业。这种企业的物流特点是重点集中于销售物流,销售物流决定了销售业绩。由于直销企业通过直销手段的品种不可能很多,因而它的供应物流及企业内部物流较简单。

(4)电子商务零售企业。利用网络信息平台,在网上实现销售的电子商务零售企业,其绝大部分采取送货的方式将售出的商品送达消费者,因此,这种类型的商业零售企业,其销售物流是有特点的、主体的物流形态。所采取的物流形式有:

第一,利用配送网络进行送货。这是直接到消费者的“户”的配送,因此,更是属于小批量的物流形态。

第二,利用普通邮政投递。对极端分散、需求量小而且地域分布广阔的用户,电子商务零售企业很难建立配送网络,由于普通邮政覆盖面广,可以适用于小规格、小重量货物的送达。

第三,利用快递投递。

(二)按物流目的不同分类

按物流本身的特点、性质及目的不同分类,企业物流可以分为:供应物流、生产物流、销售物流、废弃及回收物物流四大类。

三、企业的供应和销售物流

(一)概念

1. 供应和供应物流。所有的组织,无论是行政性的、事业性的组织还是企业性的组织,为了本身的生产、工作和生活的目的,都需要通过购买和其他方式,取得所需要的物品,这就是采购及供应;而且需要将这些物品按照要求的数量、品种、规格、质量、时间和空间配置到位,实现供给者到用户之间的实体流动,这就是供应物流。

对于供应链来讲,供应和供应物流发生在所有上下游企业之间。对于最终端的用户来讲,这种供应是一种接力式的,是在买方市场的前提下,由最终用户拉动的接力赛式的供应。

2. 销售和销售物流。生产企业、流通企业都需要把自己生产或者购进的商品销售出去,伴随而发生的物流就是销售物流。

(二)供应和销售物流系统的构筑

供应物流和销售物流介于供给者与用户之间,有两种基本形态,如图 19-2 所示。

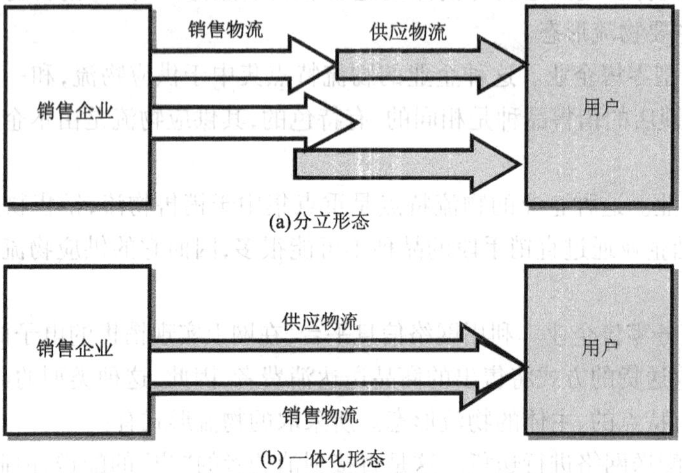

图 19-2 供应物流和销售物流的两种基本形态

1. 供应物流和销售物流分立形态。销售企业的销售物流和用户的供应物流是两个独立的物流系统,分别承担相关的销售和供应任务,两个系统在某一位置实现衔接,或者在一定范围实现交叉性衔接,通过两个独立的、任务不同的系统完成销售者和用户之间的物流衔接,如图 19-2(a)所示。

2. 供应物流和销售物流一体化形态。同一个物流系统,不但实现销售者的销售物流,而且实现用户的供应物流,使销售物流和供应物流一体化,如图 19-2(b)所示。

这种状况在供应链物流系统中非常普遍,在产业配送领域、电子商务领域也是主导的物流形态。物流具有双重的身份:对供应者来讲,是供给者的销售物流;对于用户来讲,是用户的供应物流。对供给者来讲,最理想的是按照本身对产品销售的需求来构筑销售物流系统;对于用户而言,最理想的是按照本身的供应需求来构筑供应物流系统。两者之间必定会出现矛盾。一项物流具有两种功能形态,必须满足两种类型物流的需求,这就需要在两者之间寻求一种均衡。但是很明显,双方的力量不会是均等的,其结果必定是在某一种力量的主导下来构筑,是在某一种力量主导下的均衡。

不同市场条件下销售和需求方的地位是不同的,因此,供给者和需求者之间物流构筑的主体力量和构筑方式就会有所区别。在卖方市场的前提下,供给者具有主导权,因此,必定是以供给者的销售物流为主导对系统进行构筑,销售物流的构筑具有主动权而供应物流则是被动的;在买方市场的环境下,用户具有主导权,因此,必定是以用户的供应物流为主导对系统进行构筑,在这种环境下,供应物流的构筑具有主动权,而销售物流则是被动的。

四、物流系统模式

（一）销售物流系统模式

销售物流系统模式是企业销售策略的一部分，支持和服务于企业的销售。产品采用何种销售物流方式，取决于企业如何进行销售经营。其大体有以下几种模式：

1. 大宗、大量销售的物流模式。配合大量销售的物流模式主要是两端有库存支持的大量直达的物流模式。通过大量物流取得低成本，但是必须有集货、分货等衔接的过程，这只能通过库存来实现。在买方市场的环境下，为了不失去市场机会，也需要保持库存。这样一来，大宗、大量销售的物流模式必然是比较粗放的物流模式。

2. 多品种配送销售的物流模式。配送系统（配送中心至连锁商店、配送中心至用户）销售方式属于多品种配送销售的方式，相应的物流模式则是多品种、多批次、小批量的物流。这种物流模式具有精益的性质。

3. 商业门店销售物流模式。虽然商业门店销售也不是没有可能进行大量的销售，但是，商业门店销售是以小量销售为主体。这种销售方式的物流模式往往是伴随顾客购买的取货模式，是商物一体化的物流模式。也有一定数量的专门送货的物流形式，但是这需要付出较高的成本，很难对送货物流进行优化，大多是对不在乎成本负担而要求高服务水平的贵宾级人物（VIP）进行销售的物流模式。

4. 无店铺销售的物流模式。无店铺销售有两种基本方式，其物流模式也有所不同。

第一种是商物分离的方式。电子商务、邮购、电话购物、直销等销售就是属于这种类型的无店铺销售。它不是从店堂进行销售，而是一种虚拟的商业销售，但是其物流却是实实在在的，所采取的物流模式是库存支持的送货模式。送货的组织者可以利用第一方（销售者）所建立的配送或者送货网络，进行送货物流；也可以利用邮政、快递的社会物流系统或者有专门协议的第三方物流企业承担送货物流。实际上，邮政、快递的形式也起到第三方物流的作用。

第二种是商务合一的方式。流动销售、商品展示会销售是属于这种类型的无店铺销售。在买卖双方商业交易完成之后，也同时完成了从卖方到买方的物流。

（二）供应物流系统模式

1. 大量供应的物流模式。大量供应的物流，从用户来讲，低成本是关键。在买方市场环境下，用户又有很大的主导权力，因而用户尽量不保持供应库存，而是严格要求供应商保持用户可以接纳的供应节奏。

2. 集中采购供应的物流模式。现代社会，无论是大的用户还是供应链，都需要从采购环节开始致力于降低成本、增加竞争力。尤其是制造业，有资料显示，一般制造业在原材料、零部件以及维修保养上所花的费用为销售额的50%以上，所以，集中采购是降低这一成本的有效方法。集中采购并不一定要实行集中物流，因为这样一来必然会加大物流的成本，尤其是储存成本。所以，配合集中采购的物流模式，是有精确计划的分散物流模式。按集中采购时所制定的分时期、分品种、分规格的计划,实行准时物流。

3. 准时供应的物流模式。准时供应是买方市场环境下,由用户拉动所形成的一种物流方式,准时的目的是和用户的消耗节奏对接。

4. 零库存或者低库存供应的物流模式。在买方市场环境下,用户的主导作用也反映在可以实现零库存或者低库存,以尽量减少库存消耗和资金的占用。

5. 取货的供应物流模式。在买方市场环境下,必然广泛采取用户能够满意的送货服务,但是,如果用户认为取货有利于本身生产成本的降低,取货式的物流也不失为一种选择。当然,一旦出现短缺,用户的主导地位变成被动地位,取货式的物流必然成为主导形式。

五、企业物流的外部化

(一)物流业务外部化的含义

企业物流的外部化,是把企业物流的运作外包给专业化的社会物流企业,而不是由生产企业本身去进行实际的运作。企业物流外包主要是两个领域:供应物流和销售物流。

(二)物流业务外部化的主要原因

企业物流外包主要有两个原因:一个原因是企业追求自己的核心竞争能力,将涉及企业非核心竞争能力的业务部分外包,可以实现"轻资产运行",便于减轻企业负债和简化企业管理;另一个原因是,社会上有专业的物流企业,这些物流企业不但有渠道、有网络、有设施,能进行高质量的专业化运作,更重要的是,它们可以取得规模运作的低成本效益,有助于企业降低自己的成本。

当然,物流业务的外包还有许多其他方面和层次的因素,可以参阅本书有关第三方物流章节的内容。

(三)物流外包的决策

企业物流外部化与否,并没有绝对的标准和绝对的趋势,不存在"一包就灵"的问题,也不能说企业自营物流就是一种小生产观念。归根到底,还要看企业物流外部化是否对企业发展有利。

企业物流外部化与否,还要根据实际情况作具体分析:在局部物流业务量足以成规模的情况下,自营物流可以取得规模效益,那么,自营也不失为一种明智的选择。在总体业务量足以成规模的情况下,企业大规模建设建立物流系统,可以全面获得规模效益带来的好处,自然,在这种情况下,不将物流业务外部化,而留给自己去做,更是明智的选择。这就是美国的沃尔玛公司为什么有如此庞大的物流系统的重要原因。

第二节 供应链物流系统

一、供应链的基本概念

由于供应链的解释在国内外尚有分歧,这里介绍其中的一些看法。

第一,国家标准《物流术语》的定义:供应链是在“生产及流通过程中,涉及将产品或服务提供给最终用户所形成的网链结构”。

第二,《供应链管理》专著对于供应链的定义是:供应链是围绕核心企业,通过对信息流、物流、资金流的控制,从采购原材料开始,制成中间产品以及最终产品,最后由销售网络把产品送到消费者手中的将供应商、制造商、分销商、零售商直到最终用户连成一个整体的功能网链结构模式。

第三,美国有的学者的定义是:通过增值过程和分销渠道控制,从供应商的供应商到用户的用户的流就是供应链,它开始于供应源点,结束于消费的终点。

第四,可参考的定义还有:供应链是由三个或更多组织构成的一个体系,通过一个或多个上行和下行流程将产品、服务、金融和信息从供应者传送至消费者。

所有关于供应链的定义中,几乎都没有提到供应链所存在的社会和环境。因此,很容易给人一个错误的理解,那就是供应链是历史长久的一种存在。因为根据上述若干的定义,例如上下游关系、渠道控制、网链结构模式、链条利益等等,都不是现在才有的,而是历史性的东西。但是,为什么在过去没有出现供应链这种观念和形态组织,而单单在今天出现了呢?所以,供应链还有一个非常基本的东西,那就是现代社会买方市场的社会环境,供应链是这种环境更深化、更成熟的一个环境产物。这里面有两个关键问题:

一是买方市场环境。只有在买方市场环境的前提下,需求方具有了主导权,才有了向上拉动形成供应链的力量和可能性。

二是买方市场更成熟、更深化的环境。只有在成熟的、深化的买方市场下,买方才不仅仅考虑自己的利益,而是考虑双赢、多赢的利益,也就是说考虑战略发展的利益,在这种前提下,才有整合供应链的可能性。

二、供应链系统目标

把供应链看成是一个系统,随着市场需求的不同有不同的结构,也取决于企业的发展战略,不同企业本身构筑的供应链和参与构筑的供应链,其系统规模和系统的结构也不相同。

供应链没有一个一成不变的确定模式,不同的供应链系统在构筑时要根据需要确定供应链系统目标。可以有以下几种选择:

第一,将某产品或服务的社会再生产全过程作为一个大规模的供应链,其系统目标是这个产品或服务的全面提升。有关麦当劳的案例可以说明这个问题,它的供应链构筑不单是为了增加利益或者降低成本,而是通过麦当劳供应链的构筑,提升麦当劳的服务。

这种系统目标,可以应用于国民经济之中某一行业或某一主导产品的从原料的原料开始到用户的用户结束全过程的产业升级。

第二,以实现用户要求的供应服务水平构筑供应链。这种供应链系统,应当对用户所提出的服务要求进行抽象、归纳而确定出系统目标。例如,上海通用汽车提出零库存供应的要求,中远集团以此作为系统目标进行供应链的构筑。

这种系统目标所构筑的供应链有比较广泛的实用性。其主要原因是,在买方市场环境下,用户可以提出通过供应链来优化本企业供应的要求,并且得到这种服务。

第三,以强化本企业的销售构筑供应链。买方市场环境下,一个企业的产品销售,实际上是对多个用户的供应服务,通过这种服务来实现本企业的销售进而达到本企业经营目的。这种供应链必须要满足许多用户在购买这个企业产品时所需要的服务,有时候是"众口难调",但若干用户总有一些共同的要求,这些共同要求就成为构筑这种类型供应链的系统目标。

一般来讲,用户的共同要求可以归纳成:时间的保证、数量的保障和低成本的配送到户。

三、供应链的特点

(一)供应链的时代性

如今的供应链已经可以实现大范围的、系统的、优良的服务,但是,过去这个愿望是很难实现的。虽然人们也开发了资源计划方法、经济批量方法、准时供应方法、配送方法等,但是,这些服务的方式虽然可以做到和用户直接衔接那一段的优化,却很难继续向前、向后延伸,一个主要原因是信息技术的制约。一个连贯的社会再生产过程,其中所有环节的信息都是封闭的,即使运用第二次世界大战以后形成的系统工程的思想方法,也很难将全过程优化。

网络经济时代的信息技术,尤其是互联网这个公众平台的形成,使信息跨越过去封闭的界限进行传递成为可能,也使信息共享成为可能,使供应链从过去两个环节之间的短链延伸成跨越整个社会再生产的长链成为可能。这就是供应链的时代特点。

(二)供应链的远程性

供应链的出现和经营运作的远程化有关。20 世纪 80 年代之后,经济全球化的步伐大大加快,大工业化时代的专业分工向国际分工深化,一个产品从原材料的原材料开始,到用户的用户为止,原材料来自全世界,生产协作企业分布于全世界,用户需求遍布于全世界,这种远程化的结果,是需要有新的供应方式。

即使是新的供应方式,例如配送方式,大体在一个城市和一个区域内可以实现,远程化之后,配送的构筑方式就不能适应新的要求。现在人们探索出用供应链来解决这个问题，相信将来还会有更新、更好的方式。远程化应当是供应链的一个非常重要的特点。但如果仅在一个小范围的区域之中，那么构建供应链的意义就不大了。

现在多数成功运作的供应链是跨越许多国家的国际供应链，因此，远程性的另一种表述就是具有跨国性。

(三)供应链的复杂性

正是因为供应链具有远程性，供应链的构筑一改以往企业远程经营时所习惯运用的托拉斯体制，而在每一个环节都要根据横向择优的原则，选择多个协作企业，整个供应链不但有很长的链节，而且有多个结点。同时，供应链的跨国性也决定了它所涉及的人文条件、地理条件、法律条件、技术条件等各方面的差异，使之成为空前复杂的一个系统。虽然过去的物流系统也具有复杂性，但是其复杂程度无法与供应链相比。

(四)供应链的择优性

供应链的构筑一反传统的思维模式，供应链不是传统认识所形成的“建立牢固的供需关系”、“固定产需衔接”方式，也不是在流通领域广泛应用的固定的连锁关系，而是一个随时在择优、优化的系统。供应链的结点企业不是“从一而终”，而是根据自己的核心竞争能力，不但作为这个供应链的某一链结或结点，同时也是另一个供应链的链结或结点。供应链的各个链结或结点，也要根据供应链目标的转变、服务方式的改变而改变，往往以更适合的企业来更换、代替。

供应链的这种择优性，就决定了它是一个处于动态之中的、不断发展中的“链”。

(五)供应链的虚拟性

供应链是以网络信息技术为纽带建立起来的，是虚拟经济的一个典型应用。供应链实际上是一个虚拟的大企业，它所做的事情，过去是要依靠一个集团企业、一个托拉斯的实体企业去做，现在则是靠一种协作的组织，这个协作的组织具有相对稳定性，并不是一个有确定机构、确定组织和确定经营目标的大企业，这就是它的虚拟性所在。

供应链虚拟性的一个最大优势，是可以通过组织协作的方式，依托信息网络的支持，使这个“虚拟企业”总是保持着很高的竞争能力，因为供应链的参与企业，都是以核心竞争能力的优势进入供应链的，供应链的动态性又使得构筑供应链的企业不断地“优胜劣汰”，不断更新，以保持供应链企业总是由具有强大的核心竞争能力的企业构筑而成。这是一个实体企业根本没有办法做到的。

四、供应链管理

(一)供应链是管理的产物

与经济领域其他各系统不同，一个生产企业，一个具体的流通企业，都是一个统一的经济实体，按照企业制度进行领导、控制和管理。这种企业系统是一个紧密型的系统。

供应链则不同,供应链实际上是一个管理的产物而不是一个投资的经济实体,供应链的全部生命力在于管理。

(二)管理在供应链中的作用

1. 供应链的构建要依靠管理。按照一定的管理约定,企业成为供应链的一个成员,一个供应链是由若干企业协议组成的,整个供应链的运作必须要有共同的约定,这是管理的范畴。

2. 企业核心竞争能力的横向组合要通过管理。整个供应链的构筑,需要确定各个环节的职能,依据这一点选择具有这方面核心竞争能力的企业,这些企业横向以“供应”这一职能为纽带,实行联合,完成产品的纵向转移。这个过程,无论是核心竞争能力企业的选择,还是横向联合的实现,都需要通过管理完成。

3. 整个供应链信息的畅通和共享需要依靠管理。拆除供应链各个链结的信息壁垒,是信息畅通的重要手段,用信息将整个链条联结起来,需要信息资源的共同配置和信息成果的共享,这也只能依靠管理来实现。

4. 整个供应链各环节企业利益的平衡要依靠管理。解决供应链内部“效益背反”的问题,解决各结点利益合理分配的问题,是供应链能够构建的关键因素。这一点必须通过管理来协调。

5. 供应链运转的控制要依靠管理。一个远程的、复杂的供应链,在运转过程中会出现许多问题,而这些问题又不可能采用企业内部决策层进行决策的方法来解决,只能通过管理进行信息的协调和沟通,用协议的方法来解决冲突而实现整个供应链的有效控制。

(三)供应链的构建

供应链的构建不是依靠投资进行整个系统的建设而完成,而是依靠管理。通过供应链管理进行供应链的构建的一般步骤如下:

1. 确定供应链系统目标。此点如前所述。

2. 确定供应链主导企业。供应链构建的主导企业,可以是要求提供供应服务的生产企业,可以是通过销售开拓市场的生产或流通企业,也可以是受委托的第三方物流企业。

从现在的情况来看,第三方物流企业成为供应链主导企业的发展势头非常强劲。

3. 决定供应链的各个环节。按照目标确定实现这个目标应当有哪一些环节。按照目标要求不同,供应链延伸的程度也不同,因此供应链各环节会有比较大的差别。

4. 选择供应链各环节的主体企业。按照具备这个环节核心竞争能力的要求,选择相关企业。

5. 供应链主导企业与供应链参与企业签订横向联合协议。供应链虽然有很多企业作为结点的成员,但是它不是一个企业集团,不需要由所有参与企业共同签署合作协议,而是由供应链主导企业按照整个供应链的管理和协调要求与参与企业签订协议。

6. 计划和确认供应链的运作模式。供应链的总体运作模式和各个环节的运作模式要根据参与企业的优势确定,同时还要从整个供应链的运作成本和服务水平出发来决定各个环节的运作方式。

7. 实现供应链的信息联结。网络经济时代,一般的供应链都依托互联网平台和通信平台进行信息的传递和运作。由于有很多企业参与,所以必须依靠协议和共同认定的技术方式,建立支持供应链的信息系统。

8. 确定供应链的管理模式。供应链的运行必须依靠有效的管理,供应链管理不同于传统流通系统和企业生产经营系统管理,由于参与的企业多,链节比较复杂,管理措施和要求应该详细确定。

(四)供应链管理的要点

1. 消除壁垒。供应链的构成过程是一个单向无阻碍的、无缝的联结过程,参与构成供应链的横向优势企业有很多个,但是每一个供应链节不应该有组织壁垒和信息壁垒,不应该形成组织和信息的封闭。链中各环节不是彼此分割的,而是通过链的联系成为一个整体。

2. 消除信息失真。供应链管理是全过程的战略管理,从总体来考虑,如果只依赖于部分环节信息,由于信息的局限或失真,可能导致计划失真,所以,信息必须具有可靠性。

3. 改变库存观念。不同链节上的库存观不同,库存设置当然也就会不同,在物流的供应链管理中,不能把库存当做维持生产和销售的措施,而应将其看成是供应链的平衡和优化机制。

4. 采用综合方法。供应链管理采取新的管理方法,诸如:用总体综合的方法代替接口的方法;用解除最薄弱链的方法寻求总体平衡;用简化供应链的方法防止信号的堆积放大;用经济控制论的方法实现控制;等等。

5. 通畅信息。供应链的信息必须是通畅、共享的,这一点是供应链管理要特别致力实现的。

五、供应链物流

(一)供应链物流的定义

顾名思义,供应链物流是具有供应链结构的产业链条上的物流活动。供应链物流主要指的是供应链上总体的物流,是供应链上物流的全过程,有时也指供应链各链结之间的物流。供应链物流是供应链中相关的、分散物流活动的综合。

供应链物流涉及供应链的结构。把供应链看成直线链条是一个过时的、不全面的理解。实际的供应链是一个网络,一个复杂的产业系统不可能是单纯的、直线型的链条,而必定是网络状态的链条结构。为了便于我们的研究,可以把网络状态的供应链简化成一条一条的直线型链条。所以,供应链物流不是一个简单的直线型链条上的物流,而是若干直线型链条所构筑的网络物流。如图 19－3 所示。

供应链中的活动,有些是供应链企业内部的活动,例如供应链企业内部的生产、制造、库存、经营等;有些是供应链企业外部的活动,例如信息的传递、外部的经营活动、供应、销售、物流、资金的传递、服务等。这些外部活动所起的作用是把供应链企业联结起来,形成"链条"。物流在其中就是起的这个作用,由于物流在成本因素中占非常重要的位置,因此,供应链物流是否能够得到有效的控制和优化,涉及企业成本问题和供应链服务水平问题,自然是人们所关心的问题了。

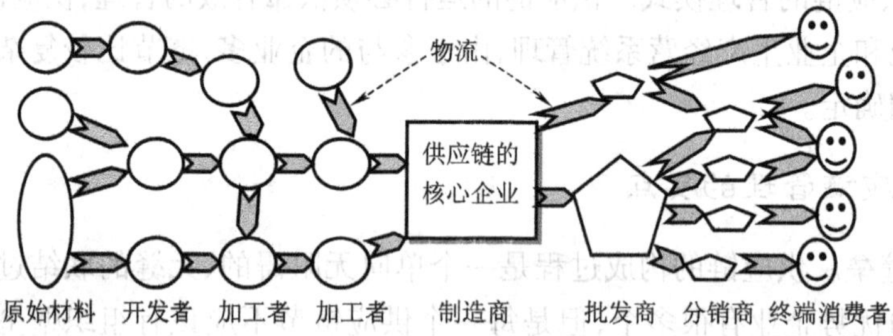

图 19-3 供应链网络

(二)供应链物流的范畴

供应链物流的基础是企业物流,各链结的物流实际是企业物流的组成部分,是企业的外部物流,供应链物流则是整合和总体优化这些企业的外部物流。图 19-4 形象地表示了供应链物流的范畴。

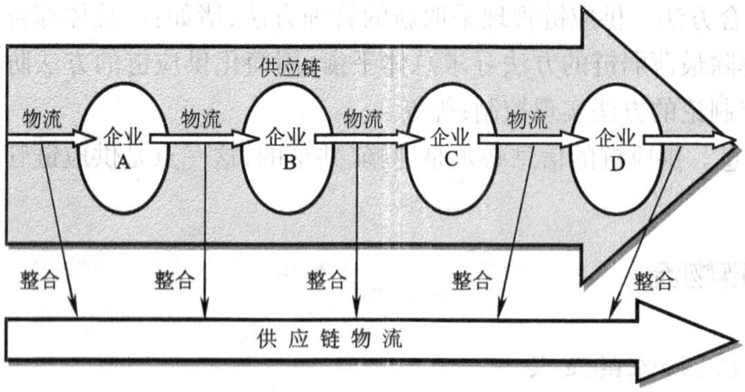

图 19-4 供应链物流的范畴

供应链结构的产业链,其链条上的各个企业是具有独立经营主体的企业,因此,供应链物流要整合的并不是企业内部的物流,而是企业之间(链结之间、企业边界)的边界物流。边界是最容易出现停顿问题、等待问题、库存问题、损失问题的地方,供应链整体希望企业的边界实现无缝衔接,完全取消壁垒。当然,边界物流会延伸到企业内部的供应物流和销售物流中,但是,生产物流伴随企业生产流程,依然是一个独立的系统。换句话说,供应链物流不包括企业内部的生产物流。

理论上的供应链包括了从原始材料的提供者一直到最终消费者的完整链条,供应链物流当然是把这个链条串在一起的物流活动。但是,供应链也是一个优化的过程,往往是把最需要优化的那一段形成供应链,使之能够突破组织壁垒、信息壁垒和管理壁垒,保持同步运作。供应链往往是通过核心企业上溯和下延到力所能及的范围。所以,供应链物流也是随链条的长短可以有不同范畴的物流。

(三)供应链物流的两种形态

供应链物流主要有一体化供应链及整合供应链两种形态,由此派生出两种有区别的物流形态:

1. 一体化供应链物流。这是对供应链物流进行一体化构筑所形成的物流系统。这不是普遍采用的方式,只有属于一个巨型企业的一体化的供应链,可以对物流进行统一的规划和设计,从巨型企业内部来讲,这是巨型企业内部的运作和管理。

2. 整合供应链物流。这是对供应链各链结点之间物流进行整合所建立的供应链物流系统。很明显,供应链物流的整合方式及整合程度,与供应链本身的结构有关。本章已经提到两种有区别的供应链以及如何建立供应链物流。由多个社会上相对独立的企业所构筑的供应链,需要进行外部的整合,形成供应链物流系统。

(四)巨型企业供应链物流

1. 巨型企业及巨型企业的供应链。在第二次世界大战之后,尤其是第一次石油危机之后,世界上的巨型企业迅速增加,其主要原因,是企业大型化的规模优势可以使企业在风险中具有稳固性,另一方面则是社会分工、专业分工和生产集中的历史性趋势的结果。信息化社会诞生之后,巨型企业插上了信息的翅膀,大大突破了传统管理的管理边界对企业规模的限制,巨型企业的规模和数量又有了一个突破性的发展,这个发展势头现在已经在我国有了明确的体现。

巨型企业,如国际跨国公司、企业集团、大型股份有限公司,是把大规模生产过程和大规模供应、销售结合于一体的企业,这种企业通过有效地协调、管理、供应、生产和分配过程,有效安排这些过程之间的合理物流关系来达到降低生产成本,提高生产效率,形成竞争能力的目的。

巨型企业必然是企业群体的结构,往往由若干个大型骨干企业为紧密层,同时还有成千上万个供应者(含供应商、委托协作生产供应者)和成千上万个经销商,而且,常常是跨地区的(全国性的)甚至是跨国的。所以,巨型企业的内部结构就是供应链结构。

巨型企业内部的上下游企业之间的结构,是典型的内部供应链结构。当然,巨型企业也不是万能的,供应链必然向外部延伸,尤其是向上游延伸,那就超出了巨型企业内部供应链的范畴,是整合供应链需要研究的对象。

2. 巨型企业物流的特点。巨型企业的物流,显然不同于一般单独的企业的物流,同时,巨型企业毕竟还是一个企业总体,虽然在社会上企业群体分散分布,但是物流又具有内部的性质，又不同于社会物流。巨型企业物流有以下几个特点：

（1）物流地域方面的特点。与一般企业不同，巨型企业中的制造业，如采取协作方式生产机械、汽车、飞机等的企业，零部件运输距离可远至几百公里、几千公里；其他类型的巨型企业，物流范围也比一般企业广阔得多。这一点是由巨型企业生产方式和其有能力在很大地域优化供应和优化销售所决定的。

巨型企业本身也就是在世界范围内或一国范围内寻找机会而形成的。物流地域广阔也由此而来。

（2）物流功能方面的特点。在一般企业中，物流的主要功能不是运输，如前所述，物料搬运在一般企业中成了发生频度最高、占用成本最高的主要功能要素。但是，在巨型企业，尤其是国际化的巨型企业，由于具有跨国性和远程性的特点，运输成了非常重要的功能要素，靠运输才能将距离遥远的许多企业的生产活动联结成一体，这一点又很类似社会物流。

巨型企业在运输方面与一般企业不仅是空间范畴广窄的不同，而且还在于运输管理和组织的不同。巨型企业的远程物流很少或者根本不由本企业配备运输组织及运输力量，而是利用社会物流系统从事这种物流活动。

但是，在进入21世纪之后，有两个因素已经影响了巨型企业传统的物流运作方式，自建物流系统以及物流业务外包，已经成了两个并行的趋势。

一个因素是巨型企业的超大规模化。在进一步大型化之后，巨型企业的规模已经足以保障自建的物流系统达到规模效益，沃尔玛的庞大物流系统就是这种发展的结果。

另外一个因素是世界经济的进步，资源可以在全球进行配置，同时，资源已经处于过剩状态。在这种情况下，巨型企业的核心竞争能力已经从生产领域向流通领域延伸，物流逐渐成为核心竞争能力的一部分。

（3）物流质量方面的特点。在一个小范围内，当各环节处于这个企业内部的可控范围内时，企业内部管理可有效调节整个生产工艺和物流节奏，使之精确衔接，因而可用很高的物流质量保证生产工艺的运行。

但是，巨型企业的空间距离远远超出了一个企业内部的管理范畴，巨型企业需要利用社会物流系统来保证本企业大范围内的相互衔接。但是，社会物流系统并不在这个企业的控制圈内，因此，很难通过本企业的管理保证物流精确，保证物流质量，而必须通过利用、协调社会的、企业外部的系统来组织巨型企业的物流。这样一来，质量保证（如时间保证、批量保证、成本保证及产品性能保证等）的能力必然降低，物流中保证质量的难度自然加大。

（4）统筹方面的特点。巨型企业有统一的权力结构，可以统筹规划和建立物流系统，对巨型企业内部供应链物流做理想的安排。巨型企业和一般企业相比，企业统筹能力强，可选择的余地大。例如，巨型企业在各地分布的销售网络可以实行就近销售，就近物流，从而可大大缩短物流里程，降低销售成本。而一般企业就没有这一优势，在远距离处的用户，或者因成本太高放弃这一市场，或是只能采用远程物流的方法，从而大大增加成本。

巨型企业对共同供应、共同配送等先进物流手段可以有效采用，这是一般企业在运作时倍感困难的。

3. 巨型企业供应链物流安排。

(1)物流信息规划和安排。巨型企业统一物流信息有很大优势。首先,其在企业内部对物流各项操作的称谓的统一,可防止出现由于称谓不同所造成的差错;对物流对象代码,巨型企业内部有条件统一并简化技术;信息传递的程序和规则也比较容易安排和统一。这样一来,巨型企业内部信息壁垒可以完全消除。

(2)物流流程的规划和安排。对物流流程优化的规划安排,必然会涉及巨型企业内部物流结点的配置。在非一体化的供应链中,往往需要尊重原来的配置,很难进行改变,而巨型企业内部供应链根据物流流程优化,可以对流程影响的结点进行重新配置。

(3)上下游企业之间物流衔接的安排。巨型企业供应链内部上下游企业之间可以利用巨型企业的统一管理力量,实行物流的无缝衔接,使上游企业的销售物流和下游企业的供应物流一体化。

(4)存货位置及存货能力的规划和安排。社会上单独存在的企业存货以及存货设施——仓库是必不可少的,但是,形成供应链之后,从宏观角度就可以发现存货能力过高和仓库位置的不合理。从供应链总体来考虑存货能力并且在必要位置设立存货仓库,可以大幅度降低成本比重和资金占用。

(5)物流业务外包的规划和安排。巨型企业内部供应链物流资源的统一调配,可以使其做出妥善的业务外包安排,并且能够统一与社会物流企业的协作关系。

(6)统一条码标准、包装标准。按照巨型企业内部生产和物流的具体要求,可以有针对性地解决包装及包装物的传递问题,采取统一的条码,这也是突破组织和信息壁垒的重要手段。

(7)设备能力及标准的规划安排。按照巨型企业内部供应链连接的要求,可以有效规划和采用最适合的设备,防止设备能力的过度与不足。

(8)供应链物流的应急系统。供应链物流的失效、中断、突发情况对物流的影响在偌大的一个巨型企业供应链系统中是不可避免的,建立物流的应急系统是非常重要的事情。对应急物流系统必须要事先做好安排,可以作为一种储备系统存在,也可以利用信息优势,掌握社会上可以利用的资源,建立虚拟的应急系统。

(9)内部纠纷处理及仲裁的安排。再完善的规章制度和组织体系也避免不了可能出现冲突和矛盾,内部纠纷处理及仲裁的安排,就是要有效地区分责任、处理事故。

(10)资源分配、利益分配的规划及安排。产品和服务从供应链流出,收入从供应链末端流入,这涉及供应链的总体利益,也涉及供应链各个环节的利益分配,对此必须有一个合理的总体安排。

(五)整合的供应链物流

1. 整合的供应链更具普遍性。只有巨型企业才有条件在企业内部形成供应链,但这也往往不是完整的供应链。就连世界上最大规模的企业——美国的沃尔玛,也要通过设在全世界若干个采购中心,在世界各地进行集中采购,而使自己的供应链向社会延伸。

所以,沃尔玛的供应链主体,可能在沃尔玛企业内部能够实施企业内的有效管理,但是,完整的供应链仍然是社会性的,只是凭沃尔玛的实力,有能力进行整个供应链的整合而已。

大部分情况是,企业以平等的身份,以上下游的关系,作为供应链有用的资源进行整合而建立供应链。

很明显,通过整合建立的供应链,供应链管理就不是企业内部的事情,就不能实行集中、统一的管理,需要通过整合和协调关系进行管理。

对复杂的供应链物流不是通过规划和设计来建立有效的物流系统,而是对已经发生的物流行为和已经存在的物流资源进行整合。这种整合必定会出现肯定和否定、保持和撤销、扩张与缩减的问题,这当然又会涉及不同环节的利益以及不同领域的认识和观念,要想真正实现这种整合显然有更大的难度。

2. 供应链物流整合的力量。整合的供应链物流需要有整合的力量和整合的操作者。物流的整合者和供应链本身的整合者可以是同一个力量,也可以是不同的力量。因为毕竟物流还有专业的特质,不是所有的力量都可以进行物流整合的。

供应链的整合者有几种情况:供应链的核心企业、供应链的下游企业、供应链的外部力量。供应链物流的整合大体也是如此。

(1)供应链的核心企业。现代供应链的构筑,往往是在市场上运作成功的、有实力的企业,将相关业务通过外包方式向上下游延伸,而这种延伸经常采取不断推进的方式,通过直接相关企业再向间接相关企业进行延伸,这样步步推进演化而完成的。在这个过程中,供应链是在核心企业的主导下,围绕着核心企业的业务而形成的,核心企业不仅是供应链上的主要企业,而且对市场和用户有深刻的了解,能够对提高供应链的竞争能力做出整体的安排,于是就可以通过不断提出要求,协调或者压迫上下游企业,实现供应链物流的整合。

供应链上的其他企业能够接受这种整合安排,是因为它们了解到,提高供应链的竞争能力,是对供应链所有企业都有利的事情。例如,美国的沃尔玛公司采取协调和压迫供应商降价的办法,并把这种降价所带来的好处,通过沃尔玛的供应链,直接传递给最终消费者,这也有效地扩大了供应商的业务,沃尔玛作为供应链的核心企业发挥了对供应链的整合作用。

(2)供应链的下游企业。供应链的下游企业往往是流通企业而不一定是制造企业。制造业的供应链,核心企业往往是主要的制造生产企业,这种企业主导产品的研究、设计及开发,并且形成主要产品,以此成为核心企业。供应链的下游企业,在供应链中不一定是核心企业,它所依托的整合力量来自于市场。在买方市场的市场环境下,流通与生产的关系是"流通决定生产",和供应链终端用户接近的流通企业最了解用户,最了解市场的需求,因而对整个供应链发生影响,具有整合整个供应链的力量。应该说,上面所讲的美国沃尔玛公司,其整合力量形成的最根本原因就在于此。

(3)供应链的外部力量。对供应链物流的整合,可以依靠供应链的外部力量,其主要原因在于这些外部力量有优化物流系统的专业能力和运作经验。外部力量可以通过对供应链物流的认真分析,寻找供应链物流的薄弱环节,从总体上把握供应链物流,因此能够起到优化供应链物流的作用。

供应链企业如果与第三方物流有长期的物流业务外包和委托的关系,第三方物流可以通过咨询和改进本身的运作,对与之相关的供应链范围物流做出安排,对供应链物流进行优化和完善。

供应链物流在多个环节上需要对物流业务进行外包,因此,一个大的供应链系统,往往涉及多个第三方物流企业,而第三方物流企业只能在它有业务活动的供应链环节做出整合的安排,而不可能对供应链总体进行完全的整合。在这种情况下,最需要更具有总体的和综合能力的外部力量来做这件事情,这就是第四方物流。

六、供应链物流的管理

物流科学从形成开始便给这一科学领域注入了系统的思想,这是毫无疑义的,因为,分散的功能要素集合成一个物流系统,这是物流的根本意义所在。物流各功能要素的效益背反关系的解决,是系统管理的重要操作。物流科学对解决这一问题的传统方法是沿着形成物流的供应链,在各种效益背反、相互矛盾的主要功能要素环节之间权衡利弊,协调关系,寻求两条背反趋势曲线的合成曲线的最优范围,或干脆放弃全部链,去管理部分环节。在物流系统变得更大、更复杂之后,这种处理办法往往不再有效。供应链物流管理便是针对这一状况而出现的新管理思想。

供应链从采购开始经过多层次的生产、分配、销售最后到达用户,这不是孤立的行为,而是一定流量的环环相扣的"链",物流活动是受这一供应链的制约的。例如,供应链上各环节都有不同的利益和观念,各功能之间存在天生的冲突,难以避免,但是由于现代管理和现代技术可以提供总体的信息使各个链节共享,因此可大大扩展视野,使之能从总体上管理整个"链",而不是如同过去那样只管理各链节之间的"接口",或只管其中一部分链结。供应链管理实际上就是把物流和企业全部活动作为一个统一的过程来管理。

供应链物流管理有四个要点:

第一,总体观念。供应链物流是一个单向的连续的过程,链中各环节不是彼此分割的,而是通过链的联系(信息的联系、资本的联系、物流的联系)成为一个整体,供应链物流管理必须有这种总体的观念。

第二,全过程管理。供应链物流管理是全过程的战略管理,因此必须依靠全过程贯通的信息才能保证从总体上来把握。供应链物流管理切忌只依赖于部分环节的信息,部分环节的信息可能出现信息的局限或失真,信息可能只反映局部利益或者局部的问题,可能导致计划失真和判断的失误。

第三,协调利益。供应链内部必定会存在不同的利益,从物流角度来看,不同链节上的利益观不同,在供应链物流的管理中,必须通过利益的协调和有效分配,形成统一的利益观。

第四,全新的管理方法。传统方法不能完全适应供应链物流管理,需要采取新的管理方法。例如:用整合的方法来代替企业管理的方法;用总体综合的方法代替接口的方法;用解除最薄弱链寻求总体平衡;用简化供应链的方法来增强信息的有效性,防止信号的堆积放大;用经济控制论方法实现系统控制;等等。

第五,有效利用社会力量。供应链物流的管理,虽然指明了从企业战略角度来管理全部供应链,但并不是说都要由本企业去操作,利用社会力量操作也是正常的。现在通常的做法是,利用一个或者多个第三方物流企业去进行物流的运作,而由第四方物流去进行总体的物流资源整合。

第三节 城市物流系统

一、城市物流的地域范畴

(一)三个层次地域范畴的物流

城市物流、区域物流、国际物流都是按地域范围划分的物流概念,是广义的区域物流,它们具有区域物流的共性。本书把它们看成三个不同区域层次的物流概念,如图 19-5 所示。

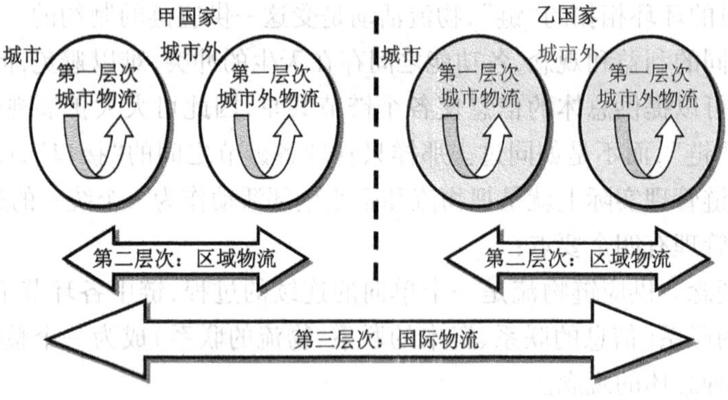

图 19-5 三个层次地域范畴的物流

但是地域范围只是这三种物流形态的区别和特点之一,它们之间更主要的特点及区别在于它们的服务对象、服务方式、物流特点以及物流系统的构筑。

(二)城市物流

城市也是区域,是城市这种特定的地域范畴。城市物流是以城市为主体的、围绕城市的需求所发生的物流活动,不论城市地域范围大小,其物流活动都有共同的属性。

对城市物流所包含的范畴可以有两种理解：

一种理解包括城市内部的物流以及以城市为主体的城市外部物流，例如城市的输入物流及城市的输出物流。这是广义的理解。

另一种理解是城市物流仅仅是城市行政区划内部范畴的物流，而城市的输入物流及城市的输出物流是发生在若干城市之间和区域之间的物流，已经属于区域物流的范畴，这是对城市物流狭义的理解。本书对于城市物流的界定，主要指城市行政区划内部的物流。

（三）区域物流

区域物流是特定区域范围的经济区、城市群、城市、农村等区域范围的物流活动以及它们之间相互的物流活动。这种区域范围可以是国际的、国内的甚至仅仅是城市内部的特定区域。本书对于区域物流的界定，主要指国内省际、市际、县际等行政区划之间的物流。

长期以来，城市都是经济集约的地方，尤其是工业集约的地方。20世纪后半期，出现了另外一个趋势，经济已经突破城市的局限，在一个更大范围的行政区域的联合体，或者在相邻的城市群范围内，形成比单个城市范围更大的经济区域。在当前的经济发展阶段，世界范围都出现了发展势头强劲的经济区域，大的如欧洲共同体、北美自由贸易区，小的如我国的环渤海经济区、长江三角洲经济区、珠江三角洲经济区等等。这些区域经济的特点，是通过合作与整合形成集合的竞争能力。与之相应，区域物流也成了这种经济区域重要的经济发展支撑力量。区域物流研究的重点，就在于这种经济区域之中的物流以及经济区域之间的物流。

（四）国际物流

国际物流是跨越国界的区域物流，虽然也可以看成是区域物流的一种形式，但是它的主要特点并不反映在区域地域范围的大小与广泛与否上，而是表现在它的跨国属性上。有些国际物流的地域范围并不大，甚至可能远远小于国内省际、市际的物流的地域范围，但是它们具有共同的跨国物流属性。本书对于国际物流的界定，主要在于这种跨国物流的属性。

二、城市物流系统的构造及特点

（一）城市物流系统的构造

城市物流系统的构造在遵循一般物流系统构造的基础之上，也具有城市行政区划范畴概念的独特之处，这主要表现在物流平台领域。

城市物流平台与一般的物流平台相比，最大的差别在于物流线路和物流结点。城市物流线路平台的主体是公共的管道线路和公共交通道路，而没有空运路线，绝大多数城市也没有铁路和水运路线。管道线路平台支持的是自来水、污水、城市用燃料气的输送，是专用的线路平台；公共交通道路支持的是客运和货运，是客运和货运共有的线路平台。

当然,作为城市物流的运输方式,道路运输工具(汽车等)是绝对的主体。

物流结点的差异在于,城市范畴中配送中心占有独特的地位,仓库也是城市物流平台的重要资源,而基本上没有大型物流基地、物流团地、物流园区。

(二)城市物流的特点

1. 城市主体的一元性。城市物流的主要特点,是城市的主体是一元化的,所有的城市都有统一的政府行政组织,城市行政组织可以统筹管理物流,因此,城市物流有非常强的可控性。

2. 城市物流以短程物流为主。受城市范围的制约,城市物流的短程性非常突出,再大的城市,城市的最大直径无非在百公里左右,城市中心物流密度最大的部位,还要远远低于这个数字。因此,城市物流有非常明显的短程物流特征和短程物流派生的特征:

(1)城市这个短程物流以公路网络为主要的平台。

(2)以中小型的公路汽车为主要的物流工具。

(3)以多批次、少批量、多用户物流为主要物流形式,更强调物流服务,而很难有效地降低物流成本。

(4)物流的各个功能要素在城市物流中的轻重地位有所变化。主要是,装卸和搬运这两个功能要素无论在物流时间的比重上还是在物流成本的比重上地位都有所上升,变成了主要功能要素。

3. 城市物流是高密集型物流。国际物流、区域物流的始发点和最终目的地基本上都是城市,因此在广泛区域运作的物流,最后基本上都归结到城市之中,这是造成城市物流高密度的重要原因。另外,城市本身的产业高密度和人口高密度也带来了高密度的物流需求。城市物流的高密集型主要表现在两个方面:

首先是物流资源密集,表现在城市范围中有高密度的物流线路及物流结点,各种类型的物流企业的经营性机构也集中在城市。

其次是物流活动的密集,在城市中,多点、多线、多面、多种、多发而且连续不断的物流活动,已经是城市生命的一部分。

4. 城市物流存在严重的人、物混流现象以及物流环境和人居环境互相影响的现象。城市的物流平台不仅支持物流,而且支持人流,虽然现代化城市已经开始建立单独的人流平台,但是,人流和物流混杂的现象还是非常严重。同时,城市的物流系统存在于城市的人居环境之中,物流环境与人居环境也是混杂在一起的。

人、物混流和环境混杂现象带来三个直接的后果:

第一,影响效率。人的实体流动和物的实体流动共同使用一个平台,互相争夺物流资源,而物流资源缺乏专用性,因此效率不高。

第二,容易出现混乱。后果之一是容易造成交通混乱和交通阻塞。尤其当物流影响了城市中人的流动时,会影响人们的生活和工作,扰乱正常城市秩序,引起人们的强烈反应。

第三,恶化生存环境。人们需要良好的生存环境,而物流又是对环境造成严重影响的重要源头,这是不可调和的矛盾,而这种矛盾的结果又经常是物流破坏了人居环境。

5. 配送物流是城市重要的特征物流。由于物流最终用户(如企业、商店、个人)都集中在城市,所以,配送这种物流形态和服务方式主要集中在城市,也成了支持城市运行的、有特点的物流形态。

6. 精益化是城市物流的运行模式。城市是一个国家经济水平最高的地区,有进行物流精益化运作的需求和条件。更重要的是,城市交通条件的制约和生态的脆弱性,不允许进行粗放的物流活动。因此,低噪声、低排放、小吨位、封闭型的物流车辆是城市物流的主要工具,执行的是准时、准确的物流方式。这种精益的运作,是城市物流的重要特点。

三、物流对城市发展的作用

物流对于城市和区域发展所起的作用主要体现在三个方面。

(一)保证城市的基本运转

保证城市和区域的基本运转是城市最基础的功能。城市物流在城市内部起到保证作用,而区域物流在城市外部起到保障作用。城市的基本运转,表现在保证一个城市的正常秩序所需要的基本能源、燃料、材料、粮食、水的永续输入和排泄物的及时输出。一个巨型的现代化城市,这个问题尤其重要,因为这种输入和输出的数量非常巨大,无论输入还是输出,稍有中断或停顿,就会导致严重的后果。

(二)支持城市发展的经济活动

世界上几乎所有的城市,都是其国家或者当地经济相对发达的地区,城市经济在整个国民经济中的比重相当高。城市是经济单位的集中地方,也是经济活动密集而且频繁的地方,生产企业的外部物流活动、城市内的供应链物流、经济单位之间的经济交往,尤其是城市中发达的商业经济,都需要依靠城市物流获得实现。

同时,城市绝对不是孤立的一个经济单位,它是和区域同步发展的,城市的经济发展必须依靠区域物流把城市和更大的经济范畴,例如国际经济联结起来,城市物流要实现与区域物流的联结才能够发挥物流对经济的支持作用。

(三)服务城市人民的生活

城市物流不仅仅对大的经济单位起到支持作用,更重要的是它必须保证城市众多居民琐碎而细微、频繁而持续的与生活有关的物流需求。城市物流必须通过优秀的服务来保证这些需求的实现。

由于城市是人口最密集的地区,城市物流必须解决为如此众多人口提供普遍服务和个性化服务的问题,所以,城市物流必须具备非常良好的服务特质。

四、城市物流系统的结构体系

城市物流是具体的、复杂的物流系统,因此,对于城市物流,应当从多角度进行分析和认识。

一般可以从以下几个角度对城市物流进行分类研究:城市物流的功能系统、城市物流的技术结构系统、城市物流的基础系统、城市物流的运行系统、城市物流的网络系统等。下面从两个角度对城市物流系统的结构体系进行研究:一个是从城市物流的特殊功能的角度;另外一个是从综合技术的角度。

(一)城市物流的功能系统结构

本章提到的城市物流对于城市的三大作用,是依靠完善的城市物流功能系统才能得以实现的。对于城市物流功能系统化的认识,是全面支持城市运行的基础。现在经常出现的问题是,只注重城市物流功能的一部分,而忽视另外一部分。例如,我们常常认为城市的排泄物流功能无足轻重,因而这一功能建设迟缓,这就会引发相当严重的城市问题。城市物流功能系统结构如图 19 - 6 所示。

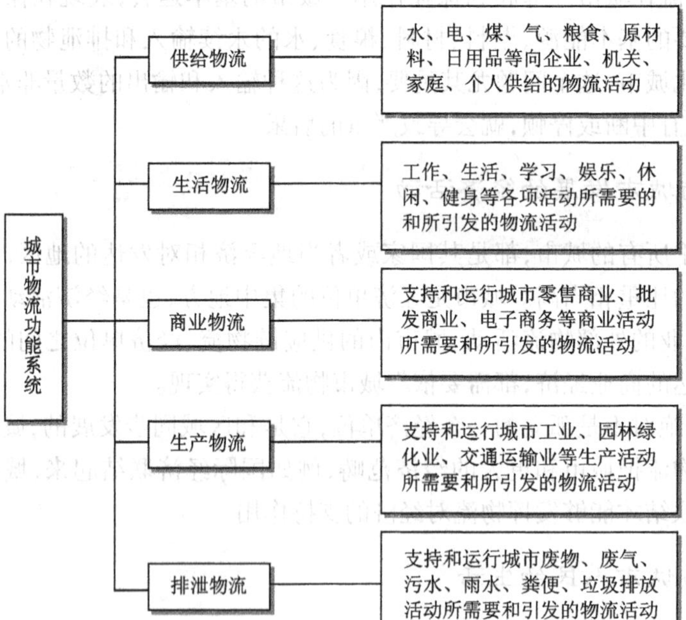

图 19 - 6　城市物流的功能系统结构

(二)城市物流综合技术系统结构

城市物流综合技术系统由以下几个层次的子系统组成完善的结构体系,如图 19 - 7 所示。

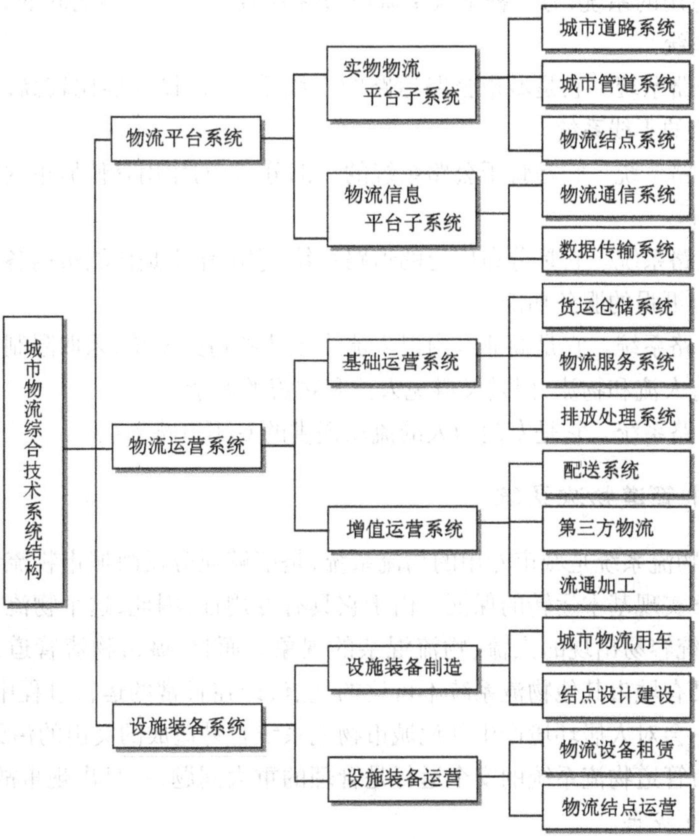

图 19－7 城市物流综合技术系统的基本结构层次

五、城市物流平台

城市物流平台子系统是非常复杂的系统，本书不可能进行全面介绍，现将其主体介绍如下。

（一）城市道路系统

城市道路系统是城市物流的主体系统。在城市物流平台之中，很少或者不可能拥有铁路、水路、航空等网络系统，这是城市物流平台系统和一般物流平台系统重要的区别之处。

城市物流道路系统是支持物流和人流的共同系统。不同的道路，在功能上有所侧重，在设计和建设上，对于不同的物流以及人流有所区分；在管理上采取限制行驶的办法，使不同的道路在服务于人流和物流方面有所侧重。但是，基本上还没有看到专用的物流道路，总体上看，城市物流道路仍然是人、物混流的道路系统。

城市道路系统又可以细分为以下几个子系统：

1. 城市轨道系统。城市轨道系统又分为两种：一种是专门服务于人的流动的城市轻轨系统,这是专用的系统;另一种是联结城市边缘和城市各个组团之间的铁道系统,这是人、物混流的系统。

2. 骨干公路系统。它是城市公路道路的干线系统,建设标准比较高,有很强的通过能力,也是物流的干线系统。

3. 快速公路系统。它是骨干公路系统的一部分,它的作用是使城市内各个区域之间形成快速的通道。

4. 一般道路系统。它是分布广泛的道路系统,它的作用是使城市内各个领域都获得通行的条件,有更强的服务功能。

5. 商业道路系统。它是商业区内以人流为主体的道路系统,采取限制行驶和分时行驶的方法,支持人流和物流,但是又避免人流和物流的混杂。

6. 人行道路系统。它是专门为人的流动提供的专用道路系统。

(二)城市管道物流系统

城市管道物流系统是城市专用的物流系统,是能够充分反映城市物流特点的物流系统,是城市能够实现基本运转的保证。由于它具有专用性,因此,这个物流系统不存在城市一般物流系统容易出现的人流、物流混杂的现象。而且,城市物流管道系统是完全封闭的系统,它具有城市其他物流系统不可比的优点,即在日常的运行过程中,它和人居环境基本隔离,不会对人居环境产生其他城市物流系统容易造成的突出的污染问题。

但是,城市管道物流系统的安全运行是管理的重大问题,一旦出现事故,会造成严重的环境问题甚至灾害。

城市管道物流系统又可以细分为以下几个子系统:①燃气管道系统;②饮用水管道系统;③生产用水管道系统;④排水管道系统;⑤污水管道系统;等等。

(三)城市物流结点系统

城市物流结点是物流网络的重要组成部分,对整个城市的功能起着重要的平台支持作用。合理配置物流结点,可以使城市物流运转更有序,衔接更通畅,资源储备更有效、更完善。

城市物流结点有以下几种主要类型:

1. 城市物流基地。它是城市中实行对外大进大出的物流结点和城市大量资源储备的物流结点。它的主要作用有两个:一个是支持城市的大量物流的服务需求;另一个是区域物流在城市的终端,实现城市与其他城市和区域的沟通。

物流基地是规模庞大的物流结点,由于执行大进大出及大量储备的任务,物流基地有两种类型的设施:一个是实现大进大出功能的运输终端,包括铁路站场、铁路专用线、公路站场等;另一个是实现大量储备功能的仓库群。

城市物流基地的主要运行方式是:分聚大出和大进分出,也即市内分散的经济单位外运的物品,尤其是不成规模的中、小批量物品,通过市内物流向物流基地集货,以形成批量,然后大批量进入区域物流或者国际物流。相反,从外面大量运进的物品,也根据市内的分散需求，分货之后通过城市内物流满足城市内的需求。如图 19－8 所示。

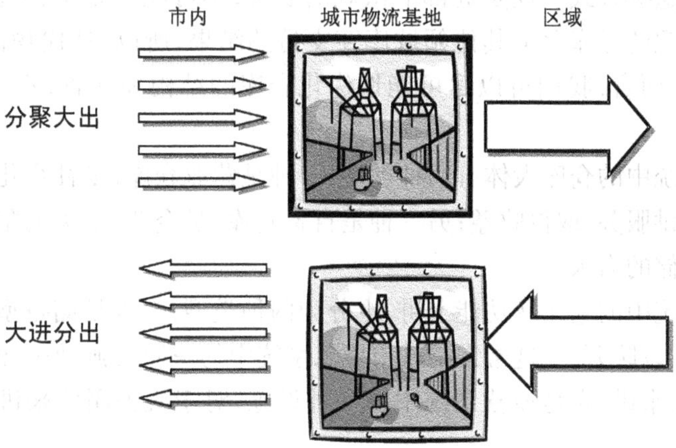

图 19－8 城市物流基地运行方式

2. 城市物流中心。城市物流中心是城市，尤其是大城市不可缺少的一个层次的物流结点。不同的物流中心在城市物流结点中的地位是有区别的。有的物流中心是物流基地和配送中心之间的衔接性的物流结点；有的物流中心执行类似物流基地的功能，就是对市内的内联与区域的外接使命，依靠公路进行大量输送，在专业领域或规模比较小的领域进行“大进大出”；也有的物流中心直接给比较大的用户实行配送。城市的规模和经济的复杂性，决定了物流结点的层次，物流中心就是这种中间层次的物流结点。

3. 城市配送中心。城市配送中心的功能非常明确，那就是执行配送服务的使命，其功能比较单一。

城市配送中心是城市服务体系的重要设施，如果说物流基地、物流中心还执行许多传统的物流使命的话，配送中心完全是买方市场环境下所出现的新的物流结点。它执行的是全新的物流使命，就是把传统的、粗放式的物流结点转变为服务型的物流结点。应当说，配送中心是科学发展观的产物。

4. 城市物流园区。城市物流园区是物流企业和物流结点的集中地。采用建立园区的办法对物流产业进行集约，能够有效地创造物流产业的各种类型企业所需要的共同环境，能够在复杂的城市经济结构中，将物流产业清晰化、条理化，能够给客户一个非常有效的指导，并且有利于资源的调控管理。

实际上，物流园区也有不同的系统构筑方式：一种是物流企业入园加盟方式，园区依靠物流企业的进驻形成规模，是独立企业的集合体；另外一种是物流基地方式，园区构筑成功能强大、能进行多方面物流业务运作的统一的社会化的大企业，面向城市提供物流服务。

5. 仓库。在非常发达的现代化城市中，仓库也是不可缺少的一种物流结点。有一种误解，认为只要实施物流现代化，就可以彻底解决仓库问题。实际上不是这样，现代物流系统及物流管理方式,可以在许多领域提供“零库存”、“准时供应方式”等不依靠仓库的物流方式,但是,这些方式仅仅是局部的微观的表现,不可能全方位、大范围地实现。往往是,局部的、微观的零库存是其他领域库存支持的结果,所以,现代物流仓库是不可少的,对于城市物流而言,我们可以尽可能地优化仓库的结构和配置,不可能寄希望于消灭它。

城市物流系统中的仓库大体有两种类型:一种是营业仓库,是社会化的仓库,通过仓库租赁向货主提供服务,取得收益;另一种是自备仓库,是企业、机关的附属设施,解决本身货物调剂和存储的需求。

城市物流系统中的仓库从功能上讲,也分为两种类型:一种是储备型的仓库,其主要功能是进行储备,以防万一,这常常是城市应急系统中的一种设施;另一种是“蓄水池”式的仓库,对于企业来讲,它是经营系统中的一种设施,对于机关团体来讲,它是一种工作设施。

6. 运输枢纽及站场。城市中各种运输系统都是由线路系统和结点系统优化构筑而的。一般的线路上的结点,称为站或者场,通称为站场,它的作用主要是比较简单的衔接作用。例如,到达、发货的搬运与运输的衔接,两条不同线路的转换衔接,不同运输工具的转换衔接等等。

大型的、多条线路的、多种运输方式之间的衔接结点,往往称为枢纽。其本身能够提供多种服务以利于这种衔接,如仓储服务、搬运服务、车辆维修服务、人员休息娱乐服务、信息服务等等。很明显,运输枢纽的作用实际上就是物流基地的作用。

城市物流系统中的运输枢纽,常常执行本城市与地区或者国际相连接的作用,也是地区或国际物流网络的一个结点,对城市来讲,它执行对外交往和大进大出的物流任务。

(四)城市物流信息系统

城市物流信息系统有两大领域:

一个领域是物流本身的信息,包括货源信息、货运信息、车辆信息、库存信息等,这些信息支持物流经营。

另外一个领域是城市交通领域的信息,这是城市物流与其他物流领域不相同的信息领域。城市物流是在城市交通平台上运行的,而且具有人流、物流混杂的重要特点,因此,城市交通信息是城市物流依托的重要信息领域。其主要有以下几个系统:

1. 道路标志系统。虽然区域物流系统也存在道路标志的问题,但是城市物流的道路标志由于道路的复杂性而更为复杂。道路标志从信息技术方面来讲属于简单信息技术的方式,但是它非常直观,因此有很重要的信息传递作用。

2. 道路通行状况信息系统。动态的道路通行状况信息系统可以提供交通通行状况的信息,是城市物流系统优化和正常运行的非常重要的条件。这个信息十分重要,但是可以通过城市广播的简单通信手段发布和获取,是一种实用的信息手段。

3. 交通管制信息系统。城市物流一个非常重要的特点是在一个有严格交通管制的环境下进行物流。因此,交通管制信息是城市物流特殊的信息系统。交通管制信息系统包括交通监控信息、交通通行控制信息、车辆信息及税费信息等等。

现代化的交通监控信息系统,是城市交通非常重要的信息系统,这个系统通过各种信息采集手段(如全球卫星定位系统、摄像监控网络、自动识别系统、货物跟踪系统以及情报员信息传递系统等)掌握整个城市的交通动态状况,尤其是重要路段和重要路口的实时情况,为交通指挥及管制提供决策支持。城市的交通监控信息系统并不是专门用于物流监控信息系统,这个系统监控人、物混流的城市交通状况,有非常强大的综合功能,能有效地解决物流的交通监控信息问题。

六、城市物流管理

(一)城市物流管理的理念

城市的理念是以人为本。这个理念表现在城市物流管理方面,就是城市物流管理在人流、物流混杂的平台之上,在交通资源相对短缺的环境下,必须首先保证人流的需求。这个基本理念应当体现在各个方面,例如,优先安排人的出行需求、交通管制应当将安全放在首位、对物流的众多限制意在创造良好的人居环境等等。

(二)交通管制

城市交通管制是城市物流有特点的管理。城市物流的大部分是人、物混流的运行方式,在这种情况下,必须要有有效的管理。在城市中,交通管制就是城市物流管理的一种实用方式。

对于物流而言,交通管制所起的作用有以下几个方面:

1. 对于准入的管制。城市物流准入的管制包括物流工具的准入以及物流对象的准入。

物流工具的准入主要表现在对运输车辆的准入。其准入标准有两方面:安全及对环境的影响。城市物流必须完全杜绝超载、超限的两超问题。同时,对于道路通过能力及排放有比区域物流更高的要求标准。管理的办法主要是:过大吨位车不能进入城市,在城市范围内,载货车辆必须进行封闭,不允许大排放,高噪声,跑、露、遗、洒的运输工具进入市区。

物流对象的准入主要表现在不允许对城市和人有危害的危险物、爆炸物、污染物在城市内进行过境的物流,对可能造成危害的一般物流对象,必须有绝对安全和严格的保护措施。

2. 限制行驶的管理。城市物流系统中,为了保证人的出行和城市重要的政治经济活动,对于物流采取限制行驶的管理措施。主要有三种限制:一种是分时间的限制,只允许在某些时间段有货物运输车辆通过;一种是吨位的限制,只允许小吨位物流车辆通过;第三种是速度限制,这是一种普遍性的限制,不仅对物流车辆实行限制,也对其他车辆进行限制。

3. 安全管理。交通管制的一个重要目的，在于车辆的安全行驶。城市物流更主要的工具之一是运输车辆，因此对运输车辆的安全管理也是交通管制的重要内容。安全管理针对两个方面：一方面是车辆本身，要保证投入物流运营的车辆车况符合规定的要求，能够安全运营，防止带病上路，防止存在安全隐患；另一方面是对于驾驶人员，必须保证是合格的驾驶人员并且处于良好的身体和精神状态，才能上岗驾驶。

(三)物流行业与企业的管理

总体来讲，物流业是新兴的、发展中的产业，但是，并不是所有的物流业都能够和城市的功能要求相协调。因此，城市对于物流行业与企业的管理目的在于有区别地对待物流产业中的不同物流行业和企业。有些允许和鼓励在城市中发展，有些被限制在城市中发展，有些则不允许在城市中发展。

以仓库而论，虽然这种物流设施设在城市内有管理的便利并且能够借助社会的条件进行运行，但是，有一些类型的仓库会给城市安全带来很大的隐患，例如，燃料、爆炸物、危险品的战略储备仓库，城市则不能准入。

物流信息业、现代物流服务业、配送业、第三方物流业的物流行业和企业有的是实现城市功能必不可少的，有的则是支持城市经济外向发展的，显然，在管理上应当鼓励和支持这些企业。

(四)物流资源的规划和布局管理

物流资源在城市中必须有合理的布局，这种合理的布局需要通过有效的规划和管理来实现。其原因有两方面：

一方面是城市不同区域对物流有不同的需求，对物流资源也有不同的接受和准入程度，因此，不同的物流资源不同的布局可能产生不同的价值。

另一方面是物流系统本身的优化。一个复杂的物流系统，需要通过科学的布局才能保证流程的顺畅和优化。我们可以通过各种办法来追求更合理的布局，这对于缓解城市交通压力、降低城市物流成本、提高城市物流的服务水平有重要意义。

规划布局问题在本书中还有专门的论述。

(五)对事故的管理

城市物流系统是事故高发的领域，因此，面对事故的处理问题，需要有专门的处理能力和管理部门，并且需要建立有效的事故处理程序。

对城市繁忙的交通系统来讲，及时有效地处理在交通运输过程中发生的事故尤其重要：一方面是公正地处理，以保护人民的利益、公共的利益；另一方面，及时地处理有利于尽快解决由事故引起的交通阻塞等问题，不但可以减少损失，而且可以维持城市的正常秩序。

第四节 区域物流系统

一、区域物流的研究对象和范畴

一般认为,相对于国际物流而言,一个国家范围内的物流,一个城市的物流,一个经济区域的物流都属于区域物流范畴。可以这样认为:区域物流指的是地区物流、地方物流。区域物流研究的一个重点是城市物流。本书这次修订对于区域物流做一个单独的命题,与城市物流相区别。可以这样理解:区域物流是城市和城市之间、城市和农村之间、农村和农村之间地域范畴内的一种物流系统,区域物流是覆盖比城市更大区域范围的物流活动。将城市物流和区域物流分别进行论述的主要原因是,两者的物流系统有比较大的差别。

具体而言,区域物流是一个区域的城市群中各城市之间、城市与农村之间的物流和经济区域与经济区域之间的物流。理论上,这是一个复杂的物流范畴,因为经济区域有大有小,一个经济区域之中,不仅有城市,而且有农村,有矿区,还有的有林区、牧区等,各个经济区域的内涵又有所不同,甚至千差万别,不可能有同样的模式和规律。所以,我们研究区域物流的时候,必须针对每一个区域的特殊性进行研究。除了一般的物流规律,我们无法找到区域物流的共同规律。因此,我们研究区域物流的指向是:这种物流发生比较多的地方是经济区域范围内的城市之间,尤其是对我国现阶段经济发展有重大影响的几个经济区域的城市群和几个经济区域之间。特别要说明的是,本书对于经济区域圈定的范畴,就是这个特定的范畴,这是本书研究的重点。

同处于一个经济区域的城市群,城市之间的物流半径一般在500公里以内,例如我国的长三角经济区、珠三角及泛珠三角经济区、环渤海经济区等,从物流的范围来看,属于中程物流。

各经济区域之间,物流半径达上千公里,属于远程物流。

所以,区域物流的一个重要特点是物流形式上的中、远程物流,尤其是远程物流。这是与城市物流的重大区别之处。

关于区域物流的其他特点,本章上一节中已经有所论述。这里需要强调的是,城市和区域的区别仅在于地域范围的大小,由此派生出不同的特点,但是,城市物流和区域物流就物流活动而言,并没有本质的区别,因此,城市物流的研究和认识方法也适用于区域物流。

二、区域物流的特点

(一)区域物流主体的多元性

区域物流涉及多个地区、多个城市,区域物流的重要特点是在多元化主体下的物流,因此,除了国际、国内统一的规则约束之外,缺乏由行政力量对物流活动统一的管理和制衡的力量,协作和整合成了物流活动的重要手段。显然,这会给区域物流带来难度。

区域物流主体的多元化,就必然造成物流利益的多元性,因此,采用市场手段或者行政手段对物流主体进行整合、协调利益关系就是区域物流的重要工作。

(二)区域物流资源和需求的差异性

在一个城市范畴内,天然资源基本上具有共同性。但是,地理空间远大于城市的区域,共同性则成了小概率事件,差异性是突出的特性。不但自然资源是如此,社会资源包括经济资源也是如此,这不是能够轻易改变的。提供物流服务和物流供给的物流发展程度在一个区域的不同地区也具有差异性。这当然会影响到物流资源、物流供给和物流需求的差异性。其结果就是区域物流具有复杂性,表现出巨大的差异性和多样性。

(三)小区域的独特性,大区域的综合性

区域物流,从地域范围来讲,可以说差异极大,就像世界上大国家和小国家的地域范围差异一样。因此,前面所讲的差异性也随着地域范围的变化而有很大的不同。一般而言,小区域往往要根据小区域的特点培育独特的经济形态,这当然也就会带来小区域物流的独特性,而大区域则很难出现这种独特性。在大区域中,一定程度的、全面的、综合性的物流系统往往会占主导的地位。

(四)区域物流以中、远程物流为主

在我国,环渤海经济区、长三角经济区、珠三角经济区等各个经济区域的内部物流,由于在经济区域的限定范围之内,物流多处于中程物流的范畴,但是经济区域之间的区域物流以及城市之间的区域物流,都是属于远程物流范畴。

区域物流中、远程的属性,又使区域经济派生出了许多其他特点:

第一,物流平台结构的特点。区域物流采用多种实物物流网络构筑的综合性物流平台,而不是单一的物流平台。其主要原因是,这种物流平台有非常明显的服务和选择优势,城市中由于地域的限制,没有办法构筑这种类型的平台,但是在区域范围内就有条件进行这种理想的构筑。

区域物流平台结构的特点,使各种物流方式可以互补,可以对用户提供多种物流形式,利于物流服务的优化。

第二,物流方式的特点。中、远程物流有利于选择大规模的、低成本的、高速度的物流方式,如大量物流方式、集装箱物流方式、专线直达物流方式等,可以充分挖掘降低物流成本的潜力。

第三,物流各个功能要素的特点。物流的各个功能要素在区域物流中的轻重地位有所变化。这主要体现在,运输这个功能要素无论在物流时间的比重上还是在物流成本的比重上地位都有所上升,变成了主要功能要素。

第四,风险的特点。区域物流由于是中、远程物流,又具有大量物流的特点,货值较

高，因此，一旦出现计划不周、计划失误、事故、灾难等风险，就会形成严重的损失。

（五）区域物流要求有更强的信息支持力度

区域物流由于区域范围广大，往往是跨省、跨市、跨越若干不同的自然环境和人文环境，影响因素既多又复杂，因而情况往往是多变的。一旦变化，就会使原来的计划受到冲击，这是造成失误、事故等问题的重要原因。

要有效地应对这个问题，就必须要有更强的信息支持。因此，区域物流需要有一个有效的信息平台，保证物流信息在区域内的贯通，保证管理和经营所需要的信息支持。同时，需要有多种信息技术手段，如远程通信、移动通信、无线上网、定位技术、搜救技术等等。

三、区域物流的主要运行方式

（一）区域物流的两种主要运行形式

1. 大量物流。大量物流是指城市及区域之间大量的经济交往所产生的大量物流或者城市及区域之间分工所产生的互补性大量物流。这种物流形态以大量、低成本为主，主要采用以库存支持的物流方式。

2. 精益物流。精益物流是指城市及区域之间产业供应链所产生的供应链物流。这种物流形态以精益、快速、准确为主，主要采用零库存方式及准时方式。

（二）区域物流依托的主要运输方式

区域物流的主要运输方式是干线运输。干线运输可以解决区域物流大量物流的需求，同时，干线运输的运输成本低，在干线运输区段也能取得较快的速度。

从区域物流角度来看，仅有干线运输优势还不能保障整个物流系统的通畅。往往在进入干线运输之前和之后，众多的物流环节会出现速度降低、阻塞甚至停顿，这些环节的成本就会抵消干线运输的低成本。所以，区域物流必须要构造包括干线运输在内的整个物流系统。

区域物流的干线运输可以依托多种线路网络平台，如铁路、公路、水运、空运等。就我国的具体情况而言，铁路和公路是主体。

（三）区域物流的主要服务方式

1. 站到站方式。这种方式是区域范围内铁路干线运输经常采用的服务方式。铁路货运的服务范围是两个站以及两个站之间的线路。发站之前的物流和到站之后的物流，责任在货主。

按照现代物流科学综合物流基地（或中心）的设想，火车货站的终端设施在一体化的物流基地（或中心）之中，这种站到站的服务方式就上升为基地到基地（或中心到中心）的服务方式。

2. 专用线服务方式。这种服务方式主要是指铁路服务方式。铁路服务起止于铁路专用线之间或者起止于货站与铁路专用线之间。如果铁路专用线设在工业企业、物流基地、物流中心、仓库之中,那么这种服务方式则是站到工厂、基地、中心、仓库的服务方式,或者是厂到厂、库到库等服务方式。

3. 门到门的服务方式。它是公路物流和第三方物流采取的物流服务方式。

区域的道路运输,逐渐成为区域物流运输的主体形式,这种运输主要依靠汽车,汽车又有直接到"门"的优势,因此,如果批量适合,可以采取这种方式直达到门。这种服务方式虽好,但是有难以突破的三个制约:一是达到一辆车满载的批量;二是需要有回程货;三是城市内的交通管制,使得理论上可以到"门" 的运输方式在实际上不可能做到。

第三方物流可以整合物流工具和运输方式的资源,通过综合运输方式,实现门到门的服务。

四、物流产业在区域中的地位

不同的区域,有不同的经济结构和物流赖以生存与发展的外部环境条件,因此,不同的区域,物流在该地区国民经济中的作用和地位是有差异的。物流在一个区域的地位和作用取决于四个因素:一是该地区的区位;二是该地区其他产业的结构状况;三是该地区物流产业的传统状况;四是该地区外部的物流市场和物流需求状况。这四个因素综合决定了物流产业在该地区可能具有以下几种定位:重要支柱产业、支柱产业、支持产业和一般服务产业。

(一)重要支柱产业

如果某区域是更大区域范围的物流枢纽,供应链跨越区域并且处于高端的位置,区域内的其他产业依靠物流向外拓展,从外部取得很大的收益,同时,该区域的物流本来就存在传统的优势和比较高的发展水平,在这种情况下,物流对该区域国民经济的贡献率很高,物流增加值应当在国内生产总值(GDP)的10%以上,物流产业在该区域就是重要支柱产业。

(二)支柱产业

作为支柱产业的物流一般处于物流枢纽和对外经济活动非常活跃的区域,物流对国民经济的各个产业领域有全面支持的作用。物流的需求和市场不仅仅来自区域内部,也有相当一部分来自区域外部,这一部分需求和市场可以对本地区的经济总值提供增量,大体应当在GDP的7%或8%以上,因此对本地区的经济有比较高的贡献。

(三)支持产业

在某些经济区域之中,有个别特殊的产业有比较高的发展水平,处于供应链的高端,例如,重要的煤炭生产地区、重要的石油生产地区、制造业集中的地区、某些重要的商贸地区等。少数的独特产业的需求和市场主要来自区域的外部,必须依靠物流的有效支持，才能对整个供应链实现整合和主导，这样所形成的外部需求和市场可以对本地经济区域的经济总量提供增量。这样，虽然总体上物流产业没有成为这个经济区域整个国民经济所有产业的支柱和重要支柱产业，但是却对某些特殊产业具有重要支持作用。

（四）一般服务产业

在一个经济区域内缺少与外界沟通的大规模的物流活动，物流产业在这个区域中，以服务于其他产业和整个国民经济的运作为存在条件，物流市场和物流需求主要在这个地区的内部，在这种情况下，物流的作用主要在于形成本地区国民经济的一个一般的基础，支持和优化本地区内部的国民经济，是一种基础的、从事基本服务的产业系统。

五、区域物流的公路拖挂系统

（一）区域物流广泛采用公路物流方式

由于公路物流在区域物流中有将干线运输和门到门物流服务结合为一体的重要优势，公路物流方式在现代区域物流中被广泛采用。

公路拖挂系统可以将公路运输拓展成以公路运输为核心运输方式的全程物流服务方式，而成为区域物流的重要物流系统。

公路拖挂系统的主要特点是，拖车、挂车可以按需要拆解组合，有利于通过这一种技术系统实现干线物流与支线物流、末端物流的转换，从而将一种运输方式提升为贯通全程的物流方式。

在现代物流系统中，拖挂系统还有另外一个非常重要的优势，那就是在拖车、挂车分离之后，挂车可以借助其他的运输方式（如火车、轮船）实现滚装物流，从而将远程物流顺利贯通，成为一种重要的联合运输方式。

另外，拖挂系统的挂车本身由于没有动力，造价比较低，也可以减少无效的占地面积，因此，可以成为一个活动的仓库。

（二）公路拖挂系统的两种技术体系

公路拖挂系统有两种技术体系：全挂车系统和半挂车系统，其主要类型如图 19 - 9 所示。

1. 全挂车。全挂车的优点是挂车可以独立行走，有比较强的机动性，可以制造成大吨位的挂车。

2. 半挂车。半挂车的优点是结构比较简单，与拖车连接比较紧凑，可以成为一体化运输车辆，在公路集装箱运输系统中应用较多，有广阔的发展前景。

在区域物流中应用半挂车，已经成为发达国家公路运输的主体形式，占到公路运输车辆的 85% ~90% 。因此，这是需要我们特别关注的形式。

半挂车有三种主要类型：厢式半挂车、平板半挂车和骨架式半挂车。其中，平板半挂车、骨架式半挂车可以与国际标准集装箱结合，形成公路集装箱半挂车系统。

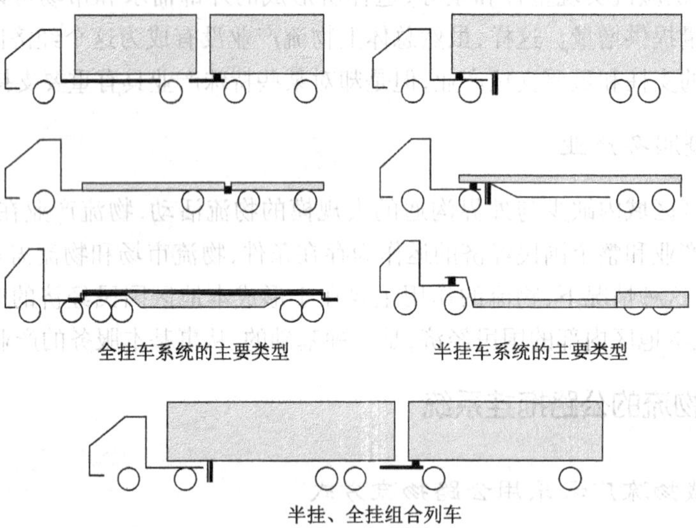

图 19－9　全挂车和半挂车的各种类型

公路集装箱半挂车系统由三个独立系统组成:拖车、骨架式和平板式集装箱半挂车车体、集装箱。

半挂车车体的三种主要类型各有不同的优势和应用范围:骨架式集装箱半挂车车体是集装箱半挂车系统的专用型挂车,车身较轻,能降低运能的消耗,但是缺乏应用的机动性;平板式集装箱半挂车车体,在平板车体上可以放置集装箱,形成集装箱半挂车系统,也可以用于装载其他的货物,虽然车身较重,但是具有通用性的优点;而厢式半挂车车体,底盘和车厢是一体化的结构,因此有更好的稳定性,相当于带有轮子的集装箱,是国际上采用比较多的半挂车系统。

六、区域物流的回程货系统

回程无货空驶是区域物流的致命问题,这是使区域物流成本居高不下的一个重要因素。区域物流必须解决这个问题。回程无货空驶的问题,对于一般铁路货运来讲,问题不严重,但是对于公路货运和铁路专线、专列快运来讲,这个问题有时非常突出。

建立回程货系统,是区域物流管理的重要内容。回程货系统包括以下两个方面。

(一)区域物流回程货信息系统

解决区域物流回程货的问题,掌握回程货信息是关键。区域物流回程货信息系统是能够全面收集、分析、发布回程货信息及与回程货有关的运力信息、货主信息的系统。这个信息支持回程货资源的分配、管理以及对货主的整合工作。

(二)区域物流回程货协调管理系统

回程货和回程运力资源的统一配置,在市场经济环境下,不可能依靠行政的力量,而需要有相关的协调管理组织，通过协调、整合、管理和建立有效的利益分配机制来做好这件事情。

通过物流园区、物流基地、物流中心将物流企业集约起来，有利于形成区域物流的固定终端，这就使区域物流回程货运行系统和协调管理系统能依托这个终端有效地运行。

第五节 国际物流系统

一、国际物流概述

（一）国际物流的概念

国际物流是不同国家之间的物流，是伴生于国际交往、支持国际交往的物流活动。两种类型的国际交往——国际经济贸易活动以及国际政治文化交流都必然带来国际上的物流活动。当然，国际经济贸易交往是国际物流的主要领域。

国际物流是国际贸易的一个必然组成部分，各国之间的相互贸易最终通过国际物流来实现。

国际物流是现代物流系统中重要的物流领域，近十几年来有很大发展，也是一种新的物流形态。

东西方冷战结束后，贸易国际化的势头越来越盛，随着国际贸易壁垒的拆除和新的国际贸易组织的建立，若干地区已突破国界的限制形成统一市场，经济全球化带来的国际分工，促成了产业的国际合作和跨国供应链的形成，这又使国际物流出现了新的情况，国际物流形式也随之不断变化。所以，冷战结束以来，各国学者非常关注并研究国际物流问题，世界第九届国际物流会议的主题就是以“跨越界限的物流”来探讨突破物流的国际界限问题，物流的观念及方法随物流的国际化步伐不断扩展。

从企业的微观角度看，近十几年来跨国企业发展很快，不仅是已经国际化的跨国企业，即便是一般有实力的企业也在推行国际战略，企业在全世界寻找贸易机会，寻找最理想的市场，寻找最好的生产基地，这就将企业的经济活动领域必然地由地区、由一个国家扩展到国际领域。这样一来，企业的国际物流也提到议事日程上来，企业必须为支持这种国际贸易战略更新自己的物流观念，扩展物流设施，按国际物流的要求对原来的物流系统进行改造。

对跨国公司来讲，国际物流不仅是由商贸活动决定，而且也是本身生产活动的必然产物。企业国际化战略的实施，使企业分别在不同国度中生产零件、配件，又在另外一些国家组装或装配整机，企业的这种生产环节之间的衔接也需要依靠国际物流。

(二)国际物流的发展

国际物流的发展经历了几个阶段。

第二次世界大战以前,国际上已有了不少的经济交往,但是无论从数量来讲还是从质量要求来讲,都没有将伴随国际交往的运输放在主要地位。

第二次世界大战以后,国际上的经济交往越来越扩展,越来越活跃。尤其在20世纪70年代的石油危机以后,国际贸易从数量来讲已达到了非常巨大的数字,交易水平和质量要求也越来越高。在这种新情况下,原有的满足运送必要货物的运输观念已不能适应新的要求,系统物流就是在这个时期进入国际领域的。

20世纪60年代开始形成了国际上的大数量物流,在物流技术上出现了大型物流工具,如20万吨的油轮、10吨的矿石船等。

20世纪70年代,由于石油危机的影响,国际物流不仅在数量上进一步发展,船舶大型化趋势进一步加强,而且出现了提高国际物流服务水平的要求。大数量、高服务型物流从石油、矿石等物流领域向物流难度最大的中、小件杂货领域深入,其标志是国际集装箱及国际集装箱船的大发展,国际各主要航线的定期班轮都投入了集装箱船,从而解决了散、杂货的物流水平提升问题,使物流服务水平获得很大提高。

20世纪70年代中、后期,国际物流的质量要求和速度要求进一步提高,这个时期在国际物流领域出现了航空物流大幅度增加的新趋势,同时出现了更高水平的国际联运。

20世纪80年代,国际物流的突出特点是在物流量基本不继续扩大的情况下出现了"精细物流",物流的机械化、自动化水平提高,同时,伴随着新时代人们需求观念的变化,国际物流着力于解决"小批量、高频度、多品种"的物流问题,出现了不少新技术和新方法,这就使现代物流不仅覆盖了大数量货物、集装杂货,而且也覆盖了多品种的货物,基本覆盖了所有物流对象,解决了所有物流对象的现代物流问题。

20世纪80年代,在国际物流领域的另一个大发展是伴随国际物流,尤其是伴随国际联运式物流出现的高水平的物流信息和首先在国防物流领域出现的电子数据交换(EDI)系统。到了20世纪90年代,全球互联网形成,全球卫星定位系统也从军用转向了民用,这对远程的、国际上的物流水平有重大的提升作用。信息的作用,使物流向更有效的管理、更低的成本、更高端的服务、更大量化、更精细化的方向发展,许多重要的物流技术都是依靠信息才得以实现的,这个问题在国际物流中比在国内物流中表现得更为突出,物流的几乎每一项活动都有信息支撑。物流质量取决于信息,物流服务依靠信息。可以说,在20世纪八九十年代,国际物流已进入了物流信息时代。

二、国际物流的特点

(一)物流环境存在差异

国际物流的一个非常重要的特点是各国物流环境的差异,尤其是物流软环境的差异。不同国家的不同物流适用法律使国际物流的复杂性远高于一国的国内物流,甚至会阻断国际物流;不同国家的不同经济和科技发展水平会造成国际物流处于不同科技条件的支撑下,甚至有些地区根本无法应用某些技术而迫使国际物流全系统水平下降;不同国家的不同标准,也造成国际"接轨"的困难,因而使国际物流系统难以建立;不同国家的风俗人文及工作习惯也使国际物流的运作受到很大局限。

由于物流环境的差异,迫使一个国际物流系统需要在几个不同法律、人文、习俗、语言、科技、设施的环境下运行,这无疑会大大增加物流的难度和系统的复杂性。

(二)物流系统复杂

物流本身的功能要素、系统与外界的沟通就已经是很复杂的了,国际物流再在这复杂系统上增加不同国家的要素,这不仅增加了广阔的地域和空间的因素,而且所涉及的内外因素更多,所需的时间更长,广阔范围带来的直接后果是难度和复杂性增加,风险增大。

当然,也正是因为如此,国际物流一旦融入现代化系统技术之后,其效果才比以前更显著。例如,开通某个"大陆桥"之后,国际物流速度会成倍提高、效益显著增加就说明了这一点。

(三)国际物流必须有国际化信息系统的支持

国际化信息系统是国际物流,尤其是国际联运非常重要的支持手段。国际信息系统建立的难度,一是管理困难,二是投资巨大,再加上世界上有些地区物流信息水平较高,有些地区较低,所以会出现信息水平不均衡因而信息系统的建立更为困难的现象。

当前建立国际物流信息系统的一个较好的办法是与各国海关的公共信息系统联机,以及时掌握有关各个港口、机场和联运线路、站场的实际状况,为供应或销售物流决策提供支持。国际物流是最早发展"电子数据交换"(EDI)的领域,以 EDI 为基础的国际物流将会对物流的国际化产生重大影响。

(四)国际物流的标准化要求较高

要使国际物流畅通起来,统一标准是非常重要的,可以说,如果没有统一的标准,国际物流水平是不可能提高的。目前,美国和欧洲基本实现了物流工具、设施采用统一标准,如采用 1 000 毫米 ×1 200 毫米的托盘、集装箱的几种统一规格及条码技术等,这样一来,就大大降低了物流费用,降低了转运的难度。而不向这一标准靠拢的国家,必然在转运、换车底等许多方面要多耗费时间和费用,从而降低其国际竞争能力。

在物流信息传递技术方面,欧洲各国不仅实现了企业内部的标准化,而且实现了企业之间及欧洲统一市场的标准化,这就使欧洲各国之间比其与亚、非洲等地国家之间的交流更简单、更有效。

(五)远程物流系统管理难度大

国际物流一般属于远程物流系统,物流的远程化必然会使不可控因素大幅度增加,从而带来“失控”的问题。这首先表现在计划上面,出现时间延迟、回程货物衔接不准、事故和货损频出等问题;再有就是对物流工具和人员的管理控制会因远程化而出现困难甚至失控的问题。

三、国际物流的发展趋势

国际物流是今后发展十分迅速的物流体系,近年来,国际分工进一步深化,国际贸易数量和质量进一步发展,因此,对于国际物流的未来研究,也是物流学研究的重要领域。根据学者们的看法,国际物流今后在以下几个方面会有很大进展。

(一)船运

船运是国际物流的主体运输方式,除了欧洲、中亚、北美、南美等局部区域的国际物流可以不主要依靠船运外,其他绝大部分地区和上述地区诸国与全世界的物流联系,都主要依靠船运。我国与在亚太地区的主要贸易伙伴如日本及南亚、西太平洋地区的一些国家之间的物流也主要用船运。所以,国际物流中船运会有较大发展。

今后船运的发展主要表现在两方面:

1. 船舶的大型化。今后不仅是船数总量增加,船舶大型化也会成为重要趋势。

船舶大型化的趋势在20世纪80年代就已经十分明显了,今后会更加明显。船舶大型化不仅增加了船运总量,更重要的是降低了船运成本,使国际上原来不适合运输的货物变得适合了,这样就大大促进了这种货物的国际贸易,最明显的是矿石和煤炭。

船舶大型化尤以矿石船、散装船、油船表现最为突出,如表19-1所示。

此外,近些年用于国际联运的集装箱船舶的大型化趋势也很明显,集装箱船的载箱量已可达4 000个换算箱箱位。

表19-1　船舶大型化趋势　　单位:万吨

	1955年	1965年	1975年	1985年	1995年
矿砂船	1.5→6	6→17	7→20	20→22	22→30
矿石煤炭运输船	2.5→3.5	3.5→12	12→18	18	18→20
散装船	—	7→26	26	26→31	31
油船	8.5→15	15→48	48→56		

2. 海运集装箱快速发展。随着国际贸易货物的高附加值化,又由于制造业全球供应链的形成,适合国际集装箱装运的货物有比较大的增加。各个国家随着经济发展,创造了国际海运集装箱的内陆平台,也促使国际海运集装箱使用量增加。这些必将促进海运集装箱的快速发展。

(二)港口设施

船舶大型化必然要求港口设施建设的发展,这主要包括两个方面:一方面是停泊大吨位船的码头建设;另一方面是对大吨船的大量、快速装卸设施建设。此外,大型船舶一次到发载货数量一大，则对港口的集疏要求也就更高，从而促进和带动腹地建设，尤其是与腹地的运输联系的发展。

（三）集装箱的大型化

现在，国际物流中40英尺箱的比重已有很大增加，这个趋势会继续下去，同时，也会带动装运40英尺箱的港口、机具及陆运设备、设施的发展。

（四）空运

在国际物流这一特殊领域，空运货运也将会有较大的发展，其主要物流对象是适应人们高消费要求而出现的鲜果、食品、时装、化妆品、书报、艺术品等，同时大跨国企业的运输等也有所应用。

（五）更广泛地采用国际联运

大陆桥国际联运的成功，促进其进一步大发展，现在正在酝酿新的大陆桥通道。大陆桥国际联运是和高速铁路建设共同实现的，这种运输方式也将带动铁路运输方式的技术革新。

四、国际物流平台

（一）国际物流信息平台

国际物流信息平台由各国邮电系统的通信协议、国际互联网（Internet）、国际数据交换（EDI）以及卫星定位系统（GPS）等网络、技术、管理协议共同构筑而成。

国际物流信息平台支持空运、水运、大陆桥联运等国际货运信息以及各种运输工具的运行时间表等信息，可以支持国际物流客户对于物流状况、货物状况、物流市场状况、价格等多方面的信息需求。同时，国际物流信息平台还支持各种线路以及国际物流结点的物流管理，各种运输方式的导航、指挥，支持各个国际物流企业建立客户服务系统，从而使国际物流企业的客户服务水平得以大幅度的提高。这个平台还支持搜救系统等危机处理系统，大大减少了危机的发生以及一旦发生危机的损失。

全球卫星定位系统的民用化目标的实现，使国际物流信息的及时和准确程度有了大幅度的提高，同时，还有效地解决了远程物流过去很难对物流工具进行及时控制和调度等问题，这是国际物流信息的一个重大突破。

全球移动通信以及移动上网技术，也是国际物流信息平台派生的重要技术。这些技术在国际物流领域的应用，促成了国际物流的精益化，使国际物流系统的有效管理得以实现。

（二）国际实物物流网络平台

国际实物物流网络平台也是由物流线路和物流结点两大部分构筑而成。

国际物流的线路包括国际远洋、沿海及国际河系航线,国际航空线,国际铁路运输线,大陆桥,国际公路以及国际输油管道8种线路网络和它们的综合网络。

国际物流结点则更具有特殊性,除了一般的物流结点之外,国际物流结点还有口岸、自由贸易区、加工贸易区、保税区、保税仓库等具有国际专门概念的物流结点。

国际的实物物流网络和一个国家的、一个地区的实物物流网络,在物理结构上也许没有太大的区别,有些人认为只是近程的和远程的区别。其实,这个区别相当大:

首先是技术上的区别。各个国家缘于本国的历史发展,其实物物流网络与其他国家在技术方面和采用的标准系统方面难以接轨。尤其是在历史上采取了不同发展道路的国家之间,这个问题尤其严重。最简单的一个例证是中国和前苏联的宽轨铁路就没有办法直接接轨。

其次是体制方面的问题。各个国家不同的管理体制派生出不同的管理组织和管理方法,也各有不同的法律和规则,这就使国际物流需要进行大量的沟通。这也是国内和地区物流所不会出现的问题。

当然,国际物流还有语言、工作习惯、生活习惯等诸方面的障碍。

在经济全球化浪潮的推动下,固然有各种国际上的协议和技术标准的统一,但是时至今日,即使是经济一体化的典范——欧盟,这个问题仍然十分严重。欧盟在研究开放铁路货运系统时,就发现开放铁路网络将面临许多技术上的障碍,如欧盟共有四种宽度不同的车轴,四种高低不一的火车,五种电子系统和七种信号系统。应该说,国际物流平台的打造和建立,将是现代物流发展的战略目标。

(三)国际物流的保税区及保税仓库

保税区和保税仓库是国际物流区别于国内物流的重要的结点设施。保税仓库是国际物流系统中保税区域的一种,是外国入境或过境的货物,在输入手续未完成之前,长期存放的区域及仓库。

保税区或保税仓库对外国货物的保税期一般最长为两年,在这个时期中可存放在保税区或保税仓库中,这期间,经营者可以找到最适当的销售时机,一旦实现销售再办理关税等通关手续。如果两年之内未能售毕,则可再运往其他国家,保税区和保税仓库所在国不收取关税。

保税仓库避免了进出口货物一旦完税,便实际上形成到进口国的“货到地头死”的局面。如果由于市场变化,没有能够实现销售,再想退回或者转运他国,则必须按出口货再次办理通关手续,这样一来,一进一出的二次关税,货物成本必然大增,会大大削弱货物竞争能力,加大了国际贸易风险。建立保税仓库后,可以大大降低进出口货物的风险,有利于鼓励进出口,鼓励外国企业在中国投资,是非常重要的投资环境之一。

我国海关监管制度中,主要是保税区和保税仓库制度,保税区和保税仓库也是由海关批准并由海关监管的。

我国规定,保税仓库制度允许存放的货物范围如下:

1. 缓办纳税手续的进口货物。这主要包括由于种种原因而造成的预进口货物,储存在保税仓库内，随需随提，并办理通关手续，剩余的货物免税退运。也包括因进口国情况变化、市场变化而暂时无法决定去向的货物，或是无法做出最后处理的进口货物，这些货物都需要存放一段时间，如果条件变化，需要实际进口，再缴纳关税和其他税费，这就使进口商将纳税时间推迟到货物实际内销的时间。

2. 需做进口技术处置的货物。有些货物到库后，由于不适于在进口国销售，需做改变包装装潢、改变包装尺寸或其他加工处理，则可进入保税仓库进行这一技术处置，待到符合进口国的要求再内销完税，不符合的则免税退返。

3. 来料加工后复出的货物。为鼓励“两头在外”的国际贸易战略的实施，对有些来料加工，又是在保税区或保税仓库完成的，加工后，该货物复出口，则可存放于保税仓库。

4. 不内销而过境转口的货物。有些货物或内销无望而转口，或在该区域存放有利于转口，或无法向第三国直接进口而需转口，则可存放于保税仓库中。

保税仓库在国际物流中不仅适于进口货物，也可用于出口货物，建立出口保税库。

（四）国际物流的加工贸易区

国际物流的加工贸易区是专门为加工贸易所建立的特殊封闭区域，是经济特区的一种形式。保税区及保税仓库虽然也可以进行加工贸易的操作，但是受规模及范围的局限，不能适应经济全球化形势下大规模国际分工的要求。

加工贸易区的出现，可以促成产业在国际上的大规模转移，从而改变原先的物流格局。长期以来，一些加工产业在某些国家、某些地区大量密集，形成最终的产品，这些最终的产品通过远程物流到达全世界的市场。加工贸易区的出现，可以有效地将供应链的产品端直接贴近用户、贴近市场，从而实现跨国公司有效扩展世界市场的战略。

对于国内的出口型企业来讲，进入到出口加工区，专门从事出口产品的生产加工，能获得许多政策上的优惠和程序上的便利，是国家鼓励出口的一种有效措施。

（五）大陆桥

大陆桥指的是大陆两端的两个海港之间的陆地通道，又主要指铁路通道，是国际物流的特殊线路。世界几条重要大陆桥如下：

1. 西伯利亚大陆桥。西伯利亚大陆桥是指远东太平洋—欧洲黑海、波罗的海、大西洋大陆桥，是当今世界上最长的一条大陆桥运输线，长度为 1.3 万公里，由俄罗斯方面担任总经营人，签发货物过境许可证、签发统一全程联运提单，承担全程联运责任，采用互为托、承运的接力方式实行联运。

西伯利亚大陆桥有三条运输路线：第一条是以西伯利亚铁路运输为主，转至伊朗、欧洲的铁—铁运输；第二条是经西伯利亚铁路到前苏联的西部港口到达西北欧的铁—海运输线；第三条是由西伯利亚铁路转至欧洲的公路到达瑞士、德国、法国、意大利的铁—汽运输线。如图 19－10 所示。

2. 新亚欧大陆桥。新亚欧大陆桥也称新疆大陆桥，1990 年正式贯通，是第二条在亚洲大陆上的欧亚大陆桥。它东起我国连云港，经陇海铁路到新疆，出阿拉山口至荷兰鹿特丹,可辐射至西亚各国和波兰、俄国、德国、荷兰等30多个国家和地区,全线10 800公里,中国境内长度为4 131公里。比西伯利亚大陆桥短2 000公里,节省运费约30%,与海运比较,可节省运输时间60%左右。如图19-10所示。

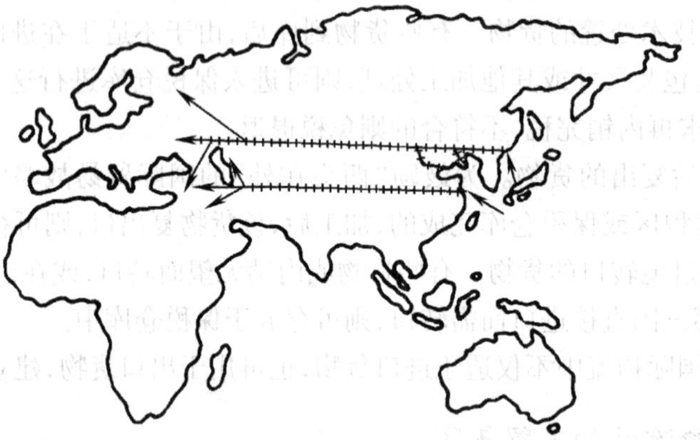

图19-10 西伯利亚大陆桥及新疆大陆桥

3. 北美大陆桥。北美大陆桥是远东至欧洲运输途径北美的大陆桥,由北美大陆桥和加拿大大陆桥构成。北美大陆桥又分从西部太平洋岸至东部大西洋岸的铁路及公路运输线和从西部太平洋岸至东南部墨西哥湾的铁路、公路运输线。如图19-11所示。

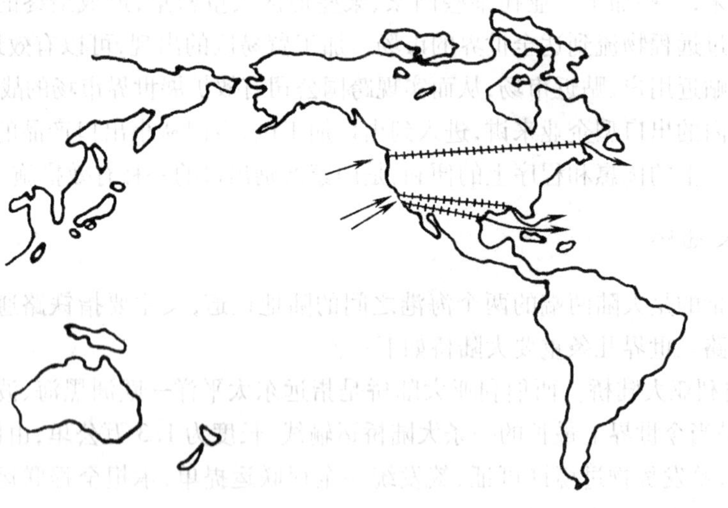

图19-11 北美大陆桥

五、国际物流的各种运输形式

(一)运输方式选择的依据

对于远程的国际物流来讲,运输这个功能要素显得更为重要和更为突出,因为在国际物流中，运输的成本远高于区域和城市范围的物流。所以，组织国际物流，必须正确选择运输方式和管理组织方式。国际物流的运输方式除了一般的海运、铁运、空运及邮政传递外，还有一些有特点的方式，如国际多式联合运输、大陆桥运输等。

国际物流对运输方式的选择，主要从以下几个方面考虑：

1. 运输成本。这是国际物流在选择运输方式时首先要考虑的问题，其原因是运距太长，运费负担较重。据统计，在外贸的价格中，物流费有时可占出口货价的30% ~70%，对于煤炭、矿石等低价值货物，这一比例或许更高。

在国际物流中，大型专用船海运的运输成本较低，定期班轮则较高，包轮则更高。一般而言，海运成本低于陆运成本，但如果海运有大迂回，则利用大陆桥的联运就不仅是追求时间方面的节约，在成本方面也有一定优势。

2. 运行速度。速度对国际物流也很重要，这有两个原因：一是运距长，需时日较多，资金占用时间长，加快速度有利于解放占用的资金；二是市场价格的变化原因，由于速度慢往往可能错过了市场最有利的价位，使经济效益下降，所以，运输速度加快一点就会显著缩短整个国际物流的时间，从而带来一系列好处。

在各种物流形式中，航空货运具有不容争议的高速度。在洲际运输中，用大陆桥运输取代海运，会获得提高物流速度的显著效果。

3. 货物的特点及性质。货物的特点及性质有时对物流方式选择起决定性作用。经常是由于受国际物流方式的限制，某些货物无法进入国际物流中，从而失去了市场时机。

一般说来，各种包装杂货可以选择多种物流方式，而诸如水泥、石油、沥青、危险品等对物流方式的选择范围则较窄，如果在国际物流中，选择汽车或飞机运输水泥，显然是不恰当的。

4. 货物数量。由于国际物流距离长，使大数量货物运输受到限制，因为国际物流距离往往超出了汽车等运输工具的经济里程，因而选择这些类型的运输工具会受到限制；大数量货物也不可能选择航空运输，因为航空运输不具备那么大的装运能力，更不用说价格了。

5. 物流基础设施条件。由于国家经济发展的不平衡，在一个国家可以采用的物流方式，到另一个国家便不能采用，原因是另一个国家缺乏采用这种方式的必要基础设施。在选择物流方式时如不考虑这个问题，就无法形成有效的物流系统。

典型的例子是大型船和集装箱，如果缺乏必要的水域条件、港口条件，大型船无法作业，则不管如何便宜，也不能选择大型船；如果没有大型集装箱专用码头和集装箱集疏的腹地条件，则也不可能大量选用海运集装箱方式。

在国际物流中，运输方式选择不当所造成的不合理运输程度远甚于一般物流。例如，一旦选择海运，则不可避免地要受航线约束形成迂回，这比通常的陆地迂回线路长得多，而且一旦上船便无法改变。又如，由于国际物流受国际贸易的驱动，比国内多了一层通关手续，多了很多关税，假如由于物流方式选择不当，拉长了时间，错过了销售时机，就会出现更为严重的"货到地头死"的现象，造成巨大的经济损失。

(二)国际物流的各种运输方式

1. 班轮。运输公司安排货船或客货船在规定航线上、规定港口间定期、定路线运输货物,并公布船期时间表,按班轮运价收取运费。国际物流以采用集装箱班轮为主体形式。

班轮运输的主要优点是:

(1)计划性强,客户可按班期从容、合理安排计划,有利于客户安排工作。

(2)运价固定,便于客户核算和对运输方式的选择。

(3)非常有利于包装杂货和小批量、零星货物运输。

(4)手续简便,便于采用且风险较小。

2. 租船。在班轮无法承运的情况下,如特殊货物、大量货物、紧急货物,不能依靠班轮进行运输,或者无班轮停靠港,无法选择班轮,可以选择租船方式。租船方式适合运输粮食、矿砂、石油、水泥、煤炭、木材等货物,可根据货物种类及数量选择不同类型及吨位的船,以充分利专用船和大吨位船的优势。如果选择得当,租船方式的成本比班轮运输成本会低很多,因此,租船方式也适用于运费承担能力不高的低值货物。

租船方式有两种:

(1)定程租船。它是指按航程计费租赁,货主(租船人)按协议提送货物和交纳运费,船舶经营者负责按协议运输。

定程租船又有单航次租船、往返程租船、连续单航次租船、连续往返程租船等多种形式,不同形式的租船费用水平有较大差别。

(2)定期租船。它是按一定期限租赁船舶的方式。在租赁期间,船由租船人负责经营管理,船方除收取租金外,还负责保证船舶的适航性。

定程租船可租全船,也可只租某些舱位,定期租船属“包租”,是全船租赁的形式。

3.“大陆桥”运输。理论上,联结两段海运的陆运,统称“大陆桥”,而实际上,大陆桥运输主要指有国际协议的国际铁路集装箱联合运输。这种运输方式是以集装箱为核心,采用水运、铁运、汽运相结合的联合运输方式,具有以下优点:

(1)可采用“门到门”方式。货主一旦委托后,便由承运人负责全程运输,因而对货主来讲是大大简便了,这是货主乐于采用这种方式的重要原因。

(2)物流速度快。“大陆桥”与迂回海运比,不仅运输里程大大缩短,且装卸集装箱的时间也大大减少,再加上铁路运输速度本身又高于海运,因而物流速度大大加快,时间显著缩短。例如,北京到德国汉堡的货运,选择“大陆桥”,运距12 000公里,需35天,而选择海运为2万公里,需50天,效果十分明显。

(3)物流风险小,时间保证程度高。采用“大陆桥”运输,气候、季节的影响很小,而采用海运,常由于气候、自然因素出现风险、延误船期。

(4)资金周转快、成本低。由于“大陆桥”运输系统健全,结汇速度快,比海运可提前10~15天结汇,有利于资金周转。另外,从运输成本看,可降低3%~5%。

（5）运输质量好。“大陆桥”运输货损少，集装箱的损坏也少。

4. 国际铁路联运。国际铁路联运是以散杂货方式完成的国际联合运输。其主要方法是在始发站凭一份运送票据（国际联运的运单），由铁路运输到目的站交货，由外运机构代办进出口的报关手续。

国际铁路联运主要对散杂货而言，由于可不受集装箱的限制，可以承运各种货物。例如，集装箱不适合的，不能进行“大陆桥”运输的建材、钢材、水泥、煤炭、大型机械等，可采用国际铁路联运方式，且由于可采用普通货车，运量比“大陆桥”集装箱运输大。

国际铁路联运的主要缺点是，在不同轨距的国家国境站，需更换车轮，这不但易造成货损而且大大减慢了物流速度。

5. 班机。与班轮一样，班机是在固定航线上的固定起落站，按预先计划规定的时间进行定期航行的飞机。班机主要是客货混载，个别航空公司也有专门的货运班机。

班机适于急用物品、行李、鲜活物、贵重物、电子器件等的运输。

6. 包机。包机是由租机人租用整架飞机或若干租机人联合包租一架飞机进行货运的物流方式。包机如往返使用，则价格较班机低，如单程使用则价格较班机为高。包机适合专运高价值货物。

7. 集中托运。集中托运是航空代理公司集中若干组货物，用一份总运单集中运输，到站后再分拨或配送给不同用户的运输方式，是一种代理形式的航空货运业务。

8. 航空快递。航空快递是由专门经营快递业务的代理公司组织货源和联络用户，并办理空运手续，或委托到达地的速递公司，或在到达地设立速递公司，或派专人随机送货送达收货人的一种快速运货方式。

航空快递实际也是联合运输，与其前后相衔接的一般是汽车运输。

9. “浮动公路”运输。“浮动公路”运输利用一段水运衔接两段陆运，其衔接方式是：将车辆开上船舶，以整车货载完成这一段水运，到达另一港口后，车辆开下继续陆运。

“浮动公路”运输又称车辆渡船方式。这种联合运输的特点是在陆运和水运之间，不需将货物从一种运输工具上卸下再转换到另一种运输工具上，而仍利用原来的车辆作为货物载体。其优点是两种运输之间实现了有效衔接，运输方式转换速度快，而且在转换时，不触碰货物，因而有利于减少或防止货损，也是一种现代运输方式。

在国际物流中，海运常常是主力运输方式，海运向陆运及陆运向海运的转换就变得十分重要，“浮动公路”形式是“滚上滚下”装卸搬运方式，与“车辆渡船”方式相结合从而完成国际物流。

10. 国际多式联运。国际多式联运是国际多种运输形式的联合运输。实际上，这已经不是一种单纯的运输形式，而是一种综合物流的形式，是一种先进的国际物流组织形式。这种运输方式采用一份国际多式联运合同，由一个总承运人负责全程的承运并直接对货主负责，组织两种以上的不同运输方式，跨国界进行联合运输。

六、国际物流经营管理

(一)国际第三方物流

与国内物流及城市物流相比较,国际物流除了需要具有一般的物流能力之外,还必须具有国际物流网络以及进行国际物流运作的能力,具有丰富的国际物流经验,这是一般的物流企业很难具备的。所以,国际物流更需要专业化的国际第三方物流承担物流业务外部化的工作。国际货代、国际多式联运就是国际第三方物流的主要类型。

1. 国际货代。国际货代是一种代办国际物流,包括国际运输、仓储、通关等业务的经营形式。国际货代企业从委托人那里取得货物代理业务,对国际物流的全程负责,并将一部分或者全部业务再外包给承运人,国际货代企业从中收取佣金。这是直到目前还在广泛采用的一种物流服务方式。

2. 国际多式联运。前面已经提到,国际多式联运实际上是一种综合物流的形式,这种物流是由国际第三方物流进行经营的。这种物流方式采用一份国际多式联运合同,由一个总承运人负责全程的承运并直接对货主负责,组织两种以上的不同运输方式,跨国界进行联合运输。

1980 年 5 月通过的《联合国国际货物多式联运公约》对多式联运的定义是:“国际多式联运是按照多式联运合同,以至少两种不同的运输方式,由多式联运经营人将货物从一国境内接受货物地点,运至另一国境内指定交付货物的地点。”

国际多式联运的核心工具是集装箱,以集装箱为贯通全程的货体单位,采用各种先进的接转方式实现集装箱的铁—水、陆—水、陆—铁等不同运输方式的转换,使全程连接贯通一气,甚至做到不同国度货主与货主之间的“门到门”运输。

实现国际多式联运必须具备以下几个条件:①必须具有一份多式联运合同;②使用一份全程的多式联运单据;③采用不少于两种的运输方式;④运输全程用单一费率计费;⑤必须是不同国家之间的运输;⑥有专门的经营人对多式联运负责。

国际多式联运的经营人是国际多式联运的组织者和主要承担者,以事主的身份从事这一经营。经营人依托自己的经营网络和信息网络,依靠本身的资信从事这一业务。经营人可以是货主、各运输方式之外的第三者,这就是从事国际业务的第三方物流企业;也可以由铁路、公路等运输公司充当经营人。

国际多式联运能够充分满足用户的要求,有比较高的用户服务水平。其采用多种收交货的经营方式可概括如下:

“门到门”方式:由联运经营人在发货单位“门口”开始起运,到收货人“门口”交货。“门口”可以是仓库,也可以是收发货人装箱、出箱站,甚至是车间。“门”的条件是需要有集装箱货载的装、卸条件和必要场地,由货主和经营人协议确定。

“门到站”方式:由发货人“门口”接运,至集装箱办理站交货的方式。

“门到场”方式:由发货人“门口”接运,至集装箱堆场交货的方式。

“场到站”方式:由联运承运人在集装箱港区堆场接运,至集装箱办理站交货。

"站到场"方式:由联运承运人在集装箱办理站接运,至港口堆场交货。

"场到门"方式:从港口堆场接运,至接货人"门口"交货。

"站到站"方式:在两个办理站之间的多式联运。

(二)国际物流的监管管理和保税管理

监管制度是国际物流的特有制度。监管的目的在于,防止违禁货物进出口,防止走私以及进出口货物的偷税、漏税、逃税,防止运输工具和货物的不合法进出。监管仓库和保税仓库是海关监管的主要方式。

监管制度是维护进出口正常秩序的制度,货主和国际第三方物流必须按照监管的要求完备手续并且采用便于监管的货物包装以及装运方式,按海关的规定,在要求的时间和地点进出运输工具及货物,把相关的物流活动(如装卸、搬运、存放、运进运出、加工处置等)全方位纳入监控之中。

海关监管开始于进出口货物向海关申报起,一直到放行为止。

(三)国际物流的通关

通关是从报关开始到结关为止的一系列海关手续。

通关的主要手续有:提交报关单、完成有关动植物检疫、接受通关检验、取得通关许可、完成税务手续、结关等。通关是一个复杂的过程,往往是国际物流在速度方面的一个制约因素。由于通关手续复杂,验关时间长,整个供应链的速度和整个国际物流的速度在通关过程中大大减慢,从而影响了整个供应链的服务水平。

通关管理,不仅是为了把好国门,防止违禁、违法等问题造成国家的经济损失和产生不安全因素,也是为了支持和促进国际交往和国际经济贸易,因此,提高通关的服务水平尤其是提高通关速度是非常重要的。制约通关的主要因素是烦琐但又必须完成的通关手续,以及监管和查验的过程。

在信息时代,很多通关的手续可以在网络平台上进行,采取提前进行的电子报关、电子审单方式,采取电子税费征收方式,采取高科技手段的验关方式等新的管理办法,这对于加快通关速度会起到非常重要的作用。

第二十章

产业物流系统

几乎所有产业的运行，都离不开物流。如此众多的产业类型与物流的普遍规律相结合，就有了如此众多的产业物流。而且，由于产业的生产方式不同、产品不同，相关的物流也有很大的不同，有很多产业物流极具特殊性，所以产业物流是一个非常庞大的而且非常复杂的领域。

现代物流的发展，除了传统的社会性的物流服务领域之外，必须要深入到国民经济的各个产业领域之中，如果国民经济的各个产业都能通过实施现代物流来提高产业的水平，现代物流对国民经济的贡献就更大了。

现代物流的科学规律，对于各个产业有普遍的适用性，所以我们也没有必要对几十个产业的物流逐个去进行研究，这就是现在很少看到产业物流研究成果的主要原因。

必须指出的是，有一些产业，其本身的规律和物流的普遍规律相结合之后，形成了有特点的产业物流体系，而且这些产业的物流对于产业有非常重大的作用，这些产业的物流是我们研究的重点。

第一节　农业物流

一、概述

（一）农业物流的概念

农业物流是指伴随农业产业链所发生的物流活动。

农业是一个大的产业概念，包含的范围很广，如粮食种植业、果菜种植业、渔业、林业、畜牧业、养殖业、农业副业等，是向国民经济提供人民生存和生活的基本物品以及基本工业原材料的产业。从供应链角度来讲，农业和采掘工业处于供应链的初始链结，是供应链物流的源头。农业的生产模式对农业物流有决定和制约作用，其生产过程和与之相关的物流如图 20－1 所示。

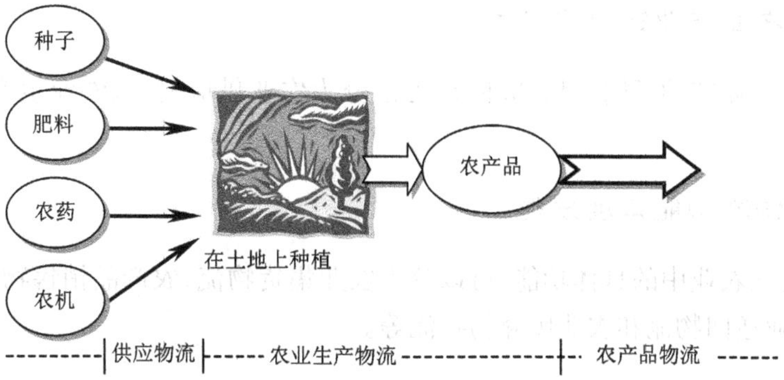

图 20－1 农业生产模式与物流

农业所处的环境在农村，这也是一个特殊的物流环境。现代物流所依托的现代物流平台、现代物流科学技术、现代物流服务，在农村的状况与城市有区别，即使在发达国家，也是如此。一个非常重要的原因是，农业分布广泛，又是呈分散状分布，因此，现代物流体系不可能按照城市的模式去构建。尤其在我国，农业现代物流发展水平远比不上城市，农业缺乏甚至完全不具备现代物流的支持。

（二）农业物流在农业中的地位

按照物流在产业中的四种地位来分析，物流在农业中的地位处于较低的层次，是对产业有支持作用的那种类型。

农业的核心资源是作为基本生产资料的土地，作为劳动对象的动植物，作为劳动者的人和作为劳动工具的农业机械、化肥、农药、工具等。物流的作用是实现农业机械、化肥、农药、工具等向农业生产地的流动，在辽阔的土地上进行生产时进行这一流动，并且将农业产出物从土地上流走。显然，农业没有物流是不行的，但是物流并不是农业生产的核心资源。

物流虽然不是农业中重要的活动内容，更谈不上是农业的核心竞争能力，但是，我国的农业是分布最广的产业，在整个国民经济中占有比较大的权重，农业物流又处于非常落后的状态，矛盾比较突出，这是使它变成人们关注的一个领域的重要原因。

二、农业物流分类

农业的复杂性和广泛性，决定了与之相呼应的物流的多种类型。一般从以下几个主要角度对农业物流进行分类。

（一）从农业产业结构角度分类

按照农业产业结构的内容，可以分为粮食种植业物流、果菜种植业物流、牧业物流、渔业物流、养殖业物流、林业物流和农村副业物流等。在农业物流之中，影响比较大的主要是种植业物流。

(二)从农业产业链角度分类

按照农业产业链的不同领域和环节,可以分为农业供应物流、农业生产物流和农产品物流。

(三)从物流功能角度分类

按照物流在农业中的具体功能,可以分为农业集货物流、农产品销售物流、农业再生资源物流、农业逆向物流和农业废弃物物流等。

(四)从使用对象角度分类

从使用对象角度分类是和农业产业体制有关的一种农业物流分类方法。农业产业体制基本上有两大类型:分散的生产和集中的生产。前者包括农户分散生产经营、土地家庭承包、小的合作经营和小型家庭农场;后者包括农业企业、农业经济联合体、集体统一经营农业、大型农场等。这两大类型农业产业体制的农业物流是有区别的,按照这个区别可以分成分散农业物流和集中农业物流两类。

(五)农业供应物流的细分类

农业供应物流包括五个方面的物流活动:种子供应物流、肥料供应物流、水供应物流、农业生产工具供应物流和农药供应物流。

(六)农业生产物流的细分类

农业生产物流包括的物流活动有:农业耕作物流活动、农田管理物流活动和采摘收割物流活动。

(七)农产品物流的细分类

农产品物流包括农产品集货物流、农产品销售物流、农产品加工物流和农产品储存物流。

三、农业物流平台

支持整个国民经济的由实物物流平台和物流信息平台所组成的现代物流平台,也是农业物流所依托的平台。但是,现代物流平台主要还是着重于国际物流、区域物流和城市物流,着重于干线物流,对于广泛而分散分布的农业还缺乏覆盖的能力。因此,现代物流平台还必须有延伸和补充,才能对整个农业提供平台的支持作用。这个延伸和补充所形成的平台,就是农业物流平台。

本书所提出的一般性的物流平台,其基本原理和基本内容完全适合农业物流平台构筑,这里仅就农业物流平台提出几个有特点的问题。

（一）关于农业物流平台的特点

应该说，农业物流平台是一个非精益化的平台。我们不能说农业物流平台是粗放式的平台，因为无论什么时候，粗放式都是应当反对的，我们只能从精益化的程度来分析农业物流平台的特点。除了个别的所谓“精细农业”之外，农业产业的一般特征是精益程度较低，因此，对于农业物流平台的要求，就需要和产业本身的特点结合起来考虑。

再有，精益化平台的构筑需要大量的投入，因此，精益化总是在确定的范围中才容易实现，对于农业如此组织庞大的规模和范围，全面实现精益化，在经济上几乎是不可能的。

因此，农业物流平台的构筑，应当把实用性放在第一位。在有条件的情况下，在一定范围之中追求它的精益水平。

（二）关于线路的构筑

农业物流平台着重于对农业和农村地区的覆盖，因此，线路的构造主要是能够深入到农业第一线的县级道路、镇级道路和村级道路。特别需要强调道路深入衔接到农业生产，而并不强调道路的规格档次、通过能力、通过速度。这是由农业需求决定的，也是由农业物流平台的广泛覆盖性决定的。

很明显，这种广泛的覆盖和深入的覆盖线路，不可能依托铁路而主要依托公路，在南方水网地区，还可以依托水路。

（三）关于结点的构筑

从普遍意义来讲，农业物流结点必然是多层次的物流结点，这是基于过分分散而且在广域之中分散的农业本身的特点。分散的产出，必须多次地集中、多次地汇合才能达到能够依托国家物流平台的聚集程度。这就必然造成物流结点的多层次。

虽然普遍意义上是如此，但是，依托不同的位置和环境条件，尽量减少结点的层次，是农业物流结点构筑的重要原则。在城市的周边地区和大型物流结点的周边地区，完全有条件减少物流结点的层次。

流通加工结点和仓储结点是农业物流非常重要的结点。

农业生产的特殊性决定了投入的季节性和产出的季节性。尤其是产出的季节性，这就必须依靠仓储进行大量的储存。此外，为了应对不可避免的自然灾害和各种突发事件，必须有相当的储备，这也就决定了农业物流平台储备型结点的重要性。

农业的流通加工在农业物流过程中是多发性的活动，其往往和农村副业结合在一起，加工规模小而且加工方法比较简单，因此，需要有这种类型的物流结点，但和一般物流平台物流结点的水平比较，其水平可较低。

（四）关于农业物流信息平台和农业物流信息

把现代化的物流信息平台的覆盖面扩展，延伸到农村，使农业物流信息平台能够和总体的物流信息化发展结合在一起,这是农业物流信息平台的发展趋势和出路。当前,我国相当一部分农业地区,尤其是城市周边的农业地区,已经可以依托于公共信息平台的支持解决物流信息的传递问题,物流信息对这些地区的农业物流已经不构成瓶颈的制约。重要的问题是在这个平台上运行农业物流信息系统,以及使农业物流信息能够传递到基本农业生产者。

农业物流信息平台应当能够支持农业物流的信息向两种类型的终端进行传递:一种是农业生产企业、农场大型农业产业终端,这个终端有很强的信息接收、储存、分析和发布的能力;另一种是非常分散的、基本农户这个终端,其信息含量不求大,但是必须简单、明确、及时、通俗,这是农业物流信息要着重解决的问题。

四、有特点的农业物流

(一)流通加工

与一般的工业物流系统不同,农业物流流通加工是非常频繁特殊的物流活动。这和农业产业的特殊性有关,工业产业可以一次性生产出最终的产品,农业产业则带有初始原材料基础产业的性质,不但在进入其他产业循环之后(如进入食品工业之后)仍然需要有多次的加工活动,即使在农业产业链之中,加工活动也是频繁发生的,大部分是属于流通加工范畴。

农业物流的流通加工也有特殊性,这表现在三个非常重要的作用上:一个作用是增值,一个作用是减量,再有一个作用是减损。以流通加工为核心,结合其他物流系统化的因素,就形成了农业特有的三种物流形态:农业增值物流、农业减量物流和农业减损物流。

(二)农业增值物流

农业是基本产业,即使在农业品短缺时代,也很难取得较高的利润。因此,增值农业是人们所关心的领域。增值农业的方法有很多,农业增值物流也是有效的办法之一。

采用增值物流的办法,可以有效地提高农业产品的附加价值,从而使低价值的农业变成高价值的农业。

物流功能很多,大部分是起到增加成本的减值作用,物流若干功能要素中,包装和流通加工是主要的增值要素。农业增值物流的有效方法,是在农业物流系统中,强化和有效设置包装环节和流通加工的功能环节,而这两个环节的操作,都是在物流结点上完成的。因此,结点在农业物流中还具有实现增值物流的重要性和特殊性。

增值物流的具体方法有两个:

1. 包装增值。通过不同水平、不同大小、不同装潢的包装,提高农产品的档次,提高它的销售能力从而实现增值。

2. 加工增值。通过精选加工、保鲜加工、保质加工提高农产品的档次,从而实现增值。

(三)农业减量物流

农业产业的最大特点之一是,产出物质中的有用的、有价值的成分按重量和体积计量比例很小,如果产出物质全部进入农业物流领域,会占用大量农业物流资源。因此,农业物流必须面对解决和减少大量无效的物流活动这个问题。例如粮食种植业的生产,它的产出除了对我们有用的粮食之外,还必然有大量的秸秆、根须、枝叶、糠壳,如果这些东西进入农业物流领域,必然占用大量物流资源,增加农业物流的成本。农业减量物流,就是对这些无用物进行预先的减量处理,减少无效物流,提高物流的精益化程度。减量的主要措施有:

1. 通过流通加工进行减量处理。在农业物流的流通加工环节,除去那些没有用的和低价值的东西,可以使农业物流精益化,获得比较大的节约。实际上,这也是另外一种增值物流的形式。

2. 通过强化包装功能进行减量处理。农业物流对象往往密度比较低,经常出现体积量过大而重量不足的问题,因此,只针对体积进行减量处理也能推进物流合理化,使运力得到充分利用。采用打包、捆扎、充填等包装手段,可以解决体积减量的问题。

被剔除和减量的不一定全都是农业废物,它们经常还有相当的使用价值,被减量之后还可以采取逆向物流的办法以及农业再生物流的办法,使之重新变为农业生产资料。

(四)农业减损物流

农业物流的损耗是农业物流与其他物流尤其是工业物流相比较最有特殊性的问题,因为农业物流过程中损耗十分严重。

工业物流系统可以有效地解决包装问题,包装的功能解决了漫长物流过程的损耗问题。但是,由于农业产业的特点,在物流功能系统中,包装的功能很难实现,或者保证一定的包装功能,就会使农业物流成本大幅度上升,变得无法承受。由于农业物流系统包装功能不足,就必然会发生损失。农业物流损耗问题是世界性的普遍性问题,但是我国更为严重。有资料显示:果菜种植业物流,发达国家损耗率在1% ~5%,我国则高达20% ~30%。所以,农业减损物流对我国尤其重要。

农业减损物流的措施有很多种,主要有以下几种:

1. 在农业物流系统中强化包装的功能。通过包装的防护作用,将物流对象与外界适当隔离以减少损失。

2. 建立农产品供应链。改变现有农业物流多环节、多层次的局面,通过优化的农产品供应链,缩短物流时间、减少物流环节,以减少损失。

3. 对农业物流对象进行保护性的流通加工,使之增强抗损的能力,延长保质时间,以减少损失。

4. 采用冷链等全程防护的最先进的物流系统,不但减少损失,而且保持优质的质量,取得更好的空间价值。

5. 建立特殊直达通道、短路通道、绿色通道,用这种通道式的物流来解决减损问题。

农业减损物流的问题不仅仅是科学技术措施和方法的问题,本质上它是技术经济效果权衡的问题。减损的目的是为了减少损失,减损的投入必须要低于减损所获得的收益。当然,这种技术经济的评价,不单取决于投入与产出的价值比例,还必须有环境价值、资源保护价值及战略价值的综合性评价。

五、农业物流服务体系

农业产业存在的一个普遍问题是,农业生产分散,农业产业组织程度比城市工业的组织程度有相当大的差距。因此,依靠农业产业的基本生产单位自我形成农业物流服务体系是很困难的。换句话说,农业物流的社会化服务体系在某种意义上来讲,比城市物流更为迫切。

农业物流服务体系有以下几个基本的组成部分。

(一)农业供应物流服务

农业供应物流服务是对农业生产资料供应提供物流服务的服务体系。这种服务,不仅要提供农业生产资料的商流,更重要的是提供农业生产资料的供应物流。供应物流服务体系的建立,可以保证农业生产资料的质量,而且提供对农业生产资料使用的指导,有了体系的保证,农业生产资料就可以及时地到达农业生产第一线。

(二)农产品销售物流服务

农产品销售物流服务往往采取集中采购以解决分散农产品产出的销售问题,这种集中采购不但解决了购销问题,而且也能够有效地解决批量物流的问题。

(三)农业运输服务

按照物流系统化的观点建立现代农业物流系统,这应当是我们思考的问题和努力的方向,因此,从现代物流系统化的角度出发,按照农业物流过程,对于其中的具体环节,分别提供相关的服务,应当是个现实的问题。

农业物流过程中,难度最大的是农业运输,因此,社会化的农业运输服务是当前农业物流系统比较现实的服务方式。

提供农业运输服务的主体,主要是县、乡、镇交通运输企业,把这些交通运输企业提升为现代物流企业应当是农业物流的发展方向。

第二节 制造业物流

一、概述

(一)制造业物流的概念

制造业物流是指伴随制造业产业链所发生的物流活动。供应链是现代制造业产业的有效构筑形式和发展趋势,因此,制造业物流就是伴随制造业供应链所发生的物流活动。

制造业是一个大的而且包容广泛的产业概念,在各个产业领域中,制造业所包含的行业类型最多,例如,食品制造业、饮料制造业、机械工业、纺织工业、服装加工制造业、电子及通信设备制造业、仪器仪表制造业、家用电器制造业、医药制造业等。

制造业是国民经济的装备工业,又是现代家庭的装备工业,国民经济各个产业领域以及人民生活所需要的从机械、汽车、电器、仪表、装备到家具、服装、食品、饮料等产品,都是制造业的产品。

制造业种类很多,因此没有单一的生产模式,人们通常所称的制造业,主要是指机械、电器等专业化生产零部件、再进行装配制造的企业类型。这种类型的生产模式以及相应的物流如图 20-2 所示。

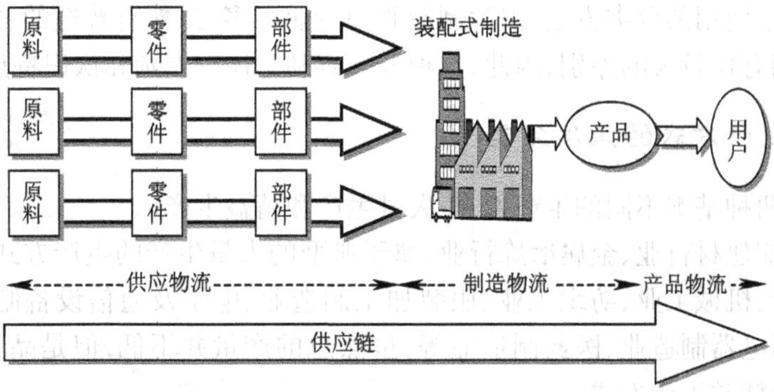

图 20-2 制造业生产模式与物流

制造业所处的环境主要是城市和发达地区,这也是现代物流的一个特殊的物流环境。现代物流所依托的现代物流平台、现代物流科学技术、现代物流服务,在制造业所处的环境中,都比较健全和完善,因此对制造业物流有很强的支持作用。

(二)制造业物流在制造业中的地位

按照物流在产业中的四种地位来分析,物流在制造业中的地位处于较高的层次,属于对产业有重要作用的那种类型。当然,由于制造业种类非常多,这个产业和物流的关系也是有亲有疏。有一些制造业,物流可能已经成为其核心的能力;也不排除在一些制造业中,物流只是起支持作用。

物流在制造业中的地位较高,这是由制造业的现代特点所决定的。从20世纪后半期开始,制造业的产业体制发生了巨大的变化,在大型化和专业化的浪潮推动下,制造业的生产从单个的、封闭式的工厂生产,变成了社会化的协作式生产,在所有产业中,制造业的产业链条是连锁性最强的产业链条。随着国际跨国企业的兴起,在经济全球化的环境下,制造业的连锁变成了一种国际的、洲际的连锁。我们强调物流的重要地位,就在于如果没有了物流,连锁就是断裂的、崩溃的。一句话,没有物流就没有连锁,也就没有现代制造业。

物流在制造业的具体作用主要体现在以下几个方面:①它促成了制造业更深入的产业分工;②它是制造业社会连锁的纽带;③它使制造业可以依托零库存方式进行运行;④它使制造业可以依托准时方式进行运行;⑤它使制造业可以构筑有效的供应链;⑥它使制造业的精益化程度得以大幅度提高。

二、制造业物流的分类

(一)从制造业产业结构的角度分类

制造业有多少行业,制造业物流就有多少分类办法,但是人们重点关注的是以下类别:食品业物流、饮料业物流、机械工业物流、纺织工业物流、服装加工制造业物流、电子及通信设备制造业物流、仪器仪表制造业物流、家用电器制造业物流、医药制造业物流和书业物流等。

这是最经常使用的分类方法,因为制造业的行业很多,虽然有普遍的、共同的物流规律,但相互之间有比较大的差别,因此,这种分类有利于体现差别和认识特点。

(二)从生产方式的角度分类

制造业有两种基本不同的生产方式:大量生产和精益生产。

大量生产如建材行业、金属冶炼行业,属于典型的大量生产的生产方式;而食品制造业、饮料制造业、机械工业、纺织工业、服装加工制造业、电子及通信设备制造业、仪器仪表制造业、家用电器制造业、医药制造业等,虽然总的产量并不低,但是品种、规格、花色种类繁多,属于精益生产方式。

从这个角度出发,制造业物流也有大量物流和精益物流之分。

(三)从制造业产业链角度分类

按照制造业产业链的不同领域和环节,制造业物流可以分为制造业供应物流、制造业生产物流、制造业产品物流。

(四)从物流功能角度分类

按照物流在制造业中实现的具体功能,可以分为制造业配送物流、制造业再生物流、制造业逆向物流等。

(五)从服务模式角度分类

按照服务水平和服务方式的不同,可以分为零库存物流、准时物流、精益物流、供应链物流等。

三、制造业物流平台

(一)制造业物流平台的特点

复杂的制造业物流,需要依托两种平台进行运行,即大量物流平台和精益化物流平台。

总体来讲,制造业物流平台是精益化的平台。只有精益化的物流平台才能保证连锁的制造业能够实现准确而有效的衔接,才能保证制造业所需要的零库存、低库存的要求得以实现,才能保证供应链各个环节之间的协调和准时。

当然,这是从总体而言,有一些属于原材料工业系统的制造业,其生产方式与通常是制造业代表形式的机械、电气的生产方式有非常大的区别,原材料工业是属于大量生产的类型,这种产业的物流平台支持精益化程度不高,而需要实现大量化。

需要说明的是,按照产业的标准分类方法,有一些原材料的制造业被纳入制造业体系之中,从而增加了制造业物流的复杂性,本书对于制造业的界定,主要针对以装配方式为生产方式的制造业,而将建材、冶金等制造业纳入原材料工业范畴之中。有鉴于此,制造业物流平台是指精益化的物流平台。

(二)制造业物流线路的构筑

总体来讲,铁道、水路、空路、公路等线路系统都是制造业物流平台的结构部分,制造业物流综合依托于这个完善的平台系统,尤其是国际化的制造业,这样做才有比较低的成本和比较高的物流保证。

但是,在几种线路系统中,制造业物流平台也是有选择性的。一般来讲,水路及铁道线路系统受环境、气候、外界因素的影响比较大,在支持制造业普遍采用的准时物流方面的力度较小,再加上很多制造业的供应链,并不能够形成适合水运、铁道运输的批量,所以有相当的制造业物流,不选择水运、铁道线路平台,而比较多地依托公路及航空的线路平台。

(三)制造业物流结点的构筑

在制造业物流的实物物流平台上,结点的种类、数量、规模都需要在控制之内。现代制造业的供应链通过整合,从整个供应链来优化库存的结构,把库存结点大幅度降低;另外一方面,由于准时供应方式和零库存方式的广泛实施,供应物流结点和企业内部库存结点也能够大幅度地缩减。因此,制造业物流的结点具有相当重要的地位。

四、有特点的制造业物流

(一)制造业的准时物流

制造业现在主要采用专业化的协作式的生产方式,很多不同的专业化工厂各自生产零件、部件,再进行一定层次的组装、总成,最后生产出产品。各个工厂分布甚广,如何把它们的生产相联结?这就是物流的事情。最理想的方式,是使这些相关工厂的生产形成一种轮动的方式,使这些远在各地的专业化工厂的生产,就像在一个大车间之中的流水线上一样衔接顺畅。

制造业的准时物流所起的就是这样一条虚拟的流水线的作用。依靠准时物流的支持,把一个车间的流水线扩展到跨地区甚至跨国的领域中。

制造业的准时物流需要依靠管理和与社会物流系统的协调。制造业的内部管理是制造业的可控因素,但是外部的社会物流往往不在制造业管理的控制范围之内,因此,制造业准时物流的实施是有条件的,必须在一个有效的物流平台支持之下。

制造业的准时物流需要具备三个基本条件:

1. 按订单生产的生产模式。这种生产模式可以向上拉动制造业供应链的企业保持一致的生产节奏。

2. 有一个很高的计划水平。采用有效计划的方法,以订单的拉动形成衔接的时间、品种、数量计划,据此安排生产。

3. 有物流服务的保障。计划再周密,也必须要落到实处,而计划的执行和落实要靠物流。这不仅需要有效的物流平台支持,还需要在这个平台上经营运作。如上所述,以公路线路为主体的物流平台,容易实现这种服务保障。

制造业准时物流的运作有两种主要模式:

第一种模式,依靠供应链上游企业对下游企业的准时送货。在上下游各企业相距比较近,又有有效的物流平台支持的情况下,如上下游企业之间有联系的公路通道,宜于采取这种模式。

第二种模式,依靠第三方物流进行准时的物流服务。在上下游企业之间距离遥远,而且物流环境复杂的情况下,适合于由专业化的物流企业综合利用物流企业和社会资源去实现这种准时的服务。

(二)制造业的零库存

制造业是普遍采用零库存的产业。实际上,零库存的推动力量和零库存方式在制造业内部是不同的,零库存不仅是一个概念,更重要的是在不同领域的具体实施。制造业的主要零库存领域有:

1. 生鲜食品的制造和销售零库存。食品制造业产业链条上有不同的库存观念。产业链的上游,在原材料环节,往往需要由库存来支持下游各环节的生产和运作,一般不采用零库存方式。但是,产业链的末端,基于基本用户最终买方的决定权,用户需要当天的食品,需要鲜活的食品,这个领域就必须实现零库存。这个零库存不是来自成本的压力,而是来自用户的需求。

2. 装配企业零部件的供给零库存。装配企业和零部件生产企业相比,在供应链处于下游的位置,是零部件生产企业的用户,因此,买方市场环境下,装配企业可以利用自己这种优势的地位推动零部件供给的零库存。

从整个产业角度,装配企业零部件的供给零库存有三种组织方式:

(1)上游企业以产品的库存来支持装配企业零部件供应的零库存。

(2)上游企业按照下游企业需求的拉动,以自己的严密计划,使生产节奏和下游企业的需求节奏一致,从而在保持自己的产品零库存的基础上,实现装配企业零部件的供给零库存。

(3)通过供应链总体的优化,合理安排库存环节,来实现装配企业供应零库存。

(三)制造业的逆向物流

逆向物流在制造业领域发生率较高。制造业的逆向物流有几种情况:

1. 产品的召回物流。制造业的最终产品出现质量或者结构的缺陷问题,由责任生产企业召回所有产品进行处理解决,这就发生了产品逆原来销售的物流路线进行部分或全程的物流,这就是召回物流。

2. 维修物流。个别产品出现质量故障或其他问题,仍然属于产品生产企业质量承诺时间范围之内,产品专业化、技术内涵非常强,无法就地获得解决,必须沿产品原来销售物流的路线,逆向返回。

3. 回收物流。制造业产品使用后已经丧失了总体的使用价值,由于尚存部分使用价值的原因和技术机密的原因也有可能由生产企业回收处理,产品沿销售物流路线逆向返回到生产企业。

(四)供应链物流

由于现在制造业广泛采用供应链的结构模式,所以,一提起供应链物流,主要针对的就是制造业的物流。供应链物流本书中已有专门论述,此处从略。

第三节 水泥产业物流

一、概述

(一)水泥产业模式

水泥产业是水泥制造各相关产业的统称。客观上,水泥产业是以用户需求为导向的、水泥生产为核心的产业,是从基本原材料的生产与供应开始,经过各个环节的生产、制造、加工,变成服务于用户的最终产品为止的整个产业链条。

具体而言,这个产业链条分成三个阶段。

第一个阶段是从石灰石、黏土、煤炭的采掘开始,经过原材料供应物流,到达水泥生产厂,再经过水泥生产物流。在这个物流过程中,原材料制成了水泥,完成了第一阶段的产品——水泥。

第二个阶段是水泥产品完成自己的物流过程,到达商品混凝土或者水泥制品用户,变成第二个阶段的产品——商品混凝土或水泥制品。

第三个阶段是水泥的上述深加工产品到达用户并投入到用户的使用中,变成建筑产品。

水泥业是原材料产业的一种代表类型,水泥产业模式及相关的物流过程如图 20 - 3 所示。冶金行业、化学工程行业基本上也是采取这种生产模式,只是原材料、生产工艺以及产品内涵不同而已。相关的物流过程也基本类似,区别在于具体的物流工具及装备。

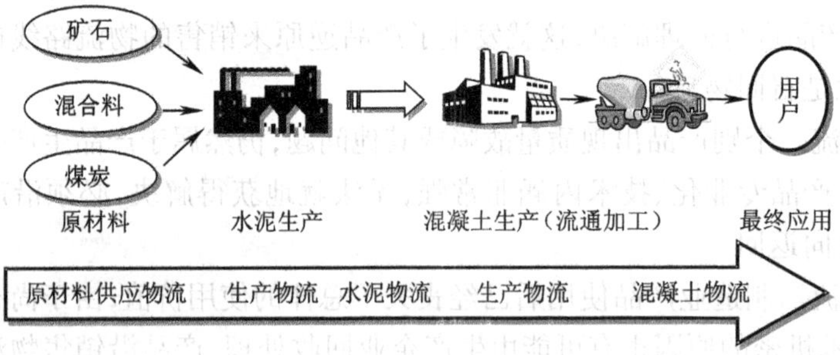

图 20 - 3 水泥产业模式与物流

(二)水泥供应链

可以看出,水泥产业上下游衔接,形式一条清晰的供应链,可以按照供应链的模式去整合和构筑。

水泥供应链是从水泥生产之前的环节开始一直到最终用户的、由许多环节环环相扣组成的链条。这个链条的运作是由相关的许多企业完成的,这些企业分别在链条上发挥不同的作用,在链条上形成了互相衔接的上下游关系,而这些企业之间在组织上又是一种横向的联盟合作关系。

如果这个链条的目的明确,链条上各企业信息是畅通、没有壁垒的,又有一定的协议形式维持这个链条的有效运行,各企业投入这个链条上的资源就能够得到优化。

水泥的供应链虽然很长,但是复杂程度和制造业的一些产品比较要简单、明确。因此,水泥供应链构筑和运作相对比较容易,是比较容易实施供应链管理的产业链条。

(三)水泥产业物流的特点

水泥的散装物流和水泥的流通加工是水泥产业最具特点的物流方式。这两种有特点的物流在整个水泥产业链条中有比较重要的位置。应当说,它们是水泥产业链物流的核心。

二、水泥生产物流

图20－4表现的是和水泥工艺过程伴生的水泥生产物流过程,大体上分为三个阶段。

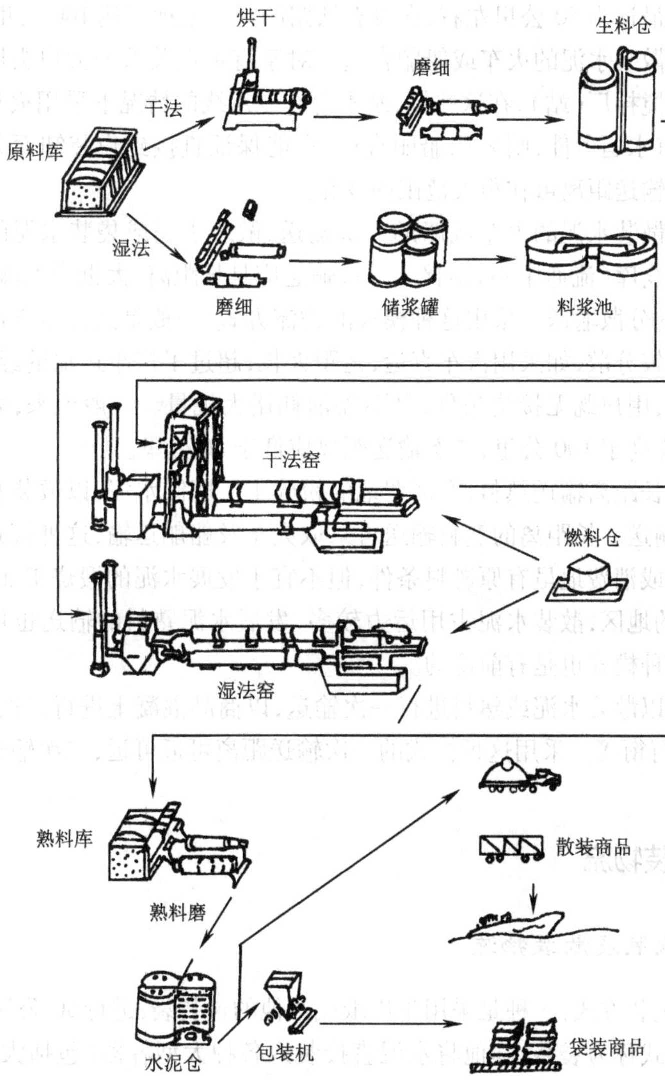

图20－4 水泥生产工艺及物流过程

第一个阶段是水泥原料物流,包括水泥原料仓库储存、水泥原料处理物流、水泥生料仓库储存。

第二个阶段是水泥煅烧物流,包括生料从窑尾进入煅烧窑炉,逐渐变为熟料,从窑头输出,以及与燃料相反方向的物流运动过程。

第三个阶段是水泥产品形成的物流,包括水泥熟料的仓库存储、水泥熟料粉磨、水泥成品仓库储存、水泥包装几个过程。

三、水泥商品物流

水泥商品物流有五种主要的模式。

第一种模式:散装水泥汽车直送、袋装水泥托盘集装汽车直送。这种方式在有铁路的地区,输送距离最远为50公里左右,在没有铁路的地区最远可达100公里左右。

第二种模式:散装水泥的火车或船舶直送。对于有定点关系的大户头用户如水泥制品厂、混凝土集中搅拌厂(站),在这些场、站本身有专用线的情况下采用火车直送。如果水泥厂及用户都有水运条件,则采用船舶直送,在能保证直接到户装卸而无须进行厂内小搬运的情况下,输送距离可在很大范围内变化。

第三种模式:散装水泥的火车或船舶一次输送,散装水泥或袋装水泥的汽车二次输送,输送依靠中转仓库(流通中心)衔接。一次输送应是长距离、大批量的输送;二次输送为短距离多户头的分散输送。采用这种模式的物流方式,一般是因为生产厂与消费地距离较远,而用户又较分散,如采用汽车直运,运距太长,超过了汽车运输的经济里程,如采用火车、船舶直运,用户既无接货条件,又不需消耗诸大批量。一般说来,采用这种模式的一次输送距离应高于100公里,二次输送距离应低于50公里。

第四种模式:长距离输送熟料,在消费地的粉碎工厂磨制水泥,以散装水泥或袋装水泥进行汽车二次输送。长距离的熟料输送可采取火车及船舶运输,这种模式适于消费地远离原燃料产地,或消费地虽有原燃料条件,但不宜于发展水泥的煅烧工业。此外,在铁路运输异常紧张的地区,散装水泥占用运力较多,发展水泥熟料的输送也可以节省运力减少损失,采用这种模式也是有前途的。

第五种模式:以散装水泥或熟料进行一次输送,以商品混凝土进行二次输送,依靠集中搅拌站(场)进行衔接。采用这种模式的一次输送距离可近可远,二次输送则要求运距较短。

四、水泥散装物流

(一)水泥散装及散装物流

水泥有两种包装方式:一种是采用牛皮纸或其他的包装袋,进行50公斤或25公斤的标准包装,这种方式称为袋装;其他将水泥直接装入各种大型容器(包括大的集装袋)的包装通称为散装。

水泥的散装物流,不仅仅是简单的包装问题,应该说是从包装开始的一系列物流过程的总称。

采用专用的罐式散装汽车、火车及船舶，从水泥生产企业的水泥散装库开始装运，进入水泥的干线输送，到达目的地的散装仓库，将大量运到的散装水泥通过管道卸入散装仓库，以散装仓库为配送结点，转换运输方式，按用户的需求，利用罐式散装汽车将水泥运至用户的水泥散装仓库或者水泥使用现场。或者采用大型集装袋和一般运输工具，从水泥生产企业的水泥散装库开始装运，直达最终用户。这种全过程都不采用水泥小包装方式、将粉末状水泥进行封闭的物流，称为水泥散装物流。

大量需要水泥的用户，可将水泥不经配送结点直运至自己的散装仓库。

（二）水泥散装物流过程

1. 装卸。散装水泥的装卸基本有三种形式：第一种是气力（风力）装卸；第二种是重力装卸；第三种是负压抽吸装卸。这些装卸都通过管道进行。

从水泥厂散装仓库向散装水泥火车、散装水泥汽车装卸，一般采用机械—重力装卸；从水泥厂散装仓库向散装船装卸散装水泥，还有从散装汽车、火车向散装仓库装卸散装水泥，一般采用气力装卸。

2. 运输。散装水泥汽车、火车运输，都采用专用的储罐式装运设备，如图 20 – 5 所示。

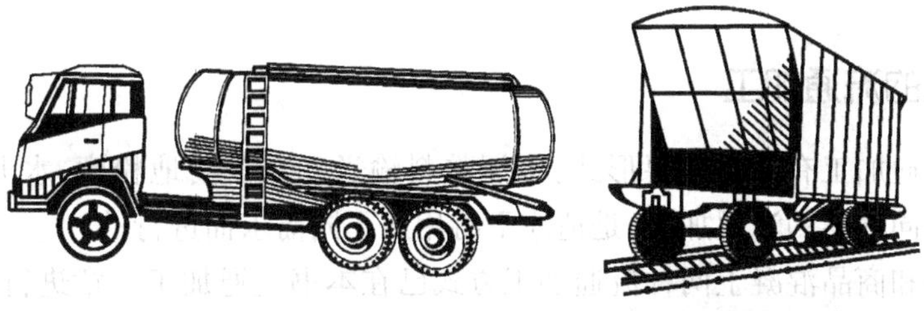

图 20 – 5　水泥散装车

汽车、火车运输专用的储罐是主要的运输设备，由于这种运输设备机动性比较低，一般在散装水泥物流渠道稳定的状况下采用，对于偶尔使用散装水泥或者缺乏专用设备的地区，也采用多层复合材料制成的水泥集装袋进行散装物流。

水泥集装袋能够折叠返运，回程时基本不占用运力，同时重量较轻，可用一般机械进行操作，适合于在临时散装物流过程和灵活散装物流系统中采用。

3. 储存。散装水泥使用专门的散装仓库进行储存。水泥散装仓库的类型很多，基本分成固定式及活动式两种：

（1）固定式散装仓库。这种仓库有两种主要类型，一种是筒型仓库，可用钢筋混凝土或者钢板建造。水泥生产厂、水泥配送中心、散装水泥中央主管仓库一般采用固定式散装仓库。

（2）活动式散装仓库。这种仓库有立筒式及卧式两种，采用钢板制造，容量一般为

5～30 吨。活动式散装仓库一般用于有临时需求的地区,多用于建筑工程。

4. 散装水泥物流中心。散装水泥物流中心是散装水泥中转站、散装水泥配送中心等物流设施的总称,是散装物流系统中重要的转运型物流结点。通过这个结点,可以协调不同的运输方式。例如,协调干线运输和配送运输,协调水运和汽车运输,协调铁路和汽车运输等等。物流中心依靠一定数量的散装水泥的集中储备和有效的转换装卸装运设施来实现对整个物流系统的协调作用。如图 20－6 所示。

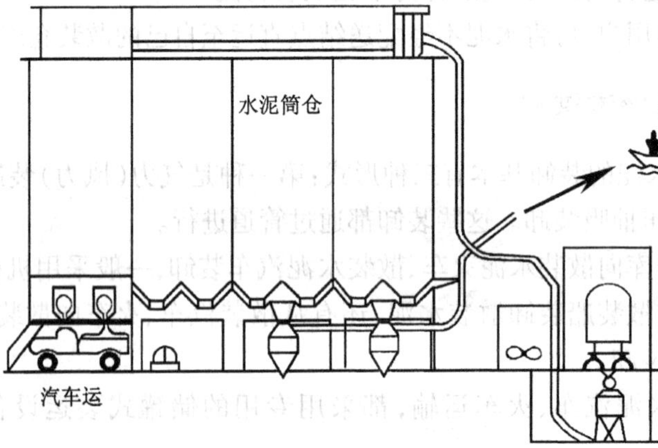

图 20－6 散装水泥物流中心

五、水泥的流通加工

水泥的流通加工有三种主要形式:水泥熟料输送和在需要地粉磨、水泥制品以及商品混凝土。不同种类的流通加工,是适应下游用户不同需求而进行的。

水泥制品和商品混凝土两种流通加工方式已在本书流通加工一章进行了详述,请读者参阅。

六、商品混凝土

商品混凝土起初是水泥流通加工的重要形式,由于现在使用广泛,商品混凝土已经超越了流通加工的形式,成为一种确定的商品,成了水泥产业链条的重要一环。

商品混凝土物流过程主要有以下三个环节:商品混凝土的生产物流、商品混凝土的输送物流以及商品混凝土的施工物流。商品混凝土物流过程的特点是没有仓库储存。

商品混凝土的输送有两种主要形式:一种是使用商品混凝土专用车辆;一种是采用管道形式。由于商品混凝土生产和消费有一定距离,因此管道形式的物流只有在很近的距离才可以采用。

商品混凝土的施工采取两种方式:一种是通过溜槽,在商品混凝土本身重量的作用下输送到位;另一种是通过高压泵及管道系统,将商品混凝土输送到高处的施工部位。

第四节 其他有特点产业物流

一、食品工业的流通加工和冷链

（一）食品工业的流通加工

生鲜食品的流通加工是食品工业物流的一个重要内容。生鲜食品主要有以下流通加工形式：

1. 冷冻加工。为解决鲜肉、鲜鱼在流通中保鲜及搬运装卸的问题，一般采取低温冻结的加工方式。这种方式也用于某些液体商品和药品等。

2. 分选加工。农副产品规格、质量离散情况较大，为获得一定规格的产品，采取人工或机械分选的方式加工称为分选加工。这种方式广泛用于果类、瓜类、谷物、棉毛原料等。

3. 精制加工。农、牧、副、渔等产品精制加工是在产地或销售地设置加工点，去除无用部分，甚至可以进行切分、洗净、分装等加工。这种加工不但大大方便了购买者，而且还可以对加工的淘汰物进行综合利用。比如：对鱼类的精制加工所剔除的内脏可以制成某些药物或饲料，鱼鳞可以制成高级黏合剂，鱼的头尾可以制成鱼粉等；蔬菜的加工剩余物可以制饲料、肥料等。

4. 分装加工。许多生鲜食品零售起点较小，而为保证高效输送出厂，包装则较大，也有一些是采用集装运输方式运达销售地区。为了便于销售，在销售地区按所要求的零售起点进行新的包装，即大包装改小、散装改小包装、运输包装改销售包装，这种方式称为分装加工。

（二）食品工业的冷链系统

食品工业的冷链系统是在全物流过程中的所有环节对生鲜食品进行冷加工的流通加工形式。

冷链系统是在物流过程中进行控温或冷藏、冷冻的一种特殊的物流系统。

冷链的"链"的含义，指的是"全过程"和无缝衔接的不断运动的连续过程。它和一般作为独立形态的冷藏、冷冻流通加工相比较，特别强调一开始就进入所要求的温度环境之中，而且整个过程中没有或者尽量少停顿，过程中始终保持所需要的环境，直到交给消费者为止。例如，水果从采摘之后开始至到达最终消费者为止，肉类从屠宰冷却之后开始直到交给消费者，全过程都在有效的温度环境控制之中。

冷链作为供应链的一种特殊形态，也和供应链的特殊属性相同，既然是供应链，就需要有统一的库存安排，在中途的各个环节就不能或者很少有多次、长期仓库储存活动。

冷链系统是精益化程度要求很高的系统，这是在现代市场环境中，出自物流对象本身的精益化要求。随着物质的丰富和人民生活水平的提高,以肉类为例,人们已经不能满足大批量生产方式环境下的大量集中屠宰,长期冷冻库藏,以冷冻库存支持销售的方式,而是要在精益的流程下,以源源不断地保持肉类鲜美的方式满足消费者的要求,这是消费者提出的精益要求,冷链也是这种要求拉动的结果。

从流通加工角度来看,冷链工程系统是在物流的运动过程中同时进行流通加工的特殊的流通加工。这种"冷"加工系统是伴随物流全过程的链式系统。

二、汽车的零公里物流

(一)汽车的零公里物流的含义

汽车的零公里物流是制造业物流领域的一种有特色的物流系统。

汽车零公里物流指的是消费者所购买的汽车,在出厂之后,没有经过行驶,是保持出厂形态的新车。以往汽车出厂之后,要将新车开到销售地进行销售,这往往要行驶很长的距离,零公里物流就是针对这个问题提出的。

汽车,尤其是小轿车,一旦经过长途行驶,人们就感觉它已不是"新"车。因此,消费者愿意购买没有经过长途行驶、没有任何磨损、没有污迹的车辆。消费者作为用户的拉动作用,是汽车零公里物流的动因。

(二)汽车供应链以及零公里物流的位置

汽车供应链的简化结构大体如图 20-7 所示。

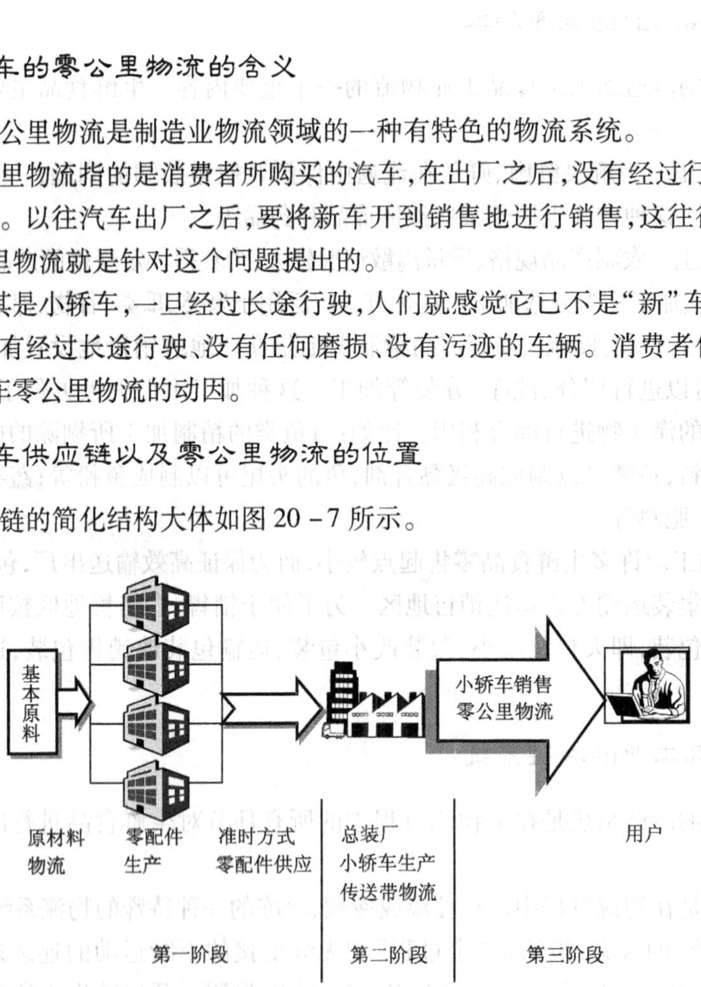

图 20-7 汽车供应链物流

整个汽车供应链物流过程有三个有特点的阶段:

第一阶段是许许多多种汽车零部件在不同的地方,被不同企业制造出来之后再供应到总装厂。完善的供应链在这两个环节之间一般采用准时(JIT)供应方法,根据总装企业的拉动,由协作企业按照一般计划方式、看板方式或者按照资源计划系统(ERP)的决策采取准时衔接方法,按照指定的时间、指定的数量、指定的品种送到指定的地点,甚至直接上生产线。这就可以实现总装企业的零库存。

第二个阶段是小轿车总装企业生产物流。自从美国的福特公司在100年前采用传送带生产方式以来,生产物流就主要依靠传送带技术。

第三个阶段是小轿车的销售物流。现在很多小轿车厂家打出的招牌是"零公里物流"。其含义是无论汽车生产厂家距离用户有多远,用户到手的汽车仍然是零公里。所采取的物流工具,是用汽车集运的车船将若干汽车集合运输 ,完成生产厂与用户之间的物流,从而保证汽车本身的零公里,而不是千里迢迢地把小轿车直接开到用户处。

三、书报业物流

书报业是文化产业的典型行业,也是一种特殊的消费品。它的最大特点是有非常广泛的覆盖面,有非常大的需求总量,但是平均的单位需求很小,销售单位的价值量也很低,它又具有永续需求的重要特点。从永续需求这一点来讲,书报的需求特点和粮食的需求特点非常相近。但是,它的多品种的特色,又是粮食需求不可比拟的。

书报业物流的主要物流过程在于从印刷厂成书之后到书报销售单位的物流过程。这个物流过程中,主要有特点的物流活动包括两个环节:一是从印刷厂将一定批量的书籍送到配送中心或者直接送到书店;二是从配送中心将书籍配送到书店。至于原材料供应物流和从书店到消费者的末端物流则是一般性的物流,没有什么特点。

书报业主要物流过程的物流方式和问题是:

第一,包装问题。书报业物流采用纸包方式,形成几公斤的小包装,以便于人们装卸操作。这种包装一直到书店,进行拆包上架,包装单位小,包装非常容易损坏,往往造成书报的损失。

第二,效率问题。几公斤的操作单元,需要手工或者半机械化进行反复操作,如果实现机械化和自动化,则会大大增加成本,从而使提高效率变得很困难。

书报业物流现代化的主要基点在于基础包装的集装系列化、轻型化和周转化,在这个基础上着眼于以下几个方面。

(一)包装

要解决小包装、快速包装、低成本包装、保护性包装的问题,采用塑料周转包装箱应当是一个有效的解决方案。

(二)贯通主要物流过程

以小型塑料周转包装箱为基础,使之可以组合成为一定程度的集装体,再配合效率比较高的托盘、叉车系统,进一步对仓库和销售单位的储存单元及销售货架按小型塑料周转包装箱尺寸进行选择,就可以从印刷厂出场装箱,一直到书店将小型塑料周转包装箱整体上架,从而实现贯通。一个小型塑料周转包装箱内的书籍销售完毕之后,周转箱再返回印刷厂。

(三)提高效率

将全过程的手工操作、反复装卸搬运转变为以小型周转塑料箱为核心的现代集装方式,从而大大提高效率,并且把这个粗放的物流系统转变为精益化的系统。

四、木材有特色的物流

木材特色的物流方式有三种:一是木材的减量物流;二是木材的流通加工;三是木材的再生物流。木材是国民经济中具有大量需求的原材料,木材的物流需要有大量的物流资源,为了尽量使用通用的物流工具,以大幅度降低木材物流的成本,同时保证广泛分布的木材资源能够有效地进入物流过程,需要对木材进行流通加工。

(一)减量物流

木材是密度很低的物资,在运输时要占有相当大的容积,往往使车船满载但是达不到额定的装载重量。同时,原木还有大量水分,这些水分随同整个物流过程,形成了无效运输,同时水分还容易使木材在物流过程中变质。

从林区外送的原木中有相当一部分是造纸材,在林木生产地就地将原木磨成木屑,然后采取压缩成固定形状的方法使之成为容重较大、容易装运的形状,之后进入物流过程,可以取得大量减少体积的效果。根据美国的经验,采取这种办法比直接运送原木节约一半的运费。

(二)集中开木下料

在流通加工点将原木锯截成各种规格的锯材,同时将碎木、碎屑集中加工成各种规格的板材,甚至还可进行打眼、凿孔等初级加工。过去用户直接使用原木,不但加工复杂、加工场地大、加工设备多,更严重的是资源浪费大,木材平均利用率不到50%,平均出材率不到40%。实行集中下料,按用户要求供应规格料,可以使原木利用率提高到95%,出材率提高到72%,具有相当好的经济效益。

(三)木材的再生物流

所有的木材加工碎屑,所有的损毁的木材制品,都可以经过再生而获得新的使用价值。正因为如此,木材的再生及再利用物流就成了木材物流的重要特点之一。木材再生方法很多,物流技术比较简单,不需要专门的物流工具,关键在于建立环境的观念和有效地组织这项工作。

五、煤炭物流

(一)煤炭物流关系到国民经济和煤炭产业

煤炭是我国能源的支柱,当然,也是中国经济和社会发展的重要支柱。对于我国而言，基础能源结构中，煤炭的权重要远高于石油，因为煤炭提供了我国国民经济中70%以上的能源。煤炭在国民经济中的主体地位是长期的，主要原因在于：在石油和煤炭两个主要基础能源之中，煤炭的自给率很高而对外依赖程度很小，而石油进口依存度已经接近50%，显然，从能源安全角度来看，煤炭更具有重要性；另一方面，依我国的国情而论，政府这只“看得见的手”在必要的时候能够有效调控国内可控资源的价格，而对过多依赖国际市场的石油则总是会面临较大的价格风险和政治风险。根据权威的看法，在今后相当长的一个时期中，我国以煤为主的一次能源结构不会发生根本变化。

煤炭问题，不仅仅是煤炭开采生产的问题，也不仅仅是国内煤炭矿产资源的问题，更不仅仅是煤炭的购销市场问题，这些问题也许是重要的问题，但是，还有一个很重要的问题却经常受到人们的忽视，那就是煤炭物流问题。

不是说人们根本就没有关注煤炭的物流问题，而是说人们的关注程度远远不能满足和解决煤炭物流问题。在煤炭产业和物流两个领域之中，对煤炭物流关注不足的情况都是存在的：在煤炭产业领域，起码没有像关注煤炭资源、煤炭产销形势那样关注煤炭物流问题；在物流领域，人们当然追求高端的物流对象，煤炭这种东西又黑又脏，物流利润率又很低，当然很难成为物流业者的首选。

主要产自“三西”的煤炭，要流向全国甚至要出口到国外，每年20亿吨左右的原煤都要通过物流之旅，这是占用物流资源的第一大户。煤炭物流问题解决了，国民经济就能松一口气，而这些都要求煤炭物流实现现代化。由此可见，煤炭物流现代化，应当是国民经济中煤炭产业体系以及煤炭流通及应用体系中科学发展观的一个重要组成部分。

（二）煤炭物流——中国经济领域中的“黑大陆”

煤炭物流到底存在什么样的问题呢？煤炭物流又居于一个什么样的地位呢？这里，列几个不太完整、不太准确但是可以参照的数据使我们有一个感性的认识。

就煤炭物流的一个主要环节——煤炭的运输而言，它占了全国铁路和水路年货运总量的40%左右，如果再加上由于运力不足而采用的重型卡车的长途运输、煤炭的衔接性和末端短程运输、煤炭的仓储、煤炭的流通加工、煤炭废弃物的处理这些物流环节，我国消耗在煤炭上的物流资源，是一个巨大的数量！要知道，仅仅是2000年，全国社会库存的冬储煤就已经超过3 700万吨，这需要占用多少仓库和堆场！

从价格上看，山西煤的开采成本每吨不足200元（采掘费用及国家规定的各种取费），而不同地区煤炭的销售价格在600～1 500元。其中，生产、流通的营销利润是非常丰厚的，而物流成本到底占多少？虽然看到了一些估计和对某个局部的具体分析，但是很难统计出来一个平均数据，没有一个非常准确的说法。我国煤炭产区主要集中在“三西”地区，分散使用遍及全国，大量使用集中在中部、东部发达地区，缺乏翔实的数据和具体研究，但是我们可以估计到，尤其是远距离的用户，付出和开采成本相当的物流成本是不乏见的。

在煤炭供求形势相当紧张的时候，我国曾经出现“以油换煤”的现象，即采用重型卡车长途运输煤炭的方法，如果不超载超限，则必定亏损，这就造成了一个时期严重超载超限问题,至今无法准确地掌握得失的经济数据。

对于混乱的、数据不清晰的煤炭物流领域,借用德鲁克在半个世纪前“流通是经济领域的‘黑大陆’”的说法,可以认为:煤炭物流在我国的经济领域中还是一块“黑大陆”,有待于掌握更多的情况和数据,有待于进行更深入的分析和研究,有待于开发这个领域。

(三)煤炭物流的重点领域和重要环节

我国的煤炭资源分布其实还是比较广泛的,但是,主要的资源和生产集中在山西、陕西、蒙西的所谓“三西”地区。虽然广泛分布的煤炭生产点可以解决地区性的,尤其是民用的一些需求,但是,我国的大工业尤其是电力、建材、化工、冶金四大工业的煤炭需求数量既大,质量要求又高,主要靠“三西”的煤炭,产、需之间相距千里之遥,这也形成了主要的物流需求。解决这一部分的物流问题,也就解决了煤炭物流的主体问题。所以,这应当是我们关注的重点。

煤炭物流覆盖面广,物流距离长、短不一,物流环节又比较多,所以,不同环节的物流情况有所不同,甚至有很大的差异。观察煤炭物流,整个系统固然重要,抓住涉及全系统共同性的问题当然是首要问题,但不同环节的不同特点和状况也不可忽视。比较大的几个重要环节,从上游至下游的顺序是:

1. 坑口储存。它是指煤炭采掘出来之后,经过必要的分选、分类,储存待运的环节。

2. 干线输送。干线输送主要采用铁路、水运两种方式,有时候也采用重型卡车的输送方式;有时候直接到达用户,有时候只是物流的干线位移过程。

3. 坑口发电。它是指坑口将煤转化成电力,也有人称之为煤炭的“空中输送”,是煤炭物流方式的本质性变化。

4. 物流结点储存。它是指在物流过程中,尤其是长途物流过程中在物流结点所发生的储存。

5. 流通加工。它是指物流过程中对煤炭的分选、除矸、配煤、成型、粉碎、制浆、包装等加工。

6. 末端输送。它是指完成干线输送之后的输送。末端输送有时候又要经过几个环节才能最终达到用户。

7. 配送。在末端输送环节中,配送是末端输送合理化的重要方式。

(四)关于煤炭物流现代化问题

煤炭物流现代化是一个大课题,也是涉及整个国民经济领域,尤其是电力、建材、冶金、化工等大产业的方方面面的系统性的问题,应当是国家相关政府机构重点关注和解决的问题。我们非常高兴地看到,诸如大规模的港口建设、客货运分离的铁道建设、大型现代化储煤筒仓,这些有利于解决煤炭物流现代化的大规模建设已经提到议事日程之上。这是我国今后若干年推动煤炭物流合理化的重要基础。

1. 构筑煤炭实物物流平台。构筑煤炭实物物流平台是煤炭物流现代化的重要基础性工作。煤炭物流虽然可以依靠一般的通用性物流平台,但是,在大量物流的环节中,专业化的煤炭物流平台对于解决煤炭物流主要环节的问题,对于保证国民经济对煤炭的需求,对于降低煤炭物流成本,对于解决突发事件的应急问题都有重要作用。

煤炭的实物物流平台主要应当依靠铁路和水运。重点打造铁路和水运这两种线路和转运枢纽应当是煤炭实物物流平台的主体。同时,在特定条件下,也可以构建管道及公路的物流平台。从物流成本和环境的可持续发展角度来考虑,经常依赖的煤炭物流平台,不应当选择公路,但是,作为煤炭应急物流和煤炭的末端物流,公路是不可忽视的。

在"三西"煤炭产区和主要输出港口之间以及"三西"煤炭产区和主要煤炭消耗企业之间,打造专用性很强的煤炭实物物流平台,不但可以有效地解决煤炭大量物流问题,而且可以有效地支持电力、建材、化工、冶金等支柱产业和其他产业的发展,这应当是煤炭物流现代化的基础问题。

2. 建立精益化的煤炭供应链。物流的重要目的是"物尽其用",但是,长期以来形成的粗放式物流,不可能有效地达成这个目的。煤炭粗放式物流和煤炭粗放式的生产方式与人们对煤炭的认识粗放有关,那就是笼而统之地认识煤炭,不加区分地采掘和应用,以致对实际上是千差万别的煤炭不能进行个性化的应用。其实,人们已经对于改变这种粗放式的状态有了很多成功的尝试。例如,在生产工艺中增加选矿环节,还有已经倡导多年的"配煤"方式,在发电领域已经应用多年的"动力配煤",这种方法进一步的精益化发展,就是现在已经有了一定规模的"动态动力配煤"。

以不同的用户为核心,建立从生产环节开始的精益生产、精益物流方式,最终建立有效的精益供应链,能够有效地做到充分满足用户要求的"物尽其用",这应当是煤炭物流现代化乃至整个供应链现代化的重要方向。

当然,对于煤炭这种大宗物资来讲,精益化的煤炭供应链不会有大面积的覆盖,但应当是煤炭物流现代化的重要组成部分。

至于大宗物资的煤炭物流,虽然不可能全面建立精益化的供应链,但是,对于物流过程的一些重要环节,改变粗放的运作方式而实现精益的运作方式,也应当是可行的。

3. 追求煤炭物流局部环节的精益化,发展流通加工。煤炭的流通加工是当前发展较快、应用比较多的方式。煤炭的流通加工可以使煤炭这种商品增值,可以提高煤炭的利用效率,可以减少煤炭物流对环境的影响,可以减少物流数量、降低物流成本,可以促成下游物流精益化。许多流通加工技术及管理经过一定时间的探索,已经比较成熟。

(五)煤炭的流通加工方式

煤炭的流通加工方式主要有以下几种:

1. 配煤加工。设置集中加工点,将各种煤及一些其他发热物质,按不同配方进行掺配加工,生产出各种不同发热量的燃料,称配煤加工。这种流通加工方式在民用和工业用煤中,尤其是在电力工业中有广泛的应用价值,动力配煤以及在动力配煤基础上的动态动力配煤便是这种流通加工的高级形式。这种加工方式可以按需要发热量生产和供应燃料,防止热能浪费和"大材小用"的情况出现;也可以防止发热量过小,不能满足使用要求的情况出现。工业用煤经过配煤加工还可以起到便于计量控制、稳定生产过程的作用,在经济及技术上都有价值。

2. 除矸石加工。除矸石加工是以提高煤炭纯度为目的的加工形式。一般煤炭中混入的矸石有一定发热量,混入一些矸石是允许的,也是较经济的,利用混入煤矸石进行配煤,是配煤加工的一种方法。但是,有很多时候则不允许煤炭中混进矸石,以保证煤炭的质量,尤其是煤化工和高热值煤炭燃料,需要除掉矸石,这也是流通加工的一种形式。从精益物流角度讲,要充分利用运力,多运"纯物质",少运矸石,以减少运力的占用,降低运输成本,在这种情况下,也可以采用除矸石的流通加工以排除矸石。

3. 为管道输送煤浆进行的煤浆加工。煤炭的运输主要采用运输工具载运方法,运输中损失浪费较大,又容易发生火灾。采用管道运输是近代兴起的一种先进技术。在流通的起始环节将煤炭磨成细粉,再用水调和成浆状则使煤炭具备了流动性,可以像其他液体一样进行管道输送。这种方式不与现有运输系统争夺运力,输送连续、稳定而且快速,是一种经济的运输方法。目前,这种方式已开始投入运行,有些企业内部也采用这一方法进行燃料输送。

4. 防止煤炭自燃的流通加工。大量储存的煤炭容易出现自燃现象,不但造成煤炭的严重损失,而且会对环境造成污染,严重的还会造成火灾。物流过程中,在各个结点上的煤炭贮存都会面临这种风险。因此,需要采取特殊的保护措施,防止煤炭自燃,这也是煤炭物流过程中的特殊流通加工形式。

第五部分

物流运行及服务

第二十一章

第三方物流

第一节　物流社会化

一、物流社会化的发展

（一）物流向社会化的发展是历史性的进步

现代物流的发展是多方面的，人们看到比较多的是技术层面的东西，例如，海运船舶大型化和快速化、集装箱大量使用、高层货架仓库、自动化仓库、快递系统等等。实际上，这仅是现代物流的一个方面。现代物流在组织层面和体制层面的发展带有根本性，这个领域的发展不仅直接表现了物流现代化的发展程度，而且对技术进步有很大的推动作用。

所谓组织层面和体制层面的发展，表现在物流从封闭的企业内部的工作，变成一种社会化的形态，这种社会化的形态通过组织体系的形成而具有强大的服务功能，成了现代社会中重要的服务领域。

（二）工业化社会物流社会化的发展

工业化的发展使流通从生产中分离出来，不再是生产的附属职能，而是具有了独立的社会职能，这可以说是工业化社会一个很大的进步。工业化社会的专业分工必然逐渐深入到各个领域，物流就是这种专业分工的产物。原来一个统一的流通，分成了商流、物流、信息流、资金流四个专业流通的领域，这些专业化的流通领域的发展有多种形式，社会化是主要的潮流。

专业化和社会化是共生的，正是因为具有专业优势，而能向有需求的各个经济领域提供专业的协作和专业的服务，这就是社会化。

工业社会的后期，乃至后工业化时期，服务社会有逐渐取代工业社会而形成社会主导力量的趋势。流通作为社会再生产的“桥梁和纽带”，本来就具备服务的要素，在服务社会出现后,就逐渐演变成社会化的服务系统。

(三)信息化社会物流社会化的发展

信息化社会的出现,使物流的社会化发展更彻底,原因在于信息化的强有力的沟通力量和基于信息化的社会整合能力,解决了社会化的障碍。信息化也使物流社会化本身的水平得到大幅度的提高,助推现代物流产生最高端的运作方式和服务方式,如供应链物流、第三方物流、第四方物流,信息化等已经成为主要的物流社会化方式。

二、物流领域的专业分工

物流领域进一步的专业分工是物流社会化的重要表现形式。物流领域的专业分工表明物流是一个庞大的领域,是一个复杂的系统。这种复杂的系统最终导致社会化物流组织形态——物流产业的形成。

现代社会中,企业所产生的物流需求,已经可以不依靠本企业去实现,而是可以依靠社会上的专业物流企业去实现。企业再也没有必要在“大而全”、“小而全”上面去浪费宝贵的资源,从社会上可以找到满意的解决方案。

三、社会化的物流需求

物流的社会化和社会化的物流需求是一个互动的关系、一个渐变演进的关系。物流社会化的每一步,都使社会化的物流需求有所依托,而原来封闭企业内萌芽的社会化物流需求又会推动物流社会化前进一步。

社会化的物流需求来自社会化大生产。社会化大生产的一个结果是使流通的规模、流通的数量越来越大,流通越来越复杂。大规模流通已经超越了生产企业本身的能力,不能再像小规模生产时由本身来解决自身的产品流通问题,这是社会化物流需求产生的主要原因。

另一方面,有一些国家和地区,商业贸易比较发达,由于商贸本身的社会化,使物流较早进入社会化领域,给物流需求创造了一个可以依靠的市场。

社会化的物流需求不足,往往是导致现代物流发展缓慢的重要原因。人们在对现代物流发展的认识上,也容易出现这样的偏颇:认为有了现代化的物流技术装备,就有了现代化的物流。其实不然,现代化的物流技术装备可以花钱买来,是可以跨越的;但是,物流社会化所体现的物流现代化,尤其是社会化的需求、社会化的供给和社会化的组织,是在社会进步过程中一点一点积累完善的,是很难做到跨越的。

社会化的物流需求也来自人们的观念转变。长期处于欠发达状态下的中国,小生产观念非常严重,一个重要的体现就是“肥水不流外人田”,转变这一陈旧的观念是创造社会化物流需求的有效途径。

四、企业物流业务专业化、外部化

客户企业物流业务专业化、外部化是物流社会化的重要途径,也是社会化的第三方物流企业能够获得市场发展空间的要因,这种外部化可以有以下几种形式。

(一)系统接管

系统接管是客户企业和第三方物流企业双方最彻底的合作模式,客户关闭自己的物流系统,并将所有的物流职责转移给第三方物流企业,第三方物流企业则全盘买进客户公司的物流系统,全面对客户企业的所有物流需求进行服务并且负责。

这种做法的一个最大好处,是系统接管之后可以进行全面的整合。第三方物流企业将客户的物流系统和本企业的物流系统整合优化,所形成的综合实力大大高于客户原来本身物流系统的实力,相当于对客户服务的物流资源有大幅度的增加。因此,运作效率问题、降低成本问题也同时获得解决。

这种做法的主要问题是,客户企业的物流风险成为不得不认真考虑的问题,尤其在不成熟的市场环境中,在企业资信不足的情况下,风险几乎是不可接受的。所以,采用系统接管方式是有条件的:

第一,只有在市场十分成熟的情况下,在同时建立规避风险机制的前提下,客户企业与第三方物流企业两个独立企业之间才可采用。

第二,同处一个大企业之中的不同功能部门之间,可以在统一领导之下采取系统接管方式来整合物流资源。

第三,供应链物流的整合。

系统接管还存在可能出现的接管混乱风险。物流系统从一个企业的管理模式下转变到第三方物流企业的管理模式之下,必然会出现管理模式的转换以及转换过程中的作业停滞与中断等问题,甚至会出现矛盾激化等问题,这也是必须引起重视的。

(二)系统部分接管

系统部分接管是一种循序渐进、规避风险的比较保守的折中方式。先将客户企业比较容易外部化的物流资源,例如仓库、车辆等进行接管,或者按地理区域把责任移交、分步实施,或按业务与产品分步实施,逐渐扩展到全面的接管。

(三)合资

客户企业通过引进第三方物流企业资本的方式,共同建设客户企业的主要物流系统,或者客户企业自己保留主要物流设施。这种合作方式也必然引进了社会第三方物流企业的专业知识和管理经验。

(四)系统剥离

公司把物流部门剥离成一个独立的利润中心,首先在内部进行独立的运作,同时逐渐承接第三方物流业务。最初,由母公司为其提供基本业务,以后,则使其越来越多地依靠第三方业务,成为一个独立的第三方物流企业。

(五)业务外包

客户企业把自己难以承担的物流业务,或者自己虽然可以承担,但是效率低、成本高的物流业务采取合同形式外包给专业化的社会物流企业或者是第三方物流企业,这是物流业务外部化最普遍的、最简单的形式。这种形式不需要对双方的物流系统做大的调整,而依托现有的资源就可以实现物流业务的转换。

(六)管理外协

自己拥有物流设施(资产)的公司,可以通过合同的形式,由社会上的专业物流企业或者专业的管理公司来承担管理业务。这是改进客户企业物流运作的一种方法。因为这种形式的外协不是以资产为基础的,所以有很大的灵活性,而且外部化的成本比较低。

第二节 物流服务

一、物流服务的社会化

(一)物流服务是物流社会化的产物

社会化的物流需求是物流资源配置的非常重要的动力。由于社会化物流需求出现,使原来分布于企业封闭系统内的资源逐渐社会化。例如,专用的物流设施成为公众平台的一部分、封闭的信息开放等等。但这只是社会化物流需求重组资源配置的一部分,社会化物流需求的一个更重要的结果,是使物流活动社会化。原来服务于一个企业的物流活动,一旦面向社会,就必然成为一种经营方式、一种服务方式。

物流服务的出现是一个非常重要的标志,它标志着物流活动的专业化。无论是系统的物流活动还是局部领域的物流活动,都通过社会化的物流服务而成为一个专门的行业。能够体现物流服务最高水平的,从当前社会经济发展水平来看,是能够为物流需求承担完整服务的物流服务商,现在的一般称呼是"第三方物流"。

除去第三方物流以外,提供各种物流服务的物流服务企业种类非常多,可以这样讲,当今经济领域几乎所有的物流需求都可以从社会上找到承担者。

(二)物流服务的实现方式

社会化的物流服务有两个基本前提:

1. 企业物流活动的外部化。外部化的含义是企业所产生的物流需求由企业外部得到满足,而不是由企业本身去满足。企业的物流功能外在化,物流由自己的"活动"转变为外界对自己的“服务”,成为商品。对于企业来讲,哪些物流需求应当由企业自身去解决,哪些物流需求应当外部化,向社会去购买这种物流服务的商品,这是企业决策的内容之一。物流活动要么全部外部化,要么全部由企业自身解决的两种认识上的偏颇都是错误的。

不同的企业可能有不同的解决方案,这需要根据企业自身的条件以及社会环境的许可来决定,需要进行技术经济的权衡,因此,不可能提出一个模式化的东西。

2. 社会化的物流服务。有了这种服务,企业物流活动的外部化才有可能寻找到责任人。社会化的物流服务必须以独立社会物流企业的名义,给所有的客户以平等的待遇和服务水平。这也是建立社会化物流服务企业的标准。

社会化的物流服务是通过有物流需求的企业将物流业务外包,即委托承包方式实现的。业务外包是联结物流需求和物流服务而提供的重要体制形式,这种体制形式甚至造就了一种社会经济结构,即通过委托、承包,在大生产方式促进的专业分工越来越精细的情况下,实现企业之间的社会协作。

委托承包所造就的社会经济结构是形成现代企业集团的初级形态。一旦这种业务关系能够长远化,再通过资本纽带,通过互相参股形式,形成关系层次深浅不同的企业集团。这种企业集团不但具有业务的纽带,而且具有资本的纽带,会最终造就成物流领域的巨型企业。

(三)社会化物流服务强调客户的战略利益

在市场经济环境下,尤其在买方市场的环境下,客户是形成物流需求的核心和动力。

物流服务是围绕客户的物流需求而进行的,服务可以说是社会化物流企业的立业之本。实际上,社会化的物流企业,其人力、物力、财力等各方面的投入,通过企业内部经营管理,最后都要转化成对客户的服务。也就是说,社会化的物流企业以为客户服务为自己的产出,一切效益都从此而来。

以客户为核心的物流服务不但是客户所提出的现实需求,这种服务更应当是战略性的。虽然应当首先认识和了解客户的现实物流需求,但是,客户所提出的服务要求不一定都是深层次的物流需求。因为在很多情况下,这种服务要求是暂时的、表面的,而实际上,对物流需求的了解和认识,应当是长远的,是战略层次的。用户所处的环境局限性,使用户不一定能形成这种战略性的思考,以客户为核心的深层次含义,就是要帮助用户建立这种战略性的思考,实现这种战略性的利益。

当物流企业与客户间形成这种战略关系时,对物流服务的要求就不仅限于运输仓储的可靠性、存货可得性等,还要求物流成本与客户的生产、营销等成本的总合即总成本达到最小,达成客户的竞争能力提高等战略利益,这就使物流服务的作业目标在外延和内涵上都有了新的拓展。

(四)物流服务的双赢

客户选择物流企业的出发点不只是降低物流成本,企业更希望外包后的物流活动仍然是企业竞争力的一部分,仍然能够与企业的生产和营销策略完美地契合。对物流企业而言,客户的这种要求促成了物流企业与客户在更深层面上的交流与合作,这不仅意味着获得了稳定的货源,也意味着有了更可观的利润空间。这些因素促使物流企业与客户间形成紧密合作、相互依存的关系,这种关系远远地超出了一般服务供给方和需求方的范畴,远远超出了一般的服务购销关系。这是社会化物流服务的独特之处。

二、物流服务的利益体现

现代物流强调物流服务企业与客户企业之间的双赢,这不仅仅是一个理念的问题,而且必须通过实际运作来体现这种双赢。以下就是这种双赢在利益上的几种主要体现形式。

(一)物流活动运作改进的利益

通过社会物流企业系统化的运作以及在物流各个领域进行合理化的改进,可以取得两方面的利益:

一方面是客户由于本身的局限性,其内部物流系统并不能满足自己所有的要求。其原因是客户所需要的服务有特别的专业知识和技术,而客户自己无法掌握这些专业知识和技术,或者由客户内部的相关部门来提供将十分不经济。技术,尤其是信息技术,正以极快的速度在发展,获取新兴技术对于保持竞争优势十分重要,在这方面不是专业内行的客户,依靠外界社会的专业物流服务自然会取得较好的效益。

运作改进的另一方面就是社会化物流企业提高了内部管理水平,增加了灵活性,提高了质量、速度和服务的效率。

(二)经济与财务利益

一般低成本是由于低要素成本和规模、范围的经济性所取得的,当然也包括劳动力要素成本。客户企业避免在自己不熟悉的物流领域盲目投资以便将资金用于其他效益更高的投资领域获取利益与降低成本同样重要。通过获取社会化的物流服务,可以有效地降低生产成本,改善财务状况。

(三)管理利益

通过获取社会化的物流服务可以获得本企业还不具备的物流管理技能,而将内部有优势的管理资源集中于核心竞争力中,减少行政开支和公关费用,从而降低成本、简化管理。

(四)战略利益

社会化的物流服务还能使供需双方都获得战略性利益。表现为:

第一,灵活性,包括地理范围跨度的灵活性(设点及撤销)及根据环境变化进行其他调整的灵活性。

第二,长期合作的战略利益。

第三,共担风险的战略利益。

三、物流服务的基本分类

物流服务可以分成三个基本的档次:基本服务、精细服务和增值服务。

(一)基本服务

基本服务是社会化物流企业能够向客户提供的最低限度和通常的服务。这个服务所遵循的原则主要有:

第一,满足用户的基本需求,服务带有被动性。

第二,以服务的买卖双方为交换对象,双方是一种合同关系,不是伙伴关系。

第三,无故障或低故障服务为服务水平的目标,这个目标带有保守性。

第四,服务面向所有用户,对客户实行相当于国际贸易中的"国民待遇",即完全同等的服务方式和服务水平。

实际上,基本服务满足的是用户对物流的一般需求。例如,通过社会物流企业可以得到公路和铁路的服务,从而满足客户的长距离运输需求;通过得到恰当的仓库库容,可以满足客户的存货需求。也就是说,应该通过社会物流企业的服务具有"可得性"。社会物流企业对客户的服务方式、服务水准应该得到客户的认同。例如,双方在合同中明确差错率或故障率,也就是说,基本服务对于客户而言要有"可接受性";对整个服务业绩的判断,是以"可靠性"为认定标准。

(二)精细服务

精细服务是在基本服务基础上的高水平服务,这种服务也是面对所有客户的,不带歧视性,不带特惠性。高水平服务的标准,可以规定为"零缺陷服务",也可以规定为"精细物流服务",具体的服务水平,要根据客户的特殊物流服务需求和社会物流企业的服务能力来确定。

(三)增值服务

增值服务的概念是,通过社会物流企业对客户的服务,可以提高客户物流活动的效率和效益,使客户的物流领域成为"第三个利润源"。

一般来讲,增值服务是对特定客户的特定要求实行的服务。当然,如果社会物流企业在服务方面有所创新,也可以用增值服务的形式面对所有的客户进行服务。

增值服务和基本服务、精细服务的主要区别是:

1. 增值服务是一种深层次的物流服务,必须对客户的物流需求和客户的与物流需求相关的所有活动有深入的了解,这样才能够提出特殊的增值服务方案。因此,增值服务一般来讲是面对特定物流企业的一种特殊服务方案。

2. 对于社会流通企业而言,增值服务需要在一般的基础服务和高水平服务的前提下增加投入,这样才能够取得产出的增值。所以,增值服务对于客户来讲,需要提供超出一般服务的费用支出。

3. 增值服务具有时效性。随着物流服务水平的逐步提高,原来的增值服务在经过一段时间之后,就可能变成物流企业的基本服务水准,不再是增值服务的范畴。

4. 增值服务是不断发展的动态服务。随着整个社会经济的发展,物流的增值服务有了更大的发展空间,在发展过程中会出现新的增值服务方式。社会物流企业必须为此而奋斗才能不断提高物流服务的水平。

第三节　何谓第三方物流

一、第三方物流的基本概念

(一)三种物流主体

在商物分离的前提下,有三种物流主体:它们是供货方、需求方和物流专业服务方。这三种物流主体都可以进行大范围的物流运作,也都有自己物流运作的优势领域,而且,在不同的社会环境下,它们会有不同的运作形态。

1. 供货方。供货方这个物流主体如果承担主要的物流运作(进入到社会的物流运作),则称为第一方物流或供给方物流,实际上是货物所有者(生产企业、商业企业等)的销售物流。

2. 需求方。需求方这个物流主体如果承担主要的物流运作(进入到社会的物流运作),则称为第二方物流或需求方物流,实际上是货物所有者(生产企业、商业企业等)的供应物流。

3. 物流专业服务方。这个物流主体如果承担主要的物流运作(进入到社会的物流运作),则称为第三方物流,实际上是对货物所有者的服务性物流。

很明显,在卖方市场的社会环境下,第一方处于强势,第二方处于弱势,服务只能由弱势方来提供,因此,第二方物流就具有普遍性。在买方市场的社会环境下,第二方处于强势,第一方处于弱势,服务只能由弱势方来提供,因此,第一方物流就具有普遍性。在买方市场的社会环境下,买方的主导权使它可以进行服务的选择,或者选择第一方物流,或者选择第三方物流,这要看选择哪一方对自己有利。因此,在一般买方市场的社会环境下,第一方物流、第三方物流都是普遍存在的物流运作形态。

第三方物流的广泛采用,除了因为买方市场的社会环境之外,还有一个非常重要的社会进步因素的推动,那就是买方市场中的供应链环境。当买方不仅要考虑自己的利益,而且要考虑整个供应链的综合利益的时候,从供应链角度确定第三方物流则是必然的选择了。

(二)第三方物流的种种提法

第三方物流是从国外传到我国的一个概念。第三方物流在国外有多种称谓,如"契约物流"、"物流联盟"、"物流外部化"等等,是现代物流服务领域表达物流服务的一个重要概念,20世纪80年代中期才在欧美发达国家出现。"第三方"这一词来源于物流服务提供者作为发货人(甲方)和收货人(乙方)之间的第三方这样一个事实,但是,第三方物流强调的不是第三方这个事实,而是强调一种新型的物流服务业态。目前,国际上对于第三方物流的定义尚不统一,有许多不同的表述形式:

1. 第三方物流是指传统组织内的物流职能由外部公司履行,这些职能包括整个物流过程或者是全过程中的部分物流活动。

2. 第三方物流是外部协助的物流。

3. 第三方物流就是"合同物流",是第三方物流提供者按照合同的要求向使用者提供个性化的系列物流服务。

4. 第三方物流是提供全部物流业务服务的活动,是由物流劳务的供方、需方之外的第三方去完成物流服务的物流运作方式,是提供物流交易双方的部分或全部物流功能的外部服务提供者。

国家标准对于第三方物流下了一个非常笼统的定义:由供方与需方以外的物流企业提供物流服务的业务模式。这个定义概括性太强,因而无助于人们对于第三方物流内涵和外延的理解,反而使人们形成一种误解:那些早在工业化初期就有的社会化的包装企业、搬运企业、营业仓库都是第三方物流,因为它们都符合"供方与需方以外的"条件,从而忽略了现代物流服务这样一个重要内涵,也没有能够反映和表达这种物流服务关系并不是简单的物流服务关系,而是基于社会分工的企业间的联盟关系。

二、第三方物流的内涵和外延

对于第三方物流,本书比较倾向的认识是:第三方物流是有能力向货主企业提供系统的、专业的物流服务的物流活动。和社会经济领域许多经济概念一样,第三方物流有广义和狭义之分,因而在不同的领域涵盖的范围也就不同。

(一)广义的第三方物流

广义的第三方物流是相对于自营物流而言,凡是社会化的专业物流企业按照货主的要求所从事的物流活动都可以包含在第三方物流范围之内。至于第三方物流从事的是哪一个阶段的物流,物流服务的深度和服务的水平如何,这要看货主的要求。在市场经济条件下,是需求决定供给,因此,第三方物流的服务不能脱离实际需求而规定确定不变的领域。

(二)狭义的第三方物流

狭义的第三方物流主要是指能够提供现代的、系统的物流服务的第三方的物流活

动。其具体标志是:

1. 具有提供现代化的、系统物流服务的企业素质。

2. 可以向货主提供包括供应链物流在内的全程物流服务和特定的、定制化服务的物流服务。

3. 不是货主向物流服务商偶然的、一次性的物流服务购买活动,而是采取委托—承包形式的业务外包的长期物流活动。

4. 不是向货主提供的一般性物流服务,而是提供增值物流服务的现代物流活动。

一般而言,我们在研究和建立现代物流系统时,第三方物流不是按照是否自营物流来进行区分。尤其在我国,小生产式的物流服务活动还相当多,并且还不能在很短的时间内解决这个问题,如果把这些企业都包括在第三方物流企业之中,显然会混淆人们对第三方物流的认识。所以,我们在讲第三方物流时,应当从狭义的角度来理解,把它看成是一种高水平、现代化的、系统化的社会物流服务方式,看成是新时期社会物流服务的发展方向。

三、第三方物流企业及其核心竞争能力

第三方物流企业是从事社会化物流运作的、具有独立法人地位的企业。

很明显,第三方物流企业进行的物流运作,必须比第一方、第二方企业进行相同领域的物流运作要有明显的优势,其才有生存的条件和土壤。否则,社会宁可选择第一方、第二方企业去进行物流运作。

第三方物流企业并不是仅仅通过社会分工就可以获得物流运作优势,它必须要打造物流运作的优势,使之成为企业的核心竞争能力。第一方、第二方企业经营的主业并不是物流,因此,一般来讲,没有条件也没有必要把物流打造成企业核心竞争能力。但是,这个问题也不能绝对化,当产业发展在很大程度上取决于物流的时候,第一方、第二方企业又具有相当的规模和实力的时候,把物流运作打造成核心竞争能力是完全可行的。

物流运作这种核心竞争能力的形成,需要不断地进行建设和积累才可以获得,当具备了以下几个条件的时候,企业核心竞争能力也就得以形成:

第一,第三方物流企业具有相当的规模。第三方物流企业的运作,和第一方、第二方企业的物流运作一样,都可以利用公用的物流平台。在社会物流平台方面,第三方物流企业并没有优势,差别在于,第三方物流企业由于从事专业物流运作,再加上规模大、业务量比较大,因此,和物流平台的业务联系更为紧密,能够更有效地利用社会物流平台。而第一方、第二方企业进行物流运作,受规模小的制约,往往仅在局部的物流平台上进行运作,而一旦广泛利用物流平台,业务方面便显得十分生疏。

规模还带来另外一个重要的优势,那就是低成本的优势。这种优势来源于资源最合理的使用和调度,规模越大,这个问题就越容易解决。

第二,第三方物流企业具有相当的资产实力。第三方物流企业不管是本身投资建设的资产实力还是通过整合所形成的资产实力,都成了有效进行物流运作的手段。巨大的资产实力支持了第三方物流企业的服务能力和服务水平,同时也是降低物流运作成本的

主要原因。这也是另外两方企业进行物流运作不可能有的优势。

第三,第三方物流企业具有完善的信息系统。建立有效的物流运作信息系统,是第三方物流企业获得竞争能力的重要手段。这种信息系统,必须由专业化的社会物流企业通过自己的广泛社会联系和专业化的沟通才能够建立,这也是货主企业难以做到的事情。

第四,第三方物流企业实行社会化的经营和管理。通过社会化的经营和管理,打造一个公平地向所有企业提供服务的形象,取得货主企业的认知和了解,这是大量吸引客户,能够和客户建立联盟关系以形成规模实力非常重要的手段。

上述四个条件使第三方物流企业得以用低物流成本吸引现实的客户,以有效的物流服务套牢战略客户。

四、核心竞争能力决定的第三方物流企业的类型

从第三方物流企业的核心竞争能力的角度划分,第三方物流企业有资产型、管理型和优化型三种基本类型。

(一)资产型第三方物流

资产型第三方物流的资产有两种类型:

第一种类型的资产,是指机械、装备、运输工具、仓库、港口、车站等从事实物物流活动,具有实物物流功能的资产。

第二种类型的资产,是指信息资产,包括信息系统硬件和软件、网络及相关人才等等。

传统物流和现代物流的区别在于,传统物流服务企业只依靠第一种类型的资产,而现代物流企业具备两种类型的资产。

第三方物流企业拥有从事专业物流活动的装备、设施、运营机构、人才等生产力条件,并且以此作为本身的核心竞争能力。在发达国家,拥有货运机场、货运包机、专线铁路、货运车皮、物流中心、仓库等生产力手段的大型第三方物流,可以说是这种资产型第三方物流的代表。

资产型第三方物流以自有的资产作为为客户服务的重要手段,在工业化时期,这种物流企业在发达国家曾经有过比较大的发展。

资产型第三方物流的主要特点,是可以向客户提供稳定的、可靠的物流服务。由于资产的可见性,这种物流企业的资信程度也比较高,这对客户来讲,是很具有吸引力的。

资产型第三方物流需要建立一套物流工程系统,这需要有很大的投资,同时维持和运营这一套系统仍然需要经常性的投入。另外,这一套工程系统一旦形成,虽然可以有效地提供高效率的确定服务,但是很难按照客户的需求进行灵活的改变,往往会出现灵活性不足的问题。

(二)管理型第三方物流

管理型第三方物流不把拥有第一种类型的资产作为向客户提供服务的条件,而是以

本身的管理、信息、人才等优势作为第三方物流的核心竞争能力。这种类型的第三方物流不是没有资产,而是主要拥有第二种类型的资产。在网络经济时代,实际是以“知识”作为核心竞争能力,通过网络信息技术的深入运用,以高素质的人才和管理力量,利用社会的设施、装备等劳动手段,最终向客户提供优良服务。

管理型第三方物流自己不拥有需要高额投资和经营费用的物流设施、装备,而是灵活运用别人的这些生产力手段,这需要有效的管理和组织,而要做到这一点,信息技术的支撑是非常重要的手段。在某种意义上来讲,这是管理型第三方物流赖以存在的先决条件。

管理型第三方物流是在买方市场条件下才可能生存的物流形态。这是因为,只有在买方市场环境下,管理型第三方物流在从事物流运作的时候,才有可能利用买方的主导权力去灵活运用社会上其他物流服务企业的资源。

这种管理型第三方物流,往往可以成为供应链的主导物流企业,这也是由它的组织能力所决定的。

管理型第三方物流的最大优势,除了信息能力、组织能力、管理能力之外,由于不拥有庞大的资产,同时可以有效地运用虚拟库存等手段,因此可以获得较低的成本。

(三)优化型第三方物流

上述两种第三方物流各有特点,也各有优势和劣势。优化型第三方物流应该是完全拥有管理型第三方物流在信息、组织、管理上的优势,同时建立必要的物流设施装备系统,而不是全面建设这种系统。以此不但获得上述两种第三方物流的优势,同时又克服了过大投资、系统灵活服务水平不足的弊端。

五、专业能力决定的第三方物流企业的类型

从专业能力的角度,可将第三方物流企业划分为功能型物流企业和综合型物流企业两个主要的类型。

(一)功能型第三方物流企业

功能型第三方物流企业是主要从事物流单一功能运作的企业,也称为单一功能物流企业。这种企业只具备某一项或几项物流功能,因此,不能进行物流全面系统化运作,但是可以成为某一专业功能非常强大的物流企业;这种某一功能的、专业性的物流需求是社会对物流经常有的需求。这种类型的企业还可以联合其他类型的功能性第三方物流企业,形成系统物流的运作能力,或者接受系统第三方物流企业的整合,形成系统物流的服务能力。

按照功能型第三方物流企业主要的专业能力和所具备的物流功能,可以将其进一步分为运输企业、仓储企业、流通加工企业等。

（二）综合型第三方物流企业

综合型第三方物流企业能够完成和承担多项甚至所有的物流功能，进行综合性的运作，是第三方物流企业中有能力进行系统优化的企业，或者其本身就具备系统化运作的能力或者是整合其他企业形成系统化运作的能力。综合型第三方物流企业一般规模较大，并具有发展的趋势。

第四节 第三方物流的运作

一、第三方物流运作的基本理念

第三方物流的生命取决于是否能够提供优于用户自营物流的服务水平和低于用户自营物流的价格。但是，当第三方物流进入客户的战略发展层次时，成本问题就不是一个首要的问题了。

所以，第三方物流应当把提供比客户自身进行更有效率的物流运作和更高的价值，作为运作的基本理念。在这个基本理念指导下，第三方物流不仅要考虑到同类服务提供者的竞争，还要考虑到客户潜在的内部运作。假设所有的企业都可以提供同等水平的物流服务，不同企业之间的差别将取决于它们的物流运作资源的经济性。

第三方物流企业如何看待利润对本企业的作用？很明显，第三方物流企业应当是一种“利润中心”型的企业。但是，第三方物流企业应当明确地认识到，企图将一般服务打造成获取利润的中心手段，是企业基本理念的错误。因为这实际上会损害客户的利益，自己也不可能取得成功。依靠精细服务和增值服务，尤其是增值服务，从客户增值的利益之中取得一定比例的收益，这才是第三方物流企业的利润源。

二、第三方物流运作的几个要点

（一）关于运作效率

第三方物流企业为客户创造价值的最基本的途径，是达到比客户更高的运作效率，并能够提供较低的成本服务比。要提高运作效率就需要对每一种基本的单独的物流活动进行开发（如运输、仓储等），同时，将物流各个基本环节和基本功能系统化。这是客户自营物流很难做到的事情，但是第三方物流企业却可以通过系统化达到相当高的效率。

第三方物流企业依靠自己的专业优势和广泛见闻，不断发现原来运作的缺点，提出物流合理化改进措施，这也是其提高运作效率的重要办法。

(二)关于独有优势和稀缺资源

形成独有优势是第三方物流企业应当刻意追求的目标,这种优势一旦形成,就成了第三方物流企业的核心竞争能力。应当说,独有优势是所有企业进行运作时都力图形成的能力,但是,并不是所有企业都能够做到这一点。第三方物流企业只能在公共资源之外创造自己的独有优势,公共物流网络平台、公共物流信息平台都是面向全社会开放的平台资源,企业只有在这些公共资源之外建立自己的稀缺资源,才能形成自己的独有优势。

稀缺资源的建立,一般有几种办法:

第一,在公共平台之外建立属于本企业的独有平台资源,如物流中心、配送中心、保税仓库、专用道路以及专用信息网络等。

第二,形成属于本企业的专利技术。

第三,打造独特的企业理念及服务模式。

第四,下决心进入其他物流服务企业不愿意介入的领域,或者开辟全新的服务领域,这就可以使自己在该领域的运作能力成为一种稀缺资源,这也是形成独有优势的一条途径。

(三)对多客户进行整合运作

促使物流运作增值的一个方法是扩大市场,引入多客户运作。例如,多客户整合之后的仓储或运输网络,多个客户可以共同利用资源,从而提高资源的利用效率,还可以获得降低成本的好处。整合运作的规模效益能取得更高的价值。

需要引起重视的是,整合运作的复杂性比过去大大地增加,这对于第三方物流企业来讲,就需要有更高水平的信息技术与操作技能,当然,对复杂事物的管理能力也应当有所提高。第三方物流企业在运作时,必须充分估计自己对多客户进行整合运作的基本条件和管理能力,不能贸然从事。

整合有两条途径:纵向或横向的整合。

纵向整合,是对客户企业内部的纵向物流系统进行整合,也包括从供应链的角度进行纵向的整合。这种整合主要着眼于以下几方面:①纵向系统的简单化;②纵向系统的贯通联结;③减少纵向系统的资源占用(如缩减仓库结点);④减少纵向系统的交叉和矛盾;等等。

横向整合,是对有相同或相似物流需求的客户进行整合。这种整合着眼于横向系统的共同化,资源由横向系统共同使用,从而不需要每一个客户都占用独立的资源。

(四)发展客户的合作

物流运作的专业化使第三方物流企业可能在专门技术和系统领域内超越最有实力的客户。由于客户不可能全力以赴关注核心竞争能力之外的本企业的物流,必须将有限的资源,甚至是主要资源同时分配到其他几个领域。这就是第三方物流企业与客户合作关系的基础。

有需求、有供给不一定就能形成合作的关系。第三方物流企业在考虑与客户的合作关系时，长远的、战略的观点是最重要的，如果第三方物流企业与客户仅仅是一次合作关系，首次的付出是巨大的，相似的多次合作甚至长期合作，才能出现效益递增而成本递减的结果。

三、第三方物流的增值服务

不排除第三方物流对客户进行一般的、基本的物流服务；但是，就客户方面而言，这种一般的、基本的物流运作，客户方面自己很容易承担；如果客户的物流业务不是全部的、总体的外包，而是部分地将物流业务外部化，那么，客户的选择当然是将自己没有优势的精细服务及增值服务进行外包。因此，第三方物流主要应该提供带有增值性的服务，第三物流企业还可以以这种物流服务的形式取得利润。

第三方物流如何进行增值服务，这不能一概而论，每一个第三方物流企业都应当打造自己独特的优势，形成自己独特的增值物流运作的办法。所以，客户在选择第三方物流企业时，首先应当判断该第三方物流企业的增值优势是否适合自己，还需要了解第三方物流企业在增值运作方面的能力。就第三方物流企业而言，增值服务的一般途径如下。

（一）基本服务向增值方向延伸

基本物流服务是大量发生的，由于只是向客户提供最低限度和通常的服务，服务的深度不够，因此各项基本服务都有增值的潜力。有时候，基本服务与增值服务只有一步之遥，是很容易跨越的，之所以没有采取增值服务的方式，有可能出自于客户降低成本的考虑，或者客户对于增值的意义缺乏认识。动员客户实现这一步的跨越，是第三方物流企业的责任。

基本服务向增值方向延伸的办法很多，表 21 -1 列举了一些，可供参考。

表 21 -1 基本服务延伸的增值

基本服务	延伸基本服务所增加的因素	增值的效果
一般包装	在一般包装的基础上注入更多的信息因素，例如，商品和包装的简要说明、质量查询电话或网址	消费者放心购买、销量增加
一般包装	在一般包装的基础上注入更多的装潢因素，例如，商品促销的装潢	促进购买，销量增加
一般的汽车货运	根据情况，将发货点、到货点延伸到两端客户门口，变成“门到门”的运输	加快了速度，减少了装卸搬运次数，从而降低了费用；抢占了销售时机从而获利
一般仓库存货	增加向客户提供信息服务的因素，例如，客户查询系统将一般仓库存货变成精细的管理	准确的信息可以支持客户降低库存，从而节约成本

续表

基本服务	延伸基本服务所增加的因素	增值的效果
一般库存管理	增加与供需双方的沟通,尤其增加供货的信息,变成低库存甚至零库存	减少了资金占用和货物损失,减轻了仓库管理工作
一般的装车服务	增加事前规划的因素,根据不同货物及不同包装重量、包装体积做出装车规划	增加了装车数量及装车的安全程度,降低了成本
一般的卸车服务	增加事前规划的因素,指定每一件货物卸货之后的放置地点,按指定地点放置货物	减少了客户企业内部的物流环节,尤其是再装卸、搬运环节,从而节省了人力、时间和费用

(二)合理化改造的增值

物流系统存在着不停地合理化改造的可能性,这种改造没有止境,即使现在的系统已经很完善了,但是,随着技术进步和管理的发展,又会出现很多可以进行合理化改造的空间。第三方物流企业必须牢牢盯住这些合理化改造的可能性,有专人分析、研究每个领域合理化改造的可行性,提出合理化解决方案。物流合理化的办法很多,表 21－2 列举了一些,以供参考。

表 21－2 合理化改造的增值

原来的物流运作	实施合理化的做法	增值的效果
商品的通用包装	根据商品不同,有选择地把通用包装改造成有针对性的包装	增强了所需要的包装功能,从而获得增值
过分专用的包装	根据商品不同,有选择地把过分专用的包装改变成通用型的包装	利用通用包装,增加了包装材料的可获得性和再生性,降低了成本
利用配送方式向连锁店进行配送	整合若干个连锁商业系统,或者整合连锁商业系统与其他的物流需求,实行共同配送	减少了车辆的占用和交通拥堵,降低了配送成本
利用配送方式向连锁店进行配送	对需求量比较大的连锁商店,或者原来配送商品中的一部分数量较大的商品,从物流中心或者仓库直接送货到连锁店,实行越库配送	减少了配送中心环节,提高了配送速度,节省了配送系统的配送费用和管理费用
干线汽车物流	利用信息系统进行合理化改造,使干线物流的两个终端站点有及时准确的车辆信息、货源信息,防止车辆回程无货空驶,降低车辆的空驶率	通过降低空驶率增加收入、降低成本
仓库存放货物的普通货架	用提高活性的办法进行合理化改造,对流动性能比较强的货物,改用重力式货架,提高被存放货物的活性	提高了操作效率,减少了操作时间和人力占用

（三）一体化物流服务增值

将若干独立物流活动实行一体化，这样可以统筹物流资源，减少无效和浪费，从而获得增值。

（四）供应链集成整合增值

进行更大范围的供应链整合，从而提高整个供应链的竞争能力，获得增值。

（五）管理增值

引入先进的管理模式，介入用户的物流管理，从而可以在不增加物流资源甚至精简物流资源的前提下获得增值。

第五节 第四方物流

第四方物流（Fourth Party Logistics，4PL）是现代社会物流发展的趋势之一。它是在现代经济领域物流复杂程度和难度越来越大、有关物流的社会分工越来越强化、供应链管理越来越向更高的水平和高度发展、现实的物流领域（包括第三方物流在内）解决的能力不足的情况下出现的应对方式和应对产业。把物流分成一般的操作、一般的运作、专业的第三方物流运作，以及更高层次的、能够提供包括物流在内的更广阔的供应链解决方案，这就是第四方物流。它是在第三方物流基础上升华的一种新的物流形态和新的物流产业。第四方物流和第三方物流最大的区别在于：第三方物流旨在进行物流系统的运作，第三方物流的能力是有限的，它的运作范围是有局限性的；而第四方物流旨在提出包括物流在内的涉及供应链的物流解决方案，显然，视野要开阔得多，这个解决方案在于指导供应链物流的更广泛的活动。

一、物流运作的层次

社会分工和专业分工在物流领域的发展，形成了许多不同的物流运作活动。这些不同的物流运作活动有的非常具体、非常专业，有的却是简单的合成，形成一个单元的运作，当然还有的形成了系统的运作。所以，从水平和内涵的角度，可以把许许多多的从简单到复杂到系统的物流运作分成不同的层次。

（一）第一个层次：物流基础活动的单独运作

物流基础活动的单独运作指的是包装、装卸、搬运、储存、保管维护、运输等实现物流基本功能所进行的独自的运作。这个层次运作的主导者和执行者都是货主，有些活动由货主自己或者雇用人员来完成。在现代社会，如果这些基础活动的规模较大，具有一定的复杂性,就需要委托给有专业能力的人员或者企业来运作。

(二)第二个层次:物流基础活动的合成运作

把一项或者多项物流基础活动合成、联结在一起,这个层次的运作的主导者是货主,由货主自己或者雇用人员来完成或者委托给有专业能力的人员或者企业来运作。一般的规律是,合成、联结在一起的基础活动一旦具有规模和复杂性之后,就会超出货主自己或者雇用人员的能力,或者需要付出较高的成本代价。所以,委托给有专业能力的人员或者企业来运作会成为更多的选择。

(三)第三个层次:物流基础活动的系统运作

把需要的所有物流基础活动结构成一个系统,进行系统化的运作,是物流领域比较高水平的运作。一些规模大、实力雄厚的货主企业可以自己进行这样的运作,但是,这个运作显然并不是货主企业的核心竞争能力。如果把这个工作委托给社会化的专业的物流企业去做,会做得更好,同时,由于可以集中很多的需求、形成规模,也会减轻单一货主的成本负担。这实际上就是第三方物流的系统运作。这个层次运作的主导者可以是货主,也可以是第三方物流企业,当然,运作的执行者是第三方物流。

(四)第四个层次:物流活动以及与之相关的活动的全面系统安排

这种全面系统的安排可以做到为货主企业的物流需求提供一个综合性的、全面的、系统的解决方案,甚至对物流运作的流程进行再造。这个层次瞄准的是全过程的整个链条的设计、整合、集成、管理、咨询和第三方物流服务,这种全面系统运作的工作就可以选择具有这种系统能力的优秀物流企业去做,或者选择若干物流服务企业进行系统化的组合来提供服务,这就提供了一整套供应链的解决方案。这个层次的物流就是第四方物流。

二、第四方物流是物流发展的必然

第四方物流是十几年前才提出的新概念,它的最初定义是:第四方物流是"集中和管理本组织和其他组织的资源、功能和技术,并设计和运行综合的供应链解决方案的集成商"。现在,也有人这样定义第四方物流:它"是一个供应链集成商,调集和管理组织自己的以及具有互补性的服务提供商的资源、能力和技术,以提供一个综合的供应链解决方案"。

第四方物流被经济领域和物流界所接受的重要原因是第三方物流的局限。显然,物流需要有更高层次的发展,而这个发展已经能够归纳和总结出一个雏形,这就是第四方物流。所以,第四方物流是物流发展的一种必然。这种必然不是凭空产生的,而是信息化和物流运作的高度发展带来的结果。

第四方物流的初期发展是对第三方物流的整合和提升,把第三方物流提到一个更高的水平。现在,第四方物流还在创新的进程之中,在大量的实践之后,将来可以形成更系统的认识和更成熟的产业形态。

很明显，我们现在非常看重第四方物流的趋势性发展，第四方物流的重要基础是第三方物流，当前和今后一个相当长的时期，促进第三方物流发展和成熟依然是我们的重要选择，只有大力发展第三方物流企业，第四方物流才有发展的基础。

三、第四方物流的主要作用

第四方物流还在探索和创新的进程之中，它所发挥的作用我们也很难全部明了，现在已经看到并取得共识的主要有以下三方面。

（一）第四方物流影响整个供应链

第四方物流诞生于物流服务，但是它的作用却有所提高和扩展，通过影响整个供应链来获得价值，能够为整条供应链的客户带来利益。第四方物流还通过影响整个供应链来提高包括物流在内的大系统的水平，因此第四方物流更具有战略性的作用。

（二）第四方物流适应需方多样化和复杂的需求

物流的需求和经济领域内许多确定经济形态的需求不同，那就是物流的需求范围很广泛，有时候又有很深的深度。以往的着重于实物运动的第三方物流很难满足这种需求。第四方物流开展多功能、多流程的供应链管理，其范围远远超出传统的第三方物流外包运输管理和仓储运作的物流范围，扩展成包括物流在内的供应链，企业可以把整条供应链全权交给第四方物流运作，第四方物流可为供应链功能或流程的全部提供服务。

（三）第四方物流解决方案不仅局限于物流本体

对于复杂的物流供给和需求，第四方物流提供了综合性的涵盖物流在内的供应链解决方案，它可以做到集中包括物流资源在内的更多的资源，为客户提供更高水平、更完善地解决问题的方案和运作。第四方物流不仅集成了管理咨询和第三方物流服务商的能力，而且能够实施和运作，为客户带来利益。这些效益包括：服务水平提高、利润增长和运营成本降低以及减少货物物流时间，节约物流资源，提高物流效率，还有就是不可忽视的减少物流对环境的污染。

四、第四方物流的三种基本运作

第四方物流还在探索、发展和创新的进程之中，按照国外专家的归纳，现在的第四方物流大体可以归纳出三种基本的运作模式，当然，实际的运作并不受这些模式的限制。

（一）第三方物流与第四方物流合作进行运作的方式

这种运作目的在于取得超过双方固有能力的 $1+1>2$ 的效果。具体运作方式是第四方物流和第三方物流合作共同开发市场，共同面对客户。第四方物流向第三方物流提供一系列的服务，包括：提供技术方案和供应链策略，以进入市场的能力和项目管理的专业能力提供服务，提供一个综合的供应链解决方案。而第三方物流利用自己的优势通过实际运作来具体实施。

第四方物流和第三方物流的合作方式是探索和创新的重要领域,并没有确定的模式,双方可以采用常见的商业合同的方式进行合作,风险共担、利益同享;也可以着眼于长远发展,采用战略联盟的方式进行合作。

(二)第三方物流运作、第四方物流提供支持的运作方式

这实际上是一种前后台的运作方式,在这种方式中,第四方物流为客户提供运作和管理整个供应链的解决方案。第四方物流对本身的和第三方物流的资源、能力和技术进行综合管理,借助第三方物流的运作,为客户提供全面的供应链解决方案。第三方物流是实际的运作者,直接面对客户,而第四方物流的作用是基于供应链提出为客户进行服务的方案。第三方物流面对一个客户直接进行服务,而第四方物流在向第三方物流提供这一套方案并且进行运作和提供管理支持的同时,还可以对另外不同的用户和第三方物流提供支持。

(三)第四方物流整合和集成多个第三方物流和多个客户的运作方式

这种运作方式,可以看成是第四方物流直接进行运作的方式。第四方物流为下游的多个客户开发提供供应链解决方案,并且整合和集成上游的第三方物流进行运作。第四方物流的责任显然比前两种基本运作方式要重要得多,因为它是上游第三方物流的集群和下游客户集群的主导和纽带。

第四方物流无论采取哪一种模式,都突破了单纯发展第三方物流的局限性,能做到真正的低成本、高效率,实现最大范围的资源整合。第四方物流有能力将每一个领域的最佳物流提供商组合起来,为客户提供最佳物流服务,进而形成最优物流方案或供应链管理方案。而第三方物流虽然对本身的运作可以努力地优化,但是缺乏这种跨越和大范围整合的能力。当然,第三方物流也可以用其他方式解决这个问题,例如第三方物流供应商可以实现一定程度的联合和合作,实际上,这也是第四方物流形成和发展的途径之一。

第二十二章

配　送

第一节　配送概述

一、配送的概念

国家标准对配送的普遍定义是：配送是在经济合理区域范围内，根据用户要求，对物品进行拣选、加工、包装、分割、组配等作业，并按时送达指定地点的物流活动。

配送是物流中一种特殊的、综合的活动形式，是商流与物流紧密结合，包含了商流活动和物流活动，也包含了物流中若干功能要素的一种形式。

从物流来讲，配送几乎包括了所有的物流功能要素，是物流的一个缩影或在某个小范围中物流全部活动的体现。一般的配送集装卸、包装、保管、运输于一身，通过这一系列活动完成将货物送达的目的。特殊的配送则还要以加工活动为支撑，所以包括的方面更广。但是，配送的主体活动与一般物流却有不同，一般物流是运输及保管，而配送则是运输及分拣配货，分拣配货是配送的独特要求，也是配送中有特点的活动，以送货为目的的运输则是最后实现配送的主要手段，从这一主要手段出发，常常将配送简化地看成运输中的一种。

从商流来讲，配送和物流的不同之处在于，物流是商物分离的产物，而配送则是商物合一的产物，配送本身就是一种商业形式。虽然配送具体实施时，也有以商物分离形式实现的，但从配送的发展趋势看，商流与物流越来越紧密地结合，是配送成功的重要保障。可以从两个方面认识配送的概念。

（一）从经济学资源配置的角度

从经济学资源配置的角度对配送在社会再生产过程中的位置和配送的本质行为的表述是：配送是以现代送货形式实现资源的最终配置的经济活动。这个概念的内涵有四点：

其一，配送是资源配置的一部分，是经济体制的一种形式。

其二,配送的资源配置作用,是"最终配置",因而是接近顾客的配置。接近顾客是经营战略至关重要的内容。美国兰德公司对《幸福》杂志所列的500家大公司的一项调查表明,"经营战略和接近顾客至关重要",证明了这种配置方式的重要性。

其三,配送的主要经济活动是送货,这里面强调现代送货,表述了和我国旧式送货的区别,其区别以"现代"两字概括,即现代生产力、劳动手段支撑的,依靠科技进步的,实现"配"和"送"有机结合的一种方式。

其四,配送在社会再生产过程中的位置,是处于接近用户的那一段流通领域,因而有其局限性。配送是一种重要的方式,有其战略价值,但是它并不能解决流通领域的所有问题。

(二)从配送的实施形态角度

从配送的实施形态角度对配送的表述是:按用户订货要求,在配送中心或其他物流结点进行货物配备,并以最合理的方式送交用户。这个概念的内容概括了六点:

其一,整个概念描述了接近用户资源配置的全过程。

其二,配送实质是送货。配送是一种送货,但和一般送货有区别:一般送货可以是一种偶然的行为,而配送却是一种固定的形态,甚至是一种有确定组织、确定渠道,有一套装备和管理力量、技术力量,有一套制度的体制形式。所以,配送是高水平送货形式。

其三,配送是一种"中转"形式。配送是从物流结点至用户的一种特殊送货形式。从送货功能看,其特殊性表现为:从事送货的是专职流通企业,而不是生产企业;配送是"中转"型送货,而一般送货尤其从工厂至用户的送货往往是直达型。配送是企业需要什么送什么,所以,要做到需要什么送什么,就必须在一定中转环节筹集这种需要,从而使配送必然以中转形式出现。当然,广义上,许多人也将非中转型送货纳入配送范围,将配送外延从中转扩大到非中转。可见,仅以"送"为标志来划分配送的外延,也是有一定道理的。

其四,配送是"配"和"送"有机结合的形式。配送与一般送货的重要区别在于,配送利用有效的分拣、配货等理货工作,使送货达到一定的规模,以利用规模优势取得较低的送货成本。如果不进行分拣、配货,有一件运一件,需要一点送一点,就会大大增加劳动力的消耗,使送货并不优于取货。所以,追求整个配送的优势,分拣、配货等项工作是必不可少的。

其五,配送以用户要求为出发点。强调"按用户的订货要求",明确了用户的主导地位。配送是从用户利益出发,按用户要求进行的一种活动,因此,在观念上必须明确"用户第一"、"质量第一"。配送企业的地位是服务地位而不是主导地位,因此不能从本企业利益出发而应从用户利益出发,在满足用户利益基础上取得本企业的利益。更重要的是,不能利用配送损伤或控制用户,不能将配送作为部门分割、行业分割、割据市场的手段。

其六,概念中"以最合理方式"的提法是基于这样一种考虑:过分强调"按用户要求"是不妥的,用户要求受用户本身的局限,有时实际会损害自我或双方的利益。对于配送者来讲,必须以用户的"要求"为依据,但是不能盲目,应该追求合理性,在此基础上指导用户,实现共同受益的商业原则。这个问题近些年国外的研究著作也常提到。

二、发达国家的配送理论与实践

(一)发达国家对配送的认识

发达国家对配送的认识并非完全一致,在表述上有其区别。但是,发达国家有一个非常重要的共同认识——配送就是送货。美国配送的英语原词是 Delivery,是送货的意思,强调的是将货送达。日本对配送的权威解释,应该是日本工业标准 JIS 的解释:"将货物从物流结点送交收货人",送货含义明确无误,配送主体是送货。

当然,现代经济中的送货也必定比历史上送货有所发展,这种发展是竞争的产物,受利润和占领市场驱使,想方设法使送货行为优化,于是实践中出现了送货时车辆合理调配,路线规划选择,送货前配货、配装等。

在发达国家对配送的解释中,并不强调配,而仅强调送达,原因是在买方市场的国家中,"配"是完善"送"的经济行为,是进行竞争和提高自身经济效益的必然延伸,是在竞争中优化的形式,既然是一种必然行为,就没有再强调的必要了。

对于配送稍详尽一些的解释,反映了发达国家对配送范围、性质、作用等认识的,是1991 年日本出版的《物流手册》中的描述:"与城市之间和物流据点之间的运输相对而言,将面向城市内和区域范围内需要者的运输,称之为'配送'。"很明显,日本人对配送的一个重要认识,是配送局限在一个区域(城市)范围内,而且从性质来看,配送是一种运输形式,关于这一点该手册中又有进一步描述:"生产厂到配送中心之间的物品空间移动叫'运输',从配送中心到顾客之间的物品空间移动叫'配送'。"

(二)发达国家配送观念的发展

一般的送货形态在西方国家已有相当长的历史,可以说是随市场而诞生的一种必然的市场行为。尤其是伴随资本主义经济的生产过剩,在买方市场情况下,必然出现各种各样的推销手段,送货最初便是作为一种不得已的推销手段出现的。仅将其作为推销手段而没有认识到这是企业发展的战略手段,这在有些国家持续了很长时间,甚至在经济发展的高峰期仍然如此,很多企业直到 20 世纪 70 年代仍然将送货看成"无法回避、令人讨厌、费力低效的活动,甚至有碍企业的发展",正是反映了这种现实。

从历史上曾采用的一般送货,发展到以高技术方式支持的、作为企业发展战略手段的配送,也是近几十年的事情。许多国家甚至到 20 世纪 80 年代才真正认识到这一点。国外一篇文章提到,"在过去 10 年里,这种态度和认识有了极大转变。企业界普遍认识到配送是企业经营活动的主要组成部分,它能给企业创造出更多盈利,是企业增强自身竞争能力的手段"。这种认识的转变有着深厚的社会根源:

第一,科学技术的进步和生产力发展,可以为经济界提供省力且高效的管理方式与技术装备方式,将"无法回避、令人讨厌且费力低效的活动",转变为刻意追求、容易接受,且省力高效的活动。

第二,生产领域劳动生产率的提高,越发使人看出流通和物流过程中的潜力,实践证明,包括配送在内的物流领域的开发,可以取得很高的经济效益,因此就不再"有碍于企业的发展"。

第三,生产力的发展大大促进了社会分工,服务性生产大大发展,服务性社会出现,增强了配送的主动服务性质,成为企业"增强自身竞争能力的手段"。

(三)发达国家配送方式和手段的发展

发达国家在观念发生变化的同时,配送方式和手段也有很大发展,突出反映在以下几方面:

1. 配送共同化的进展。初期送货,是以单独的企业为主体,为满足用户配送要求而采取的行动,出现了配送企业车辆利用率低、不同配送企业之间交错运输、交通紧张、事故频繁等许多方面的不合理。例如:日本于20世纪60年代开始的"共同配送",是在各个公司效率低而且难以解决的情况下才被采用,如果在本公司就能建立合理化配送系统,也就没有必要考虑共同配送了。但随着社会的发展,这一方式和手段已上升到从大范围考虑合理化,致力于推行整个城市、所有企业的共同配送。

2. 配送计划化的进展。初期配送,强调即时完成每一个客户要求进行配送的情况较多,即完全按顾客要求办事,而并不是按顾客的合理要求办事。制订合理计划而不是完全按顾客要求那样进行配送,是高水平的计划配送的一大进展。配送计划化有效地促进了配送合理化,由于可采用大量发货,减少了收费,也受到用户的欢迎。

3. 配送区域的扩大。近些年,配送已突破了一个城市的范围,在更大范围中找到了优势。美国已开展了洲际配送,日本的许多配送是在全国范围或很大区域范围进行的。

4. 直达配送的进展。不经过物流基地中转,在有足够批量且不增加用户库存的情况下,配送在"直达"领域中也找到了优势,因而突破了配送原来的概念,有了新的发展。对于生产资料而言,直达配送有更广泛的应用。

5. 计算机管理配送的进展。随着配送规模的扩大和计算机的微型化,计算机管理配送取得很大进展,这个进展突出表现在以下三个方面:一是信息传递与处理系统的建立,甚至建立了EDI系统。二是计算机辅助决策,如辅助进货决策、辅助配货决策、辅助选址决策等。美国IBM公司率先建立了配送车辆计划和配送路线的计算机软件。三是计算机与其他自动化装置的操作控制,如无人搬运车、配送中心的自动分拣系统等。

有一篇名为《日本制造业行业配送系统变革》的文章认为,配送领域"技术条件的核心,就是信息系统和建立在该系统上的分拣系统",反映了这一进展已形成了配送技术条件的核心。

6. 配送劳动手段的进展。配送劳动手段作为支撑配送的生产力要素,是进展很大的领域。到20世纪80年代,发达国家的配送已普遍采用了计算机系统、自动搬运系统、大规模分拣、光电识别、条形码、专用搬运车等新技术,使有的领域工效提高5~10倍,全自动化技术如机器人、无人搬运车等也被迅速采用,自动分拣也开始在配送中应用。从美国物流协会的研究报告公布的1989年的现状和1992年的预测来看,这种发展会以很高的速度保持下去，如表 22－1 所示。

7. 多种配送方式的形成。近代配送的一个显著进展，是出现了在各自领域的优化配送方式，由于流通过程、流通对象及流通手段复杂，优化配送方式是多种多样的，如日本30 公斤以下货物的“宅急便”、“宅配便”式配送，小批量快递系统，准时供应系统，分包配送，托盘配送系统，日配系统，分销配送，柔性配送系统，往复式配送系统，巡回服务时间表方式（定时路线配送）等。作为配送方式，前面提到的共同配送系统、直达配送系统也属此列。

表 22－1 配送领域现代技术的应用（%）

	1989 年	1992 年	平均年增长速度
条形码	26.9	68.3	35
机器人	8.3	14.4	20
自动存货系统	18.0	25.9	20
无人叉车	12.4	29.3	34
人工智能系统	4.0	25.5	85

8. 配送集约化程度提高。20 世纪 70 年代以后，随着西方企业兼并风潮，配送也形成了自己的规模效益，集约化不断提高。例如，英国 GPR 公司 1986 年有送货点 35 000 个，到了 1988 年合并成 1 800 个，几乎是以前的 1/20，但是营业额却显著提高。美国通用食品公司新建 20 个配送中心，取代了以前的 100 个仓库，通过集中批量取得优势。美国赫马克公司以一个自动化水平较高且采用计算机管理的配送中心，取代了原来的 18 座老式仓库，总费用显著下降，第一年就为公司节省了 400 万美元。这些例子明显反映了发达国家配送集约化程度的提高。同时，配送系统的处理能力（单位产出）也有了很大提高，较先进的配送中心，人均作业率达每小时 500 个托盘，配送分拣能力已达每小时 14 500 件，日本资生堂配送系统每天可完成对管区 4 200 个商店的配送。由于采用先进方式，配送的精确度和配送质量也大幅度提高。

20 世纪 80 年代末，发达国家的配送已发展到一个较高水平，成为一种稳定的经济形态，在资源末端配置方面，配送已成为一种非常普遍的方式，这些应当引起我们的重视。与此同时，我们也应当看到，资本主义世界一些固有的弊端也同样影响和阻碍着配送的发展，例如高度共同化问题，始终是这些国家刻意追求但又很难实现的一个目标，一个公司系统合理化追求确实卓有成效，但从更大范围来看（如整个城市），就会由于许多“合理”的配送系统相互抵消，交叉配送，造成大范围的不合理，这在资本主义国家几乎是难以避免的。配送在这些国家也很难成为体制化的东西，这会最终制约其发展，因此，对资本主义国家配送的发展，也不能评价过高。

三、我国配送的发展

（一）20 世纪 80 年代之前

低水平送货，在我国也如同资本主义国家一样有长期的历史，新中国成立前就有这种经济形态存在。

新中国成立后,我国市场出现长期短缺,卖方市场的盛行,严重扼制了各种送货式的服务形式,但即使如此,类似配送的经济活动仍然偶尔出现,有些形式也有一定程度的发展。

早在20世纪60年代,我国流通领域开始出现类似配送的方式。当时,物资部门广泛组织物资工作服务队,深入生产第一线,了解生产需要,建立物资供应档案,按需、适时配车送货,并把这称之为“货郎担”、“背篓商店”等。另外,还出现了许多行之有效又有配送意味的供应方式,如上海机电公司实行的“核定库存定额,定期补差供应”,即按核定的合理库存定额,根据消耗情况,每月定期予以补足差额,送货上门;上海燃料公司开展“统一管理、统一调度、送煤到户”,开始了集中库存,按需核实供应,并送煤到厂的供应办法;大庆物资供应处按油井零配件消耗情况,实行定期配车送货到井口的“针线笸箩”;等等。

20世纪60年代中期,我国从供应体制的角度提出“指标到局,供应到厂”的方式。由物资部门按指标,按质按量,及时备齐供应到厂,相对集中库存,集中送货,“拆捆零售,核实供应”,这是配送的萌芽。

到了20世纪70年代后半期,配送又有了新的发展。江西横峰县物资局开展的“五清楚”,即摸清用户设备情况、产品情况、生产任务、消耗定额和急需程度等情况,主动送货上门;包头物资局推行送单(发货单)、送货、服务的“三上门”供应;沙市物资局改领料为送货的“五到厂”;杭州改革木材供应体制,将木材公司和木材厂组成木材加工供应联合企业,将原木集中存放,按分配指标统一调运,根据工程项目,按需供应成材、半成品,并按施工进度送货到工地,初步形成了木材加工配送方式。

为解决平板玻璃利用率低的问题,我国大部分城市的物资部门,改变过去成箱供应的传统方式,在一个城市设置一个或几个集中套裁点,按用户要求,合理套裁,开片供应,基本使工地达到零库存。

在水泥流通中,也开始了商品混凝土的配送方式。

综上所述,这个时期的物资流通活动已经明显具有了配送特点,可列举如下:开始形成流通加工中心;物流据点与流通加工紧密结合;形成集中库存,按需配货、送货等业务流程;开始了“门到门”的服务。

(二)20世纪80年代之后

进入20世纪80年代后,随着物资管理体制改革的不断深入,我国开始了物资配送的自觉探索,其中影响较大的探索有:

1. 天津储运公司唐家口仓库按用户的要求定时定量配送。以自己的仓库场地为用户储存物资,并按用户要求的时间,配套送货上门。如天津广播器材公司订购电视机散件,到货后由唐家口仓库代存,每天定量定时送货,保证该厂生产正常进行。

2. 石家庄市物资局开展以“三定一送”为内容的配送。该市物资局在全市实行“定时、定量、定点”送货上门,并以配送协议的形式确定下来,形成全市性流通方式。石家庄市物资局各专业公司推广配送业务,配送协议户曾达252户,占全市工业企业的1/4。

3. 沈阳市机电公司第二分公司轴承、工具配送。该公司是1987年将配送作为一个科研项目开始着手探索，配送户60余家，取得了明显的经济效益，形成了配送流程体系。

4. 锦西木材公司的木材配送。该公司是1988年10月开始以划转供应为突破口，对木材用户开展配送。

20世纪80年代开展的配送，已经区别于70年代以前的送货上门，在水平、效率、速度、质量等方面都有了较大进步，说明在我国，配送已进入自觉应用阶段。

20世纪末，我国物流出现了空前未有的发展势头，在配送领域的进展尤其显著。城市商业配送是发展最快的领域之一，上海市商业系统的华联配送中心，已经可以支持2 000多个连锁店的日配需求，成为能够进入世界前列的大规模的配送系统。

新世纪开始之后，配送已经成为一种常规的发展形态，其范围覆盖到全国。

第二节 配送种类

经过较长期的发展，国内外创造出多种形式的配送，以满足不同产品、不同企业、不同流通环境的要求。各种配送形式都有各自的优势，但也有一定的局限性。

一、按实施配送的结点不同分类

（一）配送中心配送

配送中心配送，组织者是专职配送的配送中心，规模较大。它有不同的组织方式：有的是依靠配送中心储存各种商品，进行配送，因而储存量比较大；也有的配送中心专职于配送，储存量较小，货源靠附近的仓库补充。

配送中心专业性较强，和用户有固定的配送关系，一般实行计划配送，需配送的商品有一定的库存量，一般情况下很少超越自己的经营范围。配送中心的设施及工艺流程是根据配送需要专门设计的，所以配送能力强，配送覆盖区域较大，配送品种多，配送数量大，可以承担连锁商业的配送以及工业生产用主要物资的配送，还可以向配送商店实行供货性配送等。配送中心配送是配送的重要形式。

从实施配送较为普遍的国家看，配送中心配送是配送的主体形式，不但在数量上占主要部分，而且是某些小配送单位的总据点，因而发展较快。

配送中心配送覆盖面较宽，是大规模配送形式，因此，必须有一套配套的大规模实施配送的设施，如配送中心建筑、车辆、路线等，一旦建成便很难改变，灵活机动性较差，投资较高，因此，这种配送形式有一定的局限性。

（二）仓库配送

仓库配送是以一般仓库为据点进行配送的形式。采取仓库配送形式，可以将仓库完全改造成配送中心,也可以以仓库原功能为主,在保持原功能的前提下,增加一部分配送职能。由于不是专门按配送中心要求设计和建立的,所以,仓库配送规模较小,配送的专业化较差,但可以利用原仓库的储存设施及能力、收发货场地、交通运输线路等,所以是开展中等规模配送可选择的配送形式,也是较为容易利用现有条件而不需大量投资、上马较快的形式。

(三)商店配送

商店配送的组织者是商业的门市网点,这些网点主要承担商品的零售,规模一般不大,但经营品种较齐全。除日常零售业务外,还可根据用户的要求将商店经营的品种配齐,或代用户外订外购一部分本商店平时不经营的商品,与商店经营的品种一起配齐送给用户。这种配送组织者实力有限,往往只是进行小量、零星商品的配送,所配送的商品种类繁多,用户需用量不大。另外,有些商品只是偶尔需要,很难与大配送中心建立计划配送关系,所以利用小零售网点从事此项工作。

商业零售网点数量较多、配送半径较短,所以比较灵活机动,可承担生产企业非主要生产物资的配送及对消费者个人的配送,这种配送是配送中心配送的辅助及补充的形式。

商店配送有两种形式:

1. 兼营配送形式。商店在进行一般销售的同时兼行配送的职能。商店的备货可用于日常销售及配送,因此,有较强的机动性,可以日常销售与配送相结合,作为互相补充的方式。这种形式的好处是,在一定的铺面条件下,可取得更多的销售额。

2. 专营配送形式。商店不进行零售销售而专门进行配送。一般情况下,商店位置条件不好,不适于门市销售,但是又有某方面经营优势及渠道优势,可采取这种方式。

(四)生产企业配送

生产企业配送的组织者是生产企业,尤其是进行多品种生产的生产企业,可以直接由本企业开始进行配送而无须再将产品发运到配送中心进行中心配送。生产企业配送由于避免了一次物流中转,所以具有一定的优势。但是生产企业,尤其是现代生产企业,往往是进行大批量、低成本生产,品种较单一,因而不能像配送中心那样依靠产品凑整运输取得优势,实际上生产企业配送不是配送的主体。

生产企业配送在地方性较强的产品生产企业中应用较多,如就地生产就地消费的食品、啤酒、饮料、百货等,在生产资料方面,某些不适于中转的化工产品及地方建材也采取这种方式。

二、按配送商品种类及数量不同分类

(一)单(少)品种、大批量配送

工业企业需要量较大的商品,单独一个品种或几个品种就可达到较大输送量,可实行整车运输,这种商品往往不需要再与其他商品搭配,可由专业性很强的配送中心配送。

由于配送量大，可使车辆满载并使用大吨位车辆。配送中心内部设置、组织、计划等工作也较简单，因此配送成本较低。但是，如果可以从生产企业将这种商品直接运抵用户，同时又不致使用户库存效益下降，则采用直送方式往往有更好的效果。

（二）多品种、少批量配送

现代企业生产除了需要少数几种主要物资外，从种类数来看，处于B，C类的物资品种数远高于A类主要物资。B，C类的品种数多，但单种需要量不大，若采取直送或大批量配送方式，由于一次进货批量大，必然造成用户库存增大等问题，类似情况也存在于向零售店补充一般生活消费品的配送，所以这些情况适合采用多品种、少批量配送方式。

多品种、少批量配送是按用户要求，将所需的各种物品（每种需要量不大）配备齐全，凑整装车后由配送据点送达用户。这种配送作业水平要求高，配送中心设备复杂，配货送货计划难度大，要有高水平的组织工作保证和配合。在配送方式中，这是一种高水平、高技术的方式。

配送的特殊作用主要反映在多品种、少批量的配送中，这种方式也正符合现代“消费多样化”、“需求多样化”的新观念，所以是许多发达国家推崇的方式。

多品种、少批量配送往往伴随多用户、多批次的特点，配送频度往往较高。

（三）配套成套配送

按企业生产需要，尤其是装配型企业生产需要，将生产每一台件所需全部零部件配齐，按生产节奏定时送达生产企业，生产企业随即可将此成套零部件送入生产线装配产品。采取这种配送方式，配送企业承担了生产企业大部分供应工作，使生产企业专注于生产，与多品种、少批量配送效果相同。

三、按配送时间及数量分类

（一）定时配送

定时配送是按规定时间间隔进行配送，如数天或数小时进行一次，每次配送的品种及数量可按计划执行，也可在配送之前以商定的联络方式（如电话、计算机终端输入等）通知配送品种及数量。这种方式由于时间固定，易于安排工作计划，易于计划使用车辆，对用户来讲，也易于安排接货力量（如人员、设备等）。但是，由于配送物品种类经常处于变化中，配货、装货难度较大，在要求配送数量变化较大时，也会使配送运力安排出现困难。

定时配送又有以下两种具体形式：

1. 日配（当日配送）。日配是定时配送中施行较广泛的方式，尤其是在城市内的配送，日配送比例较大。

日配的时间要求，大体是上午的配送订货下午可送达，下午的配送订货第二天早上送达，送达时间在订货的24小时之内。或者是用户下午的需要保证上午送到，上午的需要保证前一天下午送到,在实际投入使用前24小时之内送达。

日配方式广泛而稳定开展,就可使用户基本上无须保持库存,不以传统库存成为生产或销售经营的保证,而以配送的日配方式实现这一保证。

日配方式对下述情况特别适合:①消费者追求新鲜的诸种食品,如水果、点心、肉类、蛋类、菜蔬等;②用户是多个小型商店,追求周转快,随进随售,因而需要采取日配形式快速周转;③由于条件的限制,用户不可能保持较长时期的库存,如已采用零库存方式的生产企业,处于"黄金宝地"位置的商店以及缺乏储存设施(如冷冻设施)的用户;④临时出现的需求。

2. 准时—看板方式。它是使配送供货与生产企业生产保持同步的一种方式。这种方式比日配方式和一般定时方式更为精细准确,配送每天至少一次,甚至几次,以保证企业生产的不间断。

这种方式追求的是供货时间恰好是用户生产之时,从而货物不需在用户仓库中停留,而可直接运往生产场地,与日配方式相比较,连"暂存"这种方式也可取消,可以绝对地实现零库存。

准时—看板方式需要有很高水平的配送系统来实施,由于要求有迅速反应的能力,因而不大可能对多用户进行周密的共同配送计划,即使时间要求可以不那么精确,也难以集中多个用户的需求实行共同配送。准时—看板方式非常适合于装配型重复大量生产的用户,这种用户所需配送的物资是重复、大量且无大的变化,因而往往是一对一的配送。

(二)定量配送

定量配送是按规定的批量在一个指定的时间范围中进行配送。这种方式数量固定,备货工作较为简单,可以按托盘、集装箱及车辆的装载能力规定配送的定量,能有效利用托盘、集装箱等集装方式,也可做到整车配送,配送效率较高。由于时间不严格限定,可以将不同用户所需物品凑整车后配送,运力利用也较好。对用户来讲,每次接货都处理同等数量的货物,有利于人力、物力的准备。

(三)定时定量配送

定时定量配送是按照规定配送时间和配送数量进行配送。这种方式兼有定时、定量两种方式的优点,但特殊性强,计划难度大,适合采用的对象不多,不是一种普遍的方式。

(四)定时、定路线配送

定时、定路线配送是指在规定的运行路线上制定到达时间表,按运行时间表进行配送,用户可按规定路线及规定时间接货及提出配送要求。

采用这种方式有利于计划安排车辆及驾驶人员。在配送用户较多的地区,也可免去由于过分复杂的配送要求所造成的配送组织工作及车辆安排的困难。对用户来讲,不但可以对一定路线、一定时间进行选择,又可有计划地安排接货力量。但这种方式应用领域是有限的,主要是对用户的选择性,不是所有用户都能利用这种方式。

（五）即时配送

即时配送是完全按用户突然提出的配送要求的时间和数量随即进行配送的方式,是有很高的灵活性的一种应急的方式。采用这种方式配送的品种可以实现保险储备的零库存,即用即时配送代替保险储备。

四、按经营形式不同分类

（一）销售配送

销售配送是指配送企业是销售性企业,或销售企业作为销售战略一环所进行的促销型配送。这种配送的配送对象往往是不固定的,用户也往往是不固定的,配送对象和用户依据对市场的占有情况而定,配送的经营状况也取决于市场状况,配送随机性较强而计划性较差。各种类型的商店配送一般多属于销售配送。

用配送方式进行销售是扩大销售数量、扩大市场占有率,获得更多销售收益的重要方式。由于是在送货服务前提下进行的活动,所以也受到用户的欢迎。

（二）供应配送

供应配送是用户为了自己的供应需要所采取的配送形式,往往由用户或用户集团组建配送据点,集中组织大批量进货(取得批量优惠),然后向本企业配送或向本企业集团若干企业配送。这种以配送的形式组织对本企业的供应,在大型企业或企业集团或联合公司中采用较多,例如商业中广泛采用的连锁商店,就常常采用这种供应配送的方式。

用配送方式进行供应,是保证供应水平、提高供应能力、降低供应成本的重要方式。

（三）销售—供应一体化配送

销售企业对于基本固定的用户和基本确定的配送产品可以以自己的销售同时承担用户有计划供应者的职能,既是销售者同时又成为用户的供应代理人,起用户供应代理人的作用。对某些用户来讲,这就可以减除自己的供应机构,而委托销售者代理,又会获得比较高的服务保证。

这种配送对销售者来讲,能获得稳定的用户和销售渠道,有利于本身的稳定、持续发展,有利于扩大销售数量。对于用户来讲,能获得稳定的供应,可大大节约其本身为组织供应所耗用的人力、物力、财力。销售者能够有效地控制进货渠道,这是任何企业供应机构难以做到的,因而对供应保证程度可望大大提高。

销售—供应一体化的配送是配送经营中的重要形式,这种形式有利于形成稳定的供需关系(如供应链关系),有利于采取先进的计划手段和技术手段,有利于保持流通渠道的畅通稳定,因而受到人们的注目。

(四)代存代供配送

代存代供配送是用户将属于自己的货物委托配送企业代存、代供,有时还委托代订,然后组织对本身的配送。这种配送,在实施时不发生商品所有权的转移,配送企业只是用户的委托代理人,商品所有权在配送前后都属于用户所有,所发生的仅是商品物理位置的转移。配送企业仅从代存、代送中获取收益,而不能获得商品销售的经营性收益。

(五)越库配送

越库配送是由配送企业组织,不通过配送中心实施配送,而由货源所在地直接对用户进行的配送。这种配送方式越过了配送中心一级的仓库,所以形象地称之为越库配送。对于配送企业来讲,采取越库配送方式有三个好处:一是无须进入配送中心的仓库,因此可以节约一大笔费用;二是减少了配送中心收、存、发的烦琐手续;三是将货源直接和用户连接,不但减少了物流时间,而且可以使用户及时获得新鲜的货物,也会受到用户的认同。

越库配送是在有效的情报支持和卖方市场两个前提下才有可能实施的配送方式。这两个前提,一个提供了信息的保障,一个提供了资源的保障。

在信息非常发达的情况下,越库配送可以大规模地实施。在这种情况下,配送中心则带有一定的虚拟性,甚至在一定范围内实现"虚拟配送中心"。

五、按加工程度不同分类

(一)加工配送

加工配送是和流通加工结合的配送。在配送据点中设置流通加工环节,或是流通加工中心与配送中心建立在一起,就能够实现这一结合。当社会上现成产品不能满足用户需要,或是用户根据本身工艺要求需要使用经过某种初加工的产品时,可以加工后进行分拣、配货再送货到户。

流通加工和配送结合,使流通加工更有针对性,减少了盲目性,配送企业不但可以依靠送货服务、销售经营取得收益,还可通过加工增值取得收益。

(二)集疏配送

集疏配送是只改变产品数量组成形态而不改变产品本身物理、化学性态的,与干线运输相配合的配送方式。如大批量进货后小批量、多批次发货,零星集货后以一定批量送货等。

六、按配送企业专业化程度分类

(一)综合配送

综合配送的配送商品种类较多,不同专业领域的产品在一个配送网点中组织对用户的配送。这一类配送由于综合性较强,故称之为综合配送。

综合配送可减少用户为组织所需全部物资进货的负担,只需和少数配送企业联系,便可解决多种需求的配送。因此,它是对用户服务较强的配送形式。

综合配送的局限性在于,由于产品性能、形状差别很大,在组织时技术难度较大。因此,一般只是对性状相同或相近的不同类产品实行综合配送,差别过大的产品难以综合化。

(二)专业配送

专业配送是按产品性状不同适当划分专业领域的配送方式。专业配送并非越细分越好,实际上,在同一性状而类别不同的产品方面,也是有一定综合性的。

专业配送重要的优势,是可按专业的共同要求优化配送设施,优选配送机械及配送车辆,制定适用性强的工艺流程,从而大大提高配送各环节工作的效率。现在的专业配送已经形成广泛分布的状态。

七、共同配送

(一)共同配送的概念

共同配送是追求配送合理化,经长期的发展和探索优化出的一种配送方式,也是现代社会中采用较广泛、影响面较大的一种配送方式。按照我国国家标准,共同配送的定义是“由多个企业联合组织实施的配送活动”;按照日本工业标准(JIS)的解释,共同配送是“为提高物流效率,对许多企业一起进行配送”。但是,国内外的实践已大大扩展了共同配送的内容。

(二)共同配送产生的历史背景

共同配送最初是日本等发达国家,根据国情形成的一种重要配送模式。

首先,这些国家实行自由竞争的市场经济,不可避免地存在多家配送企业并存的局面,每个配送企业都要开辟自己的市场和渠道,因此,不可避免地要分别建立自己的网络和自己的设施,这样一来,便容易出现或者在用户较多的地区设施不足,或者在用户稀少地区设施过剩,或者出现不同配送企业重复建设设施的浪费状况。基于这种国情,共同配送自然成了兴利除弊的好方式。

其次,由于近些年在发达国家出现“消费个性化”趋势和强调“用户是上帝”的理念,以及采取准时送达的配送方式,因此,送货或用户车辆的提运货频度很高,这就引发了交通拥挤问题,环境噪声问题及车辆废气污染问题等一系列社会问题。采取共同配送方式,可以以共同配送使用的一辆车,代替原来的几辆或几十辆车,自然有利于缓解交通拥挤、减少环境污染。由此看来,共同配送也是这一“国情”下产生的事物。

再有,发达国家的配送企业,绝大部分都是“利润中心”型企业,配送也必然是一种谋利的手段,共同配送可以通过严密计划,提高车辆使用效率,提高设施使用效率以减少成本支出、增加利润。

总之,许多发达国家中共同配送的大面积施行绝不是偶然的,而是适合其国情的做法。

(三)共同配送的具体形式

共同配送大体有以下几种具体形式:

1. 一个配送企业对多家用户实行的配送。由一个配送企业综合各家用户的要求,对各个用户统筹安排,在配送时间、数量、次数、路线等诸方面做出系统最优的安排,在用户可以接受的前提下,全面规划、合理计划进行配送。

这种方式不但可满足不同用户的基本要求,又能有效地进行分货、配货、配载、选择运输方式、选择运输路线、合理安排送达数量和送达时间。这种对多家用户的配送,可充分发挥科学、周密计划的优势,实行起来较为复杂,但却是共同配送中水平较高的形式。

2. 一辆车的混载配送。这是较为简单易行的共同配送方式,是仅在送货时尽可能安排一个配送车辆上实行多货主货物的混载。这种共同配送方式的优势在于,以一辆送货车代替了以往多货主分别送货或分别自运货物的多辆车,以一辆较大型的且可满载的车辆实施配送,克服了以往多货主、多辆车且多辆车都难以满载的弊病。由于只在订货时实行多货主货物混载而无须全面、周密地计划,所以这种共同配送方式较之前一种更为简单易行。

3. 共同利用资源的方式。在用户集中的地区,且该地区较为拥挤,各个用户单独准备接货场地或货物处置场地有困难的情况下,多用户联合设立配送的共同接收点或货物处置场,这样一来,不仅解决了场地的问题,也大大提高了接货水平,加快了配送车辆运转速度。而且,集中接货点可以集中处置废弃包装材料,又可以多用户集中安排接货人员以减少接货人员数量。

4. 协作配送的方式。在一个城市或一个地区中有数个不同的配送企业时,配送企业可以共同利用配送中心、配送机械等设施,对不同配送企业的用户共同实行配送。

采用这种配送方式,配送企业可选择离用户最近的配送中心,这些配送中心可能并非隶属于本配送企业,而是隶属于另一家配送企业,但由于离用户最近,可降低配送成本。同样,另一企业的某些用户,如果也距离别家配送企业较近的话,也可由别家企业实行配送,这样就形成了一种共同协作实行配送的方式。

第三节 配送模式

一、配送的一般流程及要素

(一)配送功能要素

1. 备货。备货是配送的准备工作或基础工作,备货工作包括筹集货源、订货或购货、

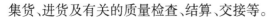

集货、进货及有关的质量检查、结算、交接等。

配送的优势之一,就是可以集中用户的需求进行一定规模的备货。备货是决定配送成败的初期工作,如果备货成本太高,会大大降低配送的效益。

2. 储存。配送中的储存有储备及暂存两种形态。

配送储备是按一定时期的配送经营要求形成的对配送的资源保证。这种类型的储备数量较大,储备结构也较完善,视货源及到货情况,可以有计划地确定周转储备及保险储备的结构及数量。配送的储备保证有时在配送中心附近单独设库解决。

另一种储存形态是暂存,是在具体执行日配送时,按分拣配货的要求,在理货场地所做的少量储存准备。由于总体储存效益取决于储存总量,所以,这部分暂存数量只会对工作方便与否造成影响,而不会影响储存的总效益,因而在数量控制上并不严格。

还有另一种形式的暂存,即分拣、配货之后形成的发送货载的暂存,这个暂存主要是调节配货与送货的节奏,暂存时间不长。

3. 分拣及配货。分拣及配货是配送不同于其他物流形式的有特点的功能要素,也是配送成功的一项重要支持性工作。分拣及配货是完善送货、支持送货的准备性工作,是不同配送企业在送货时进行竞争和提高自身经济效益采取的必然手段,所以,也可以说是送货向高级形式发展的必然要求。有了分拣及配货就会大大提高送货服务水平,所以,分拣及配货是决定整个配送系统水平的关键要素。

4. 配装。在单个用户配送数量不能达到车辆的有效载运负荷时,就存在如何集中不同用户的配送货物,进行搭配装载以充分利用运能、运力的问题,这就需要配装。

与一般送货的不同之处在于,通过配装送货可以大大提高送货水平及降低送货成本,所以,配装也是配送系统中有现代特点的功能要素,也是现代配送不同于以往送货的重要区别之处。

5. 配送运输。配送运输属于运输中的支线运输、末端运输领域,它与一般运输形态的主要区别在于:配送运输是较短距离、较小规模、频度较高的运输形式,一般使用汽车作为运输工具。

配送运输与干线运输的另一个区别是,配送运输的路线选择问题是一般干线运输所没有的,干线运输的干线是唯一的运输线,而配送运输由于配送用户多,一般城市交通路线又较复杂,如何组合成最佳路线,如何使配装和路线有效搭配等,是配送运输的关键,也是难度较大的工作。

6. 送达服务。将配好的货运送达用户还不算配送工作的完结,这是因为送达货和用户接货往往还会出现不协调,致使配送前功尽弃。因此,要圆满地实现运到之货的移交,并有效地、方便地处理相关手续并完成结算,还应讲究卸货地点、卸货方式等。送达服务也是配送独具的特点。

7. 配送加工。配送加工是流通加工的一种。在配送中,配送加工这一功能要素不具有普遍性,但是具有重要作用的功能要素。其主要原因是通过配送加工,可以支持有效的配送并且大大提高用户的满意程度。

（二）配送的一般流程

配送的一般流程如图22－1所示，但并不是所有的配送者均按下述流程进行配送。

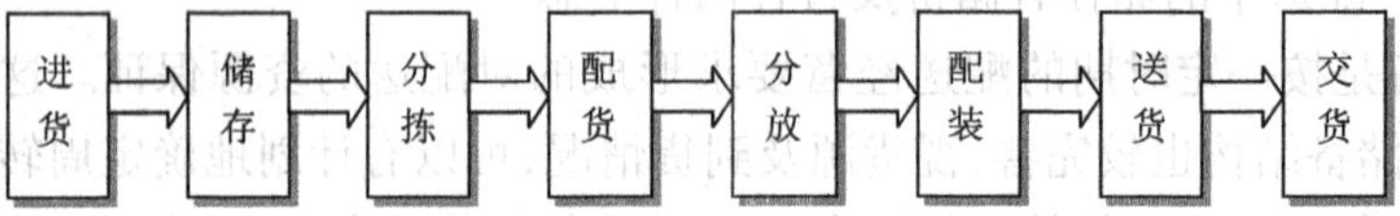

图22－1　配送一般流程

不同产品的配送可能有独特之处，如燃料油配送就不存在配货、分放、配装工序，水泥及木材配送又多出了一些流通加工的过程，而流通加工又可能在不同环节出现，其可能出现在储存环节，也可能出现在备货环节。

二、配送模式

配送模式的确定是根据配送对象的性质及状态、配送工作流程、配送工艺装备等因素而定的，相同、相近的就归纳成一种类型的模式。各模式都有各自比较特殊的流程、装备、工作方法等。

根据上述标准，主要的配送模式有以下10类。

（一）中、小件杂货的配送模式

1. 配送的产品。各种包装形态及非包装形态的、能够混存混装的产品，主要是种类、品种、规格复杂多样的中、小件产品。主要有：

（1）百货。个体较小，但能成组组合，可包装成组合数量大的和组合数量小的大小不同的包装以适应用户的要求。

（2）小机电产品。可通过包装形成外形划一的包装品。

（3）仪表、电工产品。可借助包装形成确定外形尺寸的包装品。

（4）工具轴承、五金件、标准件。

（5）无腐蚀、污染的化工、建材包装品。

（6）书籍、杂志等印刷品及办公用品。

（7）其他杂货。

中、小件杂货这一类产品的共同特点是，可以通过外包装改变组合数量；可以以内包装直接放入配送箱、盘等工具中；由于有确定包装，可以混载到车辆上、托盘上；产品个体尺寸都不大，可以大量存放于单元货格式的现代仓库之中。

2. 配送工艺。中、小件杂货的配送工艺全过程基本符合标准流程，没有或很少有流通加工的环节。其流程的重要特点是分拣、配货、配装的难度较大，也可以说这三项操作是这一工艺中的独特之处。这和这一类产品品种、规格多而需求则是多品种、少批量有关，每个用户需求种类多而单种数量少，配送又很频繁，这就必然要求有较复杂的理货、配货及配装工作。

3. 配送方式。中、小件杂货这一类产品主要适用于多用户的多品种、少批量、多批次的配送，需求的计划性不太强，往往需要根据临时的订货协议组织配送，所以配送用户、配送量、配送路线都难以稳定下来，甚至每日的配送都要对配装、路线做出选择。这类产品也经常采用即时配送形式，用户企业依靠强有力的即时配送体制可以实现“零库存”。

（二）金属材料的配送模式

1. 配送的产品。以捆装或裸装为主的，强度高、重量大且基本是以块状、板状及条形为主的产品，较容易进行混装。这主要包括：黑色金属材料、有色金属材料、金属制品以及和金属材料有共同特点的其他产品，如混凝土杆、混凝土管、混凝土桩等。

这一类产品的共同特点是，重量大、尺寸大，少有或根本没有包装，可以露天存放。因此，它们的存放库房、场地及所使用的机械装备都有共同之处。

2. 配送模式。由于黑色金属及有色金属性状差别较大，需进一步划分不同的专业配送模式，本书中以黑色金属为主做配送工艺模式研究。其配送工艺模式如图 22－2 所示。

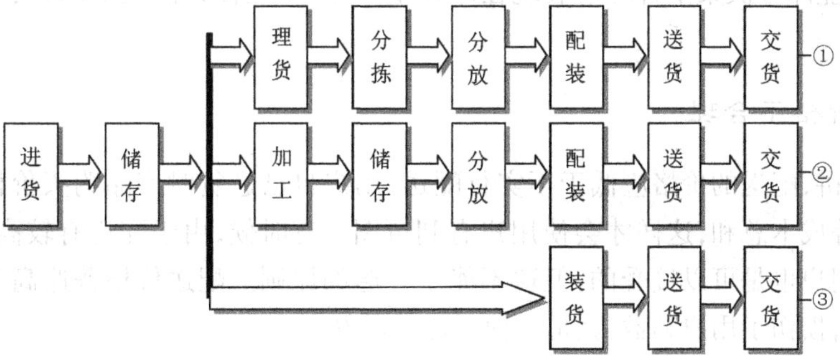

图 22－2 黑色金属配送工艺模式

第四节 配送合理化

一、不合理配送的表现形式

对于配送的合理与否，不能简单论之，也很难有一个绝对的标准。例如，企业效益是衡量配送是否合理的重要标志，但是，在决策时常常必须考虑各个方面的因素，有时要做赔本买卖。所以，配送的决策是全面、综合的决策，在决策时要避免由于不合理配送出现所造成的损失，但有时某些不合理现象是伴生的，要追求大的合理，就可能派生小的不合理。所以，这里只单独论述不合理配送的表现形式，但要防止绝对化。

(一)资源筹措的不合理

配送是利用较大批量筹措资源,通过筹措资源的规模效益来降低资源筹措成本,使配送资源筹措成本低于用户自己的筹措资源成本,从而取得优势。如果不是集中多个用户需要进行批量筹措资源,而仅仅是为某一两户代购代筹,对用户来讲,就不仅不能降低资源筹措费,相反却要多支付一笔配送企业的代筹代办费,因而可能是不合理的。

资源筹措不合理还有其他表现形式,如配送量计划不准、资源筹措过多或过少、在资源筹措时不考虑建立与资源供应者之间长期稳定的供需关系等。

(二)库存决策不合理

配送应当充分利用集中库存总量低于各用户分散库存总量的优势,从而大大节约社会财富,同时降低用户实际平均分摊的库存费用。因此,配送企业必须依靠科学管理来实现一个低总量的库存,否则只是实现库存转移,而未解决库存降低的问题,造成不合理。

配送企业库存决策不合理还表现在库存量不足,不能保证随机需求,失去了应有的市场。

(三)价格不合理

总的来讲,配送的价格应低于不实行配送、用户自己进货时产品购买价格加上自己提货、运输等成本总和,这样才会使用户有利可图。有时候,由于配送有较高服务水平,价格稍高,用户也是可以接受的,但这不能是普遍的原则。配送价格普遍高于用户自己进货的价格,损伤了用户利益,就是一种不合理现象。

价格定得过低,使配送企业在无利或亏损状态下运行,会损伤销售者,也是不合理的。

(四)配送与直达的决策不合理

一般的配送总是增加了中转环节,但是这个环节的增加,可降低用户平均库存水平,因此不但抵消了增加环节的支出,而且还能取得效益。但是如果用户使用批量大,可以直接通过社会物流系统均衡批量进货,较之通过配送中转送货则可能更节约费用,所以,在这种情况下,不直接进货而通过中转配送,就属于不合理范畴。针对这种情况,常常采用“越库配送”的方式,不但使用户满意,而且避免了中转的成本付出,从而也避免了不合理配送。

(五)送货中不合理的运输

配送与用户自提比较,尤其对于多个小用户来讲,可以集中配装一车送达几家用户,这比一家一户自提,可大大节省运力和运费。如果不能利用这一优势,仍然是一户一送,而车辆达不到满载(即时配送过多过频时会出现这种情况),则就属于不合理。

此外,不合理运输的一些表现形式,在配送中都可能出现,会使配送变得不合理。

(六)经营观念的不合理

在配送实施中,往往因经营观念不合理,使配送优势无从发挥,相反却损坏了配送的形象,这是在开展配送时尤其需要注意克服的不合理现象。例如:配送企业利用配送手段,向用户转嫁资金、库存困难;在库存过大时,强迫用户接货,以缓解自己的库存压力;在资金紧张时,长期占用用户的资金;在资源紧张时,将用户委托资源挪做他用获利;等等。

二、配送合理化

(一)配送合理化的判断标志

对于配送合理化与否的判断是配送决策系统的重要内容,目前国内外尚无一定的技术经济指标体系和判断方法,按一般认识,以下若干标志是应当纳入的。

1. 库存标志。库存是判断配送合理与否的重要标志。具体指标有以下两个:

(1)库存总量。库存总量在一个配送系统中,从分散于各个用户转移给配送中心,配送中心库存数量加上各用户在实行配送后库存量之和应低于实行配送前各用户库存量之和。

此外,从各个用户角度判断,各用户在实行配送前与后的库存量的比较,也是判断配送合理与否的标准,某个用户库存量上升而库存量总量下降,也属于一种不合理。

库存总量是一个动态的量,上述比较应当是在一定经营量的前提下,在用户生产有发展之后,库存总量的上升则反映了经营的发展,必须扣除这一因素,才能对库存总量是否下降做出正确判断。

(2)库存周转。由于配送企业的调剂作用,以低库存保持高的供应能力,库存周转一般总是快于原来各企业的库存周转。

此外,从各个用户角度进行判断,对各用户实行配送前与后的库存周转做一比较,也是判断配送合理与否的标志。

为取得共同比较基准,以上库存标志,都以库存储备资金计算,而不以实际物资数量计算。

2. 资金标志。总的来讲,实行配送应有利于资金占用降低及资金运用的科学化。具体判断标志如下:

(1)资金总量。用于资源筹措所占用的流动资金总量,随储备总量的下降及供应方式的改变必然有一个较大的降低。

(2)资金周转。从资金运用来讲,由于整个节奏加快,资金充分发挥作用,同样数量的资金,过去需要较长时期才能满足一定的供应要求,配送之后,在较短时期内就能达此目的。所以资金周转是否加快,是衡量配送合理与否的标志。

(3)资金投向的改变。资金分散投入还是集中投入,是资金调控能力的重要反映。实行配送后,资金必然应当从分散投入改为集中投入,以增加调控作用。

3. 成本和效益标志。总效益、宏观效益、微观效益、资源筹措成本都是判断配送合理与否的重要标志。对于不同的配送方式,可以有不同的判断侧重点。例如,配送企业、用户都是各自独立的、以利润为中心的企业,不但要看配送的总效益,而且还要看对社会的宏观效益及两个企业的微观效益,不顾及任何一方,都必然出现不合理。又例如,如果配送是由用户自己组织的,配送主要强调保证能力和服务性,那么,效益主要从总效益、宏观效益和用户企业的微观效益来判断,不必过多顾及配送企业的微观效益。

由于总效益及宏观效益难以计量,在实际判断时,常以完成国家税收及配送企业及用户的微观效益来判断。

对于配送企业而言(在投入确定的情况下),企业利润反映配送合理化程度。

对于用户企业而言,在保证供应水平或提高供应水平(产出一定)的前提下,供应成本的降低,反映了配送的合理化程度。

成本及效益对合理化的衡量,还可以具体到储存、运输等具体配送环节,以使判断更为精细。

4. 供应保证标志。实行配送,各用户的最大担心是害怕供应保证程度降低,这是个心态问题,也是承担风险的实际问题。

配送的重要一点是必须提高而不是降低对用户的供应保证能力,才算实现了合理。供应保证能力可以从以下方面判断:

(1)缺货次数。实行配送后,对各用户来讲,该到货而未到货以致影响用户生产及经营的次数,必须下降才算合理。

(2)配送企业集中库存量。对每一个用户来讲,其数量所形成的保证供应能力高于配送前单个企业保证程度,从供应保证来看才算合理。

(3)即时配送的能力及速度。即时配送是用户出现特殊情况的特殊供应保障方式,这一能力及速度必须高于未实行配送前紧急进货能力及速度才算合理。

特别需要强调一点,配送企业的供应保障能力,是一个科学、合理的概念,而不是无限的概念。具体来讲,如果供应保障能力过高,超过了实际的需要,则属于不合理。所以,追求供应保障能力的合理化也是有限度的。

5. 社会运力节约标志。末端运输是目前运能、运力使用不合理,浪费较大的领域,也是造成城市交通混乱的一个原因,因而人们寄希望于配送来解决这个问题。这也成了配送合理化的重要标志。

运力使用的合理化是依靠送货运力的规划和整个配送系统的合理流程及与社会运输系统合理衔接实现的。送货运力的规划是任何配送中心都需要花力气解决的问题,而其他问题有赖于配送及物流系统的合理化,判断起来比较复杂。可以简化判断如下:

(1)社会车辆总数减少,而承运量增加为合理。

(2)社会车辆空驶减少为合理。

(3)一家一户自提自运减少,社会化运输增加为合理。

6. 用户企业仓库、供应、进货人力、物力节约标志。配送的重要观念是以配送代劳用户。因此,实行配送后,各用户库存量、仓库面积、仓库管理人员减少为合理;用于订货、接货、搞供应的人减少为合理。真正解除了用户的后顾之忧,配送的合理化就可以说是高水平了。

7. 物流合理化标志。配送必须有利于物流合理,这可以从以下几方面判断;是否降低了物流费用;是否减少了物流损失;是否加快了物流速度;是否发挥了各种物流方式的最优效果;是否有效衔接了干线运输和末端运输;是否不增加实际的物流中转次数;是否采用了先进的技术手段。

物流合理化的问题是配送要解决的大问题,也是衡量配送本身的重要标志。

(二)配送合理化可采取的做法

国内外推行配送合理化,有一些可供借鉴的办法,简介如下:

1. 推行一定综合程度的专业化配送。通过采用专业设备、设施及操作程序,取得较好的配送效果,并降低配送过分综合化的复杂程度及难度,从而追求配送合理化。

2. 推行加工配送。将加工和配送结合,充分利用本来应有的这次中转,而不增加新的中转求得配送合理化。同时,加工借助于配送,加工目的更明确,用户联系更紧密,更避免了盲目性。这两者有机结合,投入不增加太多却可追求两个优势、两个效益,是促进配送合理化的重要经验。

3. 推行共同配送。通过共同配送,可以共用资源,从而发挥资源的最大能力,以最小的资源消耗、最低的配送成本完成配送,从而追求合理化。

4. 实行送取结合。配送企业与用户建立稳定、密切的协作关系,配送企业不仅成了用户的供应代理人,而且承担用户储存据点,甚至成为产品代销人。在配送时,将用户所需的物资送到,再将该用户生产的产品用同一车运回,这种产品也成了配送中心的配送产品之一,或者作为代存代储,免去了生产企业库存包袱。这种送取结合,使运力充分利用,也使配送企业功能有更大的发挥,从而追求合理化。

5. 推行准时配送。准时配送是配送合理化的重要内容。配送做到了准时,用户才有资源把握,可以放心地实施低库存或零库存,可以有效地安排接货的人力、物力,以追求最高效率的工作。另外,保证供应能力,也取决于准时供应。从国外的经验看,准时供应配送系统是现在许多配送企业追求配送合理化的重要手段。

6. 推行即时配送。即时配送是一种应急的手段,可以解决用户企业担心断供之忧,是大幅度提高供应保证能力的重要手段。即时配送是配送企业快速反应能力的具体化,是配送企业能力的体现。

即时配送成本较高,如果计划配送能够达到目的,就无须依赖于即时配送,但它是整个配送合理化的重要保证手段。此外,用户若实行零库存,即时配送也是重要保证手段。

第五节 配送中心

一、配送中心的概念

(一)配送中心的一般概念

配送中心是以组织配送性销售或供应,执行实物配送为主要职能的流通型结点。配送中心为了能更好地做送货的编组准备,必然需要做零星集货、批量进货等种种资源搜集工作和对货物的分拣、整理、配备等工作,因此,配送中心也负有集货中心、分货中心的职能。

为了更有效、更高水平地完成配送,配送中心还应具有比较强的流通加工能力。此外,配送中心还具有货物配备后的送达到户的使命,这是和分货中心只管分货不管运达的重要不同之处。由此可见,如果说集货中心、分货中心、加工中心的职能还是较为单一的话,那么,配送中心功能则较全面、完整,也可以说,配送中心实际上是集货中心、分货中心、加工中心功能之综合,并有了配与送的更高水平。

配送中心作为多种物流中心中的一种主要形式,有时便和物流中心等同起来了。

配送中心的形成和发展是有其历史原因的,日本经济新闻社《输送的知识》一书,将此说成是物流系统化和大规模化的必然结果。现代社会,由于用户在货物处理的内容上、在时间上和服务水平上都提出了更高的要求,为了顺利地满足用户的这些要求,就必须引进先进的分拣设施和配送设施,否则就建立不了正确、迅速、安全、廉价的作业体制。因此,在运输业界,大部分企业都建造了正式的配送中心。

可见,配送中心的建设是基于物流合理化和发展市场两个需要,这是应当引起我们重视的。

配送中心是物流领域中社会分工、专业分工进一步细化之后产生的。在新配送中心没有建立起来之前,配送中心现在承担的有些职能是在转运型结点中完成的,以后一部分这类中心向纯粹的转运站发展以衔接不同的运输方式和不同规模的运输;另外一部分则增强了"送"的职能,而后又向更高级的"配"的方向发展。

配送中心的产生与城市现代化以及商业现代化也有很重要的关系。配送中心是物流系统中一种现代化的物流结点,尤其在城市物流领域,配送中心对于实行城市和区域范围的配送,优化城市、区域范围的物流系统起到很大的作用。

在连锁商业和连锁服务业领域,配送中心已经成为这个商业系统的有机结构的一部分,商业的发展在很大程度上也依托于配送中心的建设。

(二)配送中心的定义

1. 标准的定义。我国国家标准《物流术语》对配送中心有一个定义性的解释:“从事配送业务的物流场所和处所,应基本符合下列要求:①主要为特定的用户服务;②配送功能健全;③完善的信息网络;④辐射范围小;⑤多品种、小批量;⑥以配送为主,储存为辅。”

2. 可参考的其他定义。除中国的国家标准之外,许多文献上对配送中心都有各自的解释,但是重点各有不同,多少反映了不同领域、不同研究人员对现代物流关注的焦点和理解上的差异。这里列举一二。

(1)有人从配送中心流程的直观过程给予定义:“接受并处理末端用户的订货信息,对上游运来的多品种货物进行分拣,根据用户订货要求进行拣选、加工、组配等作业,并有进行送货的设施和机构。”

(2)《物流手册》对配送中心的定义:“配送中心是从供应者手中接受多种大量的货物,进行倒装、分类、保管、流通加工和情报处理等作业,然后按照众多需要者的订货要求备齐货物,以令人满意的服务水平进行配送的设施。”

(3)日本的一本辞书——《市场用语词典》对配送中心的解释:“是一种物流结点,它不以贮藏仓库的这种单一的形式出现,而是发挥配送职能的流通仓库。也称做基地、据点或流通中心。配送中心的目的是降低运输成本、减少销售机会的损失,为此建立设施、设备并开展经营、管理工作。”

3. 本书的定义。《新编现代物流学》第一版关于配送中心的定义是:“配送中心是从事货物配备(集货、加工、分货、拣选、配货)和组织对用户的送货,以高水平实现销售或供应的现代流通设施。”本次修订版,笔者仍然采用这个定义,其原因在于,这个定义表达了配送中心几个不可忽视的带有特点的问题,表达了以下几个要点:

(1)明确提出,配送中心的“货物配备”工作是其主要的、独特的工作。在许多关于配送中心的定义和解释中,忽视强调配货的工作,没有体现出配送中心与承担向用户送货的其他物流设施的区别。

(2)送货也是配送中心的主要工作。配送中心有的是完全承担送货,有的是利用社会运输企业完成送货,所以,对于送货而言,配送中心主要是组织者而不一定是承担者。

(3)定义中强调了配送活动和销售或供应等经营活动的结合是经营的一种手段,以此排除了这是单纯的物流活动的看法。

(4)定义中强调了配送中心的“现代流通设施”,着意于与以前的诸如商场、贸易中心、仓库等流通设施的区别。这个流通设施以现代装备和工艺为基础,不但处理商流而且处理物流,是兼有商流、物流全功能的流通设施。

(三)配送中心的种类

配送中心有以下几种主要类别:

1. 按照配送中心承担的流通职能,其主要有两种:

(1)供应型配送中心。它是执行供应的职能,专门为某个或某些用户(如连锁店)组织供应的配送中心。例如,为大型连锁超级市场组织供应的配送中心;代替零件加工厂送货的零件配送中心,使零件加工厂对装配厂的供应合理化。供应型配送中心的主要特点是,配送的用户有限并且稳定,用户的配送要求范围也比较确定,属于企业型用户。因此,配送中心集中库存的品种比较固定,配送中心的进货渠道也比较稳定,同时,可以采用效率比较高的分货式工艺进行配货工作。

(2)销售型配送中心。它是执行销售的职能,以销售经营为目的,以配送为手段的配送中心。销售配送中心大体有两种类型:一种是生产企业为了将本身产品直接销售给消费者,因而在远离生产企业的地区,建立组织这种销售的配送中心;另一种是流通企业本身经营的一种方式,建立配送中心以扩大销售经营,我国在20世纪90年代初期推行配送方式时,筹划建立的配送中心大多属于这种类型,这种类型的配送中心在国外的例证也很多。

销售型配送中心的用户一般是不确定的,而且用户的数量很大,每一个用户购买的数量又较少,其用户属于消费者型用户。这种配送中心很难像供应型配送中心一样实行计划配送,因此,计划性较差。

销售型配送中心集中库存的库存结构也比较复杂,一般采用拣选式配送工艺。销售型配送中心往往采用共同配送方法才能够取得比较好的经营效果。

2. 按照配送领域的广泛程度,可以将配送中心分成两种:

(1)城市配送中心。它是以城市范围为配送范围的配送中心。由于城市范围一般处于汽车运输的经济里程范围之中,这种配送中心可直接配送到最终用户,且采用汽车进行配送。所以,这种配送中心往往和零售经营相结合,由于运距短,反应能力强,因而从事多品种、少批量、多用户的配送较有优势。

城市配送中心一般采用“日配”方式,在网络经济时代,为了配合和执行电子商务的配送,也有的采取“时配”方式。我国在20世纪90年代中后期,在城市中建立的电子商务网站,有不少就是属于“时配”。

(2)区域配送中心。它是以较强的辐射能力和库存准备,向区域范围这样的大范围的用户配送的配送中心。这种配送中心配送规模较大,一般而言,用户也较“大”,一般不是个人用户而是商业、工业企业用户。其配送批量也较大,而且,往往是配送给下一级的城市配送中心和大型商业企业;也配送给营业所、商店、批发商和企业用户,虽然也从事零星的配送,但不是主体形式。

一般而言,区域型配送中心的区域范围是有限的,往往是采用“日配”和“隔日配”可以覆盖的地区。如果地域范围太广阔,往往建立物流中心来衔接城市配送中心,进行分层次的分销和配送,而不由一个配送中心做更大范围的覆盖。

3. 按照配送中心的内部特性,可以将其分成以下三种类型:

(1)储存型配送中心。它是有很强储存功能的配送中心。一般来讲,在买方市场下,企业的产品销售需要有较大库存支持,其配送中心可能有较强储存功能;在卖方市场下,企业所需要的原材料、零部件供应需要有较大库存支持,这种供应配送中心也就需要有较强的储存功能。大范围配送的配送中心,需要有较大库存,也可能是储存型配送中心。

我国在20世纪90年代初期开始推行配送时所建的一些配送中心,都采用集中库存形式,库存量较大,多为储存型。

瑞士GIBA—GEIGY公司的配送中心拥有规模居于世界前列的储存库,可储存4万个托盘;美国赫马克配送中心拥有一个有163 000个货位的储存区,可见存储能力之强。

(2)流通型配送中心。它是基本上没有长期储存功能,仅以暂存或随进随出方式进行配货、送货的配送中心。这种配送中心的典型作业方式是,大量货物整进并按一定批量零出,采用大型分货机,进货时货物可以直接进入分货机传送带,分送到各用户货位,甚至可以直接分货到配送汽车上,货物在配送中心仅做少许停滞。

(3)加工配送中心。它是具有较强加工职能,根据用户的需要或者市场竞争的需要,对配送物进行加工之后进行配送的配送中心。在这种配送中心内,有分装、包装、初级加工、集中下料、组装产品等加工活动。

世界著名连锁饮食服务店——肯德基和麦当劳的配送中心,就是属于这种类型的配送中心。在工业、建筑领域,商品混凝土搅拌站这种类型的配送中心也是属于加工配送中心。

二、配送中心规划

在现代物流系统中,配送中心是一个比较大的建设项目,在经过大量投资的建设完成之后,才涉及经营和运作的问题。配送中心是物流经营活动所依托的生产力,这种生产力的建设是否符合经营的需要,是否能够满足服务方面、成本方面限定的要求,是否有适用的技术和满足要求的先进水平,在很大程度上依托于配送中心本体的建设。在这个基础上才是整个物流系统的运作问题。

一个大投资规模的项目建设,必须按照基本建设程序的要求,首先需要有可行性研究,需要有规划。这里研究配送中心规划的几个主要问题。

(一)配送中心的职能

不言而喻,配送中心的主要职能,是配送系统的组织和经营。但是,物流市场上的用户情况千差万别,而且有各自的经营理念和经营方法,配送系统必须满足和支持这些个性化的需求。配送中心必须以不同的服务方式来支持整个配送服务。由此,配送中心在发展其主体职能的同时,必须有能够进行个性化服务的其他职能。

根据物流市场的要求和配送系统建设的要求,首先对配送中心的职能进行规划是必须进行的工作。

1. 储存职能。配送是依靠集中库存来实现对多个用户服务的,所以储存职能必不可少,因而是有重要的支撑配送作用的职能。

2. 分拣、理货职能。为了将多种物资向多个用户按不同要求、种类、规格、数量进行配送,配送中心必须进行有效的分拣,并能在分拣基础上按配送计划进行理货。这是配送中心的核心职能。

3. 配货、分放职能。将各用户所需的多种货物,在配送中心有效地组合在一起,形成向用户方便发送的货载。这也是配送中心的重要职能。

4. 倒装、分装职能。不同规模的货载在配送中心应能高效地分解及组合,按用户要求形成新的组合或新的装运形态。这是配送中心重要的职能。

5. 装卸搬运职能。配送中心进行进货、理货、装货、加工都需要辅之以装卸搬运。有效的装卸会大大提高配送效率和中心的服务水平。所以装卸搬运是配送中心的基础工作,是一项基础职能。

6. 加工职能。多数配送中心都要进行不同程度的加工活动,加工活动在有的配送中心是关键活动。加工职能能够有效地提高配送服务水平。

7. 送货职能。送货的起点是配送中心,配送中心的工作可以说对送货起决定作用,送货的指挥与管理也是在配送中心之中实现的。所以,送货是最终实现配送中心作用的职能。

8. 情报职能。配送中心在干线物流与末端物流之间起衔接作用,这种衔接不但靠实物的配送,也靠情报信息的衔接。配送中心的情报活动也是全物流系统中重要的一环。

(二)配送中心的流程

配送中心流程规划的根本点是,顺畅、高效地实现配送中心的职能,完成"配"和货物准备的工作。

1. 配送中心的一般流程。配送中心的种类很多,因此其内部的结构和运作方式也不相同,一般来讲,中、小件品种规格复杂的货物,具有典型意义,所以配送中心的一般流程是以中、小件杂货配送流程为代表。这种配送中心应当满足的要求是:由于货种多,为保证配送,需要有一定的储存量,属于有储存功能的配送中心。理货、分类、配货、配装的功能要求较强,但一般来讲,很少有流通加工的功能。配送中心的一般流程如图 22-3 所示。

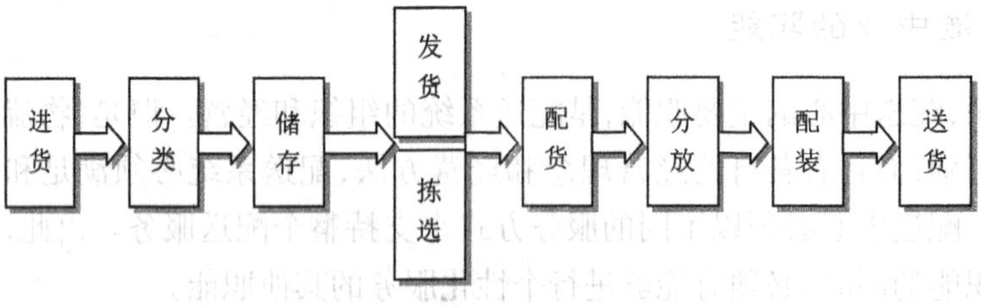

图 22-3 配送中心的一般流程

在实际应用中,固体化工产品、小型机电产品、电子元器件、水暖卫生装饰材料、百货及没有保质期要求的食品配送中心等也采取这种流程。

这种流程也可以说是配送中心应用比较多的流程,其结构和布局的主要特点是:有较大的储存场所和分货、拣选、配货场所以及较强的装备。

图 22-4 是典型的带有储存仓库的一般配送中心结构全图。

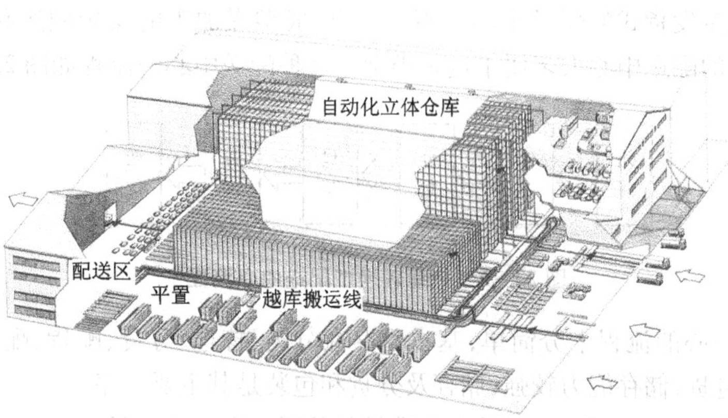

图 22－4 典型的带有储存仓库的一般配送中心结构

2. 不带储存库的配送中心流程。有的配送中心专以配送为职能，而将储存场所，尤其是大量储存场所转移到配送中心之外的其他地点，专门设置补货型的储存中心，配送中心中则只有为一时配送备货的暂存，而无大量储存。暂存设在配货场地中，在配送中心不单设储存区。

这种配送中心和第一种类型配送中心的流程大致相同，主要工序及主要场所都用于理货、配货。区别只在于大量的储存在配送中心外部而不在配送中心之中。

这种类型的配送中心，由于没有集中储存的仓库，占地面积比较小，也可以省却仓库、现代货架等设施和设备的巨额投资。至于补货仓库，可以采取外包的形式，采用协作的方法解决，也可以自建补货中心。在实际运作时，若干个配送中心可以联合，在若干配送中心的基础上，又共同建设一个更大规模集中储存型补货中心。在当地信息平台比较完善、信息资源丰富、市场比较发达的条件下，还可以采取虚拟库存的办法来解决。

3. 加工配送中心流程。加工配送中心也有各种模式，随加工方式不同，配送中心的流程会有相当大的区别。典型的加工配送型配送中心流程如图 22－5 所示。

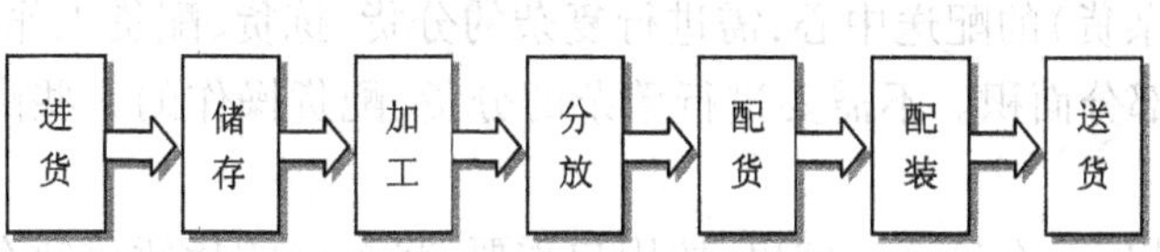

图 22－5 典型的加工配送型配送中心流程

加工配送中心流程的特点各异。以平板玻璃的加工配送中心为例，进货是大批量、单(少)品种的产品，因而分类的工作不重或基本上无须分类存放。储存后进行流通加工。与生产企业按标准、系列进行生产加工不同，平板玻璃流通加工是按用户十分具体的要求进行的，因此，加工后产品便直接按用户分放、配货。所以，这种类型的配送中心有时不单设分货、配货或拣选环节。配送中心中加工部分及加工后分放部分占较多位置。

4. 批量转换型配送中心流程。批量转移型配送中心是批量大、品种较单一产品进货,转换成小批量发货式的配送中心。不经配煤、成型煤加工的煤炭配送和不经加工的水泥、油料配送的配送中心大多属于这种类型。这种配送中心的流程如图 22 - 6 所示。

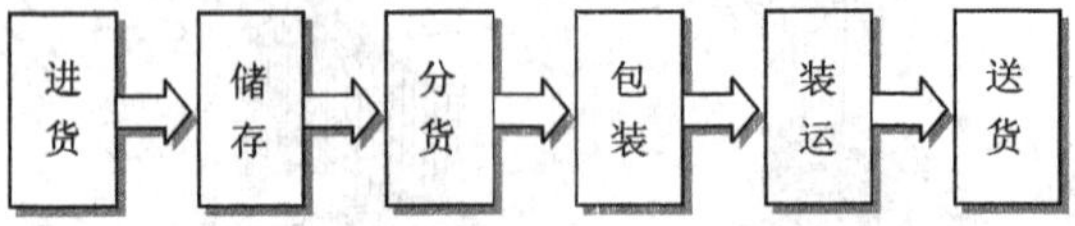

图 22 - 6　批量转换型配送中心流程

这种配送中心的流程十分简单,基本不存在分类、拣选、分货、配货、配装等工序,但是由于是大量进货,储存能力较强,储存及分货和包装是其主要工序。

上述四种配送中心流程,可以基本上满足各种配送模式的需要。

(三)配送中心的内部布局

为了实现配送中心的流程规划和设计,需要对配送中心内部设备、设施的相对位置进行布局和规划。配送中心虽然是在一般中转仓库基础上演化和发展起来的,但配送中心内部结构和布局与一般仓库有较大的不同。一般配送中心的内部工作区域结构配置如下:

1. 接货区。在这个区域里完成接货及入库前的工作,如接货卸货、清点、检验、分类、入库准备等。接货区的设施主要是:进货铁路或公路、车辆停靠卸货站台以及暂存验收检查区域。

2. 储存区。在这个区域里储存或分类储存所进的物资。由于这是个静态区域,进货要在这个区域中有一定时间的放置,所以,与不断进出的接货区比较,这个区域所占的面积较大。在许多配送中心中,这个区域往往占总面积的一半左右。对某些特殊配送中心(如水泥、煤炭配送中心),这一部分在中心总面积中占一半以上。

3. 理货、备货区。在这个区域里进行分货、拣货、配货作业,以为送货做准备。这个区域面积随不同的配货中心而有较大的变化。例如,对多用户的多品种、少批量、多批次配送(如中、小件杂货)的配送中心,需进行复杂的分货、拣货、配货工作,所以,这部分占配送中心很大一部分面积。不需要进行繁杂的分货、配货操作的一些配送中心,这部分区域的面积不大。

4. 分放、配装区。在这个区域里,按用户需要,将配好的货暂放暂存等待外运,或根据每个用户的货堆状况决定配车方式、配装方式,然后直接装车或运到发货站台装车。在这个区域,已经配货完成等待送货的货物是暂存性质,放置的时间短、暂存周转快。这个区域单位面积有比较大的货物处理能力,所以所占面积相对较小。

5. 外运发货区。在这个区域将准备好的货装入外运车辆发出。外运发货区结构和接货区类似,有站台、外运线路等设施。很多情况下,外运发货区和分放配装区还是一体的,在有效的组织安排下,不同的时间分别执行两个不同的操作。

6. 加工区。有许多类型的配送中心还设置配送加工区域,在这个区域进行分装、包装、切裁、下料、混配等各种类型的流通加工。由于进行流通加工需要安装相应的装置、设备,同时还需要有加工的场地,所以,一般而言,加工区在配送中心所占面积较大,但设施及装置随加工种类不同而有所区别。

7. 管理指挥区（办公区）。这个区域可以集中规划在配送中心某一位置，有时也可以分散设置于各个不同区域中。主要有营业及事务处理场所、内部指挥管理场所、信息场所等。

图 22－7 是配送中心各工作区域结构的示意。图 22－8 为配送中心各个不同功能区分布的实例。

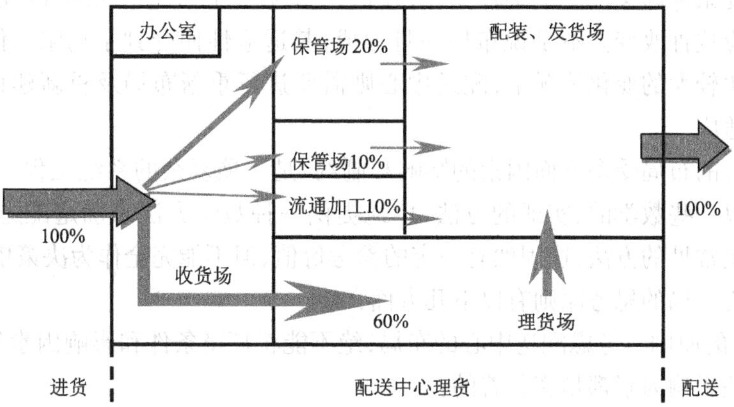

图 22－7 配送中心流程及结构示例

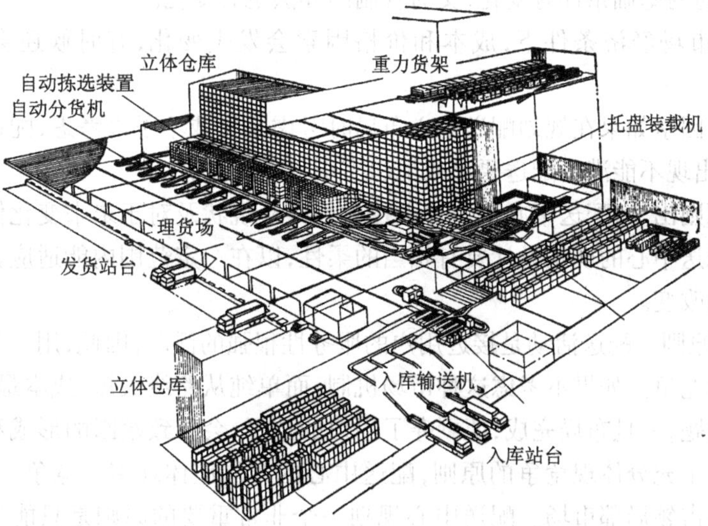

图 22－8 配送中心各功能区规划示意

（四）配送中心的位址选择

1. 配送中心布局原理。现实中的配送中心的分布，对配送中心的经济活动有很大的影响，配送中心一旦建成，就需要利用各种规划的、技术的方法，以较低的成本完成向用户的配送。但是配送中心的分布现状,如果难以和用户进行有效的衔接,配送中心的活动便会受到很大的影响。国内外有不少配送中心、仓库、转运站乃至生产工厂,由于分布不合理导致失败的例子。

为了追求配送中心的合理分布,便需要在它未形成之前做好规划,要根据配送中心的现状和发展的预期进行布局,合理确定配送中心的位置。

由于经济活动是不断发展、不断改变的,有时候,配送中心布局已经形成,但是经济环境这个前提条件却又发生了某种变化,在这种情况下,配送中心必须以改变本身的活动方式来适应这种改变。不是说布局一旦形成,其适应性便受到了局限。但是,在经济环境出现了比较大的变化情况下,配送中心则需要进行重新布局及重新建设,才能够做到对改变的适应。

配送中心的布局受多方面因素的影响和制约,是一项复杂的系统工程。解决这个问题可以辅之以一些数学的、实证的方法,单纯提供一种数学方法来确定配送中心的布局是许多书本上常见的方法,这固然有一定的参考价值,但不能完全作为决策依据。

配送中心布局的思考原则有以下几方面:

(1)动态的原则。考虑配送中心的布局,绝不能将环境条件和影响因素绝对化,配送中心许多有关影响因素都是变化着的:

其一,用户是变化的,用户的需求有变化,潜在用户的数量也有增减变化,用户中选择该配送中心的用户数量也随用户对市场的选择而变化。

其二,交通的基础条件有变化,交通管制的办法也有变化。

其三,在市场经济条件下,成本和价格因素会发生变化,有时候还会产生较大的变化。

这种动态因素如果在规划配送中心布局时考虑不够或不予以考虑,配送中心布局一旦固化,就会出现不能满足配送要求或配送需求不足的情况。

从动态原则出发,配送中心应当建立在详细分析现状及对于未来变化做出预期的基础上,而且,配送中心的规划设计要有相当的柔性,以在一定范围内能适应数量、用户、成本等多方面的改变。

(2)竞争原则。配送活动是接近用户的服务性很强的活动,因此,用户的选择必将引起配送服务的竞争。如果不考虑这种市场机制,而单纯从路线最短、成本最低、速度最快等角度考虑问题,一旦布局完成,便剥夺了用户的选择,会导致垄断的形成和配送服务质量的下降。为了充分体现竞争的原则,配送中心的布局应体现多家竞争。这样,每一家配送中心只能占领局部市场。配送中心规划一个非常重要的原则是只能从局部市场角度来进行规划。

在市场有限的情况下,过多设置和布局配送中心,会导致过度竞争和规模不足,这也是需要重视的。基于竞争的原则,配送中心的布局要充分体现服务性,如果对这方面考虑不足,一旦布局之后,也会由于服务性不够而在竞争中失败。

(3)低运费原则。配送中心必须组织对用户的配送运输,这是配送成本中一个重要的组成部分,因而低运费原则极具重要性。这也是竞争原则在运费方面的具体体现。

由于运费和运距有关,所以低运费原则常常简化成最短运输距离的问题,用各种数学方法求解出配送中心与预计供应点、预计用户之间的最短理论距离或最短实际距离,以作为配送中心布局的参考。

由于运费和运量有关,最短距离的求解并不能表明各供应点及用户的运量,所以,即使求解出最短距离,不等于说掌握了最低运费。因此,最低运费原则又可以用运量(吨或吨公里)来简化表示,也可通过数学方法求解。但是,在市场机制作用下,各个点的数量肯定是变化的,不会像供应点及用户位置那样基本上固定不变,所以这种简化也只作为布局的参考。

(4)交通原则。配送中心的主要活动,一方面在配送中心内部,这有赖于配送中心的设计及工艺装备使这些活动得以优化,对配送中心主体来讲,这是可控的条件;另一方面,配送中心的配送活动区域远在中心之外的一个辐射地区,这一活动则需依赖于外部的交通条件,而且这是配送中心本身不可控的条件,这也是配送中心布局的一个特殊原则。应该说,竞争原则、低运费原则的实现和交通条件关系密切,这些原则都要通过交通条件来实现。

交通原则的贯彻有两方面:一方面是布局时要考虑现有交通条件;另一方面,布局配送中心时,交通作为同时布局的内容,只布局配送中心而不布局交通,有可能会使配送中心的布局失败。

(5)统筹的原则。配送中心的层次、数量、布局是与生产力布局、消费布局等密切相关、互相交织且互相促进制约的。设定一个非常合理的配送中心布局,必须统筹兼顾,全面安排。既要做微观的考虑,又要做宏观的考虑。

2. 配送中心布局的经济论证。配送中心布局及选址问题的经济论证,目前国内外尚未形成有如工业企业建设那样完整的经济论证方法。与工业企业建设比较,配送中心由于没有固定产量的产品,因而其收益很难确知。与一般的商业企业一样,配送中心的收益取决于经营,因而计量性很差。在这种情况下,经济论证的准确程度较差。

但是,配送中心的建设,尤其是大型配送中心的建设需要较大规模的投资,经济论证是必不可少的。

本书认为,配送中心布局及选址的经济论证,有以下几个要点:

(1)投资额的确定。配送中心的主要投资有以下几方面:

第一,预备性投资。配送中心是占地较大的项目,配送中心和仓库的不同之处在于,配送中心应处于与用户接近的最优位置,因此在基本建设主体投资之前,需有征地、拆迁、市政、交通等预备性投资,这是一笔颇大的投资,尤其在一些准黄金地域,这项投资甚至可超过总投资的50%。

第二,直接投资。用于配送中心项目本体的投资有:配送中心各主要建筑物建设费用,配送中心的货架、叉车、分拣设备的购置及安装费用,信息系统的购置安装费,配送中心自有车辆的购置费等。

第三,相关投资。不同地区与基本建设及未来经营活动有关的投资,诸如燃料、水、电、环境保护等的投资,都需要纳入经济性论证之中。在有些地区,相关投资可能很大,如果只考虑直接投资而忽视相关投资,投资的估计可能发生失误。

第四,经营费用。经营费用和配送中心的选址、布局有相当大的关系,也取决于配送产品、配送方式和用户状况。不同的配送中心,规模可能相近,但是其运营费用却可能会有较大的差别,这是在考虑投资规模时所必须重视的。有时候可能出现这样的局面:建设投资虽低,但运营费用高,在投资中如果不考虑运营费用,则投资效果往往会判断不准。

(2)投资效果分析和确定。配送中心的布局及选址必须在准确掌握投资额度之后,确认其投资效果,而且根据确定的投资效果来做最后决策。

投资效果问题,归根结底是对投资收益的估算。前文已提到,配送中心与一般产品生产企业的一个很大的区别,在于它没有一定数量、一定质量、一定价格的产品,因而收益的计量性模糊,灰色因素比例较大。此外,经营活动中,人的因素等不确定因素比例很大,配送中心虽然内部流程已颇似一条生产线,但终究和生产工艺不同,它的稳定性与确定工艺、确定装备的生产工艺相比相差甚远,在准确地进行收益计算上有一定困难。所以,在计算收益以确定投资效果时,可以采用方案比较的办法,在比较中选优,而不是通过数学计算来确定唯一的结果。

这种投资效果的分析方法需要对用户、市场占有率等若干方面做不同层次的估计,分别形成不同方案进行比较,最后确定一个可以接受的方案。

在配送中心有多种选择和多种设计方案时,也需要在方案之间进行比较。就配送中心而言,比较的方法适合于采用价值工程等模糊的方法做出全面权衡。

在特定条件下,布局及选址可以利用线性规划的方法,在诸多可计量的约束条件下,求解目标函数的最大或最小值,以此确定数学上的最优解,进一步做出决策。就配送中心布局和选址而言,往往以总投资限额、总投资最低、运营成本最低或配送运费最低为目标,建立数学模型求解。

三、配送中心的工艺及装备

(一)配送中心的核心工艺

配送的主要功能要素是配货和送货。送货的决策及指挥虽然是在配送中心中完成的,但是,其实施却在配送中心之外,是在物流网络的"线"上实现的。因此,配送的主要功能要素集中在配送中心内实现的,就是为高水平送货所必需的分货、配货等理货工作。这也成了配送中心的核心功能。尤其对当前各国开展配送的主要对象产品——中、小件杂货来讲,这个功能尤为重要。

将配送中心存入的多种类产品,按多个用户的多种订货要求取出,并分放在指定货位,完成各用户的配货要求,这项活动称分拣配货。分拣配货是一项很复杂、工作量很大的活动,尤其是在用户多、所需品种规格多而需求批量又小时,如果需求频度又很高,这就必须在很短时间内完成复杂的分拣配货工作。所以,如何选择分拣配货工艺、如何高效率地完成分拣配货,在某种程度上决定着配送中心的服务质量和经济效益。

所以，尽管在配送中心中还有保管、包装、流通加工等工艺，但那些都不反映配送中心的本质特点，我们将反映配送中心本质特点的分拣配货工艺，包括拣选式工艺和分货式工艺看成是核心工艺。

（二）拣选式工艺

1. 拣选式工艺的概念。拣选式工艺是拣选人员或拣选工具巡回于各个储存点，将所需的物品取出，完成货物配备的工作流程方式。

拣选式工艺是储物货位相对固定，而拣选人员或工具相对于货位进行运动，到达目的地货位面前，按需要取出货物的方式，所以又称“人到货前”式工艺。这种工艺过程类似人们进入果园，在一棵树上摘下熟了的果子后，再转到另一棵树前去摘果。所以又被形象地称之为摘果式或摘取式工艺。

拣选式工艺如图 22－9 所示。

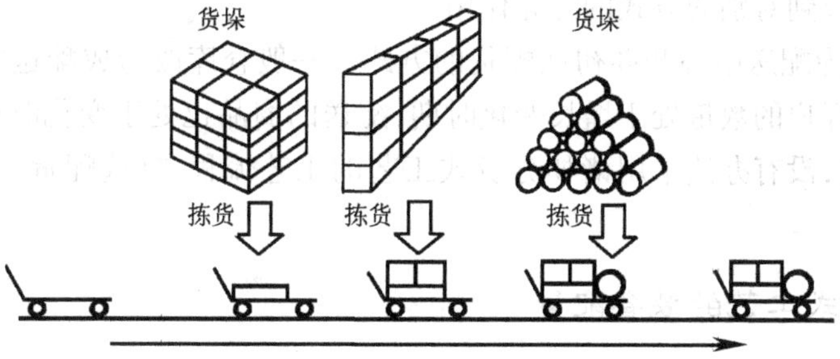

图 22－9 拣选式工艺示意

2. 拣选式工艺的特点。拣选式工艺最基本的方法，是采取按单拣选，一单一拣方式，这与目前仓库出货方式是很类似的。由于采用按单拣选，所以这种配货工艺准确程度较高，不容易发生货差等错误。

这种工艺还有机动灵活的特点，主要表现在：

第一，由于一单一拣，各用户的拣选互相没有牵制，可以根据用户要求调整配货先后次序。

第二，对紧急需求可以采取集中力量快速拣选的方式，有利于配送中心开展即时配送，增强对用户的保险能力。

第三，拣选完一个货单，货物便配齐，因此，货物可不再落地暂存而直接放到配送车辆上，有利于简化工序，提高效率。

第四，这种工艺的灵活性还表现在对机械化没有严格要求，无论配送中心设备数量有多少，设备、设施的水平高还是低，都可以采取这种工艺。

第五，用户数量不受工艺的限制，可在很大范围内波动。这样一来，拣选式工艺在应用上便有很大的弹性，因而也有很强的适用性。

3. 拣选式工艺的适用领域。拣选式工艺在以下几种情况下可以作为当选的工艺：

（1）用户不稳定，波动较大。对于经常发生变化的用户，不能建立相对稳定的用户分货货位,难以建立分货线,在这种情况下,宜于采取灵活机动的拣选式工艺,用户少时或用户很多时都可采取拣选方式。

(2)用户有比较大的需求差异。用户之间的共同需求不是主要的,而需求差异很大,在这种情况下,统计用户的共同需求,将共同需求一次取出再分给各用户的办法,由于共同需求不多而无法采用,在这种情况下,采取拣选方式为好。另外,在有共同需求,但同时又有很多特殊需求的情况下,采取其他配货方式容易出现差错,而采取一票一拣的方式便有利得多。

(3)每个用户都有足够的需求。用户需求的种类太多,就会增加统计和共同取货的难度,采取其他方式配货时间太长,而利用拣选式配货则能克服这个不足。

(4)用户之间需求的时间差比较大。用户配送时间要求不一,有紧急的,也有限定时间的,用拣选式工艺可有效地调整先后拣选配货顺序,满足用户的不同时间需求,尤其对于紧急的即时需求更为有效。即使是在以其他工艺路线为主的情况下,也仍然需要辅以拣选式路线,以起到对别的方式的补充作用。

(5)可以作为配送中心开办初期配货的方式。一般仓库改造成配送中心,或新建配送中心的初期,客户的数量处于增长变化时期,配送的商品也处于变化时期,在还没有进入稳定运行之前,没有办法采用诸如分货式工艺的工艺流程,拣选配货工艺可作为一种过渡性的办法。

(三)拣选式工艺的装备配置

拣选式工艺的装备配置可以有很大的变化。适应不同的用户要求,也取决于业务量大小,配送中心中拣选式工艺可有以下几种形式:

1. 人力拣选。拣选操作由人来进行,由人与货架、集货装备箱、盒、托盘配合完成全部配货工作。在实施时,由拣选人员一次巡回或分段巡回于各货架之间,按单拣货,直至配齐。配好之货再采取共同配送或专户配送方式送达。其工艺如图 22 - 10 所示。

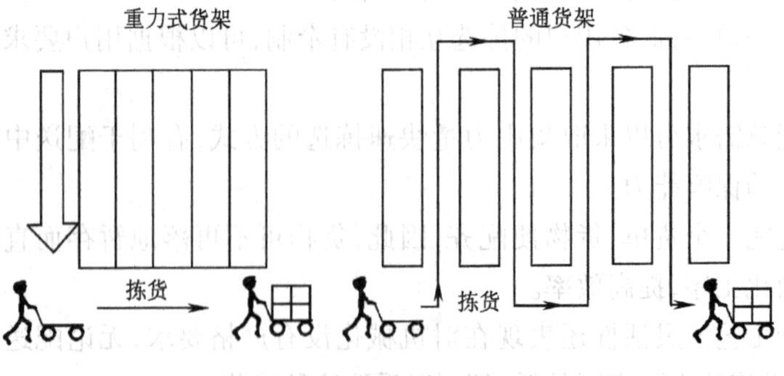

图 22 - 10 人力和人力 + 作业车拣选的两种设备配置

人力拣选可与普通货架配合,也可与拣选式货架配合。从图 22 - 10 可看出,与普通货架配合,拣选路线较长,且货架补充货物的路线与拣选员拣选货物的路线是同一路线,容易发生补货与拣货的冲突混乱;与拣选式货架配合,拣选在一端进行,补货在另一端进行，拣选路线较短，因而能减轻人力的劳动强度，且补货与拣货的操作也没有冲突，计量也比较准确，不容易出现差错。

人力拣选主要适用于在拣选量较少，拣选物的个体重量比较轻，且拣选物体积不大，拣选路线不太长的条件下采用，如化妆品、文具、药品、衣物、小工具、小量需求的五金、日用百货、染料、试剂、书刊等。

2. 人力 + 手推作业车拣选。这种方式是半机械化的拣选方式，拣货员推着没有机动性能的手推作业车，一次巡回或分散巡回于货架之间，按照货单拣货，直至配齐。其工艺与人力拣选工艺类型相同，区别在于：由于借助半机械化的手推作业车，拣货量较大，拣选物个体重量、个体体积都可较大，只要拣货员能用人力搬动即可列入拣选对象。这种方式的拣选范围比仅靠人力进行拣选可以大幅度扩大。由于用手推车，拣货员劳动强度降低、巡回路线可加长。这种拣选工艺虽也可与一般拣选货架相配合，但更适用于普通货架，也可采用大型拣选货架，如重力式流动货架（参见图 22 – 10）。

3. 机动作业车拣选。在这种拣选方式下，车辆或台车载拣选员为一个用户或几个用户拣选，车辆上分装拣选容器，拣选的货直接装入容器，拣选结束后，整个容器卸到货位或直接移到送货车辆上。其工艺如图 22 – 11 所示。

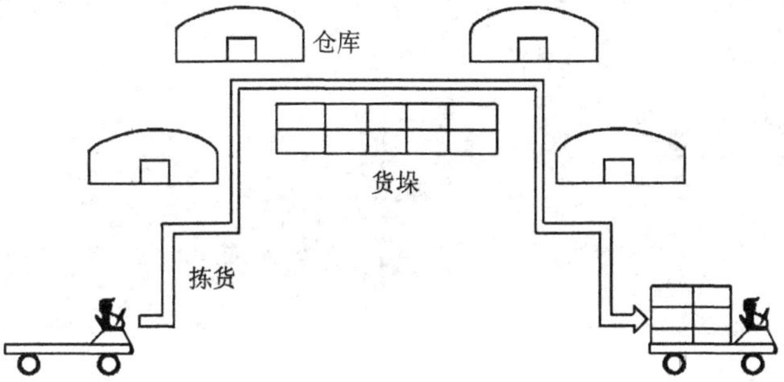

图 22 – 11 机动作业车拣选

这种拣选作业的作业车有时配以装卸工具，作业量更大，且在拣选过程中就进行了货物装箱或装托盘的处理。由于利用机动车，拣选路线更长。

4. 传送带拣选。这种拣选方式是指拣选员固定在各货位面前，不进行巡回拣选，只在附近的几个货位进行拣选操作，在传送带运动过程中，拣选员按指令将货物取出放在传送带上，或置于传送带上的容器中，传送带运动到端点时便配货完毕。如图 22 – 12 和图 22 – 13 所示。

传送带拣选，由于拣货员位置基本固定，可减少巡回之劳动强度，拣货员劳动强度降低，劳动条件较好，且每个拣货员只负责几种货物的拣货，拣货操作熟练，失误较少。适合采取这种拣选方式的前提条件是：货物种类有限，受限于传送带经过的货架数量，所配货种类数受拣选式货架货格的限制。

这种拣选工艺一般适于与拣选式货架配合，传送带位于拣选式低端而补货处在拣选式货架高端。

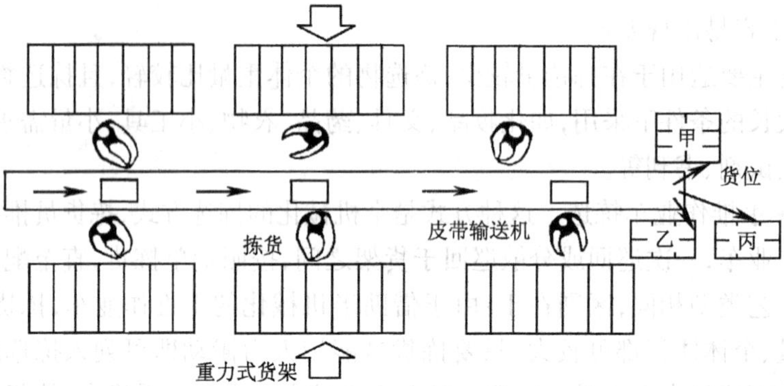

图 22－12 传送带拣选

图 22－13 重力式货架与皮带机拣选线实照

由于采用不同的传送带，拣货量及货物重量也可在一定范围内变化，以人力能够搬移放置为限。最终货体也有的可能超过人力的搬运移动的能力，但采用传动带终端与车辆适当接靠的方式，也可方便地将货体移送至配送车上。

5. 拣选机械拣选。这是指由自动拣货机或由人操作叉车、拣货台车巡回于一般高层货架间进行拣货，或者在高层重力式流动货架一端进行拣货。这种拣货方式一般是在标准货格中取出单元货物，以单元货物为拣货单位，再利用传送带或叉车、台车等装备集货配货，形成更大的集装货载，这种方式也有条件直接将单元货物拣出后发货进行配送。

这种拣选方式的操作，可以由人力随车操作；也可通过计算机，使拣货机械自动寻址，自动取货。利用这种方式拣选货的数量可以很大，货体重量、尺寸可以达到一个集装体，一般是托盘集装货体。

6. 回转式货架拣选。这种拣选方式是拣货员和特殊的回转货架配合进行拣选。具体方法是，拣货员于固定的拣货位置，按用户的配送单操纵回转货架回转，待需要的货位回转至拣货员面前，则将所需的货拣出，或同时将几个用户共同需要的货拣出，再行配货。

这种方式介于拣选方式和分货方式之间，但主要是按单拣选，所以虽然已是"货到人前"但仍归于拣选方式之中。如图 22－14 和图 22－15 所示。

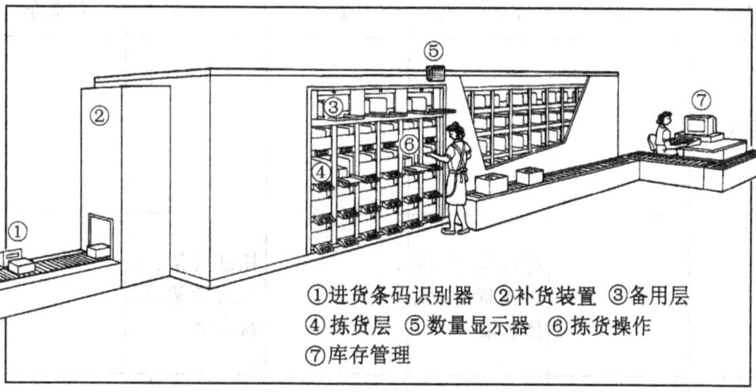

图 22－14　回转货架拣货工艺

图 22－15　垂直回转货架拣选工艺

这种配置方式的拣选适用范围较窄，只适用于回转货架货格中能放入的货物。由于回转货架动力消耗大，一般很少有大型的，所以，只适合于仪表零件、药材、化妆品、药品等小件物的拣选。

现代社会工业产品生产量巨大，生产的种类及品种数不胜数，其中很大一部分的资源配置要经过配送系统。不仅是最终的资源配置要经过配送系统，有时候资源的中间配置过程也要经过配送系统，所以配送系统面临的是一个非常复杂的局面。配送系统的拣选工作，是直接接触实物的工作，很明显，配送系统要处理国民经济中那么多种实物，这就必然要求有相当多的种类的设备来完成这项工作。不同大小的配送物在拣选过程中需要有与之相适应的设备，不同性能、不同状态的配送物对拣选设备更有着特殊的要求。

在配送中心的规划建设和设备选择工作中,恰当地按照配送对象进行设备的选择是一件非常重要的工作。尤其是在工作中遇到的比较多的情况是,需要按照拣选物的大小选择与之适应的设备。表22-2提供了一个参考,各种拣选方式拣选物的大小与采用设备的选择如表22-2所示。

表22-2 拣选物大小与采用设备的选择

货体		与不同拣货方式配合的设备					
拣选前	拣选后	人力	回转货架	传送带	手推车	作业车	拣选机械
托盘	托盘						叉车、举货机、托盘货架、重力式货架
托盘	外包装		托盘货架、重力式货架、立体货架		托盘货架、重力式货架、托盘货垛		
外包装	外包装		多层独立回转货架	多层独立回转货架、普通中型货架、重力式货架、立体货架		多层独立回转货架、普通重力货架、中型货架、立体货架	
外包装	小包装	多层独立回转货架、普通轻型货架、移动式货架、重力式货架、立体式货架	多层独立回转货架	同上	多层独立回转货架、普通轻体货架、移动式货架、重力式货架、立体货架	同左	
小包装	小包装	普通回转货架,其他同上	普通水平回转货架、普通垂直回转货架	普通回转货架、普通轻量货架、重力式货架、立体货架	普通回转货架,其他同上	同左	

(四)分货式工艺

1. 分货式工艺的概念。分货式工艺是分货人员或分货工具从储存点集中取出各个用户共同需要的货物,然后巡回于各用户的货位之间,将这种货物按用户需要量分放下,再集中取出共同需要的第二种,如此反复进行,至用户需要的所有货物都分放完毕,这样就完成了各个用户的配货工作。

这种工艺的特点是:用户的分货位固定,而分货人员或工具携货物相对运动,所以又称为“货到人前”式工艺。形象地说,又类似于一个播种者,一次取出几亩地所需的种子,在地中边巡回边播撒,所以这种工艺又被形象称为播种式或播撒式工艺。

分货式工艺示意图如图 22 - 16 所示。

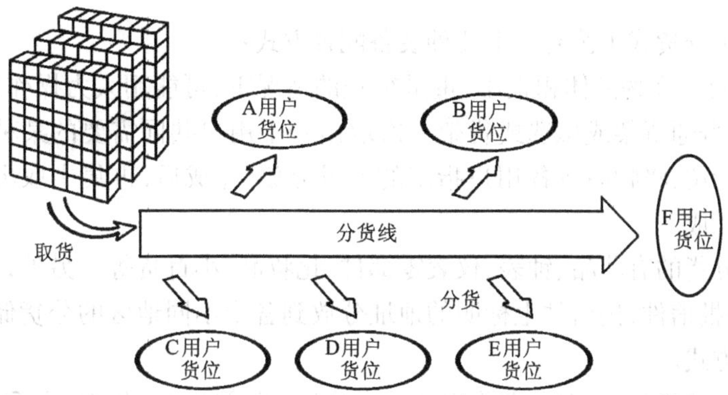

图 22 - 16 分货式配货工艺

2. 分货式工艺的特点。分货式工艺采取集中取出共同需要的货物,再按货物货位分放的方式。采取这种工艺的前提条件是:有多个用户并且有比较大的共同需求。

这种工艺的运作需要在收到若干个用户的配送请求之后,在可以形成共同的批量之后,再对用户的共同需求做出统计,同时要安排好各用户的分货货位,才开始陆续集中取出,进行反复的分货操作。所以,这种工艺难度较高,计划性较强,也容易发生分货的错误。

这种工艺计划性较强,若干用户的需求集中后才能开始分货,直至最后一种共同需要的货物分放完毕,各用户需求的配货工作才同时完成。之后,可同时开始对各用户的配送送达工作,这也有利于车辆的合理调配、合理使用和规划配送路线。

分货式工艺对用户的需求综合考虑,统筹安排,利用规模效益,这是分货式工艺的重要特点。

3. 分货式工艺适用领域。分货式工艺适用以下领域:

(1)用户稳定且用户数量较多,可以建立稳定的分货线,宜于利用其稳定的优势规划和计划分货,在这种情况下可采取分货式工艺。

(2)用户的需求有很强的共同性,需求的差异较小,需求数量有差异但种类相同,在这种情况下,可以统计用户的共同需求,集中取货分放给各用户,这样可以有较高的效率。例如,一个食品配送中心专给几十家宾馆配送,而配送种类又都是烟、酒、饮料、咖啡、小食品、粮食、面包等,采用分货式工艺,比应几十家宾馆的需求一家一家地拣选效率高得多。

(3)用户需求的种类有限,易于统计和不至于使分货时间太长。

(4)在用户配送时间的要求没有严格限制,可以采取计划配送的方法的情况下可采用分货式工艺。

(5)力求提高效率,降低成本,采用分货式工艺较为有利。

(6)专业性强的配送中心,容易形成稳定的用户和需求,货物种类有限,宜于采用分货式工艺。

(五)分货式工艺的装备配置

配送中心中分货式工艺有以下几种装备配置方式:

1. 人力分货。在物品体积很小,重量很轻的情况下,可能用人力操作进行分货。其过程是,人工从普通货架或拣选式货架一次取出若干用户共同需要的某种物品,然后巡回于各用户的货位,将物品按各用户指定的数量分放,完成后,再集中取出第二种,如此反复直至分货完成。

适合人力分货的有药品、钟表、仪表零部件、化妆品、小百货等。另外,人工对信件进行分拣,取出一批信件,按信件上标明的地址分放到各个不同地区的分货储斗内,这种方式也属于分货方式。

为提高人工分货效率,对长期稳定的人力分货,可采取回转货架、小重力式货架等拣选货架,以减少人力取货时的体力消耗。

2. 人力 + 手推作业车分货。采取这种方式,配货员用手推车先至一个存货点将各用户共同需要的某种货物集中取出,利用手推车的机动性可在较大范围巡回分放。这种方式是人工取放与半机械化手推车搬运相结合。存货货架采取普通货架、重力式货架、回转货架或其他人工拣选式货架。所分货物一般是小包装或个装货物。如图 22 – 17 所示。

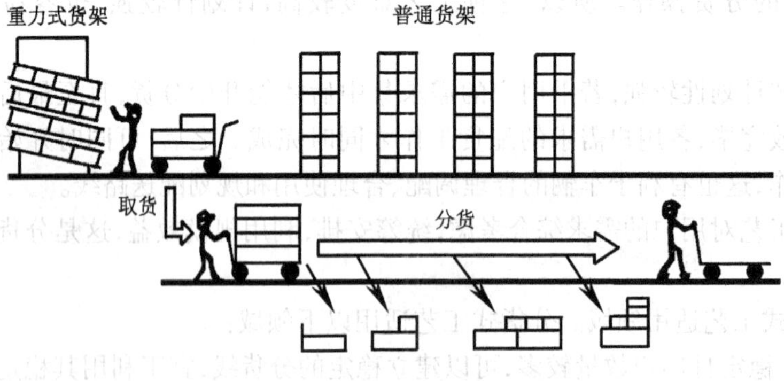

图 22 – 17　人力 + 手推作业车分货

3. 机动作业车分货。用台车、平板作业车可一次取出数量较多、体积和重量较大的货物,有时可借助叉车、巷道起重机一次取出若干单元的货载,然后由配货人员驾驶车辆巡回分放。

在处理人工难以分放的货物时,作业车可选择带起重设备的作业车辆,各用户货位也可设置溜板、小传送带等方便装卸的设备。虽然采用机动作业车进行分货,货物的重量、体积可较大,但是,如果个别用户需要量很大,或所需的某种东西很大、很重,难以集中多个用户需求一次取出,则一般便不再选择分货方式,而采用拣选方式为宜。由于机动车机动性较强,可在取货处大范围巡回取货,因此,取货端可采用一般仓库。

4. 传送带+人力分货。传送带一端和货物储存点相接,传送带主体和传送带另一端分别与各用户的集货点相接。传送带运行过程中,由储存点一端集中取出各用户共需的货物置于传送带上,传送带运行过程中,各配货员从传送带上取下该位置用户所需之货物,反复进行直至配货完毕。

这种方式,传送带的取货端往往选择重力式货架,可设计在较短距离内取出多种货物的工艺,以减少传送带的安装长度。

5. 分货机自动分货。这是分货高技术作业的方式,目前高水平的配送中心一般都有自动分货机作为主要设备,如图22-18所示。

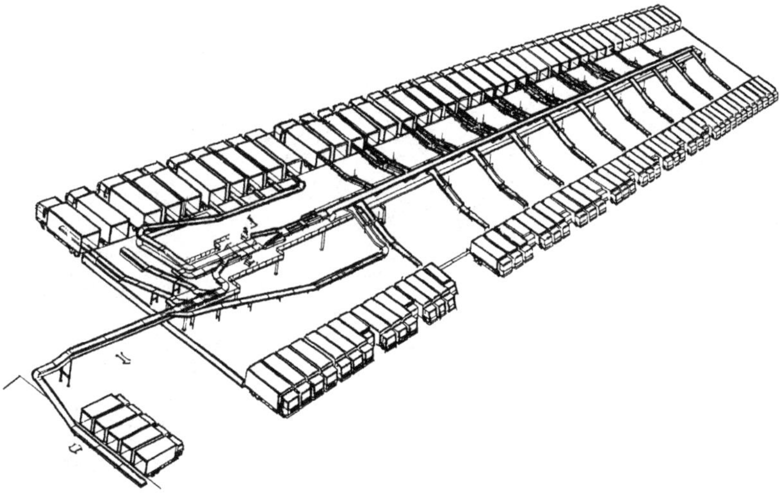

图22-18 分货式工艺的自动化装置

分货机在一端集中取出共需之货,随分货机上传送带的运行,按计算机预先设定的指令,在与分支机构连接处自动打开出口,将货物送入分支机构,分支机构的终点是用户集货货位。有时候配送车辆便停放在分支机构的终端,所分货物直接装入配送车辆,分货完毕随即进行配送。

自动分货机的取货端可有若干种取货方式:

(1)取货端和站台相接,火车、大型汽车进货时,直接靠接站台,卸货至分货机上,不经储存立即完成分货工作。

(2)取货端和储存设施相接,由巷道起重机、叉车、重力式货架所取出的货放置于自动分货机上分货。

(3)取货端和内部搬运作业车相接,由内部作业车开至各个储货点或库房取货,至自动分货机直接卸于取货端分货。

(4)取货端和暂存货场相接,将打算分货的物品事先置于暂放货场,分货时再装于取货端分货。

6. 回转货架分货。回转货架可以看成若干个分货机的组合,当用户不多,物品又适于回转货架储存时,可在回转货架的出货处,边从架中取货,边向几个用户货位分货,直至分货完毕。

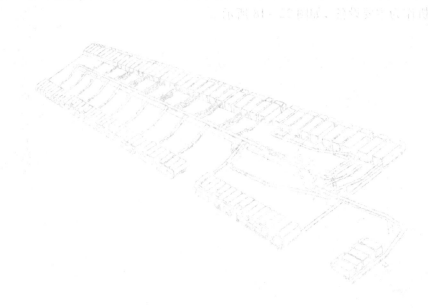

第二十三章

低温物流及冷链

第一节 概 述

一、定义

（一）低温物流

顾名思义，低温物流就是在物流过程中给物流对象物保持低温的环境条件的物流方式。由于物流过程需要很多环节和与很多不同的操作互相衔接，这就给始终如一地保持物流对象物的低温环境造成困难，需要有很多技术上的、管理上的、操作上的措施来解决这个问题。建立系统的低温物流，使物流过程诸多环节和诸多不同的操作始终如一地保持物流对象物的低温环境，这种低温物流系统就是冷链。

（二）冷链

冷链这个词汇是一个非常确切地表现了事物的状况又很容易让人意会的词汇，很美又很有文化色彩。但要对其做出准确的定义反而有一些困难。所以关于冷链的定义有不小的分歧。

对冷链的定义，目前有许多表述，即使是已经由国家标准《物流术语》对冷链作了专门的定义，但是分歧仍然存在。虽然本书作者在专文中也专门提出了自己的看法，但是本书推荐大家采用2006年的国家标准《物流术语》（GB/T18354—2006）的定义："指根据物品特性，为保持其品质而采用的从生产到消费的过程中始终处于低温状态的物流网络。"

这个定义是原则的，有些关键问题需要进一步认识。

第一，冷链是有针对性的，"根据物品特性"是针对那些需要"冷"环境的物品而言，需要有针对性地根据不同物品的特性创造不同的低温状态，而不是广泛采用的物流形式，低温环境需要有投入和消耗，如果广泛采用会造成相当的浪费。

第二,对于“品质”的理解,这应当是广义的理解,不是单单指质量。

第三,对于过程的理解,不仅仅是物流过程,还包括两个终端的端部的运动和操作过程,那是在生产过程之中和消费过程之中。这个问题物流工作者应当特别认识和重视,因为冷链的范畴已经超出了物流的控制范围。国家标准中所指的“始终”包括生产端和消费端。这对于一些特殊的物品尤为重要,例如疫苗等特殊医疗用品,无论是生产、流通还是消费终端都需要冷链保障,要始终处于规定的低温环境下。一旦其中一个环节“断链”,就会有可能导致疫苗失效,最终影响生命安全。不少药品所在的环境温度与药品品质密切相关,能不能按照药品特性予以适当的管理直接关系到药品本身的质量。

第四,对于“物流网络” 的理解。国家标准《物流术语》使用了“物流网络”这个词汇来描述冷链中的“链”,这是非常好的表述,因为这个表述可以防止人们把冷链打造成一条条孤立的链条。在冷链发展的初期和现在的某些领域,冷链确实只是孤立的“链”,但是在现代社会,实际上已经结构成了物流网络。新的冷链的构筑,也应当立于这个基点之上。

二、冷链的出现及发展

冷链起源于19世纪上半叶,是农业社会向工业社会转型时期的一个产物。冬储夏用的冰曾经是长期应用的冷的资源,工业的发展、冷冻机的发明,创造了人工的冷环境,人们意识到了这种人工的冷环境可能带来的变化。1938年,美国冷王公司发明机械制冷机组,从而使“有轮子的冰柜”成为现实。与工业冷冻机相匹配,进一步延伸,能够创造更广泛的冷环境的电冰箱也在工业化的高潮中出现,并且很快进入到家庭。人工冷环境所带来的革命性的变化就是各种依靠低温保鲜和冷冻食物从梦想变成了现实。没有多久,它在欧洲和美国的应用已经开始普遍化,随着应用的广泛,在市场经济的推动下,逐渐形成了完善的需求和供给,食品冷链体系就这样初步形成。

我国在新中国成立前只有少数大城市的个别场合有冷链的应用,广泛覆盖的冷链体系的形成还是20世纪60年代之后的事情。改革开放之后建立起大规模的现代化冷链体系。虽然取得了不小的进步,但是我国的冷链物流水平与发达国家相比还有较大差距。例如,食品冷藏运输率只有10%左右,而发达国家在80%左右;果蔬在采摘之后的物流环节损耗率达25%~30%,损耗量为世界之最,而发达国家的果蔬损耗率仅在5%以下,这与我国冷链水平落后有很大关系。

20世纪80年代以后,我国对冷链的发展逐渐开始重视。这期间发生了一些重要的事件:

1982年,中国颁布《食品卫生法》,从而推动了食品冷链的发展。

1992年,卫生部发布了《全国计划免疫冷链系统试行管理办法》;2008年,我国发布了《物流业调整和振兴规划》,其中对冷链的发展专门提出了要求,表明我国政府对冷链给予了很高的重视。

2010年,我国制定了《农产品冷链物流发展规划》。该规划提出2015年冷链的发展目标:我国果蔬、肉类、水产品冷链流通率分别达到20%,30%和36%以上,冷藏运输率分别提高到30%,50%和65%左右,流通环节产品腐损率分别降至15%,8%和10%以下,更明确提出,增加冷库容量1 000万吨。

三、冷链的作用

现代冷链有五大作用。

(一)食品、药品安全的重要保障手段

保障食品、药品和依托冷链物流的其他各种物品的质量,是冷链非常重要的作用。温度是微生物繁殖和化学变化的必要条件,微生物繁殖会造成有害细菌的大量滋生,使食品腐败变质;温度上升造成的化学变化不仅使药品和疫苗失效,同时还会产生毒物,这样就会产生食品、药品安全问题。冷链会解决或者缓解这个问题,已经是现代社会必须采用的手段。所以,冷链对于食品、药品的安全有重大作用。

除了保障食品、药品安全之外,温度也是促成化学反应的重要因素,采用冷链也是解决或者缓解某些化学物质在流通过程中出现有害化学反应,从而影响质量和影响安全的重要措施。

对于食品安全,人们经常会只从生产角度去关注,生产方从本身的利益出发,也是只注重生产环节而忽视流通环节,所以,常常给流通环节留下一些隐患,我们经常会看到流通及消费过程中的巨大损失和安全问题。冷链对于食品安全的保障作用,是从生产环节就开始体现的。

(二)减少损耗

冷链可以减少物流对象物的损耗,尤其是减少农产品、水产品的损耗。大量进入流通领域又很难做到精细化流通管理的农产品、水产品变质之后的处理方式大体上有两种:一种是经过加工处理,在解除安全的危害之后,发掘其他的使用价值,应用于其他领域;一种是报废处理。后一种方式的结果就是产生了直接的损耗,前一种方式虽然可以挽回不少损失,但是会有相当的投入和经济付出,实际上是另一种形式的损耗。

适应需求的高水平的冷链,可以把上述损耗降到很低。例如,采用冷链之后,在运输环节,水果蔬菜的损耗率可以从十几个、几十个百分点降到1%~2%,作用十分显著。

(三)减少、防止污染

在生产、流通、消费过程中,由于没有采用冷链从而造成产品的损失,是一个可能造成污染的严重隐患。恰当地采用冷链系统,可以有效地减轻这种污染程度。这是冷链对于社会的重要作用。

(四)保鲜和延长保鲜期

冷链的采用可以提高人们的生活品质和生活享受。在冷链出现以前,虽然人们已经探索采用许多办法来解决农产品和食品的保质和保鲜问题,例如,冬天储存冰块留到夏

天,创造一个短暂的、局部的冷的环境,在北方曾经是广泛应用的有效方式,但是仍然不可能广泛地提供延长保鲜期和保质期的低温保障系统。现代社会人们已经不仅仅满足于“安全”、“保质”,对于农产品、水产品、水果、蔬菜的保鲜有了更高要求:色泽、外形、口感、味道、温度都有所要求。恰当采用冷链系统,可以有效地解决保鲜的问题,当然,这不仅会满足人民生活水平提高的要求,也会带来经济效益。

(五)给人们提供低温享受

冷链还有一个大的作用,就是可以通过食品和其他一些蓄冷的物品,给人们提供低温享受,这已经是非常普遍和广泛的作用。实际上冷链的末端已经成为家庭的重要装备。

归纳起来,冷链是优化资源和提高生活品质的重要的现代物流方式。

第二节 冷链的构成及类型

一、冷链的一般构成环节

冷链应用领域广泛,种类很多,各种冷链的构成存在一定的差别。以冷冻食品冷链为代表,有共同性的一般构成是:食品冷链由冷冻加工、冷冻贮藏、冷藏运输及配送、冷冻购销以及终端处置五个方面的操作或环节构成。

(一)低温和冷冻生产加工

这种生产加工有的是初始的集中加工,还有的是在冷链过程中的加工,形成了过程中的一个或几个“流通加工”环节。这些加工都带有生产性,包括肉禽类、鱼类、蛋类的冷却加工与冻结加工,也包括果蔬的冷却加工,特殊水果与蔬菜的冻结加工,各种速冻食品的快速冻结和奶制品的低温冷却加工,等等。在这个环节上,主要涉及冷链装备,有环境控温装置,冷却、冻结装置和速冻装置,还有所需的分割、包装等加工装置。

(二)低温和冷冻贮藏

低温和冷冻贮藏包括食品的冷却储藏和冻结储藏,速冻食品的冻结储藏以及水果蔬菜等食品的低温气调贮藏,它保证食品在冷链系统若干环节的储存过程中的冻结储藏及低温保鲜环境。在此环节主要涉及各类冷藏库、冷藏柜、冻结柜及家用冰箱等等。

(三)冷藏运输

冷藏运输包括食品的中、长途运输及短途配送等物流环节的保持低温和冻结状态的运输。它主要涉及铁路冷藏车、冷藏汽车、冷藏船、冷藏集装箱等低温运输工具。在冷藏运输过程中，温度波动是引起食品品质下降的主要原因之一，所以运输工具应具有良好性能，在保持规定的低温的同时，更要保持稳定的温度，这一点对远途运输尤其重要。

（四）低温和冷冻购销

低温和冷冻购销包括各种低温和冷冻的冷链食品进入批发零售环节的冷冻储藏和购销，这些购销活动具有跨越性，由生产企业、批发商、零售商和用户共同完成，主体变换环节多而复杂，所以需要有效的协作才能构建有效的冷链。现代商业流通所采用的各类连锁超市能有效减少购销环节，有利于冷链的采用。

（五）终端处置

到达消费者手里就到达了冷链的终端，是冷链的终了环节。冷链的应用领域很广泛，不同的应用领域，对冷链的需求是有差别的，其构成环节也会有差别。因此，需要有不同类型的冷链来应对这种有差别的需求。特别需要重视减少环节，减少环节是冷链优化的重要原则。

不同的对象物对冷链的要求是不同的，这就必然导致各种不同类型的冷链形成，这是冷链复杂性的重要原因。

二、冷链的类别

通过以下几种分类方法，我们可以更全面地认识和了解冷链。

（一）按冷链的对象物和应用领域分类

按冷链的对象物和应用领域分类，可以分成四类：

第一类是农业产品冷链。这是广泛应用的冷链，是冷链的主体之一。农业产品冷链所指的农业是大农业的概念，包括农、林、牧、副、渔的产品，主要有蔬菜、水果、肉类、禽类、蛋类以及水产品等等。

第二类是加工食品冷链。这也是广泛应用的冷链，是和人类生活密切相关的冷链体系，是冷链的主体之一。食品也是广义的概念，包括饮料在内，主要有速冻食品、肉禽制品、水产品制品等制品及熟食、快餐、乳制品、糖果、冷饮饮料等等。

第三类是医疗、医药用品冷链。这个冷链虽然不如农业产品和食品冷链应用广泛和普遍，在医疗、医药用品领域中，也不是全面的应用而是局部的应用。但是，它的专业性很强，是很重要的冷链体系。冷链的对象物主要有药品、疫苗制品、血液制品、医疗器械及用品等。

第四类是特殊物品的冷链。在许多工业领域，都有一些对温度环境有所要求的原料、材料、半成品、产品，如某些同位素、化学试剂、特殊金属、非金属材料、液化天然气等。它们的物流也都需要不同的温度环境，这些冷链独立性很强，很难与其他的冷链系统共享资源，往往是独立的、封闭的冷链体系。

(二)按冷链的温度分类

冷链的温度必须控制在一定范围内,不同的温度环境可以创造不同的抑制或阻止物理、化学及生物变化的环境条件,不同的温度环境适合于不同物流对象物的需求,因此,按照温度环境条件的不同可以将冷链划分成不同的类别。按照温度从高到低的不同阶段,可以划分出以下几种类别:

第一类称之为冷藏链,温度控制范围在零度至零上15℃(0℃~15℃)。这个温度在冬季我国大部分地区很容易达到,在夏季,采取一些简单的控温措施和低温措施就可以达到,因此可以广泛地采用。这个冷链的温控范围,适合于很多种农业产品,可以有效地延长保鲜、保质的时间。

第二类称之为冰鲜冰温冷藏链,温度控制范围在零度以下至物品的冻结点(0~-X℃)。冰鲜冰温冷藏链温度控制范围保持在物品的冰点之上,在这个范围,可以把植物自身的呼吸和生物活动降到最低,但又不至于出现结冰造成机体的破坏,因而能取得更长的保鲜时间。但是,由于温度范围很窄,要求有很高的温控精细程度,因此控制难度很大,很难普遍采用。

第三类称之为冻结食品冷藏链,温度控制范围在冻结点至零下18℃。温度控制范围在冻结点之下,使物品完全冻结。冻结食品冷藏链能够有效地保持许多种类的物品的质量和新鲜程度,但是使物品失去了"活",而且冰冻有一定的破坏作用,因此适用领域有限。适合于各种可以冻结的农产品及食品,也是大量采用的冷链方式。

第四类称之为超低温冷藏链,温度控制范围可以达到零下45℃。

第五类称之为指定低温的冷藏链,温度控制范围按照对象的不同有不同的控制范围。指定低温的冷藏链适合于医疗、医药用品以及特殊的物品。其技术性很强,要进行精密的运作,不是普遍采用的方式。

第三节 冷链技术及装备

一、冷链物流技术装备

在物流领域,冷链属于技术含量高的物流方式。冷链的主要技术及装备除了有关的物流技术及装备之外,还有独特的技术及装备。

冷链物流装备设施有两大类别:系统化的装备设施和某些环节专用的装备设施。

(一)冷链物流系统化的装备设施

冷链物流系统化的装备设施是冷链集装箱,是具有多式联运能力的冷藏集装箱,业内一般称之为多式联运冷藏集装箱,它是最理想的系统化的冷链集装箱,是可以进行不同运输方式衔接转换并且完成“门到门”运输的方式。实际上,冷链集装箱虽然具有系统化的装备这个特点,但是,其中也有一些带有一定的专用性,系统化能力不强。

(二)冷链运输的装备

汽车运输、水运及火车运输三种主要的冷链运输方式都有专门的装备。

铁路冷藏载运装备主要有加冰或蓄冷板制冷的冷藏车、机械制冷的冷藏车以及铁路冷藏集装箱。

水运冷藏载运装备主要有冷藏船及冷藏集装箱。

汽车冷藏载运装备主要有三类:保温车、保鲜车和冷藏车。只有隔热车体而无制冷机组的为保温汽车;有隔热车体和制冷机组且厢内温度可调范围的下限低于-18℃,用来运输冻结货物的称冷藏车;有隔热车体和制冷机组,温度可调范围在0℃左右,用来运输新鲜货物的称保鲜车。按制冷方式,汽车冷藏载运装备又分为可以利用冰块、蓄冷板制冷的一般厢式货车、带有制冷机制冷的专用冷藏车和冷藏集装箱。

冷藏车、冷藏船以及冷藏集装箱等装备“冷”的主要技术有两类,一类是保温技术,另一类是制冷技术。最重要的核心部分就是以冷冻机为主的制冷技术装备。

(三)冷链工具

1. 冷链专用箱。其保温技术的温度为-5~15℃,0~10℃,0~20℃,适用于食品、药品及生物制品的小规模物流。专门使用于疫苗的称为疫苗冷藏箱。

2. 冷链运输冰袋。它又称冷藏包、保冷袋,是无毒、无味的环保产品,富有一定弹性,用高新技术生物材料配制而成,可以重复使用,而且是冷热双用的产品。充分预冷之后使用,使用的温度范围很广泛,最低可以到-190℃,最高可以被加热到200℃,广泛应用于水产品、化学药剂、生物制品、疫苗、电子产品等小数量的远程物流。

3. 普通冰箱。普通家用冰箱和商业用冰箱可以放在商店、库房中作为冷藏设备使用,也可以放在运输工具上,有比较好的灵活机动性。由于其使用的温度范围广泛,可以作为综合性的冷链工具使用。

二、两种冷链技术模式

运输和储存是冷链物流的核心,尤其是运输,也是冷链发展比较快的领域。这个领域的远程物流形成了两种冷链核心技术模式:冷藏集装箱和专用冷藏车、船。

(一)冷藏集装箱

冷藏集装箱是一种专用的集装箱,本身带有制冷装备,只要有电就可以制冷。可以搭载到各种交通货运工具上,可以很容易换乘,完成物流过程非常灵活而且机动。利用其集装箱的优势,可以一层一层叠放在集装箱船货舱中和甲板上,也可以放在普通船甲板上,完成大数量的长途运输。用同样的方式,也可以双层叠放在火车上或汽车拖车上,完成一定距离的运输。冷藏集装箱在长距离的冷链中和大数量物流的冷链中是占主体地位的技术模式。

（二）专用冷藏车、船

在专用冷藏车、船上安装有制冷装备,例如铁路冷藏运输的保温式的保鲜冷冻冷藏运输车厢、疫苗运输车、冷藏船等,适合散装冷藏保鲜货物。这种冷链由于车、船过分专用,因此成本较高,利用率比较低,但由于其本身具有机动性,现在在城市范围和短程冷链中仍有一定的优势,因而还有广泛的应用,但在长距离的冷链中应用有限。

三、冷链物流设施

冷链物流设施主要是各种类型的冷库。

（一）保鲜库

保鲜库又称保鲜冷藏库,在各种冷库中,这种仓库的环境温度比较高,一般维持在不至于冻结的零度稍低的温度到零上13℃之间,所以又称之为高温冷库。这个温度范围可以在一定的时间范围内有效地缓解和降低生物的活性,同时保持被储存物的新鲜和活性,有非常好的保鲜作用,所以称之为保鲜库。

（二）冷冻库

与保鲜冷藏库比较,冷冻库的环境温度低,可以达到冻结或深度冻结的温度,所以又称之为低温冷库。

（三）综合冷库

综合冷库可以划分出若干不同温度环境的冷藏室,从而使冷库的作用范围扩大,能力提高,而且可以更合理地分配和利用冷的资源。不同温度的冷藏室中,可以分别存放不同温度要求的货物,不但可以综合利用冷的资源,而且可以综合规划不同温度的区域和库房,所以称之为综合冷库。

第四节　几种有代表性的冷链

冷链的技术、装备、结构体系这些要素给不同对象的冷链提供了运行的平台,这个平台具有很强的通用性,可以在这个平台上建立多种模式的冷链体系,这一点对于食品尤其重要。

目前,国际上的食品冷链从冷链功能来说有两种模式:

一种模式是将食品风味和质量放在首要地位,以企业为主体的食品冷链体系,现在能够直接入口食用的食品,如面包、蛋糕、熟食等成品还有一些特殊的高档食品原料都是采用这种体系。这种体系,由生产销售的企业或者流通企业构建完整的冷链,并且对整条冷链进行管理。

另一种模式是保证大量食品的标准质量、降低物流损耗的模式,是以市场为主体的食品冷链体系。这种模式一般针对粮食、调味油料、普通菜蔬、食品的半成品等。在这种体系中,冷链依靠市场来衔接和管理。

国民经济中,重要产品的冷链各有特色。

一、牛奶的冷链

牛奶的冷链针对的是保鲜牛奶产品,而不是针对所有的牛奶产品。保鲜牛奶产品主要包括鲜牛奶及酸奶。

牛奶的冷链是在牛奶挤出后的加工、运输、储存、销售的全过程中,将牛奶温度控制在0~4℃范围内,防止牛奶在物流过程中变质从而保持牛奶的新鲜口味和品质的低温链式系统。

牛奶冷链的主要环节包括挤出后的急冷、冷加工、冷藏运输、冷藏储存和冷藏销售。可以将牛奶冷链分成两个阶段:前冷链阶段和后冷链阶段。从奶牛产奶到工厂生产加工是前冷链阶段,出厂后运输、储存、销售最后到达消费者手中是后冷链阶段。

(一)前冷链阶段

前冷链阶段是从牛奶挤出之后送达加工厂,进行灭菌、分装包装、加工生产出产品的过程。其主要环节是:

1. 牛奶挤出后的急冷。牛奶挤出后就迅速降温到0~4℃。

2. 冷鲜原奶运输。同样的温度环境,将冷鲜原奶密封运输到工厂。

3. 保鲜牛奶产品生产。还是在同样的温度环境,加工在全封闭的环境下进行,经过灭菌处理、加工,生产出保鲜牛奶、酸奶等保鲜牛奶产品。

(二)后冷链阶段

1. 保鲜牛奶产品运输。依然保持同样的温度环境,或者可以在10℃以下的温度环境,将保鲜牛奶产品在限定时间送达物流中心或直接送到商店。

2. 保鲜牛奶产品销售及销售储存。保鲜牛奶产品销售以及适量的销售储存,由于商业设施比较完善,有冷藏设施,可以实现比较严格的温度控制,可将温度控制在2~6℃,在这种条件下,其储存期可以达到7天左右。

3. 保鲜牛奶产品配送。配送可以由牛奶生产企业直接实施,也可以由物流中心或者商店实施,虽然在配送到户的过程中采用恒温送奶车、密封奶箱和其他的保温工具,也可以对温度进行控制,但毕竟不如固定设施对温度的控制有效,所以温度环境条件可以在0~10℃之间,而且这个环节必须在限定时间内完成。

二、水果的冷链

在水果生产、运输、储存、销售最后到达消费者的全过程中，将温度控制在一个恒定的范围内，从而防止水果在物流过程中变质及品质降低的损失，保持水果的新鲜程度，包括外观、色泽、熟化程度、口感。这个恒定温度的系统就是水果的冷链。

水果冷链的主要环节包括预冷、冷藏运输、冷藏储存和温控环境下的销售。

(一)水果预冷

预冷是水果冷链的第一个环节，是在水果采摘下来之后进行冷环境处理的过程。预冷的主要目的和作用是去除“田间热”，使水果从一个热的环境逐渐过渡到冷链所创造的冷环境之中，防止突然进入到冷链环境之中，使水果处于内热外冷的状态从而损害它的品质。

预冷的主要方法有：选择合适的地方堆放，依靠自然通风或者人工通风进行降温冷却；采用水处理或者冰处理的方法降温冷却；采用强力风机进行强制通风降温冷却；还可以采用真空预冷的方法。

(二)水果冷藏储存

在水果冷链中，储存是多次出现的过程，包括生产地的临时储存、预冷储存、运输前的集货储存、不同运输过程和方式转换的衔接储存以及销售储存等。这些储存的环境条件肯定会有所变化，是冷链“断链”的重要原因。

(三)水果冷藏运输

在水果冷链中，运输也是多次出现的过程，在经济欠发达地区，从生产地到集货地很难实施冷藏运输，往往会造成冷链“断链”。但是一般而言，铁路、公路、水路的长途运输是水果冷藏运输的主体，是冷链比较完善的环节。

(四)水果温控环境下的销售

水果销售作为水果冷链的末端，除了有特殊要求的水果需继续维持冷链环境之外，多数水果可以脱离冷链，在常温下销售，这是水果冷链与鲜牛奶冷链、冷冻食品冷链的重要区别。

三、速冻及冷冻食品冷链

速冻及冷冻食品已经逐渐成为人们现代社会生活方式的重要选择，在一些发达国家的应用已经超过了总需求的50%。冷链也是速冻及冷冻食品的重要环节，没有冷链就不可能有现在如此规模的速冻及冷冻食品市场。

速冻及冷冻食品冷链是对新鲜食品的成品从快速冻结和冷冻开始，在生产、运输、储存、销售最后到达消费者的全过程中，将温度控制在冷冻范围内的系统。

速冻食品与冷冻食品冷链的主要区别在于冻结环节、冻结速度和冻结的深度有所不同，所形成的冰晶状态也有所不同，因此，口味方面可能有某些差异。至于冷链的其他环节，基本上是相同的。

（一）食品的冻结

速冻食品的冻结，一般在30分钟之内完成，冻结温度在零下30℃以下；一般冷冻食品的冻结温度比速冻温度为高，在零下23℃～零下25℃，冻结时间则可以达到十几个甚至几十个小时。

（二）速冻及冷冻食品的冷藏储存

由于速冻及冷冻食品是集中、大规模生产，而最终是家庭和个人消费，因此，流通过程会存在多个环节，装卸、搬运和储存可能多次出现。冷藏储存依靠的是专业的装备，能够保证零下18℃的要求，是冷链比较完善的环节。

（三）速冻及冷冻食品的冷藏运输

由于速冻及冷冻食品流通环节比较多，流通时间比较长，因此流通过程之中运输也可能多次出现。由于条件和装备的限制，有的运输过程不是使用制冷车辆，而是使用保温车辆，再加上交通环境的问题，冷藏运输的温度很难保持零下18℃的要求，因此，这是冷链的一个薄弱环节。

（四）速冻及冷冻食品的冷藏销售

速冻及冷冻食品的销售必须保证在冷冻的环境条件下进行，现代商业系统能够完全满足这种环境条件。冷链的薄弱环节是在销售之后以及到达消费者的冷藏设施这个过程。这个过程基本上不可能采取制冷的措施来维持低温，只能采取包装保温的措施，因此，速冻及冷冻食品的冷链在这最后的环节可能出现“断链”的风险，这是需要特别重视的。

四、药品及疫苗冷链

药品及疫苗冷链是所有的冷链中温度控制要求最严格的冷链系统，这是由于一些特殊药品和疫苗对温度具有高度的敏感性。例如，有些需要温控的药品，只要温度上升2℃，药效则会下降20%，超过控制温度，药品会完全失效，甚至产生毒副作用。所以，对药品及疫苗冷链应当有比较严格的管理和监控，对冷链全过程或者对冷链仓储和运输两个主要环节进行实时在途监控是药品及疫苗冷链有别于其他冷链的特点。

采用冷链的药品及疫苗数量不多，因此规模不大，但是却是与人体健康与生命相关的、必须有高度保障的、非常重要的冷链系统。而且，冷链是一个国家计划免疫工作的一项内容，是保证计划免疫工作有效实施的必不可少的措施。

在药品中，对温度敏感因而有所要求的药品品种增长很快，因此对冷链的需求也有比较大的增长,是冷链快速发展的一个领域,冷藏药品全球年度增长率平均在15%以上,比一般药品的年增长率高出一倍以上。

药品及疫苗冷链物流一个重要的特点是数量和规模都不大,因而不可能像牛奶、食品那样建立独立的冷链系统,有效地完成冷链过程,而是需要利用社会上的公共资源完成冷链过程。冷藏药品及疫苗从托运开始到到达用户终端涉及多家物流公司和多个环节之间的衔接,冷藏运输条件很难始终保持稳定,因此,药品及疫苗冷链有其不同于其他冷链的独特性。

药品及疫苗冷链是一个广义的概念,不同的药品和疫苗对冷链温度环境条件要求有很大的区别。因此,必须强调药品及疫苗冷链的个性化,要根据药品及疫苗种类的不同创造不同的温度条件和其他的条件。所以,在一次冷链过程中,很难全面容纳多种疫苗和药品,必须按个性化的需求办事。

第五节 冷链管理

一、冷链管理的特点

顾名思义,冷链是一种链式系统,这种链式系统的"链"虽然有长有短,但它们的共同点在于"链"具有跨越性。

第一种跨越是市场环节的跨越。它跨越市场销售以及销售之后的若干流通环节,诸如批发、零售,跨越到最终用户。不同的市场有不同的利益主体,所以,市场环节的跨越实际上就是责任和利益主体的改变和跨越。

第二种跨越是地区的跨越。一条冷链往往要跨越不同的行政区域和自然区域,甚至要跨越不同的国家。不同的行政区域和自然区域有不同的管理部门和管理者,有时候还会有不同的管理体制和不同的规则。

第三种跨越是技术及装备的跨越。一条冷链往往要跨越不同的技术及装备,仅就运输而言就可能跨越海、陆、空、铁等多种运输方式,每一种运输方式还可能是不同的装备、工具衔接。

冷链具有跨越性造成了管理方面的两个问题:一是管理的连贯性受到影响,在跨越衔接处容易出现管理的真空和多头管理;二是管理的责任不清,很难明确系统的、全程的责任主体。

上述冷链的跨越性决定了冷链管理的跨越性和衔接性,这是冷链管理的重要特点。基于冷链的上述特点,多数冷链很难实现一元化的统一管理,这就给冷链的管理带来了复杂性和困难性。

二、冷链管理的要点

(一)防止冷链掉链和温度过大的变化

冷链中断就是业内所称的“掉链”。“掉链”的原因很复杂,除社会及环境的原因之外,冷链本身技术装备的原因和管理的原因都可能造成“掉链”。

1. 冷链的技术原因造成的“掉链”。设备损坏、设备中断工作、设备不正常运行都可能造成“掉链”。因此冷链技术装备水平必须有所保证,同时必须实现有效的监控和管理。冷链技术装备智能化,对冷链物流实行有效跟踪监测与监管可以有效地防止“掉链”。

2. 冷链的管理原因造成的“掉链”。低水平的管理、不能对全程进行有效管理是“掉链”的重要原因。要解决这个问题,必须建立有效的、系统的监管体系。

冷链的管理不仅重在防止“掉链”,防止冷链温度过大的变化也是管理重点。很多冷冻产品的表面出现大量的冰霜,其原因就是这些产品在冷链物流过程中发生了温度的变化,从低温的环境进入到不合格的冷链物流环境,期间如果温度达不到要求,产品水分析出,再进入冷冻,析出的水分便在产品的表面结霜,使产品质量发生变化。

在管理方面,健全管理体系,做好冷链的运行追踪和过程中的追踪查验,是防止“掉链”的重要手段。

(二)防止冷链应用过度和冷环境过度

冷链物流和一般的物流相比较,因为需要维持冷的环境,当然要增加能源的消耗,冷链是必需的,这种能源的消耗也就是必需的。这不仅会增加物流的成本,从碳排放角度来看,显然增加了碳排放。适应经济发展的低碳要求,这是需要逐步解决的问题。

首先应当明确,冷链不是解决问题的唯一办法。冷链确实有价值,我们选择冷链,应当经过全面的技术经济分析和评价,不能过高看重冷链的作用,也就是说,要防止冷链应用过度。这也有两方面:一方面是可以不需要冷链的,就不采用这种排放过高的办法;另一方面是有其他更好的办法来解决问题的,就不采用冷链。

对于冷链采用和运行来讲,同样是上述原因,防止冷环境过度也和防止冷链应用过度一样重要。

(三)应当进行并且做好冷链上下游的整合

上下游的跨越阻碍了一体化垂直统一管理的实现,如何使冷链能够协调运作,整合是一个可选择的办法。整合可以依靠利益的结合,可以依靠市场的规则,当然,有的情况下行政权力也会发生作用。

冷链整合的具体措施主要有:

1. 制定整体规划,使参与冷链的上、中、下游企业达成共识。

2. 执定严格的程序和制度,使参与冷链的上、中、下游企业共同遵循。

3. 建立联合协作体制,形成有效的分工、协作的管理机制。

4. 采取并购等方式,形成一体化的体制,实行一体化的严格管理。

5. 由第三方物流企业做冷链上下游的整合。

(四)发展第三方冷链物流

冷链的第三方物流不仅是冷链的管理问题,更是冷链发展方向的大问题。现在,我国冷链的物流配送业务主要还是由生产商和经销商去做,第三方物流在这个领域发展不足,而专门针对生鲜易腐食品的冷链物流服务更是不足,尤其缺乏专业的全国性的第三方冷链物流企业。

卖方、经营方、买方作为冷链的主导者或运作者,它们进行的冷链物流有相当严重的体制弊病,那就是它们各有利益严重相关的环节,这就难免出现对这些利益相关环节比较重视而忽视其他环节的问题。当然,它们的业务重点也不在冷链物流,因此也很难形成强有力的冷链专业能力。所以,只有冷链的第三方物流能够解决上述问题,实现"从田间到餐桌"的一体化冷链物流管理。

(五)实行个性化的管理

冷链物流对象个性化很强,对冷链的要求各有不同,不同的产品品种和有不同的品质要求的产品都有相应的产品控制要求,还有不同环节的温度要求和储藏时间与温度要求。以食品为例,需要依靠冷链的食品种类很多,每种产品所要求的低温储藏时间与低温条件等技术指标都不尽相同,为了有效地应对,冷链的物流管理需要实行个性化的管理。个性化的管理会增加管理难度和运作的成本,是不得已而为之,在管理方面,应尽量避免采用这种方式。

(六)要特别重视冷链的物流信息系统的建立

有效地进行冷链运作和管理,信息是基础。虽然有效的信息系统对于各种产品的物流运作都是非常重要的,但对于冷链有特别重要的作用,尤其是在途的环节,必须依靠及时的信息来做出温度控制决策和时间控制决策,从而保证能够对冷链实施精细化的、准确的管理。

第二十四章

快速物流及快递服务

第一节　概　述

一、“快”是现代物流的重要特征

现代社会，提高物流速度的需求可以说是越来越旺盛，这种需求，自然与人们的生活和工作节奏加快有关。但是，快速物流需求形成和增长的主要原因还是来自现代社会的经济运行的压力：生产节奏的加快，自然要求物流的快速反应；成本的压迫，库存降低，要求快速物流实现供应的保障；市场竞争的激化，抢先占领市场，需要快速物流的支持；国际化和远程的供应链，需要用时间来弥补空间、用速度战胜距离；当然，“以人为本”的现代政府，在应对突发事件的时候，“快”是政府效能的体现，这也是快速物流需求增长的重要原因。

从物流本身来讲，“快”也是其内在的要求。因为“快”体现了物流本身的水平和效率，由于节省了时间，就相对降低了人力、物力、财力和其他各种资源的占用和消耗，这是现代物流追求的目标。

可以说，“快”是现代物流的重要特征，甚至可以说是第一特征。整个物流领域，各种物流服务，都必须把“快”字放在重要而恰当的位置，即使是一般的物流服务，也是如此。

诸大的物流领域，用户，物流对象，物流需求，环境条件，物流企业规模、水平和能力都存在差异化，这就派生出差异化的需求。对“快”也是如此，许多和“快”有关的特殊服务需求，已经不是现代物流普遍服务能够完全满足的，这就是快运快递这些特殊的物流服务需求产生的原因。最初，快运快递需求的满足，是依靠企业物流系统增加一项系统功能、增加一项服务来完成的。随着需求的增加，市场规模和容量扩大，就必然导致符合产业发展规律的专业化、社会化的快运快递业种的出现。这项进展，在国际上也就是最近几十年的事情，在我国也就是最近十几年的事情。

二、快速物流属于高端物流

(一)快速物流趋势性的发展

快运快递的出现,带有非常强的“增值服务”的色彩,也是物流领域实现增值服务的一种重要形式。但是,随着社会的不断进步,“快”已经逐渐成为经济领域的一种普遍需求,一旦出现以下三个态势,快运快递服务就会逐渐从增值服务转化成普遍服务。这三个势态是:

1. 快运快递的需求已经从个别的特殊需求逐渐变成广泛的需求,这就形成了大的经济规模,经济规模一大,“特殊”地位就会逐渐减退,变成一种普遍的服务。
2. 快运快递已经逐渐形成了低成本的平台支持,这种平台支持也逐渐广泛化。
3. 由于快速物流成本的逐渐降低,用户可以轻易接受这种增值服务所增加的成本。这应当是经济领域的一个趋势。

现代社会,这三个趋势都是显而易见的,所以,快运快递有着非常乐观的发展前景。

现在,社会化、专业化的,专门或者主要从事快运快递的企业已经大量出现,这些企业集群已经可以构筑出一个大的高端行业领域。

(二)快速物流的几个重要特点

快运快递这种系统物流服务企业是现代物流的企业类型,这种类型的企业应当可以进行大规模的物流运作,有了规模,才有进行系统化运作的前提条件。其次,必须具有大面积覆盖的网络,这是进行高水平系统化运作的前提条件。有效的物流平台支持对于系统化运作的企业也是必不可少的,物流平台水平不够,就没有办法进行高水平的系统化运作。所以,快运快递这种系统物流服务企业本身还必须有强大的社会生产力的支持,采用先进的、有效的物流装备及物流工具,有现代化的经营管理力量。

快运快递企业这种高端运行的物流企业有几个重要特点:

1. 面向高端客户和高端货物。
2. 提供系统服务而主要不是单项服务。
3. 在相同相似的服务水平中,选择高端的服务水平。
4. 有高度信息化水平。
5. 本身有很高的管理水平和软实力。
6. 本身具有或者能够有效整合硬件资源。
7. 有非常高的专业化和社会化水平。
8. 有大量进行同样服务的竞争企业存在。
9. 有大量潜在的社会需求,企业的生命周期处于上升期。

第二节 快速物流的类型

一、称谓

当前,快运快递行业还处于创新发展时期,因此对这个行业出现了很多不同的称谓。笔者在互联网上搜索时发现,不同的称谓有时所指的是同一事物,有时却很不相同,这往往给社会和客户带来困惑。在这个行业已经逐渐成形的时候,对称谓做一定的规范,使得这个行业的称谓能够准确反映并让社会能够理解该行业的服务内涵,是一件很重要的事情,也是这个行业形象设计的重要工作。

类似的称谓有:快运、快递、特快专递、速递、捷运,还有取自服务承诺的一些称谓。其中,最有代表性的是快运、快递这两种称谓。但从我国现在的情况来看,一方面是这个行业还不够大,企业还不够多;另一方面,快运、快递两者虽然在本质上是同一种物流方式,又同样面对高端客户和高端物流对象,但是,它们仍然有一些重要的区别。尤其是两者之间虽然有竞争,但并不是完全的竞争,其互补性往往高于竞争性。实际上,已经形成了两个有区别的行业,也许将来会出现进一步细分的局面,但是,现在还是作为一个大的、综合性的行业进行管理和规划发展更为有利,所以,将它们称之为"快运快递"能够基本上反映这个大的、综合性的行业的特点和内涵。

二、分类

可以从三个角度来划分快速物流的类型:第一个角度是"快"的内涵;第二个角度是快速物流覆盖的区域;第三个角度是快速物流的手段。

(一)从"快"的内涵角度分类

第一类:快递物流,简称"快递"。以"快"和系统化服务、全程服务为主要特征。

第二类:快运物流,简称"快运"。以"快"和干线上的"站到站"运输为主要特征,当然,其中也包括按照用户的要求进行系统化服务的全程"门到门"服务。

第三类:快速反应物流。以行动快为主要特征的物流,当然,物流速度快是其主要特征。这种物流不但对于异常事态、战争、灾害等突发事件非常重要,是应急物流的主要内容,也可以将物流企业所具有的常态的特殊服务能力作为市场竞争的重要手段。

(二)从快速物流覆盖的区域角度分类

第一类:同城快递。这是在一个城市区域范围内所进行的快递物流。因为在一个城市区域范围内,不需要进行长途运输,基本上不构成对于"快"的障碍。同城快递为了保证真正做到"快",就需要在发送和接收环节尽量节省时间,所以,同城快递的服务方式就超过了"门到门"的服务方式,可以做到从"办公桌到办公桌"的服务。

第二类:国内快运快递。它是在一个国家的行政区划范围内,省际、城际区域范围内所进行的快运快递物流。

第三类:国际快运快递。它是指在两个或两个以上国家(或地区)之间所进行的快递及快速物流业务,国际快运快递物流形态主要指的是国际快递。

(三)从快速物流的手段角度分类

第一类:航空快递。它是主要利用航空运输手段向客户提供的快递服务。

第二类:特快专递。它是综合利用各种运输手段向客户提供的快递服务。

第三节　主要的快速物流业

一、快递

快递,又称速递,是邮递送达和快速物流一体化的物流形态,对于物流业来讲,是物流业担负的一种物流方式,是物流业的一种业态。快递公司通过利用公共的铁路、公路和空运等运输方式和快递企业本身的上门取货、上门送货的物流服务力量,对客户委托的物品,包括高附加值货物、文件、礼品、证件等进行点到点、门到门的快速投递。

快递的一个非常重要的服务特点是需要对"快"做出承诺。这个承诺就是对快递送达时限的承诺,这是快递客服的核心问题。

快递服务发展得很快,现在,这个行业已经可以承担广泛的快递服务,包括一个城市范围、一个区域范围甚至跨国的快递,是物流领域发展很快的一个业种。

现在,国际性的巨型快递企业主要有四家,它们是敦豪航空货运公司、联合包裹服务公司、联邦速递和 TNT,被称之为全球快递行业的四大家族。

在物流领域,快递属于一种高端的物流形态,在物流业中,快递业也是高端的物流行业。

本书描述的一个理论上的物流产业构造模型(可以看成是虚拟的物流产业构造模型),是一个塔尖小塔底大的金字塔形的构造,具有基础、平台、运行三个层面,特别把运行层面,又分成高端运行和一般运行两个领域。

很明显,按照物流产业的理论构造,快递企业处于金字塔的顶部位置,属于高端运行的物流企业。其本质的特点是提供系统性的物流服务,是物流产业中现代化的、有代表性的企业。

在快递服务,尤其是远程的快递服务中,利用信息技术进行邮件追踪,实现快递查询是快递的一项重要功能。

快递业中的同城快递是现在发展比较快的一个业种，在一个城市中，它可以做到“办公桌到办公桌”的服务，方便和快捷是它重要的特点。尤其是它的几项业务填补了过去城市服务的空白，有很好的市场前景，这几项业务是：通知和票据的送达；鲜花和礼品的投送；所购或代购食品和物品的送货上门。

二、国际快递

发生在国际上的快递业务称为国际快递。也可以说，国际快递是快递的一种形态。

国际快递与一般的快递虽然有很多的共同之处，但是，又极具特殊性，从现在和其以后的发展趋势来看，国际快递已经成为与一般快递有区别的业种。

国际快递与一般快递的共同之处是它们的核心：邮递送达和快速物流一体化的物流形态。但是它们也有很重要的区别，主要是以下两方面：

第一，快递环境的差异。一般快递在一个国家范围之中，政治、社会、制度、法律和生活环境虽然有变化，但是不存在太大的区别。国际快递必须跨越不同国家，因此快递环境存在很大的差异。对于我国来讲，国际快递会涉及国际关系问题，有人认为这是一项政策性很强的涉外活动。除了上述的差异之外，在技术上也往往会存在很大的差异，尤其是硬件设施方面。当然，涉及不同国家的国际快递，还有相当多的程序性的问题，因此手续繁杂。国际快递必须有效解决这些差异，才能使国际快递有效地运转。

第二，快递距离的差异。与国内快递比较，国际快递具有相对的远程性。远程性带来的结果是长途运输、多次运输，这当然就带来一系列的问题：需要经过许多中间环节，使用和更换多种运输工具，相应会发生多次的业务交接工作，物流复杂化，暂存、储存和装卸搬运活动也会相应增加，这些都会增加国际快递物流的损失和成本，运作的难度显然会增加。

实行国际快递业务是有条件的，除了有与业务相关的协议的保证之外，信息是重要的保证条件。国际快递必须依托于互联网和专业化、国际化的信息系统，建立这种信息系统可以由企业自主完成，更多的是依托于与海关的公共信息系统联机来获取相关信息。

三、航空快递及特快专递

使用飞机作为主要运输手段的快递业务称为航空快递。

使用飞机作为主要运输手段的原因在于，快递的路程长，使用其他运输工具都不能达到“快”的目的。另外，航空快递只有在有航空线路的城市之间及其周边地区才能够达到“快”的目的，由此看来，航空快递是有局限性的。

航空快递中依靠飞机的长距离运输仅仅是运输的一部分而不是全部，必须要有和飞机运输衔接的其他运输方式进行首尾的衔接性的运输才能够完成快递，这是航空快递不可缺少的环节，也是航空快递重要的组成部分，如果这一部分衔接组织得不好，对航空快递也会产生重大影响。

航空快递可以由航空公司作为一种延伸服务来进行，也可以由快递公司自备航空手段进行,现在的主要方式是由快递公司与航空公司合作完成。

特快专递和航空快递的相同点是都是利用快速运输为主要手段的快递业务,但是区别在于特快专递综合采用航空、铁路、公路、水路多种运输方式和汽车、摩托车、自行车等上门投递方式,对于多种运输方式进行优化选择和系统配置,因而快递的区域不像航空快递那样存在局限性,所以可以在很广阔的区域范围内向客户提供快递服务。而且,由于综合运用了多种运输方式,可以进行优化的选择,所以,不单能够保证"快"的要求,而且可以大大降低快递的成本,降低用户的费用支出。

中国邮政的邮政特快专递 EMS(Express Mail Service)服务是中国邮政提供的快递服务。其服务方式是365 天,天天配送。它是现在国内传送文件资料、重要信函、紧急信函、证书票据、样本样品、小型包裹的重要方式。

四、铁道快运

铁道快运是以火车作为快速运输系统主要运输工具的快运方式。由于铁路的覆盖面有限,单靠铁路很难实现到户的高质量服务,所以,铁道快运实际上是综合性的系统,是以铁路物流为主,公路物流和其他运输方式为辅,同时还包括配送服务的综合物流系统。

有百年历史的铁路,已经基本实现了规模化和完善化,铁道快运依托这个基础成为重要的快运方式,是快运的主导方式。现在铁道快运在许多国家和地区已经可以实现网络化、信息化、专业化、快速化、大量化的高水平运行。

和其他几种快速物流方式相比较,铁道快运最大的优势在于,它可以完成相对来讲大体积、大数量物品的快速物流。

第四节 快速物流的支持平台

与一般的物流不同,一般物流的支持,在于通用的物流平台和普遍的物流管理。这些也是快速物流基础的支持系统,但是对于快速物流来讲,一般物流的通用平台和普遍管理的支持力度和针对性显然不充分。快速物流对于支持系统还有本身特定的要求,这些要求中,有一些是一般物流的通用平台和普遍的管理支持可以实现的,但是,也有另外一些需要通过专门的支持系统来实现,这主要涉及两方面:快速物流线路平台的支持和信息化的支持。

一、快速物流的实物物流平台

快速物流的实物物流平台的结构模式基本上属于层状模式结构。这种层状模式结构的主要结构状况是,每一层已经达到了比较好的系统结构,但是有比较强的独立性,层与层之间还缺乏有机的结构关系,并没有结构成系统的立体网络结构,对于快速物流,结构层有比较强的支持力度。但是对于需要跨越不同结构层的快速物流,在层与层衔接和转换的时候,会影响快速物流的运行。

现在,比较完善的快速物流实物物流平台主要是航空物流平台,快速的铁路物流平台和快速的公路物流平台支持也已经成形。铁路在铁路平台网络的基础上,又形成了高速铁路线路;公路已经形成了高速公路网络。以上这三种层状结构的物流平台能够有效地支持快速物流,而水运还缺乏快速物流平台的支持能力。

铁路快速物流和公路快速物流之间的转换,铁路快速物流和航空快速物流之间的转换,公路快速物流和航空快速物流之间的转换,还有快速物流平台上运行和物流首尾两个终端短途运输的转换,这些层与层之间的转换构成了快速物流的瓶颈。物流系统中层状模式存在的最大问题是:很难有效解决层与层之间,也即不同网络系统之间的衔接和转换问题,这在快速物流领域表现得尤为突出。因为在快速物流领域,不仅会遇到一般物流平台之间转换的全部问题,而且还有一个非常特殊的问题,那就是两种不同平台上的快速物流之间的衔接和转换。

二、快速物流的物流信息平台

物流信息平台对一般物流来讲并没有特殊意义,但是对于快速物流却极具重要性,不可缺少。

快速物流信息平台支持的物流信息具有以下重要的作用。

(一)快速物流的动态反映

由于快速物流的物流速度快,快速物流的动态反映是一个非常重要的问题,因为动态反映是了解、掌握、调整和管理与控制快速物流的基础。快速物流信息平台必须能够有效地支持这种动态的物流信息的生成和传递。尤其对于国际快递之类的快速物流,由于世界上不同国家信息水平的差异和标准化的差异,往往会造成这种快速物流的动态信息建立的困难。

(二)快速物流的查询

支持快速物流的查询,尤其是国际快递的查询是快速物流信息平台的重要功能。

要实现这个功能,平台支持的物流信息系统必须对快速物流进行跟踪,准确掌握快速物流的动态,这是快速物流查询的重要基础。有了这个基础,用户或者物流企业本身就可以通过快速物流查询接口进行查询。

第二十五章

特殊的物流运行及服务

第一节 绿色物流

一、绿色物流的含义

绿色物流是一个广泛的概念,因此,现在它还没有一个能够被广泛认同的准确概念。本书所研究的绿色物流,本质上是具有可持续发展和环境保护内涵的物流,主要包括以下几个领域:

第一,物流系统本身具有"绿色"的概念。这主要指物流系统本身具有可持续发展和环境保护的双重意义,表现在资源和能源消耗较低、对环境影响较小,是有环保意义、低污染、低排放的物流系统。

第二,物流过程、物流环节及物流技术"绿色"的概念。这主要指物流过程中的各个环节具备上述"绿色"的特质,例如绿色运输、绿色包装等,能够有效地实现对物流对象本身的保护,同时防止物流对象损失、浪费和对环境的污染。

第三,物流对象"绿色"的概念。这主要指物流对象是"绿色"的商品,其标志是生、鲜、活、净,如粮食、蔬菜、水果、鲜活的鱼、肉、蛋、奶等等。

第四,物流系统的功能和所起的作用"绿色"的概念。这主要指物流系统的功能和所起的作用在于解决"绿色"的问题,从而有利于资源的利用、有利于社会的可持续发展。例如,能使资源得到充分利用的物流系统、资源回收的物流系统、资源综合利用和再生利用的物流系统、防止资源污染环境及污染物处理的物流系统等。

二、绿色物流的领域

具体而言,绿色物流包括以下八个领域:

第一,环境领域。抑制和减少对环境污染(例如,减少废气、废液、废渣排放,减少和降低噪声、振动)的物流活动。

第二,资源领域。充分地、有效地、节约地利用资源(例如,降低能耗、降低包装材料消耗,对包装材料等资源进行梯级利用、回收再生利用,延长物流设施、设备的生命周期,提高物流设施、设备的效率以及其他资源节约)的物流活动。

第三，物流领域。减少环节，使物流过程短程化、合理化(例如，合理规划的物流路线、物流环节的有效衔接、缩短物流距离)的物流活动。

第四，物流对象领域。防止和降低物流对象损失(例如，物流对象机械损伤、变质、发霉、受潮、锈蚀、公差变化、破坏、浓度变化、纯度变化、鼠咬虫食损伤、包装损失、外观及色泽变化等损失)的物流活动。

第五，安全领域。不出现安全事故的物流活动。

第六，农业领域。农产品和绿色产品(例如，瓜果、蔬菜、水产品以及获得绿色称号的食品及其他产品)的物流活动。

第七，物流环境领域。整个物流过程保持生、鲜、活产品所需要的生存及保鲜环境条件的物流活动。

第八，文明、卫生领域。整个物流过程保持文明、卫生的物流活动。

三、物流对环境的影响

物流对环境的影响表现在以下几个方面。

(一)废气排放

物流工具，尤其是货运汽车，其废气的排放是严重损害环境的因素。在现代化大城市，汽车尾气排放已经是环境污染的第一因素。汽车尾气的正常排放，对环境的破坏作用已经非常明显，而实际上，很大一部分是超标准排放，造成十分严重的问题。

汽车尾气排放的主要污染物是铅，同时，一氧化碳、氮氧化物、碳氢化合物、臭氧的排放物污染也很严重。尤其是铅污染，由于铅是有毒物质，半衰期又很长，会引起人的铅中毒，是需要着力防止的问题。

(二)噪声污染

噪声污染主要来自火车、货运卡车等大型车辆，因此也是以大型车辆为主体的物流工具的主要污染因素。与废气、废液污染不同，噪声污染一般只造成局部的环境问题。噪声污染的危害，主要是对人生理上的影响。如表 25-1 所示。

表 25-1 噪声污染对人生理上的影响

噪声强度(分贝)	对人生理上的影响
40	妨碍睡眠
50	妨碍正常听力
60	妨碍两个人在 1 米距离的会话
70	妨碍打电话
80	长期作用会影响人的血压，使人头痛、惊悸、胃肠不适、神经受刺激、激素分泌失调
90	全天处于这个环境中，就会发生听力衰减
100 以上	每天一个小时处于这个环境中，就会发生听力衰减

(三)震动污染

火车、汽车在行驶时,车体本身、车体与地面的撞击都会产生震动,飞机起飞、降落及飞行,也会造成空气的震动。震动往往和噪声同时发生。

震动通过空气和地面的传播,可以引起门窗、室内器物的反应,出现震动,从而对人造成影响。

(四)扬尘污染

物流过程产生的扬尘污染,主要来自两个方面:一个方面是汽车在低等级路面行驶,造成路面上尘土的飞扬,这在发展中国家,尤其是小城镇和农村地区经常出现;另一个原因是粉体物流对象在物流过程中,由于物流过程粗放造成扬尘,例如粉状物、煤炭、矿石等在运输和装卸过程中出现的扬尘。

扬尘物的污染一是会造成建筑物的表面蒙尘,并逐渐侵蚀建筑物表面,使其表面质量下降,尤其是腐蚀性的粉尘对建筑物表面更有危害;二是对人的生活环境、卫生状况造成影响;三是人吸入粉尘后造成对生理健康的影响,尤其是长期处于扬尘环境的人,这种影响更为严重。

(五)有毒物的污染

除了汽车尾气、粉尘之中包含有毒物之外,物流过程中的事故,尤其是装运有毒物设备和有毒物储存仓库发生的事故,会造成有毒物大面积的扩散,从而形成严重的局部污染。即使不是由于事故引起的有毒物污染,在有毒物的物流过程中,也会经常出现和环境接触问题,从而造成一定程度的污染。

物流机械、装备、工具所使用的燃料、添加剂、润滑材料、防护涂料等,在使用过程和设备清洗过程中,通过废物排放,也会形成对环境的污染。

有毒物污染一般是通过粉尘的扩散,液体和气体的排放、挥发和扩散而造成的,这种污染随着火灾、爆炸、水灾等因素会迅速扩散,造成严重的后果。

(六)灾害和损害

物流过程发生事故和灾害会造成突发性的严重损害,包括人身伤亡、设备损失、商品损失以及环境的破坏。近些年,超载运输造成的道路、桥梁、隧道的损坏及使用寿命的缩短逐渐成为物流破坏环境的一个非常重要的原因。

四、绿色物流的本质特点

与一般物流系统不同,绿色物流所追求的主要是社会效益和企业效益的统一,是在"绿色"的前提下追求企业的利益,而不是单纯追求物流企业利益的最大化。

特别需要指出的是,物流本身具有严重的非绿色要素。

首先,物流广泛影响环境。物流的影响不是"点"的影响,而是"面"的影响,它影响的特点是波及全社会。一般产业对环境的影响,局限于产业所在的环境地区,虽然可能造成局部的严重环境问题,但是不会发生广泛而且全面影响环境的问题。

第二,物流多方面影响环境。物流对环境的影响包括噪声、废气、废液、废物、事故、资源浪费等多方面、多层次的影响。

第三,从国民经济总体来看,物流是消耗性的因素而不是增值性的因素。物流总量越大,国民经济的成本负担就越重,环境的负担就越重。

所以,我们面临的历史责任是:在经济发展的同时,必须克服和遏制物流的非绿色因素,以减少物流消耗作为我们工作的指导方针。

五、绿色物流系统

绿色物流系统是现代物流系统创新的一个热点,社会上已经出现了多种以绿色物流为主体概念的物流系统,还有很多种物流系统,虽然没有明确提出绿色物流的概念,但是实际上具有绿色物流的特点。现列举如下。

(一)绿色物流通道

绿色物流通道主要指通过管理和技术手段特别构造的通道式的物流系统,即在一条线路上专门建立的通道式物流系统,或者跨越几条线路建立的通道式物流系统,这种系统的内涵是一条专门的或相对固定的物流通道。通道之所以可以称为绿色,一是在通道的构筑方式上、二是在通道的运营方式上、三是物流对象的其他要素方面部分或者全方位地和绿色相关。

绿色物流通道的主要特点是:没有中间环节,所以可以大幅度减少停滞、等待和环节相接时的能源与资源消耗,以大大提高对物流对象的保护和减轻对环境的压力。

我国晋煤外运专用公路通道就具备绿色通道的特质,虽然所运的物资是黑色的。

(二)活体物流系统

活体物流系统指的是以除了人之外的活的生物为物流对象的物流系统。把这种物流系统称之为绿色物流系统的原因是,物流对象是健康的活体,物流过程中要创造必要的小生态环境,是一种特殊的生态物流系统。

(三)绿色食品及粮食物流系统

绿色食品及粮食的物流对象本身很少或者基本上不对外界环境有太大的影响,这种物流系统其绿色的特征主要表现在整个物流过程,要保持物流对象的绿色,要防止外界环境和物流设备设施对绿色食品和粮食的污染,要创造适宜的防止变质损失的生态环境并且需要严格控制在途时间。

(四)冷链系统

冷链系统绿色的特征主要表现在通过采取的各种技术手段和管理手段,创造一个恰当的生态环境,从而使物流对象保持生、鲜等绿色的状态,有效地降低物流过程中由于腐朽、变质可能给环境及经济效益带来的损失。

(五)水泥散装系统

水泥散装系统绿色的特征主要表现在通过散装的工程和技术手段,减少粉状水泥对外界环境及物流设施装备的污染,减少劳动者由于直接接触粉状水泥而对身体和情绪的影响。这种系统采用机械化、自动化方式提高装卸效率并且减少损失,同时使整个水泥的流通及应用的文明程度得到提升。

(六)零库存系统

零库存系统除了零库存的特殊功能之外,本身也是一个比较完美的绿色物流系统。零库存的绿色主要表现在把库存对环境和生态的影响降低到了最小的限度。对环境没有影响,没有燃料、动力及其他资源的消耗,没有库存损失及浪费。

(七)再生资源系统

将已经失去使用价值的排放物资源化,不但可以增加财富,而且可以大大减少环境的负担,使经济可持续发展。与上述几个物流系统相比,再生资源系统是对社会影响面更大、更有价值的绿色物流系统,是重点发展和关注的系统。

(八)废弃物物流系统

废弃物物流系统是对最终废弃物进行处理的物流系统。对废弃物进行处理,可以防止废弃物对环境的污染和影响,同时,废弃物物流系统本身也具有环保的要素。

第二节　再生资源物流

一、概述

(一)再生资源

再生资源是可以再生利用一类资源的总称,是生产加工制造过程中,尚未形成使用价值的排放物,或生活过程中已完成一次使用价值的排放物的全部或一部分可再转化成有用物的一类资源。

马克思曾经说过:“生产排泄物(即生产上所说的废料)会在同一个产业部门或另一

个产业部门再转化为新的生产要素。”①这个论述指的就是生产过程中的排放物可以转化为再生资源，即新的生产要素。马克思对生活消费品的废料转化为新的资源也有同样的论述，而且特别指出这种现象的普遍性，它们存在“几乎所有消费品”和“几乎在每一种产业中”。可见再生资源的普遍性和广泛性。当然，这就带来了再生资源种类多、数量大，进而对物流提出了特殊要求的问题。

值得提出的是，再生资源是一个系统工程，不能简单地从资源的梯级利用及综合利用技术的角度对资源是否有再生利用的价值进行判断和运作，还必须考虑新资源的供给状况、对环境以及对市场的影响、消费者权益保护等许多的问题。例如，在本章中专门论述的汽车拆解的再生资源工艺，工艺是可行的，其结果可能是出现了拼装车辆，整车的技术指标可能会大幅度下降，又会影响和冲击新车市场，虽然从拆解角度来看，有利于环境保护，但是从拼装车辆废气的排放和安全性角度来看，有害于环境。所以，再生资源的决策，不单是技术问题，需要从更高层次的角度做综合判断。

（二）再生资源和废弃物

再生资源和废弃物是相关的两类，工业、农业、人民生活的活动中，必然要排放各种排泄物，或称废料；现在科学技术和生产工艺可以从初始排泄物中回收可再生利用的部分，称再生资源。

由于再生加工使一部分资源进入循环利用的过程，但是在这种循环过程中，总还是要再不断排放出废物，这种不断排放、不断再生利用的过程中所不断产生的基本上或完全失去使用价值的物质，即无法再利用的最终排放物，本节中称之为废弃物。

排放物、再生资源及废弃物的形成关系如图25－1所示。

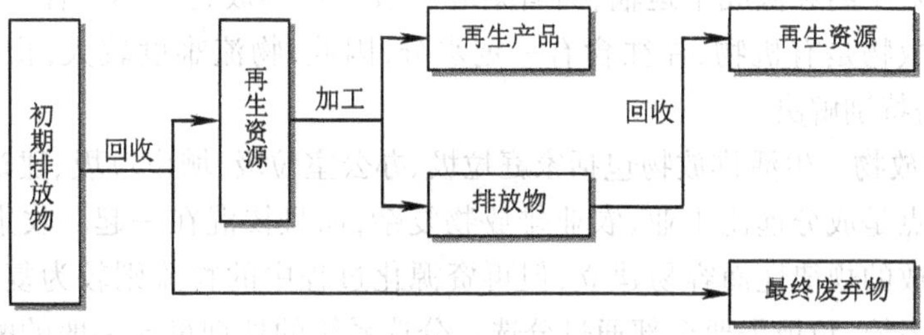

图25－1 排放物、再生资源、废弃物形成关系

现在社会上容易将含有尚可回收利用的一部分再生资源的排放物和最终排放物混淆，都称为废弃物，其实两者是不同的。前者中间还包含没有废弃的部分，而后者则是现阶段科学技术或经济效益决定完全或基本不能再利用的部分。两者的物流形态是不同的。因此本书将排放物分成再生资源和废弃物两个部分，分别研究其物流问题。

---

① 《资本论》第3卷，北京：人民出版社，1966年版，第68页。

二、再生资源的分类

再生资源有多种分类方法,与物流有关的主要有三种。

(一)按再生资源的物理形态分类

按再生资源的物理形态分类,有固体再生资源、液体再生资源、气体再生资源三类,其中物流量较大、物流形式较多的是固体再生资源,往往可利用通常的物流工具和物流系统,液体再生资源则主要利用管道、罐体等特殊物流形式。

(二)按再生资源的来源分类

按再生资源的来源分类,可分为工业排放物、农业排放物和生活排放物。

1. 工业排放物。工业排放物是再生资源的一大来源,大体有三种:一是生产过程中的工艺性排放物;二是生产过程中的废品;三是劳动工具、装备、设施的更新报废物。其中,工艺性排放物受工艺流程和技术水平决定,往往是连续排放同样的物质,排放时间、数量和排放物种类都有规律性,因而能形成稳定的物流系统。

生产过程中的废品,有一定规律性但也有很大的偶然性,其中一大部分可以重回工艺过程中,所以往往在工艺设计中就有工艺复用的流程,而进入社会物流的不多。

更新报废设备、工具等并不是经常发生,因而不可能有稳定的物流系统予以支持,具有发生一次、组织一次物流的特点。

2. 农业排放物。农业排放物主要有农业性生产过程的排放物(如植物秸秆、皮、壳、叶等)和农产品加工过程的排放物两类。前者排放物产出分散,再加上价值很低,其物流的主要特点是短距离和低成本运输,后者则和一般工业排放物大体一样。其不同的是,农产品加工排放物是有机物,往往含有一定水分,因此,物流难度较大,物流中发酵、发霉、污染问题需特别解决。

3. 生活排放物。生活排放物包括家庭垃圾、办公室垃圾、城市垃圾、建筑垃圾等。这种排放物的特点是成分远比工业、农业排放物复杂,而且掺混在一起。收集垃圾物流系统由于垃圾排放的规律性而容易建立,但再资源化过程中的物流则较为复杂,如需要建立庞大的分选系统、垃圾需要全部通过分选。分选系统的处理量比一般的配送中心大得多,分选方法也与一般配送的分选相差极大。

(三)按再生资源来源行业细分

工农业、商业、物流业,几乎其中每一个行业都有排放物,由于不同行业的排放物种类不同、排放方式不同,所以形成了各种不同的物流。这里将几种有特点物流的再生资源行业列举如下:

1. 钢铁冶炼工业。其主体再生资源是废渣及废金属,废渣进行厂内处理(如水淬处理)后进入社会物流系统,由其他行业实行再生加工。废金属则通过厂内物流,重新进入生产工艺过程之中。

2. 煤炭工业。其主体再生资源是煤矸石,其物流特点是装运量大,占用堆场面积大,要求物流成本控制在很低的水平,如果物流成本高,则再生后会因产品价格过高而无经济效益,从而往往将再生资源变成最终废弃物。所以,低成本、大批量的物流方式对这种再生资源的物流至关重要。

3. 电力工业。其主要的再生资源是粉煤灰,其物流特点是排放数量大且连续排放,电厂本身又不能回用。粉煤灰形态特殊,污染严重,不能利用社会公共物流系统,所以往往需要建立专门的物流系统,以一条专用物流管道排放至专门场地或排放至利用粉煤灰的其他企业,形成稳定的、专用的物流线。

4. 木材加工业。其主体再生资源是木屑(包括锯木、刨花、碎木等),其物流特点是就厂复用或进入厂内再生利用生产线,一般不进入社会物流领域。

5. 玻璃生产工业。其主体再生资源是碎玻璃,其物流特点是就厂复用,重新进入生产线中作为原料回炉,一般不进入社会物流领域。

6. 纺织工业。其主体再生资源是落地花、废纺织品、废纱等,其物流特点是就厂复用,作为配料重回生产过程中或就厂制造低档织品,一般不进入社会物流领域。

7. 机械加工工业。其主体再生资源是金属废屑,其物流特点是加工废屑装运难度较大,体积不规则且容重低,需在起始端设立流通加工环节,进行体积的减量化处理和形成容易装卸搬运的单元,因而往往是经压块的流通加工之后再进行运输,这样一来,就可以利用社会物流的公共设施及运输工具,有利于降低物流成本。企业内有熔炼设备的,这种再生资源便不再进入社会物流系统,而通过企业内部物流回收复用。

8. 粮食加工业。其主体再生资源是谷、壳、糠等,其物流一是内部再生产饲料及其他商品,利用企业物流将再生资源和企业内部生产线联结起来;另一物流线是利用外部物流系统运输出厂,由养殖业、化工行业等其他行业利用。

三、再生资源物流的特点

再生资源物流有四大特点。

(一)物流对象种类多

再生资源物流对象种类非常多,这是由以下几个因素决定的:其一,几乎所有的生产企业、消费过程和流通领域都可能产生再生资源;其二,几乎每一个工序、每一阶段的生产过程都产生再生资源;其三,几乎所有人类的劳动成果,最终都可能有一部分转化成再生资源。种类繁多的再生资源决定了再生资源物流系统、物流方式的多样性。

(二)物流数量大

巨大的数量也是再生资源的特点,这不仅是物流总量大,而且还表现在许多种类的再生资源也有单独的巨大数量。对再生资源的数量,各国都难以准确地统计。由于数量大,如果不能有效解决再生资源的物流问题,会对环境造成严重的负面影响。这就决定了再生资源物流要消耗很大的物化劳动及活劳动,需要有一个庞大的物流系统来支撑,也说明再生资源物流是物流系统的一个重要子系统。

(三)物流粗放

再生资源中除少数类别价值较高,有较大物流费用承受能力以外,绝大部分是价值低、数量大且经过一次生产或消费之后,主要使用价值已经耗尽,因而纯度、精度、质量、外观要求都不高的物质,这就决定了可采取粗放的物流方式以降低物流成本,使再生资源在形成新的价值中,物流成本不致过高,以免使再生资源产业无法承受。但是,即使采用粗放的物流方式,尽力压低物流费用,由于再生资源本身价值很低,物流成本的相对比重也很高。经常会有这样的情况,因再生资源的物流费用过高而使这种物质再生在经济上不合算,这就使它不再是再生资源而成了最终废弃物。例如,煤矸石、粉煤灰等一些物质的再生就存在物流费用过高、企业承受困难的问题。

(四)物流路程短

除极特殊情况下再生资源需要用远程物流来支持外,大部分情况下再生资源物流路程都很短。其原因和上述几个特点有关,物流费用承受能力低、数量大、主要使用价值已经实现等因素都决定再生资源的就地就近利用性质,因而物流路程不会太长。

四、几种再生资源的物流系统

(一)以报废汽车为代表的拆解及破碎分选物流系统

报废汽车再生资源的物流在机电产品中具有代表性。它的物流过程中,流通加工占有重要位置,所有的报废汽车几乎都通过一定的流通加工程序,然后以各种新的资源进入到新一轮的循环利用中去。报废汽车再生资源的物流主要有两类不同的系统:

1. 拆解系统。通过拆解方式将汽车上可再利用的东西分别拆选下来,再分别送至不同应用领域,投入新一轮的利用。其系统流程如图 25 - 2 所示。拆解加工的特点是,可以原封不动地取得车辆上的部件、零件甚至总成,仍然保留这些东西的原来使用价值,可以再继续利用这一使用价值,因而,在报废汽车价值基础上可以实现较高的附加价值,经济效益较好。

从社会效益看,这种方式能耗小,社会资源利用充分,所以也有较高的社会效益。

这种加工系统的主要缺点是劳动力投入量大,难以使用机械,劳动效率也较低,因而在劳动力较便宜而汽车价格较高的地区可采用这种物流方式。除了汽车之外,采用这种方式的还有船舶、飞机、家用电器、机械等。

2. 破碎分选系统。通过破碎分选方式将汽车破碎后,再通过分选加工,将不同种类的组成物区分开,从而形成其他领域可用的资源,进入新的资源利用循环中去。其工艺系统如图 25 - 3 所示。

这种物流方式的特点是,可全机械化、自动化操作,不用或少用人力,加工量大,加工速度快,能稳定地形成若干种再生资源,也容易与下一循环的加工利用形成稳定的供应

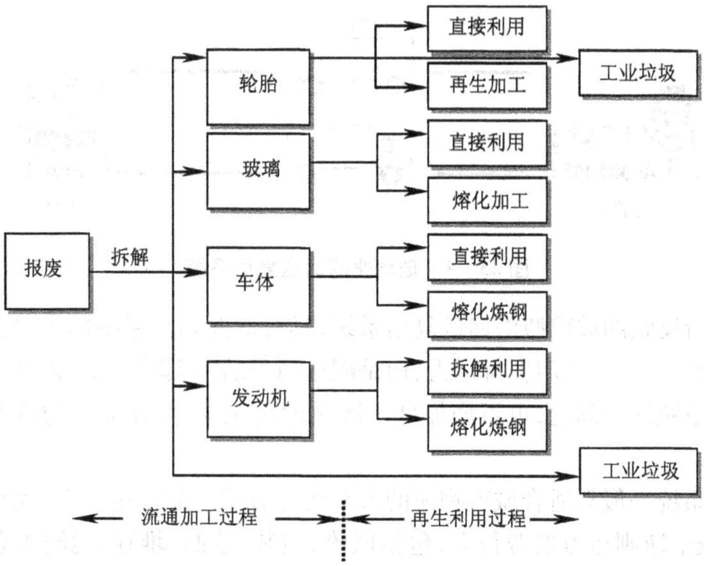

图 25－2 汽车的拆解加工系统

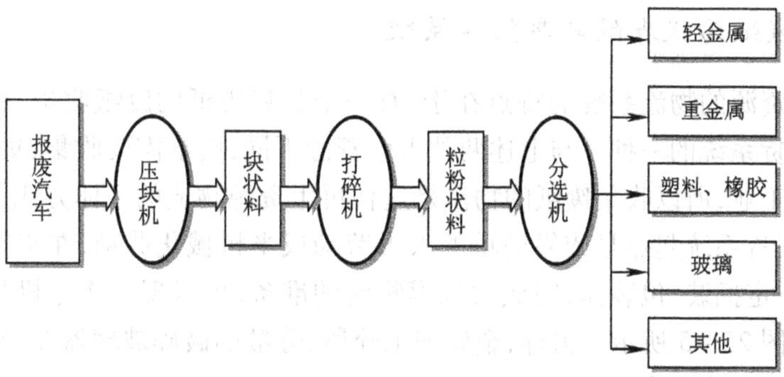

图 25－3 废旧车破碎分选流通加工系统

关系，加工后的再生资源物料规格也较固定，有利于下一步再生利用。

这种物流方式的主要缺点是，需要重型加工机器，设备投资大，能耗大，加工费用高且形成的附加价值较低。

除了汽车之外，可以采用这种方式的还有一般工装设备、家用电器等。

（二）以废玻璃瓶为代表的回送复用逆向物流系统

废玻璃瓶作为可再生利用资源，它的物流方式的特点是，有一个回送复用的逆向物流系统，依靠这个物流系统，可以将用毕的玻璃瓶再回运给生产企业，而不使之成废弃物。在很多情况下，这个回送复用的物流系统可以成为配送的逆运输。在实践中，配送和回送复用物流两者构成了一个往返式的、循环的物流系统，一般将这种系统看成是一个完整的双向配送系统，如图 25－4 所示。

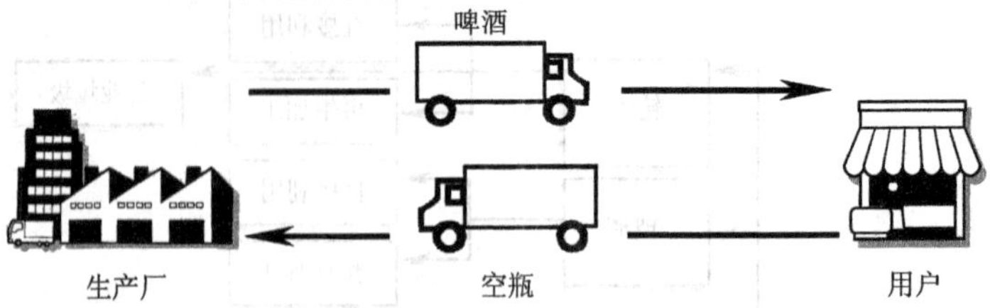

图 25－4　玻璃瓶的回送复用系统

图 25－4 所反映的玻璃瓶的回送复用系统,具有双向物流系统的主要优点。具体表现是:回送复用物流并不专门安排运力,而是配送回程的"捎脚"运输,因此并不增加多少投入便解决了空瓶回运问题,也不增加城市区域的物流密度,在城市物流范围采用具有优势。

这种回运系统一般只适合城市物流的汽车运输方式。如果是火车、大型汽车等远程物流,返程只载空瓶则运力浪费很大,包括回收、包装、装卸、堆存、运输等总体的物流费用往往可能超过新瓶的价格,生产厂不如购置新瓶。在这种情况下,这种回送复用的物流系统便失去价值。除了瓶子之外,采用这种方式的还有包装箱等。

(三)以废纸为代表的收集物流系统

废纸再生资源的物流系统的特点在于,有一个收集废纸的废纸收集物流系统,这种收集系统是集货系统的一种。与上述两种再生资源不同,废纸需要收集、集中,才能批量提供给再生加工业,所以收集废纸的物流是这种再生资源物流的主体方式。由于废纸资源分散,这种集货系统起点是依靠简单的人力劳动或半机械化劳动,在集货结点处进行集货加工,成一定捆装、包装体,完成大规模物流的准备,再以现代物流机具运送给再利用的用户。如图 25－5 所示。另外,金属加工碎屑、分散的破碎玻璃器皿、碎废布等再生资源也采用这种物流方式。

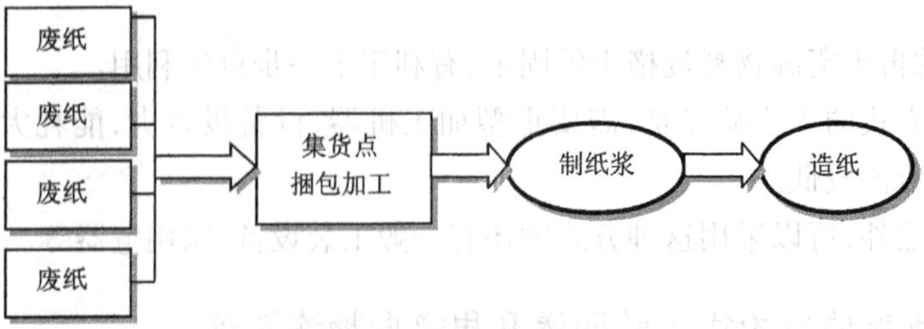

图 25－5　废纸收集物流系统

(四)以粉煤灰为代表的联产供应物流系统

粉煤灰再生资源的物流方式有很多种,其中较特殊的一种方式是联产建筑材料的供应物流方式,这种物流方式所采用的物流手段主要是管道。

电厂排放的粉煤灰，如不采取联产建筑材料的供应物流方式，则只能排到山谷、河谷、坑塘之中，形成这种再生资源的人为堆积地，日后有可能取走复用，也有可能堆积不用，成为最终废弃物。而采用这一方式，电厂通过管道将粉煤灰直接输送供应给建筑材料生产企业，这种再生资源也成了建筑材料生产企业的主要原料。这个物流系统既是电厂的排放系统，也是建材厂的原料供应系统。

此外，化工石膏、冶金矿渣等也采取这种物流方式。

（五）以废玻璃为代表的原厂复用物流系统

玻璃生产企业中碎玻璃物流系统，是原厂复用，即无论哪个工序产生的碎玻璃，都可回运至配料端，由于其成分与本厂生产玻璃成分一致，无须再进行成分的化验和组成的计算，而按一定配料比例与混合料一起投入炉内重新熔制即可。

这种原厂复用系统的物流设备大体有两种：一种是料斗与传送带配合，各工序碎玻璃扔于料斗中，通过料斗漏置于传送带上，再由传送带直送投料处的废玻璃堆场；另一种是采用作业车辆完成物流，各工序碎玻璃投入带斗车辆中，定期用车辆运至投料端待再熔化。这种物流方式流程如图 25－6 所示。陶瓷工业的泥料，冶金工业中的金属渣、块，机械工业中的边角料、车削料等再生资源也采取这种物流方式。

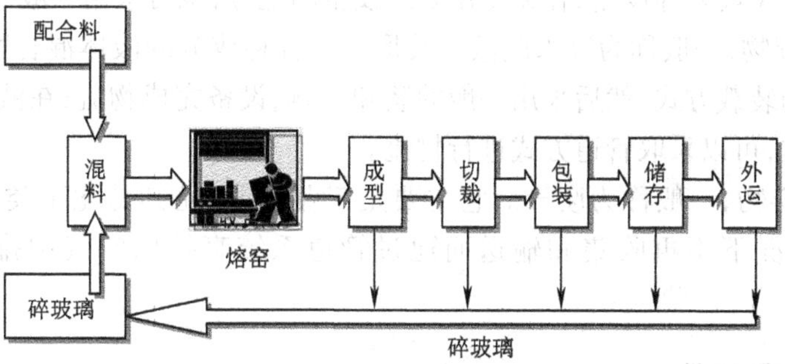

图 25－6 玻璃的原厂复用方式

第三节 废弃物物流

废弃物是最终排放物。虽然废弃物的产出非常广泛，但是，城市是废弃物的集中产出地，也是对城市环境恶化有重大影响的重要因素。

废弃物物流是城市物流有非常重要意义的子系统。

一、废弃物概述

一般所指的废弃物有两类：一类是中间废弃物，这种废弃物中还有可再生回收利用的部分,在本书中已将这类废弃物列入再生资源之中;另一类是最终废弃物,即在现阶段技术和经济条件下完全不能再一次全部或部分使用,即基本或完全失去使用价值的废物。在本书中废弃物的特定含义是指后一类。

当然,对于自然界中的废弃物不能予以绝对化,在自然界中没有绝对废弃的东西,这里讲的废弃物是以现在技术和经济水平衡量而决定的。比如生活及城市垃圾,许多国家将其当做最终废弃物处理,而有些国家则可经济地予以分选,分选出若干种再生资源,而最终废弃的仅为原垃圾的50%以下。我国的生活垃圾在很多地区经过分选分离了有用物质后,剩余的再用于堆肥、制肥,使之全部资源化,实现废弃物减量化。但总的来讲,世界各国无法再用的最终废弃物是越来越多,其物流问题也就十分突出了。

二、废弃物的种类及特点

废弃物有两种分类方法。

(一)按物理形态分类

废弃物按物理形态可分为三类:

1. 固体废弃物,一般称为垃圾。其形态是各种各样固体物的混杂体。这种废弃物物流一般采用专用垃圾处理设备,在无专用处理设备的地方,也可采用一般物流工具。

2. 液体废弃物,一般称为废水废液。其形态是各种成分的液体混合物,这种废弃物物流采用罐装的装载方式,然后采用一般的装卸、运输设备完成物流;在液体废弃物生成量比较大的地方,可以采取管道方式进行物流。

3. 气体废弃物,一般称为废气。它主要是工业企业,尤其是化工类型工业企业的排放物,多种情况下不再收集和输送而通过管道系统直接向空气中排放,其物流较简单。

(二)按来源分类

废弃物按来源分主要有以下几种:

1. 生活垃圾。生活垃圾是人民生活中各种排放物的混杂体,其主要成分有食品屑、水果屑、蔬菜帮叶及变质的各类食物等有机物,有各种生活用品的包装废料,有建筑物、家具、用具损坏形成的无机物等。

生活垃圾的物流特点,是垃圾本身对环境卫生有很大影响,有污染,有异味,有细菌传播和蚊蝇滋生,而且数量大,是经常性排放物,需用防止散漏的半密封物流器具储存和运输,而且需要专用,因而物流费用较高。垃圾专用收集及运输车,不仅可以解决生活垃圾的装卸问题,而且可密封运输。

2. 产业垃圾。产业垃圾是各种产业排放的最终废弃物,大多是尽可能再生之后不可再利用的最终废弃物。

产业垃圾的产出源在各产业的各行业之中,每个行业都有其特点。例如:第一产业即农业最终废弃物为农田杂屑,大多不再收集处置,也很少有物流问题;第二产业最终废弃物则因行业不同而异,其物流方式也各异,基本是完成向外界的排放和向堆场、填埋场地的物流;第三产业的垃圾和生活垃圾类似,其处理方式也类似;基本建设产业的垃圾则主要是土、石、碎混凝土、砖屑等,由于量大体重,大多就近填埋,或到指定填埋场填埋。

3. 环境垃圾。环境垃圾大多没有一定的产出源,而是来自总体环境,如街道土、环境落尘、落叶、环境丢弃物等。也有些环境垃圾是其他产业或生活造成的,例如向环境排放的废水、废气、废渣等。环境垃圾产生面积大,来源广泛,对环境危害大,其物流特点是大多进行收集及掩埋,物流任务是完成对环境垃圾的收集并完成至处理掩埋场的物流。

另外,环境垃圾的特殊流通加工也是环境垃圾物流的特点,如废水处理场对废水进行的处理加工,对最终废弃的环境垃圾进行无害化的加工,通过焚烧进行减量化加工等等。这些流通加工的目的与一般流通加工的目的有本质区别,不是为了增值而是为了减少危害。

三、废弃物物流的几种方式

(一)垃圾掩埋

在一定规划地区,利用原来的废弃坑塘或用人工挖出深坑,将垃圾运来后倒入,到一定处理量之后,表面用好土掩埋,掩埋之后的垃圾场可还田于农,进行农业种植,也可用于绿化或做建筑、市政用地。这种方式适于对地下水无毒害的固体垃圾,优点是不形成堆场,不占地,不露天污染环境,可防止异味对空气污染;缺点是挖坑、填埋、造地等活动需要有一定投资,在未填埋期间仍有污染。

(二)垃圾焚烧

垃圾焚烧是在一定地区用高温焚毁垃圾以减少垃圾和防止污染及病菌、虫害滋生。这种方式只适用于有机物含量高的垃圾或经过分类处理,将有机物集中的垃圾。有机物在垃圾中容易发生生物化学作用,是造成空气、水及环境污染的主要原因,而其本身又有可燃性,因此,采取焚烧的办法是很有效的。

(三)垃圾堆放

在远离城市地区的沟、坑、塘、谷中,选择合适位置直接倒垃圾,也是一种物流方式。这种方式物流距离较远,但垃圾无须再处理,通过自然净化作用使垃圾逐渐沉降风化,是一种低成本的处置方式。

(四)净化处理加工

净化处理加工是对垃圾(废水、废物)进行净化处理,以减少对环境危害的废弃物物流方式。废水的净化处理是这种物流方式有代表性的流通加工方式。在废弃物物流领域,这种流通加工具有特殊性,这种流通加工不是为了实现流通和衔接产需,而是为了实现废弃物无害化排放,因而特点显著。其主要特点是有良好的社会效益而微观经济效益很差,一般流通加工有较大的产出投入比,而净化处理的流通加工的产出投入比很低,因而这种物流活动主要是社会活动而不是经济活动。

第四节 精益物流

一、精益物流的概念

理解精益物流,关键是理解精益的概念。

精益是对英文 Lean 的一种翻译,Lean 的一般含义,是指事物的一种极端或一种倾向,是带有瘦弱、贫瘠、细小、干瘦、扁平、精确、精准含义的一个英文词汇。把这个词汇用于一种思想的描述、一种生产方式的描述、一种有效事物的描述,人们选用精益这个词,是非常妥帖的。精益这个词汇,在中文里是“精益求精”的简称。它反映的是“少而精”的概念,能够非常妥帖地表述 20 世纪末在发达国家出现的“精益思想”、“精益企业”、“精益生产”,以及在农业、工业、建筑业、物流乃至军事领域的一种趋势。20 世纪末,我国开始认识接受这个趋势,国家经委在全国生产企业,尤其是制造业推动“精益生产方式”,农业领域开始重视和实践“精准农业”,建筑业提出“精益房地产”概念等等,这种趋势也必然影响到物流,以配送系统支持的连锁商业、中国邮政把精益物流作为邮政物流的系统目标等都反映了这种趋势。

什么是精益物流?精益物流是以精益思想为指导的,能够全方位实现精益运作的物流活动。

精益物流的提出,是和现代经济社会的发展紧密相关的。这是因为,物流企业的用户,尤其是像制造业、快递业、电子商务这样的用户,其本身受客户的要求拉动,迅速实现了精益化,根据精细化的原理,这种拉动作用必然会沿着价值的流程,一级一级地传递拉动上去,这种拉动作用深入到物流领域是事态发展的一个必然结果。

后工业化社会,出现了多批次、小批量、多品种的物流需求,同时,随着工业产品出现的轻、薄、短、小的发展趋势,物流的组织方式和运作方式必然要发生变革。这种变革,使物流领域很难再沿用过去与大批量生产相适应的大宗物流形式。大宗物流,确实可以像大批量生产一样收到低成本、高效率的优势,但是这种物流形式没有形式贯穿物流的全程,或者说,只有少数的渠道可以用这种形式贯穿全程,多数情况下,越是接近末端,当渠道变得细而密的时候,就会出现成本迅速增高和效率迅速降低的现象。所以,用“大物流”的形式来满足“多批量、小批次、多品种”的需求,显然,不但在技术上和流程上难以适应,而且会使物流成本变得难以承受。精益物流必须具备解决这些问题的能力。

二、精益物流的基本原则

精益物流的基本原则与精益生产的基本原则是共通的。学者田宇、朱道立曾经在同名文章中介绍理查德·威廷提出的精益物流基本原则的一种模式。本书作者和合作者根据中国的国情,在为中国邮政策划现代物流系统时,也提出了邮政精益物流的一种模式。精益物流的模式应该有很多种,这是因为大千世界实在是变化万端,企图用一种模式来全面解决所有的问题,迷信一种模式,把一种模式作为定式,并且用行政的力量进行推广,那是一种不科学的想法和做法。

(一)理查德·威廷提出的精益物流原则

理查德·威廷提出的精益物流原则有以下五个方面:

第一,从顾客的角度而不是从企业和职能部门的角度来研究什么可以产生价值,并且用这个价值来进行一系列环节的推动;

第二,以价值为基点分析价值流,按整个价值流来确定所有物流流程中所必需的步骤和活动;

第三,让价值流实现有效的流动,通过消灭无效和浪费,形成没有中断、没有对流和迂回、没有停滞等待、没有丢失和损毁的物流活动,这种活动必然为用户创造增值的条件;

第四,价值的创造,必须按用户的要求,由用户进行拉动,而且必须做到"恰值其时";

第五,不断对整个活动进行修正和完善,不断消除无效、损失、浪费,追求尽善尽美。

(二)本书作者和一些物流专家对精益物流原则的看法

本书作者和一些物流专家在为中国邮政策划精益物流时,根据我国的国情和中国邮政的特点,提出精益物流是具备以下四个特点的物流系统:

第一,拉动型的物流系统。在精益物流系统中,顾客需求是驱动生产的原动力,是价值流的出发点。价值流的流动要靠下游顾客来拉动,而不是依靠上游的推动。当顾客没有发出需求指令时,上游的任何部分不提供服务;而当顾客需求指令发出后,则快速提供服务。系统的生产是通过顾客需求拉动的。

第二,高质量的物流系统。在精益物流系统中,电子化的信息流保证了信息流动的迅速和准确无误,还可有效地减少冗余信息传递,减少作业环节,消除操作延迟,这使得物流服务准时、准确、快速,具备高质量的特性。

第三,低成本的物流系统。精益物流系统通过合理配置基本资源,以需定产,充分合理地运用优势和实力;通过电子化的信息流,进行快速反应、准时化生产,从而消除诸如设施设备空耗、人员冗余、操作延迟和资源等的浪费,保证物流服务的低成本。

第四,不断完善的物流系统。在精益物流系统中,全员理解并接受精益思想的精髓,领导者制定能够使系统实现"精益"效益的决策,全体员工贯彻执行,上下一心,各司其职,各尽其责,达到全面物流管理的境界,保证整个系统持续改进,不断完善。

(三)服务拉动(驱动)是精益物流的根本原则

归根结底,精益物流最根本的原则是服务拉动(驱动)的原则,以客户提出的服务要求作为起点,以实现这个服务作为终点。这也是一种物流系统是否实现精益化的检验标准。

三、精益物流的服务对象

精益物流不可能覆盖整个物流市场,选择适用的对象是非常重要的。

(一)服务客户的市场细分

不是所有的客户都需要物流的精益服务,这取决于客户的需求和客户能够承担的物流成本。所以,这种服务不可能覆盖整个物流市场,需要通过市场细分来选择客户。

精益物流由需求决定。在物流领域,大部分需求仍然是一般、普遍的,需要一种普遍的服务水平与之适应,虽然这些领域精益化的思想仍然可以不断地指导改进服务,但是,不是所有的物流系统都需要进行精益化的构建。精益化的物流系统需要进行相当规模的工程建设,这需要付出成本。像丰田汽车公司那样,在保持和降低成本的前提下,创建了一个震惊世界的精益企业,取得了大批量生产汽车的成本和价值竞争优势,这是绝无仅有的。一般而言,精益方式的建设,需要付出相当的资金,所以,是否选择精益物流,这要根据精益物流的服务对象对价值的判断来确定。

(二)物流对象物的市场细分

精益物流物流对象应当是重要商品以及高附加值产品,因为这种类型的产品,有比较高的物流费用承担能力,因而可以使用成本比较高的精益物流系统。当然,这种高投入要在取得比较高的服务水平的情况下才可以实现。

就具体的物流对象而言,大体上有以下类别:

1. 制造业的产品。例如,家用电器、电工产品、仪器仪表、医疗器械、汽车及汽车配件、工具等。
2. 高科技的产品。例如,电脑及电脑组配件、通信信息类产品及配件等。
3. 精细化工产品。例如,化妆品、医药用品、保健品等。
4. 高附加值的产品。例如,服装百货产品,包括礼服、西服、时装等。
5. 安全和保质要求很高的产品。例如,炸药、燃料、油漆、高档食品、油料、海产品及肉类等。
6. 无价及保价格货物。例如,信件、公函、快递包裹等。
7. 贵重物品。例如,珠宝、首饰、工艺品、古玩、字画等。

四、精益物流服务方式

精益物流服务方式属于精细服务和增值服务。

在工业化社会中，由于采用大批量的生产方式，产品缺乏个性化，其所派生的服务，大多是相同水平的“一般服务”。具有个性化的、以恰当的高投入获取更高服务水平的增值服务是当代的一种广泛趋势。精益物流是增值服务，这就决定了精益物流的服务方式不同于一般物流。

作者在《现代物流管理》一书中提出了物流服务的服务水平与服务方式，是这样进行的分类：基本服务、精细服务和增值服务。精益物流服务方式属于后两者。

物流的三种服务方式如下所述。

（一）基本服务

基本服务是社会化物流企业能够向客户提供的最低限度和通常的服务。这个服务所遵循的原则主要有以下几方面：

1. 满足用户的基本需求，以用户为上帝，服务带有被动性。
2. 以服务的买卖双方为交换对象，双方是一种合同关系，不是伙伴关系。
3. 以无故障或低故障服务为服务水平的目标，这个目标带有保守性。
4. 服务面向所有用户，对客户来讲实行相当于国际贸易中的“国民待遇”，即完全同等的服务方式和服务水平。
5. 基本服务带有一定的公益性。

基本服务带有公益性的色彩。很多国家把基本服务作为国家对于人民承诺的公益性事业，提供基本服务往往可以获得国家的优惠和财政方面的补贴，因此，可以用比较低的价格对所有的公民提供相同的服务。这种服务虽然不属于高质量的服务，但还是可以保障人民基本需求的服务。以产出与投入相比较的价值判断来讲，由于获取这种服务的投入较低，也可以获得比较高的价值。实际上，基本服务可以做到的是用户对物流的一般需求得到满足。也就是说，应该通过社会物流企业的服务使用户的基本需求具有“可得性”。社会物流企业对客户的服务方式、服务水准应该得到客户的认同，例如，双方在合同中明确差错率或故障率，也就是说，基本服务对于客户而言要有“可接受性”。对整个基本服务业绩的判断，不是一个高标准的判断，不能依靠这种基本服务来取得超出其范围的成绩，因此，是以“可靠性”为服务绩效的认定。

（二）精细服务

精细服务是在基本服务基础上的高水平服务，这种服务也是面对所有客户，不带歧视性，不带特惠性。高水平服务的标准，可以规定为“零缺陷服务”，也可以规定为“精细物流服务”，具体的服务水平，要根据社会物流企业的服务能力来确定。

（三）增值服务

增值服务的概念是，通过社会物流企业对客户的服务，可以提高客户物流活动的效率和效益，通过社会物流企业的物流服务，使客户的物流领域成为“第三个利润源”。

增值服务需要通过定制。用定制物流实现增值，也是在物流领域普遍采用的一种形式,其主要原因,就是在物流领域有更多的甚至更强的个性化需求。要满足这些需求,非采取定制的形式不可。当然,定制物流需要有较高的投入,也需要有比较高的技术和管理水平才能够承担这种物流服务,因此,这种服务必须以单独的合同形式予以明确。

一般来讲,增值服务是对特定客户的特定要求实行的服务。当然,如果社会物流企业在服务方面有所创新,也可以用增值服务的形式面对所有的客户进行服务。

顾客对于服务的价值判断,是将能够获取的服务水平和服务质量与需要付出的代价相比。显然,增值服务应该使顾客获取到更高的价值,这可以用图 25 -7 所示的增值环来表示。

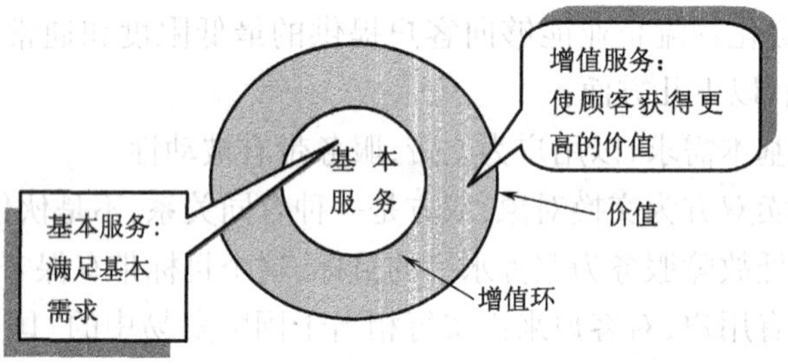

图 25 -7 服务的增值环

精益物流的服务方式,应当是上文所述的后两种服务方式,即属于精细服务和增值服务范畴的服务方式。在物流领域,采用最多的服务方式是基本服务,在有些领域里面(如在邮政领域和铁路领域),将这种服务称为“普遍服务”。其主要原因是由于社会对这种服务需求量巨大,因而比较容易形成规模和批量,可以创造与大生产相适应的“大物流”的条件,因此可以实现低成本的运作方式。再加上这种服务的服务领域广阔,覆盖面比较大,这就决定了它也具有方便用户的精益内容,提高基本服务水平可以相应减少精细服务和增值服务的要求。

就最近 50 年的历史而言,我们可以看到这样一个趋势,那就是基本服务(普遍服务)的水平在不断地提高。在现代社会,随着科技进步和管理水平的提高,更先进的装备、更先进的工程进入到基本服务领域,基本服务水平不断提高已经成为一种趋势。与之相对应,定制物流服务的需求会相应减少。

五、精益物流系统的建立

(一)两条道路:创建及不断改进

建立精益物流系统,基本上有两条道路:

1. 创建全新的精益物流系统。从组织、管理到技术装备、工程设施,完全新建。全新的精益物流系统,需要强大的技术支持,现在在物流领域,已经有适应不同物流对象和服务需求的物流技术,尤其是在 20 世纪 90 年代之后,信息技术在物流领域的应用,有效地解决了物流领域技术落后的问题。

在具体的运作中，除非是全新的项目才有可能按精益思想的理论方法和流程进行构建，比较多的情况是，在推进物流合理化的过程中逐渐实现精益化。

2. 不断改进，实现精益化。在原有物流企业和物流系统的基础上，通过流程再造以及不断完善，建立精益物流系统。

物流系统的建设和一个工厂的建设是有区别的。投资新建一个全新的工厂，这是经常发生的事情，投资兴建物流系统中的一个具体设施，如车站、港口，这也是常见的。但是，在实践中，物流系统的建设往往更多地采用在原有系统和渠道的基础上不断完善的办法。精益物流系统的建设，大多是在原有系统的基础上推进精益化。

物流系统实现精益化的具体方法，根据精益思想的原理，国外虽然有一些比较成熟的探索，但是往往是局部的，其广度和深度远远不如生产领域的制造业。这些探索主要集中于消除物流活动中的无效和浪费，在精益思想的指导下，只要能够长期坚持，一点一滴地不断改进，就会使企业一步一步地达到精益化。

（二）简化是精益化的一种思路

在不断改进中实现精益化，有人理解成不断地增加这个系统的技术含量和装备设施，认为只有高水平的技术和现代化的工程系统才能实行精益化，这应当说是一种不全面的理解甚至是误解。应该这样认识：简化是精益化的一种思路。实际上，在遵循精益思想对物流系统进行不断改进和合理化的过程中，由于不断地消除无效和浪费，简化是必然的一个结果。

第五节　应急物流

一、应急物流的概念

应急物流是指以追求时间效益最大化、灾害损失及不利影响最小化为目标的物流系统。

具体而言，应急物流是指为应对紧急、突发事件建立的物流系统。这个系统的重要特点是有非常强的应变性以及快速反应的能力，尤其是快速反应的能力和快速物流的能力，实际上也是一种快速物流系统。

现今的世界，紧急、突发事件具有不确定性和非常规性，虽然是小概率事件，但是，这种事件种类很多，积累起来已经成为一种常态。例如，自然灾害、突发性生产事故、突发性治安、公共卫生事件、公共安全事件以及军事冲突等突发事件几乎每天都会出现。对于经常出现的一些事件，例如火灾，我们可以建立专门的应急系统，但是，不可能对每一种类似物流事件都建立相应、专门的物流系统，因此，建立一种能够全面应对紧急、突发事件的物流系统十分重要。当然，建立应急物流系统的难度也在于此。

由于应急物流系统可以对紧急、突发事件需要的物资进行紧急物流保障,所以它具有突发性、不确定性、非常规性以及弱经济性等特点。

特别需要解释弱经济性的问题。应急物流要强调的主要是物流方面的应急反应,有时候需要牺牲经济利益。当然,应急物流也需要优化,包括经济方面的优化,但是经济方面的优化不可能是主体,达到应急目的的物流效率才是主体,这是弱经济性的体现。不把物流的经济利益放在主要地位,这是应急物流和普通物流重要的区别。但是,弱经济性的"弱",并不等于"没有",不能为了应急就可以完全不考虑物流的合理性,可以通过有效的领导和组织、周全的预案来达到弱经济性的目的。

二、物流活性

物流活性是对物流状态的一种描述,与应急物流有很强的相关性,是应急物流特别需要具备的物流状态。

(一)物流活性的概念

物流活性反映的是进入物流状态、转换物流状态以及物流运作的性质,是物流反应的方便性、灵敏性、快捷性,物流运动的容易性及各物流环节衔接性、顺畅性的一种综合评价。综合评价不仅是各种状态、性质的综合评价,也是不同物流环节活性的综合评价。物流活性包括物流系统中各个分系统的活性的综合,物流活性是由库存活性、运输活性、包装活性、搬运活性和物流信息活性构成的综合概念,尤其是搬运活性应当是最早出现在物流领域里面的活性概念,是物流活性的一个基础概念。

对于物流活性,现在还缺乏权威的表述,本书多次提到的国家标准《物流术语》中也没有对物流活性做出标准性的解释。

对于物流活性需要辩证地认识,需要根据物流需要来确定物流的活性。增强物流活性对于许多物流活动都有非常重要的价值,如本节所述的应急物流就是如此。物流活性的提高,对于加快物流速度、提高物流作业效率具有重要的作用。从另一方面来看,物流活性的提高不仅需要付出相应的代价,还会提高物流的成本,同时,过高的活性造成不稳定性,容易形成对物流状态的一种失控,造成物流对象的损失和操作运作的失误,这些是需要注意避免的问题。

(二)应急物流需要高度的物流活性

应急物流需要快速响应,这个快速响应基于以下几个条件:

一是有能够迅速传递信息的条件。

二是有能够立即动员的、迅速投入行动的管理和指挥条件。

三是有能够满足快速响应的"物"的条件,也就是说,能够在第一时间取得为了应急所需要的物资。

四是有能够进行没有障碍或尽量少障碍的快速运输的条件,能够尽快地把应急需要的人员和物资运送到目的地。

应急物流的这些过程，都需要物流活性的保证。高度的物流活性是应急物流所依托的物流条件。

三、应急物流的特点及种类

（一）应急物流的特点

与一般物流比较，应急物流需求和运作有如下特点：

1. 物流需求的紧迫性和快速反应性。
2. 物流需求的突发性和不确定性。
3. 物流需求的随机性和不可预知性。
4. 物流需求的不均衡性和非常规性。
5. 物流运作的高成本和弱经济性。

很多人都指出，应急物流必须追求效率而很难顾及效益，这就是它的弱经济性的表现。然而，危机处理成本也是一个重要的问题。正是因为应急物流运作成本高，所以要防止过度预防和过度反应。但是，在应急事件发生后，掌握“度”，防止过度预防和过度反应是非常困难的事情。过度预防造成的后果是积压和浪费。要想使这个问题得到缓解，除了进行有效应急信息传送以及应急指挥得当之外，制订应急物流预案也是行之有效的方法。

（二）应急物流的种类

应急物流可以按应急的领域不同分类。应急物流的三大领域是军事应急物流、灾害应急物流和生产应急物流，每一种应急物流都可以进一步细分。

1. 军事应急物流。从军事角度可以分为军事应急物流和非军事应急物流两大类。军事应急物流指的是战争或者非战争状态下为支持军事活动所发生的紧急的物流活动，这是军事科学关注和研究的问题。非军事应急物流是本书对应急物流关注的重点，通常所说的应急物流，主要是指非军事应急物流。非军事应急物流包含的范围非常广泛，可以进一步细分为灾害应急物流、事故应急物流、疫情应急物流等。

2. 灾害应急物流。灾害应急物流又可分为自然灾害应急物流和人为灾害应急物流两大类。

当前，自然灾害已经成为各个国家的重要事件，是和平时期造成人类生命财产损失的主要因素。应对气候变化是世界各国都需要面对的重大问题。要提高应对极端气象灾害的综合监测预警能力、抵御能力和减灾能力，建立应急物流系统是非常重要的，应急物流系统是应对极端天气灾害的手段之一。

3. 生产应急物流。生产领域经常会发生一些意想不到的紧急事件，这些事件可能会导致非常严重的后果，例如原材料供应不上、产品数量大幅度下降、生产效率大幅度下降、产品质量出现严重问题等紧急事件。其原因除了战争、灾害之外还可能有决策的失误、管理的失误和混乱、信息传递错误、罢工及人事纠纷等等，这些问题虽然与灾害性事件有区别,但造成的后果同样是严重的,需要有一个很全面的应急系统才可以去面对上述紧急的事件,其中就包括应急物流系统。

四、应急物流系统的主要内涵

应急物流只是应急系统的一部分,应急物流系统的发展和建立应当从整个应急系统出发。从这个角度来认识,应急物流系统的主要内涵如下。

(一)应急物流的指挥、协调和管理

应急危机的应对,需要有高度集中的指挥、协调和管理体制。这种体制是一种“准军事化”的体制形式。

这种体制形式的主要构成是:领导机关的结构和执行部门的层次。责任明确、清晰,决策传递准确、快速,最少的层次和最大的行动能力是这种体制的关键。

这种体制形式还需要有完备的管理和应急的结构,就是每个部门、每个人的责任所在以及应急指挥和命令的传递,这些都需要有明确的程序。

国家有关部门对自然灾害应急相应设定为四个等级,其中,每一个等级都有体制和管理方面的规定。例如,在一级应急响应的情况下,规定由减灾委主任统一领导、组织抗灾救灾工作,协调铁路、交通、民航等部门紧急调运救灾物资。

(二)应急物流预案

应急物流预案是必须要有的,这是应急物流的重要特点。本质上,应急物流预案就是一种计划的形式。

一般的事件发生之后,按照一般的常规,在掌握事件情况之后再制订和推出解决方案,然后再去实施这个方案。但是在紧急事件发生之后,不可能按照这个程序办事,应该做的就是应急的快速反应。

应急快速反应的依据主要有两个方面:一是快速掌握并且分析的信息;二是选择预先制订好的应急物流预案,按照预案开始行动。

应急物流预案的作用也主要有两个方面:其一是防范危机的发生并且有效地处理危机;其二是将处理危机的成本及各种消耗降到最低。

在应急物流预案的基础上定期或者根据情况的变化,在系统或系统的某些部分进行演习,目的在于检验预案的可行性和有效性,尤其是检验和磨合指挥和调度、管理体系。

预案要充分体现处理紧急事故的能力,同时体现科学性和经济性。在紧急事件发生之后,制订预案时的科学性和经济性的考虑可以通过预案发生作用,这可以把应急物流的成本控制到合理范畴,同时在指挥调度、危机处理、行动流程各个方面防止盲目性。

（三）应急物流快速反应机制

快速反应应当成为应急物流的一种内在的能力，这种内在的能力已经形成了一种自然反应的、自动运行的、自发调整的一种机制。

（四）应急保障

应急物流系统的方方面面最后要落实到应急保障之上。提供应急保障是应急物流系统的首要内涵。应急保障包括三个方面：

一是速度的保障。快速是应急保障的重要手段。

二是财产的保障。抢救财产也是危机处理必须要做的事情。

三是抢救物资的保障。应急物流系统的重要责任是解决应急物资的及时送达问题。

（五）应急物流平台

有条件的部分地区建设应急物流平台也是应急物流系统的重要内容。应急物流平台不能普遍建设，因为它需要消耗很多的资源，同时很难稳定运行。但是它也具有一定的可行性：

首先是物流信息平台完全可以和现有信息平台一体化，构建适合需要的通信网络，确保应急通信安全畅通。

还有就是与一般的储备相结合，建立应急物资储备。我国在沈阳、天津、武汉、南宁、成都、西安等10个城市设立的中央级救灾物资储备库，属于应急物流平台的一部分。

建立地区间的、国家间的“紧急通道”也是应急物流平台的一种形式。也就是说，当需要时建立并开通一条或者多条应急保障专用通道，可以保障运输的畅通，可以保障应急物流有效简化作业程序和提高速度。

第六部分

物流管理

第二十六章

物流的宏观管理

第一节　物流管理体制和管理目标

一、物流的宏观管理体制和管理目标

物流的宏观管理是基于这样一个前提:物流是国民经济不可缺少的经济领域。物流在国民经济中起着国民经济生活和生产的保证作用。物流在国民经济中所处的地位是服务的地位。

这里讲的管理体制,指的是重要物流资源和物流运作的管理,即使在计划经济体制时代,也并不是所有的物流资源和物流运作都纳入国家管理的范畴。很多小规模、小范围、孤立的物流资源、大量的物流运作并没有进入国家宏观控制的范畴,而是以分散化的、市场化的状态存在。不同时期宏观物流管理的区别在于,对于铁路、公路、航空、仓储设施这些重要的物流资源的管理体制的差别。所以,这里面讲的宏观管理体制,专指这些重要物流资源的管理体制。

(一)物流的宏观管理体制

物流的宏观管理体制有三种类型:

1. 集中管理的类型。重要物流资源和物流活动由国家和各级政府进行集中的、统一的管理。这种管理体制由国家和各级政府筹措资金进行建设,由国家和各级政府委派相关的政府部门进行管理和经营。这是计划经济国家长期采用的管理体制,市场经济类型的国家,在特殊情况下(如战争、紧急情况),也可以通过征用的办法进行类似的集中管理,特殊的情况下采取特殊的体制。

实行这种集中管理体制有三个原因:

(1)国家的经济体制和社会制度的原因。重要物流资源和物流活动之所以采取集中管理的体制,与这个国家的经济体制和社会制度有关,毕竟对于重要物流资源的管理体制,是国家体制和社会制度的派生物。

(2)资源重要性的原因。铁路、空运、海运等不但与经济活动有关,而且与军事活动有关,它们也同时是重要的军事资源。这些资源有时候关系到国家的命脉和主权;从经济发展角度来看,这些物流资源和物流活动同时也是国民经济的基础资源,是国民经济各个产业发展的支撑力量。对于这些重要的国家资源和物流活动,由国家和各级政府进行管理会提高这些资源的保证程度。

(3)资源短缺的原因。资源短缺,就必须合理分配。在物流这种重要的基础资源短缺的状况下,必须有能够代表全社会的力量进行资源的合理使用和分配,否则,就会出现严重的社会问题和资源分配的不均。在通常的状况下,物流资源短缺是促成实行集中管理体制的本质原因。

2. 集中与市场化结合管理的类型。这种类型是指有区别地对待物流资源,有区别地对待不同的物流活动,实行不同的管理体制,有些是集中的体制,有些是市场化的分散体制。

一般而言,对于物流的基础平台,尤其是实物物流的基础网络,常常实行集中管理的体制。因为这种平台资源带有基础性,而且面向全社会,由代表国家的政府部门去管理,比较容易统筹兼顾,保证国家发展、保证社会的公平。同时,一个国家在发展过程中,物流基础平台往往要在国家发展初期就必须进行构筑,此时,社会资本的力量还不可能具有建设物流基础平台的实力。因此,这必然是国家需要做的事情,这就延续了由国家进行集中管理的体制。

当然,物流基础平台实行集中管理,还有许多其他原因,诸如基础平台的重要性、基础平台的军事性、基础平台的公益性、基础平台的非营利性都使社会资本望而却步。

在基础平台之上运作的物流经营、运作、服务活动,常常是实行市场化分散管理体制的领域。

这就是我们常说的"网运分离"的宏观物流管理体制。显然,这种体制比重要物流资源和物流活动由国家和各级政府进行集中、统一管理的体制更有优越性,不但能够保证国家的主导性,而且能够充分发挥市场机制的作用,有利于防止腐败、防止僵化。很显然,这是我们倡导的改革方向。

3. 完全市场化的类型。所有的物流资源,包括重要物流资源和活动,完全市场化、民营化是当今世界上不少国家采取的宏观物流管理体制。在和平时期,在物流资源过剩的情况下,通过市场的作用,通过竞争来优化资源配置也不失为一种选择。

在我国国民经济领域,物流不是一个独立的产业或行业,而是若干行业的集合概念,是许多相近行业和以物流观念覆盖的行业的总领域。以物流为一集合体的国民经济管理体制和组织方式,在世界各国都未见采用,大部分国家在物流的管理上仍然由传统的行业或国家部门行使权利,如铁道运输行业、海运业、仓储业、联合运输业等。其中只有联运业是近几十年才出现的新兴行业,而其他行业都有很强的传统性。

在我国,国民经济领域的物流管理实际是对社会物流的管理,我国社会物流有部门和行业的垂直管理和地区内的管理两种形式,其分工主要是依据投资关系不同、隶属关系不同来决定。

根据我国经济体制改革所提出的目标,行业管理的力度将在今后逐渐增强。由于物流是涉及全局的,所以,主要的物流部门,如铁道部、交通部等和一般生产部门不同,它将有很强的调控能力甚至直接指挥能力,也是我国经济体制改革之后,在国内实行较强集中、统一管理的若干部门的一部分。

(二)物流的宏观管理目标

从宏观的层面来看,物流管理有三大目标:与国民经济协调发展及运行的目标、保持有效运转的目标和战略发展的目标。

1. 与国民经济协调发展及运行的目标。现代国民经济是一个大的系统,国民经济健康、快速发展的一个非常重要的条件是,国民经济各个领域不但要追求本身的发展,而且必须非常重视与国民经济其他经济领域的协调发展及运行,物流在国民经济中处于服务的地位,所以,其与国民经济协调发展及运行就显得格外重要。

2. 保持有效运转的目标。维持一个国家物流的正常有效运转是一件难度极大的事情。首先要满足从生活到生产、从一个地区到全国、从国内到国外所有的正常的物流需求,这就需要宏观管理能够有效地配置物流资源,并且对这些资源进行调度及运行。这样才能够保证物流能够有秩序地运转。

3. 战略发展的目标。总体上,物流对于国民经济的方针和运行起到保证和服务的作用,但是,这个保证及服务的作用并不是被动、消极的,而是主动、积极的。因此,物流在国民经济中的发展要处于先行地位,要先行一步为国民经济其他领域的发展创造物流的条件。所以,物流的战略发展是非常重要的问题。物流宏观管理的重要任务就是要实现这个战略发展的目标。

二、企业的物流管理体制和管理目标

(一)企业的物流管理体制

企业物流管理体制的本质问题仍然是集中的还是分散的这样一个命题。

发达国家的企业管理,通常通过采用事业部制或者职能制来解决分散或集中的问题。我国企业实际的体制结构可是说是与职能制或事业部制相近似的。至于这两种企业的物流管理体制究竟哪一种更有优势,这不是一个确定性的问题,这只是企业根据自己的实际情况进行选择,或者需要进行创新的问题。

对企业物流管理体制,不能做出集中的还是分散的这种绝对的划分,通常的情况是,企业一部分采取集中的职能制体制,另外一部分采取分散的事业部制体制。以下介绍职能制和事业部制这两种典型的体制的情况。

1. 职能制。职能制是把物流作为企业的一项职能,放在企业若干职能平等的地位进行管理。为了对这个职能进行管理,需要设置一个部门,就是我们通常所说的职能部门。一般来讲,职能部门没有决策权,这种体制下的职能部门只是执行统一意志的一个机构,只是统一指挥下的一个连队。企业决策者可以统筹物流、生产、人力资源、财力资源,形成一个统一的力量,这是职能制体制的最大优势,是对企业物流进行集中管理体制的典型方式。很明显,它有利于企业的综合发展,尤其有利于平衡和协调企业内部关系。当然,这种体制会受到企业规模的制约。当企业规模庞大之后,这种体制的有效性会大幅度地降低,尤其是实行这种体制的庞大企业对市场反应灵敏程度会大幅度降低,从而削弱市场竞争能力。

企业信息化水平的提高,可以解决庞大企业对市场反应的灵敏程度可能比较差的问题,使集中职能制体制也能够对市场做出灵敏的反应,有效服务于用户。

2. 事业部制。对企业来讲,事业部制是分散管理的一种企业体制,把物流作为企业的一个有独立性的、有单独利益关系的和有决策权的部门,是事业部制的体现。这是企业对物流进行分散管理的典型体制形式。

物流、生产、供应、销售都是单独的事业部,这可以给这些事业部创造独立发展的条件,可以有效地调动各个事业部的积极性,可以有效地、灵敏地对市场做出反应,从而使企业能够得到更快的发展。

当然,利弊是伴生的,灵活性提高的背后便是统筹能力的下降,各个事业部门的完善,必然造成机构的庞大与复杂,也必然伴生机构的重复设置和资源的浪费。对于物流来讲,企业实行事业部制的物流管理,往往会造成物流和其他事业之间的壁垒,对于与其他事业有千丝万缕联系的物流来讲,这种体制缺陷是明显的。

(二)企业的物流管理目标

企业的物流管理是具体的运作和操作层面的物流管理,与国家宏观层次的物流管理目标相比较,企业管理目标更细致、更具体。企业物流管理目标可以细分成三大目标:企业物流发展的战略目标、企业物流正常运行的目标和企业物流具体工作的操作目标。

1. 企业物流发展的战略目标。它是企业物流管理服从和服务于企业战略发展的、带有企业物流战略发展性质的目标。如何使物流成为企业战略发展的一种重要力量,是这种战略发展目标的核心问题。例如,选择和规划企业物流的运作方式、装备、技术、服务以增强企业总体的竞争能力,使企业物流成为企业竞争取胜的重要力量就是这样一种战略目标。

企业物流管理战略目标的形成,是企业家站在企业长远发展的角度,就企业物流的长远发展、物流在企业经营中的战略定位以及企业长期发展的方向做出的长远的、全面的规划和决策,为此,需要做的工作是企业物质资源和资本的战略配置、企业体制和企业经营方向的战略决策、企业的人才培养和准备等。

2. 企业物流正常运行的目标。为保证企业物流正常地运行,对企业的物流需要进行全方位的管理,这种管理目标在于维持企业的正常运转,包括企业的物流服务管理、企业拥有的物流资源的合理配置和运用管理、企业物流组织和物流机构以及全部物流工作和物流工作者的管理等。如果企业把物流作为服务中心,企业物流正常运行的目标就需要围绕服务来形成;如果企业把物流作为利润中心,企业物流正常运行的目标就需要围绕利润来形成。所以不同的企业,其企业物流正常运行的目标以及围绕这个目标所形成的管理是有变化的、是不同的。

3. 企业物流具体工作的操作目标。企业物流的正常运行需要通过一项一项的具体操作来完成，这是企业物流管理的基础性工作。管理的内容包括不同操作岗位的物流作业计划的制订、实施、检查和评估；物流作业活动的进行和协调；物流作业的质量监控以及根据反馈信息对计划进行修改，进入新的作业循环。实际上，这个管理就是要达成有效的 PDCA 循环。

三、物流企业管理体制和管理目标

（一）物流企业管理体制

物流企业管理体制基本上分为两种不同的管理体制。

1. 综合型物流企业的管理体制。综合型物流企业对物流领域的涉猎比较广泛，能承担用户综合的、多种的物流需求，如包装、装卸、铁路运输、公路运输、船运、配送、仓储等等，第三方物流企业是综合型物流企业的代表。这种企业由于规模大，实际或者虚拟拥有的物流资源多，因此，适合采取事业部制这样的分散管理的体制形式。

综合性物流企业需要集中管理的主要是规划、计划和客户。

2. 单一型物流企业的管理体制。单一型的物流企业是物流领域中更进一步专业化的企业，在某一专业领域有比较强的优势。这种类型的企业一般规模不大，业务比较单一，为了推进业务，需要集中资源，所以，适合采取更为集中的职能制的体制。

（二）物流企业管理目标

物流企业以物流运作来实现服务为企业的宗旨，按用户要求提供有效的物流服务，应该是所有物流企业的管理目标。这种管理要达成的目标应当是在不同的环境下、不同的物流企业对于不同的物流客户的一种个性化的、有针对性的目标。

有人把包括物流企业在内的物流管理归纳成七个方面的工作，即将适当数量的适当产品，在适当的时间和适当的地点，以适当的条件、适当的质量和适当的成本交付给客户。这里面包括七项管理目标：优质服务的服务目标、快速送达的快捷目标、尽量减少物流距离的节约目标、按客户要求最合理数量的规模优化目标、保证库存数量和质量的库存目标、保证物流过程产品不发生质量变化的安全性目标和合理费用支出的总成本目标。

第二节 物流规划

一、物流规划概述

（一）物流规划的含义

物流规划是有关物流的事前决策，这种决策不是一项内容，而是多方面决定所形成的一系列的部署。

(二)物流规划的类别

1. 按照规划时间和规模划分。从我国最近几年物流规划的实践来看,物流规划按照规划时间以及规模主要分为战略(长期)规划以及工作(近期)规划两类。

(1)战略规划。物流战略规划是有关物流的长期决策,这种决策并不是战略层次的一项决定,而是多方面决定所形成的一系列的部署。

并不是所有的事情都需要有战略性的规划,战略性规划的对象,是那些能够起到核心作用和带动作用的事务,是那些本身发展需要做出战略部署的事务。物流大范围的、长期的发展就是这种类型的事务。

(2)工作规划。对近期进入操作层次的工作进行决策和部署,形成工作规划。一般来讲,工作规划的规模较小、时间较短。

需要说明的是,我国物流发展还不太成熟,上述两个类别的划分是在这个前提条件下较粗线条的划分。对于现代物流发展已有了一定基础的地区,如果需要细分,我们也可以按照一般决策科学所提供的划分办法,将物流规划划分为三个层次:物流战略性规划、物流策略性规划和物流操作性规划(计划)。

2. 按照规划层面划分。物流有两个层面的规划:宏观层面和微观层面。

(1)宏观层面的规划多为长期的、战略性规划,是国家、地区对整个物流事业所做的战略性规划。

(2)微观层面的规划是企业对本企业物流事业所做的战略性或工作性的规划。

(三)物流规划的主要内容

1. 战略决策。战略决策明确地体现了物流规划的总体目的。

在物流发展的三种类型决策(战略决策、策略决策、操作决策)之中,战略决策是物流规划必须要解决的问题,策略性的东西、工作性的东西可以通过规划来解决,但是很多情况下,不需要上升到规划的高度。所以,物流规划必须要解决物流发展最重要的战略决策问题。

不是所有的战略决策都以同一个面貌的规划版本出现,物流规划是有目的而发的,战略决策也必须根据这个目的提出一整套的解决和部署方案。因此,国家不同、地区不同、企业不同、时间不同,规划的目的是不同的,战略决策的内容也必定各有特点。

发达国家和发达地区物流规划的战略决策内容,可能把提高物流产业的竞争能力或者降低物流成本放在主要地位。

发展中国家和欠发达地区物流规划的战略决策内容,可能把物流平台建设放在主要地位。

沿海地区和边境地区物流规划的战略决策内容,可能把国际物流放在主要地位。

内陆地区物流规划的战略决策内容,可能把物流网络、物流结点等资源建设放在主要地位。

2. 定位选择。在制定物流规划时，可以从几个方向进行规划的定位：

(1)物流体制定位。其包括决定所有制形式、决定企业的组织形式、决定企业的运作形式等，这对于我国来讲是需要首先解决的问题。关键在于，不同的体制有不同的资本渠道、不同的企业人事制度，国家对不同体制的企业有不同的优惠与制约。

(2)规模的定位。决定物流的规模，包括投资规模、占用土地的规模、人员规模、物流能力规模等等。

(3)水平的定位。决定物流发展瞄准的水平，是高端物流还是一般普遍物流，不同国家、不同地区乃至不同物流企业必须根据实际情况进行抉择，不能盲目求高或者求低，必须实事求是。

(4)市场的定位。根据市场取向对物流发展做出定位，是市场决策的问题。

3. 市场决策。大体有以下几种市场取向需要企业进行抉择：

(1)是国际市场还是国内市场，是国内或者国际的单一市场还是以国际、国内其中之一为主体的全部市场。

(2)是低端市场还是高端市场，或是在两个极端市场之间的中间市场。

(3)开展市场的价格竞争还是市场的服务竞争，抑或是以其中一种为主体的综合竞争。

(4)有针对性的市场(人群的针对性、企业的针对性)，或是普遍性的市场。

4. 资源配置决策。规划的落实，在于对资源配置做出安排，必须对以下几个比较重要的资源配置问题做出决策：

(1)实物资源。物流规划落实到建设上，需要根据战略决策及定位决策确定若干个项目，用这些项目来保证物流运作的实现。这些项目都是具体的、实实在在的，背后是大量的资本。所以，这些实物资源的配置决策不但要消耗大量的资本，而且需要消耗时间，一旦失误，不但造成资本和财产的损失，而且会错过发展的时机，造成不可弥补的时间损失。

实物资源配置的决策，是一个系统工程，因为这些资源本身具有相关性。例如，结点和线路互为存在的前提条件，各种实物资源必须与定位、与市场决策密切结合。这就是实物资源配置决策的难度所在。

再具体而言，实物资源配置决策，要落实到物流基地、物流中心、配送中心、仓库等结点项目的具体位置及规模上，要规划相关的线路，要对车辆、设备、装备做出相应的安排。

(2)信息资源。大范围运作的物流，其所需要的信息的支持力度是非常大的，这些有效信息的背后，是信息系统的建设。信息资源的决策，就是要在规划中明确信息系统的建设规模、功能定位以及信息系统的水平。

(3)人力资源。规划中对于人力资源的决策，主要是对社会缺乏的或者社会尚不能提供的人才需求做出规划性的安排，在技能劳动者缺乏的地区，还需要对劳动者的需求做出规划性的安排。人力资源问题的解决，可以借助市场和社会的力量。另外，非常重要的一点是需要规划培养和培训人才的计划。

(4)社会资源。所谓的资源决策，实际上是在社会资源之外的资源决策，物流规划必须掌握这样的原则:社会有大量资源可以形成支持,需要创建和创新的资源只是一部分,也许是很小的一部分。所以,物流规划的成功与否,还在于是否能够整合、利用和依托社会资源。

但是,社会资源是一种泛泛的资源,不见得能够为人所知,所以,物流规划需要对社会资源进行全面的了解和掌握,并对可以利用的部分提出规划性的意见。

二、物流规划的两个层次

(一)宏观规划层次

宏观物流规划的主要内容如下:

1. 确定物流在国民经济各个产业中的定位以及与主要产业的关系。不同国家和地区,依照物流对国民经济的作用程度,大体上形成以下几种定位:

(1)重要支柱产业。一般而言,沿海经济贸易活动非常活跃的城市,国际交往的一线城市,物流占 GDP 的比重在 30% 以上,说明物流有比较高的附加值,对整个国民经济的影响举足轻重,同时,其他的产业也需要依靠物流的支持。在这种情况下,可以将其定位为重要支柱产业,如我国的深圳市就是把物流规划为重要支柱产业。

(2)支柱产业。一般而言,重要的生产城市、贸易城市都需要依靠物流与国内及国际市场沟通,物流占 GDP 的比重在 25% 以上,说明物流有比较高的附加值,对整个国民经济的影响也比较大,可以定位为支柱产业。

(3)一般产业。一般的城市和地区,物流以其本来面目对整个经济起到支持的作用,但是物流本身没有更高的附加价值,物流占 GDP 的比重处于全国的平均水平,我国大体是 20% 左右。在这种情况下,物流作为一般产业,其主体作用应当是服务和支持城市、地区经济的发展。

2. 确定物流体制。体制规划是对物流体制(包括物流企业的所有制,物流企业的组织制度、管理制度等内容)进行选择或者创新。

不同的物流体制有不同的适应性,这不是一个可以简单决定的事情。物流体制是非常重要的但是又经常被忽视的规划内容,经常会出现这样的情况:体制问题往往由投资者或者决策者主观决定,而不是认真地去研究并制定体制规划。

物流体制规划的内容主要是决定什么样的体制形式有利于物流资源的整合和利用,有利于现代物流的发展。例如,如果有国家的物流资源,物流企业的所有制形式就必须能够和这个资源结合;如果物流企业采用股份制等形式,就需要对控制权、参与权、利益等做出规划。

3. 确定物流产业发展规模与产业类型、主体产业、核心产业。对物流企业发展规模进行规划是非常重要的事情,这个规模取决于诸多方面的限制条件和某种类型物流产业的发展允许空间。发展规模直接决定投资规模,规模过大,超出了空间的容纳能力,会造成资本和设备资源的浪费;规模过小,不能充分利用环境和空间的资源,也是一种资源的浪费。

发展规模和产业类型有关，有的产业类型可能在该地区有很大的发展空间，如果决策错误地选择了没有发展前景的产业类型，它的规模必然受到限制。

4. 物流资源在大范围配置的长远规划。部署各种资源，例如，各种物流线路、仓库、信息网络、节电网络等是一件非常复杂的事情。如果是在一个广阔的区域进行物流活动，规划的任务就更为繁重，这又不仅仅是单个企业的事情，还必须要考虑网络、结点、信息系统的全面规划，很明显，大范围进行资源配置不是一朝一夕的事情，规划的期限会很长，这会增加规划的难度。

5. 长期的投资决策。这是指对物流发展的投资做出长期的安排，包括资金的来源、各个项目的投资水平、资本投入时间等等。

（二）微观规划层次

微观层面的物流战略规划是企业对企业物流事业所做的战略性规划。企业不能盲目地介入物流领域，物流必须有长期发展的可行性保障，并且把它落实到战略性长远规划中。

微观层面的物流战略规划的主要内容是：

1. 企业的物流定位。企业的物流定位是企业物流的长远定位，是企业对于物流行业类型的长远选择。例如：是选择综合物流还是单项物流；是以物流为主体还是将物流作为其他业务的主要支持力量；是选择远程物流服务还是选择近程配送物流；等等。

2. 对企业物流服务类型和服务层次的定位。例如：是选择普遍物流服务还是选择面向特定对象的特定水平的物流服务；是普遍的基本服务还是快速物流或是精益物流；等等。

3. 企业对有关物流经营主导战略的选择。例如：是选择垄断性的业务还是一般业务；是选择价格竞争还是选择服务竞争；等等。

4. 物流在社会中的存在形态。例如：是独立运作还是结成战略联盟关系；如果是后者，是选择物流企业进行优势互补的长期战略联盟，还是选择用户建立供应链关系；等等。

5. 物流资源配置的长远规划。根据企业发展的需要，规划各种物流设施的分布、规模及配套建设。

6. 长期的投资决策。按照资本的来源，确定投资规模、投资时间和资本的运作方式。

三、重要的物流规划：城市物流规划

（一）城市物流规划的作用

城市物流规划是城市物流发展的基础性工作，也是城市物流管理的重要内容，许多城市物流问题起源于规划，一个科学的、完善的规划，能够使城市物流管理更为有效。

城市物流规划要解决以下几个问题：城市物流资源的配置和布局问题，城市物流和城市经济发展的同步、协调问题，城市物流系统建设时间和顺序问题，城市物流设施完善和配套的问题。

城市物流规划是和城市发展相关的规划,是涉及整个城市的、全面性的规划。城市中的企业或对城市全局影响不大的行业规划,不在城市物流规划的研究范畴之中。

(二)城市物流规划的两个原则

城市物流规划涉及城市的各个领域和各个产业,因此,城市物流规划是在城市总体规划的下一个层次的规划。这个层次的规划必须遵守两个基本原则:一个基本原则是必须符合城市发展总体规划的要求,不能和城市总体发展规划有矛盾和相悖之处;另一个基本原则是要与其他领域的分规划边界清楚,或者有一个明确的规划归属权,防止不同领域的规划涉及同一事物而有不同的规划结论,不能出现结论不同甚至相悖的多头规划。

(三)城市物流规划的内容和分类

按照规划的性质不同,城市物流规划可以分为城市物流发展规划、城市物流布局规划、城市物流管理规划等。其中,城市物流管理规划有时候需要细分为道路通行限制规划、道路标志规划、城市物流应急系统规划等。

从规划的范围和层次来讲,城市物流规划可以分为以下几个层次:城市总体物流规划、城市中心区域物流规划和城市分区域物流规划。

从规划的行业的针对性来讲,有以下几个方面的规划:城市交通规划、城市商业物流规划、城市配送系统规划、城市工业物流规划、城市仓储系统规划、城市国际物流规划、城市绿色物流系统规划等。其中,城市绿色物流系统规划还可以进一步细分为城市再生系统物流规划、城市废弃物物流规划、城市逆向物流系统规划等。

从城市物流的技术和结构层面,有以下几方面的规划:城市实物物流平台规划,这个规划又可细分为城市物流线路网络规划以及城市物流结点网络规划、城市物流信息平台规划、城市物流经营服务系统规划,甚至可以具体到城市与区域物流相关的物流枢纽规划、城市物流园区规划、城市物流基地规划、城市物流中心规划、城市配送中心规划等等。

四、城市物流总体规划

一般的城市物流总体规划包括以下几个方面的内容:城市物流资源的总体布局、城市物流平台规划、城市物流产业及物流经营规划、城市各产业物流活动合理化规划、城市绿色物流规划以及城市物流应急系统规划等。最后,对于我国的大部分城市还要有城市物流系统从传统的落后的物流系统向现代物流系统转型的规划。

虽然交通系统对于城市物流是非常重要的基础,但是这个系统并不完全支持城市物流,因此,其规划往往是在城市发展总体规划下与城市物流规划平行的规划系统。

(一)城市物流资源的总体布局规划

城市物流资源的总体布局解决各种物流资源在种类上的合理构成、数量上的合理比例、水平上的有效配套、地域上的有效分布、规模上的合理确定问题。

要通过规划确定一个合理的城市物流资源总量水平,要解决对城市物流起到瓶颈影响的短缺物流资源优先发展、快速发展的问题。例如,城市一定发展水平所应对应的货运能力、货运数量、仓储能力、仓库面积、城市重要物资的储备能力、储备水平等等都需要给予规划性的安排。这个规划不但可以对物流发展起到指导作用,而且也是城市道路规划以及交通设施规划的基本数据。

一般而言,我国城市的物流资源中,仓库以及仓库所占用的土地资源是过剩的,其原因在于,过去的城市发展长期依赖大量库存的支持,经济和物流的低水平,也使仓库成了长期容纳呆滞、报废物资的场所。除此之外,其他物流资源,尤其是现代化的物流资源几乎都是短缺的。我国一般城市物流短缺资源主要有:道路资源,现代物流服务设施资源,现代物流中心、配送中心资源等。这些应当作为规划优先发展的对象。

(二)城市物流平台规划

城市物流平台和一般的物流平台在结构上基本相同,城市物流平台规划着重解决实物物流平台规划和物流信息平台规划两个问题。城市物流平台规划具有复杂性,其原因在于平台的公用性和在城市物流平台之上人流、物流混流的特殊性。

城市物流平台规划不完全取决于物流的需求,甚至物流的需求并不是主要的决定因素,但是平台对物流的支持作用同样非常重要、不可缺少。所以,城市物流平台既然不是以物流需求为主体,就有可能不能全面满足物流的理想需求,而城市又不可能规划城市物流的专用平台,这是城市物流平台与一般物流平台重要的区别。

(三)城市物流产业规划

城市物流产业必然与城市经济类型和经济特点相适应,需要进行全面的规划。在大部分城市,物流产业支持城市功能和城市经济,服务于城市人民的生活,产业是有选择性的、有特点的。物流产业发展规划,必然是有所为、有所不为。还有一些城市,物流产业可以辐射到广泛的区域甚至国际,成为这个城市一个经济的增长点,应该作为重点培育的产业进行规划。

物流产业规划尤其要规划本城市瓶颈物流产业和优势物流产业的发展。

物流产业规划有以下若干方面的内容:

1. 商业连锁配送系统规划。这是和商业发展相配套的物流规划,着重于全市性的配送系统建设,包括配送中心数量和布局规划、配送流程规划等。

2. 公共物流设施规划。这包括营业仓库、公共仓库数量和布局规划,储备及储备仓库规划,物流园区规划等等。

3. 现代物流服务企业发展规划。这包括第三方物流企业、配送企业、流通加工企业、车辆维修服务等企业的发展规划。

4. 物流装备生产制造规划。这也是城市制造业发展规划的一个内容,根据城市物流发展的需求和特点,以及城市物流装备生产企业周边和其他地区甚至国家的辐射能力,规划主要装备的生产数量和企业布局。例如,大城市使用量很大的城市物流用车,需要在规划中确定。

(四)城市绿色物流规划

城市绿色物流规划是根据科学发展观建立的城市物流规划内容。城市的发展必须与环境协调,在规划上必须有环境的战略眼光。城市绿色物流规划就是要解决这个问题。由于物流是影响环境的重要因素,所以绿色物流规划显然具有重要意义。

城市绿色物流规划的主要内容有以下几个方面:绿色通道规划,物流环境的保护规划,回收、再生及逆向物流规划,废弃物物流规划等。

(五)城市物流应急系统规划

城市物流规划还有一个非常重要的内容经常会受到人们的忽视,那就是必须建立应急系统,以应对各种突发事件和变故。

在城市出现突发的紧急情况时,往往因为没有应急物流方案,出现物流不畅而不能及时进行抢险、排险、抢救、疏导拥堵、运送物资和人员,从而扩大了灾害和损失。物流应急系统规划的主要内容有以下几个方面:①事先确定应急物流指挥中心;②事先确定应急物流组织系统及动员程序;③建立应急物流信息传递通道和程序;④按若干假设前提,设定应急物流方案;⑤重要设施、重要单位、重要地区规划应急物流通道;⑥规划应急物流资源动员和启动方式;⑦建立应急物流储备。

五、城市物流平台规划

城市物流平台和一般物流平台的结构层次是相同的,物流平台的主体结构也基本相同。城市物流平台的主要特殊性表现在三个方面:①城市物流平台支持人流、物流广泛混杂的物流系统;②城市物流平台不支持大进大出的物流;③城市物流平台不支持远程物流。

城市物流平台规划的主要内容如下。

(一)道路的规划

城市物流平台线路主要是公路线路。公路线路规划以混合型的道路,即既能满足客流又能满足物流要求的道路为主体。个别物流量大而且频繁的地区,可以考虑设立专用物流道路。或者通过建立专门客流通道(如地下铁道、城市轻轨等)来减少道路上的客流量,以及解决客流、物流混杂的问题。

（二）物流结点层次的规划

在当前物流实际运行过程中，一个物流过程所经过的大的、小的发生停顿的实际物流结点数目是很多的，有的是干线物流过程所经过的结点，有的则是持续搬运操作过程中相当于物流结点的实际停顿。据不完全统计，铁路快运到站后至用户取得货物这一个小的间隔，就有6次这样的停顿。一个非常重要的原因，就是城市内部结点设置不合理，从而不能够通过结点的调整，使物流过程连贯。

本书中提出的三个层次的物流结点，是适合于城市物流系统的结点配置方式。从城市物流角度看，这是理论上优化的结点配置层次。

（三）物流结点区位的规划

三个层次的物流结点功能不同、作用不同、规模不同，这就决定了它们分布的特性：

1. 物流基地是一个城市进入区域物流或者国际物流，开始和结束远程的、干线物流的、位于城市中的大型物流结点，具有大进大出的性质。在区位的规划上，宜于规划在城市外围地区。

2. 配送中心是直接向连锁商业用户、基层商业用户或者最终用户提供精细服务的物流结点，处于物流系统的末端，要尽可能接近用户。在区位的规划上，宜于规划在接近用户的城市内的区域。

3. 物流中心是衔接性的物流结点，根据不同的条件可以执行三种使命：物流基地的使命、配送中心的使命以及将大进大出的物流基地和精细服务的配送中心相衔接的、干线物流转为末端物流的使命。在区位的规划上，宜于规划在物流基地与配送中心之间的中间区域。

（四）关于储备型大型仓库规划

城市必须有储备型的大型仓库，这种仓库保有大量的、长期的储备。尤其对于重要的、与城市生存密切相关的物资，如燃油、煤炭、粮食、防灾抢险物资、应急准备物资等等，必须进行这种专门的储备仓库的规划。尤其对于市场短缺的物资，其储备问题切不可忽视。储备型的大型仓库在区位上应当和物流基地处于同等区位，甚至可以是物流基地的一部分，能够有大进大出的条件，这样一来，不但形成资源的保障，而且可以降低物流成本。

如果储备物资处于过剩状态，但是分散于社会的库存之中，在这种情况下，可以考虑建立虚拟储备，在必要时通过应急的组织系统调用社会资源。

（五）关于大型物流结点的数量及配置规划

大型物流结点大量占用土地资源，功能又比较单一，所以在规划中要严格控制其数量，否则不仅会浪费土地资源，结点之间也会出现低水平的重复，造成业务不饱满。一般配置原则是：处于与外部连接的交通枢纽位置适合于规划大型、综合性物流结点。大型物流结点不适合规划在远离交通枢纽和交通干线的地区,所以,城市与外界进行大量物流沟通有几条主要通道,就适合建立几个大型物流结点。

(六)城市配送服务系统规划

配送服务系统是城市物流最具特点的系统,配送服务系统虽然在区域物流中也有,但是在城市物流中,配送服务系统大量存在。因此,配送服务系统规划对于提高城市的服务功能有重大意义。

鉴于城市产业及用户的复杂性与需求的多样性,配送服务系统也必然是多种多样的,并且密集于城市中心区域,配送服务系统之间必然互相交叉、互相补充,服务于所有的需求。

配送服务系统规划基本上有两种独立的类型:

一种是规划综合配送系统。它可以整合相同类型的配送系统,防止出现严重的交叉、对流、迂回等不合理的现象。

另一种是规划专业配送系统。由于专业的特点,配送系统不能互相整合,必须独立运行,这是专业配送系统存在的前提。这就需要确定规划的专业对象,必须是互不相容的专业才有必要建立独立的配送系统。否则,所有的专业都建立自己的配送系统,数量太大,效率太低,会使城市难以承受。

特别需要规划的专业独立配送系统主要有:燃料油配送系统、活体配送系统、冷链系统、散装水泥配送系统、预拌混凝土配送系统、危险品配送系统、爆炸品配送系统、煤炭配送系统等等。

第三节　物流资源配置

一、物流资源

资源是一个有广泛含义的概念。广义上,物流资源是指能够从事物流活动或者能够在物流活动和物流发展中起作用的人、财、物和信息资源的总称,是物流运行和发展的基本物质条件,这是物流资源的一般概念。物流资源是一个庞大的群体,一般来讲,人们谈到的物流资源都是有针对性的、具体的资源。本书中所谈到的物流资源,主要是针对实物物质资源。

二、物流资源的分类

由于物流资源是一个庞大的群体,对物流资源需要进行分类的认识。

（一）物流资源的大分类

我们可以将物资资源分成一般物流资源和专项物流资源两大类。

1. 一般物流资源，就是物流资源概念中所提到的人、财、物和信息资源。

2. 专项物流资源，就是上述各种物流资源在某一个专门领域的具体化，如物流线路资源、仓库资源、运力资源等。

（二）根据物流资源的性质分类

根据物流资源的性质不同可以将其分成三大类：物流人力资源、物流信息资源和物流的物质资源。

其中，物流的物质资源是复杂而且庞大的群体，从一定意义上来讲，这是物流资源的主体，是物流运行和运作的物质基础，是大量需要资本投资的资源领域，也是主要的成本构成领域，是本章要讨论的重点。

（三）根据物流资源的作用分类

根据物流资源在物流过程中的作用不同，可以将其分成以下三类：

1. 物流线路资源。它是支持物流运行的资源，主要有铁路线路、水运线路、公路线路以及企业内部采用的生产线线路等。

2. 物流结点资源。物流结点资源种类很多，各种不同的物流结点应按照需要和结点的性质进行合理的配置。如果对物流结点资源进一步细分，可以分成两大类型：

第一种类型是物流资源的聚集地，主要是物流基地、物流中心和配送中心；

第二种类型是物流运行的出发、到达地和暂时停留地，主要包括车站、港口码头、飞机场、仓库等。

3. 物流平台资源。它是支持物流运行的、由各种基础资源所构筑的系统化资源，又可以进一步分成三个平台系统：

(1)实物物流运行支持平台。这个平台是由物流结点资源、物流线路资源、物流站场、物流设施装备进行系统化的构筑所形成的支持系统。

(2)物流管理平台。它是物流所涉及的不同地区、不同部门、不同运作方式的管理领域进行系统化的构筑所形成的平台系统。

(3)物流信息平台。物流各种信息，包括物流环境条件信息、物流管理的信息、物流运行的信息等信息资源生成、传递、处理所依托的平台系统。

（四）根据物流服务的资源分类

1. 第三方物流服务。真正意义上的第三方物流是能够进行系统性物流服务的资源，但是，这种系统性的物流服务并没有一个统一的模式，所以第三方物流这种物流服务的资源之间会有很大的差异。

2. 单项物流运行服务。它是能够满足运输、保管、装卸、包装等单独项目物流运行服务的资源。

上述资源的形态,主体是企业,也即第三方物流企业、运输企业、保管企业、装卸企业及包装企业等等。

三、物流资源配置

(一)物流资源配置的含义

物流资源配置指的是对于拥有的各种物流资源在其不同用途之间进行分配,是对物流运行和发展所需要和拥有的相关资源,尤其是比较稀缺的资源,根据它们的各种不同用途加以比较并且作出选择。

在社会经济发展的一定阶段上,相对于人们的需求而言,资源总是表现出相对的稀缺性,现代物流在我国起步时间比较晚,发展时间也很短,这是物流资源不均衡并且表现出相对稀缺性的重要原因。所以,在物流发展的进程中,对有限的、相对稀缺的资源进行合理配置,以尽可能更好地满足物流的运行和物流领域的发展和建设,适应国民经济发展的需求,这是一件非常重要的事情。

物流管理和资源的配置密切相关,物流管理的目的之一,就是维持资源配置的秩序从而有效地、优化地进行资源配置。

社会学和经济学的研究认为,在人类社会发展进程中,资源总是具有相对的稀缺性,物流资源从总体上来讲也是如此。从宏观上来讲,物流资源配置要求人们对有限的、总体上相对稀缺的物流资源进行合理配置,这才能够把已经有的物流资源充分利用,使这些资源支持的物流的运行尽可能地满足经济发展和社会运行的需求。从微观上来讲,物流资源配置要求人们对于可以利用的物流资源,不论它是相对过剩还是相对不足,都做出能够满足需要的配置,从而利用这些物流资源来做好具体的物流运行,将物流的服务作用有效实现。所以,物流资源配置可以区分为两个领域的物流资源配置:宏观和微观两个领域或者说是两个层面,这两个领域的物流资源状况和配置是不同的。

(二)宏观领域的物流资源配置

一个国家宏观领域的物流资源配置涉及其国内各个领域和国际物流的资源配置。是点、线、面全方位的物流资源配置。物流的资源配置也和一般的资源配置一样,有计划配置和市场配置两种极端的形式,而且表现得更为突出。我国的经济体制虽然正在转型的过程之中,但是在宏观领域,需要对资源配置进行全面的规划和全面的工作部署,现在我国市场还缺乏这种力量。所以,能够承担这种资源配置重任的,主体当然是国家,尤其是我国,这应当是毫无疑义的。

宏观领域的物流资源配置主要是配置支持物流运行的物流平台,这个物流平台是一个能够覆盖全国的网络体系,平台上装备通用化的、标准化的设备,使之具有广泛的适用性。宏观领域的物流资源配置尤其要着重配置以下资源：

1. 线路资源。这包括铁路线路、航空线路、主要的公路线路和水运线路。

2. 结点资源。这包括铁路货运车站、货运港口码头、机场以及重要的物流园区、物流基地。

3. 重要仓储资源。由国家进行宏观资源配置的仓储资源主要是重要的、大型的、专用的、特殊的仓库、储备基地。

（三）微观领域的物流资源配置

在微观经济领域，物流的资源配置主要不是依靠政府而是市场，主体是企业通过市场进行物流的资源配置。微观领域的物流资源主要是直接对用户服务的资源，包括支持这种服务的物流平台资源。一般来讲，在微观领域，资源主要集中分布于从事物流运行的经营性企业和管理性企业之中，存在于物流服务的网点之中，部分线路资源、物流装备工具资源以及仓库资源也存在于微观领域之中。微观领域的物流资源配置就是企业对这些资源进行选择和使用，使资源发挥其应有的作用。

微观领域的物流资源配置尤其应着重配置以下资源：

1. 运能及运力资源。从事物流主体活动的运输工具，如车辆、船舶等，基本上是依靠市场进行配置。

2. 一般仓储资源。物流领域的绝大多数的一般的仓库，包括专用仓库和公共仓库，其仓储资源主要依靠市场进行配置。

3. 一般线路及结点资源。主体物流平台之外的一般线路及结点，如企业专用的铁路专用线、连接主干线的货运车道、货物转运站等。

四、物流资源的优化配置

鉴于物流资源的种类很多、数量庞大，在规划物流发展和进行物流运行的时候，诸多资源的选择和使用是一个大问题，到底选择哪种资源、每种资源需要多大的数量才能够达成最满意的结果，这可以有很多选择，于是就有一个"优化"的问题。物流资源优化配置指的是能够实现物流资源最合理、最高效率的使用。

物流资源优化配置的形式主要有以下几种。

（一）物流资源共享

物流资源共享的含义是把属于一个企业的物流资源采用不同的经济合作方式与其他企业共同使用。为什么要共同使用同一个资源呢？原因可能很复杂，这里不可能进行全面分析，仅从资源角度来讲，原因就在于充分发挥现有资源的能力和作用提高资源利用率，共同使用之后可以减少各方面的费用支出，降低成本；另一方面，还可以避免重复建设造成的浪费。物流资源共享是"共同化"的一种形式，因此，必须解决好管理的问题和利益关系的问题。

宏观上,物流资源共享是一个普遍的、全面性的问题,现时社会上,物流资源共享的领域太多了,许多重大的、重要的物流资源本来就是共享的资源,如铁路、河道、港口、飞机场等。现实中物流资源共享主要指的是微观层面的企业的物流资源。这个层面的物流资源共享的主要形式有四个方面:

1. 物流设施资源共享。物流设施需要大量投资,也需要长期建设,是物流运作的直接依托。许多国家的物流设施资源中都有相当比重的公共资源,是物流设施资源共享的主要领域。经济发展进程中,形成了相当多的市场资源,它们也可以提供共享,包括仓库设施、站场设施、服务设施等设施的共享。

2. 物流工具资源的共享。物流工具资源中有相当多的标准化的通用工具,这些通用工具除了提高物流运作的效率之外,也可以提供共享,主要是车辆、船舶、托盘、集装箱、装卸起重工具等物流工具的共享使用。

3. 物流科技资源的共享。现代社会,物流科技资源可以通过科技传播、科技合作、技术市场、科技专利等多种合作形式实现资源的共享。

4. 物流信息资源共享。信息对于分布广泛而且普遍的物流来讲,有特殊的重要意义,是非常重要的资源。现代社会的电子技术和传播技术可以支持物流信息资源实行广泛的共享。信息资源共享是物流资源共享的重要形式。信息对于分布广泛而且普遍的物流来讲,有特殊的重要意义,是非常重要的资源。现代社会的电子技术和传播技术可以支持物流信息资源提供广泛的共享。

(二)物流资源的计划配置

在限定的条件下,物流资源的计划配置也可以是一种优化的配置方式。例如在战争和资源极度短缺而又缺乏市场秩序这样的特殊时期,物流资源的计划配置曾经是一种重要的配置方法,在有些国家曾经是唯一的配置方法。现在,在我国宏观经济领域,这仍然是重要的配置方法。物流资源的计划配置主要是总量和结构的配置。这种方式可以站在战略的高度,从国民经济整体需求方面配置物流资源,可以集中力量完成重点工程项目,实现重大的配置决策。在我国的经济发展进程中具有明显的优势。

(三)物流资源的市场配置

物流资源的市场配置是一种体制上的优化配置方式,是世界上主体的物流资源配置方法,可以充分发挥市场机制的作用,按市场规律进行优化配置。我国在物流企业这个微观领域把这种资源配置方法作为一种重要方法,是一种可以实现优化的配置方式。物流企业根据市场上供求关系的变化状况,根据市场上物流服务的供需情况和物流服务价格的信息,在竞争中安排和配置物流方面的生产要素,自发地追求合理配置从而实现优化。

第四节 物流政策与法律法规

一、概述

（一）物流政策与物流法律法规的概念

由于物流活动和物流运作遍及整个国民经济各个领域，物流活动具有广泛性、普遍性、重复性、交叉性和多发性，很容易出现混乱，通过物流政策，确立大家共同遵循的规矩并且采取强有力的措施来推行这个规矩便有格外重要的作用。

物流政策是指政府为维护物流业的基本经济秩序与运作秩序，保证全社会物流的正常、稳定运行，追求高效运行，从而使物流运行和物流产业实现健康发展而制定的方针和原则，也即共同遵循的规矩，还有就是政府对全社会物流活动的指导和干预行为，具体包括有关物流的法律、法规、规则、规划、计划和措施以及政府对全社会物流活动的直接指导。物流政策的确定，使全社会的物流和与物流活动相关的行为有所约束。

物流政策是政府制定的，它代表和反映了相关的多数人对于物流的价值判断或意志。当然，这种价值判断或意志不一定是永恒不变的，它是一定社会发展阶段和经济发展阶段的反映，因此具有可变性。时间和空间发生了一定的变化之后，也必然会影响到政府和相关的多数人对于物流的价值判断或意志，因此，政策的改变和发展是不可避免的事情。尽管如此，在一定时期的物流政策具有相应时期的公共利益和公共物品的属性，它面向全社会和所有相关事务、所有相关人员 。

物流法律法规是物流活动所涉及的各类法律规范的总称，是经过立法程序的产物。全部物流活动包括运输、储存、装卸、搬运、包装、流通加工、配送、信息处理等基本环节，每一个环节都有相应的法律法规加以规范，其中所涉及的内容包括国际物流、多式联运、物流合同、危险品、物流安全保险以及一些相关单项立法所特有的法律制度。

（二）物流政策的作用

可以从两个方面来认识这个问题：一方面是物流对物流活动本身的作用；另一方面是物流政策对于国民经济中物流产业发展的作用。

1. 物流政策对物流活动的作用。物流政策对于物流活动的作用可以分两个层次来认识：

第一个层次是物流活动基本保障的层次。物流政策对于广泛而复杂的物流活动提供了基本的保障作用，也就是说提供了基础的、平稳的、正常的物流活动和物流运行的物流本身和物流外部环境政策方面的保障。这是物流政策所起到的最低限度的作用。

第二个层次是物流活动优化与发展的层次。物流政策还有更大的积极作用，那就是可起到优化物流活动、提高物流服务的水平和效益,进一步上升为扶持与促进物流事业的发展的作用。

2. 物流政策对于国民经济中物流产业发展的作用。这个作用表现在物流政策对于整个物流事业与物资产业总体的作用。和其他所有政策的作用一样,物流政策对于物流产业总体起到扶植与促进物流发展的作用。这也可以分两个层次来认识:

第一个层次是国家和政府这一层次。不少国家,尤其是公有制占重要地位的我国,国家与政府部门是全社会物流基础设施、物流骨干网络投资与建设的主体,国家的物流政策对于物流基础设施、物流骨干网络投资与建设直接发生作用。

第二个层次是社会和物流企业这一层次。物流政策支持社会物流的发展和进步,引导和规范物流企业的企业运作,支持物流企业的发展,从而提升物流产业的内涵,促进国民经济中物流产业的发展。

二、物流政策和法律法规建设的要点

长期以来,在没有形成系统物流观念之前,在经济发展的进程中,已经陆续形成了一些与物流有关的政策和法律法规。但是,总体来讲,这方面的发展不足,物流政策和法律法规的建设是现代物流健康发展的重要工作,需要下很大的力气去做。大体来讲,要做好物流政策和法律法规的建设,需要重点关注以下几方面的事情。

(一)物流政策和法律法规的系列化和系统性

前面提到,由于物流活动和物流运作遍及整个国民经济各个领域,物流活动具有广泛性、普遍性、重复性、交叉性和多发性,与社会经济生活的许多层面都有不同程度的关联,所以,物流政策的法律法规必须反映这种关联。这就要求物流政策和法律法规形成体系,形成相互关联的、系列化的体系。

我国现代物流的发展和政策法规的起草制定涉及国家发改委、商务、交通、铁道、民航、邮政、海关、质检、公安、信息等政府相关部门。各部门表面上是齐抓共管,实际上经常会发生从各自利益出发,各行其是、政出多门的问题,这当然会影响到物流政策和法律法规的制定和实施。另外,我国现行的物流政策和法律法规基本属于原生状态,缺乏全面的统筹规划和协调,现代物流业所要求的系统性不仅在物流运作领域,而且在政策和法律法规领域也有所缺乏,有时候还可能出现职能重叠、政策冲突的现象,使社会的物流运作无所适从,这当然会影响物流的正常运作和发展,也势必会影响到物流政策和法律法规的系列化和系统性。

物流政策和法律法规的系列化和系统性工作是难度非常大的一项工作。原因之一是许多政策法规是在不同届别的政府和不同时间形成的,又是在不同产业领域形成的,因此做好这项工作需要在两方面努力:一方面是研究和观察已经发布的所有政策和法律法规,防止互相矛盾;另一方面是从系列化和系统性角度出发,发现空白和重复。

（二）物流政策和法律法规在时效性基础上的前瞻性

现在世界经济和国内经济都处在一个发展和变化期之中，因此，对于物流方面的政策和法律法规进行清理、修订或废止，以建立一套能够充分反映现实而且具有一定前瞻性、符合我国国情和国际惯例并与国际接轨的物流政策体系，对现代物流的发展，尤其是国际化的发展非常重要。由于我国相当多的有关物流政策和法律法规是在计划经济时期或者实行社会主义市场经济初期制定的，必然带有计划经济体制的烙印，即使是在改革开放以后制定的有关物流的政策和法律法规也不能排除旧的影响。这就要求物流政策和法律法规必须具有时效性，才能对今天的物流起到政策上的指导作用，建立一个专业性强的、有前瞻性的、体现社会主义市场经济要求和现代物流特性的物流政策和法律法规体系势在必行。

（三）物流政策和法律法规的可操作性

物流政策和法律法规不是理论问题，不是学术问题，而是支持和优化物流具体运作的操作体系。同时，这种操作又涉及不同层次的人群，这当然需要具有广泛的可操作性。只有具有这种容易掌握的可操作性物流政策和法律法规才能够真正发挥作用。但是，在这方面我国还是存在不小的问题，例如，目前我国还缺乏直接可操作性的现代物流综合性政策和法律法规，各部委或地方多以“办法”、“意见”、“通知”等形式颁布一些促进现代物流发展的规范性文件，缺乏法律的强制效力，只适合作为司法审判的参照性依据，在具体运用中缺乏操作性，不利于调整各物流主体之间的相互关系，不利于对物流主体行为起引导与制约作用。

（四）物流政策和法律法规的基础标准性

标准化是物流政策和法律法规的重要构成部分，标准化是将复杂而广泛的物流系统纳入规则的重要的基础性工作，是现代物流的特征之一，复杂的物流系统都依照标准化的规定去运作，就能够使物流的衔接和运行顺畅，从而获得最佳流通秩序和社会效益。现在，我国物流标准化正处于起步阶段，刚刚做了第一个层次的工作，目前只颁布了《物流术语》、《物流企业分类与评估指标》等少数几个物流宏观和综合方面的国家标准，还没有深入到具体业务领域，更没有深入到系统的物流运作领域，对于物流计量标准、技术标准、数据传输标准、成本核算标准、物流设施和装备标准、物流作业和服务标准等都还没有制定法定的国家标准。有些具体的操作还是沿用现代物流概念在我国没有被接受之前的旧的标准，各类运输方式间装备标准不统一，影响和制约了现代物流多式联运的推行；物流包装标准与物流设施标准间的不统一，影响了运输工具的装载率和仓储设施的空间利用率；信息技术不能实现自动无缝衔接与处理，影响了物流数据的传输和共享。所以，加快我国物流标准化建设，不仅仅是物流运作和运行的需要，也是物流政策法规建设的需要，是当前我国物流业亟须解决的一个重要问题。

(五)物流政策和法律法规的全面覆盖性

由于物流活动的复杂性和广泛性,物流主体和客体的多元性,需要物流政策和法律法规能够全面覆盖这些领域,否则就会出现政策和法律法规的真空。制定政策和立法是现代物流发展中的一项重要工作,我国现代物流的发展虽然仍然处于起步阶段,具有相当的不成熟性,但是已具有了多年的实践,积累了很多经验和教训,再加上发达国家关于物流方面的立法和政策的成熟经验,物流的立法以及重要政策的全面制定已经具备了可行性。但是,做到物流政策和法律法规的全面覆盖,还是需要时日的。

(六)物流政策和法律法规的国际性

物流的一个重要的特点是国际性,随着中国更深入地进入国际经济领域之中,物流的国际化是必然的趋势,所有的物流政策及法律法规都需要考虑与国际接轨的问题。

三、物流法律制度

物流法律制度是指一个国家或地区的所有与物流有关的法律原则和规则的总称。

物流法律制度从内容上来讲涉及五大领域:政策、法律、法规、规章制度和标准。

(一)物流政策

政策的发布单位是国家的行政权力机关,除了国家各个经济领域和产业领域的政策经常会在某些方面涉及物流之外,在物流领域,专门针对全国物流发布的政策最近10年有三个,它们是:2004年由国家发展和改革委员会等九个部委联合发布的《关于促进我国现代物流业发展的意见》、2009年国务院发布的《物流业调整和振兴规划》以及2011年国务院办公厅发布的《促进物流业健康发展政策措施的意见》。此外,物流的主体领域,例如交通运输、铁路等方面还有专门制定的五年或者长期的发展规划,都有很强的政策指导意义。

(二)物流法律

通过立法实现法制化,用法律法规规范一切行为,进行法制化的管理,这是方向性的问题。物流领域在这方面还比较薄弱,法律的覆盖面有限并且系统性不足,但是,已经形成了一定的法律基础,正在向逐渐建立系统化的物流法律体系方向迈进。目前,物流的主体领域已经形成了主导性的相关的法律,例如,公路方面的《公路法》,铁路方面的《铁路法》,航空方面的《航空法》,水路方面的《海商法》等等。之外,包括物流在内的更大经济领域内的重要法律,如《合同法》、《保险法》、《节约能源法》、《反垄断法》、《信息安全法》、《污染防治法》等,也都有和物流密切相关的法律内容,这些法律内容也是物流法律系统的一部分。

（三）物流法规

物流方面的行政法规是国务院制定的条例、规定、办法以及其他规范性的文件。由于立法程序很复杂，对于立法的要求又很严格，物流领域对于法制化管理的需求常常通过行政法规来解决。我国物流领域由国务院制定的法规很多，如大家熟知的《道路交通管理条例》，就是这样一种行政法规。

（四）部门和地方的物流规章制度

部门和地方的规章制度也是一种行政制度，由各级行政机关制定并发布。我国实行部门管理和地方管理体制，虽然物流总体没有一个归口管理部门，但是，物流的主体领域——交通运输、铁路、商业都有国务院下属的部门。这些部门对于物流的《行政许可制度》、《行政处罚制度》、《行政收费制度》《行政强制制度》以及《行政裁决、裁判制度》都有系统性的制定。

由于物流领域法律的制定存在相当的复杂性，所以物流领域现有的法律难以涉及全部物流活动和全部物流的领域，在这种情况下，行政制度是不可少的，而且对于物流领域来讲是非常重要的，例如，驾驶汽车者需取得驾驶执照。

（五）行业标准

物流和物流领域各个重要的子系统，多年来已经逐渐形成了一批技术标准和相关的标准。这些标准是由相关的行业制定并且经过国家质量监督检验检疫总局和标准化管理委员会批准发布的。物流标准是新的标准体系，现在已经形成的重要标准有《物流术语》、《物流企业分类与评估指标》、《物流企业成本构成与计算》等。

四、物流政策和法律法规的分类

由于物流系统的复杂性和广泛性，物流政策法规的种类和数量也很多。我们可以从以下几个角度分类。

第一，按照政策和法律法规的内容和适用领域分类，可以分成综合性政策和法律法规、行业性政策和法律法规、部门性政策和法律法规、地区性政策和法律法规若干类。

第二，按照政策和法律法规的适应对象分类，可以分成货主物流政策和法律法规，物流事业者物流政策和法律法规，消费者物流政策和法律法规若干类。

第三，按照是否适用于涉外的物流分类，可以分成国内的物流政策和法律法规、涉外的物流政策和法律法规两大类。

第四，按照物流系统化的针对性分类，可以分成针对物流系统化运作的政策和法律法规和物流单项运作的政策和法律法规两大类。

第五，按照物流的具体运作分类，可以分成运输类政策和法律法规、包装类政策和法律法规、仓储类政策和法律法规等多种类别。

第六，按照对物流活动的约束领域分类，可以分成：物流管制性政策和法律法规和经营性政策和法律法规两大类。前者如交通管制政策和法律、物流设施与网点建设布局政策和法律、物流环境政策和法律、物流结点政策和法律;后者如物流企业税收政策和法律、物流财务会计政策和法律法规等。

五、主要的政策和法律法规

我国关于物流领域的重要政策和法律法规是领导、指导、规划我国现在物流业健康发展的重要保障,尤其是最近十几年,物流业大踏步登上了我国的经济舞台,这些政策和法律法规的作用巨大。这些重要的政策和法律法规数量非常多,除了专门针对物流业以及物流业所属行业的相关的政策和法律法规之外,其他经济领域和产业领域的不少政策和法律法规也都涉及物流业和物流活动。在本书这一部分仅就专门针对物流业的重要政策和法律法规做一个简单的介绍。

(一)《物流业调整和振兴规划》

这是2009年国务院发布的规划期为2009~2011年的重要文件,是全面指导我国物流业发展的、具有战略性意义的重要文件。文件明确提出物流业是"重要的服务产业",并且指出:"制定实施物流业调整和振兴规划,不仅是促进物流业自身平稳较快发展和产业调整升级的需要,也是服务和支撑其他产业的调整与发展、扩大消费和吸收就业的需要,对于促进产业结构调整、转变经济发展方式和增强国民经济竞争力具有重要意义。"这是迄今为止我国物流方面内容最多、文字最多的文件,文件的主要内容有六个方面:①发展现状与面临的形势;②指导思想、原则和目标;③主要任务;④重点工程;⑤政策措施;⑥规划实施。尤其是其中主要任务和重点工程受到了社会的广泛关注,对我国现代物流发展具有长远的影响。

该规划提出的十大主要任务是:①积极扩大物流市场需求;②大力推进物流服务的社会化和专业化;③加快物流企业兼并重组;④推动重点领域物流发展;⑤加快国际物流和保税物流发展;⑥优化物流业发展的区域布局;⑦加强物流基础设施建设的衔接与协调,⑧提高物流信息化水平;⑨完善物流标准化体系;⑩加强物流新技术的开发和应用。

该规划提出的九项重点工程是:①多式联运、转运设施工程;②物流园区工程;③城市配送工程;④大宗商品和农村物流工程;⑤制造业与物流业联动发展工程;⑥物流标准和技术推广工程;⑦物流公共信息平台工程;⑧物流科技攻关工程;⑨应急物流工程。

(二)《关于促进物流业健康发展政策措施的意见》

这是2011年由国务院办公厅发布的文件。文件提出了八条政策措施。

1. 切实减轻物流企业税收负担;
2. 加大对物流业的土地政策支持力度;
3. 促进物流车辆便利通行;
4. 加快物流管理体制改革;
5. 鼓励整合物流设施资源;

6. 推进物流技术的创新和应用；
7. 加大对物流业的投入；
8. 优先发展农产品物流业。

该文件特别指出，促进物流业健康发展需要加强组织协调。要求各地区、各部门"充分认识物流业的重要性，加快政府职能转变和管理创新，积极推动物流业又好又快发展。国务院有关部门要按照职能分工，加强对物流业发展的协调指导，抓紧细化政策措施，认真组织贯彻实施，切实规范物流服务，提升物流业经营水平"。

（三）《关于促进我国现代物流业发展的意见》

这是2004年由国家发展和改革委员会、商务部、公安部、铁道部、交通部、海关总署、国家税务总局、中国民用航空总局、国家工商行政管理总局九个部委联合发布的文件。文件指出："加快发展现代物流业，是我国应对经济全球化和加入世界贸易组织的迫切需要，对于提高我国经济运行质量和效益，优化资源配置，改善投资环境，增强综合国力和企业竞争力具有重要意义。"为进一步推进我国现代物流业的发展，在全国范围内尽快形成物畅其流、快捷准时、经济合理、用户满意的社会化、专业化的现代物流服务体系，该文件提出四方面的意见：①营造有利于现代物流业发展的良好环境；②采取切实有效措施，促进现代物流业发展；③加强基础性工作，为现代物流发展提供支撑和保障；④加强对现代物流工作的综合组织协调。

该文件提出调整现行行政管理方式、物流市场对外开放、建设区域物流中心、完善物流标准化体系、大力发展集装箱运输、提高信息化水平等多项发展改革任务，并且对于物流企业给出了定义性的解释："物流企业是指具备或租用必要的运输工具和仓储设施，至少具有从事运输（或运输代理）和仓储两种以上经营范围，能够提供运输、代理、仓储、装卸、加工、整理、配送等一体化服务，并具有与自身业务相适应的信息管理系统，经工商行政管理部门登记注册，实行独立核算、自负盈亏、独立承担民事责任的经济组织。"

六、物流子系统的主要政策和法律法规

（一）公路运输的主要政策和法律法规

公路运输是物流领域的传统运输方式，也是覆盖面最广的、物流总量最大的运输方式，相关的政策和法律法规形成时间也比较早、比较健全，已经成为体系。其主要的政策和法律法规有《中华人民共和国公路法》、《中华人民共和国道路交通安全法》、《汽车货物运输规则》、《道路货物运输服务业管理办法》、《中华人民共和国道路交通管理条例》、《城市道路管理条例》、《道路零担货物运输管理办法》、《道路危险货物运输管理规定》等。

(二)水路运输的主要政策和法律法规

水路运输也是物流领域的传统运输方式,我国长江等主要水道曾经是关系国计民生的重要资源,现在的海运是国际贸易的重要物流方式。其主要的政策和法律法规有《中华人民共和国海关法》、《中华人民共和国港口法》、《中华人民共和国海商法》、《中华人民共和国海上交通安全法》、《中华人民共和国水路运输管理条例》、《中华人民共和国国际海运条例》、《海上国际集装箱运输管理规定》、《内河运输船舶标准化管理规定》、《国内船舶运输资质管理规定》、《水路危险货物运输规则》等。

(三)铁路运输的主要政策和法律法规

铁路是我国主要的、骨干的物流方式,虽然运输总量比公路要低,但是,大批量、长距离、高速度的运输方式是其他运输方式难以比拟的。其主要的政策和法律法规有《中华人民共和国铁路法》、《铁路货物运输管理规则》、《铁路运输安全保护条例》、《铁路货运事故处理规则》等。

(四)航空运输的主要政策和法律法规

航空运输是能够满足特殊需要和特殊服务的运输方式,虽然与上述三种运输方式相比较,运输量比较小、成本有些高,但是是不可缺少的一种运输方式。其主要的政策和法律法规有:《中华人民共和国民用航空法》、《通用航空飞行管制条例》、《中华人民共和国民用航空安全保卫条例》、《航空货物运输合同实施细则》、《中国民用航空危险品运输管理规定》,此外,还有与80多个国家签订的双边航空运输协定。

(五)货运代理的主要政策和法律法规

现在远程物流的运输,尤其是国际物流的运输,专业性很强,相关事物复杂烦琐,往往采取运输代理的方式,因此,这方面的政策和法律法规也是物流领域的重要政策和法律法规。其主要有:《中华人民共和国国际货物运输代理业管理规定》、《外商投资国际货物运输代理企业审批规定》等。

(六)储存保管及其他物流领域的主要政策和法律法规

储存保管及其他物流领域的主要政策和法律法规有:《商业仓库管理办法》、《粮油仓库管理办法》、《仓库保管合同实施细则》、《中华人民共和国海关对出口监管仓库及所存货物的管理办法》、《中华人民共和国海关对保税仓库及所存货物的管理规定》、《快递市场管理办法》、《农产品包装和标识管理办法》、《石油、天然气管道保护条例》等。

第五节 物流产业升级

虽然产业升级是各类产业的共同课题,但是,鉴于物流产业普遍存在的特殊性,不可能像有的产业那样集中投资、大规模建设就能够在很大程度解决产业升级的问题。物流产业升级是一个大的课题,物流产业应当瞄准以下几个主要方面解决产业升级的问题:物流需求结构的提升,产业结构调整、转型、升级,产业的技术进步,产业的信息化改造以及产业宏观管理的水平提升。

一、物流需求结构

物流产业升级的问题,往往被看成是物流产业本身的问题,这是不全面的。与物流产业升级密切相关的是物流需求。物流需求结构是由各个经济领域对物流的不同种类的需求、不同水平的需求和国家政策导向决定的,一个合理的、有效的物流需求结构,是可以促成合理物流供给结构,从而影响物流产业升级的重要方面。

物流需求结构的构成主要包括以下几个方面。

(一)一体化的物流需求

一体化的物流需求是高层次的物流需求,但是在整个物流需求中所占的比重较小,不是物流需求结构的主体。

(二)系统化的物流需求

系统化的物流需求是高层次的物流需求,是上升势头非常强劲的物流需求,一般来讲,会逐渐成为物流需求结构的主体。

(三)有个性内涵的物流需求

有个性的物流需求是不同经济领域的特殊需求。例如,连锁商业对各个商业门店的配送物流需求,外贸领域对大量煤炭的物流需求,城市居民对送货上门的物流需求等。这种类型的物流需求,在物流需求结构中有很大的总量,如果这个总量表现在物流需求结构中,是物流需求结构的主体之一。

(四)传统的、一般的物流需求

传统的、一般的物流需求会在现代社会中长期存在,是物流需求结构不可避免的一种结构状态。改变和提升这一部分的物流需求,是物流产业升级的重要任务之一。

二、物流需求结构的提升

物流的需求结构在某种意义上决定物流的产业结构。可以这样认为,物流产业的升级问题绝对不是物流产业可以脱离整个国民经济和需求来决定的问题。在现代社会中,产业不可能独立于整个经济之外独立发展,产业关联,而且是互为决定的密切关联是不可忽视的问题。尤其是供给和需求的关联,供给和需求双方,需求是起决定作用的,所以物流的供给结构也受需求结构的影响和决定。调整物流供给结构的偏差必须基于现在的产业结构状态和这种产业结构所导致的需求结构。

物流产业升级的问题,从供给和需求结构的角度来看,是一个双向调整的问题,是一个互为影响的问题。合理的需求结构能够派生出有效的物流需求,自然会影响物流的供给结构;一个合理的物流供给结构,又能够保证和促进有效需求的增长。这就是涉及物流产业升级的物流供给和物流需求之间的辩证关系。

从物流产业角度来看,按照需求来调整物流供给结构当然是物流产业应当做的事情,但是,物流产业又不能消极等待需求结构的调整,而应当主动地调整供给结构偏差,达到促进有效需求增长的目的。

处于发展和转型进程中的中国经济,物流的需求结构正在发生着变化,例如,现在在我国大量产生的物流配送的需求,在二三十年前还基本处于一种空白的状态,快速物流的需求也是如此。增加现代物流的需求,引导物流需求向高级化方向发展是国民经济发展的必然要求,是我们应当做的事情。

不能消极等待物流需求结构的调整和变化,通过物流供给水平的提升和结构的调整,影响和调整物流的需求结构,推进物流的需求转型是物流产业应当给予关注的,这也是物流产业升级的重要举措。

三、物流产业结构调整

产业升级涉及产业方方面面的改变。有的人特别关注产业结构的改善和产业素质与效率的提高,产业结构的调整往往被看成是产业升级的主体。所以,也有人把产业转型升级定义为产业结构高级化。

从产业结构水平方面分类,有人把现代社会的产业分成劳动密集型产业、资本密集型产业和技术密集型产业三类,后两类被看成是结构高级化的类型。

物流业产业结构现在处于从低级结构向高级结构转化的进程之中。从物流业的特性来看,物流业产业结构的高级化,只能是一个循序渐进的过程,低级结构会长期在物流业中存在,总体上成为现代物流产业结构的一个组成部分。

物流产业结构调整,有和其他产业一样的共同的、普遍的、科学的办法,但也要顾及物流产业本身的特殊性。物流产业结构调整有以下几个主要方面。

(一)物流产业内部企业规模的调整

提高物流企业的规模和聚集程度,从“小而散”向“大而强”升级。传统物流产业资源过分分散，缺乏规模和聚集程度，“小而散”是其很显著的特点。提高企业的规模和聚集程度，逐渐减少“小而散”物流企业在物流产业中的比重和作用，从而改变物流产业的内部结构，这是打造适应现代化大生产物流产业的重要举措。

（二）物流产业内部企业构成的调整

要发展具有高级化服务能力的物流企业，发展具有高附加值运作能力的物流企业，发展高技术型的物流企业，要提高这些企业在产业中的作用和比重，逐步减少传统的、低技术的物流企业。传统物流产业中的物流企业，服务能力不强，服务水平不高，技术含量比较低。要改变传统物流产业的这种结构状态，着重发展集装、散装、快运、快递、配送、流通加工类型的物流企业，提高它们的规模和在物流产业中的比重，不但能够满足社会高层次的需求，而且能够提高物流服务的附加价值。

（三）物流产业能力的调整

发展一体化的、系统化的服务能力，发展第三方物流、第四方物流，增加它们的规模和在物流产业中的比重，是物流产业结构调整不同于其他产业结构调整的重要特点。

（四）调整和改变物流业的管理体制

管理体制在我国起决定性的作用，这是我国的国情使然。但是，管理权重非常大的物流业，必须把科学的办法和管理体制有机、有效地结合才能使结构调整获得成功。

（五）物流企业的调整

长期以来，物流产业结构中的物流企业都是以传统物流企业为主，不但存在前面提到的“小而散”、服务能力不强的问题，而且很长时间没有明确物流企业在国民经济中的服务地位。相反，一个时期，尤其是计划经济时期，企业变成了“官商”，有很强的管理和操控职能，这在如今的物流产业中仍然具有影响。物流企业的调整和升级是物流产业结构调整的重要内容，物流企业改造和提升成为“生产性服务企业”，是物流产业结构调整的关键。

四、物流产业的技术进步

物流产业技术进步速度缓慢是我国物流产业升级的一个负面影响因素。

物流产业技术进步不仅是物流产业发展本身的需要，也是更大领域的流通发展的需要，是提高流通效率的需要，是提高流通力的需要。

依靠技术进步提高物流产业的技术内涵，打造高技术含量的物流产业，是物流产业升级的重要内容。

物流产业技术进步的途径主要有三个：物流本体技术的创新、其他相关领域的技术向物流领域的扩散和国外有效的物流技术的转移与引进。物流产业技术进步涉及方方面面，对于产业升级特别要重视的是以下几方面。

(一)物流基础活动和单项操作的技术和装备的进步

诸如运输、装卸、包装、仓库、流通加工、配送等各方面的工具、装备和技术的进步,是所有的产业技术进步面临的共同问题,是整个物流技术进步最基本的领域。其中最重要的是物流技术装备的进步,包括自动包装机、无人搬运车、立体货架、自动分货机等。

(二)物流基础平台的网络化技术的形成

物流基础平台的网络化技术是物流重要硬件的基础技术。也是物流的独有技术。大范围、长距离运作的物流,需要依托网络化的平台,如公路网络、高速公路网络、铁路网络、管道网络等。

(三)物流的系统运作、系统集成技术与装备技术的形成

应在物流单项技术和基础技术进步的基础上,更进一步集成为一个领域的系统技术,包括各种物流系统的装备技术和管理技术。例如,在自动化立体货架基础上,集成高技术水平的检选、分货、搬运技术,发展成自动化立体仓库系统技术和装备,这是物流技术向高端发展,体现物流产业技术进步的重要领域。

(四)物流信息化水平和管理技术的升级

物流信息化水平和管理技术的升级是物流产业技术进步的一个重要方面,本书对此还有专门的论述。

(五)物流的环境和安全技术的形成和进步

物流产业是对环境和安全产生广泛的、大面积影响的产业,由于物流环境和安全技术是需要大量付出而缺乏直接经济效益回报的技术和管理领域,因此,在物流产业的初期发展过程中,是很容易受到忽视的。但是,这应当是物流产业升级需要给予特别关注的领域。物流产业升级的目标之一是建立环境友好型的物流产业,这就需要大力发展和提升物流的环境和安全技术,所以,这方面的技术进步对于物流产业来说是一个新的课题。物流产业这方面的技术进步特别要关注以下两个问题:

第一,物流大量消耗能源资源,同时形成相应的排放和污染,所以在这方面要特别重视发展从高能耗高污染转向低能耗低污染的物流技术进步。

第二,物流在社会上的运行,与局限在企业内部的生产线不同,容易出现噪声污染和安全事故,物流业的技术进步应当瞄准这个领域,所以,相关装备的技术进步和相关的管理技术进步是物流产业的重要课题。

我国国民经济《第十一个五年规划纲要》(以下简称《纲要》)专门对科学技术创新和跨越的问题提出了任务要求,《纲要》中专门涉及现代物流的部分,从不同角度提出了物流领域科技发展的要求。这应当成为我们中国物流人科技兴物流的有力武器。《纲要》重点提出了以下物流科技创新和跨越的具体任务:①提出了推广现代物流管理技术的任

务；②提出了建立物流标准化体系的任务；③提出了加强物流新技术开发利用的任务；④提出了推进物流信息化，应用信息技术提升运输管理水平的任务；⑤提出了开发应用高速重载、大型专业化运输等高新技术的任务。

上述的具体任务，是我国物流产业升级有针对性的任务。

五、物流产业的信息化改造

可以这样认为，在物流领域，信息技术已经成为最重要的科学技术，信息技术对于物流这样的产业，比之生产物质产品的产业更加重要。物流过程是一个随时变化的过程，不可能像生产流水线那样，在事先设计好并且建设好的流程中运行，因此，必须了解和掌握信息才能够了解和判断物流运行的情况。再加上物流产业结构的复杂性和业态的多样化，长期以来，信息在产业内部的流通不畅，各个局部的信息系统缺乏沟通和联系，互相封闭，形成了一个个"信息孤岛"，所以，信息化改造对于物流产业具有特殊的重要意义。

物流产业的信息化改造要着重做好以下几件事情。

（一）建立准确的物流信息收集功能

建立准确的物流信息收集功能是物流产业升级进行信息化改造的基础工作。这项工作相比较而言，技术含量较低，有大量、烦琐的管理和组织工作，经常会受到忽视。但是，这项工作是物流产业信息化改造必须首先认真去做的工作。

（二）物流信息标准化的建设工作

物流信息标准化的建设也是物流产业信息化改造的重要基础工作，它会直接影响物流信息的收集和传递，直接影响物流信息化的水平，是复杂的物流系统多方面实现信息共享的关键。在物流产业本身的标准化还不完善的时候，物流产业信息标准化同样处于薄弱的状态，尤其在物流产业信息化改造的初期需要给予重视。

（三）实现物流信息互联互通的连接功能

首先要解决大物流系统内部（包装、运输、储存、流通加工、配送等方面）的信息互联互通的问题，这个问题的解决有利于将物流活动的各项功能联结成为系统。当然，沟通物流系统与外部系统和环境信息连接的功能也是必不可少的。

（四）逐渐形成物流信息的调控功能

逐渐形成物流信息的调控功能是物流产业的信息化改造要达到的重要目标。物流信息化最终的追求就是信息化对于整个物流运作的调控，信息化对于决策的支持甚至直接产生科学的决策。可以说这是物流产业升级要达到的高级目标。

六、物流产业宏观管理

(一)旧的部门管理体制无法对物流产业实施有效管理

我国长期实行的部门宏观管理体制,在国民经济许多领域出现“大系统”的发展趋势之后,部门管理体制显然已经不适合于新的经济发展的要求。因为,在部门和地区旧的管理体制仍然存在的情况下,很难按照大系统的要求形成与“跨行业、跨地区、跨部门”相适应的综合性的管理体制。物流就是这种体制状况的突出领域。物流产业的构成包括国民经济许多领域的一部分或大部分,例如,铁道、交通、民航、商业、邮政,这些领域已经有成熟的管理体制形式。从宏观管理的角度来讲,阻碍系统物流发展的几种障碍中,体制障碍是当前最突出的。对于体制障碍的表现形式可以表述为:系统化的物流缺乏系统化的体制环境。于是,就出现了以下问题:

第一,纵向体制切割横向物流。我国长期实行的是部门管理体制,物流领域,则是实行按不同的物流功能划分不同部门的管理体制,例如铁路运输由铁道部管理,公路运输由交通部管理,同时,从中央到地方形成了对应的部门和管理层次。这样就造成了各个部门的自我封闭,造成整体物流的多头领导、政出多门,使物流本来应该具有的系统的、整体的功能被切割和削弱。同时,物流资源也背上了部门的色彩,不能被平等使用,难以社会化,难以实现整合和提高效率,造成资源的极大浪费。

第二,局部的垄断破坏物流系统的完整性。物流领域涉及国民经济的十几个部门,物流活动又必然要跨越各个行政地区,整个物流过程必然要利用不同领域的物流资源,其中,局部的、个别的领域是属于垄断性的,在这种情况下,物流系统受局部垄断的制约,不可能按照现代物流的模式去运行。这也是我国物流系统和发达国家的物流系统最大的差距之一。

第三,地方的利益格局,阻碍建立物流大市场。由于地方的财政体制决定了地方利益格局的存在,需要跨越不同地区的物流大市场的运作常常在一些地区受到不平等的待遇,跨越的地区越多,需要通过的关卡也越多,层层设障、层层收费,这样,建立物流大市场就远远难于建立局部的地区物流市场。为了回避这个矛盾,很多物流企业不愿意也难以做大。

第四,政企不分、网运不分。资源的部门化和资源的地区化,使政府和部门直接或间接参与资源经营运作,政企不分的现象在物流领域依然比较突出。铁路部门依然是全系统政企合一、网运不分,交通部门在局部领域,尤其在物流的关键领域,如港口和枢纽,也依然存在政企合一的问题。

第五,分散的体制和小生产方式。过度分散,小生产方式盛行,缺乏必要的集中,缺乏系统的整合,是难以使整个物流系统的水平得到本质提升的重要原因。

(二)物流产业的宏观管理依靠整合

按照我国与物流相关的九部委文件的提法,“现代物流是一个新兴的复合性产业,涉及运输、仓储、货代、联运、制造、贸易、信息等行业”，物流的运作和物流管理，关联很多经济领域、经济部门和经济地域、行政区域。根据我国的管理体制，这些领域，都各有所属的部门、行业和地区，物流科技资源也是这样一种状况。因此，要想使这些领域协同工作，已经不可能依靠“统合”，也不可能仿效其他产业的做法对物流产业施行部门管理。物流产业的宏观管理需要依靠整合的办法。也就是说，物流的宏观管理，可以以九个部委之中的关系密切的某个部委或者九个部委之上的管理部门为主体，针对重大事件，组织有关部门协同工作、信息共享、利益共享。这实际上是系统化时代的一种升级的管理模式。

第二十七章 物流运行管理

第一节 物流运行概述

一、物流运行及运行管理的概念

物流运行就是对物流活动的具体实施,是具体进行物流的过程。经过物流的运行,才能够实现实物的物理性位移。

物流运行管理是对物流活动的具体实施和对运行过程进行计划、规划、指挥、协调和控制。物流运行管理指的是物流运行过程中的管理,物流的目的必须通过运行来达成,所以,物流运行管理应当是物流管理的核心和焦点之一。

物流运行管理的目的是保证实现运行主体事前对运行的计划安排以及过程中的操作与控制,从而在限定的运行条件下满足客户方的要求,并且在完成物流运行任务的前提下,追求安全、效率和效益。

二、物流运行的范畴

对物流运行的范畴基本上有两种划分:国际和国内的划分、社会和企业的划分。

(一)国际和国内的划分

1. 国际物流运行。国际物流运行是随同和支撑国际经济交往、贸易活动和其他国际交流所发生的物流活动。国际物流运行不仅仅是距离远近的问题,更重要的是跨越不同的国家。不同国家在物流运行方面有不同的规则和管理方式,这些规则在有的国家是以立法的形式存在,而在有些国家则是一些法律之外的规定。例如:行政性的规定、地区性的规定;还有不少是长期习惯形成的潜移默化的规则性的东西,如行规和一个地区的风俗习惯。虽然不同的国家在物流领域都有一些共同遵循的规则,但是,也必然存在许多不同,这是国际物流运行需要特别予以关注的问题。

2. 国内物流运行。国内物流运行包括一个国家范围内的物流,一个城市的物流,一个经济区域的物流。这些物流都处于同一法律、规章、制度之下，都受相同技术装备水平、文化及社会因素影响。国内物流运行基本上遵循统一的规则，由于物流涉及的领域广泛，各个领域又都有相关的规则，这也是一个非常复杂的系统，是国内物流运行的难点所在。

（二）社会和企业的划分

1. 社会范畴的物流运行。社会范畴的物流运行指超越一家一户、超越一个企业，以社会为范畴、为社会所用的物流。社会物流涉及社会上各个领域所发生的所有物流活动，因此社会物流带有宏观性、普遍性和广泛性。

社会的物流是国民经济的命脉，因此，社会范畴的物流运行是非常重大的问题。为了让社会物流范畴的物流运行满足国民经济发展的需要，有必要对社会范畴的物流运行进行科学管理和有效控制，采用先进的技术来保证物流的高效率、低成本的运行，这是社会范畴的物流运行的重点。

2. 企业范畴的物流运行。现在，企业的体制很复杂，与物流相关的体制类型典型的有两大类：一类是实行产、供、销分离体制；另外一类是实行产、供、销一体化体制。至于在两种典型体制类型之间的企业，数量也非常庞大。

实行产、供、销分离体制的企业，企业内部物流是主要的范畴；实行产、供、销一体化体制的企业，企业内部物流、企业外部范畴的物流都是企业范畴的物流。企业范畴的物流运行管理对于前一类企业来讲，仅仅是企业内部范畴的物流运行管理；对于后一类企业来讲，则要扩展成企业内部范畴和企业外部范畴两个领域的物流运行管理。

所以，企业范畴的物流运行管理包括：所有企业内部范畴和某些企业外部范畴的物流运行管理。

显然，两种不同类型的企业所承担的物流运行管理也会有所不同，主要的区别在于作为企业内部主体物流之外的那一部分。

三、企业重要的物流

（一）企业的生产物流

企业的生产物流活动是指在生产工艺中的物流活动，这种物流活动是与整个生产工艺过程伴生的，实际上已经构成了生产工艺过程的一部分。企业生产物流的过程大体为：原料、零部件、燃料等辅助材料从企业仓库和企业的“门口”开始，进入到生产线开始端，再进一步随生产加工过程各个环节运动，在运动过程中，原料、零部件以及辅助材料被加工，同时产生一些废料、余料，直到生产加工终结，再运动至成品仓库，便终结了企业生产物流过程。

过去人们在研究生产活动时，主要关注一个一个的生产加工过程，而忽视了将每一个生产加工过程串在一起的，并且又和每一个生产加工过程同时出现的物流活动。例如，原料、零部件以及辅助材料不断地离开上一工序，进入下一工序，便会不断发生搬上搬下、向前运动、暂时停止等物流活动，实际上一个生产周期，物流活动所用的时间有时远多于实际加工的时间。所以，企业生产物流研究的潜力、时间节约的潜力、劳动节约的潜力是非常大的。

企业生产物流的课题很多,例如,生产流程如何安排,从物流角度如何规划生产过程才合理,各生产活动环节如何衔接才最有效,如何缩短整个生产的物流时间和物流距离,如何选择生产过程最有效的物流工具等等。

在生产物流活动中,看板方式、准时方式应当引起我们的关注。

(二)企业的销售物流

企业的销售物流是指企业为保证本身的经营效益,不断伴随销售活动,将产品所有权转给用户的物流活动。在现代社会中,市场环境是一个完全的买方市场,因此,销售物流活动便带有极强的被动性与服务性,以满足买方要求、最终实现销售。在这种市场前提下,销售往往以送达用户并经过销售、服务后才算终止。因此,销售物流的空间范围很大,这便是销售物流的难度所在。在这种前提下,企业销售物流的特点,是通过包装、送货、配送等一系列物流实现销售,这就需要研究送货方式、包装方式、包装水平、运输路线等并采取各种方法,如少批量、多批次,定时、定量配送等特殊的物流方式达到目的。在销售物流活动中,特别要引起关注的是配送方式。

(三)企业的供应物流

与企业的销售物流相反,在完全的买方市场环境下,供应物流活动带有极强的主动性,在这种市场前提下企业可以按照最理想的方式选择供应物流,所谓"供应链管理",就是在这种市场前期下出现的一种新的物流形式。

企业为保证本身生产的节奏,不断组织原材料、零部件、燃料、辅助材料供应的物流活动。这种物流活动对企业生产的正常、高效进行起着重大作用。企业供应物流不仅只有一个保证供应的目标,而且还有以最低成本、以最少消耗、以最大保证来组织供应的限定条件,因此,就具有很大的难度。现代物流是基于非短缺商品市场这样一个宏观环境来研究物流活动,在这种市场环境下,供应在数量上的保障很容易做到。企业在供应物流领域竞争的关键在于:如何降低这一物流过程的成本,这可以说是企业物流的最大难点。为此,企业供应物流就必须解决有效地供应网络问题、供应方式问题、零库存问题等。

企业的供应物流有三种组织方式:第一种是委托社会销售企业代理供应的物流运行管理方式;第二种是委托第三方物流企业代理供应的物流运行管理方式;第三种是企业自供的物流运行管理方式。这三种方式都有低层次的、高层次的不同管理模式,其中供应链方式、零库存供应方式、准时供应方式、虚拟仓库供应的物流运行管理方式值得我们关注。

第二节 物流运行模式

物流运行模式是有代表性的物流运行的标准样式,是物流在运行方面的形式上的规律。物流在发展和逐渐成熟过程中,在运行方面出现了很多有代表性的方式,可以称之为物流运行模式。

一、自营物流运行

自营物流是有一定条件的企业借助自身的管理、组织和物质条件,自行进行物流活动,除了满足本身对于物流运作的需求之外,还开展经营性的物流运作。开展自营物流的企业大体上需要具备以下条件:

1. 物流方面的业务规模有限,并且也集中在企业所在城市,物流运作的方式比较简单。

2. 企业的物流需求比较烦琐,原因是企业处于分散分布的状态,例如总店及若干的分店,多家连锁店构成的连锁企业。对这个复杂的结构和分布状态,企业自营物流、自己进行物流的运作是一个比较好的解决方案。

3. 一些规模较大、资金比较雄厚、管理能力强的企业,除去主要业务之外,还有较强的实力去从事物流运行业务,这种企业比较适合进行自营物流运作。

4. 物流对企业具有非常重要的战略地位,或者对物流运行有个别特殊的要求,在这种情况下适合采用自营物流运作。

二、外包物流运行

外包物流是将物流运行外包给专门从事物流活动的第三方物流、第四方物流的运行模式。

第三方物流是由供方与需方以外的专门从事物流运行的物流企业提供物流服务的业务模式,即物流的实际需求方(第一方)和实际供给方(第二方)之外的第三方,部分或全部利用第三方的资源通过合约向第一方提供的物流服务,也称合同物流、契约物流。

第四方物流是第三方物流发展的高级形式,与第三方物流协调、合作,共同发展,是一种新的物流运作模式。埃森哲咨询公司对第四方物流的定义为:"第四方物流是一个供应链的整合者及协调者,调配与管理组织本身与其他互补性服务所有的资源、能力和技术来提供综合的供应链解决方案。"

第三方物流业拥有大量服务提供者,大多数第三方物流服务公司是以传统的"类物流"业为起点而发展起来的,如仓储业、运输业、空运、海运、货运代理和企业内的物流部等,它们根据顾客的不同需要,通过提供各具特色的服务取得成功。

三、合作物流运行

合作物流是若干企业以物流合作联盟的形式或者兼并重组的形式进行合作的物流运行模式。

物流联盟指两个或两个以上的经济组织为实现特定的物流目标而实行的长期联合与合作,即指在物流方面通过签署合同形成优势互补、要素双向或多向流动、相互信任、共担风险、共享收益的物流伙伴关系。物流联盟这种合作物流运行的模式是属于优势互

补的模式,适用于两种情况:

1. 一些企业物流在企业的发展战略中起主要作用,但是企业自身的物流管理能力、管理水平又比较低,在这种情况下,组建物流联盟可以获得物流方面的优势,将会在物流设施、运输能力、专业管理技巧上由于互补形成新的优势。

2. 有一些企业拥有相当数量的物流资源,甚至出现资源过剩,又有比较高的物流水平。这时组建物流联盟可以寻找伙伴,共享物流资源,充分利用物流资源,通过扩大物流运行和物流量形成新的经济增长点,也可以通过扩大规模降低成本、增加效益。

兼并重组是更新的发展,这种运行方式可以实现建设一体化的整体物流网络并且完成一体化的物流运行。现在美国和欧洲国家的大型物流企业跨越国境,展开连横合纵式的并购,是在合作的基础上进一步的发展,这是值得我们注意的物流运行方式。对于我国来讲,这种方式可以帮助我们大力拓展和开发国际物流市场和商品市场,从而在未来的经济发展中获取国际市场更大的市场份额。

四、准时物流运行

现代经济领域出现了一种称为“准时制”的经济运作形式,并且形成了一种生产方式,称之为“准时生产方式”。这种生产方式特别强调在准确的时间、准确的地点提供准确的产品,从而可以实现生产过程的零库存。物流是准时方式的一个重要组成部分,也是贯穿在准时方式中的一个核心。其实说穿了,“准时”就是物流的准时。准时物流其实质是要求在各个环节做到准确无误,也就是说进入到物流的必需的物品,在准确的时间到达准确的地点,完成这个过程。

一般认为,准时制物流运行管理有三种形式:计划管理、看板管理和同步管理。

(一)计划运行管理

计划运行管理就是按严格的计划(包括原材料的具体品种、规格、数量,物流运行到达的时间和到达的具体位置)送达接货人。当然,采取计划管理的准时物流形式,需要有环境条件的保证,一般来讲,在一个企业内部是可以做到这一点的,但是,如果是全部或者局部要依靠社会物流,或者企业物流的某些环节要进入社会,这种严格的计划管理就很难实施。另外,由于计划管理是事先的计划,在现实的生存环境中,计划总是赶不上变化,当计划调整时,很难甚至根本不可能做出物流运行的快速反应,从而造成物流运行的准时性失败。

(二)看板运行管理

现在看板式管理已经不再是向上一道工序传递的手写板,而是依靠电子技术、网络技术进行看板的传递,是信息即时传递的、非常准确的一种新型管理模式。信息的主要载体是看板,在看板上记录准确的需求,以此作为各个环节的凭证。按照看板所提出的要求进行物流的运作,从而实现准时制物流。

在信息时代,看板管理的物流运行方式可以在更大范围应用。其原因在于,不需要进行手写看板的实际传递，而可以依靠信息网络传递。

（三）同步运行管理

同步运行指的是物流运行与生产运行同步，根据生产运行的节奏，同步运行的物流将所需要的物资供应到位。所以，这实际上也是一种准时运行的方式。企业内部的生产物流适合采取这种方式，尤其是流水线式的装配式生产采取这种形式可以大大提高生产效率和降低成本。这种运行方式不适合于社会物流采用。同步运行的实现除了许多技术条件和管理条件之外，必须依靠信息，主要是信息的即时传递与信息共享。

五、绿色物流运行

物流的运行是需要很多支持条件的。

首先，物流运行需要很多的投入，从某种意义上来讲，这些投入条件的形成，有很多的环境代价。

再则，物流的运行要有很多的排放，这些排放会直接对环境造成影响。我们深有体会的运输工具的噪声、排放所造成的污染、交通阻塞和频繁的交通事故就反映了这种影响。

总之，物流的运行有不小的环境代价，物流是破坏环境、造成环境污染的重要因素。

绿色物流运行就是减少这种环境代价的物流运行，我们不可能根除这种代价，但是我们可以减少这种代价。

另外，物流还可以对环境的绿色做出一定的贡献。那就是，物流可以承担处理污染、保卫绿色的一定责任。

所以，绿色物流运行包括两方面：一方面是对物流运行对环境的破坏进行控制和减轻，如采用对环境污染小的物流运行方案，尽量减少物流的消耗等等；另一方面就是充分发挥对工业和生活废料处理的物流系统的作用，如建立有效的回收物流系统等。

六、零库存运行

零库存的含义是库存数量很低，趋近于没有的仓库储存形式，最优的状态是不保持库存。保持这样一种状态的物流运行称为“零库存运行”。

零库存运行是非常理想的运行状态，而且是可以实现的状态，当然，这是一个不稳定的状态，不能把它看成是轻而易举就可以实现的。零库存运行的状态是不依靠库存作为生产活动和其他活动的支撑力量，而是依靠科学的、合理的、有效的物流，保持产品处于周转的运动状态，及时到达指定的位置。

零库存是有代价的，要有相应的投入创造相应的条件。零库存运行有很多方式，当然，这些方式有差别、效果也有差别，实现零库存运行的代价也各不相同。基本的零库存运行方式在本书中都有所涉及，此处大体上归纳出如下方式：委托保管方式、协作分包方式、轮动方式、准时方式、看板方式、水龙头方式、无库存储备以及配送方式等。

第三节　物流运行管理

一、物流运行管理的概念

物流管理的领域涉及物流的方方面面,但是其中最重要的管理是对于物流运行的管理。这是对整个物流运行过程的管理,以保证物流目的的实现。

物流运行管理是动态的管理,管理的对象处于运动过程之中,而且对这个运动过程很难做到全面、全程的控制,因此,情况会不断地发生变化,而且不一定在我们掌控之中,随时了解和掌握准确的物流运行的动态信息,并且立即对这些信息做出分析判断,这一点做起来是非常困难的事情,这是物流运行管理的难度所在。

另一方面,即使能够实现信息的全面、全程的控制,但是要立即对此作出分析判断进而形成新的管理决策,让管理适应这种变化,随时进行动态的调整,这一点做起来也是非常困难的事情,这也是物流运行管理的难度所在。

二、物流运行管理的几个层面

物流运行管理的内涵有:物流运行正常化和制度化、物流运行合理化、物流运行优化、物流运行的成本控制、物流运行的安全保障等等。物流运行管理有高标准要求也有一般的、过得去的低标准要求,这要看物流过程所处的环境和条件,物流运行本身的装备状况、技术水平、操作水平和管理状况。应该说,在保证最低限度要求之上的物流运行,是一个很大的空间,可以在很大程度上发挥和进行运行水平的比较。

(一)最低层面的物流运行要求

最低层面的物流运行要求是物流运行的基本要求。依法运行从而保证正常运行和安全运行便是物流运行最低层面的要求。

物流必须依法运行,这是物流运行管理的最低要求。有关物流运行的法律法规主要有两方面、五项具体的规定:

1. 运行的人和装备方面。有关物流运行的法律法规对人和装备的状况都提出了要求。关于人,尤其是装备的操作者,如货运车辆的驾驶者不得饮酒就是其中的一项重要规定;关于装备,车辆不得带病运行也是一项重要规定。

2. 运行的状况方面。运行状况方面的要求可以归纳成不得“三超”,具体就是不得超速、不得超限、不得超载。在物流领域,这三个问题都是非常严重的问题,往往是三个问题叠加在一起,从而造成运行的重大事故。

（二）高层面的物流运行要求

在取得了最低限度运行保障的前提下，可以对物流运行提出一个更高层次的要求。

1. 物流运行的合理。这是一个比较高标准的物流运行要求，要点在于追求物流总过程和各个环节的运行，运行通畅、有序、合理。为了达到这个要求，必须防止出现各种不合理的运行，例如对流、倒流、停滞、环节选择的不合理，衔接安排不合理，差错等等。

2. 物流运行的优化。在合理的基础上实现优化。优化是以合理化为前提，或者说是以合理化为基础，或者说更高层次合理化的一种运行。

物流运行优化包括以下几个主要内容：

（1）费用的优化。降低物流运行的成本，从而提高物流企业的利润或者降低客户的费用负担。

（2）线路的优化。线路选择的优化是一个综合的决策，主要选择因素有最短途径的线路、最短行驶时间的线路、最少等待时间的线路以及最优无路面状况的线路等。

（3）物流时间的优化。一般以最短时间或规定时间完成物流为优化的选择。

（4）物流环节的优化。一般以最少的环节为优化的选择。

（5）物流方式选择的优化。在多种可以选择的物流方式中，选择其中的单一物流方式或者两种以上物流方式的衔接，以求得最优。

三、企业内部的物流运行管理

企业内部物流的范畴又可细分为企业主体活动之前的物流运行和管理、企业主体活动的物流运行和管理和企业主体活动之后的物流运行和管理三个阶段（以生产企业为例）。

（一）企业主体活动之前的物流运行和管理

它是从企业的“门”开始一直到生产线起端的物流，包括接收货物的物流运行和管理，原材料、零部件、外协装备在企业内的入库和库存的运行和管理，出库和送达生产线的运行和管理。

（二）企业主体活动的物流运行和管理

企业的主体活动，随企业性质的不同而异，就生产企业而言，就是加工和制造的活动、在生产线上的物流运行；就商业企业而言，就是展示、销售活动的物流运行。

（三）企业主体活动之后的物流运行和管理

它是从生产线末端，离开生产线开始到企业出货的“门”的物流过程，包括中间产品和产成品入库和库存管理以及外销产品出库、出货的物流运行与管理。

企业有一种普遍的现象，那就是对企业内部物流运行和管理的不重视。因为这一部分物流是和企业主体活动（生产活动、商业活动）混杂在一起的，不需要做出单独的安排。

以生产企业为例,生产过程中的物流运行,是生产流程必不可少的一部分,正是因为如此,这个过程之中包含的物流运行和管理常常被忽视,因而经常会存在不合理之处,甚至会影响生产过程的水平。所以,企业内部物流的范畴也是需要我们认真对待的。

四、企业外部的物流运行管理

企业外部的物流运行管理有三种情况。

(一)实行产、供、销分离体制的企业

这类企业其企业外部的物流是企业的供应和销售物流。供应物流是指供应企业或者社会物流企业所安排的物流直到企业的门口,与企业主体活动之前的物流相衔接。销售物流则是指与企业主体活动之后的物流在企业的门口相衔接。在这种情况下,企业的物流管理实际上仅对企业内部的生产物流发生作用,企业外部物流则属于社会物流。

(二)实行产、供、销一体化的企业

这类企业的主体企业外部物流也是企业物流运行的一部分,只不过运行的地点在主体企业的外部。在这种情况下,企业的物流管理系统对于物流运行的管理不单包括主体企业,而且包括供应企业和销售企业以及产、供、销的物流运行全过程。

(三)连锁生产型企业

这类企业是跨越地区的生产设施进行衔接性生产的企业。这类企业的生产过程是不连贯的,甚至一个生产过程会跨越相隔甚远的不同地区,就好像是一条拉长了的生产线。因此,生产过程之中也存在装卸搬运、运输、入库、库存和出库的物流活动,有很多的物流活动是在企业外部发生的,尤其是跨越不同地区厂群之间的物流活动。

第四节 物流运行共同化

一、物流领域的共同化

共同化问题是物流领域的一个带有特点的问题,原因在于,物流活动,尤其是社会物流活动具有突发性和不稳定性,多数情况下不可能准备专用的物流资源。多家物流企业共同利用物流资源,共同进行一些物流活动就成为一种普遍的选择。共同的效果是非常明显的:可以实现人力、成本、设备、设施的节约,服务水平的提高等。共同化是协作的一种形式,共同化的广泛应用以及成为企业可以依赖的一种方式,就成为体制的形式。

人们经常可以看到道路上空驶的车辆和超载的车辆,就会提出这样的问题,什么原因造成空载和超载并存,难道就没有办法通过合理地调度来解决这个问题吗?在物流领

域，不仅仅存在这个问题，还经常会发生库房空置、物流车辆长期闲置、货运车辆经常不满载和空载等问题。这些问题产生的一个原因是，社会上大量存在一些不稳定的物流需求，经常会存在小规模的物流需求。很多企业只能按照常规准备物流资源，这就必然会发生资源不足或者资源过剩的问题。即使是规模相当大的企业，也会因为有一定比例的小量业务以及如大批量输送到达目的地之后回程无货等特殊情况而出现车辆空驶、物流设施及设备闲置的问题。这就必然派生出经济效益降低、资源浪费以及环境负担加重等问题。上述这些问题的发生并不是偶见，而是经常的、大量发生，这必须引起我们的重视。

针对上述物流领域容易出现的特殊情况，人们自然会拿出多种的解决办法，也形成了很多市场机会，其中不乏很多经营性的解决办法。依靠第三方物流来进行物流运作就是这种经营性的解决办法。第三方物流可以集中许多物流企业的物流需求，对这些需求统筹考虑，然后做出合理的安排。第三方物流是经营性的物流企业，它和物流需求方的关系是客户与物流经营者之间的关系，这与平等的物流企业之间的关系不同，虽然社会上有一些人把它说成是共同物流，但是，本书所讲的物流运行共同化是基本上排除第三方物流这种经营性的物流企业所从事的经营活动。

共同化是一种解决办法，但是，共同化这种解决办法依靠的是企业之间平等互利的有效合作，而不是一种谋取利益的经济行为，共同化是物流企业之间的一种重要的、有特点的合作形式，在其他经济领域这种方式很少见。

物流共同化是一个大的概念，共同化的形式很多，归纳起来主要有三大领域。

第一，配送领域。配送领域是物流共同化的主体领域，也可以说是物流共同化概念诞生的领域。这个领域的共同化突破了一般的资源共享、装备共用的简单“合作”概念，是在配送运行的过程中的合作形式。这个领域的共同化比较普遍和广泛，而且有一定的成熟度，称之为“共同配送”。

第二，仓储领域。共同保管是仓储领域共同化的主要形式。

第三，装备设施领域。共同利用物流设施与设备是这个领域的共同化的主要形式。

二、共同化的三种解决方案

共同化基本上有三种解决办法。

（一）利用公共设施来解决共同化问题

在市场经济条件下，对于企业来讲，将某些物流资源外部化就可以利用公共设施来实现共同化。在观念上，企业不再搞“小而全”，经过认真的分析，把经常容易出现上述资源利用不充分问题的部分，例如仓库、运输车辆实行外部化，企业不再保有这种资源，通过社会上为公共服务的仓库、车辆来满足企业这方面的需求。这些公共设施，由于面向多数企业和广阔的市场，可以集约相当大的规模以保证利用率和效率的大幅度提高。

这种营业性的公共物流资源，主要集中在两个领域：

1. 仓库领域。企业只保留少数、必要的仓库，将多余部分外部化，形成营业性的仓库,或者由专门的投资者建立营业性的仓库,甚至由政府设立公共仓库,都可以使企业共同利用仓库资源,而防止出现由于仓库分散而利用率不高的问题。

2. 运输领域。企业只保留少数、必要的车辆,将多余部分尤其是重型、专业车辆这些偶尔使用的车辆外部化,形成营业性的企业,或者由专门的投资者建立营业性的运输企业,甚至由政府设立公共运输企业(如铁道),都可以使企业共同利用运力资源,而防止出现由于运力分散而利用率不高的问题。

(二)通过企业之间的协议共同利用物流资源来解决共同化问题

几个企业建立战略合作或者其他的合作形式,共同创建和共同利用物流资源实现共同化。非常明显,一两个企业规模不足,如果有很多企业联合,就可以有效地扩大规模,提高物流资源的利用率。这种共同化多发生在共同利用某一个企业的仓库,各个企业的车辆共同进行调配利用,共同实现长途物流返程有货以及城市内的连锁企业配送等情况下。

这是共同化非常有前景的领域,然而实际运行并不像理论这样简单,主要障碍是企业之间的壁垒。有共同化条件的企业,往往都从事同样一项经营活动,因而互相也是竞争对手,壁垒是当然存在的。所以,这种合作型的共同化,必须建立在高水平的思想基础之上,同时还要有科学的、恰当的利益分配,当然,还需要国家的引导和政策的鼓励。

(三)通过企业内部的整合资源来解决共同化问题

共同化问题首先应在企业内部得到完善的解决。企业,尤其是大型企业,多点设置库房,多个部门拥有运输车辆是常见的事情。尤其是实行事业部体制的企业,这个问题会发展到非常严重的程度。所以,企业内部物流资源共同化的问题也是很重要的问题。由于共处于一个企业,这种共同化的问题应当是能够优先解决的问题。可以有几种解决办法:

第一种办法:企业将物流资源集中起来,成立物流事业部或者物流子公司,在企业内部实行物流集中管理体制或内部社会化,并且采取遏制每个部门都搞物流的"小而全"的做法,以保证这种体制得以贯彻。

第二种办法:在企业内部广泛推行物流合理化,在领导层设立物流合理化推进或办事机构,从合理化角度对企业分散的物流资源进行重新整合、削减,在不改变原有体制的情况下,解决资源共同利用的问题。

具体做法可以有:在一定时期,把物流合理化作为整个企业工作的重点、学习的重点,上下一致共同解决这个问题。也可以采取常设办公室的办法,稳步推进。

三、几种重要的共同化方式

(一)配送的共同化

1. 共同配送。共同配送是物流协作开展最普遍的一种形式,共同配送是由多个企业联合组织实施的配送活动,可以通过多家企业联合建立共同的配送中心来开展共同配送。共同配送通过作业活动的规模化降低成本,从而使多家企业共同受益。在管理上,共同配送的重要管理问题是处理好企业之间长期的、战略合作关系以及处理好成本分摊和利益分配的问题。共同配送往往成为建立物流联盟和各种形式的物流联合体的一种合作形式。

有人总结了共同配送所带来的好处,如表 27-1 所示。

表 27-1 共同配送的效果

受益项目	受益对象:货主	受益对象:承运企业
运输	降低运费负担	提高运输效率
成本、收益	配送成本下降	同样任务,减少车辆投入
配送方式	解决少量货物的配送	同样任务,减少车辆投入
效率	充分利用设施空间	减少空驶及不满载行驶
交通	减少上路车辆,缓解交通	减少上路车辆,缓解交通
环境	减少上路车辆,降低污染	减少上路车辆,降低污染

2. 交换配送。交换配送是共同配送的一种形式。当多家物流企业向多个用户进行配送时,经常会发生配送路线的交叉,多家企业在合理规划之后,可以按照就地就近的原则,交换客户进行配送。这当然会减少运程、降低成本。

3. 搭载配送。不同企业向一个地区进行配送的时候,当某个企业有剩余运力时,其他企业就可以利用这个剩余运力将配送的货物搭载,从而防止运力的浪费。这种共同化的方式当然会降低配送的成本。

(二)返程捎货

返程捎货主要是指利用返程空驶的车运输货物,从而使运输方返程可以获得成本的补偿并取得一定利润,使货主方能够以比较低的运费实现货物运输。除了临时的货源之外,返程捎货运输主要有两种组织方法以保证返程的货源:

一种是合作协议的形式。通过与有需求的货主企业签订互惠的合作协议,共同保证运输车辆在回车时能够装载货物,双方都给予对方一定优惠或者形成长期战略的合作关系。

另外一种方式是租赁。采取返程车辆租赁的形式来解决返程捎货运输的问题。

(三)托盘共用

托盘共用是共同利用物流资源的一种重要形式。可以在协议的企业之间实行托盘共用,在良好的社会物流环境条件下,甚至可以实现全社会托盘的共用。作为一种经济型的集装工具,托盘本身的价值不高,但是如果拥有托盘的企业实行托盘专用,需要对托盘进行回收,这就需要付出很高的成本。这对于企业来讲常常是不可取的。所以,托盘共用成为一种有效的选择。

托盘共用有三种主要的组织方法：

1. 第一种是托盘共有。协作企业各方按一定比例出资，托盘在这些企业范围内共用，托盘所有权为协作企业共有。

2. 第二种是托盘交换。协议企业之间进行托盘交换，通过交换使用的办法，实现托盘的共用，托盘所有权属于原来购置托盘的企业。

3. 第三种是托盘租赁。由托盘经营企业向托盘使用企业提供托盘，实行租赁，各个托盘使用企业不拥有托盘。

以上三种方式都能够使托盘不至于出现大量放空的现象，而且使企业能够方便地获得托盘资源，也可以降低托盘的使用成本。

(四)共同保管

多家企业合作共同组建物流体系，其中共同组建仓库进行货物的保管作业是一种简单易行的办法。这可以有效地解决单一企业由于各种原因造成业务波动的问题，多个企业则可实现互补，从而防止物流系统投资或者物流运行的不经济或低效率等问题。

四、共同化方式的问题及优势

物流共同化有很多优点，但也会带来一系列问题，最大的问题是管理困难。一个企业本身面对复杂的物流需求和复杂的物流系统，会发生管理困难的问题，多个企业实行这种动态的共同物流方式，会造成管理上的极大困难甚至是混乱。所以，对于共同化也应该有清醒的认识。

共同化的最大优势是能够有效地发掘和合理性利用物流人力、设备、土地等资源，尤其是当物流服务能力不足、物流服务能力不均衡、物流服务需求很旺盛的时候，采用物流共同化的方式可以有效地节约资源，当然，这对于物流服务方和物流客户来讲，都可以取得一定的经济效益。

总之，对于物流共同化必须保持清醒的认识，不能绝对化。在运行的时候需要防止问题的发生和其所造成的损害。

第五节　物流合理化

一、物流合理化的概念

物流合理化就是把“合理”融汇、化解到全部物流活动之中去。

物流要素配备和全部物流活动处于全面、客观、适中、科学的状态，也可以说是处于符合规律、符合客观、符合实际的状态，应当说这是物流活动追求、探索的理想化目标。

物流合理化是目的、是结果,重要的并不完全在于物流的运作。物流合理化需要有坚实的基础,这个基础就是物流的总体水平和物流运作和物流管理的工作水平。物流要素是在一定社会条件下由人来配置的,物流的管理和工作也是由人来操控的,所以,归根结底,物流合理化取决于人,物流合理化是人的综合决策的产物。

对于物流合理化最简单的描述是用最低的物流成本,最科学的物流组合方式,取得最快的时效和令客户最满意的服务。

物流合理化不能仅仅从物流某一个环节来考虑,重要的是物流合理化和整个物流系统以及物流所在的更大的系统的合理化共通,尤其是要防止对物流的狭隘、封闭的观念。特别需要指出的是,物流及物流某一个领域合理化不能以损害其他领域的利益为代价。例如,大量化对于物流来讲是合理化的一种方式,因为它可以提高效率和降低成本,但是,大量化对其他环节和系统的直接影响是,可能造成仓储量的增加、造成资本占用的增加、造成返程空驶等。

物流合理化是一个不断发展、不断创新的过程,物流合理化没有一定的规则,没有绝对的指标,因此,不会有最终的结论,只能对当前的状况做一个描述。如果要具体描述物流合理化是个什么样的状况,恐怕也是“见仁见智”的事情,会有若干个答案。

二、物流合理化的方法

物流合理化的方法没有一定之规,下面所介绍的都是在一定条件下的合理化的做法。

(一)计划化

计划化是实现物流合理化的首要条件,也是提高物流服务质量的重要标志。随着我国市场经济的发展和改革开放的深入,商品量在不断增长。这种势头使目前已显紧张的交通运输负担更重,造成运输和发送成本的增加和对顾客服务水平的下降。对商业企业来说,为了在销售竞争中立于不败之地,保持扩大销售的势头,提高物流效率势在必行。这就要求企业制订周密的发送计划,实现送货的计划化和集中化。为此,企业在运输发送活动中,应实现按最高效率的路线发送和按行车时间表发送的计划物流策略。它是为了实现向顾客配送商品集中化而采取的,是根据客户的一次订货量,安排顺序向顾客配送货物的方法。这种策略不是单纯按顾客要求进行配送,而是按顾客要求和配送量,适当采取不同的方法进行配送,以达到顾客满意。

(二)大量化

随着需求变化的多样性,商品生产也实行了多品种化。需方每次订货量小,订货次数频繁,要求迅速进货的情况日益普遍。与此相反,接受订货方为了尽可能扩大发货量,则采用最低订货制,以期降低成本。为解决上述发货的大量化和需求的零星化的矛盾,可采用大量化策略。所谓大量化策略,是一种增大一次物流批量折扣的办法,或者称为“大量发货减少收费制”。这种做法,因实行物流合理化而节约费用,由双方分享,对于确定销售物流合理批量是特别重要的。

在批发企业和百货商店方面,为提高向本企业各商店和门市部供应商品的工作效率,要改变过去从厂商和批发商那里将商品向各个门市部个别发送的方式,而采用中间设置配送中心,在那里集中管理交纳商品,进行检查分类、理货,然后向各门市部及时交货的体制。

(三)共同化

在配送合理化方面,最先进的方式之一是"共同配送",它打破了一个公司(或企业)物流合理化的局限,而与其他公司(或企业)联合起来,实现进一步的合理化。其目的在于集中配送量,提高配送车辆的利用率。而这种配送系统必须建立在周密的市场预测基础上,保证各公司的发货信息在时点上协调一致。因此,积极创造配送系统的条件,是使配送系统持久的关键所在。实现共同化,共同运输是很重要的手段,可分为以下几种:

1. 采用成批集货的方式,将多家货物集中。在组织货物配送时,把几个货主的多种商品,凡是发往同一地区、同一方向的,采取成批集中、化零为整、混装的形式,进行集中运送,以提高火车、汽车装载效率,从而降低费用。

2. 采用共同交货的方式。共同交货是商业企业通过选定特定的储运单位,由它们将商品成批集中,送往配送中心,然后按各百货商店和批发店的需要进行分类交货。

3. 采用共同配送。设在市内的批发企业,主要是以市内和近郊的许多零售店为推销对象。从各批发店向零售店发货,不但线路多,而且次数频繁,势必助长交通拥挤现象。为此,同一地区、同一行业的批发企业,应采用共同配送的方式,加强对零售商的服务。

(四)短程化

目前,我国商业企业的销售物流,对一般普通的大宗物资或商品,应采取就近、分片供应和调运的办法,使物流的里程最近。也就是说,确定适当的供应、销售区域,选择合理的运输路线、最短的运送距离,制订最优的物流合理化方案,达到短距化,我国采取的直达直线运输、"四就"直拨运输等形式是有益的经验,应大力推行。这样可以使商业交易流通和实物流通互相分离,商品物流不经过中间阶段,路线简短化,因而商品移动次数减少,总的库存就会压缩,从而降低物流费用。

(五)直达化

直达化的合理之处在于由于减少了中间环节,就减少了装卸搬运,这不但节约了操作的费用,而且节省了物流在途时间,加快了物流速度。因为,每增加一次装卸搬运就会增加一次损失的风险,直达化有利于减少损失。我国在计划经济时期,有关部门曾经把直达作为组织物流合理化的重要形式做出过明确的规定。

追求直达化关键在于对于物流路线的规划和选择,并且要处理好与其他方面的关系，做出总体的优化决策。

三、物流合理化需要解决的矛盾和冲突

思考物流合理化的时候必须重视合理化过程中出现的矛盾和冲突，并且能够有效地解决这些矛盾和冲突。

（一）物流大系统和各个物流子系统的矛盾和冲突

物流大系统和各个物流子系统的矛盾和冲突也就是物流总体和各项功能活动之间的矛盾和冲突，这是在所有的大系统中都存在的问题。解决这个问题的决策，按照系统科学的原理，应当是大系统的最优。物流是一个整体性概念，是运输、保管、包装、装卸搬运、流通加工、配送以及信息的统一体，是这些功能的有机组合。物流是一个系统，强调的是综合性、整合性。只有这样，才能发挥物流的作用，降低成本，提高效益。单一发展、一枝独秀并不可取。

（二）物流合理化和用户的矛盾和冲突

物流合理化和用户的矛盾和冲突也是经常会发生的事情。物流合理化和用户需求方面的矛盾和冲突是最重要的矛盾和冲突。物流合理化有时会与物流运作本身的利益发生矛盾和冲突，也会与生产环节、商务环节发生矛盾和冲突，与用户的表面利益发生冲突。用户有一些个性化的需求会造成整体物流的不合理，会造成对国家或社会利益的损害，从而在实际上也损害了用户的利益。物流合理化必须站在超越的高度来解决这些矛盾和冲突，这就需要用智慧和水平来解决矛盾和冲突。

（三）物流合理化和其他经济活动的矛盾和冲突

物流和其他的经济形态共同存在于国民经济中，它们之间存在非常复杂的关系，物流合理化的每种方式和动作必然会和其他的经济活动发生一定的关系，当然，有时是互相促进的关系，也不排除有时候存在矛盾和冲突。有很多非常明显的例证，例如，大量化的物流合理化方法最基本的要求就是集中批量，为了实现这个批量，供应链中物流上游的生产领域和下游的销售领域就可能依靠加大库存和库存积累的办法来解决问题，这就会给供应链的上下游经济带来一定程度的不合理。一般来讲，物流是处于“服务”的地位，但是也有很多的经济领域是为物流提供服务的，它们之间互相影响，难免会出现一些矛盾和冲突，这也是我们需要关注的事情。解决这些矛盾和冲突不能一概而论，应当追求的是更广泛、全面的有效性和合理性。

第二十八章

企业物流管理

在企业这个大的家族里，几乎所有的企业都会有相关的物流活动。企业的种类很多，企业物流和物流管理也各有特色，这是一个研究和实践的大领域，本书篇幅有限，不可能做出全面的阐述，所以，只能以生产企业为着眼点。企业的物流和物流管理有很多的共性，所以，虽然以生产企业的物流和物流管理为着眼点，也会有举一反三的作用。

第一节　生产企业物流

通常把生产企业物流分成三个组成部分：供应物流、生产物流和销售物流。实际上，供应物流和销售物流跨越企业内外部的界限，一部分是企业内部的活动，一部分是企业外部的活动，只有生产物流才完完全全是企业内部的物流活动。如图 28 – 1 所示。

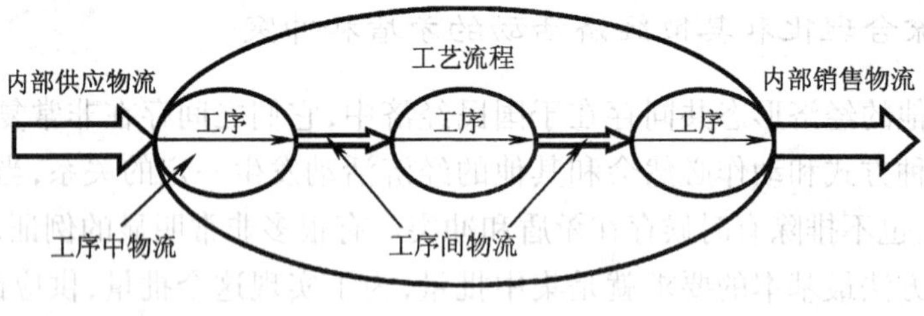

图 28 – 1　狭义的生产企业物流结构图

按照国家标准 GB/T 18354—2001 的定义，生产物流是：“生产过程中，原材料、在制品、半成品、产成品等在企业内部的实体流动。”

生产物流是生产企业的物流，特别是生产企业内部物流的重要组成部分。我们通常的理解是，企业内部物流完全都是生产物流，这和我们对生产活动的理解有关。如果把企业内部的原材料准备、仓储、供应产成品的商业包装、销售准备等物流活动都包含在生产活动之中，那么，生产物流就包括了全部企业内部的物流活动；如果只将纯粹的生产工艺过程看成是生产活动，其他的都是辅助性的活动，那么，生产物流就仅仅是和工艺流程相伴随的物流活动。

所以，对生产企业物流的理解有广义的和狭义的区别。广义的生产企业物流指的是生产企业内部和相接的外部的全部物流活动；而狭义的生产企业物流指的是生产工艺过程的物流活动。两种理解的共同之处是，都把生产工艺过程的物流活动纳入生产物流的范畴之中，很明显，生产企业物流的核心，是生产工艺过程的物流活动。

生产工艺过程的物流活动还可以进一步细分成工序中的物流活动及工序之间的物流活动。前者和工艺过程是一体化的物流活动，后者是对工序之间进行衔接的独立的物流活动。这种物流的结构状况如图 28－2 所示。

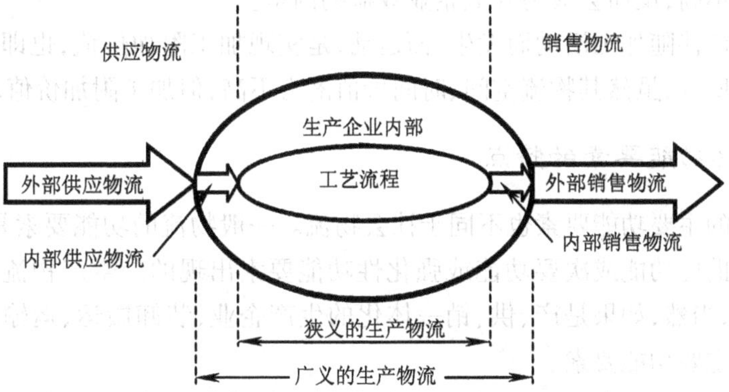

图 28－2 生产物流在企业物流中的位置

第二节 生产物流的特点及作用

一、生产物流的特点

由于供应物流及销售物流是企业物流与社会物流的接口处，这两种物流形态虽然是为企业经营服务的，是企业生产物流（或内部物流）向两端的延伸，但是，其物流特点和社会物流是很相近的，真正反映生产企业物流特点的、与社会物流有较大区别的是生产企业内部物流，尤其是生产物流。

在现代物流科学理论体系中，社会物流几乎占了统治地位，人们很少对生产物流进行研究，其原因在于，很多人并没有感受到生产物流的实际存在。这说明，生产物流极富特殊性，虽然生产物流也具有和一般物流共同的要素，也符合一般物流的规律，但是，它的特点决定了它是与一般物流完全不同的系统。与一般物流相比，企业生产物流有以下主要特点。

（一）实现价值的特点

生产物流和社会物流的一个本质，也即生产物流最本质的特点是，企业物流不像社会物流那样主要是“实现时间价值和空间价值的经济活动”，而主要是实现加工附加价值的经济活动。尤其是在现代社会分工条件下的生产企业，原材料供给的物流活动和产品销售的物流活动主要是由社会流通企业去完成，在这种情况下，生产企业物流几乎就等同于生产物流。

生产物流在一个小范围内完成，因此，空间距离的变化不大，当然，空间转移消耗不大，其中含有的利润源也就不是大利润源。同样，在生产企业内部的储存目的，与社会储存的目的大不相同，这种储存是对生产的保证，而不是一种追求利润的独立功能，因此，时间价值不但不高，反而会成为降低企业效益的因素。

企业中物流伴随加工活动而发生、而运动，是实现加工附加价值，也即实现企业主要目的的活动。所以，虽然其物流空间、时间价值潜力不高，但加工附加价值却很高。

（二）主要功能要素的特点

生产物流的主要功能要素也不同于社会物流。一般物流的功能要素是运输和储存，其他是作为辅助性功能或次要功能或强化性功能要素出现的。生产物流的主要功能要素是搬运活动，当然，如果是产、供、销一体化的生产企业，装卸搬运、运输和储存也就成为生产企业的主要功能要素。

许多生产企业的生产过程，实际上对是物料不停地搬运的过程，在不停搬运的过程中，物料得到了加工，改变了形态，发生了各种各样的化学的、物理的、机械的变化，变化是在不断“搬”、不断“运”的流动过程中实现的。

即使不是生产企业，而是商业类型的配送企业和批发企业的企业内部物流，实际生产过程也是不断搬运的过程，通过搬运，完成了商品分货、拣选、配货工作，完成了大改小、小集大的换装工作，从而使商品形成可配送或可批发的形态。

（三）物流过程的特点

生产物流是一种工艺过程性物流，一旦企业生产工艺、生产装备及生产流程确定，生产物流也因而成了一种稳定性的物流，物流便成了工艺流程的重要组成部分。由于具有稳定性，生产物流的可控性、计划性很强，一旦进入这一过程，选择性及可变性便很小。对物流的改进只能通过对工艺流程的优化，这方面与随机性很强的社会物流也有很大的不同。

不同的生产物流具有很强的个性，缺乏共性。不同企业、不同生产方式、不同的产品生产，其工艺路线和工艺过程会有很大的区别，因此与之伴生的生产物流都受到生产方式、生产工艺路线、生产工艺流程乃至生产装备的影响，都是个性化的物流，很难在其中找到共同点。这是生产物流研究的难点所在，也是直到今天生产物流没有像社会物流一样形成共性的学科的原因。

（四）物流运行的特点

生产物流具有很强的伴生性。生产物流伴生于生产工艺过程，实际上是生产工艺的

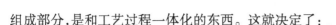

组成部分，是和工艺过程一体化的东西。这就决定了：

第一，生产物流不能完全从生产过程中剥离出来，因此，不可能形成一个独立的生产物流运作系统。

第二，生产物流的技术方法是派生性的，取决于工艺路线和工艺过程，生产物流的任何变动，都会影响和改变工艺过程。

社会物流的独立，是因为社会的进步导致了“商物分离”，这种分离在生产领域是不可能出现的。

在具有总体的伴生性的同时，生产物流中也确有区分于生产工艺过程的局部物流活动，这些局部物流活动有本身的界限和运动规律，当前生产物流的研究大多针对这些局部物流活动而言。这些局部物流活动主要是仓库的储存活动、接货物流活动、车间或分厂之间的运输活动等。

物流企业内部物流和生产企业内部物流在运行方面不同，批发企业、配送企业的内部工艺过程，则是一个典型的包含着若干物流功能要素的物流活动，而不是伴生性的物流活动。

（五）物流的存在特点

生产物流独立于社会物流系统之外。

广义的生产物流两端和社会物流相接，是社会物流的边缘或延伸，但是，狭义的生产物流与社会物流的关系基本上是弱相关的、各自独立的关系。如果我们只是关注解决社会物流的问题，那也只是物流的一个局部，解决得再好，对于生产物流，尤其是狭义的生产物流基本上不会产生影响。物流科学不能仅仅停止在社会物流的问题上，独立的生产物流是物流的一大领域。

生产物流不仅独立于社会物流之外，而且也不是供应链物流所包含的内容。供应链物流主要是指供应链各个环节之间接口处的物流，需要从总体上研究整条供应链物流的解决方案。由于供应链不是一个企业的链条，而是社会上若干相关企业的一种社会结构，实际上基本属于社会物流范畴，所以，生产物流的主体也不包括在供应链物流之中。

（六）物流的管理特点

生产物流不能形成独立的管理系统。

生产物流伴生生产工艺过程，这就决定了它没有办法建立独立的物流管理系统，所以，我们很难取得生产物流的基本数据，如物流成本的数据。同时，也很难实施各种有针对性的管理。

在管理上，生产物流不能纳入物流产业范畴。

有人在研究物流产业时，认为物流产业包含了所有的物流领域，其实这是一种偏颇的认识。生产物流活动不具备独立的物流企业所从事的物流活动的特点，因而无法纳入物流产业范畴。生产物流是一种物流活动，从物流活动角度来看，它与物流产业的物流共同性在于活动性质相同。

二、生产物流及生产物流管理的作用

人们对社会物流的过多关注,在某种程度上掩盖了生产物流对于企业生产的重大作用。生产物流的作用,早在20世纪初就切切实实地表现了出来,福特汽车的创新物流便是重要的证明。

1913年,福特汽车公司采用了传送带装置,将生产过程组成了流水作业线,把原来孤立的"岛状"生产方式改变成连续不断地在传送带不同部位同时进行全部作业活动的生产方式。所有工人,都要按照传送带的节奏,在指定的位置,按指定的要求,按同样的速率去进行指定的工作。这种方法,使福特公司的T型汽车生产能力大大提高,生产成本大幅度下降,汽车的装配时间减少到原来时间的1/10。

福特制是工业化时期管理方式的重要创新,人们在总结福特制的时候,往往指出其两个要点:自动化和标准化。但是在过去了将近100年以后,在人们对于物流有所认识之后,我们可以把福特制的创新总结成三个要点:自动化、标准化和物流合理化。福特制的核心,其实就是那条传送带,不要小看了那条传送带,那是技术和管理的有机而又巧妙的结合。研究物流的人会发现:与其说这是生产的革命,不如说是采用传送带方式进行物流系统化的物流的革命。仔细分析起来,福特制改变的并不是产品本身的结构、性能,也不是什么机械加工技术和方法,而是生产领域中的物流方式和管理方式。

一条传送带的作用,把独立的操作变成了一个系统,减少甚至根除反复不断出现的搬运、装卸,通过顺畅连贯的物流,把生产变成了顺畅连贯的系统,这就是生产物流的重要贡献。

生产过程中的物流成本是很难统计的数字,其原因在于生产物流的特殊性,在于它很难和生产流程分离,"物流冰山"理论在生产物流中表现得尤为突出,因此就很难区别哪些是生产工艺、哪些是相对于生产工艺独立的物流,这当然会影响到统计结果。另外,现行的企业核算制度,也很难将物流成本单独核算出来。核算和统计生产物流成本,是现代物流科学的一个难点所在。

尽管如此,还是有些人试图进行估计性的统计。例如,日本曾经做过统计,结论是不同行业生产物流在总成本中的比重大致在10%~30%之间;我国有的学者估计,我国企业生产物流在总成本中的比重平均为40%。从中可见生产物流所蕴含的经济潜力之巨大。生产物流的管理除了要保持生产的有效进行之外,所瞄准的就是这个经济潜力。

第三节　生产物流活动的资源管理

生产物流的活动及物流管理所涉及的范围主要有以下内容。

一、工厂布置

工厂布置是指工厂范围内，各生产手段的位置确定、各生产手段之间的衔接和以何种方式实现这些生产手段。具体来讲，就是机械、装备、仓库、厂房等生产手段和实现生产手段的建筑设施的位置确定。

工厂布置的主要根据是产品生产工艺，首先要保证产品生产的顺利实施，物流在其中发挥一定的作用，这个作用的核心是保证生产工艺的顺利实施，同时要取得物流的合理化。后者是过去考虑工厂布置时容易忽略的问题。物流在工厂布置中的作用就是从物流角度进行合理化的布置。

（一）工厂布置所依据的条件

1. 生产工艺。不同生产工艺决定各种生产手段的能力、规模、配置数量、衔接方法和建筑设施。各种生产都有其既定的目的，都有其不同的工艺，不同工艺体现了这一生产方式的水平，决定着产品的性能、质量和成本，因而这是确定工厂布置的根本因素。

例如，就水泥生产而言，干法生产和湿法生产的根本方法不同，大部分机械、装备和厂房形式都不同，其相对位置也不同，决定这种布置不同的根本因素是生产工艺。

同样生产工艺的工厂，布置也可能不同，决定这种布置差异的可能是管理手段或物流方式。

2. 物流。在确定工厂布置时，单考虑工艺是不够的，必须要考虑整个物流过程，这一物流过程包含物料在车间之间的运动，物料在车间内部的运动，各储存、搬装设施的选择和位置的确定以及搬运路线、储存方式等。

在已往的工艺过程中，如果认真分析物料的运动，会发现有许多不合理的运动，如厂内仓库搬运路线不合理，搬运装卸次数过多，仓库对各车间的相对位置不合理，在工艺过程中物料过长的运动、迂回运动、相向运动等，这些问题都反映了工艺过程缺乏物流考虑。

厂内物流有时候或有的环节和工艺完全不可分。例如，水泥生料进入回转窑炉之后，在运动过程中实现了高温热化学的反应工艺就是这种不可分的例证，因而在这种情况下不可能脱离工艺过程单单研究物流。但是，在工厂内部也有很多独立的、可以和工艺过程区别开来的物流活动。例如，一个车间生产的半成品送到其他各车间，从仓库中取出原材料、零部件送到另一个车间的物流活动以及仓库内部的存货、取货方式及路线等都是属于这种类型的物流，这种类型的物流则可以脱离开工艺过程予以优化。

所以，考虑工厂布置时，物流是既存在于工艺过程之中又可以独立存在的因素，也就是说，无论从哪个角度讲，物流是工厂布置的决定因素之一。

（二）工厂布置中与物流相关的具体内容

1. 生产区域、仓库区域、料场区域及管理区域的相对位置的确定和占地面积、占地比例的确定。这些区域的占地大小，主要依据生产规模，也与物流有关。例如，如果采用零库存或低库存方式,库区面积可大大减小,如果采取楼库或立体仓库,也可减少库区占地面积。这几种区域相对位置的确定,物流顺畅是主要决定因素。

2. 生产区域中的车间位置及占地大小的确定。生产区域中各车间的布局,主要考虑的是上下工序有效的衔接,以最短的搬运距离、最快的搬运速度实现这一衔接,这是典型的物流问题。我国曾经有过这种事例:在“三线”建设中,各车间相距很远,以致由于物流问题解决不好使整个企业无法投产。

3. 车间内部各个设备位置的确定。如前所述,各设备的确定,是工艺的一部分,其前后关系也是由工艺流程决定的。正因为如此,在工艺的限定条件下,各设备位置如何确定、前后次序如何放置、它们之间的距离和衔接方式(传送带还是作业车或是人工),则是物流问题了。

4. 工厂中物流线路的配置。与社会物流的不同之处,在于任何企业工厂范围的空间都是有限的,这是工厂中物流线路和结点配置的约束条件,这个约束在社会物流中不能说完全没有,但是一般不看做重要的约束条件。

物流线路布置有两个重要的原则:一个是总距离最短的原则;另一个则是线路的交叉、并行、逆向不能发生拥堵,这个问题对于“小批量、多品种”生产的企业尤为重要,这些企业往往采用混流线的工艺方式,特别要求不能出现混乱和拥堵。

在不同工业企业中,有的线路是在厂区平面中进行布置,有的线路则可以在整个厂区的立体空间中进行安排,有如城市交通中的立体交叉,以此来解决交叉拥堵问题。

平面的线路可以采取一般的、通用性的场内道路方式进行构筑,可以支持各种输送工具,如叉车、拖车、托盘运输车、汽车、台车、手车等等,有很强的灵活性;平面线路也可以是专用的线路,如轨道线路、传送带线路、地拖链线路等。

空间线路大多专用性较强,因此一旦规划建设完毕,便失去了灵活性。最典型的是化工类型工业企业纵横交错的管道系统,采取空间布局方法有利于节约企业占地面积。另外,各种传动带、溜槽设备、悬挂输送设备,也可以构筑成空间线路。

5. 工厂物流中的结点配置。工厂的物流结点主要是各种类型的仓库。这些物流结点大多存在于工序之间,因而在管理上有一定的独立性,可以单独地对这些结点进行优化。

工厂物流中结点配置的主要任务是规划仓库区域,确定各种不同类型储存点的规模及位置。例如,工厂的总库、原材料仓库、零部件仓库、工器具仓库、车间仓库、工位库、半成品仓库、成品储存库、成品包装库、外运发货库等。

6. 仓储区域中库房的位置及占地规模的确定。仓储区域中,需要按工艺要求设立原材料、燃料、工具、零部件、机械、产品等仓库,仓库规模及能力主要取决于生产要求和物流能力。哪些实行A类库存管理,哪些按B,C类管理等,这些都需要根据对物流的分析加以规划和确定。在此前提下,又需要根据仓库之间的衔接、仓库与车间之间的衔接确定各个库房的位置,以保证进货、向车间运货及取货三方面的顺畅和最短距离的搬运。

7. 仓库的装备布置。仓库中各种装备的布置,主要目的就在方便于收、发、存的物流。在仓库中货架或堆场位置的确定、作业区域的确定、通道的确定、传输设备的确定都是工厂布置的内容。

二、工序中物流

工厂的工艺流程既是生产流程，对于加工类型的工厂又是加工流程，是工业生产从原材料、零部件投入，通过设备、机械、传送带、管道等设施的不同加工、反应、变化过程直到生产出产品的全过程，这个过程有时是完全贯通衔接的，但常常是分成若干个阶段，由若干个工序衔接完成的。

（一）工艺流程的两种典型形式

工艺流程是技术加工过程、化学反应过程与物流过程的统一体。工艺流程有两种典型形式和许多种过渡形式，其中，物流都是工艺流程的重要组成部分。这两种典型形式如下：

1. 被加工物基本固定位置，加工或制造操作处于运动的形式。这种工艺在工厂生产流程中并不广泛存在，尤其是在工艺全过程中保持被加工对象物位置固定，而加工手段相对运动以完成加工全过程的情况下更是如此。但是在全工艺过程中的局部环节，这种情况并不少见。例如，一般的建筑工程工艺便是属于这种情况，大型船舶加工也是这种类型；又如，有的木材加工，某些形式的机械装配工艺便是属于这一工艺类型，平炉及转炉冶金也是这种形式。

这一工艺类型的物流特点有两个：

第一，虽然被加工物位置固定，但是各种原材料，零部件需要运动到加工点。这就存在如何组织这些物料、物件向加工点运动的问题，尤其是在加工点的操作空间有限，不可能设置暂存或不可能较大数量地设置暂存时，就需要组织准时物流，通过建立准时物流系统以保证加工点连续操作。

第二，加工或制造的技术手段，如工具、机械、设备需要按加工顺序的要求不断地到达加工点。一般而言，大部分技术手段是反复使用的，因此需要放置在加工点，但必须按照物流科学的方法，保持它们的“活性”，并按物流科学设计放置在最有利的位置，以便于取用。有一些不常用的技术手段，不能放置于现场，也需要采用准时物流系统解决其物流问题。在加工时，往往一个操作之后，由于等待下一步的加工手段，出现停滞，降低了工效，所以，用物流科学来设计这种工艺，可望提高工艺水平。

2. 被加工物在运动过程中由固定位置的加工手段完成加工的形式。这种工艺形式是广泛应用的工艺的形式。例如，化学工业中许多在管道或反应釜中的化学反应过程，水泥工业中窑炉内物料不停运动完成高温热化学反应过程，以及高炉冶金过程、轧钢过程等等工艺过程。更典型的是采用流水线装配机械、汽车、电视机等，也属于这种类型。

这一类型生产工艺的物流特点，是按工艺的技术要求和节奏组织物料和其他被加工物的运动。这一运动有时候可以利用通常的物流机械装备来实现，但是，由于这一运动主要决定因素是工艺技术要求，所以，在很多情况下没有办法采取一般的物流机具，而需要既能保证工艺技术实现，又能保证物流的设备，这就使很多专业技术装备也必然具有物流能力。

除去以上两种典型的形式之外,还有被加工物及加工手段都在运动中完成加工的工艺以及其他各种工艺,是上述两类形式的过渡形式,并且兼具这两类形式的特点。

(二)工序中的物流装备

工序中的物流装备主要分为以下两种:

1. 一般物流机具。工序中所采用的一般物流机具及其主要作用如下:

(1)输送机。输送机是机械加工工艺技术采用的主要通用物流机具,甚至形成了流水线生产方式的代表。20世纪初,泰勒的"科学管理"就以传送带这种输送机为其创立的"科学管理"概念和方法的内容之一。同时期,美国汽车工业巨头亨利·福特创造的"福特制",更以连续不停的传送带运转来组织标准化的、机械化的甚至自动化的生产,使输送机成了现代化大生产的非常重要的机具。

输送机在生产工艺中采用,主要在两方面:

一方面是物料输送用的设备,如工艺中矿石、煤炭、原材料的运输;另一方面是用做装配生产线中的主要机具,工人固定在装配线上某一位置,每个工人完成一种简单的标准的作业,随输送机不停运行,从输送机一端进入的半成品(如汽车骨架)在输送机前进过程中,不断被安装上各个组件、零件,在输送机另一端输出制成品。如图28-3所示。

图28-3 利用输送机的生产方式

采用输送机装配线或生产工艺的生产领域主要有汽车工业、家用电器工业、电子工业、仪表工业、机械制造工业等制造产业。

在生产流水线和工序中的输送采用的主要输送机种类有:皮带输送机、辊道输送机、链式输送机、悬挂输送机、板式输送机等。

(2)作业车。以作业车为放置被加工物的物流载体,随作业车沿既定工序运动,不断完成装配和加工。图28-4是利用窑车进行物流的陶瓷生产工艺的例子。

(3)积放式地拖链。它是制造业中常用的物流工具,地拖链可以拖动台车在预设的

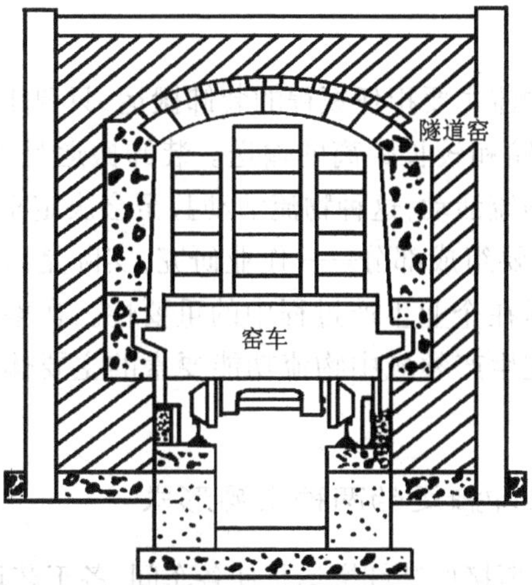

图 28－4 利用作业车的生产方式

轨道上运动，在运动过程中，完成对台车上物件的加工。积放式地拖链操作简单、占地面积小、比较灵活机动，不但是工序中的物流机具，而且也是工序间的输送、搬运机具。所拖动的台车，不但是加工的设备，而且可以成为一个储存单元。

2. 具有物流能力的专业技术装备。在工艺中也广泛采用具有物流能力的专业技术装备，这类技术装备由于是以实现加工、制造、反应等技术手段为主要目的，所以装备本身虽有物流能力，使物料在运动中接受各个固定位置的技术措施，但却完全不同于通用的物流机具，不能将其看成是物流设备。

有代表性的具有物流能力的专业技术装备有两个：

（1）高炉。炼铁用高炉是冶金企业的主要装备，各种物料（矿石、炉料等）由其上部投入，物料在高炉中，依靠本身重力从上往下运动，在运动过程中，经过了基本固定位置的预热、升温、软化、熔融，成为铁水从炉下部流出，在炉内完成了物流过程，也完成了熔制过程。

（2）水泥回转窑。具有一定倾斜角度的水泥筒状转炉，从窑尾（高处）投入配合料，在窑炉不停的转运中，配合料逐渐向低端运动，经过干燥预热、煅烧、放热反应、烧成、冷却各个区域，完成几十米甚至上百米的运动，从窑头输出熟料。回转窑不但是水泥工艺专用设备，也具有输送物料的功能。

水泥回转窑中的物流如图 28－5 所示。

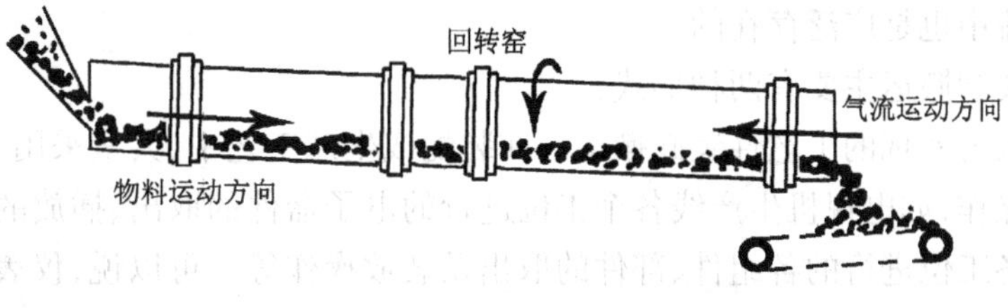

图 28－5 水泥回转窑中的物流

三、工序间物流

生产物流中,工序间物流主要担任短程的装卸搬运,只要工序规划和设置得合理,工序间的衔接不需要进行运输和较长距离的输送。装卸搬运是工序中及工序间一种发生最广泛、发生频度最高的物流活动,这种物流活动甚至会决定整个生产方式和生产水平。"科学管理"理论的一个重要组成部分——作业研究,实际是研究工人搬装作业的时间、方法和定额,可见装卸搬运在企业生产过程中的重要性。在整个生产过程中,搬运装卸耗费巨大,所以实际上是在生产领域中物流功能要素的主要体现,是生产领域中物流可挖掘的主要"利润源"。

(一)生产物流中装卸搬运的两种主要形式

1. 衔接性装卸搬运。衔接性装卸搬运是使各车间、各工艺环节联结为一体的装卸搬运,实际可独立于各工艺过程之外。这种装卸搬运又有以下几种不同作用的类型:

(1)原材料的准备、出货、储存及运送至生产线的装卸搬运;

(2)生产过程中间的半成品、零部件的装卸搬运;

(3)生产过程完了的产品准备、入库、储存及外运的装卸搬运;

(4)两个不同运送过程之间的衔接性搬运,如两个传送带之间用溜槽方式进行的衔接过渡。

衔接性装卸搬运的特点是衔接性、辅助性,只要能实现衔接,既可以用这种方式,也可以用另一种方式,可独立于生产工艺之外单独研究其方式、装备、路线的优化。

衔接性装卸搬运的优化有以下几个途径:

(1)以装卸搬运次数最低为优化目标,考虑减少搬上、搬下及运输的次数。

(2)以搬运距离最短为优化目标,考虑各工序之间的联结,甚至实现直接过渡。为实现这个目的,需要从工厂总布局、生产区域总布局、车间布局等方面做起,在工厂规划及总图设计时,必须贯彻这种物流的观点。

(3)以实现等高的水平装卸搬运为目标,减少搬上、搬下的劳动操作,实现优化。搬上、搬下是非常消耗人力并极易引起工人疲劳的操作,解决这个问题有利于减少劳动消耗,加快衔接速度,减少损耗,因而可提高生产效率。在生产物流中实现水平过渡,主要是以传送带和可以升降的作业车(升降台车)为技术手段。

2. 工艺性装卸搬运。工艺性装卸搬运是工艺技术的一部分,是工艺过程中和工艺操作中的装卸搬运活动,这些装卸搬运往往是基本操作的组成部分,所以,这种装卸搬运活动在生产物流中也是广泛存在的。

工艺性装卸搬运主要有两种形式:

(1) 由人力实现的工艺性装卸搬运。在装配或生产工艺中,大量采用人力借助于工具进行这种操作,如电视机生产线各个工位进行的电子器件的取出、插放的反复操作,汽车装配线上各工位进行的各组件、部件的取出及装放操作等。可以说,仪表、电机、汽车、家用电器等的装配线是由许多工位上的工人反复的搬装操作再加上一条流水传送带构成的。

(2)由机械装备实现的装卸搬运。在装配或生产工艺中,也大量采用机械(自动化机械、机器人等)完成装配式的操作。此外,重型、大型、大量的生产工艺中的装卸搬运则必然是由机械完成,尤其是冶金、化工、石油、建材等重工业的生产工艺中的装卸搬运很难由人工完成。

(二)生产物流常用的装卸搬运设备

1. 小托盘、料盒、料箱盛装器具。它们是工位器具的一种,是制造业的企业在各工序生产线旁用来存放零部件和小工具的器具。这种器具的作用是,保持所存放零部件、工具等的物流活性,达到一目了然、伸手即取的状态,同时可以防止混乱、丢失等问题。

2. 标准集装工具及装卸搬运设备。在企业内部的生产物流领域,对于大件和标准件的零部件、半成品等,常常采用标准托盘以及与之配套的托盘搬运车、动力拖挂车、叉车。

3. 起重搬运设备。生产物流也经常采用天车、手动或者电动葫芦、有一定输送功能的悬链输送设备、地拖链、手车作为装卸搬运工具。

第四节 生产物流结点

生产物流中结点的作用也是很重要的,几乎所有的工厂都必须设置这种结点,在生产物流系统中没有物流结点是极为罕见的。

生产物流结点主要以仓库的形式存在,虽然都名为仓库,但不同企业的生产物流仓库,其位置、功能、作用乃至设计、技术都是有区别的。一般说来,生产物流中的仓库有三种不同的类型。

一、储存型仓库

生产物流的储存型仓库主要是原材料库、燃料库等工艺流程前端的仓库,这种仓库的主要功能是保证生产持续进行,因而其中要保有经常库存储备、保险库存储备、季节库存储备等多种储备。虽然人们正在探索现代经济中各种无库存保证的生产,但是,由于工艺流程前端仓库的储存是否必要,并不取决于生产企业,而取决于社会环境、社会物流,对于生产企业来讲,这是不可控因素,因此,工艺流程前端仓库只能以储存型为主。

这种物流结点已在其他章节中大量述及,此处不再深入探讨。

二、衔接型仓库

衔接型仓库是生产企业中各种类型中间仓库的统称,有时人们就干脆称之为中间仓库。中间仓库按其所处位置,有以下几种类型。

(一)半成品中间库

半成品中间库位于半成品生产工序和成品生产工序(或车间)之间,储存半成品,以保证成品生产对半成品的需求,主要起调节上下工序的作用。

中间库完全在企业的可控范围之内,因此,可以采用种种方法缩减这种仓库,甚至完全取消这种仓库。这要视企业类型、生产方式、工艺流程而定。解决这一问题需要管理方法与调整技术并用。从技术方面来讲,是要调整半成品生产与成品生产的速率,在这一方面,现在采用的看板方式和物料的需求计划方式(MRP 方式)都有可能解决这一问题,以达到生产物流的优化。

半成品中间库可以举例如下:在钢铁工业中浇铸和轧钢之间的钢坯中间库;在水泥工业中煅烧工序和磨细工序之间的熟料中间库;在机械工业中,浇铸和机加工之间的毛坯中间库;等等。

(二)零部件中间库

零部件中间库是位于零部件生产工序与装配工序之间,以储存零部件成品,保证装配生产的中间库。和成品库一样,这种库以适量的储存来调节零部件生产与产品的装配,所以,从仓库功能来讲,这种仓库主要起的是储调作用。

这种仓库位于生产企业之中,显然也是处于可控范围之中。但是,这种仓库的上下两端和半成品库不一样,半成品库上下衔接的物料种类简单,因而要优化物流系统,需纳入的工序有限,甚至只是半成品一个工序与成品一个工序之间的简单衔接。而零部件中间库比半成品中间库要衔接的工序复杂得多。一个装配型产品,少则几个零部件,多则几百个甚至几千个零部件,每一种零部件都有自己的生产工序,零部件中间库要衔接这么多的工序,其复杂程度就在于此。因而虽然都是在企业内部,处于可控范围之内,但是要想大幅度缩减甚至取消这种中间库是很困难的。所以,这一领域的物流优化问题不是追求取消中间库,而是优化中间库的位置、设计、技术和管理。

1. 位置。从理论上讲,这种中间库应在各零部件生产工序及装配工序中间的位置,由于各零部件需要的数量不同,零部件重量不一,因此,单纯以总运距最低为优化目标是不够的,而应选择总运量(吨公里计的运量)最低的优化目标。当然,这是理论目标,也不是唯一的目标,在确定位置时还需考虑地域的限制、管理的要求、布局的技术工艺限制等因素。

2. 设计。零部件尺寸、重量都较小,因而零部件中间库的设计基本不采用堆场方式,而采用货架方式,以便能用较小的储存面积尽量多地存放更多种类的零部件。

在仓库设计上,可采用统一作业区形式,零部件运到上架及零部件运出到装配线都在同一作业区。这种设计较为简单,但作业区操作容易出现混乱。

根据零部件中间库的特点,其一端衔接加工线,另一端衔接装配线,所以很适合应用在固定进出货作业区中,使两种作业区分离的领域。主要有三种类型:

第一种:零部件加工和装配两个工序不在同一高度,可采用垂直旋转式货架,这种货架可在两层或多层楼之间旋转,完成输送任务。一般一层为装配线,二层为零部件加工线,加工后的零部件在二层装入货架中,通过旋转,在一层靠近装配线,取出后进入装配线。

第二种:零部件加工线联结传送带,传至装配线,在装配线设置暂存点,将输送过来的零部件暂存以备用。

第三种:零部件加工和装配两个工序在同一楼层,中间设置水平旋转货架或重力式货架,这种类型的货架一端联结零部件加工线,另一端联结装配线。

我国某个机械制造企业便是采用这种设计,在机加工和总装配工序之间,建一座高层货架的重力式中间仓库,机加工工序加工的68种零件,采用三种货箱盛装加工毕的零部件,即托架盘、通用货箱及专用货箱分别放置不同零件,从一端将货箱送入,从总装配端取出进行总装。其图示如图28-6所示。

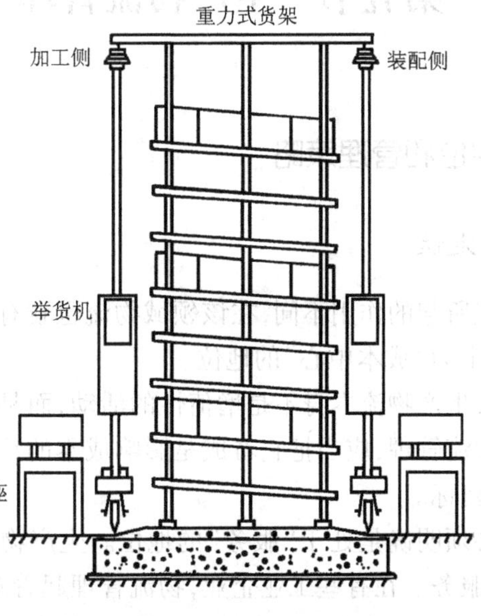

图28-6 零部件中间仓库一例

3. 技术。以某个机械制造企业的中间仓库为例,搬运车辆采用手动托盘液压搬运车,可满足零件货箱的搬运要求,在机加工侧及总装配侧皆采用堆垛机作业。

(三)成品库

成品库位于成品生产工序和包装工序之间,以储存成品、调节包装工序的生产节奏为目的而设立。

这种中间库也处于企业的可控范围之内,因此,在许多企业中,通过调节两道工序生产速率,甚至可以将两道工序实现直接衔接从而取消这种中间仓库,即成品生产后立即进入包装工序。但是,也有一些产品,成品生产后必须等待一定时间进行其他技术处理,因而必须设置这种中间仓库。例如家用电器的成品需要进行一定的性能检测,不能立即进入包装工序,因而成品中间库不可少;又如水泥生产的成品,需储存匀化并等待三天的性能检验,因而成品中间库往往是必不可少的结点。

三、外运型仓库

生产物流的转运型仓库主要是产品外运库,是生产工艺过程末端的仓库。这种仓库的主要功能是,保证产品从企业的生产状态进入物流状态。仓库的作用有三个:一是使产品积存到批量,以保证销售;二是使内部的生产和外部运输节奏接轨,起到调节的作用;三是顺畅地转变为运输状态,即将企业内部的工艺和外部运输技术进行有效的衔接和转变。

第五节 生产物流管理

一、生产物流的定位和管理策略

(一)生产物流的定位

在不同的领域,物流所起的作用不同,在该领域物流也就有不同的位置。在管理上,生产物流的定位可以确定为"成本中心"的地位。

成本中心的含义是,生产物流本身不是增值性的活动,而是消耗性的活动,它必然占用成本,因此对于生产物流管理,应当把它看成是影响成本的重要因素,以千方百计削减这一成本因素为管理的目标。

对于生产物流,还必须明确是处于"服务"的地位。生产物流之所以存在,是因为生产活动需要它的支持和服务。在有些工业企业,物流管理起着对整个企业进行资源配置的作用,因此人们误认为生产物流在企业中起主导作用,其实,这种资源配置是以后勤服务的形态出现的,这种资源配置的主导者是企业内部的用户,"下一道工序就是用户",正是生产物流所处的环境。

(二)不同类型企业的不同物流管理策略

任何一个企业,生产物流"物"的对象都必然是复杂的,如果采取划一的物流管理策略,就必然使物流系统大大膨胀,有损于企业的经济效益。不同物流对象的不同管理策略能够大大提高物流效率和降低物流的成本。采用ABC分析法对物流对象进行分类,然后确定不同的库存策略、不同的物流活性、不同的管理力量,就是行之有效的方法之一。

(三)简化物流管理

生产企业的管理形态很多,因此,力求将物流管理简化是一个重要的选择。

简化物流管理不仅可以大大减少物流资源消耗，降低物流成本，而且可以使管理者的精力集中于产品和生产工艺、生产技术的创新。

简化物流管理依赖于市场环境和社会环境所提供的机会。在卖方市场前提下，可以大大简化销售物流管理；在买方市场前提下，可以大大简化供应物流管理。当前市场环境有利于通过简化供应物流管理来降低生产物流成本。可以采取的做法是：充分利用资源充足的市场优势，减少甚至取消供应仓库，充分利用信息技术和市场所提供的机会，形成“虚拟仓库”和“虚拟库存”。

二、通过物流合理化改进生产物流

在生产企业内部大力开展物流合理化，是生产物流管理的重要内容。虽然不排除巨大变革的可能性，但是，在现代社会中，很难再有100年前福特汽车公司用传送带取代旧的生产工艺那样翻天覆地变化的机会。所以，生产领域的物流合理化，更重要的是一点一滴的改进。

生产物流合理化有以下几条途径。

（一）对各个独立的工序实行无缝衔接

工序之间的衔接，是生产物流过程中的主要停顿之处。这就必然产生大量的装卸、搬运、存储等活动，这些活动完全不创造价值。工序越多，工序间的物流就越多，这是降低生产企业技术经济指标完成率的重要原因。应该说，每减少一道工序，生产物流合理化就提高了一步。

（二）提高生产企业内部的资源计划水平

许多物流不合理根源是计划水平不高。资源计划需求量的不准确、资源过早或者过晚到位、资源品种规格不对路等等必然产生停滞、等待、混乱、交错运动、损耗、退货等问题，从而延长物流时间，增加物流成本。

（三）减少存货点及库存

库存占用是增加生产成本的重要原因，多少年来，生产企业一直在为减少库存而奋斗。降低库存首先要从减少库存点入手，每个库存点，不用说库存资金的占压，即使库存可以实现最快的周转速度，但只要有这个环节，接货、验收、入库、存放、登记、取货、发货以及相关的装卸搬运就必不可少，因此必然会有很大的消耗。因此，每减少一个库存点，企业的物流合理化水平就会提高一步。

减少库存总量是物流合理化的非常重要的途径。物流科学已经提供许多控制库存数量的方法，本书也提供了零库存的方法，但是物流合理化不是理论上的问题，在操作领域多年的经验积累和统计对于控制库存总量是非常有帮助的。

(四)合理选用技术装备

现代物流装备领域已经能够提供许多种设备和装置。由于习惯的原因,各个工业企业内部现在使用的相关生产物流设备及装置未必是最好的,在这个领域采用更好的设备装置来代替原有的设备装置对企业来说十分重要。当然,这就需要工业企业内相关管理人员对此有一个全面的了解,需要掌握更广泛的物流科技及技术装备知识。要做到这一点,配备兼职或专职的物流技术人员是有必要的。

三、生产物流的若干管理手段

(一)准时方式

生产中物流的准时方式是精益生产方式的一个组成部分,这种方式可以做到生产过程中的库存趋近于没有,所以也称为无库存生产方式(stockless production)。

准时方式的内涵是,对生产过程中的物流和物料供应的要求做到这样一个境界:只将所需要的零件和物料,按照准确的所需要的数量,在正好需要的时间送到生产线上。所以准时方式可以使生产过程中物流做到非常精确,这样一来的好处就是可以消除物料供应的多余、浪费和不足,可以消除这个领域的混乱,保证生产高水平、有秩序地进行。

这种方式是为了适应消费需求多样化、个性化而建立的一种物流服务系统。也就是通过精确的生产计划和控制以及库存的管理,追求一种无库存,或库存达到最小的生产方式。

(二)看板方式

看板方式是简单而且直观的信息传递方式,根据这种信息传递执行物料送达的物流活动。看板方式起源于信息社会之前,但是我们现在虽然拥有了多种更先进、更完善的信息技术,看板方式仍然是企业,尤其是制造业生产物流行之有效的信息传递方式,因而仍然被广泛应用。其主要原因在于,这种方式直观、简单而有效,非常适合于实际操作。

现在根据看板方式的原理,利用电子信息的传递来实现看板方式也是广泛采用的方式。

看板方式是一种独立的物流管理方式,也可以应用于准时方式之中,成为准时生产方式的重要组成部分。

(三)重点管理

物流管理在企业中毕竟不是主要的管理部门,因此,企业投入物流管理中的力量绝对是有限的,这也是基于企业管理成本的考虑。采用本书其他章节所提供的重点管理方法和其他重点管理方法,对影响生产成本的主要物流因素进行认真的合理化和有效的物流管理,甚至是超常态的管理,是生产物流管理的重要手段。

(四)MRP/ERP 软件技术

MRP/ERP 软件技术是经过实践检验在工业企业应用有效的资源管理软件技术。这些软件技术有几乎涉及企业所有领域的强大系统功能,虽然不仅仅是为解决工业企业物流问题而开发,但是,软件的强大功能对优化物流系统具有特殊的效果。它在生产企业中应用广泛,计算机强大的信息处理能力为这种软件技术的应用创造了非常好的条件。这种软件对于企业的物资管理有更高的价值,特别用于预测企业生产的原料、材料、零部件等方面的物料用量、编制生产供应计划,有非常高的计划的准确性、实用性和可靠性。

MRP/ERP 软件技术特别适用于制造业工业企业,而且可以针对不同生产方式进行资源管理。制造业中的重复制造、批量生产、按订单生产、按订单装配、按库存生产、多品种混合生产等生产方式都可以有效应用这种软件技术。

MRP/ERP 软件技术功能强大,涉及很多方面,也有许多版本。其中,MRP-Ⅱ通过计划的及时滚动来控制资源的管理,可以实现过程中的控制;ERP 有更强大的计划能力,尤其是事前控制的能力和通过集成进行控制的能力。

(五)虚拟仓库

在计划经济卖方市场时期,在短缺的条件下,企业主要采取以产定销的生产方式。为保证生产用料的需求,生产企业和商业企业都把大量储备作为一种应对短缺的办法,因而造成较高的库存资金占用,生产物料浪费现象严重。在买方市场环境下,企业可以利用虚拟仓库的形式来解决企业的供应物流问题,就是当社会上存在可以满足需要的资源的时候,企业本身不再保有这种资源的库存,而利用社会的这个“大仓库”。对于企业来讲,虚拟仓库可以在有效地保证企业所需物资供应的同时,减少甚至完全消除实体的仓库,从而大幅度地降低供应成本和管理成本。虚拟仓库的问题,主要是社会存在的仓库资源的运用问题,须依靠信息手段,引入竞争机制的管理,在实际应用中,需要解决的主要问题是企业要理智地对待自己作为用户在买方市场环境下的主动地位,防止对供应方的损害。关于虚拟仓库问题,可参阅本书专门章节。

第二十九章

物流标准化

第一节　物流领域的标准化

一、物流标准化平台支持

物流标准化平台是支持各种物流相关标准的平台系统。物流涉及面如此广泛，物流的运行又是如此复杂，物流的衔接和交叉又是如此频繁，它的复杂程度远远高过一般的产品生产的产业系统，如果构成物流的各个领域各行其是，就会是一片混乱。解决这个问题的一个重要办法是需要有共同的遵循原则，标准化是建立这种共同遵循原则上的科学的解决办法。但是，涉及面如此广泛的物流，绝对不是有若干标准就能够解决问题的，这些标准需要有共同的基础，那就是需要一个标准化的平台。在这个平台的支持下，建立物流运行的标准化的实物物流平台，采用共同的、标准化的技术装备来进行物流的运作，将所有运行的规则也都标准化。

标准化平台是对物流各种活动起到承载和支撑作用的标准化系统，因此，无论是物流信息平台还是实物物流平台，都是标准化的系统，同时，在平台上运作的物流活动，也需要用标准化融会贯通。标准化的这种广泛的支持作用就是一种平台的概念。除了对物流活动的支持之外，标准化平台还为物流系统的开发、设施的开发、设备的开发提供标准化的工具。

二、标准化与物流标准化

标准化是对产品、工作、工程或服务等普遍的活动规定统一的标准，并且对这个标准贯彻实施的整个过程。

我国国家标准 GB3935.1—83 对标准所下的定义是："标准是对重复性事物和概念所做的统一规定。它以科学、技术和实践经验的综合成果为基础，经有关方面协商一致，由主管机构批准，以特定形式发布，作为共同遵守的准则和依据。"

所以，标准化是国民经济管理的重要内容，也是现代科学体系的重要组成部分，它是由于社会大分化、生产大分工之后，为合理组织生产，促进技术进步，协调社会生活所出现的事物。标准化管理是有权威、有法律效力的。

标准化实际上就是经过优选之后的共同规则。为了推行这种共同规则，世界上大多数国家都有标准化组织，在日内瓦的国际标准化组织（ISO）负责协调世界范围的标准化问题。

物流标准化是以物流为一个大系统所制定的共同准则。物流标准化的核心领域是物流运行和操作领域，这个领域是动态性非常强的领域，标准的执行和贯彻具有相当的难度。

物流标准是一个庞杂的体系，它不仅包括专门针对物流系统所制定的标准，也包括存在于其他经济领域的物流活动的标准，这些活动整合到物流系统中之后，原来的标准依然发挥作用。虽然专门针对物流并以物流两个字冠名的标准数量有限，但是现在已制定颁布的物流或与物流有关的标准已经有很多，据估计有近千个。

三、物流标准化的特点

物流标准化的主要特点有以下几个。

（一）涉及面广泛

涉及面广泛的特点是和物流活动遍及整个国民经济的特点相关的。物流系统的标准化涉及面广泛，不是一个单一标准化系统，而是包括机电、建筑、工具、工作、管理、方法等在内的综合性的标准化系统。上述这些活动，虽然处于一个大系统中，是相互有关联的，但是又缺乏共性，从而造成标准种类繁多，标准内容复杂，给标准的统一性及配合性带来很大困难。

这个特点决定了物流标准化必须把简化放在非常重要的地位，如果没有简化，物流标准系统将变成一个十分烦琐而复杂的东西，很难应用，物流标准化便失去了活力和生命力。简化本来就是标准化的主要原则之一，对于物流这种涉及面广又非常复杂的系统来讲，贯彻这个原则更为重要。

（二）派生性强

物流标准化系统属于二次系统，或称后标准化系统。这是由于物流及物流管理思想诞生较晚，组成物流大系统的各个分系统，过去在没有归入物流系统之前，早已分别实现了它所在系统的标准化，并且经过多年的应用，不断发展和巩固，已很难改变。在推行物流标准化时，必须以此为依据，个别情况下固然可将有关旧标准化体系推翻，按物流系统所提出的要求重建新的标准化体系，但通常还是在各个分系统标准化的基础上建立物流标准化系统。这就必然从适应及协调角度建立新的物流标准化系统，而不可能全部创新。

派生性强的这个特点，决定了物流的标准化应当更注重整合的办法，对于已经有的标准化，尽量予以移植和采用，这样也能够有效地解决简化的问题。

(三)物流标准化更要求体现科学性、民主性和经济性

科学性、民主性和经济性,是标准的"三性"。由于物流标准化涉及国民经济各个领域、各个部门的特殊性,所以必须非常突出地体现这三性。

1. 科学性。科学性的要求,是要体现现代科技成果,以科学试验为基础,要求与物流的现代化相适应,要求与物流这种复杂的系统相适应。这种科学性不但反映标准化对象本身的科学技术水平,还表现在协调与适应的能力方面,使系统的科技水平最优。

2. 民主性。民主性是指标准的制定应当采用协商一致的办法,广泛考虑各种现实条件和各方利益,广泛听取意见,使标准更具权威,减少阻力,易于贯彻执行。物流标准化由于涉及面广,要想达到协调和适应,民主制定标准,不过分偏向某个方面的意见,使各分系统都能采纳接受,就更具有重要性。

3. 经济性。经济性是标准化的主要目的之一,也是标准化生命力的决定因素,物流过程不像深加工那样引起产品的大幅度增值,即使通过流通加工等方式,增值也是有限的。所以,物流费用多开支一分,就要影响到一分效益。但是,物流过程又必须大量投入消耗,如果不注重标准的经济性,片面强调反映现代科学水平,片面顺从物流习惯及现状,引起物流成本的增加,必然会使标准失去生命力。

(四)标准的执行缺乏稳定性

物流运作和运行动态性强是物流运作本身的动态性和环境的可变性决定的,经常容易出现偏离规定要求的情况。因此,物流的标准化必须为此留出相当的空间,标准的要求有时候不是确定的规定,而具有一个幅度。

(五)物流标准化有非常强的国际性

物流是一项国际性的活动,所有的国际贸易最终要靠国际物流来完成。各个国家都很重视本国物流与国际物流的衔接,在本国物流管理发展初期就力求使本国物流标准与国际物流标准化体系一致。若不如此,不但会加大国际交往的技术难度,更重要的是在本来就很高的关税及运费基础上又增加了因标准化系统不统一所造成的效益损失,使外贸成本增加。因此,物流标准化从一开始就需要考虑与国际接轨的问题,需要尽量采用已经有的国际标准。

(六)物流安全性、可靠性是标准化的核心内容

物流安全问题发生从而造成巨大的物流损失,不仅仅是物流中货物和人的损失,还会造成环境的破坏甚至灾难。所以,以标准化形式或者其他形式规范物流的安全、可靠也是物流标准化的重要特点。

四、物流标准化的作用

物流标准化平台支持产生各个领域的物流相关标准,这些标准对于国民经济的物流

活动有多方面的重要性,但是所表现的最基本的作用是物流运行的基本保证。这些相关标准,相当于建立了统一的规矩,成为物流活动的准绳,为复杂的物流建立了秩序,成为物流活动的基本保障。从包装开始经过装卸搬运、运输、储存的整个物流过程,无论从时间方面还是所在的地理位置方面都有很大的变化和很大的跨度,物流标准规范为控制物流运行的装备、工具提供技术的保障,为物流活动的过程提供运作和管理的保障。也正是因为如此,才能够进行有效的物流运行和管理,保证物流的财务水平和质量。

物流标准化平台支持的社会物流运作是发生在社会之中而不是发生在一个企业之中的活动,有相当大的空间跨度和时间跨度,不是任何一个企业都可以管理的事情,只有所有企业共同遵循的标准才能提供这种基本的管理保证。物流标准的这种支持能达到的最优效果是:使这种有相当大时间跨度和空间跨度的社会物流运作可以像在一个企业之中那样变成一条衔接紧密的生产线,就好像把产业链变成了跨企业、跨地区的自动化流水线。当然,如果要做到这一点,所依靠的不仅仅是标准化的作用,但是,标准化起着核心的作用是不言而喻的。

第二节 物流标准分类

一、物流标准的四大系统

物流及物流相关标准涉及的产业领域很广泛,涉及的科学技术门类也很多,因而数量庞大,需要进行分类。从大的方面,物流标准有四大系统:基础标准系统、技术标准系统、工作与作业标准系统和服务标准系统。

(一)基础标准系统

基础标准系统是物流领域基础性、准绳性、配合性的标准,主要有:物流专业术语标准;专业计量单位标准;基础模数标准,包括物流基础模数尺寸标准、物流建筑模数尺寸标准;包装与集装模数尺寸标准;物流核算标准;物流统计标准;等等。这是一个标准系统,包含物流最基本的、最基础的标准。它又可以细分成以下几个类别:

1. 物流的专业用语标准。由于物流涉及国民经济所有行业,也涉及不同的国家,所以,在表述物流活动的时候,所用语言有时候会有很大的差异。解决这个问题的办法是将在物流活动中经常使用的用语进行标准化,同时对国外的主要国家所采用的物流用语进行不同的文种对照。应该说,这是物流最主要的基础性标准。我国已经颁布的国家标准《物流术语》就是这种类型的标准。

2. 物流的模数尺寸标准。模数尺寸标准本身就是一个大的系统,它有两大部分:基础模数尺寸以及模数尺寸。

物流基础模数尺寸是物流系统各标准尺寸的最小公约尺寸。在基础模数尺寸确定之后,各个具体的尺寸标准,都要以基础模数尺寸为依据,选取其整数倍为规定的尺寸标准,基础模数尺寸确定后,只需在倍数中进行标准尺寸选择,便可作为其他尺寸的标准。

在基础模数尺寸的基础上,以基础模数尺寸为依据可以进一步推导出其他一些领域的模数尺寸,如物流建筑模数尺寸、集装模数尺寸等。

3. 物流管理和运作的基础标准。物流领域企业众多、行业庞杂,因此,对于物流管理和运作也会有许多不同的要求和规定。但是,为了建立可比性,重要的基础工作需要标准化,关键的有物流核算标准、物流统计标准等。

(二)技术标准系统

技术标准系统是对物流资源的技术性标准规范。物流涉及的技术领域非常广泛,有很多领域早就实现了本领域的技术标准化,将这些独立的标准化系统进行衔接和协调是一个非常大的难题;然而,要想使整个物流活动贯通、协调,又必须解决这个难题。物流的技术标准系统的重要点和难点也在于此。

技术标准系统主要包括物流环境、设施、设备、工具等范围的技术性标准,如运输车辆及船舶标准、装卸及搬运作业车辆与工具标准等。这些标准种类非常多,实际上已经形成了一个标准系统。例如,叉车、台车、手车等作业车辆标准,起重机、传送机、提升机等传输机具标准,仓库建筑、仓库各种储存设备及货架技术标准,站场技术标准,包装、托盘、集装箱的技术标准等。

(三)工作标准与作业标准系统

工作标准与作业标准系统是指对各项工作的操作、服务和作业所制定的统一要求及规范化规定。其中,作业标准系统是针对物流各种不同性质的作业以及作业的不同环节所确立的标准和作业规范。作业规范也是物流标准化的重要内容。

物流作业基本上可以分成系统性作业和单项作业两大类型。它们的标准规范包括包装作业、装卸作业、搬运作业、运输作业、配送作业等功能性作业的标准以及精益物流、冷链、集装物流等系统作业的标准。这又是一个庞杂的系统,主要内容包括标准作业流程和各个具体作业的规范,各种物流设备、设施、工具作业的基本要求和规范,物流设备设施的检查规范,岗位责任及权限范围,岗位交接程序,车船运行时刻表等等。

(四)服务标准系统

物流在国民经济中的定位是服务产业,对客户进行服务是物流的本质所在。服务标准系统就是各种物流活动和物流运作对客户服务的规范总合,包括服务水平、服务质量、服务范围、服务过程等标准。

二、物流标准分类的细分

我们可以从以下几个角度对庞杂的物流标准进行进一步分类。

（一）按标准制定的领域和适用的范围分类

1. 以物流系统为对象，专门针对物流所制定的标准。物流系统在我国形成时间较晚，许多物流的运作所遵循的标准是原来商业系统、交通系统、服务系统已经存在的标准或者标准的某一些条款。我国专门针对物流系统所制定的标准数量有限，如《物流术语》、《物流企业分类与评估指标》、《企业物流成本构成与计算》等。

2. 其他系统和部门制定的有关物流的标准。物流的许多运作早就存在于其他经济领域之中，这些领域早就制定了大量的相关标准。这些标准虽然没有明确“物流”这种经济形态，但是，实际上是物流某些环节、某些运作所遵循的标准。例如，运输业领域的车辆标准、仓储领域的建筑标准、装卸搬运领域的工具标准等等。

（二）按标准的性质分类

1. 系统基础性标准。它是物流活动和物流运行基础的标准，包括名词、概念、计量、模数、核算等方面的标准。

2. 物流应用和运作性标准。它是依托于基础性标准，在物流各个分领域进行运作所依托的标准体系。

（三）按标准所针对的物流活动分类

1. 物流作业标准。它是针对物流各种作业环节所制定的标准。在包装、运输、装卸、搬运、储存、流通加工、配送等若干作业领域，都有相当数量应用的标准，这些更有效地支持了物流作业。

2. 物流技术标准。它是针对物流涉及的种种技术所制定的标准。

3. 物流信息标准。对于物流这样的大系统，信息标准是维持这个系统的重要标准，更由于物流系统的动态性非常强，信息沟通更加重要。所以，物流信息标准有突出的重要性。

4. 物流服务标准。在国民经济中，物流业的定位是服务业，因此，必须对物流服务进行规范和要求，物流服务标准就是这种规范和要求。

上述四大类别的物流标准数量庞大，难以全面列举，这里仅就有关包装作业的部分标准列举如下：包装术语、包装尺寸、包装标志、运输包装件基本试验、包装技术、包装材料、包装材料试验方法、包装容器、包装容器试验方法、产品包装、运输、贮存与标志等方面的标准。

（四）按物流活动的手段和工具分类

按物流活动的手段和工具分类，可以分成物流装备标准、物流工具标准、物流设施标准等。

(五)按物流标准的制定权限和使用范畴分类

按物流标准的制定权限和使用范畴分类,可以分成物流国际标准、物流国家标准、地方标准、企业标准等。

第三节 物流标准化的主要内容

一、系统基础性标准

(一)专业计量单位标准

除国家公布的统一计量标准外,物流系统还有许多专业的计量问题,必须在国家及国际标准基础上确定其本身专门的标准。同时,由于物流的国际性很突出,专业计量标准还需考虑与国际计量方式的不一致性,还要考虑国际习惯用法,不能完全以国家统一计量标准为唯一依据。

(二)尺寸标准

1. 物流基础模数尺寸标准。基础模数尺寸是指标准化的共同单位尺寸,或系统各标准尺寸的最小公约尺寸。在基础模数尺寸确定之后,各个具体的尺寸标准都要以基础模数尺寸为依据,选取其整数倍数为规定的尺寸标准。基础模数尺寸一旦确定,其他标准尺寸只需在基础模数尺寸倍数系列中进行选择,这就大大减少了尺寸的复杂性。尽量采用国际通行的物流基础模数尺寸是确定物流基础模数尺寸的重要原则。

2. 物流建筑基础模数尺寸。主要是物流系统中各种建筑物所使用的基础模数,它是以物流基础模数尺寸为依据确定的,也可选择共同的模数尺寸。该尺寸是设计建筑物长、宽、高尺寸,门窗尺寸,建筑物柱间距,跨度及进深等尺寸的依据。

3. 集装模数尺寸。它是在物流基础模数尺寸基础上推导出的各种集装设备的基础尺寸,以此尺寸作为设计集装设备尺寸的依据。在物流系统中,由于集装是起贯穿作用的,集装尺寸必须与各环节物流设施、设备、机具相配合,因此,整个物流系统设计时往往以集装尺寸为核心,然后,在满足其他要求的前提下决定各设计尺寸。因此,集装模数尺寸影响和决定着与其有关各环节的标准化,如车、船尺寸,道路尺寸,停车场尺寸,堆场尺寸乃至包装尺寸的标准化。

(三)物流专业名词标准

为了使大系统有效配合和统一,尤其在建立系统的情报信息网络之后,要求信息传递异常准确,这首先便要求专用语言及所代表的含义实现标准化。如果同一个指令在不同环节有不同的理解,这不仅会造成工作的混乱,而且容易出现大的失误。物流专业名词标准包括物流用语的统一化及定义的统一解释,还包括专业名词的统一编码。

(四)工作标准

1. 物流核算、统计的标准化。物流核算、统计的标准化是建立系统情报网、对系统进行统一管理的重要前提条件,也是对系统进行宏观控制与微观监测的必备前提。这一标准化包含下述内容:①确定共同的、能反映系统及各环节状况的最少核算项目;②确定能用以对系统进行分析并可为情报系统收集储存的最少的统计项目;③制定核算、统计的具体方法,确定共同的核算统计计量单位;④确定核算、统计的管理与发布,确定相关数据的传递及储存规范等。

2. 标志、图示和识别标准。物品、工具、机具都是在不断运动中,因此,对它们正确、快速地识别和区分便十分重要。对于物流对象,需要有易于识别的又易于区分的标志。按照识别方法的不同,标志分为两大类:一类是人工识别,一类是自动识别。人工识别标志由各种符号、图形、文字及色彩组成,依靠人的眼睛进行识别,要特别强调识别的直观性;自动识别标志则主要是条形码或者标签技术,依靠电子设备进行识别。标志、条形码的标准化是物流系统中重要的基础性标准化内容。

以上并未将物流系统中需贯彻应用的全部标准化内容列入,仅列举了有物流突出特点的标准化内容。

二、标准化的物流信息平台

由于物流具有很强的动态性,又具有世界范围内不同地区的大范围跨越性,因此物流信息的地位在物流领域更加突出。但是,过于复杂和变化的物流信息缺乏相应的价值,通过标准化予以简化和规范化就可以使得物流信息平台上产生和支持的标准化的物流信息成为这个复杂体系之中的共同语言。

标准化的物流信息有三个重大的作用:记录和保存信息资源的作用、及时沟通的作用、支持和决策的作用。

现代物流信息平台的构建时间比较晚,因此,从构建开始便是标准化的,很快形成了标准化系列并且从条形码及电子识别的数据采集开始,为标准化的信息平台打下了扎实的基础。标准化的物流信息平台所支持的标准化的信息系统主要内容有以下几方面:

第一,以统一科学概念和运行概念为目的的物流用语及专业术语方面的标准化系统。

第二,物流信息方面的基础工作之一的以条形码和标签技术为主体的数据标志、采集方面的标准化系统。

第三,事务方面的标准化系统,如以订单、单据、票证为主要内容的事物处理系统。

第四,通用性很强的电子数据交换标准化系统和通信标准化系统。

第五,支持网络连接的互联网标准化系统。

三、标准化的实物物流平台

各个国家、各个地区都有自己的历史发展道路,在 20 世纪之前,这种发展是在各自封闭的体系之中,形成了各个地区、各个国家的不同方式和不同特点。在一个权力结构能够统一运用的范畴之内,这种发展实际上也贯穿了标准化的因素。例如,我国秦朝时期就已经统一了道路和车辆的轴距标准。在物流现代化发展之后,尤其是出现了国际化的趋势之后,过去的封闭型发展就给区域物流、国家物流乃至国际物流留下了很大的后患。主要的表现形式是实物物流平台缺乏衔接性,不能贯通。因此,标准化的实物物流平台更多地受到历史的制约、国情的制约,不如物流信息平台那样容易实现全面的标准化。

标准化的实物物流平台中最关键的是道路,包括铁路、公路、水路、航路、管道的统一规则,尤其是铁路的统一规则。这是需要在大范围形成标准化支持的领域。

实物物流平台的结点标准化主要在于结点所依托的设施、设备这些基础结构的标准化,保证结点和线路依托于标准化所形成的配合性。不一定强调结点模式、结点规模、结点建设等方面的标准化,在这些领域,个性化往往是更有利于经营的方式。结点的标准化平台的支持作用,主要体现在对货物的接纳、存储及输出能力,提供标准化的存储单元,就能充分体现这种标准平台的支持作用。

四、分系统的技术标准

技术标准在物流标准系统中是非常重要的部分,各个分系统的技术标准涉及的技术门类非常多,主要的技术标准如下。

(一)运输、搬运、输送工具的技术标准

1. 运输工具的技术标准。该技术标准的对象是物流系统中从事物品空间位置转移的各种运输设备,如火车、货船、拖挂车、卡车、配送车等;从各种设备的有效衔接、货物及集装的装运、与固定设施的衔接等角度制定的车厢、船舱尺寸标准,载重能力标准,运输环境条件标准等;从物流系统与社会之间的关系角度出发,制定的噪声等级标准、废气排放标准等。

2. 作业车辆的技术标准。其对象是物流设施内部使用的各种作业车辆,如叉车、台车、手车等,包括尺寸、运行方式、作业范围、作业重量、作业速度等方面的技术标准。

3. 传输机具的技术标准。这包括水平输送、垂直输送的各种起重、提升机具设备,传送机具设备等设备的尺寸、作业范围、传输能力等技术标准。

(二)设备、装备、工具的技术标准

1. 仓库技术标准。这包括仓库的尺寸、建筑面积、有效面积、通道比例、单位储存能力、总吞吐能力、温湿度等技术标准。

2. 站台技术标准。这包括站台的高度、长度、宽度尺寸,站台的承层压技术能力以及

作业能力等方面的技术标准。

3. 包装与集装的技术标准。这包括包装、托盘、集装系列尺寸标准,包装物强度标准,包装、托盘、集装箱荷重标准以及各种集装、包装材料方面的材质标准等。

4. 货仓、货架、储罐、储存容器技术标准。这包括货架的净空间、载重能力、各种容器尺寸与容积技术标准等。

五、物流服务作业标准及规范

物流服务作业标准及规范是对各项工作制定的统一要求及规范化规定。工作标准以及作业规范可以明确划定各种岗位的职责范围、权利与义务、工作方法、检查监督方法、奖罚办法等,可使全系统统一工作方式,大幅度提高办事效率,方便用户,防止在工作及作业中出现遗漏、差错,并有利于监督和评比。

第四节 物流标准化工作

物流标准化的工作非常烦琐而且复杂,工作涉及管理、技术、组织、制定、运作许多方面,这里列举两项主要的工作,那就是构筑物流标准化平台和制定各种物流标准中最基础性的标准——物流模数尺寸标准的工作。

一、构筑物流标准化平台

构筑物流标准化平台是物流标准化工作的非常重要的基础性工作,关键的工作有如下几项。

(一)对物流标准化进行规划性的规范

涉及面如此广泛而又如此复杂的物流系统,构筑它的标准化平台需要把诸多问题进行规范,以防失控。

第一步是对物流系统标准化总体进行规范。总体规范是在系统的调查研究基础上,画框框、立规矩,确定物流系统标准化总体的边界和内部结构,确定总体的内容以及总体的、共同的表述方法和要求。

第二步是对物流基础设施标准进行规范。物流基础设施是物流线路和结点,广泛而且复杂的物流基础设施标准各不相同,它们之间的相关性是规范的要点。因此,选择集装系统为基点,就可以掌握它们之间的联系,以此为核心进一步制定相关的标准。

第三步是对物流装备及工具标准进行规范。对比物流基础设施还要复杂的物流装备及工具标准化进行规范,也可选择集装系统为基点。集装系统成为物流标准化规范的共同基点。

第四步是对物流标志系统标准进行规范。这是物流信息系统和物流服务系统共同的基准规范之一。

(二)分析、选择和确定物流标准化的核心

系统中总是有能够影响和左右全局的事物,这个事物应该作为构筑物流标准化平台的核心。有了这个核心,再向物流各个领域推演,实现与这个核心的有机联系,这就构成了一个可以成为平台的标准化体系。应该看到,由于国家、地区的环境条件不同,人们开展经济活动的习惯不同,这个核心事物可能不是唯一的。可能成为这种核心事物的大体有:

1. 标准的标志系统。不同物流活动的标志和识别贯穿于物流活动的始终,影响到物流活动的所有环节,因此它是影响面相当广泛而且有联结作用的事物,符合成为物流标准平台核心的条件。

2. 标准的包装单元。包装概念的标准化,可以把不同物流对象通过包装联结和统一起来,从而这种包装单元可以影响到所有物流对象,进一步又会对运输、储存单元起拉动的作用。因此,标准的包装单元通过物流对象的标准化影响到全体的标准化,符合成为物流标准化平台核心的条件。

3. 标准的库存单元。它的作用和标准的包装单元类似,但是它的广泛适用性却高于标准的包装单元。其主要原因在于,标准的包装单元并不能完全涵盖所有的物流对象,而标准的库存单元涵盖面更广泛一些,而且标准的库存单元又能够直接与运输单元相衔接。

4. 标准的集装单元。以集装化为核心来构筑物流平台是一种发展趋势,因此,以标准的集装单元为物流标准化平台系统的核心是自然而然的事情。以标准的集装单元为核心,尤其能够体现物流各项功能的贯通以及远程物流、国际物流的贯通。

(三)建立标准化的结构关系

建立标准化的结构关系目的在于搭建一个标准化体制的构架,使一个孤立的核心和整个物流系统的所有事物联结起来。同时,这种结构关系也要充分反映所有事物的互相联结,这就形成了内在的联系,形成了一个体系。这种结构关系大体反映在以下三个领域:

1. 标准化核心事物与其他领域的结构关系;

2. 各个领域标准化系统内部的结构关系;

3. 各个领域相互之间的结构关系。

上述结构关系,可以用物流标准化的若干子系统以及子系统相互之间的联系来反映。

(四)制定标准

1. 标准的具体制定。制定标准是物流系统标准化工作之中需要进行的多方面、大量工作的一个领域。建立标准化的系统结构,只是形成了一个骨架,像物流这样庞杂的标准化系统，需要全新地制定各个领域的标准，还可以参照其他已经成熟的标准化体系，用等同采用、等效采用和参照采用方法来确定具体的应用标准，工作量应当在几百个乃至上千个的水平。把这些标准制定出来，这才算完成了物流标准化平台的建设工作。

2. 在标准化平台上运行。在物流标准化平台上进行物流运作，一方面可以检验标准化平台对于物流活动的支持作用是否有效，另一方面也可以检验标准化平台本身的结构缺陷。成百上千个标准互相不太协调乃至有悖反，这是标准化过程中会出现的现象。经过一定时间的运作，不断地修订和改变，甚至推倒重来，才能真正建成有效的物流标准化平台。

二、确定物流基础模数尺寸

由于物流领域广阔，涉及的设施、设备、工具的种类繁多、复杂，大小、尺寸的确定又往往来自不同的需求、不同的生产领域以及不同的标准体系，因此，经常会出现互相冲突的问题。例如，托盘和车辆尺寸不配套，而造成装运的困难或者装运效率低下。仅以托盘为例，现在我国使用的托盘数量已经逼近 1 亿个，尺寸规格有十几种，不仅仅是托盘互相之间的尺寸协调问题，还涉及托盘与运输车辆、货架、叉车、举升设备之间的尺寸协调问题，因此，这些尺寸必须有一个共同的基准，基础模数尺寸就是要解决这个共同的基准尺寸问题。基础模数尺寸是物流标准化平台的关键数据。这个尺寸实际上是物流标准化平台的数据系统的核心。

物流基础模数尺寸的作用和建筑模数尺寸的作用大体是相同的，考虑的基点主要是简单化。基础模数尺寸一旦确定，设备的制造、设施的建设、物流系统中各环节的配合协调、物流系统与其他系统的配合就有所依据。ISO 中央秘书处及欧洲各国已基本认定 600×400（毫米）为基础模数尺寸。

确定 600×400（毫米）为基础模数尺寸的原因大体如下：由于物流标准化系统较之其他标准系统建立较晚，所以，确定基础模数尺寸主要考虑了目前对物流系统影响最大而又最难改变的事物，即输送设备。采取“逆推法”，由输送设备的尺寸来推算最佳的基础模数。当然，在确定基础模数尺寸时也考虑到了现在已通行的包装模数和已使用的集装设备，并从行为科学的角度研究了人及社会的影响。从其与人的关系看，基础模数尺寸是适合人体操作的最高限尺寸。

三、确定物流模数及尺寸系列

（一）确定物流模数

物流模数即集装基础模数尺寸。前面已提到，物流标准化的基点应建立在集装的基础之上，所以，在基础模数尺寸之上，还要确定集装的基础模数尺寸（即最小的集装尺寸）。

集装基础模数尺寸可以从 600×400（毫米）按倍数系列推导出来，也可以在满足 600×400（毫米）的基础模数的前提下，从卡车或大型集装箱的分割系列推导出来。

日本在确定物流模数尺寸时,就是采用的后一种方法,以卡车(早已大量生产并实现了标准化)的车厢宽度为物流模数确定的起点,推导出物流模数尺寸。

(二)确定物流尺寸系列

物流尺寸系列是采用分割与组合的方法进行确定。物流模数作为物流系统各环节的标准化的核心,是形成系列化的基础。依据物流模数进一步确定有关系列的大小及尺寸,再从中选择全部或部分,确定为定型的生产制造尺寸,这就完成了某一环节的标准系列。

国际标准化组织 ISO 对于物流标准化的重要模数尺寸确定如下:

物流基础模数尺寸:600×400(毫米)。

物流模数尺寸(集装基础模数尺寸):1 200×1 000(毫米)为主,也允许 1 200×800(毫米)及 1 100×1 100(毫米)。

物流基础模数尺寸与物流模数尺寸的配合关系,如图 29-1 所示。

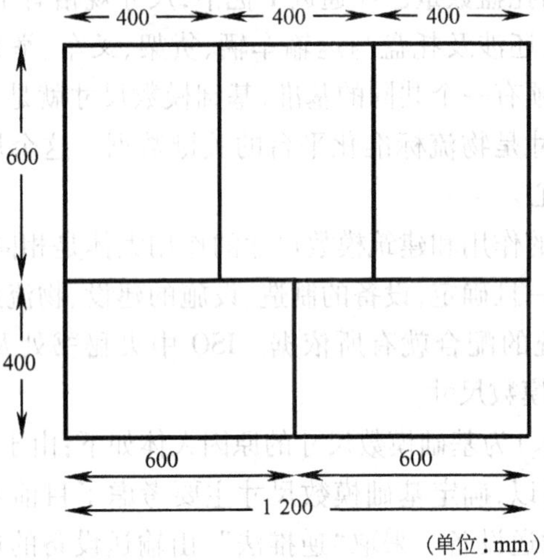

图 29-1 物流基础模数尺寸与物流模数尺寸的配合关系

第三十章

重要的管理活动

第一节　物流安全管理

安全管理对于物流有特别重要的意义，主要原因是，物流不是在一个封闭的工厂体系范畴之内，而是存在于整个社会系统之中，同等的安全事故，如果发生在封闭的工厂范畴之内，就会被封闭在这个范畴之内，但是，如果发生在社会上，就会造成非常大的影响。同时，物流活动的普遍性又会使它的安全问题涉及面很大。当然，物流活动本身存在相当多的安全隐患，物流本身的负面特点之一，就是安全事故的多发性。所以，物流安全管理是物流管理中非常重要的内容。

一、物流安全问题的表现形式

物流安全事故有三种表现形式：

第一种，人员伤害的安全事故。主要表现在物流操作人员的安全事故和社会上无关人员的安全事故。

第二种，物流对象的损失、损坏安全事故。主要表现在各种商品对象物在物流过程中的损失损坏事故。

第三种，物流设备设施的安全事故。主要表现在物流设备设施不正常的损失事故。

这三种类型的安全事故，都是物流活动这个直接原因所造成的，不包括其他原因，例如设备老化所带来的安全事故，物流对象本身的质量问题所带来的安全事故以及操作人员无关物流活动所带来的安全事故等。

如果把物流安全问题扩展来研究，物流的环境问题也是物流安全管理的重要内容。物流对环境的影响和破坏，会派生出深度的损失。这可能表现得不那么直接，但是损失可能更为巨大和严重。

二、物流安全事故的发生点

了解和掌握物流活动经常会出现安全问题的环节，是物流安全管理首先要解决的问题。在这个基础上,才可以进一步进行监控、防止和治理。

物流安全事故主要发生在以下几个环节,其中,运输环节、装卸搬运环节、储存保管环节是安全事故高发的环节。

(一)运输环节

运输环节是物流活动覆盖面最广的、频度最高的一项活动,因此是安全事故发生频度最高、破坏性很大的一个环节。安全事故造成的损失主要表现在人的伤亡、物流对象的损坏以及物流设施的损毁,进而这个事故可能延续到其他领域,造成交通中断、物流活动停顿以及整个社会经济活动受到严重损失。这个环节安全事故的一个非常重要的特点是,不仅是物流工具和物流对象遭到损失,更严重的可能造成严重的社会危害,如造成无关人员的大量伤亡、环境污染、交通严重阻塞乃至瘫痪等等。

运输环节的安全事故几乎是一种必然性的东西,这可以防止、减少、减轻危害,而不可能根除。

(二)装卸搬运环节

由于装卸搬运是反复进行的一项物流活动,因此安全事故的概率也比较高。由于装卸搬运多次反复,很难在每一次装卸搬运操作的时候都进行严格的防护和加固处理,必然会出现一定概率的事故,造成物流对象的损毁,还可能涉及操作人员,造成伤亡事故。装卸搬运人员操作不当,出现塌垛、包装损毁货物外泄等也是这个环节出现安全事故的重要原因。

(三)储存保管环节

储存期限过长、储存环境不当、操作方法不对都可能造成被保管物品的损毁,这种损失不仅仅表现在物流对象价值的损失,还可能使相关人员受到伤害而扩大安全事故。尤其是危险品、爆炸品、易燃物品的储存保管,一旦出现事故,危害还会扩大到周围社会。所以这是可能造成安全事故的重点领域。

(四)流通加工环节

流通加工环节的安全事故,主要是生产安全事故。特别需要重视对危险品、有毒物品的分装加工,由于原来包装保护的失效,可能造成对操作人员的伤害。

(五)配送环节

配送环节中的运输和装卸搬运两个环节的安全事故是不可忽视的。

(六)回收物流环节

回收物流要面对许许多多种回收物品,由于种类太多、性能特点各异,因此,很难实现专业性的保护,这是造成安全事故的重要原因。

三、超限、超载、超速是物流安全事故的重要原因

物流安全问题的产生,原因广泛而复杂,这里不一一述及,仅就物流领域的一个特殊重要原因做一个分析,那就是超限、超载、超速。

水运、空运、铁路运输、公路运输都存在着超限运输的问题,一般来讲,航空运输的超限问题比较容易受到人们的重视,但是其他几种运输方式的超限运输问题往往被人们忽视。

存在超限运输问题的主要原因,有观念问题,也有经济利益的问题。从观念上来讲,很多人和管理部门一直认为,"多拉快跑"、"满载超轴"是节约的经济思想在运输领域的体现,这成为超限运输的思想基础。从经济利益角度来讲,由于承运企业竞争的激烈,很多承运企业的盈利主要来自于超过额定运量的超限部分,这也是造成"超限、超载、超速"的重要原因。

(一)超限运输的含义

超限运输指的是超出交通工具额定限度的运输和超出基础设施(如公路路面)额定承受限度的运输。公路超限运输的规定是:

第一,车辆总高度从地面算起 4 米以上,集装箱车总高度为 4.2 米以上。

第二,车货总长 18 米以上。

第三,车货总宽度 2.5 米以上。

第四,单车、半挂列车、全挂列车,总质量 40 000 千克以上,集装箱半挂列车装货总质量 46 000 千克以上。

第五,车辆轴载质量。单轴单轮胎 6 000 千克,单轴双轮胎 10 000 千克,双联轴单轮胎 10 000 千克,双联轴双轮胎 18 000 千克,三联轴单轮胎 12 000 千克,三联轴双轮 22 000 千克。

(二)超限运输的危害

超限运输的危害主要表现在以下几方面:

第一,运输工具的损坏。

第二,公路路面的损坏。

第三,由于控制失灵的安全事故。

制定运行的限制也是合理化的措施。根据交通基础设施的能力、寿命,根据交通工具的能力和环境条件要求,在运行上有很多限制的管理措施。这主要有:行驶速度的限制;桥梁、道路、航道的通过能力的限制;运行时间的限制;尾气、噪声的限制;司乘人员行为和数量的限制;等等。这些管理措施最终保证了运输的安全性与合理化。

四、物流领域的安全管理

(一)常规的安全管理

物流领域涉及安全的一些问题,多数是经常发生的一般的安全事件,这些事件数量

很大,又有一定的规律可循,带有常规的性质,这就是常规的物流安全管理。常规的物流安全管理也是采用一般的、常规手段。这些一般的、常规手段考虑到了安全问题的方方面面,并以此做了预案和准备,乃至构筑成为系统,这就使常规的安全管理有很强的可行性和操作性。

常规的安全管理着重于以下几方面:

1.“以人为本”,物流的安全管理首先必须树立人对于物流安全的意识,强化和提高物流组织领导者和物流装备、工具、操作人员的安全风险意识和自控能力。

2. 制定常规的安全管理条例、预案、规定,建立常规安全管理的管理组织。

3. 按常规的安全管理规章制度抓落实,包括不断提高相关人员的思想和技术水平、实施物流安全教育、严格安全纪律等。

4. 做好处理常规物流安全事件的物质准备。

(二)突发事件的安全管理

突发事件的安全管理重要的工作是预先安排应急的处置能力。需要有在常规安全管理的基础上的特殊的应急安全准备。这些突发事件的安全准备包括:负责动员和组织的体制,以保证信息的畅通,以及快速的调度、统一指挥和协调。当然,特殊的应急安全硬件物质准备也是不可少的,还有就是事前对应于各种突发事件制订的各种应对方案。

(三)特殊的或者重大事件的安全管理

物流领域比一般突发事件更严重的特殊的或者重大的事件发生的概率虽然小,但是一旦发生后果严重,为此,在管理方面也必须有所准备。

第二节 绩效控制与成本管理

一、不同的绩效观

由于物流领域的每一项物流活动都包含了不同的物流运行及操作活动,所以它的绩效评价也必然分成总体评价和分项目的具体评价两个方面。总体评价是建立在具体评价的基础之上,是具体评价指标经过科学的归纳和计算而得出的。总体的绩效评价指标比较单纯,反映总体和本质,它的背后是具体的多方面的评价,评价每一项具体物流活动的运行和绩效,这往往需要通过一套复杂的指标系统来完成。

不同的物流活动,不同的企业类型,对物流绩效的认识是不同的。我们必须首先摆正物流的位置,物流对企业起什么样的作用,这决定了有一个什么样的物流绩效观。物流绩效观基本上有三种。

(一)以成本为核心的绩效观

物流在企业中起“成本中心”的作用,这有两种情况:

第一,企业的主体业务不是物流,物流和其他职能一样,是实现企业价值不可缺少的一项职能,但是在企业整个经营活动中,物流成本在企业成本中有比较大的影响。在这种情况下,企业的总体效益和物流成本有比较大的关系,这就要求在实现物流效益的前提下,尽量降低物流工作的成本。

第二,企业的主体业务是物流,但是在更宏观的定位上,如国民经济中,企业承担的任务,是以物流来支持国民经济其他部门和整个国民经济活动,从宏观政策上,要求企业以“成本中心”定位。

(二)以利润为核心的绩效观

物流在企业中起“利润中心”的作用。这主要是指以物流业务为主体的企业,也包括一些大企业中的物流事业部,这种企业物流业务是实现企业价值的全部或主体,同时它的社会定位也是独立型的营利企业。很显然,这种企业的绩效评价应以利润为核心。

(三)以战略发展为核心的绩效观

有一些物流业务,特别是物流平台建设,关系到整个国家经济的战略发展,承担这种业务的企业,虽然也必须具有效益的观念,需要有效地控制成本和获取利润,但是,这是在保证战略发展的前提下对成本的控制和利润的获取。

非常明显,持不同绩效观的企业,对物流方面的绩效评价体系和评价方法都会有所不同,尤其是反映总体核心的绩效指标。

二、成本控制

物流在所划定的范畴中,成本都处于一个较高的水平。例如,在整个国民经济中,中国的物流成本占到21%以上;发达国家的制造企业,物流成本可能在25%左右;我国一般的生产企业,平均物流成本可能高达40%左右。所以,过去仅仅把生产成本放在主要地位而忽略物流成本的成本控制方式是有问题的。

对物流成本的控制长期受到忽视也是有原因的,那就是对物流成本的控制有相当的难度,这就是现代化社会发展若干年之后,物流成本仍然受到广泛关注的原因。物流成本控制很难奏效的原因,在于我们对物流成本缺乏清晰的认识,企业缺乏对物流成本明确反映的系统指标,国外的学者把这种现象称为“物流冰山”。

有效地进行物流成本控制是系统性的工作,包含体制、组织、方法等各方面。

(一)建立能够对物流成本进行控制的会计制度

会计制度没有跟上现代物流发展的步伐,也是物流成本控制有效度受到影响的一个非常重要的因素。传统的会计制度,主要通过确认人、财、物的资源消耗来计算成本,这对于企业总体成本的判断可能是简化而又准确的,但是,人、财、物的消耗是综合性的指标,很难精确到每一个相关的工作中去,据此无法实现对物流成本的有效控制。因此,为了实现物流成本的有效控制,建立物流成本的指标体系和进行相应的会计制度改革是非常必要的,也就是要建立一套物流成本的核算体系。这个体系的建立,能够使领导者、决策者对物流成本一目了然、心中有数,同时提供了进行物流成本控制的重要手段。本节在下一个问题对此还有专门论述。

(二)消除多余的、无效的、不合理的物流活动

这是物流成本控制的重要思路,尤其是对于传统企业,这是有很大潜力可挖的领域。在一个企业中,尤其是大规模的企业中,无论是实行事业部制还是实行职能制,物流活动往往是零星的、分散地存在于不同的领域之中,这就经常会发生超储备问题、对流问题、迂回问题、多次装卸搬运及多次停顿等种种不合理的问题。消除了这些不合理,不但解决了流程效率低的问题,而且有效地控制了物流成本。

(三)消除可能引起物流成本上升的"背反"现象

在本书的前几章,论述了物流领域广泛存在的"效益背反"现象。尤其在信息化水平不高的企业,由于信息的壁垒和流动的迟缓,使得管理者无法看到这种"背反"现象,从而使这种现象成为可能长期存在的问题。有时候企业的体制(如事业部制的企业)由于分权的缘故和各个领域微观效益的作用,出现一方效益增加而使几方效益降低的问题也是经常有的事情。最简单的例子是供应部门以大量的库存有效地防止了供应短缺的风险,制造部门对此给予高度评价,是对供应部门工作成绩的肯定,但是,这种做法却增加了物流成本。

只有消除这种"背反"的现象,才能有效地控制物流成本。

(四)提倡有利于控制物流成本的创新

本书对这个问题有大量的论述,诸如配送、联合运输、共同化、流通加工等都是控制物流成本的创新思路。

三、物流成本管理

进行物流成本管理必须要准确掌握物流成本的状况,这是物流成本管理的基础。在这个基础之上,是管理部门和决策者的判断和决策。物流成本管理的制度化是非常重要的,为此必须做好三项工作。

(一)准确的成本项目

确认哪些项目纳入物流成本中,在概念上是明确的,但是实际操作中却有很多复杂的情况。因为在企业中,与物流相关的项目常常是零碎地、分散地贯穿于各个职能部门。

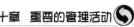

有一些界限比较清楚,可以单独划分出来,但是也有很多物流相关项目是与其他业务密切结合在一起的,难以划分。如果舍弃这些项目,物流成本就会偏低;如果包含这些项目,又会把一些和物流不相关的成本当成物流成本,从而出现物流成本虚高的结果。当然,还有一个非常重要的原因,由于成本项目的这种复杂性,不同企业对于项目的选择有所区别,因此企业之间的物流成本就缺乏可比性。

要进行准确的成本项目选择,还必须解决以下问题:有些成本在不同的项目中重复入选的问题会造成成本虚高的结果;而成本项目漏选的情况也是存在的,这会造成成本偏低的结果;还有就是成本之间的"背反"或称之为"交替损益"的问题。成本项目选择不当,会引发另外一些领域的物流成本上升和其他成本上升的后果。

最理想的办法是建立物流成本的标准化体系,对于成本项目的选择实现标准化。这样一来,即使受到标准化水平的限制,可能对项目有所遗漏或者增加,但是,毕竟会建立一个有可比性的物流成本的制度。

当然,这绝对不是一个标准化所能够解决的,不同类型的物流企业,物流成本项目的确定是不相同的。例如,物流制造业和商业领域的物流企业,项目上会有相当大的差别。所以,物流成本的标准化必定是不同物流行业有不同的标准化,从总体来讲,物流成本的标准化是一个体系而不是一个单项标准。

由于成本项目的确定具有复杂性和难度,企业不能指望成本项目的标准化体系完善之后,再开始自己的物流成本管理,为此,必须有一个现实的解决办法。最常用的现实解决办法就是选择对物流总成本影响大的几个项目作为成本管理的对象,也就是"抓住主要矛盾"。这种选择也没有一定之规,通常的大项目是运输成本、仓储成本、配送成本、装卸搬运成本、外包物流成本、货物损失成本等等。

(二)单项的成本数据

准确地掌握单项的成本数据是在确认了成本项目之后需要完成的工作。有了这个成本数据,就可以进行成本的分析计算。

如果物流成本项目划分得非常清晰,不和其他的成本项目有交叉或者互相包含,在这种情况下,成本项目一旦确定,就可以根据成本项目的实际消耗来认定成本。但是实际情况却不是这样简单,因为很多有关物流的成本数据被包含在其他成本数据之中,而确认的物流项目的成本数据,有可能包含不属于物流成本的那一部分。例如,工资项目,无论是企业哪个部门的工资支付,都统一纳入工资项目之中,而很难区分出物流成本。所以,必须通过分析才能取得相应的单项成本数据。

非常明显,上述种种情况造成的结果必然是物流成本数据不准确和不充分,企业在进行物流成本核算和控制时,必须根据单项成本数据的实际情况有所取舍。

(三)物流总成本

为了解决企业的不同需求,物流总成本有不同的计算和确定方法。

1. 物流直接总成本。如果企业需要解决物流成本控制的问题,则应当以相对清晰的物流成本项目和明确的物流成本数据为基础进行成本核算。所获得的成本虽然不能完全包含全部物流成本数据,但是已经可以反映主要物流活动的成本状况。据此对于物流活动进行成本监控是有效的。

2. 全部物流成本。如果企业不是要对企业活动进行经常的控制,而是要对企业进行全面的分析,据此发现日常工作中可能出现的问题,或者据此对工作流程进行重新设计和改造,就需要尽可能地了解全部物流成本的状况。这就需要不仅了解直接成本,而且还要了解间接成本,对于间接成本,由于没有日常的控制数据,则必须通过对其他成本项目进行分析(例如对成本按比例进行分摊、专门通过试验取得成本数据、权威人士进行估计等)而取得。

四、物流成本管理存在的问题

物流成本管理的问题主要集中在不以物流为经营内容的各种类型生产企业。这些企业从事工业和农业生产,但是物流是其中的一部分,很难完全分离和独立出来,是贯穿在生产经营活动之中的,因此,物流成本管理难度很大。对于这些企业来讲,物流成本问题,时至今日还没有能够提到企业会计制度的高度来认识,因而还不可能纳入企业常规管理的范畴之内。因此,对于这些企业而言,物流成本管理还是一种管理的理念,而没有转化成管理行为。

物流成本管理理论重于运作的主要原因,是如果不从根本上改变企业部门和职能的结构,就无法单独形成物流成本的相关科目,物流成本总是和其他的成本混杂在一起,许多成本项目是混杂在其他的科目之中的,只有当企业进行深入的核算和深入的财务活动分析后,才可能将物流成本完全分离出来,但是,总的成本科目体系现在还不能将物流成本纳入常规的结构之中。要把物流成本纳入常规的财务会计制度的科目之中,需要完全重新建立财务会计制度,要做到这一点会有很大的难度,也需要进一步的实践以确切认定其重要性和必要性。

当前在企业的物流管理中,不可能为了建立物流独立核算系统而破坏其他若干成熟的财务会计核算系统,实际上真正需要纳入管理的,当然还是有影响的数据,在这个领域也需要实施重点管理。在现实的工作中,仍然只是把“冰山浮出水面的一角”作为物流成本计算的对象,主要的核算范围是:运输费用、储存保管费用、装卸费用、包装费用这几个大项的费用。在很多企业中,包装费用仍然是单独核算的,没有进入物流成本之中。在某种程度上,物流成本的上述核算方法,是不自觉施行的“重点管理”,因为运输、储存保管的成本支出,仍然是物流成本的主体。

当然,上面提到的“物流冰山”现象以及物流成本的“交替损益”现象也是物流成本管理难以奏效的主要原因。

第三节 物流质量管理

一、物流的质量观念

在物流行业的传统思想中，数量概念是非常牢固的，而质量意识却很淡薄。物流概念强调解决产、需在时间、空间上的分离，从而创造出时间及场所的效用，但人们在理解时往往以商品的量来补足产、需之间的差额，而忽视在创造时间及场所效用中质量的作用。

现代物流概念，应当是数量、质量并重，两者也有一定的互补关系，一定的质量可以代替一定的数量，一定的数量也可以代替一定的质量。

在物流领域中，经常会出现很大的质量事故：如车祸造成货物及人员、装备的损失；沉船造成全面巨大的损失；物流过程中货物丢失、损坏、变质、运输延误等事故都不仅使物流中货物的数量受到损失，而且使货物质量受到影响。

另外，对于一个企业来说，物流活动是与外界系统连接的“接口”活动，物流质量直接与用户相关，从而也对本企业的市场占有率相关，低劣的质量会使用户另寻其他合作伙伴从而会使企业的战略发展受挫。

物流质量低劣会使物流企业、承担物流责任的生产企业、销售企业等各种类型的企业遭到下述损失：第一，赔偿损失的支出，造成了支出的增加；第二，处理索赔的行政、法律事务的支出，造成了支出的增加；第三，收回、重整再发送被退回货物的支出；第四，时间耽误的经营机会损失及利息损失；第五，公司或企业的信誉损失，会出现订货减少、合同条款不利等问题。

特别值得提出的是，在物流国际化趋势越来越强，物流大型化之后，质量观念比以往更加重要。其原因在于，大规模的物流，一次物流价值量十分巨大，一旦出现损失，后果十分严重。例如，50 万吨的超级油轮或 4 000 个箱位的集装箱船，整船价值可达几千万甚至几亿美元，一旦损失，如无保险，会造成一个中型公司的破产。这种损失远比过去物流量小的时候同类型损失大得多，这也是当今物流质量观念更为增强的原因。

二、物流质量的内容

物流质量可以做两大类的区分，一类是反映现实物流工作的基本质量，一类是反映长远影响的战略质量。当然，两者之间并没有绝对界限，一个基本质量就有可能使用户增加信任感而决心长期合作，这个基本质量便起到了战略作用，同样，战略质量也需要在一个个基本操作中才能体现。物流质量概念包含以下几个内容。

(一)商品的质量保证

物流的对象是具有一定的质量的实体,即有合乎要求的等级、尺寸、规格、性质、外观。这些质量是在生产过程中形成的,物流过程在于转移和保护这些质量,最后实现对用户的质量保证。在当代风行的质量保证体系中,一个非常重要的管理思想是,对用户的质量保证不可能完全依赖于生产过程,它也依赖于流通过程,尤其是物流过程。

世界先进的制造企业,在20世纪80年代,就已经对产品的质量实现了66的控制。如果在物流过程中不能保证这种控制,产品的质量水平会大幅度下降,因此物流领域的质量保证应该有66的概念。

(二)商品的质量改善

物流过程不单是消极地保护商品的质量及转移质量,现代物流由于采用流通加工等手段,还可以改善和提高商品的质量,由此,物流过程在一定意义上说也是质量的“形成过程”。

(三)物流服务质量

物流业有极强的服务性质,基本上是属于第三产业,说明其性质主要在于服务。所以,整个物流的质量目标,就是其服务质量。服务质量因不同用户而要求各异。这就需要掌握和了解用户要求,如商品狭义质量的保持程度,流通加工对商品质量的提高程度,批量及数量的满足程度,配送额度、间隔期及交货期的保证程度,配送、运输方式的满足程度,成本水平及物流费用的满足程度,相关服务(如情报提供、索赔及纠纷处理)的满足程度等等。

一般来讲,物流服务普遍体现在满足用户要求方面,做到这一点难度是很大的,各个用户要求不同,这些要求往往超出企业的能力,要实现这些服务要求,就需要企业有很强的适应性及柔性,而这些又需要以强大的硬件系统和有效的管理系统支撑。

当然,对服务的满足不能是消极被动的,因为有时候用户提出的某些服务要求,由于“交替损益”的作用,会增大成本或出现别的问题,这对用户实际是有害的,盲目满足用户的这种要求不是高服务质量的表现。物流承担者的责任是积极、能动地推进服务质量提高。

物流服务质量的具体衡度指标主要是时间、成本、数量和质量。

(四)物流工作质量

物流工作质量指的是物流各环节、各工种、各岗位具体工作的质量。为实现总的服务质量,要确定具体的工作要求,以质量指标形式确定下来则为工作质量目标。这是将物流服务总的目标质量分解成各个工作岗位可以具体实现的质量,是提高服务质量所做的技术、管理、操作等方面的努力。

工作质量和物流服务质量是两个有关联但又不大相同的概念。物流服务质量水平取决于各个工作质量的总和。所以,工作质量是物流服务质量的保证和基础。重点抓好工作质量,物流服务质量也就有了一定程度的保证。

工作质量具体表现和反映在各环节、各工序,由于物流系统的庞杂,工作质量内容也十分庞杂。例如,仅以仓库工作的工作质量为例,就可归纳为以下许多内容:商品损坏、变质、挥发等影响商品质量因素的控制及管理;商品丢失、错发、报损等影响商品数量因素的控制及管理;商品维护、保养;商品入库、出库检查及验收;商品入库、出库计划管理,计划完成及兑现的控制;商品标签、标示、货位、账目管理,建立正常的规章制度;库存量的控制;质量成本的管理及控制;库房工作制度、温湿度控制制度:工作标准化管理;各工序设备正常运转、完好程度管理;上、下道工序(货主、用户)服务质量;等等。

(五)物流工程质量

和产品生产的情况类似,物流质量不但取决于工作质量,而且取决于物流系统的工程质量,工作质量受制于物流技术水平、管理水平、技术装备这样的工程和工程质量。好的物流质量是在整个物流过程中形成的,要想能"事前控制"物流质量,预防物流造成的不良影响,必须对影响物流质量的诸工程因素进行有效控制。工程因素可归纳为以下六方面:

1. 人的因素。包括人的知识结构、能力结构、技术熟练程度、质量意识、责任心等反映人的素质的各项因素。

2. 体制的因素。包括领导方式、组织结构、工作制度等方面。

3. 设备因素。包括物流各项装备的技术水平、设备能力、设备适用性、维修保养状况及设备配套性等。

4. 工艺方法因素。包括物流流程、设备组合及配置,工艺操作等。

5. 计量与测试因素。包括计量、测试、检查手段及方法等。

6. 环境因素。包括物流设施规模、水平、湿度、温度、粉尘、照明、噪声、卫生条件等。

这六个工程因素在物流过程中同时对物流质量发生影响,需要靠设计、建设、培训等方式创造条件。很明显,提高工程质量,是进行物流质量管理的基础工作,能提高工程质量,就能做到"预防为主"的质量管理。由上述可知,物流质量的概念既包含物流对象质量,又包含物流手段、物流方法的质量,还包含工作质量,因而是一种全面的质量观。

三、物流质量管理

物流质量管理是全面质量管理的一环,同时,物流质量管理也应当运用全面质量管理方法,采纳全面质量管理的概念。

(一)物流全面质量管理的概念

1. 物流质量管理的目的。物流质量管理必须满足两方面的要求:一方面是满足生产者的要求,物流的结果必须保护生产者生产的产品能保质保量地转移给用户;另一方面是满足用户的要求,即按用户要求将其所需的商品送交给用户。

这两方面的要求基本是一致的,但有时候也有矛盾,例如,过分强调满足生产者的要求,使商品以非常高的质量保证程度送交给用户,有时会导致出现用户难以负担的过高的成本。物流质量管理的目的,就是在“向用户提供满足要求的质量服务”和“以最经济的手段来提供”两者之间找到一条优化的途径,同时满足这两个互相背反的要求。为此,必须全面了解生产者、消费者、流通者等各方面所提出的要求,从中分析出真正合理的、各方面都能接受的要求,以此作为管理的具体目标。由此,物流质量管理可定义为:“用经济的办法,向用户提供满足其要求物流质量的手段体系”。

2. 预防为主的观念。物流质量管理必须强调预防为主,明确“事前管理”的重要性,即在上一道物流过程就要为下一道物流过程着想,估计下一道物流过程可能出现的问题,预先防止。因此,必须树立“下一道工序就是用户”的思想。在这种观念的指导下,物流质量管理特别强调工作质量及工程质量两者的管理。建立一个好的物流工程,在此基础上有一个好的物流工作质量,就基本上对物流的结果质量有所保证。

3. 质量第一观念。前文已提到,已往的物流管理,重物流数量而轻物流质量,其结果是反过来又影响到物流数量。例如,物流中大量的损失、变质,其后果是直接冲减物流的数量。事实证明,没有高质量的物流,不把质量放在第一位,要追求的数量也是不可得的。

(二)物流质量管理的特点

全面质量管理的重要特点是“三全”,也可适用于物流质量管理。

1. 管理的对象全面。物流质量管理不仅管理物流活动本身,而且还管理工作质量和工程质量,最终对成本及交货期起到管理作用,因此,管理对象是广泛的,涉及物流的各个方面,具有很强的全面性。

2. 管理的范围全面。物流质量管理是对流通对象的包装、装卸、运输、保管、搬运、配送、流通加工等若干过程进行的全过程的质量管理,同时又是产品在社会再生产全过程中,进行全面质量管理的重要一环。必须一环不漏地进行全过程管理才能保证最终的物流质量,达到目标质量。

3. 全员参加管理。要保证物流质量,就涉及有关环节的所有部门和所有人员,绝不是依靠哪个部门和少数人就能做到的,必须依靠各个环节中各部门广大职工的共同努力。物流质量管理的全员性,正是物流的综合性、物流质量问题的重要性和复杂性所决定的,反映了质量管理的客观要求。

要实行全员管理,最重要的是充分调动起广大职工参加质量管理的积极性,为此,要向广大职工反复进行质量管理的教育,确立质量第一、为用户服务、预防为主等思想和观念,同时,要有组织体系的支持和保证。

(三)物流质量管理的基础工作

和物流质量管理直接相关的基础工作有:

1. 建立质量管理组织。质量管理工作是在物流的每一个过程中体现的,因此,质量工作应是整个物流组织的事情,但是,正因为整个过程都有其独特的功能,往往在操作时只注重实现这一独特的功能,如完成装卸、搬运等任务,而忽视质量管理。另外,物流过程的连续性,又使我们很难明确区分质量状况和质量责任。

所以,建立一个统筹的质量组织,实行质量管理的规划、协调、组织、监督是十分必要的。另外,在各个过程中建立质量小组并通过质量小组带动全员、全过程的质量管理也是很重要的方式。

2. 标准化工作。标准化是开展物流质量管理的依据之一。在标准化过程中,要具体制定各项工作的质量要求、工作规范、质量检查方法,各项工作的结果都要在标准对产品质量的规定范围内。因此,搞物流质量管理时,要用很大力气制定标准。

3. 制度化。将质量管理作为物流的一项永久性工作,必须有制度的保证,前文所提及的建立协作体制、建立质量管理小组都是制度化的一个部分。此外,还必须使制度程序化,以便于了解、便于执行、便于检查。

制度化的另一重要方式是建立责任制。在岗位责任制基础上,或在岗位责任制的内容中,明确确定或者包含质量责任,使质量责任能在日常的细微工作中体现出来。

4. 开发差错预防体系。物流过程中的差错问题是影响物流质量的主要因素。由于物流数量大,操作程序多,差错的发生可能性很大,因此,建立差错预防体系也是质量管理的基础工作。

仅以仓库管理为例,差错预防体系的建立可以做以下几方面的工作:

第一,库存货物的调整。对库区进行规划调整,以将货物有序地放置,能准确地、方便地进行存取。有人以为,依靠信息技术和计算机管理,就可以完全解决这个问题,其实,明确的直观的标志也是非常重要的事情,我国的四号定位等方式便是有效的方式。在国外常用不同颜色进行标志,以有序放置和有效区分;灵活利用不同货架货位分别放置是一个很有效的办法;我国提出的“五五化”方法也是行之有效的。

第二,运用新技术。现在已开发的应用技术有条形码系统,配合便携式扫描仪可准确无误地确认商品。采用电子计算机控制的拣选系统和存储系统都是避免差错的有效方式。

第三,建立仓库监测系统。建立能对仓库全部活动进行核对、监测的监测系统,就能及时发现问题而防止差错持续或发展,进而再寻找差错产生地,予以解决。

第四节 物流资源整合

一、物流运作的资源整合

(一)概述

物流的资源整合,针对的是已经存在的物流资源而言。社会上存在的物流资源广泛而且普遍,不是所有的物流资源都要依靠创建来取得,已经存在的没有发挥作用或者没有完全发挥作用的物流资源,通过整合可以形成新的有用的物流资源,所以,物流资源的整合是现代物流发展的重要途径。物流资源整合被广泛看好,国内外许多专家指出,物流的核心要义就在于资源整合。

物流资源整合是物流管理区别于其他管理形态的、有特点的、重要的管理内容。

国民经济中的物流资源处于广泛而且普遍的分布状态,涉及很多经济领域和很多部门,因此缺乏有效的管理和控制。社会上存在的这些大量的物流资源,是长期历史进程中逐渐形成的,因此这些物流资源从水平到规模总是会有很复杂的情况。这些物流资源大体上有三种存在状态:①总体上处于稀缺状态,但是会存在局部的不均衡、局部的过剩;②有些物流资源没有得到优化配置从而不能体现其价值;③有些物流资源处于过剩闲置的状态。

(二)物流资源整合的目的

物流资源整合的目的有几个层面:

1. 物流资源共享。这是物流资源整合的主要目的。社会上存在着大量物流资源,如果做到资源共享,使物流资源得到正常的应用,发挥应有的作用,应该说就是很大的成功。

2. 防止物流资源的浪费。

3. 补充企业物流资源的不足。大多数企业物流资源都是有限的,依靠物流资源的整合,从社会物流资源中弥补企业的不足。

4. 物流资源优化配置。这是物流资源整合目的的最积极的层面,物流资源的合理运用和优化配置是物流资源整合的主要目的之一。这个层面有很多内容,例如:通过整合使零星分散的物流资源形成新的系统化的资源,从而得到优化的配置,尽可能最大限度地发挥它们的作用;通过整合可以将小而散的物流资源集合成大的规模,这样一来就可以实行规模化的物流运作,从而取得规模经济效益。

(三)物流资源整合的对象

物流资源整合广义上是针对所有的社会物流资源,但是在实践中主要针对的是以下两种类型的物流资源:

第一种是曾经有使用目的的物流资源。这是以前专门为实现某种物流的目的而准备的物流资源,可能已经被使用过,实现了其功能价值,但是现在仍然有使用价值。也可能是由于资源过剩或者目标选择错误而闲置的物流资源,但是,这种资源如果切合了新的选择的目标,就会发挥出巨大的作用。

第二种是已经存在的通用的物流资源。通用的物流资源是政府和社会物流资源建设的重点领域,这些物流资源具有通用性和相当广泛的适用性,可以直接应用,也可以进行适当的选择和组合,使之基本满足或者很好地满足某种特定的需求,整合的作用就在于此。

二、物流资源整合的三大领域

物流资源整合可以多方面地发挥作用，这主要有以下三个领域：客户资源的整合、能力的资源整合、信息资源的整合。

（一）客户资源的整合

客户资源整合的主要目的是将客户资源集中，从而形成规模，进一步进行物流规模运作。尽管物流的客户遍及整个经济领域，客户的需求千差万别，但是，也有规律可循，那就是有许多不同的客户会有相同的或者相似的物流需求和相同的或者相似的环境条件，如果能够聚集很多客户，就可以采用本书提供的 ABC 分类方法或者其他的方法对客户进行有效的分类，进一步实行差异化的管理和物流服务的安排，从而降低成本、提高服务水平。

（二）能力资源的整合

物流能力是多方面的，需要很多方面的资源来构筑这个能力，如装备和设备的资源、信息的资源、物流网络资源、组织和管理的资源等。物流需求是具体的，要提高物流服务的质量，必须有足够的符合需求的能力，这种能力需要创造也需要整合。物流服务的能力要依托于甚至取决于所拥有的物流资源。

能力资源整合的目的在于形成新的能力和强化能力，能力资源的整合可以取得两个成效：一个是通过能力资源的整合创造出一个适用的或者特殊的物流环境条件，从而促进物流产业的发展；另一个是通过能力资源的整合形成有特色、高水平的物流服务，从而吸引更多的客户并且提高经济效益。

（三）信息资源的整合

信息资源其实也是一种能力，但是这种资源具有特殊的重要性。现代物流系统是跨越度非常大的系统，其跨越不同的经济领域、不同的企业、不同的成员、不同的地域、不同的主体，把它们连接起来需要信息资源。信息资源整合的关键就在于建立跨企业边界的信息共享机制。可以这样说：信息共享是现代物流企业与顾客和供应商之间建立相互信任、相互依赖、长期合作、共同发展关系的重要基础之一。

所以，信息资源的整合是物流资源整合的基础性工作，也是提高物流水平，取得超常发展的重要手段。有效的信息整合，对优化管理和运作非常重要，立竿见影的效果就是节省投入物流资源的种类和数量，在管理方面达到物流管理扁平化和有效化。

三、供应链物流资源的整合

现代经济领域很少有全新结构、全新流程和运作的供应链，依靠整合是构筑供应链的重要方式，物流是这种整合的主要对象之一。

现代物流还有一种非常重要的管理形式，那就是适应供应链的协作和整合的管理体制。

现代社会,企业规模受到市场反应灵敏程度的限制,无限扩大规模是不可取的,因此,就出现了为了一个目标所形成的企业群体,供应链就是这种企业群体的重要形式。从某种意义上来看,供应链是一个虚拟大企业。供应链物流是连接这个虚拟大企业的纽带。供应链这个虚拟大企业的物流体制不能简单地用事业部制或者是职能制来形容,供应链物流是协作和整合的一种新型管理体制。

通过协作来保持供应链物流的运行,通过整合来使这种运行达到完美的境界——低成本和高质量。很明显,这种管理体制不是建立在权力结构的基础之上,而是基于利益的共同性,建立在合作和联盟的基础之上。因此,这是社会发展高度化的一种管理体制形式。

第四方物流就是从事供应链物流资源整合的服务商。第四方物流提出的供应链解决方案,就是全面整合自身所拥有的物流资源、客户的物流资源以及社会上存在的其他物流资源,向客户提供供应链的运作方案。

四、虚拟物流资源的整合

虚拟物流资源的整合是依靠信息技术进行的物流资源整合。

(一)虚拟经济与物流

现代虚拟的概念可以作如下理解:虚拟是相对于实体而言,虚拟是并不存在于实体的形态,而是以本质的形式存在,虚拟是对于实体的一种"近似"。

在现代经济领域的虚拟经济形态最初应用在虚拟企业组织或者是组织中的虚拟小组上。这种组织和传统组织的不同之处在于,它是使用信息网络进行联系,跨越时空、跨越组织进行合作共事。传统的组织或小组的合作模式,是成员面对面地交流和协作互动,如对某一件事情进行讨论、对一个产品进行设计、课堂上的讲课和听课等等。虚拟组织或小组的不同之处就在于其超越了这种时空的界限,这是因为有信息技术的支持,可以克服时空的障碍进行互动式的活动。一个设计小组要完成一个规定的任务,就必须聚集在同一个地方,召开会议、当面恳谈等等。如果相关人员相距很远,采取当面互动、研讨、协商的方式,不但有很高的成本,而且效率非常低。虚拟组织或小组通过信息网络等技术手段,实现互动,速度快、质量高、成本低,因此是对传统组织方式的一种创新和突破。

虚拟经济则是从虚拟经济活动归结出来的一种经济理论和经济形态,作为一种经济形态,应当说它的形成是近些年的事情。

虚拟经济有三个范畴:

第一个范畴是指股票、债券、期货、期权等虚拟资本的交易活动,这可以为物流的资本运作方式与物流融资方式提供借鉴。

第二个范畴是指以信息技术为工具,依托网络联结所进行的经济活动和建立的经济组织,在物流领域,虚拟仓库、虚拟库存、虚拟物流组织就属于这个范畴。

第三个范畴是利用计算机进行现实模拟的经济活动。这种实景的模拟，是通过数字化的计算机技术实现的，物流流程设计、物流规划都可以采取这种虚拟的办法。

（二）虚拟仓库和虚拟库存

在物流领域，虚拟仓库和虚拟库存是最早受到人们关注的虚拟经济形态。信息技术和网络技术可以给我们提供准确、及时而广泛的信息，可以使我们了解在什么地方、什么领域，什么条件下储存着什么种类、什么数量的物资，我们可以将这些物资通过某种组织方式或其他方式形成我们所需要的资源准备，而我们自己的仓库中不一定直接保有。这种社会的资源就相当于一个更为庞大仓库的库存储备，由于它带有虚拟性，所以称为虚拟仓库和虚拟库存。

虚拟库存的存在，使我们有了更广泛的选择余地，在一定的市场经济环境下通过一定的组织形式，虽然是虚拟库存，但是也和自己保有的库存一样，可以起到支持生产、支持销售的作用。

然而，与自己保有的仓库和库存不同，虚拟仓库不占用仓库建设成本，不需要相当多的人力、物力投入到仓库的运营之中；虚拟库存不需要占用流动资金，也无须为库存的减损、变质、盗失操心。虚拟仓库和虚拟库存，解决了“库存是企业的癌症”这个历史的课题。显然，这种经济运作，可以使经济运行的质量得到大大的提升。

虚拟仓库和虚拟库存必须在一定的前提条件下才能够成为一种有效的经济形态。

1. 买方市场的环境条件。这种环境条件是：资源相对过剩，资源在寻找市场；买方有主动权和选择权；卖方有很强的服务意识和服务能力。

2. 信息技术的手段。依靠信息技术可以对资源状况及动态全面及时地了解和掌握。

3. 新的组织方法。有可以充分运用信息网络对社会资源进行配置的组织方法。

（三）虚拟库存的应用领域

虚拟库存的应用领域很多，大规模的应用主要在以下三个领域：

1. 生产领域。尤其在制造业，可以采用虚拟库存等方式实现标准零部件、标准件、工具等的零库存。

2. 商业领域。可以对品牌效应不高的通用商品，以虚拟库存的形式实现零库存。

3. 经营领域。可以利用信息优势进行购销活动，在购销活动中不保有库存而是利用社会资源实现对用户的供应。

（四）虚拟物流企业

物流向国际化和远程化发展的结果，使得有些大的物流系统，已经不可能由一个确定的企业去构建，而实际上是由信息技术和网络技术为支撑的虚拟企业去运作。这种虚拟企业虽然不具备独立企业的名分和组织结构，但是却可以像一个超大规模的独立企业一样，把整个系统运作得十分有效。这种虚拟的物流企业在物流领域不仅表现在供应链的构筑之上，而且也表现在主要依靠信息而没有形成整套流通生产力硬件的第三方物流企业和虚拟仓库、网上的物流服务交易等方面。

供应链是以网络信息技术为纽带建立起来的,是虚拟经济的一个典型应用。供应链实际上是一个虚拟的大企业,它所做的事情,过去是要依靠一个集团企业、一个托拉斯的实体企业去做,现在则是靠一种协作的组织,这个协作的组织具有相对稳定性,而并不是一个有确定机构、确定组织和确定经营目标的大企业,这就是它的虚拟性所在。

供应链虚拟性的一个最大优势,是可以通过组织协作的方式,依托信息网络的支持,使这个“虚拟企业”总是保持着很高的竞争能力。因为供应链中的企业,都是以核心竞争能力的优势进入供应链,供应链的动态性又使得构筑供应链的企业不断地“优胜劣汰”,不断更新,以保持供应链总是由具有强大的核心竞争能力的企业构筑而成。这是一个实体企业根本没有办法做到的。

(五)虚拟现实

虚拟现实是利用计算机技术、网络技术和现代声像技术等多种技术,对现实的运动进行模拟和声像演示。

在虚拟过程中,操纵者可以身临其境地感觉到这个过程的运动情况,可以对设备进行操纵,可以查看生产过程、实验过程、施工图过程、供应过程、物流过程等各个环节的实际运动状况并且掌握各种技术参数的动态值,从而确认现实的系统是否有能力完成预定的任务和如何去完成,还可从中发现运动过程的缺陷和问题,以便予以改进。

随着物流的远程化和国际化,物流的流程跨越若干国家、若干个企业、若干种运输工具,在整个物流过程中有许多的操作环节,管理者和客户根本没有可能对这个系统进行实地考察,客户在进行业务外包时,又不能只听一些情况介绍或者仅凭录像演示做出最后的判断,在这种情况下,可以采用模拟现实的办法。客户可以直接进入计算机系统虚拟的世界,对关键环节操纵、演示,观察和分析有关过程的动态数据,以判定此项业务是否可以外包给这个物流系统的运作者。另一方面,第三方物流公司和大物流系统的管理者、整合者也需要借助于模拟现实系统来分析物流时间、物流成本等,从而对整个系统进行运作和管理,并且对是否可以接受客户的要求做出决策。

主要参考文献

[1](日)日通综合研究所.物流手册[M].吴润涛,靳伟,王之泰,译.北京:中国物资出版社,1987.

[2]王之泰.物流工程研究[M].北京:首都经济贸易大学出版社,2004.

[3]何明珂.物流系统论[M].北京:中国审计出版社,2001.

[4](美)唐纳德·J.鲍尔索克斯,等.物流管理供应链过程的一体化[M].林国龙,等,译.北京:机械工业出版社,1999.

[5](日)流通经济大学流通问题研究所.中国现代物流研究[M].东京:流通经济大学出版会,1995.

[6](美)詹姆士·R.斯托克,等.战略物流管理[M].邵晓峰,等,译.北京:中国财政经济出版社,2003.

[7]孟初阳.物流设施与设备[M].北京:机械工业出版社,2004.

[8]马士华.供应链管理[M].北京:机械工业出版社,2010.

[9]牛鱼龙.世界物流经典案例[M].深圳:海天出版社,2003.

[10]宋华,等.现代物流与供应链管理[M].北京:经济管理出版社,2000.

[11](日)西泽修.物流成本[M].东京:白桃书房,1999.

[12]冯昭奎,小山周二.中日流通业比较[M].北京:中国社会科学出版社,1996.

[13]阎子刚.供应链管理[M].北京:机械工业出版社,2010.

[14]林自葵.货物运输与包装[M].北京:机械工业出版社,2005.

[15](德)汉斯·克里斯蒂安·波弗尔.物流前沿实践创新前景[M].北京:机械工业出版社,2006.

[16]章昌裕.国际经济学[M].北京:清华大学出版社,2007.

[17]谷汉文.物流企业管理创新[M].北京:中国物资出版社,2009.

[18]李严锋.现代物流管理[M].大连:东北财经大学出版社,2004.

[19]张盛开.现代物流管理与对策论[M].大连:东北财经大学出版社,2010.

[20](美)桑德尔·傅伊森,等.物流和外延型企业[M].北京:机械工业出版社,2005.

[21](美)约翰·科伊尔,等.企业物流管理[M].文武,等,译.北京:电子工业出版社,2003.

[22]杨长春,顾永才.国际物流[M].北京:首都经济贸易大学出版社,2004.

[23](美)弗兰克·道宾.打造产业政策[M].张网成,张海东,译.上海:上海人民出版社,2007.

[24]钱家琛,路维平.集装箱化与现代物流百科大辞典[M].北京:中国交通出版社,2005.

[25]曾宪培,陈鹏.物流经济地理[M].北京:机械工业出版社,2003.

[26]世界500强企业战略研究中心.现代物流企业国际标准化管理制度及表格范本[S].北京:企业管理出版社,2007.

[27]宋伟刚.物流工程及其应用[M].北京:机械工业出版社,2003.

[28]陈文玲.现代流通基础理论原创研究[M].北京:经济科学出版社,2006.

[29]陈文玲.流通新论[M].北京:中国经济出版社,1998.

[30]黎志明.流通政策论[M].北京:中国商业出版社,1998.

[31]王健.现代物流网络系统的构建[M].北京:科学出版社,2005.

[32]张声书,王之泰,等.配送研究[M].北京:经济科学出版社,1990.

[33](日)中田信哉.物流配送[M].陶庭义,译.深圳:海天出版社,2001.

[34]丁立言,张铎.物流配送[M].北京:清华大学出版社,2002.

[35]王之泰.从"黑大陆"到"灰大陆"[M].重庆:重庆大学出版社,2009.

[36]郭欣.古今交通拾趣[M].北京:中国交通出版社,1992.

[37]李士珍.联合运输经济概论[M].北京:中国铁道出版社,1994.

[38]北京市商业委员会.赴日连锁商业研修报告汇编[G].北京:北京市商业委员会,2000.

[39]中国冷链物流联盟.中国冷链年鉴[M].北京:航空工业出版社,2010.

[40]喻小贤,陆松福.物流经济学[M].北京:人民交通出版社,2007.

[41]纪任红,等.物流经济学[M].北京:机械工业出版社,2006.

[42]千高原,梭伦.库存管理胜经[M].北京:中国纺织出版社,2001.

[43]张代恩.运输合同、保管合同、仓储合同[M].北京:中国法制出版社,1999.

[44]杨长春,顾永才.国际物流[M].北京:首都经济贸易大学出版社,2004.

[45]商品养护学编写组.商品养护学[M].北京:中国商业出版社,1983.

[46](日)田中一成.库存管理[M].顾月花,译.上海:文汇会出版社,2002.

[47](美)哈尔·瓦里安.微观经济学[M].北京:经济科学出版社,1997.

[48](美)保罗·A.萨缪尔森.经济学(第十四版)[M].北京:首都经济贸易大学出版社,1997.

[49]林祖乙,等.国际集装箱运输[M].北京:人民交通出版社,1993.

[50]对外经济贸易大学国际经济贸易学院运输系.国际货物运输实务[M].北京:对外经济贸易大学出版社,1999.

[51]翟贵柱,王毅光.商业运输学[M].北京:北京商学院,1983.

[52]姜大立,等.现代物流装备[M].北京:首都经济贸易大学出版社,2004.

[53]秦明森,王方智.实用物流技术[M].北京:中国物资出版社,2001.

[54](美)杜拉克.管理思想全书[M].苏伟伦,译.北京:九州出版社,2001.

[55]刁伯清,等.物流与供应链系统规划与设计[M].北京:清华大学出版社,2003.

[56]孟淑敏,刘霭馨. 再生资源学[M]. 北京:中国物资出版社,1991.

[57]王微. 商品流通网络[M]. 北京:中国发展出版社,2002.

[58]李春田. 标准化概论[M]. 北京:中国人民大学出版社,1982.

[59](日)中田勇. ABC 分析及在资材管理中的应用[M]. 王之泰,孟淑敏,译. 北京:机械工业出版社,1987.

[60]伍爱. 质量管理学[M]. 广州:暨南大学出版社,2002.

[61]张铎,柯新生. 现代物流信息系统建设[M]. 北京:首都经济贸易大学出版社,2004.

[62]张毅. 企业资源计划(ERP)[M]. 北京:电子工业出版社,2001.

[63]陈启申. MRPⅡ制造资源计划基础[M]. 北京:企业管理出版社,2000.

[64]陈太一,等. 信息高速公路[M]. 北京:人民邮电出版社,1995.

[65]屈道良. 计算机应用软件分析[M]. 北京:商业出版社,1996.

[66]林一知. 凯恩斯理论与中国经济[M]. 成都:四川人民出版社,1987.

[67]包晓闻,等. 电子商务[M]. 北京:经济科学出版社,1999.

[68]张铎,林自葵. 电子商务与现代物流[M]. 北京:北京大学出版社,2002.

[69]吴国华. 产业结构经济学原理[M]. 杭州:浙江大学出版社,1994.

[70](美)哈罗德·孔茨. 管理学[M]. 郝国华,等,译. 北京:经济科学出版社,1995.

[71](英)马克·戴. 采购管理手册[M]. 许春燕,译. 北京:电子工业出版社,2004.

[72](加)艾伦·M. 鲁格曼,(美)理查德·M. 霍杰次. 国际商务[M]. 北京:经济科学出版社,1999.

[73](美)布鲁斯·A. 汉德森,乔戈·L. 纳克. 精益企业[M]. 上海:上海科学技术文献出版社,2000.

[74](美)詹姆斯·沃麦克,丹尼斯·琼斯. 精益思想[M]. 北京:商务印书馆,2001.

[75]杨杜. 现代管理理论[M]. 北京:中国人民大学出版社,2001.

[76]高德文,等. 15 种现代管理方法[M]. 太原:山西科学教育出版社,1987.

[77]张文杰,等. 管理运筹学[M]. 北京:中国铁道出版社,2000.

[78](日)SCM 研究会. 供应链管理[M]. 徐原清,等,译. 北京:科学出版社,2003.

[79 杜文,任民. 第三方物流[M]. 北京:机械工业出版社,2003.

[80]牛鱼龙. 第三方物流:模式与运作[M]. 深圳:海天出版社,2003.

[81]马世华,等. 供应链管理[M]. 北京:机械工业出版社,2000.

[82]中国社会科学院. 流通蓝皮书:中国商业发展报告(2011—2012)[M]. 北京:社会科学文献出版社,2012.